D1669989

H.-L. Kröber ▌ D. Dölling ▌ N. Leygraf ▌ H. Sass (Hrsg.)

Handbuch der Forensischen Psychiatrie

Band 3 Psychiatrische Kriminalprognose und Kriminaltherapie

H.-L. Kröber D. Dölling
N. Leygraf H. Sass (Hrsg.)

Handbuch der Forensischen Psychiatrie

Band 3
Psychiatrische Kriminalprognose und Kriminaltherapie

STEINKOPFF
VERLAG

Prof. Dr. med.
Hans-Ludwig Kröber
Institut
für Forensische Psychiatrie
Charité – Universitätsmedizin
Berlin
Campus Benjamin Franklin
Limonenstraße 27
12203 Berlin

Prof. Dr. med. Norbert Leygraf
Institut
für Forensische Psychiatrie
Rheinische Kliniken Essen
Kliniken der Universität
Duisburg-Essen
Virchowstraße 174
45174 Essen

Prof. Dr. jur. Dieter Dölling
Institut für Kriminologie
Juristische Fakultät
Ruprecht-Karls-Universität
Heidelberg
Friedrich-Ebert-Anlage 6–10
69117 Heidelberg

Prof. Dr. med. Henning Saß
Klinik für Psychiatrie
und Psychotherapie
Klinikum der RWTH Aachen
Pauwelsstraße 30
52074 Aachen

ISBN 978-3-7985-1442-3 Steinkopff Verlag

Bibliografische Information Der Deutschen Bibliothek
Die Deutsche Bibliothek verzeichnet diese Publikation in der
Deutschen Nationalbibliografie; detaillierte bibliografische Daten
sind im Internet über <http://dnb.d-nb.de> abrufbar.

Steinkopff Verlag
ein Unternehmen von Springer Science+Business Media

www.steinkopff.com

© Steinkopff Verlag 2006
  Printed in Germany

Umschlaggestaltung: Erich Kirchner, Heidelberg
Redaktion: Dr. Maria Magdalene Nabbe, Jutta Salzmann   Herstellung: Klemens Schwind
Satz: K + V Fotosatz GmbH, Beerfelden

SPIN 10932155   80/7231-5 4 3 2 1 – Gedruckt auf säurefreiem Papier

Vorwort

„Prognoseentscheidungen bergen stets das Risiko der Fehlprognose, sind im Recht aber gleichwohl unumgänglich. Die Prognose ist und bleibt als Grundlage jeder Gefahrenabwehr unverzichtbar, mag sie auch im Einzelfall unzulänglich sein. In der Praxis der forensischen Psychiatrie hat sich im Übrigen das Wissen um die Risikofaktoren in den letzten Jahren erheblich verbessert, so dass über einen Teil der Delinquenten relativ gute und zuverlässige prognostische Aussagen gemacht werden können".

So heißt es in einem Urteil des Bundesverfassungsgerichts vom 5. Februar 2004 [1]. Es ist dies ein Lob für die Leistungsfähigkeit der Forensischen Psychiatrie im Bereich der Kriminalprognose. Diese Leistungsfähigkeit ist der Verwissenschaftlichung zu verdanken, der empirischen Erforschung von Delinquenzverläufen und von Interventionsmethoden, mit denen man diese Verläufe beeinflussen möchte. Solche Interventionen sind Erziehung, Sozialtherapie, schulische und berufliche Qualifikation, Strafvollzug, Psychotherapie, Pharmakotherapie, stationäre psychiatrische Behandlung, unterschiedliche Formen der Suchttherapie und viele weitere. Wenn wir wissen, wie kaum beeinflusste Delinquenzkarrieren verlaufen, und wenn wir wissen, wie Interventionen wirken, können wir in vielen Fällen einschätzen, wie Straffällige sich unter bestimmten Rahmenbedingungen für eine bestimmte Zeitstrecke künftig verhalten werden. Was alles dabei zu bedenken ist, was sich als wichtig herausgestellt hat, wird in den Beiträgen dieses Bandes dargestellt.

Kriminalprognose und Kriminaltherapie betreffen einen sehr vielgestaltigen Kreis von Menschen. Dieser reicht von völlig gesunden Straftätern über ein breites Spektrum persönlichkeitsgestörter oder sexuell devianter Täter, mit und ohne Suchtproblematik, bis hin zu Menschen mit schweren psychischen Erkrankungen oder geistiger Behinderung. Sachverständige, die Prognosegutachten schreiben, und Wissenschaftler, die über Prognosegutachten und über Therapie mit Straffälligen schrei-

---

[1] BVervG, 2 BvR 2029/01 vom 5. 2. 2004 (101–102)

ben, müssen also über einen sehr breiten psychiatrischen Erfahrungshintergrund verfügen, um all diesen Konstellationen sachkundig gerecht zu werden; sie müssen als Spezialisten der Prognose und der Therapiebeurteilung Generalisten der klinischen Psychiatrie sein.

Diesem Anspruch versucht dieser Band des Handbuchs der Forensischen Psychiatrie auch durch die Kooperation von Psychiatern, Psychologen und Kriminologen gerecht zu werden.

Dieser Band hat in der Ordnung des Gesamtplans des fünfbändigen Handbuchs die Ordnungsnummer 3. Er erscheint gleichwohl zeitlich als erster Band des Gesamtwerks, weil im Bereich von Kriminalprognose und Straftätertherapie ein besonders drängendes Bedürfnis nach ausführlicher Erörterung und wissenschaftlicher Begründung besteht, das sich aus den Anforderungen des Alltags von Strafjuristen, Psychiatern und Psychologen ergibt. Während derzeit ein Arbeitskreis von Juristen, Psychiatern und Psychologen beim Bundesgerichtshof über Mindestanforderungen für Schuldfähigkeitsgutachten und Prognosegutachten berät und bereits erste Ergebnisse vorgelegt hat, geht die Intention dieses Handbuchs in die entgegengesetzte Richtung: nicht nur das verbindliche Minimum zu benennen und zu begründen, sondern eine Grundlegung kriminalprognostischen Arbeitens zu versuchen. Es soll beides erfolgen, eine differenzierte Erörterung der Methodik und der Gründe, warum eine bestimmte Methodik notwendig ist – und ebenso eine praxisbezogene Erörterung der vielfältig im Alltag auftretenden Probleme vor dem Hintergrund reflektierter klinischer Erfahrung. Das Handbuch will Raum geben für eine Vielzahl von Argumenten und für die kritische Diskussion der Lösungswege. Dies gilt gleichermaßen für die Darstellung der unterschiedlichen Therapieformen; die Therapieforschung im forensischen Bereich wird dabei gefördert durch den eingangs vom Bundesverfassungsgericht angesprochenen Gedanken der Gefahrenabwehr, aber auch von der Notwendigkeit des effizienten Einsatzes materieller und personeller Ressourcen.

Die Forschung wird weitergehen. Aber 24 Jahre nach dem Handbuch der Forensischen Psychiatrie, das Göppinger und Witter 1972 bei Springer herausgegeben haben und das bis heute einen wichtigen geistigen Bezugspunkt des Faches darstellt, ist es höchste Zeit für eine erneute eingehende Bestandsaufnahme. Mit diesem Band also beginnen wir.

März 2006
H.-L. Kröber, Berlin
D. Dölling, Heidelberg
N. Leygraf, Essen
H. Sass, Aachen

Inhaltsverzeichnis

Autorenverzeichnis

Dr. Daan van Beek
Centrum voor Klinische
Forensische Psychiatrie
Dr. Henri van der Hoeven
Kliniek
Willem Dreeslaan 2
3515 GB Utrecht
Niederlande

Priv.-Doz. Dr. phil.
Klaus-Peter Dahle
Institut
für Forensische Psychiatrie
Charité – Universitätsmedizin
Berlin
Campus Benjamin Franklin
Limonenstraße 27
12203 Berlin

Prof. Dr. phil. Rudolf Egg
Kriminologische
Zentralstelle e.V.
Viktoriastraße 35
65189 Wiesbaden

Dipl.-Psych. Klaus Elsner
Institut
für Forensische Psychiatrie
Institut der Universität
Duisburg-Essen
Rheinische Kliniken Essen
Virchowstraße 174
45174 Essen

Prof. Alan R. Felthous, M.D.
Southern Illinois University
School of Medicine
Chester Mental Health Center
1315 Lehmen Drive
Chester, IL 62233-0031
USA

Prof. Dr. med.
Norbert Konrad
Abt. für Psychiatrie
und Psychotherapie
Krankenhaus
der Berliner Vollzugsanstalten
Friedrich-Olbricht-Damm 17
13627 Berlin

Prof. Dr. med.
Hans-Ludwig Kröber
Institut
für Forensische Psychiatrie
Charité – Universitätsmedizin
Berlin
Campus Benjamin Franklin
Limonenstraße 27
12203 Berlin

Uta Kröger
Centrum voor Klinische
Forensische Psychiatrie
Dr. Henri van der Hoeven
Kliniek
Willem Dreeslaan 2
3515 GB Utrecht
Niederlande

Dr. med. STEFFEN LAU
Klinik
für Forensische Psychiatrie
Sächsisches Krankenhaus
Altscherbitz
Leipziger Straße 59
04435 Schkeuditz

Prof. Dr. med.
NORBERT LEYGRAF
Institut
für Forensische Psychiatrie
Institut der Universität
Duisburg-Essen
Rheinische Kliniken Essen
Virchowstraße 174
45174 Essen

Prof. Dr. med.
FRIEDEMANN PFÄFFLIN
Sektion Forensische
Psychotherapie
Universitätsklinikum Ulm
Am Hochsträß 8
89081 Ulm

Prof. Dr. med. HENNING SASS
Klinik für Psychiatrie
und Psychotherapie
Klinikum der RWTH Aachen
Pauwelsstraße 30
52074 Aachen

Dr. rer. nat. NORBERT SCHALAST
Institut
für Forensische Psychiatrie
Institut der Universität
Duisburg-Essen
Rheinische Kliniken Essen
Virchowstraße 174
45174 Essen

Dr. med. DIETER SEIFERT
Institut
für Forensische Psychiatrie
Institut der Universität
Duisburg-Essen
Rheinische Kliniken Essen
Virchowstraße 174
45174 Essen

1 Grundlagen und Methoden der Kriminalprognose

K.-P. Dahle

1.1 Kriminalprognosen im deutschen Rechtssystem: rechtliche Grundlagen

Neben dem Anliegen, die Mitglieder einer Gesellschaft durch die glaubhafte Androhung von Negativkonsequenzen möglichst von der Verletzung strafrechtsbewehrter Normen abzuhalten (Generalprävention) und, im Falle bereits eingetretener Normverletzungen, das hierdurch begangene Unrecht nachträglich durch den Vollzug dieser Konsequenzen zu vergelten (Sühne), haben Strafen im hiesigen Rechtssystem auch den Zweck, auf den einzelnen Rechtsbrecher einzuwirken mit dem Ziel, dass dieser zukünftig ein Leben ohne weitere Normübertretungen führt (Spezialprävention; zur sog. „Vereinigungstheorie" der verschiedenen Strafzwecke vgl. z. B. Jescheck u. Weigend 1996). Neben gegenwarts- und vergangenheitsbezogenen Zwecken verfolgen strafrechtliche Sanktionen somit auch zukunftsbezogene Absichten. Insoweit orientieren sich ihre Auswahl und Bemessung zu einem gewissen Grad an den Erwartungen an das zukünftige Verhalten des Betroffenen und an den Erwartungen an ihre Wirkung auf dieses Verhalten. In bestimmten Fällen sieht das deutsche Strafrecht auch Rechtsfolgen vor, die unmittelbar an der „Gefährlichkeit" des Rechtsbrechers – also an der Erwartung zukünftiger gravierender Normübertretungen – anknüpfen; entsprechende Prognosen stellen die wichtigste Voraussetzung für die Verhängung freiheitsentziehender Maßregeln der Besserung und Sicherung dar.

Konsequenz dieser Zukunfts- bzw. „Folgenorientierung" (Streng 1995) des Strafrechts ist, dass Kriminalprognosen[1] das Strafverfahren in nicht unerheblichem Maße steuern. Bereits im Vorfeld des Hauptverfahrens kann bei Befürchtung erheblicher weiterer Straftaten eine Untersuchungshaft oder, wenn darüber hinaus eine Schuldunfähigkeit oder erheblich eingeschränkte Schuldfähigkeit des Beschuldigten vermutet wird, die Unterbringung in einem psychiatrischen Krankenhaus angeordnet werden. Im

---

[1] Im vorliegenden Beitrag werden unter Kriminalprognosen Annahmen über das zukünftige strafrechtsrelevante Verhalten von Personen verstanden, die bereits einschlägig in Erscheinung getreten sind – also individuelle Rückfallprognosen.

Hauptverfahren beeinflussen Prognosen Auswahl und Bemessung von Strafen und anderer Rechtsfolgen und bestimmen über die Frage ihrer Vollstreckung mit. Beim Vollzug vor allem freiheitsentziehender Sanktionen orientieren sich die Rahmenbedingungen (z. B. offener oder geschlossener Vollzug) ebenso an prognostischen Erwägungen wie die Gewährung von Lockerungen und Beurlaubungen. Schließlich setzt die Beendigung einer Sanktion und insbesondere die Frage nach dem geeigneten Zeitpunkt hierfür oftmals die prognostisch günstige Erwartung zukünftigen Legalverhaltens voraus. Letztlich geht es bei all diesen Prognosen um den Anspruch, innerhalb des Rahmens, der durch die übrigen Strafzwecke und durch den Schutzanspruch der Gesellschaft gesetzt wird, in jedem Einzelfall die Zielgenauigkeit strafrechtlicher Sanktionen im Hinblick auf ihre spezialpräventive Effizienz zu optimieren (vgl. Boers 2003).

In den allermeisten Fällen, in denen Rechtsvorschriften im Rahmen strafrechtlicher Entscheidungen die Berücksichtigung prognostischer Erwägungen verlangen, wird dies alleinige Aufgabe des Rechtsanwenders sein. Sachverständige Hilfe durch Rechtspsychologen oder forensisch geschulte Psychiater, Volckart nennt sie „große Prognosen" (Volckart 1997), wird jenen – im Vergleich zur Gesamtbedeutung prognostischer Entscheidungen im Strafrecht zahlenmäßig seltenen – Fällen vorbehalten sein, bei denen es um ganz erhebliche Rechtsgüter geht, bei denen außergewöhnliche psychische Besonderheiten des Rechtsbrechers eine Rolle spielen oder (gelegentlich, insbesondere im Jugendstrafrecht) bei denen es in besonderer Weise um eine grundsätzliche Weichenstellung für die weitere Entwicklung des Betroffenen geht. Sieht man von vollzugsbezogenen Entscheidungen (Vollzugsform, Vollzugslockerungen, Beurlaubungen) ab, so dürften Fragen der Aussetzung des Restes befristeter oder lebenslanger Freiheitsstrafen (§§ 57, 57 a StGB) hierfür die häufigsten Anlässe sein, etwas seltener auch Fragen der Anordnung (§§ 63, 64, 66 StGB) bzw. der (weiteren) Vollstreckung freiheitsentziehender Maßregeln der Besserung und Sicherung (§§ 67 b, d StGB). Bei Entscheidungen über eine Bewährungsaussetzung des Restes von Freiheitsstrafen verlangt die Strafprozessordnung, dass bei lebenslanger oder befristeter Freiheitsstrafe von mehr als 2 Jahren bei Gewalt- oder Sexualstraftätern vor einer solchen Aussetzung das Gutachten eines Sachverständigen einzuholen ist, das sich „namentlich zu der Frage zu äußern (hat), ob bei dem Verurteilten keine Gefahr mehr besteht, dass dessen durch die Tat zutage getretene Gefährlichkeit fortbesteht" (§ 454 StPO). Die Anordnung einer freiheitsentziehenden Maßregel setzt die prognostische Erwartung weiterer erheblicher Straftaten aufgrund einer schuldmindernden oder -ausschließenden psychischen Störung (§ 63 StGB), aufgrund eines Hangs zum Konsum berauschender Mittel (§ 64 StGB) oder ganz allgemein aufgrund eines Hangs zu erheblichen Straftaten (§ 66 StGB) voraus. Die Bewährungsaussetzung der (weiteren) Vollstreckung dieser Maßregeln erfolgt aufgrund der prognostischen Erwartung, dass der Betroffene außerhalb des Maßregelvollzugs nunmehr keine weiteren rechtswidrigen Taten mehr begehen wird (§ 67 d StGB) bzw. dass der Zweck der Maßregel – die

Verhinderung zukünftiger erheblicher Straftaten – auch ohne ihre Vollstreckung erreicht werden kann (§ 67 b StGB)[2].

Wie im Folgenden noch zu zeigen sein wird, sind „sichere", also irrtumsrisikofreie Prognosen über das zukünftige Verhalten von Menschen schon aus theoretischen Gründen nicht möglich. Strafrechtliche Entscheidungen auf der Grundlage von Kriminalprognosen sind insofern stets Risikoentscheidungen (vgl. Frisch 1994), die den Einbezug weiterer Gesichtspunkte (Güterabwägungen, Verhältnismäßigkeitserwägungen u. Ä. m., vgl. Volckart 1997), die außerhalb psychowissenschaftlicher Expertise liegen, erfordern. Sie obliegen daher dem Rechtsanwender. Die Aufgabe des Sachverständigen beschränkt sich auf die Bereitstellung verhaltens- und erfahrungswissenschaftlicher sowie methodischer Expertise mit dem Ziel, die richterliche Entscheidung in ihren verhaltensprognostischen Aspekten auf eine wissenschaftlich fundierte, rationale Grundlage zu stellen. Seine Rolle ist die des Gehilfen des Rechtsanwenders (Rasch 1999), seine formale Funktion die eines Beweismittels. Der Sachverständige unterliegt insoweit den rechtlichen Rahmenbedingungen des Strafverfahrens und hat die einschlägigen – insbesondere beweisrechtlichen – Kautelen, denen ein Strafverfahren unterworfen ist, im Rahmen seiner Arbeit zu beachten (s. im Einzelnen hierzu Eisenberg 2002).

Die skizzierte Rolle und ihre Implikationen sind keineswegs spezifisch für den Prognosegutachter, sie entsprechen der Aufgabe forensischer Sachverständiger im Strafverfahren schlechthin. Sieht man von gelegentlichen Grenzfragen zwischen notwendiger sachverständiger Befunderhebung und (nicht zu den Aufgaben eines Sachverständigen gehörender) Ermittlungstätigkeit – etwa wenn es um die Exploration Dritter geht – einmal ab, so tangieren Beweisthemen-, -methoden-, oder -verwertungsverbote oder andere beweisrechtliche Vorgaben eines Strafprozesses das konkrete methodische Vorgehen des Psychosachverständigen indessen eher selten. Eine nicht ganz so seltene Ausnahme gerade bei Prognosegutachten stellt jedoch die Bindungswirkung rechtskräftiger Gerichtsurteile, die im Rahmen des aktuellen Verfahrens oder bei früherer Verfahren getroffen wurden, dar. So finden sich beispielsweise in der Vorgeschichte von Gewaltstraftätern mitunter Hinweise auf mögliche frühere versuchte oder vollzogene Gewaltdelikte, deren Berücksichtigung die Prognose nicht unerheblich beeinflussen würde, bei denen das Gerichtsverfahren wegen unzureichender Beweislage jedoch mit einem Freispruch endete. Vor allem bei Entlassungsprognosen finden sich im rechtsgültigen Urteil zum Anlassdelikt gelegentlich

---

[2] Am Rande sei angemerkt, dass auch außerhalb strafrechtlicher Vorschriften – nämlich bei Indikationsentscheidungen für therapeutische Behandlungsmaßnahmen, bei ihrer Dosierung und ihrer inhaltlichen Ausgestaltung – Kriminalprognosen zunehmend eine Rolle spielen. Ihre Bedeutung ist der empirisch mittlerweile gut belegten Erfahrung geschuldet, dass sich Erfolg versprechende sozial- und psychotherapeutische Maßnahmen am Ausmaß und den konkreten Inhalten der individuellen Risikofaktoren für strafrechtliche Rückfälle orientieren sollten. Dies setzt eine entsprechende Risikoanalyse und mithin eine fundierte Kriminalprognose voraus (vgl. hierzu Abschn. 1.5.2).

auch Feststellungen zur Motivlage oder zur psychischen Situation des Täters zum Tatzeitpunkt, die sich aus sachverständiger Perspektive ganz anders darstellen können. Dies kann etwa bei Tötungsdelikten mit sexuellem
Hintergrund der Fall sein, bei denen das erkennende Gericht von einer
Verdeckungsabsicht (z. B. einer vorangegangenen Vergewaltigung) als
Tötungsmotiv ausging, sich dem späteren Sachverständigen jedoch gewichtige Hinweise auf ein genuin sexuell motiviertes Geschehen aufdrängen. Insoweit Letzteres die Hypothese einer erheblichen sadistischen Komponente
nahe legen würde, wären Konsequenzen für die prognostische Einschätzung
wahrscheinlich. Indessen gilt auch hier grundsätzlich das Prinzip der Verlässlichkeit rechtsgültiger Urteilsfeststellungen, insbesondere wenn – wie
im Beispiel – abweichende Beurteilungen für den Betroffenen prognostisch
ungünstig zu werten wären. Im Zweifelsfall, d. h. bei starken Anhaltspunk-
ten für ein gegenüber dem Urteilstext abweichendes (psychisches) Geschehen mit bedeutsamen Konsequenzen für die prognostische Fragestellung,
wird der Sachverständige jedoch gut daran tun, seine abweichenden Einschätzungen im Gutachten offen zu legen und ihre Implikation für die
Prognose zu erörtern.

Die in den einschlägigen Gesetzesvorschriften gewählten Formulierungen
für die jeweiligen prognostischen Fragestellungen sind unterschiedlich.
Grundsätzlich geht es bei all diesen Prognosen jedoch um Aussagen über
die Wahrscheinlichkeit zukünftiger strafrechtsrelevanter Handlungen, wobei
die Festlegung eines für die jeweilige Rechtsentscheidung erforderlichen
Wahrscheinlichkeitsgrades in der Kompetenz des Rechtsanwenders liegt.
Der Prognosesachverständige hat den Richter durch Vermittlung seines für
die Beurteilung des jeweiligen Falles relevanten Fachwissens und durch
Vermittlung der mit seiner Methodik erzielten Erkenntnisse in die Lage zu
versetzen, für seine Entscheidungsfindung von dieser Expertise angemessen
Gebrauch zu machen.

Einige der zugrunde liegenden Gesetzestexte enthalten indessen Rechts-
begriffe, die keinem verhaltenswissenschaftlichen Begriffssystem entstammen und auch nicht an entsprechende Konstrukte angelehnt sind. Sie
bedürfen der Übersetzung in ein psychodiagnostisch handhabbares Konzept, um sie entsprechenden Methoden zugänglich zu machen. Hierzu zählen beispielsweise die Frage nach dem „Hang zu erheblichen Straftaten"
(§ 66 StGB; vgl. hierzu z. B. Kinzig 1998) als Voraussetzung für die Anordnung einer Sicherungsverwahrung oder die Rechtsfigur der „in der Tat zutage getretenen Gefährlichkeit" (§ 454 StPO), der sich ein im Entlassungs-
verfahren tätiger Gutachter gegenüber sieht (ein Konzept zur inhaltlichen
„Übersetzung" findet sich an späterer Stelle in den methodischen Abschnitten). Konkrete inhaltliche oder methodische Anforderungen an Prognosegutachten sucht man in den Gesetzestexten hingegen vergebens. Auch
die Rechtsprechung hat sich hierzu – anders als beispielsweise zur Frage
methodischer Standards bei Glaubhaftigkeitsgutachten (vgl. BGH v. 30. 7.
1999 – 1 StR 618/98) – bislang nicht sehr weitgehend geäußert (vgl. Birkhoff 2001; Lesting 2002). Einige grundsätzliche rechtliche Anforderungen

an Inhalt und Methodik von Prognosegutachten lassen sich aus der Funktion des Sachverständigen im Strafverfahren und der bislang vorliegenden Rechtsprechung gleichwohl ableiten. So ist wohl unbestritten, dass es bei der gerichtlichen Sachverständigentätigkeit von Psychologen und Psychiatern um die Zurverfügungstellung wissenschaftlich fundierter Expertise geht. Der prognostische Beurteilungsprozess muss insoweit einer als wissenschaftlich zu bezeichnenden Methodik folgen, der alleinige Rekurs auf (vorwissenschaftliches) Erfahrungswissen, Intuition oder spekulative Zusammenhangsvermutungen wird dieser Aufgabe nicht gerecht. Aus der Rolle des Sachverständigen als Gehilfe des eigentlichen Entscheidungsträgers ergibt sich weiterhin ein Transparenzgebot hinsichtlich des methodischen Vorgehens, der zugrunde liegenden diagnostischen Befunde und ihrer Wertung im prognostischen Beurteilungsprozess. Rechtsprechung und Kommentarliteratur legen außerdem nahe, dass die Gerichte für prognostische Entscheidungen im Strafverfahren individuelle, d.h. auf die Spezifika des jeweiligen Einzelfalls zugeschnittene Beurteilungen erwarten. So wird von den Obergerichten (jedenfalls für Entlassungsgutachten) die inhaltliche Auseinandersetzung mit der den Anlasstaten zugrunde liegenden Dynamik und den sonstigen Taturschen und der Entwicklung des Täters während des Vollzuges im Hinblick auf diese Taturschen gefordert, wobei auf der Grundlage dieser Informationen ein Wahrscheinlichkeitsurteil zu fällen ist (vgl. hierzu KG – Berlin, Beschluss vom 11.12.1998 – 5 Ws 672/98 sowie LG Nürnberg, Beschluss vom 22.8.2001 – Ws 942/01; s. auch Eisenberg 2002). Dies setzt eine auf wissenschaftlichen (empirischen, theoretischen) Erkenntnissen fußende idiografische Methodik voraus, die in der Lage ist, die im vorliegenden Einzelfall relevanten personalen und situationalen Tathintergründe zu analysieren und ein Erklärungsmodell für das relevante Verhalten des Probanden zu liefern. Statistische Methoden der Kriminalprognose (s. hierzu Kap. 1.5) können eine solche individualisierte Analyse des Anlassgeschehens bereits von ihrer Anlage her nicht leisten, da sie auf statistischen Durchschnittsverhältnissen fußen. Der alleinige Rekurs auf entsprechende Methoden und Instrumente genügt den rechtlichen Anforderungen daher nicht.

1.2 Kriminalprognosen als angewandte Wissenschaft: theoretische Grundlagen

1.2.1 Wissenschaftstheoretische Aspekte

Wissenschaftstheoretisch lassen sich Prognosen als Anwendungen von Theorien auf konkrete Problemstellungen auffassen. Eine Theorie in diesem Sinn ist jede Art von Begriffssystem, das in der Lage ist – oder dies zumindest beansprucht – bestimmte Phänomene zu erklären: „(Jedes) ... System, das zur Erklärung bestimmter Arten von Vorgängen geeignet ist, kann grundsätzlich auch zu ihrer Vorhersage verwendet werden" (Albert 1971 [1957], S. 127). Auch Kriminalprognosen werden von ihrem Grundprinzip her meist als Anwendungen von (Handlungs-, Verhaltens- oder Kriminal-)Theorien auf bestimmte Fallkonstellationen konzipiert (z. B. Spieß 1985), die hierfür erforderlichen formalen Denkschritte beschrieb Volckart (1997) als einen Akt deduktiven Schlussfolgerns nach den Regeln der Syllogistik.

Würde sich die Aufgabe einer Kriminalprognose, wie skizziert, tatsächlich auf die bloße Anwendung einer Theorie und ihrer Bezugnahme auf den Einzelfall beschränken, so hinge die Zuverlässigkeit der Vorhersage – bei Vermeidung logischer Fehler – im Wesentlichen von der Güte der zugrunde liegenden Theorie ab. Einschränkungen wären allenfalls durch Unsicherheiten bei der diagnostischen Erfassung der für die Schlussfolgerung benötigten individuellen Merkmale (Prädiktoren) zu erwarten, sie ließen sich mit mess- und testtheoretischen Mitteln hinreichend beschreiben und kontrollieren. Tatsächlich aber gehen die Anforderungen an den Prognostiker und seine Methodik erheblich weiter. Das Problem besteht darin, dass es keine Handlungs- oder Kriminaltheorie gibt, die geeignet wäre, die gesamte Breite denkbarer strafrechtlicher Verfehlungen in all ihren Facetten und möglichen Verflechtungen zu erklären. Sieht man von einigen Versuchen einmal ab, „Generaltheorien" mit vergleichsweise weitgehendem Geltungsanspruch zu formulieren (z. B. Gottfredson u. Hirschi 1990) – deren Abstraktionsgrad konkrete Verhaltensvorhersagen jedoch nahezu ausschließt –, so beziehen sich die verfügbaren Erklärungskonzepte auf mehr oder weniger eingeschränkte Ausschnitte aus dem Gesamtspektrum kriminellen Verhaltens. Sie beschränken sich – ausdrücklich oder stillschweigend – auf eingeschränkte Verhaltensphänomene (Sexualdelikte, Drogendelikte, Beziehungsdelikte usw.) und Geltungsbereiche (bestimmte Alters- oder Personengruppen, ein bestimmtes kulturelles und soziales Umfeld usw.), vor allem aber betonen sie gewöhnlich nur Einzelaspekte im Bedingungsgeflecht menschlichen Verhaltens (Temperamentfaktoren, Sozialisationserfahrungen, defizitäre personale Ressourcen, soziale und situationale Einflüsse u. Ä. m.). Einzeltheorien sind für sich genommen daher kaum je in der Lage, die in einem speziellen Fall relevanten Faktoren erschöpfend zu beschreiben.

Um der im Vorabschnitt skizzierten Anforderung, ein individuelles Erklärungsmodell für das Anlassgeschehen zu entwickeln, nachzukommen, stellt sich dem Prognostiker daher zunächst die Aufgabe, aus der Fülle der in Frage kommenden Erklärungsansätze diejenigen herauszufiltern und zusammenzustellen, die im vorliegenden Einzelfall überhaupt von Belang sind und – zusammengenommen und integriert – eine hinreichende Erklärung für die Genese des Anlassdelikts liefern. Diese Aufgabe geht über einen bloßen deduktiven Schluss weit hinaus. Tatsächlich handelt es sich um die Entwicklung einer auf die Besonderheiten des Einzelfalls zugeschnittenen Individualtheorie (eben eine individuelle Kriminaltheorie, vgl. Abschn. 1.6.2), die sich an wissenschaftstheoretischen Anforderungen an Theorienbildung messen lassen muss (vgl. z. B. Gadenne 1994). Die Zuverlässigkeit der Prognose bestimmt sich mithin nicht nur aus der Güte der hierfür im Einzelnen herangezogenen Handlungs- bzw. Kriminaltheorien, sondern hängt wesentlich von ihrer tatsächlichen Relevanz für den vorliegenden Einzelfall (ihrer Spezifität), ihrem Erschöpfungsgrad bei der Erfassung der individuell relevanten Zusammenhänge und nicht zuletzt von ihrer inneren Widerspruchsfreiheit ab (vgl. im Einzelnen Dahle 1997). Eine wissenschaftliche und den im Vorabschnitt beschriebenen rechtlichen Anforderungen genügende Methode der Kriminalprognose sollte daher einen Rahmen für die erforderliche Entwicklung eines solchen individuellen Erklärungsmodells bereitstellen. Sie sollte zudem Maßstäbe zur Kontrolle ihrer Umsetzung bieten.

1.2.2 Verhaltenstheoretische Aspekte

Sieht man von einigen sehr seltenen und extremen Verhaltensphänomenen ab, so ist wohl unstrittig, dass menschliches Verhalten nicht allein durch die personalen Merkmale der handelnden Person determiniert ist, sondern sich vielmehr stets vor dem Hintergrund situationaler Gegebenheiten realisiert. Verhalten ist insofern eine Folge der Interaktion zwischen der agierenden Person mit ihren (aktuellen und überdauernden) Merkmalen und der sie umgebenden Situation als Handlungsfeld (vgl. Lewin 1963) mit all den Gelegenheiten, die sie bietet, und den Anforderungen, die sie stellt. Freilich kann die Bedeutung situationaler und personaler Faktoren für das Zustandekommen einer Handlung variieren. So gibt es Situationen mit hohem Anforderungsgehalt an ein bestimmtes Verhalten ebenso wie solche mit relativ geringem Anforderungsgehalt und entsprechend größeren Freiheitsgraden für unterschiedliche Verhaltensweisen. Auch gibt es Personengruppen mit unterschiedlichen Sensibilitäten für situationale Gegebenheiten: solche, die sich habituell sehr stark an vermeintlichen äußeren Anforderungen orientieren und ihr Verhalten daran ausrichten (z. B. selbstunsichere Persönlichkeiten), ebenso wie solche, die auch unterschiedlichste Situationen sehr einseitig wahrnehmen und interpretieren (z. B. misstrauische Persönlichkeiten) oder solche, die dazu neigen, immer wieder bestimmte situationale Gegebenheiten und Gelegenheiten aktiv herzustellen (z. B. Personen mit pädophilen Neigungen, die immer wieder Spielplätze oder ähnliche Örtlichkeiten aufsuchen).

Für Kriminalprognosen – genauer: für entsprechende Rückfallprognosen – bieten extreme Konstellationen günstige Voraussetzungen für treffsichere Vorhersagen. Stellt sich die rückblickende Analyse des Anlassdelikts in einem konkreten Fall beispielsweise so dar, dass es sich bei der Tat des Betroffenen um ein an sich atypisches singuläres Verhalten vor dem Hintergrund einer ungewöhnlichen Ausnahmesituation mit extremem Anforderungsgehalt handelte, wird die Erwartung etwaiger Rückfälle vermutlich gering sein. Eine Wiederholung der für ein analoges Verhalten erforderlichen Rahmenbedingungen wäre unwahrscheinlich. Es könnte sich z. B. um ein klassisches Beziehungsdelikt oder um eine Verzweiflungstat gehandelt haben. Stellt man auf der anderen Seite fest, dass beim Anlassgeschehen in hohem Maße verfestigte personale Besonderheiten die Dynamik bestimmten und die Tatsituation nur eine untergeordnete Rolle spielte, als solche nicht ungewöhnlich war oder aktiv vom Betroffenen aufgrund seiner (überdauernden) Bedürfnisse hergestellt wurde, wird die Prognose vermutlich deutlich ungünstiger aussehen – jedenfalls sofern nicht gute Gründe die Annahme nahe legen, dass sich die verantwortlichen personalen Faktoren in der Zwischenzeit nachhaltig verändert haben. Probleme bereitet das breite „Mittelfeld", wo rückblickend weder außergewöhnliche situationale noch personale Faktoren eindeutig im Vordergrund standen, sondern beide Aspekte gleichermaßen zur Genese des Anlassdelikts beitrugen. Etwaige Rückfälle im Sinne von Wiederholungshandlungen mit ähnlicher Ursachenstruktur sind in diesen Fällen zwangsläufig nur mit Einschränkungen vorherzusagen, da sich die Prognose weitgehend auf die personalen Handlungsvoraussetzungen beschränken muss.

Es bestehen indessen Gründe für die Annahme, dass gerade in Fällen mit gravierender Gewaltkriminalität als Anlassdelikt die Voraussetzungen für eine Kriminalprognose oftmals eher günstig sind. Dies liegt vor allem daran, dass solche Handlungen im Regelfall mit sehr hohen Hemmschwellen versehen sind und daher entsprechend selten vorkommen. Für die Genese des Anlassgeschehens sind daher von vornherein entweder außergewöhnliche situationale Rahmenbedingungen oder aber besondere personale Faktoren zu erwarten. Schwierigere Ausgangsbedingungen im Sinne der oben skizzierten Mittelfeldproblematik wären hingegen eher bei geringfügigerer bis mittelschwerer Ausgangsdelinquenz zu erwarten, bei denen oftmals diffuse Handlungsbereitschaften auf der personalen Seite gemeinsam mit mehr oder weniger gewöhnlichen Gelegenheiten auf der situationalen Seite zusammentreffen und in dieser Interaktion für das Zustandekommen des Anlassdelikts verantwortlich sind. Für die theoretische Vermutung, dass bei Personen mit schwerer Gewaltkriminalität oft zuverlässigere Prognosen möglich sind als bei Personen mit niederschwelligerer Alltagsdelinquenz liegen mittlerweile auch empirische Belege vor. So zeigte sich bei verschiedenen Untersuchungen im Rahmen der Berliner CRIME-Studie (vgl. Dahle u. Erdmann 2001), dass verschiedene Prognoseinstrumente bei einer Stichprobe mit gravierender Gewaltkriminalität höhere Vorhersagevaliditäten aufwiesen als bei einer randomisierten Strafgefangenenstichprobe mit entsprechend hohen Anteilen an Diebstahls- und anderer Eigentumsdelinquenz (vgl. Weise 2003, s. auch Dahle 2005). Eine wichtige Voraussetzung für diese Differenzen war nicht zuletzt ein deutlich unterschiedliches Rückfallprofil. Während die größte Gruppe der Probanden aus der randomisierten Strafgefangenenstichprobe früher oder später mit leichten bis mittelschweren Delikten erneut strafrechtlich in Erscheinung trat, war das Rückfallprofil der Stichprobe mit den gravierenden Anlassdelikten deutlich zweigipflig. Das bedeutet, dass die Probanden entweder nicht oder allenfalls mit Bagatelldelikten (Geld- oder Bewährungsstrafen, keine erneute Haft) oder aber gleich mit gravierenden Gewalttaten (hier im

Sinne § 454 StPO definiert) rückfällig wurden, wohingegen mittelschwere Rückfalldelikte (ohne dass auch gravierende Gewalttaten begangen wurden) kaum vorkamen. Es scheint also, dass die Rückfälligen und Nichtrückfälligen dieser Gruppe schärfer profiliert waren und dass es mit entsprechenden Prognosemethoden gelingen kann, diese Unterschiede zu erkennen (vgl. im Einzelnen Dahle 2005).

Trotz der verhaltenstheoretisch erwartbaren und empirisch bestätigten Vermutung, dass bei gravierender Anlassdelinquenz die Voraussetzungen für treffsicherere Prognosen günstiger sind, ist festzuhalten, dass die Zuverlässigkeit von Kriminal- oder ganz allgemein von Verhaltensprognosen durch die eingeschränkte Vorhersagbarkeit situationaler Rahmenbedingungen begrenzt wird. Dies gilt selbst für den theoretischen Idealfall einer inhaltlich und handwerklich perfekten Prognose mit vollständiger Aufklärung aller personalen Risikofaktoren. Nicht zuletzt ist (jedenfalls bei Entlassungsprognosen) der Geltungszeitraum der Prognose sehr lang und es besteht das Risiko, dass irgendwann ungewöhnliche Ereignisse, Lebenskrisen oder andere Rahmenbedingungen eintreten, deren Vorhersage im Einzelfall außerhalb der Möglichkeiten seriöser wissenschaftlicher Prognosen liegt. Die Möglichkeit des Irrtums liegt insoweit zu einem gewissen Grad im Wesen jeder Verhaltensvorhersage. Es ist daher sinnvoll, zwischen Prognoseirrtum – dem Nichteintreffen einer Verhaltensvorhersage – und Prognosefehler zu unterscheiden. Als Prognosefehler sind dabei fehlerhafte Anwendungen einer Prognosemethode, also Verstöße gegen ihre zugrunde liegenden Standards und Regeln, zu verstehen. Fehlerfreie Prognosen in diesem Sinn schließen Irrtümer nicht aus. Es ist aber zu erwarten, dass eine methodisch fundierte Prognose das Risiko eines Irrtums auf das Ausmaß des nach aktuellem wissenschaftlichen Kenntnisstand Möglichen reduziert.

1.2.3 Kriminaltheoretische Aspekte

Die von der Rechtsprechung von Prognosegutachten erwartete Aufarbeitung der „den Anlasstaten zugrunde liegenden Dynamik und … sonstigen Tatursachen und der Entwicklung des Täters während des Vollzuges im Hinblick auf diese Tatursachen" (vgl. Abschn. 1.2.2) setzt die Bezugnahme auf Erklärungsmodelle für delinquentes Handeln voraus. In Frage kommen hierfür zunächst Kriminaltheorien, deren Ziel es ja gerade ist, mögliche Ursachen und Hintergründe entsprechender Handlungen herauszuarbeiten und in ein konsistentes Erklärungsmodell zu integrieren. Es ist hier nicht der Ort, die zahlreichen Ansätze, die hierzu mittlerweile entwickelt worden sind, zu skizzieren; einschlägige (wenn auch selten erschöpfende) Übersichten geben die meisten Lehrbücher der Kriminologie bzw. entsprechende Monografien (z. B. Lamnek 1994, 1996), einige neuere Ansätze wurden z. B. von Schneider (1997) zusammengetragen, einige speziell individualpsychologische Modelle finden sich z. B. auch bei Egg (2003). Ein besonderer Zweig empirischer Forschung und Theorienbildung widmet sich auch den speziellen Umständen von strafrechtlichen Rückfallereignissen und den Rahmenbedingungen für die Aufrechterhaltung oder die Beendigung eingeschlagener delinquenter Entwicklungspfade (z.B. Besozzi 1999; Mischkowitz 1993; Stelly u. Thomas 2001; vgl. auch die entsprechenden Bezüge aus der längsschnittlich orientierten Entwicklungskriminologie, z.B. Thornberry u. Krohn 2003). Spezielle Theorien, die den Prozess des Abbruchs eingeschlagener kriminogener Entwicklungen näher zu erfassen suchen, wurden beispielsweise von Sampson und Laub (1993) oder von Shover und Thompson (1992) vorgelegt und empirisch belegt.

Die empirische Fundierung der in den einzelnen Ansätzen beschriebenen Zusammenhänge und mithin die Verlässlichkeit ihrer Aussagen sind indessen recht unterschiedlich. Gemeinsam ist all diesen Theorieansätzen jedoch – hierauf wurde bereits hingewiesen –, dass sie stets nur Ausschnitte des Gesamtphänomens strafrechtsbedeutsamer Handlungen abdecken und daher nur selten in der Lage sind, das Bedingungsgefüge eines spezifischen Geschehens im Sinne der o.g. Anforderung hinreichend aufzuklären. Es lässt sich daher im Regelfall nicht einfach eine Einzeltheorie heranziehen und auf den Einzelfall anwenden (vgl. Abschn. 1.2.1). Vielmehr gilt es zunächst, die für ein spezifisches Geschehen relevanten Aspekte aus den unterschiedlichen Ansätzen herauszuarbeiten und in ein spezifisches Erklärungsmodell zu integrieren.

Wichtig ist weiterhin, dass sich die meisten Kriminaltheorien weitgehend auf den Bereich klassischer Kriminalität bzw. antisozial-delinquenter Entwicklungen konzentrieren. Zur Erklärung von Strafrechtsverstößen, die z.B. mit psychischen Störungen zusammenhängen (wie es bei Patienten des psychiatrischen Maßregelvollzugs definitionsgemäß der Fall ist), oder zur Aufhellung von Gewalthandlungen vor dem Hintergrund außergewöhnlicher Belastungssituationen eignen sie sich daher nur bedingt. Hier ist der Rekurs auf entsprechende Störungstheorien bzw. auf allgemeinpsychologische Handlungs- und Verhaltenstheorien erforderlich; diese sollten dementsprechend zum Grundinventar psychowissenschaftlicher Expertise gehören.

1.2.4 Entscheidungstheoretische Aspekte

Es wurde eingangs bereits angesprochen, dass strafrechtsrelevante Prognoseentscheidungen in letzter Konsequenz Sache des Rechtsanwenders sind, da sie Risikoabwägungen beinhalten, die nicht im Kompetenzbereich psychowissenschaftlicher Expertise liegen. Gleichwohl sollte (auch) der Prognosesachverständige die wichtigsten entscheidungstheoretischen Grundbegriffe und Gesetzmäßigkeiten kennen – auch wenn sich seine Prognose letztlich auf eine Wahrscheinlichkeitsaussage beschränkt, auf deren Grundlage der Rechtsanwender dann die eigentliche Entscheidung treffen muss (vgl. hierzu auch Volckart 2002). Damit sind im hiesigen Kontext nicht psychodiagnostische Entscheidungstheorien gemeint, wie sie im Rahmen der Untersuchung und Modellierung diagnostischer Beurteilungsprozesse eine Rolle spielen

(s. hierzu z. B. Westmeyer 2003). Es soll im Folgenden vielmehr um mathematisch-entscheidungstheoretische Zusammenhänge gehen, da sie für die grundlegende Beurteilung der Zuverlässigkeit von Prognoseentscheidungen unter verschiedenen Randbedingungen und insbesondere für die Einschätzung der Verteilung von Irrtumsrisiken von grundlegender Bedeutung sind. Ihre wesentlichen Grundbegriffe sind die sog. Basisrate (auch Grundrate oder Prävalenz) und die sog. Selektionsrate (auch Auswahlrate).

Unter der Basisrate versteht man im Rahmen von Prognosen den (theoretischen) Anteil derjenigen Personen innerhalb einer interessierenden Population, für die das zu prognostizierende Ereignis eintreffen wird, also z. B. bei Rückfallprognosen im Rahmen von Entlassungsentscheidungen den Anteil der Personen, der innerhalb des Geltungszeitraums der Prognose mit erneuten (Gewalt-)Taten rückfällig würde, und zwar sowohl die rückfälligen Entlassenen als auch diejenigen Nichtentlassenen, die rückfällig geworden wären, wenn man sie entlassen hätte. Wichtig ist dabei die Bezugnahme auf eine relevante Grundgesamtheit. Nicht selten findet man hier nämlich Missverständnisse dergestalt, dass Prävalenzraten in der Gesamtbevölkerung zugrunde gelegt werden (z. B. Kühl u. Schumann 1989). Dies führt vor allem bei gravierenden Gewaltdelikten zur (fälschlichen) Annahme absurd geringer Basisraten, die in der Folge die Betrachtung von Irrtumsverteilungen erheblich verzerren. Tatsächlich geht es bei Prognosen im strafrechtlichen Umfeld jedoch nicht um zufällig aus der Gesamtbevölkerung rekrutierte Personen, sondern um eine hochspezielle Risikoklientel, die bereits einschlägig in Erscheinung getreten ist und deren Rückfallwahrscheinlichkeit beurteilt werden soll. Die Basisraten erneuter entsprechender Handlungen bei dieser Gruppe sind im Vergleich zur Gesamtbevölkerung um ein Vielfaches höher (s. im Einzelnen Abschn. 1.3).

Von Bedeutung für die Basisrate ist weiterhin der Zeitraum, für den die Prognose gelten soll. Vor allem, wenn es um Entlassungsprognosen geht, ist der Anspruch des Gesetzgebers an den zu beurteilenden Geltungszeitraum extrem lang, er umfasst letztlich das zukünftige Leben des Betreffenden schlechthin. Dies hat Anlass zu Kritik gegeben. Mitunter wurde die Beschränkung auf einen überschaubaren Zeitraum (mit regelmäßigen Neubeurteilungen nach bestimmten Zeitintervallen) gefordert, weil hinreichend valide Kriminalprognosen für einen längeren Zeitraum nicht möglich seien (z. B. Nedopil 2000). Der Einwand ist aus verhaltenstheoretischer Sicht durchaus plausibel, da, wie bereits erörtert, mit zunehmendem zeitlichen Abstand vom Beurteilungszeitpunkt das Risiko unvorhersehbarer Lebensereignisse und Entwicklungen steigt, die das Legalverhalten beeinflussen können. Er entspricht gleichwohl nur der halben Wahrheit. Er gilt nämlich nur für Personen, die als nicht rückfallgefährdet beurteilt werden. Für diesen Personenkreis ist es evident, dass mit jedem neuen Bewährungstag das Risiko einer Fehlprognose steigt – je kürzer der Betrachtungszeitraum, umso größer ist die Wahrscheinlichkeit, dass die günstige Prognose zutrifft. Für Personen, die als rückfallgefährdet klassifiziert werden, gilt hingegen das Gegenteil (nur fällt dies kaum auf, da sie zumeist im Vollzug verbleiben). Hier wird die Wahrscheinlichkeit einer zutreffenden Prognose mit der Länge des Betrachtungszeitraums immer größer. Auch dieser Zusammenhang ist verhaltenstheoretisch nachvollziehbar, da selbst bei Hochrisikopopulationen z. B. gravierende Gewalttaten relativ seltene Ereignisse im Verhaltensstrom der Betroffenen darstellen und es erst entsprechender situationaler Konstellationen, Anforderungen oder Gelegenheiten bedarf, um die Risikopotenziale sich entfalten zu lassen.

Insofern die Irrtumsrisiken mit zunehmender Zeitdauer je nach Prognoseergebnis in unterschiedliche Richtungen laufen, stellt sich die Frage nach einem im Hinblick auf die Beurteilung der Gesamtgüte von Prognoseentscheidungen optimalen Betrachtungszeitraum. Hierzu liegen bislang kaum empirische Befunde vor. Das Problem besteht darin, dass die zu untersuchenden Prognoseentscheidungen keinen Einfluss auf die Entlassung der beurteilten Personen gehabt haben dürfen, andernfalls wären ja nur die Irrtümer bei den als günstig eingestuften Fällen überprüfbar. Im Rahmen der bereits erwähnten CRIME-Studie[3] war diese Voraussetzung gegeben. Hierbei zeigte sich für unterschiedliche (statistische wie klinisch-idiografische) Prognosemethoden und Rückfallkriterien, dass sich die größten Unterschiede zwischen den verschieden eingestuften Risikogruppen stets erst nach mehreren Jahren einstellten und dass diese dann gewöhnlich für den restlichen (insgesamt immerhin über 20 Jahre umfassenden) Katamnesezeitraum weitgehend konstant blieben. Die folgende Abb. 1.1 mit Überlebensfunktionen dreier mittels klinisch-idiografischer Beurteilung abgestufter Risikogruppen für Gewaltdelikte veranschaulicht die Trennungsfähigkeit der Prognose im Verlauf des Katamnesezeitraums beispielhaft anhand des Kriteriums von Gewaltdelikten nach dem Beurteilungszeitpunkt. Es wird deutlich, dass die Überlebenskurven der als ungünstig und – etwas schwächer ausgeprägt – der als uneindeutig eingeschätzten Fälle über mehr als 10 Jahre nach Entlassung aus der Indexhaft erheblich steiler verlaufen als die der als günstig eingeschätzten Fälle.

Unter der Selektionsrate versteht man denjenigen Anteil aus einer interessierenden Population, für die eine bestimmte Entscheidung getroffen wird, also z. B. bei Rückfallprognosen im Rahmen von Entlassungsentscheidungen den Anteil der in Frage kommenden Personen, die aufgrund einer nicht hinreichend günstigen Beurteilung in der Maßnahme (Strafvollzug, Maßregelvollzug) verbleiben. Die Selektionsrate spiegelt insofern das Ergebnis der Risikoabwägungen der Entscheidungsträger in einer bestimmten Population wider. Es liegt auf der Hand, dass hierin sowohl prognostische

---

[3] Hierbei handelt es sich um eine Längsschnittuntersuchung an einer Zufallsstichprobe von ursprünglich 397 männlichen erwachsenen Strafgefangenen aus dem Berliner Justizvollzug des Jahres 1976, deren weiterer Werdegang seither nachvollzogen wird. Ein Teil der Studie bestand in der Erprobung und (Weiter-)Entwicklung von Prognosemethoden, die retrospektiv (aber „blind" hinsichtlich der tatsächlichen Entwicklung) für den Entlassungszeitpunkt aus der Indexhaft erstellt wurden. Da die tatsächliche Entlassung unabhängig von den Prognosen bereits erfolgt war, war es möglich, auch die Validität ungünstiger Prognosen zu untersuchen.

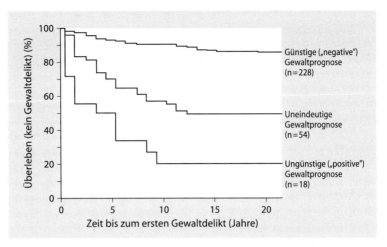

Abb. 1.1. Überlebenskurven einer mittels klinisch-idiografischer Prognosemethode in 3 Risiko-gruppen unterteilten Stichprobe von Strafgefangenen nach Entlassung aus der Haft im Hinblick auf Gewaltdelikte (Quelle: Berliner CRIME-Studie)

Einschätzungen über die jeweilige Personengruppe als auch rechtliche und kriminalpolitische Vorgaben über das Ausmaß einzugehender Risiken eingehen. Insoweit ist zu vermuten, dass die Selektionsrate in Abhängigkeit von unterschiedlichen Personengruppen (z. B. mit unterschiedlichen Anlassdelikten oder Altersgruppen) und gesellschaftlichen Strömungen (z. B. abnehmende Risikobereitschaft bei Sexualdelikten im Verlauf der letzten Jahre) variiert. Beispielsweise lag die Quote vorzeitig entlassener Gefangener bei den Probanden der CRIME-Studie (Querschnitt aus dem Strafvollzug erwachsener Männer Mitte bis Ende der 70er Jahre) bei rund 28%. Bei einer Stichprobe des Regelvollzugs der JVA Berlin-Tegel mit gravierenderen Gewaltdelikten (und entsprechend langen Haftzeiten) aus den 90er Jahren lag sie hingegen bei rund 40% (vgl. Schneider 1999), wohingegen eine Stichprobe von Sexualstraftätern aus demselben Zeitraum und dem Regelvollzug derselben Vollzugsanstalt nur zu rund 18% vorzeitig entlassen wurde (vgl. Ziethen 2003 b).

Die Bedeutung von Basis- und Selektionsrate liegt nun darin, dass beide Größen die Qualität von Prognoseentscheidungen und die Verteilung von Irrtumsrisiken beeinflussen, und zwar unabhängig von der Validität der Prognosemethode. Eine valide Prognosemethode ist dabei eine Methode, die ein Ereignis besser vorhersagt als eine zufällige Zuordnung. Ihre Validität lässt sich z. B. durch die Größenordnung ihres korrelativen Zusammenhangs mit dem Kriterium (also Rückfall) ausdrücken (weitere Kennwerte werden an späterer Stelle beschrieben).

Nun lassen sich als Qualitätskriterien für die Prognose, je nach Zielstellung, ganz unterschiedliche Aspekte betrachten: die wichtigsten (weitere z. B. bei Mossmann 1994) sind die Gesamttrefferquote (Anteil der insgesamt mit

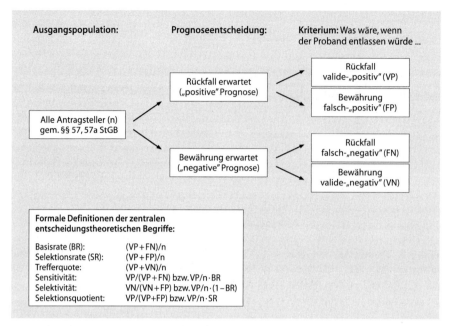

Abb. 1.2. Ergebniskategorien einer (dichotomen) Prognoseentscheidung am Beispiel vorzeitiger Entlassung aus dem Strafvollzug

einer Prognosemethode korrekt eingeschätzten Fälle), die sog. Sensitivität (Anteil der korrekt identifizierten Rückfälligen an den tatsächlich Rückfälligen), die sog. Spezifität (Anteil der korrekt als nicht rückfällig eingeschätzten Fälle an den tatsächlich Nichtrückfälligen) und der sog. Selektionsquotient (bei Entlassungsprognosen: theoretischer Anteil der Rückfälligen an den tatsächlich nicht – vorzeitig – entlassenen Personen). Die letzten drei Qualitätsmerkmale beziehen sich explizit auf die Basis- bzw. Selektionsrate, die sich somit unmittelbar auf die Kennwerte auswirken (Abb. 1.2).

Es lässt sich mathematisch zeigen (s. hierzu im Einzelnen Wiggins 1973), dass der Gewinn an Zuverlässigkeit, den man durch den Einsatz einer validen Prognosemethode erzielen kann, systematisch von der Basis- und der Selektionsrate, aber auch von der interessierenden Zielgröße bzw. dem interessierenden Qualitätsmerkmal abhängt. Besteht das Ziel nämlich darin, insgesamt möglichst viele korrekte Prognosen, also eine hohe Gesamttrefferquote, zu erzielen, so lohnt der Einsatz der Prognosemethode umso mehr, je mehr sich Basis- bzw. Selektionsrate im mittleren Bereich bewegen. Der Gewinn gegenüber einer an der Selektionsrate orientierten Zufallsentscheidung sinkt in dem Maß, wie sich die Größen (extremen) Randbereichen annähern. Besteht das Ziel hingegen darin, mit Hilfe einer Prognosemethode möglichst viele Rückfällige korrekt zu identifizieren und damit den Anteil falsch-negativer Urteile zu minimieren (also eine hohe Spezifität zu erzielen), so lohnt der Einsatz der Methode gerade bei extremen Basis- und Selektionsraten, was freilich zu Lasten der Verringerung der Rate falsch-positiver Urteile geht. Für die Zielfacette, bei den im Vollzug zu belassenden Personen den Anteil tatsächlich positiver Fälle zu optimieren (also eine möglichst hohe Selektionsquote zu erzielen), liegen die Verhältnisse zwischen den o. g. Gegebenheiten. Auch hier ist der durch eine valide Methodik zu erzielende Gewinn im Bereich mittlerer Ausprägungen von Basis- und Selektionsrate am größten, gleichwohl lassen sich auch in den Randbereichen durch ihren Einsatz noch signifikant zuverlässigere Ergebnisse erzielen (Rechenbeispiele hierzu finden sich z. B. bei Kersting 2003).

Ohne Zweifel wäre im Regelfall eine hohe Gesamttrefferquote, also eine Methode, die sowohl falsch-negative als auch falsch-positive Beurteilungen minimiert, erstrebenswert. Dies lässt sich nur durch möglichst valide Prognosemethoden erreichen; hierum wird es in den Abschn. 1.5 und 1.6 gehen. Grundsätzlich gilt aber auch für sehr valide Methoden, dass der erzielbare Gewinn an Zuverlässigkeit im Hinblick auf die Gesamttrefferquote in den Randbereichen sehr geringer oder sehr hoher Basis- und/oder Selektionsraten abnimmt; bei extremen Verhältnissen (die in der Praxis aber kaum vorkommen, wenn der Geltungsbereich der Prognose hinlänglich lang ist) „lohnt" ein Einsatz im Hinblick auf diese Zielvorgabe – jedenfalls aus entscheidungstheoretischer Sicht – kaum noch. Hier lassen sich durch ihren Einsatz gleichwohl bestimmte Zielfacetten erreichen, bei extrem geringer Basisrate etwa eine Minimierung falsch-negativer Urteile. Das Risiko einer Fehlbeurteilung trifft dabei jedoch die tatsächlich negativen (also nichtrückfälligen) Fälle, da bei diesen extremen Verhältnissen der Anteil falsch-positiver Urteile gegenüber einer Zufallsentscheidung durch Einsatz einer Methode nur mehr unwesentlich geringer ist.

1.3   Kriminalprognosen als kontrollierte Erfahrung: empirische Grundlagen

Empirische Untersuchungen zu den Ursachen, der Häufigkeit oder den Verlaufsformen delinquenten Verhaltens, zu Fragen der Häufigkeit und den Bedingungen für Rückfall und Bewährung, den Voraussetzungen und Möglichkeiten der Beeinflussbarkeit krimineller Karrieren u. Ä. m. stellen den Grundbestand wissenschaftlich kontrollierter Erfahrungen dar, ohne die eine als wissenschaftlich zu bezeichnende Kriminalprognose nicht denkbar ist. Bereits die Bezugnahme auf Verhaltens- oder Kriminaltheorien bei der Rekonstruktion des Anlassdelikts im Rahmen einer Prognosebeurteilung verlangt Kenntnisse der empirischen Fundierung der theoretisch vermuteten Zusammenhänge und ihrer Rahmenbedingungen. Aber auch bei der konkreten Einschätzung der Rückfallwahrscheinlichkeit sind Kenntnisse empirischer Befunde unumgänglich, sie bilden in letzter Konsequenz die Grundlage, auf der sich entsprechende Aussagen überhaupt wissenschaftlich begründen lassen. Ohne die Bezugnahme auf (wissenschaftlich kontrollierte) Erfahrungen blieben Annahmen über die Wahrscheinlichkeit zukünftiger Handlungen letztlich spekulativ. Es ist hier nicht der Ort, eine inhaltliche Übersicht über den jeweiligen aktuellen Stand der verschiedenen relevanten Forschungszweige zu geben, entsprechende Darstellungen finden sich in den spezifischeren Abschnitten der Handbuchreihe. Im Rahmen der hiesigen Einführung in die Grundlagen von Kriminalprognosen sollen im Folgenden aber die wichtigsten grundsätzlichen Forschungsrichtungen vorgestellt und ihre jeweilige praktische Bedeutung für die Prognosebeurteilung erörtert werden.

1.3.1 Basisraten und empirische Rückfallquoten

Die Problematik von Basisraten wurde in ihrer Bedeutung für die Beurteilung der unterschiedlichen Qualitätsfacetten von Prognosen und die Einschätzung der Verteilung von Irrtumsrisiken bereits im Vorkapitel behandelt. Basisraten haben für Kriminalprognosen jedoch noch eine weitere wichtige und durchaus praktische Bedeutung: Sie vermitteln dem Prognostiker nämlich eine Grundvorstellung von den Größenordnungen der Verhältnisse, die er einschätzen soll. Sie justieren den prognostischen Urteilsprozess – an dessen Ende ja eine Wahrscheinlichkeitsaussage stehen soll – gewissermaßen auf dasjenige Ausgangsniveau, das bei statistischen Durchschnittsverhältnissen zu erwarten wäre. Es liegt auf der Hand, dass sich die für diesen Zweck herangezogene Basisrate auf einen Personenkreis beziehen sollte, die dem zu beurteilenden Fall weitgehend ähnelt. Grobe Daten – etwa zur Rückfälligkeit von Straftätern nach Freiheitsentzug – helfen kaum weiter, da hier sehr heterogene Gruppen mit sehr unterschiedlichen Voraussetzungen im Hinblick auf das Anlass- und das Kriteriumsereignis enthalten sind. Ideal wäre die Bezugnahme auf Basisraten von Personengruppen, die der zu beurteilenden Person zumindest im Hinblick auf das Geschlecht, die Altersgruppe und die Art und Schwere des Anlassdelikts entsprechen.

Das Problem besteht darin, für einen vorliegenden Fall überhaupt zu einer angemessenen Einschätzung der Basisrate zu gelangen. Es wurde bereits erwähnt, dass es sich hierbei um eine theoretische Größe handelt, deren reale Größenordnung unbekannt ist. Daher lassen sich nur Schätzungen vornehmen (die Verzerrungen unterliegen; s. u.), die auf Erfahrungen basieren, die man bislang mit der Rückfälligkeit vergleichbarer Personengruppen gemacht hat. Eine systematische Erfahrungssammlung in Form einer Rückfallstatistik wurde von Jehle et al. (2003) zusammengestellt. Allerdings zielen die dort vorgenommenen Differenzierungen eher auf die Untersuchung von Strafrechtsfolgen und der gewählte Katamnesezeitraum von vier Jahren ist in Anbetracht des Rückfallkriteriums neuer Einträge rechtsgültiger Verurteilungen ins Bundeszentralregister recht kurz. Für prognostische Anwendungszwecke ist die Statistik daher nur von eingeschränktem Wert.

Für die Einschätzung von Basisraten ist man daher einstweilen auf empirische Rückfallstudien angewiesen. Für die Beurteilung ihrer Brauchbarkeit zu diesem Zweck ist zunächst der untersuchte Katamnesezeitraum relevant. Einige publizierte Studien beziehen sich nur auf sehr kurze Beobachtungszeiträume, andere operieren mit unterschiedlichen Zeiträumen innerhalb einer Untersuchungsgruppe (zur Frage angemessener Zeiträume vgl. das Vorkapitel). Weiterhin ist die Herkunft der Stichprobe wichtig. Häufig beziehen sich die Untersuchungen nämlich auf hochselektive Personengruppen (z. B. Gelegenheitsstichproben oder Entlassene einer bestimmten Behandlungseinrichtung), wirklich randomisierte Untersuchungsgruppen (z. B. die KrimZ-Studie zur Rückfälligkeit von Sexualstraftätern, vgl. hierzu z. B. Elz 2001, 2002, 2003) sind selten. Insoweit sollten sich Referenzstudien zumindest auf Personengruppen beziehen, die dem zu beurteilenden Fall nahe kommen (z. B. Maßregelvollzugspatienten, Regelvollzugsentlassene o. Ä.). Von Bedeutung sind ferner die Rückfallkriterien, auf die sich Rückfallstudien beziehen. Einige Arbeiten konzentrieren sich z. B. ausschließlich auf einschlägige Rückfälle, was in Fällen polytroper Delinquenz zu erheblichen Verzerrungen führen kann (s. u.). Nicht ohne Probleme ist schließlich die Übertragung von Ergebnissen ausländischer Studien, da die Kriminalitäts- und Rückfallbelastung in den verschiedenen Ländern variieren kann und zudem Unterschiede im Strafaufklärungs- und -verfolgungssystem die Vergleichbarkeit mit hiesigen Verhältnissen einschränken.

Eine Zusammenstellung von Rückfallraten unterschiedlicher Deliktgruppen aus jüngerer Zeit stammt von Nedopil (2000), der sich auf (nicht weiter genannte) empirische Studien aus der Literatur bezieht. Leider finden sich keine Angaben über die jeweiligen Rückfallkriterien oder zur Herkunft der einbezogenen Personengruppen. Auch scheinen die Katamnesezeiträume – jedenfalls in ihrer unteren Schwelle (2 Jahre) – zumindest für gravierende Rückfallereignisse zu gering. Dies mag ein Grund dafür sein, dass die angegebenen Basisraten, etwa im Vergleich zur Untersuchung von Dünkel und Geng[4] (2003), recht niedrig erscheinen. Die Angabe einer Rückfallrate zwischen 0 und 3% nach Tötungsdelikten lässt weiterhin vermuten, dass ausschließlich einschlägige Rückfälle einbezogen wurden. Das wäre nicht ganz unproblematisch, da immerhin auch gravierende (nur eben nicht letal endende) Gewaltdelikte als Nichtrückfall gewertet würden.

Unabhängig von methodischen Aspekten bei der Heranziehung von Untersuchungen ist zu beachten, dass Basisratenschätzungen auf der Grundlage empirischer Rückfallstudien einigen grundsätzlichen Verzerrungen unterliegen. Diese wirken sich weitgehend einseitig in Richtung einer systematischen Unterschätzung der tatsächlichen (theoretischen) Basisrate aus. Dies liegt zunächst an der notwendigen zeitlichen Begrenzung empirischer Studien, die es

---

[4] Die von Dünkel und Geng berichteten Rückfallzahlen entsprechen weitgehend den in der bereits zitierten CRIME-Studie vorgefundenen Verhältnissen.

bedingt, dass Rückfälle außerhalb des Katamnesezeitraums unbeachtet bleiben. Bedeutsam ist weiterhin die Dunkelfeldproblematik, d. h. unvollständiges Anzeigeverhalten (z. B. bei Sexualdelikten), Aufklärungsdefizite und nicht zuletzt juristische Anforderungen (z. B. nicht zweifelsfrei beweisbare Fälle) bringen es mit sich, dass nicht alle tatsächlichen Vorkommnisse der untersuchten Personengruppe erfasst werden können. Weiterhin führt die Time-at-risk-Problematik zu einer nicht unerheblichen Unterschätzung tatsächlicher Basisraten. Diese hat im Rahmen von Rückfallstudien zweierlei Facetten. Die eine Facette besteht darin, dass Personen mit hohem Rückfallrisiko im Mittel längere Lebenszeit im Gewahrsam von Vollzugsanstalten verbringen (z. B. aufgrund versagter Bewährungsaussetzungen). Sie sind somit gegenüber Niedrigrisikogruppen durchschnittlich älter, wenn sie entlassen werden und so könnten z. B. Alterseffekte das Risiko mittlerweile reduziert haben – im Falle lebenslanger Freiheitsstrafen oder Verurteilungen zu einer Maßregel gem. §§ 63 bzw. 66 StGB erfolgt eine Entlassung ohnehin erst bei der Einschätzung eines (mittlerweile) vertretbar geringen Rückfallrisikos. Die beforschbaren Fälle stellen (bis auf seltene Ausnahmen) somit stets Selektionen dar, die einseitig Personen mit geringem Rückfallrisiko bevorzugen. Die andere Facette betrifft Studien, die sich auf spezielle Rückfallereignisse – etwa Sexualdelikte, Gewaltstraftaten oder gar nur Tötungsdelikte – konzentrieren. Zu beachten ist, dass Hochrisikopersonen nicht nur mit den jeweils interessierenden Delikten auffällig werden können, sondern oft polytrop delinquent sind und somit Gefahr laufen, verstärkt auch andere Straftaten als die erfassten zu begehen. Dies kann, im Falle entsprechender Verurteilungen zu Freiheitsstrafe, zu einer systematischen Reduzierung des tatsächlichen Bewährungszeitraums (eben der „time at risk") innerhalb der Katamnese führen, was nur wenige Studien berücksichtigen. Als Letztes sei schließlich noch die Problematik unbekannter Todesfälle im Rahmen von Rückfallstudien erwähnt. Nicht alle diese Fälle werden der Dienststelle Bundeszentralregister des Generalbundesanwalts beim Bundesgerichtshof bekannt, was dazu führt, dass das Zentralregister der Betroffenen (anhand dessen die Rückfälligkeit gewöhnlich beurteilt wird) weitergeführt wird, ohne dass Rückfälle überhaupt eintreten können. Dabei besteht Grund zur Annahme, dass kriminogene Hochrisikogruppen gegenüber Niedrigrisikogruppen ein erhöhtes Mortalitätsrisiko aufweisen (vgl. Hartig 2002; Laub u. Vaillant 2000).

Sieht man von (leicht erkennbaren) Stichprobenselektionen in Form einer von vornherein vorgenommenen Beschränkung auf Hochrisikogruppen einmal ab, so sind Verzerrungen in Richtung einer systematischen Überschätzung der Basisrate auf der Grundlage empirischer Rückfallzahlen demgegenüber eher unwahrscheinlich. Die Quote fälschlich registrierter Ereignisse (also rechtskräftiger Fehlurteile bei Wiederverurteilungen als Kriterium) dürfte deutlich unter der Dunkelfeldrate liegen, und das Risiko eines selektiven Probandenschwunds oder eines selektiven Schwunds an Risikozeit betrifft, wie dargelegt, eher Hochrisikogruppen. Insoweit scheint die Annahme einer systematischen Unterschätzung der tatsächlichen Verhältnisse berechtigt.

Es wird deutlich, dass die Schätzung von Basisraten auf der Grundlage empirischer Rückfallstudien Einschränkungen unterworfen ist. Sie stellt gleichwohl die derzeit einzige Möglichkeit dar, überhaupt zu einer wissenschaftlich begründbaren Vorstellung der ungefähren Größenordnung der prognostisch einzuschätzenden Ereignisse zu gelangen. Insoweit tut der Prognostiker gut daran, die einschlägigen Rückfallstudien zu sichten. Er sollte sich indessen bewusst sein, dass die den Studien entnehmbaren Zahlenverhältnisse bestenfalls eine Schätzung der Untergrenze darstellen und die tatsächliche Basisrate vermutlich höher liegt.

Nicht unerwähnt bleiben soll, dass man in England seit einiger Zeit noch auf einem anderen Weg versucht, zu einer Schätzung der Grunderwartung erneuter strafrechtlicher Vorkommnisse zu gelangen. Hier wurden zu diesem Zweck Instrumente entwickelt, die auf der Grundlage weniger und einfach zu generierender Merkmale (v.a. Alter, Geschlecht, Anlasstat und strafrechtliche Vorgeschichte) unmittelbar eine Schätzung der Rückfallwahrscheinlichkeit erlauben sollen: beispielsweise die *Risk of Reconviction Scale* (ROR; Copas, Marshall u. Tarling 1996) oder die *Offender Group Reconviction Scale* (OGRS; Copas u. Marshall 1998) und ihre Weiterentwicklungen (OGRS-R; Taylor 1999; OGRS-II; Stephens u. Brown 2001). Es handelt sich hierbei um statistisch-mathematische Modelle, die auf der Basis sehr umfangreicher Rückfallstudien entwickelt wurden. Die Skalen ähneln statistischen Prognoseverfahren (siehe hierzu das Folgekapitel); ihr wesentlicher Unterschied besteht darin, dass keine spezifischen risikosteigernden (oder -senkenden) Eigenschaften eingehen. Es geht auch nicht um eine möglichst gute Identifikation derjenigen Personen, die tatsächlich rückfällig bzw. nicht rückfällig werden (wie bei statistischen Prognoseverfahren); Ziel ist es vielmehr, zu einer gruppenbezogenen Schätzung der Grundrate erneuter Verurteilungen eines Personenkreises zu gelangen, die der Zielperson hinsichtlich der obigen Merkmale gleicht (vgl. Taylor 1999). Genau dies entspricht jedoch der Funktion von Basisratenschätzungen im Rahmen prognostischer Beurteilungen. Für Deutschland liegen erst allererste Erfahrungen mit den Instrumenten vor (Dahle 2005). Sie deuten darauf hin, dass die Verfahren auch bei deutschen Strafgefangenen recht genaue Schätzungen der Grundwahrscheinlichkeit erneuter Vorkommnisse liefern und insofern grundsätzlich auf hiesige Verhältnisse übertragbar sind. Allerdings ist ihre Reichweite mit 2 Jahren (hierfür wurden sie entwickelt) relativ kurz – für längere Zeiträume werden die Schätzungen ungenau – und der Zusammenhang mit unterschiedlichen Schweregraden von Rückfallereignissen ist eher schwach. Insofern können die Verfahren eine an Rückfallstudien orientierte Basisratenschätzung im Rahmen sachverständiger Prognosebeurteilungen einstweilen nicht ersetzen. Es sind jedoch Weiterentwicklungen denkbar, die längerfristig entsprechende Hilfsmittel zur Verfügung stellen könnten.

1.3.2 Spezielle Tat-, Täter- und Situationsmerkmale und Rückfälligkeit

Zweck der im Vorabschnitt behandelten Basisratenschätzung ist, dem Prognostiker eine erste Vorstellung von der Ausgangswahrscheinlichkeit der zu prognostizierenden Ereignisse zu vermitteln, die bei vergleichbarer Ausgangslage im statistischen Durchschnittsfall zu erwarten wäre. Es stellt sich die Frage, inwieweit es sich bei einer konkret zu beurteilenden Person um einen solchen „Durchschnittsfall" handelt, oder ob nicht Anhaltspunkte vorliegen, die die Annahme rechtfertigen würden, dass Person oder Fallumstände vom Durchschnitt vergleichbarer Fälle abweichen mit entsprechenden Auswirkungen auf die Rückfallwahrscheinlichkeit. Zu dieser Frage liegen vergleichsweise umfangreiche Studien vor. Viele Rückfallstudien beschränkten sich nämlich nicht nur auf die Erhebung pauschaler Rückfallquoten, sondern suchten gezielt nach besonderen Tat- oder Tätermerkmalen (Prädiktoren), die mit der Rückfälligkeit korreliert sind. Mittlerweile wurden auch einige Metaanalysen vorgelegt, die die in vielen Einzelstudien gewonnenen Erfahrungen für unterschiedliche Personengruppen verdichten: etwa für erwachsene (z. B. Gendreau et al. 1996) oder jugendliche (z. B. Cottle et al. 2001) Straftäter, für psychisch gestörte Gewalttäter (z. B. Bonta, Law u. Hanson 1998) oder für Sexualstraftäter (z. B. Hanson u. Bussière 1998). Diesen Arbeiten sind Merkmale zu entnehmen, die sich über zahlreiche Studien hinweg als stabile Einflussfaktoren erwiesen haben, und sie vermitteln Informationen über die Größenordnung ihrer Bedeutung für die Rückfallwahrscheinlichkeit (Effektstärke). Fasst man die bislang gewonnenen Erfahrungen über Einflussfaktoren auf die Rückfälligkeit von Straftätern und Rechtsbrechern zusammen, so scheinen vier größere Merkmalsbereiche, die von Andrews und Bonta (1998) daher als „die großen Vier" bezeichnet werden, von besonderer Relevanz: die Vorgeschichte antisozialen und delinquenten Verhaltens, die Ausprägung von Merkmalen einer antisozialen Persönlichkeit, das Ausmaß antisozialer Kognitionen und Einstellungen sowie ein antisoziales Umfeld. Für spezifische Gruppen kommen weitere Merkmalsbereiche hinzu, für Sexualdelinquenten z. B. Aspekte sexueller Devianz und Merkmale der spezifisch sexuellen Kriminalbiografie (vgl. Hanson u. Bussière 1998), bei Sexual- und Gewaltdelinquenten auch Merkmale der (bisherigen) Opferwahl oder, bei Gewaltdelinquenten, Fragen des Suchtmittelkonsums oder bei psychisch gestörten Rechtsbrechern auch psychopathologische Aspekte (vgl. Bonta et al. 1998). Von Bedeutung scheint es, dass neuere Untersuchungen keineswegs nur sog. statische Merkmale – also solche, die nach ihrem Eintritt nicht mehr änderbar sind (wie z. B. Vorgeschichte, Alter oder Merkmale der Herkunftsfamilie) – als bedeutsam registrierten, sondern sich auch dynamische, d. h. potenziell veränderbare und mithin auch (therapeutisch) beeinflussbare Faktoren als mindestens ebenso wichtig zeigten (z. B. Gendreau et al. 1996; speziell für Sexualdelinquenz s. auch Hanson u. Harris 2000; ausführliche Übersichten über empirisch gesicherte Risikofaktoren und Rückfallprädiktoren finden sich z. B. bei Andrews u. Bonta 1998).

Die meisten Metaanalysen und ihre zugrunde liegenden Primärstudien stammen aus dem Ausland. Vergleichbare Erfahrungen aus unterschiedlichen Ländern sprechen jedoch dafür, dass – anders als bloße zahlenmäßige Schätzungen von Rückfallhäufigkeiten (s. o.) – die Befunde über Rückfallprädiktoren weitgehend übertragbar scheinen. Nicht zuletzt haben sich im (meist nordamerikanischen) Ausland entwickelte statistische Prognoseinstrumente, die letztlich eine systematische Aufbereitung empirisch gewonnener Rückfallprädiktoren darstellen (vgl. Abschn. 1.5), bislang oftmals als länder- und regionsübergreifend valide erwiesen. Ausnahmen stellen lediglich bestimmte Einzelmerkmale dar, die sich unmittelbar auf regionale Besonderheiten beziehen, wie z. B. die Hautfarbe bzw. ethnische Herkunft, die in vielen amerikanischen Studien als Risikomerkmal imponiert.

Aus einschlägigen Rückfallstudien und Metaanalysen lassen sich somit Informationen darüber gewinnen, ob in einem Einzelfall die Annahme einer vom Durchschnitt nach oben oder unten abweichenden Rückfallerwartung gerechtfertigt ist. Sie präzisieren in diesem Sinne die Basisratenschätzung und liefern eine etwas genauere Vorstellung vom Grundniveau der Rückfallwahrscheinlichkeit für einen vorliegenden Fall. Wie an etwas späterer Stelle noch zu zeigen sein wird, lassen sich zu diesem Zweck auch sog. Checklisten oder – besser noch – statistische Prognoseinstrumente heranziehen, die in systematischer Form den Bestand empirischen Erfahrungswissens über Rückfallprädiktoren einbeziehen. Letztere beruhen gewöhnlich auf Simultanuntersuchungen mehrerer Prädiktoren und berücksichtigen insoweit auch die Interaktion mehrerer Merkmale. Diese Hilfsmittel decken jedoch nicht alle in einem Einzelfall möglicherweise bedeutsamen Aspekte ab, sodass der Prognostiker die wichtigsten Originalstudien und Metaanalysen kennen sollte.

Unabhängig davon, ob man sich auf Prädiktoren aus Studien oder auf systematisch konstruierte Hilfsmittel stützt, ist es wichtig festzuhalten, dass die jeweils als bedeutsam herangezogenen Merkmale auf statistisch aufbereiteten empirischen Befunden fußen und diese widerspiegeln. Sie erklären für sich genommen noch nichts, sondern gewährleisten zunächst nur den Gebrauch empirischen Erfahrungswissens für die Einschätzung der Ausgangswahrscheinlichkeit erneuter Delikte. Tatsächlich haben auch nicht alle statistisch bedeutsamen Merkmale eine inhaltliche Bedeutung für die Frage der Rückfälligkeit. So wird die bereits genannte (schwarze) Hautfarbe kaum Kriminalität und Rückfälle verursachen. Die auf Durchschnittsdaten schielende Optik empirischer Gruppenstudien bringt es aber mit sich, dass übergeordnete Merkmale, die in der Lage sind, viele Einzelmerkmale zu absorbieren, bevorzugt werden. So dürfte es im genannten Beispiel weniger die Hautfarbe sein, die ein erhöhtes Delinquenzrisiko bedingt, als vielmehr ihre Auswirkungen auf die Lebensbedingungen der Merkmalsträger (soziale Randständigkeit, geringere legale Aufstiegschancen, gehäufte kriminogene Wohngegenden, verstärkte delinquente Kontakte usw.)[5]. Dennoch gibt es

---

[5] Siehe nächste Seite.

auch Risikoprädiktoren, bei denen ein direkterer Zusammenhang mit Delinquenz und Rückfall besteht, beispielsweise bei dem bereits genannten
Personenmerkmal „kriminogener Kognitionen und Einstellungen" oder der
Wahl fremder Opfer beim Anlassdelikt als tatbezogener Prädiktor für Sexu-
al- oder Gewaltrückfälle (vgl. z.B. Hanson u. Bussière 1998). Sofern solche
theoretisch plausiblen Zusammenhänge mit dem Kriterium bestehen, kann
eine systematische Sichtung der einschlägig bekannten Rückfallprädiktoren
auch einen inhaltlichen Beitrag für die Kriminalprognose liefern, der über
die bloße Präzisierung der Einschätzung des Ausgangsrisikos für Rückfälle
hinausgeht. Insofern tut der Prognostiker gut daran, die in einem Einzelfall
vorliegenden Risikomerkmale auch bei der idiografischen Rekonstruktion
zu beachten und ihre jeweilige inhaltliche Bedeutung für den Einzelfall herauszuarbeiten.

1.3.3 Alter, Lebensphase und Rückfälligkeit

Eng mit dem Thema des Vorkapitels verknüpft ist die Frage nach den Zusammenhängen zwischen Lebensalter bzw. Lebensphase und Rückfallkriminalität. Nicht nur die Prävalenzzahlen delinquenten Verhaltens in unterschiedlichen Altersgruppen (vgl. z.B. die polizeiliche Kriminalstatistik,
BKA), sondern auch eine zunehmende Anzahl entsprechender Verlaufsun-
tersuchungen (z.B. Dahle 1998, 2001; Mischkowitz 1993; zusammenfassend:
Thornberry u. Krohn 2003) belegen, dass Kriminalitäts- und Rückfallrisi-
ken zu unterschiedlichen Lebensphasen stark variieren. Es liegt daher auf
der Hand, dass es für die Kriminalprognose von Belang ist, ob es sich bei
einer zu beurteilenden Person etwa um einen 20-jährigen oder einen mittlerweile 50-jährigen Täter handelt – selbst bei der chronischen Hochrisikogruppe der sog. „psychopaths" (vgl. Abschn. 1.6.1) scheinen kriminelle Aktivitäten im höheren Lebensalter nachzulassen (vgl. z.B. Hare et al. 1988).
Leider berücksichtigen die aktuellen statistischen Prognoseinstrumente
und Checklisten zwar meist Art und Umfang der Vorstrafenkarriere, nur
selten aber das Alter zum Beurteilungszeitpunkt (es gibt Ausnahmen: z.B.
Gretenkord 2001). Für die Einschätzung etwaiger Alterseinflüsse ist man
daher einstweilen im Wesentlichen auf Längsschnittuntersuchungen angewiesen, wobei bislang nur wenige Studien vorliegen, die tatsächlich bis in
spätere Lebensphasen vordringen. Die in Metaanalysen bisweilen genannten

---

[5] Das scheint auch ein Grund dafür zu sein, dass die meisten Studien dem Ausmaß der
strafrechtlichen Vorbelastung eine hohe prognostische Bedeutung beimessen. Auch hier
bestehen nur zu einem geringen Teil tatsächlich inhaltliche Zusammenhänge (die etwa
durch Lern- und Labelingprozesse bedingt sind). Bei der statistischen Zusammenstellung
von Teilgruppen mit hoher Vorstrafenbelastung und ihrer Gegenüberstellung mit weitgehend unbelasteten Gruppen ist es indessen evident, dass die erstgenannte Gruppe im
Durchschnitt eine weit größere Anzahl unterschiedlichster kriminogener Risikofaktoren
auf sich vereint. Auch hier wird der Einfluss dieser Einzelmerkmale durch eine einzige
übergeordnete Variable – z.B. Vorstrafenanzahl – statistisch überlagert.

Effektstärken über den Alterseinfluss auf die Rückfälligkeit (z.B. Gendreau et al. 1996) helfen hingegen nur bedingt weiter, weil hier vor allem ein allgemeiner linearer Trend abgebildet wird; kurvilineare Zusammenhänge, etwaige Wendepunkte in bestimmten Altersperioden o.Ä. werden hingegen nicht erfasst (zur „Age-Crime-Debate" ausführlich: Mischkowitz 1993).

Ein wichtiger Befund der bisherigen Längsschnittforschung ist weiterhin die Erkenntnis, dass es offenbar sehr unterschiedliche Verlaufsvarianten delinquenter Rückfallkarrieren gibt. So gibt es Personengruppen, die ausschließlich während der Jugend eine begrenzte Phase (mitunter aber erheblich) delinquenten Verhaltens zeigen, während andere ihre kriminelle Karriere im Erwachsenenalter fortsetzen (z.B. Moffitt 1993; zusammenfassend: Lösel u. Bender 1998), und selbst für die Jugenddelinquenten sind verschiedene Entwicklungsverlaufstypen gefunden wurden (z.B. D'Unger et al. 1998). Aber auch im Erwachsenenalter gibt es unterschiedliche Entwicklungspfade. So finden sich Gruppen, die auch nach erheblicher früh im Leben begonnener Vorstrafenkarriere in bestimmten Phasen des Erwachsenenalters ihre Karriere beenden, ebenso wie solche, die überhaupt erst im Erwachsenenalter strafrechtlich in Erscheinung treten (vgl. Dahle 1998; s. auch Stelly et al. 1998, bzw. Stelly u. Thomas 2001). Dabei scheint es prototypische Verläufe zu geben, d.h. auch im Erwachsenenalter lassen sich bestimmte Lebensphasen ausmachen, an denen bei größeren Gruppen von strafrechtlich auffälligen Personen signifikante Änderungen eintreten (vgl. Abb. 1.3; s. auch Soothill et al. 2002). Die Feststellung, dass es zu unter-

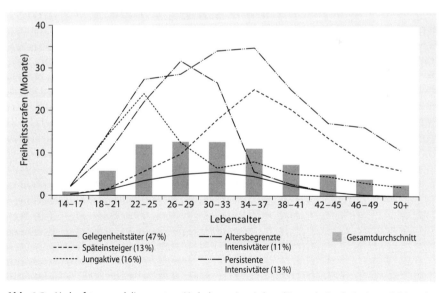

Abb. 1.3. Verlaufstypen delinquenten Verhaltens im Lebenslängsschnitt bei einer Stichprobe männlicher Strafgefangener des Jahres 1976 am Beispiel verbüßter Haftstrafen (aus: Dahle 1998)

schiedlichen Lebensphasen für relevante Teilgruppen von Rechtsbrechern Wendepunkte zu geben scheint, lässt vermuten, dass hierfür möglicherweise altersspezifische Faktoren bedeutsam sein könnten und damit nicht alle aus der Rückfallforschung als Risikoprädiktoren imponierenden Merkmale tatsächlich stabile Prädiktoren darstellen, die zu jeder Lebensphase gleich bedeutsam sind.

Für jüngere Altersgruppen – insbesondere Jugendliche – liegen mittlerweile Ergebnisse mehrerer entwicklungskriminologischer Studien vor, die es nahe legen, dass zumindest teilweise altersabhängige Aspekte über die Frage der Aufrechterhaltung oder der Beendigung delinquenter Verhaltensmuster entscheiden (vgl. z.B. Farrington 2003). Für die späteren Lebensabschnitte sind die empirischen Grundlagen indessen derzeit noch recht schmal. Erste Hinweise für die Altersabhängigkeit verschiedener Rückfallprädiktoren auch im Erwachsenenalter liegen jedoch vor (vgl. Karwinkel 2001). Hier sind in absehbarer Zeit Fortschritte denkbar, die zu einer weiteren entwicklungskriminologischen Differenzierung bei der Betrachtung von Rückfallprädiktoren und Risikofaktoren und mithin zu einer Erhöhung der Zielgenauigkeit von Kriminalprognosen führen könnten.

1.3.4 Behandlungseffekte

Vor allem bei Entlassungsprognosen zur Aussetzung von Reststrafen zur Bewährung kommt es vor, dass Behandlungsmaßnahmen stattgefunden haben, die darauf ausgerichtet waren, gezielt das Rückfallrisiko des zu Beurteilenden zu minimieren. In diesen Fällen stellt sich die Frage nach den Effekten dieser Maßnahme auf das zu beurteilende Rückfallrisiko[6]. Hierzu liegen mittlerweile vergleichsweise umfangreiche Untersuchungen vor (vgl. Dahle u. Steller 2000), die zudem in diversen Metaanalysen verdichtet wurden (für eine Übersicht z.B. Lösel 2003; eine neuere deutsche Metaanalyse findet sich bei Egg et al. 2001). Sie deuten auf einen moderaten aber stabilen Behandlungseffekt im Hinblick auf eine Verringerung der Rückfallwahrscheinlichkeit (z.B. sozialtherapeutisch) behandelter Straftäter im Vergleich zu unbehandelten. Die mittlere Effektstärke liegt bei den meisten Analysen im Bereich um $r = 0.1$ (was etwa einer um 10% verringerten Rückfälligkeit entspricht), wobei spezielle, gezielte Behandlungsprogramme offenbar deutlich bessere Effekte erzielen können (vgl. Andrews et al. 1990; Andrews u. Bonta 1998). Eine weitgehend konsistente Erfahrung der Behandlungseffektforschung ist indessen die Feststellung, dass „Rückverlegte", d.h. Personen, bei denen aus disziplinarischen und/oder motivationalen Gründen die Behandlung abgebrochen wurde, offensichtlich eine Hochrisikogruppe

---

[6] Bei Entlassungsprognosen aus dem psychiatrischen Maßregelvollzug stellt sich die Frage in dieser Form weniger, da Einschätzungen zur Rückfallerwartung ohnehin zweckmäßigerweise an Rückfallstudien von Populationen entsprechender Behandlungseinrichtungen orientiert werden sollten. Somit sind etwaige Behandlungseffekte in den Rückfallzahlen bereits enthalten.

darstellen. Deren Rückfallquoten liegen in aller Regel noch deutlich über den Quoten der unbehandelten Kontrollgruppen (z. B. Dünkel u. Geng 2003; Schneider 1999; Ziethen 2003 a).

Zu beachten sind mögliche differenzielle Effekte von Behandlungsmaßnahmen bei unterschiedlichen Straftätergruppen. So ergaben nähere Analysen der Daten einer Rückfallstudie sozial- bzw. psychotherapeutisch behandelter und unbehandelter Straftäter des Berliner Strafvollzuges (vgl. Dahle et al. 2003) recht unterschiedliche Effekte in Abhängigkeit vom Muster der Vorstrafenkarriere, denen zufolge bei Personen mit biografisch früh einsetzender Kriminalität deutlich schlechtere Effekte erzielt wurden als bei jenen Karrieretätern, die erst im Erwachsenenalter strafrechtlich auffällig wurden. Dies deckt sich mit der Erfahrung, dass bei – vor allem für Gewaltprognosen sehr relevanten – antisozial gestörten Personen und vor allem bei der Hochrisikogruppe der sog. „psychopaths" (vgl. hierzu Abschn. 1.6.1) eher schlechte Behandlungseffekte, mitunter gar Negativeffekte, gefunden wurden (vgl. Lösel 1998). Eher geringe Behandlungseffekte fand man oftmals auch bei Sexualstraftätern (z. B. Furby et al. 1989; Ziethen 2003 a; vgl. auch Hall 1995), wobei die Befundlage aber uneinheitlich ist (z. B. Marshall et al. 1991). Eine aktuelle Metaanalyse (Schmucker u. Lösel 2005) fand insgesamt einen moderaten Behandlungseffekt, wobei eine differenzierte Sichtung ergab, dass es sich bei den Maßnahmen mit nachweisbarem Effekt weitgehend um medikamentöse und (mit leichtem Abstand) kognitiv-behaviorale Behandlungskonzepte handelte.

1.4 Kriminalprognosen als kontrollierte Praxis: methodische Grundlagen

1.4.1 Methodische Grundkonzepte

Wenn es um das methodische Vorgehen bei der Erstellung von Kriminalprognosen geht, werden meist drei grundsätzliche Strategien unterschieden: die statistische, die klinische und (gelegentlich) die intuitive Herangehensweise. Die Unterteilung ist nicht ganz unumstritten, was daran liegt, dass in der Praxis erhebliche Überschneidungen bestehen. Prototypisch gesehen spiegeln sie jedoch grundsätzlich unterschiedliche methodische Denkansätze wider und basieren – jedenfalls die statistische und die klinische Methode – auf unterschiedlichen verhaltenswissenschaftlichen Traditionen. Es lohnt sich daher, im Folgenden die einzelnen Ansätze zunächst getrennt zu betrachten, um ihre jeweiligen prinzipiellen Stärken und Schwächen genauer erfassen zu können. Um konkrete Methoden mit ihren jeweiligen Verflechtungen und Überschneidungen wird es dann in Abschn. 1.5 und 1.6 gehen. Vor inhaltlichen Erörterungen erscheint jedoch eine begriffliche Klärung notwendig, da im Schrifttum die Begriffe nicht immer einheitlich gefasst werden – mitunter bestehen ausgesprochene Missverständnisse. Im vorliegenden Beitrag werden die genannten Grundkonzepte folgendermaßen definiert:

▌ **Statistische Prognose.** Hierunter soll der methodische Idealtypus einer vollständig regelgeleiteten Vorgehensweise bei der Erstellung individueller Kriminalprognosen gefasst werden. Die Regeln und methodischen Vorgaben betreffen dabei sowohl die Auswahl der für die Prognose benötigten Informationen als auch die für ihre Erfassung erforderlichen Erhebungsmethoden und die Art und Weise der Verknüpfung der so gewonnenen Daten zu einer prognostischen Beurteilung.

Nach dieser Definition wären fehlerhafte Prognosen leicht feststellbar: Es wären Prognosen, bei deren Erstellung gegen die expliziten Regeln der Methode verstoßen wurde. Fehlerhaft wäre weiterhin die Anwendung einer statistischen Methode auf eine Personengruppe, für die sie nicht entwickelt bzw. überprüft wurde.

▌ **Intuitive Prognose.** Hierunter soll das Denkmodell einer ausschließlich am Individuum orientierten Vorgehensweise gefasst werden. Bei dieser Strategie lässt sich der Prognostiker ohne (jedenfalls explizite) Bezugnahme auf vorgegebene Regeln oder allgemeine (theoretische oder empirische) Konzepte allein von den spezifischen individuellen Gegebenheiten der zu beurteilenden Person leiten. Diese sucht er möglichst vollständig zu erfassen und fällt aus dem Gesamteindruck, den er auf diese Weise von der Person gewonnen hat, ein prognostisches Urteil.

Nach dieser Definition wäre eine intuitive Prognose stets fehlerfrei (nicht aber irrtumsfrei), da es keine Regeln gibt, gegen die sie verstoßen könnte.

▌ **Klinische Prognose.** Hierunter soll der methodische Idealtypus einer Prognosestrategie gefasst werden, die sich zwar an der zu beurteilenden Einzelperson und ihren spezifischen Eigenarten und Besonderheiten orientiert, beim Beurteilungsprozess jedoch regelgeleitet vorgeht, um wissenschaftliche und wissenschaftlich überprüfbare Standards bei der Auswahl und Gewinnung der für die Prognose erforderlichen Informationen und ihrer Verknüpfung zu einem prognostischen Urteil zu wahren. Die Orientierung am Einzelfall bedingt es jedoch, dass die Regeln einer klinischen Prognosemethode das Vorgehen nicht in allen Einzelheiten festlegen, wie bei den statistischen Methoden. Sie stellen vielmehr allgemeine Leitlinien und Prinzipien dar, die grundsätzlich erforderliche Denkschritte vorgeben und hierdurch den diagnostischen Erhebungs- und Beurteilungsprozess steuern.

Klinische Prognosemethoden nach dieser Definition stellen im Hinblick auf die Beurteilung fehlerhafter Anwendungen besondere Anforderungen. Zwar lassen sich auch hier Regelverstöße gegen die Methode prinzipiell als Fehler ansehen, sie zu beurteilen fällt jedoch wegen der Unschärfe der Vorgaben an das konkrete Vorgehen schwer. Es stellt daher ein besonderes Qualitätsmerkmal klinischer Methoden dar, wenn sie neben der inhaltlichen Konzipierung des Vorgehens auch Beurteilungskriterien für die Qualität der einzelnen Teilschritte bereithalten, um Anhaltspunkte über die Güte der Prognose zu geben.

Im Folgenden werden die statistische und die klinische Prognose näher beschrieben. Beim intuitiven Vorgehen handelt es sich hingegen nicht um eine Methode im wissenschaftlichen Sinn, die Person des Beurteilers ersetzt gewissermaßen die Methodik. Es genügt auch nicht dem erforderlichen Transparenzgebot an Kriminalprognosen im Strafrecht, da das konkrete Vorgehen und die Mechanismen der intuitiven Urteilsbildung des einzelnen Diagnostikers nicht nachvollziehbar und die Güte seines Beurteilungsprozesses nicht beurteilbar sind. Das Denkmodell einer intuitiven Prognose mag daher zwar geeignet sein, typische Fehlerquellen, die auf allgemeinen Schwächen und Verzerrungen menschlicher Urteilsbildung beruhen, näher zu untersuchen, um hieraus z. B. methodische Anforderungen zu formulieren (vgl. hierzu Dahle 2000); für die Analyse methodischer Möglichkeiten einer wissenschaftlich fundierten Kriminalprognose ist sie indessen ohne Belang.

1.4.2 Statistisch-nomothetische Kriminalprognose

Versuche, statistische Prognoseinstrumente im oben definierten Sinn zu konstruieren, reichen bis in die 20er Jahre des vorigen Jahrhunderts zurück. Seither wurden (vor allem im angloamerikanischen Ausland) immer wieder neue Verfahren für unterschiedliche Zielgruppen entwickelt, hierzulande ist aber erst seit gut 10 Jahren ein breiteres (aber deutlich wachsendes) Interesse an entsprechenden Methoden zu beobachten. Ein wesentlicher Grund hierfür dürfte in einer neuen Generation von Verfahren (Andrews und Bonta nennen sie Verfahren der „dritten Generation") (Andrews u. Bonta 1998) liegen, die im Laufe der 90er Jahre vor allem in Nordamerika entwickelt wurden (sie werden in Abschn. 1.5 näher skizziert). Hinzu kam eine recht lang anhaltende kriminalpolitische Debatte über (gravierende) Rückfälle und die Möglichkeiten, diese möglichst einzugrenzen, die in dem 1998 in Kraft getretenen „Gesetz zur Bekämpfung von Sexualdelikten und anderen gefährlichen Straftaten" (BGBl 1998, I) und einigen folgenden Gesetzesnovellen ihren vorläufigen Höhepunkt fand. Durch die Neuerungen wurde die Bedeutung von Kriminalprognosen im Strafrecht noch einmal deutlich gestärkt.

Das Grundprinzip der Entwicklung statistischer Verfahren besteht darin, zunächst personen- oder auch tatbezogene Merkmale, die sich in Rückfallstudien als möglichst hoch mit Rückfälligkeit zusammenhängend erwiesen haben, zu identifizieren und zusammenzustellen. Dabei geht man davon aus, dass die auf diese Weise gefundenen Merkmale grundsätzlich geeignet sind, für vergleichbare Personengruppen auch zukünftige Rückfälle vorherzusagen – solide entwickelte Methoden überprüfen diese Annahme an gesonderten Stichproben (sog. Kreuzvalidierung). Für diese Merkmale werden dann Verknüpfungsregeln entwickelt, die auf unterschiedlichen Modellen beruhen können. Im einfachsten Fall handelt es sich um Summenbildungen von Negativ- oder Positivmerkmalen (sog. Schlechtpunkt- oder Gutpunktsysteme), d. h. es wird schlicht ausgezählt, wieviele der im Test berücksichtigten Risikomerkmale (seltener: Schutzfaktoren) die zu beurteilende Person auf sich vereint. Elaboriertere Verfahren gewichten die Merkmale nach Maßgabe der Größenordnung ihrer statistischen Zusammenhänge mit Rückfälligkeit (z. B. in Form von Regressionsgewichten) und/oder nach Maßgabe der im individuellen Fall vorliegenden Ausprägung des Merkmals. Einige (bislang eher seltene) Verfahren suchen die in den o. g. Instrumenten implizit enthaltene Annahme homogener Verhältnisse bei den infrage kommenden Personen zu vermeiden, indem sie Merkmalskonfigurationen auf ihre prognostische Vorhersagekraft untersuchen und besonders hoch bzw. niedrig mit Rückfälligkeit einhergehende Merkmalscluster zugrunde legen – diese beruhen meist auf hierarchischen Klassifikationsalgorithmen.

Gemeinsam ist den statistischen Prognoseverfahren, dass die zu beurteilende Person aufgrund ihrer jeweiligen Merkmale einer Teilgruppe der Normstichprobe zugeordnet wird, die der Zielperson in ihrer Merkmalsausprägung oder -konfiguration gleicht. In diesem Sinne lösen statistische Verfahren das Prognoseproblem durch eine spezielle Form von Klassifikationsdiagnostik. Die eigentliche Prognose beruht dann auf der (bekannten) durchschnittlichen Rückfallquote dieser Teilgruppe der Normstichprobe; sie besteht gewissermaßen in der Interpretation dieser Rückfallquote als individueller Rückfallwahrscheinlichkeit.

Prüft man das Grundkonzept statistischer Prognosemethoden anhand der in den Eingangskapiteln beschriebenen rechtlichen und wissenschaftlichen Anforderungen an Kriminalprognosen, so lassen sich – eine handwerklich solide Methodenentwicklung einmal vorausgesetzt – zunächst einige gewichtige Vorteile anführen. Ein streng regelgeleitetes Vorgehen verspricht ohne Zweifel den bestmöglichen Schutz vor menschlichen Urteilsfehlern und die Beurteilung fußt auf empirisch gesicherter Erfahrung über Rückfallhäufigkeiten und Risikofaktoren. Die Methode ist weiterhin als solche nachvollziehbar, und ihre Grundlagen und ihre Güte sind prinzipiell jederzeit überprüfbar. Auch ihre Anwendung auf den Einzelfall ist in hohem Maße transparent, Anwendungsfehler im Sinne von Verstößen gegen die zugrunde liegenden Regeln sind ohne weiteres als solche erkennbar. Darüber hinaus bietet die Normstichprobe eine rationale Grundlage, auch die Wahrscheinlichkeit eines Irrtums einzuschätzen. Nicht unerwähnt soll schließlich bleiben, dass statistische Verfahren auch unter Effektivitäts- bzw. ökonomischen Gesichtspunkten gegenüber alternativen Prognosemethoden zumeist Vorteile aufweisen.

Statistische Methoden haben auf der anderen Seite auch Nachteile bzw. Grenzen. Ein wichtiges methodenimmanentes Problem ist z. B., dass (insbesondere auf gewichteten oder ungewichteten Summenscores fußende) statistische Methoden dazu tendieren, bei hinreichend großen Fallzahlen die Verteilungsform einer Gauß-Glockenkurve anzunehmen (vgl. Abb. 1.4).

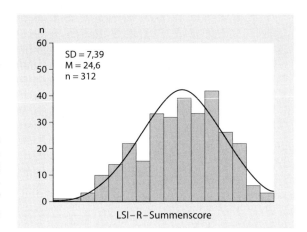

Abb. 1.4. Beispielhistogramm der Verteilung eines Prognose-summenscores (hier: LSI-R) bei einer Stichprobe von Straf-gefangenen (Quelle: Berliner CRIME-Studie); *M* Mittelwert, *SD* Standardabweichung

Diese bei empirischen Untersuchungen eigentlich wünschenswerte Eigen-schaft hat bei der Anwendung als Prognosemethode den Nachteil, dass überproportional viele Personen in den Bereich mittlerer Ausprägung, nahe dem Mittelwert, eingeordnet werden. Dies wiederum hat zur Folge, dass die statistischen Methoden ein vergleichsweise breites Mittelfeld hinterlas-sen, für die die Prognose zwangsläufig unspezifisch ist; aus der Perspektive gruppenstatistischer Verfahren handelt es sich bei diesen Fällen gewisser-maßen um „Durchschnittsfälle", deren Rückfallwahrscheinlichkeit nahe der Basisrate liegt. Eindeutigere Aussagen sind nur in den (entsprechend selte-neren) Randbereichen möglich, in denen die im Verfahren erfassten Merk-male stark kumulieren oder eben kaum vorkommen.

Ein wichtiges inhaltliches Problem statistischer Individualprognosen ist, dass sie keine Individualprognosen sind – jedenfalls nicht im Sinne der eingangs formulierten Anforderungen der Rechtsprechung an individuelle Kriminalprognosen. Sie erklären für sich genommen nichts, sondern lie-fern zunächst lediglich eine statistische Aussage über die Durchschnittsver-hältnisse eines mehr oder weniger stark eingegrenzten Personenkreises: ge-wissermaßen die Basisrate der Rückfälligkeit einer speziellen Gruppe von Straftätern oder Rechtsbrechern, die dem Probanden hinsichtlich einer Rei-he von Merkmalen gleicht. Es handelt sich um eine systematische und me-thodisch weitgehend kontrollierte Aufarbeitung eines (für den Einzelfall re-levanten) Teilbestandes empirischen Erfahrungswissens über Rückfallraten und Einflussfaktoren für den Einzelfall.

Inhaltlich entsprechen statistische Methoden damit im Prinzip dem im Vorkapitel behandelten Vorgehen bei der Einschätzung von Basisraten und der Abschätzung möglicher relevanter besonderer Einflussfaktoren mittels systematischer Sichtung empirischer Rückfallstudien. Sie erledigen diese Aufgabe nur in einer elaborierteren und methodisch eleganteren Art und Weise, sind aber andererseits auf die in der jeweiligen Ausgangsstudie unter-suchten Merkmale beschränkt. Ein anderes Hilfsmittel, das vom Grundsatz her ein ähnliches Anliegen verfolgt, sind sog. Prognosechecklisten. Auch hierbei handelt es sich letztlich um Zusammenstellungen von Merkmalen, von denen man aufgrund empirischer (gelegentlich wohl auch klinischer) Erfahrung annimmt, dass sie mit erhöhter oder reduzierter Rückfallwahrscheinlichkeit einhergehen. Sie enthalten nichts, was man bei sorgfältiger Sichtung der einschlägigen Literatur nicht auch so hätte erfahren können – ihr potenzieller Nutzen besteht in einer Kontrollfunktion, die eine gewisse Gewähr bietet, keine wichtigen Aspekte zu übersehen. Gemeinsamer Kern der statistischen Prognoseinstrumente und der skizzierten (methodisch weniger elaborierten) alternativen Vorgehensweisen ist der Ansatz, bei der Prognose auf empirisches Erfahrungswissen zu bauen. Insoweit fühlen sich diese Varianten einem bestimmten Wissenschaftsverständnis, nämlich dem der nomothetisch orientierten Verhaltenswissenschaft, verpflichtet. Ihre Vorteile sind ein vergleichsweise hohes Maß an wissenschaftlicher Kontrolle ihrer Grundlagen, eine hohe Transparenz und ihre Potenz, auch zahlenmäßige Aussagen über die Größenordnung der erwartbaren Verhältnisse machen zu können. Ihre Begrenzung liegt in ihrer ausschließlich auf Durchschnittsdaten und Gruppenverhältnissen basierenden Optik.

Einige der moderneren statistischen Instrumente (eben die der „dritten Generation" im Sinne von Andrews u. Bonta 1998) gehen indessen einen Schritt weiter. Diese Verfahren legen nicht Merkmale aufgrund ihrer bloßen statistischen Zusammenhänge mit Rückfälligkeit zugrunde, sondern sie basieren auf theoretischen Modellvorstellungen über die Ursachen von Kriminalität und Rückfälligkeit. Die erfassten Faktoren stellen insoweit Messungen theoretischer Konstrukte dar, die aufgrund eines Erklärungsmodells mit Rückfallkriminalität verknüpft sind – deren statistische Bedeutung aber aufgrund empirischer Befunde belegt ist. Solchermaßen konstruierte Verfahren haben insofern eine Zwitterfunktion. Es handelt sich einerseits um statistische Prognoseinstrumente im oben beschriebenen Sinn und mit den oben beschriebenen Vorzügen und Begrenzungen. Es handelt sich andererseits aber auch um psychodiagnostische Testverfahren (im weitesten Sinne), die Personenmerkmale erfassen, welche aufgrund theoretischer Konzepte als Risikofaktoren imponieren. Der prognostische Gehalt dieser Konstrukte erschließt sich indessen erst im Kontext des Erklärungsmodells – was Gegenstand der klinischen Prognose (im hier definierten Sinne) ist. Diese Verfahren sind somit auch für die klinische Prognose hilfreich und können eine wichtige Brücke zwischen statistischem und klinischem Vorgehen darstellen.

1.4.3 Klinisch-idiografische Kriminalprognose

Klinische Prognosemethoden wurden eingangs als Ansatz skizziert, der sowohl individuumszentriert vorgeht, um den Besonderheiten des Einzelfalls Rechnung zu tragen, als auch regelgeleitet ist, um wissenschaftlichen Standards zu genügen. Die beiden Zielvorgaben stehen sich dabei in gewisser Weise im Wege, da zunehmende wissenschaftliche Kontrollierbarkeit in letzter Konsequenz nur mit zunehmender Reglementierung zu erzielen ist – was auf Kosten der nötigen Freiheitsgrade geht, die erforderlich sind, um tatsächlich allen individuellen Eventualitäten Rechnung zu tragen. In diesem Sinne sind Kompromisse dergestalt notwendig, dass die Vorgaben klinischer Prognosemethoden das jeweilige Vorgehen nicht in allen Einzelheiten erschöpfend beschreiben, sondern eher Standards formulieren, denen der klinische Beurteilungsprozess genügen sollte. Sie basieren auf den allgemein anerkannten Grundprinzipien wissenschaftlich fundierter psychodiagnostischer Urteilsbildung (s. hierzu z. B. Steller u. Dahle 2001) und formulieren hierauf aufbauend ein Modell der für eine klinische Prognosestellung erforderlichen Denk- und Beurteilungsschritte.

Das Grundanliegen klinischer Kriminalprognosen ist, zunächst ein auf den Einzelfall zugeschnittenes Erklärungsmodell für die vorherzusagenden Ereignisse zu entwickeln. Einige Konzepte gehen dabei von vornherein von einem festgelegten Erklärungsmodell aus und beschränken sich darauf, im Einzelfall zu untersuchen, inwieweit die Zielperson diesem Konzept entspricht. Hierbei handelt es sich mithin um Methoden begrenzter Reichweite, da die Prognose nur so weit reichen kann, wie die zugrunde liegende Theorie den im Einzelfall vorliegenden Phänomenen gerecht wird. Allgemeine klinische Prognosemethoden gehen hingegen von der biografischen Rekonstruktion der individuellen Entwicklungen bei der Zielperson aus (vgl. hierzu Thomae 1998) – insbesondere in ihren strafrechtsrelevanten Bezügen – und versuchen auf dieser Basis und der Analyse des Anlassgeschehens zunächst ein Erklärungsmodell zu entwickeln (freilich unter Bezugnahme auf entsprechende Theorien; vgl. Abschn. 1.2.3). Diese Methoden sind insofern stärker einem idiografischen Wissenschaftsmodell verpflichtet, wobei in den Beurteilungsprozess auch Erkenntnisse der nomothetischen Wissenschaft einfließen.

Der wichtigste Vorteil einer klinisch-idiografischen Methodik (im hier definierten Sinn) ist die Möglichkeit, individuellen Eigenarten und Besonderheiten im Rahmen der Prognosebeurteilung Rechnung tragen und gleichzeitig ein Mindestmaß wissenschaftlicher Fundierung und Kontrollierbarkeit wahren zu können. Letztlich ist es nur auf diese Weise möglich, dem eingangs formulierten Auftrag des Rechtssystems – eine individuumsbezogene Aussage zur Kriminalprognose eines Einzelfalls mittels einer wissenschaftlichen Ansprüchen genügenden Methodik zu leisten – nachzukommen. Ihre Grenzen liegen einerseits in notwendigen Einschränkungen im Hinblick auf Transparenz und Nachvollziehbarkeit, eine angemessene Einschätzung der Güte klinischer Prognosen erfordert ein gewisses Maß an psychowissenschaftlicher Expertise. Wichtiger erscheint die Einschränkung, dass eine idiografische Methodik allein keine hinreichende Grundlage bietet, die Größenordnung der Wahrscheinlichkeitsverhältnisse der vorherzusagenden Ereignisse einzuschätzen. Hier ist der Rekurs auf empirisches Erfahrungswissen nomothetischer Wissenschaftszweige erforderlich, sodass eine Integration der auf den unterschiedlichen Traditionen basierenden Methoden im Rahmen der Beurteilung eines Einzelfalls erforderlich ist.

1.5 Statistisch-nomothetische Prognosemethoden

1.5.1 Klassische statistische Prognoseinstrumente

Es wurde bereits angesprochen, dass Instrumente zur Vorhersage strafrechtsbedeutsamer Rückfälle im Sinne des im Vorkapitel definierten Idealtypus statistischer Prognosen eine vergleichsweise lange Tradition haben.
Die ersten praktisch nutzbaren Verfahren wurden bereits in den 20er Jahren des vorigen Jahrhunderts entwickelt (z. B. Burgess 1929; Hart 1923); sie
basierten auf empirischen Rückfallprädiktoren, die retrospektiv anhand
umfangreicher Analysen von Akten ehemaliger Strafgefangener gewonnen
wurden. Es handelte sich um einfache Auflistungen positiv oder negativ
mit Rückfälligkeit korrelierender Merkmale, die im Anwendungsfall einzeln
zu prüfen und aufzusummieren waren (sog. „Gutpunkt-" bzw. „Schlecht-
punktsysteme"). Seit diesen ersten Pionierentwicklungen wurde – vor allem
im angloamerikanischen Raum – eine Vielzahl weiterer und methodisch
fortschrittlicherer statistischer Prognoseverfahren publiziert. Bekanntere
Beispiele neuerer Instrumente sind etwa der *Salient Factor Score* (SFS;
Hoffmann 1994), ein Instrument, das in den USA zur Absicherung von Be-
währungsentscheidungen entwickelt wurde; das *Wisconsin Juvenile Probation and Aftercare Instrument* (Ashford u. LeCroy 1988), ein Verfahren speziell für jugendliche Straftäter, oder die *Statistical Information Recidivism*
Skala (SIR; Nuffield 1982), die aus Kanada stammt (weitere Beispiele u. a.
bei Andrews u. Bonta 1998; Palmer 2001; Schneider 1983).

Für viele der im Laufe der Jahre entwickelten Verfahren liegen recht umfangreiche Validierungs- und Kreuzvalidierungsstudien vor, die ihre kriminalprognostische Brauchbarkeit untersucht haben. Bei einigen Verfahren
zeigten sich erhebliche Einbrüche an Vorhersagegenauigkeit beim Versuch
der Kreuzvalidierung (vgl. Ashford u. LeCroy 1988; s. auch Schneider
1983), was die Notwendigkeit zur Überprüfung statistischer Instrumente
an gesonderten Stichproben – also an Personengruppen, die nicht der Entwicklung zugrunde lagen – unterstreicht. Viele neuere Instrumente erreichten jedoch auch bei Kreuzvalidierungen recht beachtliche Vorhersageleistungen. Die Koeffizienten lagen dabei, in Abhängigkeit von Stichprobe, Ka-
tamnesezeit und unterschiedlichen Definitionen von Rückfallereignissen,
zumeist in Bereichen zwischen (bei Korrelationen als Validitätsmaß) .25
und .4 bzw. (bei AUC[7] als Validitätsmaß) zwischen .65 und .75 (zusammenfassend z. B. Andrews u. Bonta 1998).

Parallel zu den obigen Entwicklungen findet seit mittlerweile gut 50 Jahren eine breite Diskussion zur grundsätzlichen Bedeutung statistischer
Prognosen gegenüber alternativen Strategien und insbesondere zur Frage
der Überlegenheit statistischer oder klinischer Prognosen statt. Grundlegend waren hier die Arbeiten von Meehl (1954 u. a.). Seither wurde die
Kontroverse jedoch immer wieder aufgegriffen, und es wurden mittlerweile

---

[7] Siehe nächste Seite.

zahlreiche Untersuchungen durchgeführt, die die Validität der beiden Strategien vergleichend zu überprüfen suchten (zusammenfassend: Dawes et al. 1993; Grove u. Meehl 1996; Swets et al. 2000 u. a.). Die allermeisten Studien deuten dabei auf eine grundsätzliche Überlegenheit statistischer gegenüber klinischen Prognosen (ebd.). Klinische Vorhersagen erwiesen sich demgegenüber nicht selten als gänzlich unvalide, sodass einige Autoren mittlerweile für einen grundsätzlichen Ersatz klinischer durch statistische Prognosemethoden plädieren (z. B. Quinsey et al. 1999). Auf der anderen Seite ist festzuhalten, dass die meisten dieser Untersuchungen keine sehr fairen Bedingungen für klinische Vorhersagen bereithielten (vgl. Litwack 2001; Steller u. Dahle 2001; s. auch Holt 1970, 1986). Vor allem handelte es sich in aller Regel nicht um klinische Methoden im hier definierten Sinne – also nicht um Methoden, die einem spezifizierten Modell idiografischer Urteilsbildung folgten – sondern um „unguided decisions" (ebd.), also um unstrukturierte Beurteilungen von Praktikern, die in den Studien als klinische Experten fungierten. Nicht selten dürfte es sich eher um intuitive denn um klinische Beurteilungen im Sinne des im Vorkapitel skizzierten Begriffsverständnisses gehandelt haben. Tatsächlich gibt es durchaus auch Studien, die (auch) die Möglichkeit valider klinischer Vorhersagen bestätigten (zusammenfassend: Monahan 2002; vgl. auch Abschn. 1.6).

Unabhängig von der Feststellung, dass die Kontroverse derzeit noch immer nicht beendet ist (z. B. Berlin et al. 2003 und der Kommentar von Hart 2003), blieb in Deutschland die Debatte um die Nützlichkeit der unterschiedlichen methodischen Strategien über lange Jahre weitgehend unbeachtet. Eigenentwicklungen statistischer Verfahren (wie z. B. der *Legalprognosetest für dissoziale Jugendliche*; Hartmann u. Eberhard 1972) waren hierzulande eher seltene Ausnahmen, in der Literatur wurde weitgehend ein klinisches Konzept der Kriminalprognose kolportiert – wobei jedoch konkrete Methodenentwicklungen für die klinische Urteilsbildung lange Zeit rar blieben. Neben den eingangs bereits angesprochenen Defiziten bei der inhaltlichen Aufklärung individueller Besonderheiten dürfte ein we-

---

[7] AUC „*area under curve*": Ein mittlerweile bei Prognoseinstrumenten gebräuchliches Flächenmaß aus der ROC-Analyse, das den Zugewinn korrekt identifizierter Rückfälle („valide Positive") gegenüber dem Zufall über den gesamten Messbereich einer (Prognose-)Skala ausdrückt. Er ist unabhängig von der Basisrate und kann theoretisch zwischen 0 und 1, praktisch jedoch eher zwischen .5 und 1 variieren, wobei ein Wert um .5 einer Zufallszuordnung (auf jeden valide Positiven kommt statistisch ein Falsch-Positiver) entspricht. Er lässt sich interpretieren als diejenige Wahrscheinlichkeit, dass eine zufällig ausgewählte rückfällige Person auf der analysierten Skala einen höheren Wert aufweist als eine zufällig ausgewählte nichtrückfällige Person (ausführlich zur ROC-Analyse und ihren Indizes: Hanley u. McNeil 1982; Swets 1986). Werte von AUC >.70 gelten nach allgemeinen Standards als gute Werte, Werte zwischen .65 und .70 als moderat (vgl. Cohen, 1992).

Weitere gebräuchliche Maße zur Beschreibung der prädiktiven Validität von Prognoseentscheidungen und -methoden sind die sog. Odds ratio, die das Verhältnis von korrekten zu inkorrekten Prognosen erfasst (eine kritische Beschreibung findet sich bei Immich 1999), sowie der sog. RIOC-Index, der die durch die Methode erzielte relative Verbesserung der Vorhersage gegenüber dem Zufall darstellt (nähere Beschreibung bei Wiggins 1973).

sentlicher weiterer Grund für das Desinteresse an statistischen Instrumenten gewesen sein, dass die „klassischen" Verfahren dazu neigten, sich weitgehend auf einfach zu erhebende statische Merkmale aus der Vorgeschichte
der Zielperson zu beschränken (zusammenfassend Palmer 2001 u. a.). Sie
bezogen sich also in weiten Zügen auf Merkmale, die, sofern sie einmal zu-
treffen, nicht mehr veränderbar sind; in gewisser Weise handelte es sich
somit um Lifetime-Prognosen, in denen eine Person weitgehend gefangen
blieb. Erst seit einigen Jahren wurde zunehmend auch die Bedeutung dynamischer Faktoren – solcher Merkmale also, die potenziell durch die betroffene Person veränderbar und grundsätzlich auch Behandlungsbemühungen
zugänglich sind – für die Rückfallprognose erkannt und systematisch untersucht (vgl. Gendreau et al. 1996). Sie führten letztlich zur Entwicklung
einer neuen Generation von Prognoseinstrumenten – sie werden in den
beiden Folgekapiteln näher beschrieben – die zunehmend auch hierzulande
an Bedeutung gewinnen (vgl. z. B. Endres 2002).

1.5.2 Instrumente zum „risk-needs-assessment"

Instrumente der „dritten Generation" (Andrews u. Bonta 1998) zeichnen sich
vor allem dadurch aus, dass sie systematisch (auch) dynamische Faktoren in
die Prognosebeurteilung einbeziehen. Vielen dieser Verfahren liegen dabei
theoretische Modellvorstellungen über die Ursachen und Bedingungen von
Kriminalität und Rückfall zugrunde. Sie könnten daher von ihrem Ansatz
her, neben einer bloßen statistischen Aussage über die Rückfallwahrscheinlichkeit einer Person, auch inhaltliche Beiträge für die klinische Beurteilung
einer Person leisten (vgl. Abschn. 1.4.2) – eine Reihe dieser Verfahren wurde
primär zu diesem Zweck, nämlich als Hilfsmittel zur Diagnostik der spezifischen individuellen Risikofaktoren, entwickelt. Mit diesen Instrumenten
sollten nämlich nicht nur prognostische Entscheidungen unterstützt, sondern
auch Hinweise über die Stoßrichtung von Maßnahmen zum Risikomanagement oder über den Bedarf und die Zielrichtung etwaiger Behandlungsmaßnahmen gegeben werden (vgl. Heilbrun 1997). Dieses Anliegen folgt der Erfahrung, dass im Sinne der Rückfallvermeidung Erfolg versprechende Behandlungsmaßnahmen in ihrer Intensität auf das Ausmaß des individuellen
Rückfallrisikos („risk") abgestimmt und inhaltlich auf die gezielte Bearbeitung der spezifischen Risikofaktoren („needs"[8]) ausgerichtet sein sollten
(vgl. Andrews et al. 1990; zusammenfassend Dahle u. Steller 2000). Beispiele
für solche Instrumente sind etwa das *Assessment, Case-Recording and Evaluation System* (ACE; Roberts et al. 1996), das *Client Management Classification
System* (CMC; Dhaliwal et al. 1994), die *Community Risk-Needs Management*

---

[8] Raynor et al. definieren „risk" als die Wahrscheinlichkeit neuer strafrechtlicher Rückfälle
(also als Rückfallprognose) und „needs" (auch „criminogenic needs") als diejenigen Umstände, Ressourcen, Verhaltensmuster, Einstellungen, psychopathologische Besonderheiten
oder Persönlichkeitszüge, die bei einer Person inhaltlich mit strafrechtlichem Verhalten
verknüpft sind (vgl. Raynor, Kynch, Roberts u. Merrington 2001).

Scale (Motiuk 1993) oder das *Level of Service Inventory-Revised* (LSI-R; Andrews u. Bonta 1995) – weitere Beispiele finden sich in den Übersichtsarbeiten von Palmer (2001) oder Andrews und Bonta (1998). Einige dieser Verfahren betonen die inhaltliche Aufklärung der individuellen Risikoschwerpunkte sehr stark und sind als statistisches Prognoseinstrument im engeren Sinne nur noch bedingt geeignet.

Mit dem Einzug dynamischer Faktoren sind jedoch die Anforderungen, die die Verfahren sowohl an ihre Konstrukteure als auch an den Anwender stellen, erheblich gestiegen. Ging es bei den statischen Merkmalen zumeist um einfache, leicht aus Akteninformationen ablesbare oder auszählbare Daten (Alter bei Erstdelikt, Art und Häufigkeit von Vordelikten usw.), beziehen sich die dynamischen Faktoren teilweise auf recht komplexe Konstrukte, wie z.B. bestimmte Persönlichkeitszüge, Verhaltensmuster, Bindungsaspekte oder Einstellungsvariablen, die deutlich anspruchsvoller zu beurteilen sind. Trotz weitgehender Operationalisierungsbemühungen erfordert ihre Einschätzung nicht nur eine breitere Informationsgrundlage über die Person, sondern auch ein gewisses Maß an („klinischer") Erfahrung und nicht zuletzt eine ausführliche Einarbeitung in die verschiedenen Verfahren und ihre jeweiligen Grundlagen. Die Anwendung der Verfahren setzt gewöhnlich umfassende Aktenkenntnis über den Betreffenden, ausführliche Interview- bzw. Explorationsangaben sowie Verhaltensbeobachtungsdaten voraus; darüber hinaus können ergänzende testpsychologische Informationen hilfreich sein. Die Instrumente sind insofern nur durch psychodiagnostisch ausgebildete, kriminalpsychologisch erfahrene und in die jeweiligen Verfahren eingearbeitete Personen sinnvoll zu nutzen. In diesem Sinne weichen sie von dem im Vorkapitel definierten Idealtypus statistischer Verfahren ab und nähern sich, zumindest in Teilaspekten, dem klinischen Beurteilungskonzept an. Auf der anderen Seite haben sich die Konstrukteure der Instrumente (jedenfalls der besseren) um eine recht weitgehende und verhaltensnahe Operationalisierung der erfassten Konstrukte bemüht. Hierdurch ist es möglich, dass sich die Verfahren unter den genannten Voraussetzungen als vergleichsweise reliabel anwendbar erwiesen haben, die bei Mehrfachanwendung durch unterschiedliche Beurteiler ermittelten Übereinstimmungskoeffizienten erreichen (jedenfalls für die Gesamtscores) nicht selten Werte um $r = 0.90$ (z.B. Andrews u. Bonta, 1995).

Für einige Instrumente zum „risk-needs-assessment" liegen umfangreiche Studien vor, die (auch) der Frage ihrer Validität bei der Beurteilung der Rückfallwahrscheinlichkeit nachgegangen sind. Zu den am besten untersuchten Verfahren dieser Art gehört das *Level of Service Inventory-Revised* LSI-R (Andrews u. Bonta 1995). Es erwies sich dabei in vielen Untersuchungen als valide und in vergleichenden Studien gegenüber alternativen Instrumenten oft als überlegen (z.B. Raynor et al. 2001). In der bereits erwähnten Metaanalyse von Gendreau et al. (1996) war der LSI-R-Score der insgesamt vorhersagestärkste Prädiktor aller untersuchten Risikoskalen, Persönlichkeitsverfahren und Einzelmerkmale (die mittlere Korrelation mit Rückfälligkeit bei 28 einbezogenen Studien mit insgesamt 4579 Personen betrug r = 0.35) – sie bezeichnen das LSI-R daher als „…the current measure of the choice" (S. 590). Das Verfahren soll daher beispielhaft für die Gruppe der Risk-needs-Instrumente näher beschrieben werden.

Das LSI-R basiert auf insgesamt 54 Merkmalen (Items), die auf Grundlage der o. g. Datenbasis anhand operationaler Kriterien zu beurteilen sind. Viele der Items werden schlicht dichotom erfasst (Merkmal liegt vor/liegt nicht vor), andere nach Maßgabe ihrer individuellen Ausprägung zunächst auf einer vierstufigen Ratingskala eingeschätzt und erst für die Verrechnung dichotomisiert. Stärkere Gewichtungen erhalten einzelne Merkmale durch die wiederholte Erfassung in unterschiedlichen Abstufungsgraden. Die Items selbst sind 10 übergeordneten Risikobereichen zugeordnet, die aufgrund empirischer Erfahrung als Risikobereiche imponieren und auch nach Maßgabe kognitiv-behavioraler Kriminalitätstheorien als potenziell kriminogene Einflussfaktoren anzusehen sind. Die Differenzierung verschiedener Risikobereiche ermöglicht es, dass bei der Anwendung – neben der Errechnung eines Summenscores (als Messung der durch das Verfahren beurteilten Rückfallwahrscheinlichkeit) – auch individuelle Risikoprofile erstellt werden können, die dann beispielsweise als Anhaltspunkte für die inhaltliche Ausrichtung gezielter Behandlungsbemühungen dienen können. Tabelle 1.1 gibt einen Überblick über die im LSI-R erfassten Risikobereiche und ihre jeweilige Gewichtung. Es liegen Normen (nur Gesamtscore) für männliche (n = 956) und weibliche (n = 1414) Strafgefangene vor, wobei allerdings nur die Männernormen Angaben über Rückfallwahrscheinlichkeiten beinhalten. Diese beziehen sich auf die Rückfallwahrscheinlichkeit mit erneuten Straftaten (Kriterium: erneute Haftstrafe) innerhalb des ersten Jahres nach Haftentlassung. Von dem Instrument liegen adaptierte Versionen speziell für Frauen und für Jugendliche vor (die allerdings erst ansatzweise empirisch evaluiert sind, vgl. Palmer 2001).

Kritisch ist anzumerken, dass die Risikobereiche im LSI-R stark unterschiedlich gewichtet sind. Einige der Bereiche werden nur durch sehr wenige Items erfasst, was eine reliable Messung einschränkt. Weiterhin wird gelegentlich kritisiert, dass das Instrument keine direkte Messung antisozialen Verhaltens enthält, sodass für die Anwendung eine Ergänzung durch entsprechende weitere Instrumente empfohlen wird (z. B. Palmer 2001).

Die vorliegenden Validierungsstudien des LSI-R stammen im Wesentlichen aus dem angloamerikanischen Raum. Im Rahmen der eingangs bereits erwähnten CRIME-Studie wurde das Instrument jedoch hinsichtlich seiner Übertragbarkeit und seiner prognostischen Eigenschaften an einer deutschen Strafgefangenenstichprobe überprüft. Mit wenigen Adaptationen an einzelnen Operationalisierungen (die z. B. in unterschiedlichen Schulsystemen in Kanada und Deutschland begründet sind) erwies es sich als gut auf hiesige Verhältnisse übertragbar und reliabel anwendbar. Die Vorhersageleistungen erreichten dabei für unterschiedliche Rückfallkriterien und Katamnesezeiträume durchweg Größenordnungen, die auf dem Niveau der international publizierten Validitätskoeffizienten lagen. Auch zeigten sich Zusammenhänge der LSI-Befunde mit unterschiedlichen Problemverhal-

Tabelle 1.1. Risikobereiche des LSI-Revised (Andrews u. Bonta 1995)

Bereich	Beschreibung
▌ Strafrechtliche Vorgeschichte (10)	Umfang und Art früherer Delikte im Jugend- und im Erwachsenenalter sowie Verhaltensvariablen im Rahmen früherer Sanktionen
▌ Ausbildung/Beruf/Arbeit (10)	Schulbildung, Arbeitssozialisation, Motivationsfaktoren im Leistungskontext, Problemverhalten sowie soziale Verhaltensmuster im schulischen/beruflichen Umfeld
▌ Finanzielle Situation (2)	finanzielle Probleme und Angewiesensein auf soziale Unterstützungsleistungen
▌ Familie und Partnerschaft (4)	Bindungen und kriminogene Einflüsse in der Herkunftsfamilie, dem partnerschaftlichen Bereich und im weiteren familiären Umfeld
▌ Wohnsituation (3)	Stetigkeit, Qualität und etwaige kriminogene Einflüsse im Wohnumfeld
▌ Freizeitbereich (2)	Fähigkeiten zur adäquaten Strukturierung von Freizeit und etwaige Aktivitäten mit Schutzfunktion (bzw. deren Fehlen)
▌ Freundschaften/Bekanntschaften (5)	Vorhandensein und Qualität sozialer Beziehungen außerhalb familiärer Bezüge hinsichtlich etwaiger Schutz- und kriminogener Einflüsse
▌ Alkohol/Drogen (9)	Qualität und Umfang des Suchtmittelgebrauchs sowie etwaige (bisher feststellbare) Zusammenhänge mit kriminellem Verhalten, partnerschaftlichen oder beruflichen/schulischen Problemen
▌ Emotionale/psychische Probleme (5)	psychopathologische Auffälligkeiten sowie psychiatrische bzw. psychologische Behandlungsmaßnahmen
▌ Orientierung (4)	kriminogene Einstellungen, Werthaltungen und Normorientierungen

* in Klammern: Anzahl der jeweils zugehörigen Merkmale bzw. Items

tensweisen im Strafvollzug (disziplinarische Vorkommnisse, Lockerungsmissbrauch u. Ä.) (für weitere Einzelheiten s. Dahle 2005).

1.5.3 Prognoseinstrumente für spezielle Zielgruppen

Viele der neueren statistischen Prognoseinstrumente wurden zur Vorhersage spezifischer Rückfallereignisse bzw. für spezielle Personengruppen entwickelt. Hierzu zählen etwa Instrumente zur Vorhersage von Gewalttaten oder von Sexualstraftaten im Rückfall oder Prognoseinstrumente speziell für psychisch gestörte Rechtsbrecher, für jugendliche Täter oder für innerfamiliäre Gewalttäter. Im Folgenden wird eine Auswahl der bekannteren Instrumente aus den verschiedenen Bereichen vorgestellt.

▌ Instrumente zur Gewaltprognose

Zu den international (und auch hierzulande) wohl bekanntesten und am ausführlichsten untersuchten statistischen Prognoseinstrumenten zur Vorhersage von Gewalttaten zählen das *Historical-Clinical-Risk Management 20 Item-Schema* (HCR-20 Version 2: Webster et al. 1997) und der *Violence Risk Appraisal Guide* (VRAG; Harris et al. 1993)[9]. Beide Verfahren wurden ursprünglich speziell zur Vorhersage der Wahrscheinlichkeit gewalttätiger Rückfälle psychisch gestörter Rechtsbrecher entwickelt. Ihre prognostische Validität wurde inzwischen jedoch wiederholt auch an Strafgefangenenpopulationen überprüft und bestätigt, sodass sie – trotz einiger störungsspezifischer Items – grundsätzlich auch für nicht psychisch gestörte (gewalttätige) Straftäter geeignet erscheinen. Für beide Instrumente liegen umfangreiche Studien an unterschiedlichsten Personengruppen vor, laufend aktualisierte Übersichten sind über das Internet leicht zugänglich[10]. Die meisten der dort berichteten Studien ergaben gute Reliabilitätskennwerte und Vorhersagekoeffizienten, die für unterschiedliche Rückfallereignisse und Katamnesezeiten in Bereichen (z. T. deutlich) oberhalb von .70 (AUC) bzw. .30 (Korrelation) lagen. Für das HCR-20 liegt seit einiger Zeit eine adaptierte, leicht modifizierte und ergänzte deutsche Version (HCR-20+3; Müller-Isberner et al. 1998) vor.

Die Verfahren fußen auf empirischen Untersuchungen über Prädiktoren gewalttätiger Rückfälle aus der Literatur und umfassen sowohl statische als auch dynamische Faktoren (wobei das VRAG statische Faktoren deutlich stärker betont). Insgesamt enthält das HCR-20 in der Originalversion 20 Items (in der deutschen Version werden einige Items etwas stärker differenziert, daher der Name HCR-20+3), die drei Skalen – der „Historical", der „Clinical" und der „Risk Management" Skala – zugeordnet sind. Der VRAG umfasst 12 Items ohne inhaltliche oder dimensionale Differenzierung. Die Items sind auf Grundlage einer vergleichbaren Datenbasis, wie sie im vorhergehenden Kapitel für das LSI-R beschrieben wurde, durch geschulte und ausgebildete Personen einzuschätzen, wobei sie beim HCR-20 nach Maßgabe ihrer individuellen Ausprägung auf einer dreistufigen Ratingskala beurteilt werden (Merkmal liegt nicht vor/Merkmal mäßig ausgeprägt oder liegt fraglich vor/Merkmal deutlich ausgeprägt). Beim VRAG werden sie hingegen nach speziellen Vorgaben, die auf der Größe ihres Zusammenhangs mit Rückfälligkeit beruhen, einzeln gewichtet, aufsummiert und der Summenscore dann einem von neun Risikolevels zugeordnet. Tabelle 1.2

---

[9] Weitere Instrumente zur Gewaltrückfallvorhersage finden sich z. B. im Review von Dolan u. Doyle (2000).

[10] Unter http://www.cvp.se/publications/Downloadables/HCR%2020%20Annotated%20Bibliography.pdf (zum HCR-20) und unter http://www.mhcp-research.com/ragreps.htm (zum VRAG) (Stand: November 2003)

Tabelle 1.2. Itemlisten von HCR-20 (Webster et al. 1997; übers. v. Müller-Isberner et al. 1998) und VRAG (Harris et al. 1993)

HCR-20 (nach H, C und R geordnet)	VRAG (nach Entsprechungen mit dem HCR geordnet)
H 1 Frühere Gewaltanwendung	(auch nichtgewalttätige) Vordelikte
H 2 Geringes Alter bei 1. Gewalttat	–
H 3 Instabile Beziehungen	–
H 4 Probleme im Arbeitsbereich	–
H 5 Substanzmissbrauch	Vorgeschichte von Alkoholmissbrauch
H 6 (gravierende) seelische Störung	Diagnose Schizophrenie
H 7 „psychopathy" (PCL)	„psychopathy" (PCL)
H 8 Frühe Fehlanpassung	Fehlanpassung im Grundschulalter
H 9 Persönlichkeitsstörung	Persönlichkeitsstörung
H 10 Frühere Verstöße gegen Auflagen	Scheitern einer früheren bedingten Entlassung
C 1 Mangel an Einsicht	–
C 2 Negative Einstellungen	–
C 3 Aktive Symptome	–
C 4 Impulsivität	–
C 5 Fehlender Behandlungserfolg	–
R 1 Fehlen realistischer Pläne	–
R 2 Destabilisierende Einflüsse	–
R 3 Mangel an sozialer Unterstützung	Ehestatus
R 4 Mangelnde Compliance	–
R 5 Stressoren	–
–	Alter beim Indexdelikt
–	Trennung von den Eltern vor dem 16. Lebensjahr
–	Grad der Opferschädigung beim Indexdelikt
–	Geschlecht des Opfers beim Indexdelikt

H Historical, *C* Clinical, *R* Risk Management

gibt einen Überblick über die inhaltlichen Überschneidungen und Unterschiede der Instrumente.

Beide Instrumente wurden in vielfältigen internationalen Studien als valide Verfahren bestätigt (s. o.). Aus Deutschland berichteten Müller-Isberner et al. über Zusammenhänge des HCR-Scores mit verschiedenen aggressiven Verhaltensweisen von Patienten des Maßregelvollzugs innerhalb der Einrichtung (zit. nach Douglas u. Weir 2003; s. jedoch auch Cabeza 2000). Im Rahmen der bereits zitierten CRIME-Studie wurde die deutsche Version des HCR-20+3 ebenfalls einbezogen. Das Verfahren erwies sich als reliabel anwendbar und ergab für die Strafgefangenenstichprobe durchgängig moderate bis gute Validitätskoeffizienten im Hinblick auf unterschiedliche Rückfallkriterien. Der VRAG wurde in der Studie nachträglich an einer Teilstichprobe (n=263) erprobt und erbrachte für diese Gruppe zwar statistisch signifikante, gleichwohl aber nur mäßige Zusammenhänge (Hupp 2003). Nähere Analysen ergaben jedoch, dass die Vorhersageleistungen des VRAG deutlich besser wurden, wenn das Instrument ausschließlich an Personengruppen angewandt wurde, die bereits mit Gewaltdelikten (als Indexdelikt oder Vorstrafe) auffällig waren (Dahle 2005). In diesem Sinne scheint es, dass der VRAG tatsächlich stärker auf gewalttätige Personengruppen spezialisiert ist, wohingegen das HCR-20 auch Zusammenhänge mit anderweitigen dissozialen und straffälligen Verhaltensmustern aufweist.

Über einen grundlegend anderen Ansatz statistischer Gewaltprognose (bei psychisch gestörten Rechtsbrechern) berichteten kürzlich Monahan et al. (2000). Bei dem *Iterative Classification Tree* (ICT) handelt es sich um einen konfiguralen Ansatz, der auf Grundlage sukzessiver bzw. einer iterativen Folge mehrerer CHAID-Analysen[11] entwickelt wurde und eine Reihe vorhersagestarker Merkmalskombinationen beschreibt. Mit Hilfe des ICT können psychisch kranke Personengruppen einer von insgesamt 11 Merkmalskombinationen zugeordnet werden, die wiederum drei Risikolevels für zukünftige Gewalttaten – gering, nicht klassifiziert (eigentlich mittleres Risiko), hoch – entsprechen. Kreuzvalidierungen des ICT stehen derzeit noch aus (AUC für die Entwicklungsstichprobe war .80). Anhand der Fähigkeit des Verfahrens, unterschiedliche Teilgruppen von Personen typologisch zu differenzieren, könnte der Ansatz aber zukünftig für die Prognosepraxis bedeutsam werden; dies setzt indessen noch entsprechende Überprüfungen und Weiterentwicklungen voraus.

Eine speziell deutsche Entwicklung zur statistischen Gewaltrückfallprognose von Maßregelvollzugspatienten stellt die „*empirisch fundierte Prognosestellung im Maßregelvollzug nach § 63*" (EFP-63; Gretenkord 2001) dar. Das Verfahren basiert auf lediglich vier Merkmalen – Vorliegen einer Persönlichkeitsstörung, Vorbelastung mit Gewaltdelikten, Gewalttätigkeiten während der Unterbringung und Alter zum Beurteilungszeitpunkt –, die sich aus einer etwas umfangreicheren Anzahl von Variablen bei multivariater Prüfung (logistische Regression) als bedeutsam für die statistische Vorhersage entsprechender Ereignisse gezeigt hatten. Grundlage der Entwicklung waren 196 aus dem Maßregelvollzug in Hessen entlassene Patienten der Entlassungsjahrgänge 1977 bis 1985. Das Verfahren ist bislang nicht kreuzvalidiert. Vor einer breiteren Anwendung wären sicherlich weitere Un-

---

[11] CHAID (Chi-Squared Automatic Interaction Detector): ein hierarchisch arbeitender Klassifikationsalgorithmus, der in einem Variablensatz zunächst den vorhersagestärksten Prädiktor (ggf. auch trennscharfe Cut-off-Werte) sucht und anhand dessen die Stichprobe aufteilt. Für die so entstandenen Teilgruppen sucht er dann gesondert nach weiteren Prädiktoren und untergliedert die Gruppe entsprechend weiter, bis eine sinnvolle weitere Differenzierung nicht mehr möglich ist. Für die letztlich resultierenden Teilgruppen sind somit jeweils unterschiedliche Prädiktorensätze bzw. unterschiedliche Konfigurationen von Merkmalen bedeutsam.

tersuchungen an weiteren Stichproben ratsam, da insbesondere bei Instrumenten für den Maßregelvollzug das Risiko hoher Stichprobenabhängigkeiten besteht[12].

Abschließend sei noch einmal angemerkt, dass bei der gesonderten Prognose von (gravierenden) Gewalttaten, auch bei Anwendung valider Methoden, das Risiko nicht unbeträchtlicher Größenordnungen falsch-positiver Klassifikationen besteht. Dies liegt an den meist vergleichsweise geringen Basisraten entsprechender Rückfallereignisse und den an früherer Stelle skizzierten Folgen für die Verteilung von Fehlerrisiken (vgl. Abschn. 2.4). In dem zuletzt erwähnten ICT betrug die Fehlerquote falsch positiver Klassifikationen bei den im „high risk level" eingestuften Personen beispielsweise 55%, d.h. nur 45% der vom Instrument erwarteten gewalttätigen Rückfälle traten tatsächlich auch ein (Monahan et al. 2000). Dies ist gegenüber der Basisrate (knapp 19%) ein deutlicher Informationsgewinn, zeigt aber exemplarisch die Grenzen statistischer Vorhersagen seltener Ereignisse. Auf der anderen Seite ist festzuhalten, dass die meisten Hochrisikogruppen mit unterschiedlichen Delikten auffällig werden. So wurden für die in der CRIME-Studie durch die verschiedenen Instrumente als Hochrisikogruppe eingestuften Fälle bei der spezifischen Betrachtung (gravierend) gewalttätiger Rückfalldelikte erwartungsgemäß ebenfalls entsprechend hohe Raten falsch-positiver Prognosen beobachtet. Die meisten falsch Positiven in diesem Sinne wurden gleichwohl mit erneuten Straftaten auffällig (Dahle 2005; vgl. auch Tabelle 1.3 am Beispiel des HCR-20+3).

▌ Instrumente zur Vorhersage von Rückfällen bei Sexualdelinquenz

Eine Reihe von Instrumenten wurde speziell zur Einschätzung der Wahrscheinlichkeit von (einschlägigen) Rückfällen von Sexualdelinquenten bzw. zu deren spezifischem Risikomanagement entwickelt. Zu den bekannteren unter ihnen zählen das *Rapid Risk Assessment for Sex Offense Recidivism* (RRASOR, ein kurzes Screeningverfahren; Hanson 1997), die *Structured Anchored Clinical Judgement* Skala (SACJ; Grubin 1998) und das *Static-99* (Hanson u. Thornton 1999, das eine Synthese aus RRASOR und SACJ darstellt), der *Sex Offender Risk Appraisal Guide* (SORAG; Quinsey et al. 1998, ein dem VRAG strukturell verwandtes Verfahren) und das *Sexual Violence*

---

[12] Gründe für die Erwartung erhöhter Stichprobenabhängigkeiten bei Verfahren für den Maßregelvollzug (z.B. im Vergleich zum Strafvollzug) liegen darin, dass 1. Entlassungen gesetzlich erst bei vertretbar geringem Rückfallrisiko möglich sind, sodass regionale Spezifika des Risikomanagements und der Risikobeurteilung Verzerrungen bedingen können; 2. mögliche differenzielle Behandlungseffekte unterschiedlicher Einrichtungen bestehen können und 3. das Risikomanagement nach der Entlassung regional unterschiedlich sein kann (z.B. hinsichtlich des Entlassungsziels oder der Möglichkeiten der Nachbetreuung). Nicht zuletzt hat sich die Praxis im Maßregelvollzug seit Entlassung der untersuchten Probanden (Entlassungsjahrgänge 1977 bis 1985) mittlerweile deutlich professionalisiert.

Tabelle 1.3. Rückfallraten für unterschiedliche Rückfallereignisse bei 3 mittels HCR-20 grob abgestuften Risikolevels (n = 305) (Quelle: Berliner CRIME-Studie; Dahle 2005)

HCR-20-Score	keine erneute Haftstrafe	Haftstrafe(n), aber keine Gewaltdelikte	Haftstrafe(n), auch wegen Gewaltdelikten	gravierende Gewaltdelikte*
▌unter 10 Punkte	84,6%	10,3%	2,5%	2,5%
▌10–20 Punkte	45,8%	35,8%	13,7%	4,7%
▌über 20 Punkte	26,3%	30,3%	19,7%	23,7%

* Gewaltdelikte mit resultierenden Haftstrafen von mehr als 2 Jahren

Risk Schema (SVR-20[13]; Boer et al. 1997; ein dem HCR-20 verwandtes Verfahren, das nach Empfehlung der Autoren vor allem die klinische Beurteilung unterstützen soll) oder das *Minnesota Sex Offender Screening Tool – Revised* (MnSOST-R; Epperson et al. 1998). Eine neuere speziell deutsche Entwicklung stellt das Verfahren zur Bestimmung des *Rückfallrisikos bei Sexualstraftätern* (RRS; Rehder 2001) dar. Ein aktuelles Instrument mit Schwerpunkt im Bereich des Risikomanagements, das mit einigen Items auch gezielt Veränderungen einzelner Risikofaktoren zu erfassen sucht, ist schließlich das *Sex Offender Need Assessment Rating* (SONAR; Hanson u. Harris 2000).

Alle genannten Verfahren basieren auf empirischen Befunden über Prädiktoren einschlägiger und nichteinschlägiger Rückfälle bei Sexualdelinquenten und umfassen zumeist sowohl (statische und dynamische) Merkmale des allgemeinen Delinquenzrisikos, wie sie die zuvor beschriebenen Instrumente auch enthalten, als auch spezifische Faktoren zur Einschätzung des Rückfallrisikos mit Sexualdelinquenz (z.B. bestimmte Tatbegehungsmerkmale, Attribute der Opferwahl, Anzeichen verfestigter sexuell devianter Einstellungen und Präferenzen, einschlägige Vordelinquenz u.Ä.m.). Für die angloamerikanischen Instrumente liegen (z.T. umfangreiche) Kreuzvalidierungsstudien vor, deren Befunde allerdings bislang kein einheitliches Bild ergeben. So fanden einige Untersuchungen für einzelne Instrumente mitunter keine oder nur sehr geringe Zusammenhänge mit der einschlägigen Rückfälligkeit von Sexualdelinquenten (z.B. Sjöstedt u. Langström 2002). Andere fanden für dieselben Verfahren immerhin moderate Zusammenhänge (z.B. Barbaree et al. 2001; Doyle, Dolan u. McGovern 2002) und wiederum andere Studien berichten über sehr beachtliche Vorhersageleistungen mit Korrelationen von teilweise deutlich über .4 bzw. AUC über .8 (z.B. Bartosch et al. 2003; Hanson u. Thornton 2000; Harris et al. 2003; Rice u. Harris 2002). Dabei waren es keineswegs immer dieselben

---

[13] Auch für das SVR-20 liegt eine deutschsprachige Fassung vor (Müller-Isberner et al. 2000).

Verfahren, die sich in den verschiedenen Studien als valide oder überlegen zeigten (ebd.).

Zieht man eine vorläufige Bilanz der bisherigen Erkenntnisse, so ist zunächst festzustellen, dass Studien (auch Kreuzvalidierungen), an denen die Autoren der Verfahren selbst beteiligt waren, meist höhere Vorhersageleistungen erbrachten, als Studien anderer Forschungsgruppen (vgl. z. B. Nunes et al. 2002) – was auf mögliche Anwendungsprobleme (z. B. Trainingsdefizite) hindeuten könnte oder auch auf eine unzureichende Datenbasis bei den häufig retrospektiv durchgeführten Untersuchungen. Ein weitgehend konsistenter Befund ist weiterhin, dass die Instrumente zumeist allgemeine oder auch gewalttätige Rückfälle valider vorherzusagen vermochten als speziell erneute Sexualstraftaten (z. B. Barbaree et al. 2001; Sjöstedt u. Langström 2002), wobei das RRASOR jedoch eine Ausnahme darzustellen scheint (ebd.). Schließlich deuten die teilweise widersprüchlich anmutenden Befunde darauf hin, dass die einzelnen Instrumente möglicherweise unterschiedlich sensibel im Hinblick auf unterschiedliche Subgruppen von Personen mit Sexualdelinquenz sein könnten – eine systematische Forschung zu dieser Frage, die über die bloße Unterscheidung von Vergewaltigern und Missbrauchstätern hinausgeht, steht indessen derzeit noch aus.

Das RRS als deutschsprachige Entwicklung basiert auf einer Rückfalluntersuchung einer Stichprobe von 245 Sexualstraftätern aus dem Strafvollzug. Es handelt sich um ein vergleichsweise komplexes Verfahren, das aus einer H-Skala zur Bestimmung des allgemeinen Rückfallrisikos (Kriterium: erneute Inhaftierung), einer S-Skala zur Bestimmung der Wahrscheinlichkeit erneuter Sexualdelikte und je zwei weiteren Skalen speziell für Vergewaltiger und sexuelle Missbrauchstäter besteht. Die berichteten Leistungsdaten (hinsichtlich der Zusammenhänge mit Rückfälligkeit) sind vielversprechend, gleichwohl bedarf das Instrument noch dringend weiterer Untersuchungen. Angesichts der Komplexität des Instruments erscheint die Entwicklungsstichprobe sehr schmal. Vor allem die Anzahl der eingegangenen einschlägig Rückfälligen (lediglich 30) erscheint für diesen Zweck zu gering, zumal sie für einige Entwicklungsschritte noch in Vergewaltiger (21 einschlägig Rückfällige) und Missbrauchstäter (nur noch 9 einschlägig Rückfällige) differenziert wurde. Hier ist vor einer breiteren Praxisanwendung als statistisches Prognoseinstrument sicherlich noch weiterer Forschungsbedarf gegeben und insbesondere eine Kreuzvalidierung erforderlich.

▌ Prognoseinstrumente für jugendliche Rechtsbrecher

Einige Prognoseinstrumente wurden gezielt für jugendliche Rechtsbrecher entwickelt. Hierbei handelt es sich teilweise um Adaptationen existierender Verfahren, wie z. B. die bereits erwähnte Jugendversion des LSI-R, das *Youth Level of Service/Case Management Inventory* (YLS/CMI; Hoge u. Andrews 2001). Das Verfahren ähnelt in seiner Struktur dementsprechend dem LSI-R stark, es erfasst indessen nur acht der zehn Risikobereiche (die

Bereiche „Finanzielle Situation" und „Wohnsituation" sind ausgeklammert) und die Operationalisierungen vieler Items wurden an die jugendliche Zielgruppe angepasst. Das Verfahren hat sich in einigen Kreuzvalidierungsstudien als vergleichsweise valide bewährt (über eine aktuelle und sehr umfangreiche Studie berichten Flores et al. 2003), deutschsprachige Untersuchungen stehen indessen noch aus.

Ein Beispiel für die gesonderte Entwicklung eines jugendspezifischen Prognoseinstruments ist das *Structured Assessment of Violence Risk in Youth* (SAVRY; Borum et al. 2002), das mit insgesamt 30 Items Risikofaktoren aus der Vorgeschichte (10 Items), dem sozialen Umfeld (5 Items) und dem individuellen bzw. klinischen Bereich (8 Items) sowie einige potenzielle Schutzfaktoren (6 Items) erfasst. Zu dem Instrument liegen einige Kreuzvalidierungen mit moderaten bis guten Vorhersageleistungen vor, eine laufend aktualisierte Übersicht findet sich im Internet[14].

Ein spezielles Verfahren zur Rückfallprognose bei jugendlichen Sexualstraftätern stellt schließlich das *Juvenile Sex Offender Assessment Protocol* (J-SOAP; Prentky et al. 2000, bzw. in einer aktuell revidierten Version J-SOAP II; Prentky u. Righthand 2003) dar. Das Instrument befindet sich derzeit jedoch noch in der Entwicklung, Kreuzvalidierungsstudien sind bislang nicht publiziert.

1.5.4 Prognostische Kriterienkataloge und Ad-hoc-Checklisten

Es wurde bereits darauf hingewiesen, dass sich viele der in den Vorabschnitten behandelten Verfahren bereits recht weit vom eingangs definierten Idealtypus statistischer Prognoseinstrumente entfernt und sich in vielerlei Hinsicht dem klinischen Prognosemodell im hier definierten Sinn – also einer idiografischen, die individuellen Zusammenhänge zu erklären suchenden Methode – angenähert haben. Einige der Instrumente verstehen sich auch gar nicht als statistische Prognoseverfahren im engeren Sinne, sondern vielmehr als Hilfsmittel, die den klinischen Beurteilungsprozess unterstützen und auf zentrale Punkte lenken sollen. Sie verzichten daher auch auf Normierungen im Sinne der Zuordnung zusammenfassender Scorewerte zu Erwartungswahrscheinlichkeiten für Rückfallereignisse (z.B. HCR-20 oder SVR-20). Der Grund, warum sie hier gleichwohl unter den statistischen Verfahren behandelt wurden, ist ihre vergleichsweise umfassende Operationalisierung und ihre fortgeschrittene Beforschung, die auch Untersuchungen der item- und testanalytischen Charakteristika, der Reliabilitäten, mitunter auch der faktoriellen Struktur der Instrumente und vor allem ihrer prädiktiven Validität einschließt[15]. Sie entsprechen insofern weitgehend den Anforderungen an statistische Verfahren. Die fehlende

---

[14] www.fmhi.ust.edu/mhlp/savry/SAVRY_Research.htm (Stand: November 2003)
[15] Eine Ausnahme wurde für die PCL gemacht, die in der vorliegenden Abhandlung unter den klinischen Verfahren behandelt wird.

Normierung ließe sich problemlos anhand der Daten verfügbarer Validierungsstudien nachholen – was an sich auch wünschenswert wäre, da konkrete Rückfallzahlen verschiedener Scorebereiche mitunter mehr aussagen als ein bloßer zusammenfassender Korrelationskoeffizient oder AUC-Wert; vor allem ließen sie etwaige Niveauunterschiede bei transkulturellen Kreuzvalidierungen besser erkennen.

Neben diesen recht weit entwickelten Instrumenten wurden jedoch auch vielfältige Kriterienkataloge, Checklisten, Beurteilungsschemata oder „Guidelines" entwickelt, die in methodischer Hinsicht deutlich weniger elaboriert und weder eindeutig dem statistischen noch dem klinischen Beurteilungskonzept zuzuordnen sind. Sie sind meist wenig operationalisiert (was ihre Beforschung erschwert), jedoch oftmals umfassender als die statistischen Verfahren, berufen sich andererseits aber auf empirische – d. h. auf gruppenbezogenen Durchschnittswerten fußende – Erfahrungen, weswegen sie hier unter den „statistisch-nomothetischen" Methoden erwähnt werden. Sofern sie sich tatsächlich auf Zusammenstellungen empirisch belegter Merkmale beschränken, enthalten sie indessen keine Informationen, die man nicht auch durch sorgfältige Literaturarbeit im Rahmen einer Prognosebeurteilung (im Sinne des in Abschn. 1.3 umrissenen Vorgehens) bekommen würde. Mitunter beinhalten sie aber auch „klinische Erfahrungen" – etwa Aspekte der Auseinandersetzung des zu Beurteilenden mit dem Anlasstatgeschehen oder seine Anpassungsleistung an die Erfordernisse der Vollzugsinstitution – deren Verallgemeinerbarkeit und nicht zuletzt deren grundsätzlicher Validitätsgehalt für die Frage der Rückfallprognose allerdings nicht belegt sind (vgl. z. B. Kröber 1995).

Bekanntere Beispiele prognostischer Checklisten bzw. Kriteriensammlungen sind etwa der Leitfragenkatalog zur klinischen Prognose gefährlichen Verhaltens von Monahan (1981) oder das *Violence Prediction Scheme* (Webster et al. 1994); ein aktuelles Beispiel für ein Schema zur spezifischen Rückfallrisikobeurteilung von Sexualstraftätern ist etwa das *Nebraska Sex Offender Risk Assessment Instrument* der Nebraska State Patrol[16]. Auch im deutschsprachigen Raum wurde im Laufe der Zeit eine Reihe von Beurteilungsschemata bzw. Kriterienkataloge entwickelt. Einige von ihnen beruhen auf einer Auflistung entsprechender Merkmale von Rasch (1999; Original: 1986), die er als „Anhaltspunkte für eine eher ungünstige Prognose [bzw.] eher günstige Prognose" (S. 376) ursprünglich zur näheren Erläuterung seiner klinisch-dimensionalen Methode aufgeführt hat, die in der Folge aber in entsprechende Kriterienkataloge überführt wurden (z. B. Eucker et al. 1994). Von Weber (1996 bzw. Weber u. Leygraf 1996) stammt ein umfangreiches Instrument zur Risikobeurteilung von Maßregelvollzugspatienten, ein aktuellerer Kriterienkatalog zur Einschätzung des Rückfallrisikos bei sog. „gemeingefährlichen" Tätern aus der Schweiz wurde von Dittmann (1998; Ermer u. Dittmann 2001) vorgelegt.

---

[16] Quelle: www.nsp.state.ne.us/sor/documents/docs.cfm (Stand: November 2003)

Der Nutzen prognostischer Merkmalslisten und Leitfragenkataloge besteht in ihrer Schutzfunktion für den klinischen Beurteilungsprozess. Sie können gewährleisten, dass sich der Beurteiler mit einer Reihe potenziell bedeutsamer Aspekte überhaupt auseinandersetzt und nicht wichtige Zusammenhänge übersieht. Sie mögen zudem zu einer gewissen Standardisierung des Urteilsbildungsprozesses beitragen im Sinne der Sicherstellung eines Mindestbestands an Beurteilungsgrundlagen, auf denen dieser Prozess beruht. Ihre Grenzen bestehen demgegenüber darin, dass die Zusammenhänge der einzelnen Merkmale und ihre prognostische Bedeutung für unterschiedliche Zielgruppen ungeklärt sind. Es liegt somit in der Verantwortung des Anwenders, auf der Grundlage klinischer Einschätzungen die Bedeutung einzelner Faktoren für den Einzelfall zu beurteilen, sie zu gewichten und aus der Gesamtbetrachtung der im Einzelfall vorgefundenen Konfiguration zu einem prognostischen Urteil zu gelangen. Insoweit besteht ein gewisser Vorteil gegenüber statistischen Instrumenten in ihrer größeren Flexibilität und ihrer (meist) breiter angelegten Zusammenstellung potenziell bedeutender Faktoren. Ihr Nachteil ist demgegenüber eine deutlich geringere Strukturierung des Urteilsbildungsprozesses und die Erfordernis weit reichender klinischer Einschätzungen. Ein Problem ist es zudem, dass die (prognostische) Qualität der einzelnen Verfahren als Ganzes im Regelfall nicht belegt ist.

Das größte Risiko prognostischer Merkmalslisten ist jedoch ihre allzu schematische Anwendung. Es kommt nicht selten vor, dass im Rahmen von Begutachtungen die in den Katalogen aufgeführten einzelnen Merkmale blind, d.h. ohne jede Auseinandersetzung mit ihrer inhaltlichen Bedeutung für den vorliegenden Fall einfach abgehakt werden. Vor allem aber ist es schon vorgekommen, dass die letztlich erforderliche Gesamtbeurteilung durch quasi-statistisch daherkommende Prozeduren ersetzt wurde, bei denen die „günstigen" und „ungünstigen" Merkmale einfach aufsummiert und aus dem Verhältnis der Summen dann messerscharf auf eine „günstige" bzw. „ungünstige" Gesamtprognose geschlossen wurde. Ein solcher Gebrauch stellt ohne Zweifel eine Fehlanwendung dieser Methodengruppe dar, die weit außerhalb ihrer Möglichkeiten und Funktionsweisen liegt.

1.6 Klinisch-idiografische Prognosemethoden

Ging es bei den bislang erörterten „nomothetischen" Verfahren und Instrumenten im Kern darum, möglichst systematisch den Bestand wissenschaftlich kontrollierter Erfahrung durch die Betrachtung statistischer Durchschnittsverhältnisse für die individuelle Kriminalprognose nutzbar zu machen, so ist der Fokus klinisch-idiografischer Methoden von ihrem Wesen her auf die individuellen Gegebenheiten und Besonderheiten des Einzelfalls ausgerichtet. Diese Methoden bemühen sich um die inhaltliche Aufklärung derjenigen individuellen Zusammenhänge, die sie prognostizieren wollen.

Inhaltliche Aufklärung meint dabei freilich nicht das empathische Nachvollziehen und Nachfühlen der inneren Zustände der zu beurteilenden Person, wie sie dem intuitiven Vorgehen zu eigen ist – dies ermöglichte kaum die für eine wissenschaftlich zu bezeichnende Methodik erforderliche Transparenz. Es ist durchaus der explizite Rekurs auf wissenschaftlich fundierte Theorien und empirische Befunde erforderlich, jedoch durch ihre zielgerichtete und methodisch kontrollierte Bezugnahme auf den Einzelfall. Ausgangspunkt sind der Einzelfall und die Kenntnis seiner spezifischen Entwicklungen, nach deren Maßgabe relevante Erklärungskonzepte und Erfahrungswerte ausgewählt, gewichtet und integriert werden.

1.6.1 Klinische Methoden begrenzter Reichweite

▌ Theorieorientierte Ansätze

Bei vielen Vorschlägen für klinische Prognosemethoden handelt es sich bei näherer Betrachtung nicht um allgemeine Methoden zur Vorhersage strafrechtlich bedeutsamer Rückfälle. Sie beziehen sich vielmehr auf eingegrenzte Anwendungsbereiche, wie z. B. bestimmte Teilgruppen der straffälligen Gesamtpopulation. Dies bietet den Vorteil einer Bezugnahme auf vorgegebene Erklärungsmodelle und entbindet von der Erfordernis einer einzelfallbezogenen Entwicklung entsprechender Erklärungskonzepte. Darüber hinaus lässt sich das methodische Vorgehen relativ detailliert beschreiben, da die für die Prognosebeurteilung erforderlichen Parameter und Konstrukte von vornherein feststehen. Von Nachteil ist es demgegenüber, dass der Anwendungsbereich dieser Methoden auf die Reichweite der zugrunde liegenden Theorie beschränkt ist – ihre Anwendung setzt die Angemessenheit der Theorie für den vorliegenden Einzelfall voraus, überprüft dies aber nicht.

Der Prototyp klinischer Prognosen mit begrenztem Geltungsbereich setzt am theoretischen Modell eines kriminellen (bzw. zu kriminellen Handlungen neigenden) Persönlichkeitstypus an. Dieses historisch nicht ganz neue persönlichkeitsorientierte Kriminalitätskonzept hat in jüngerer Zeit wieder deutlich an Bedeutung gewonnen, wozu Erfahrungen aus der neueren Längsschnittforschung beigetragen haben (z. B. Thornberry u. Krohn 2003). Nicht zuletzt finden sich in den Diagnosesystemen psychiatrischer Störungen Konzepte wie die „antisoziale" (DSM-IV 301.7) oder „dissoziale Persönlichkeitsstörung" (ICD-10 F60.2) bzw. für jüngere Personengruppen auch die „Störung des Sozialverhaltens" (312.8 im DSM-IV bzw. F91 in der ICD-10). Insofern bei diesen Diagnosen eine grundsätzliche Neigung zu kriminellen und delinquenten Handlungen als überdauerndes Merkmal bestimmter Persönlichkeiten (resp. als Symptom entsprechender Störungen) gilt, liegt es nahe, ihre Diagnose zur Prognose zukünftiger Delinquenz heranzuziehen (vgl. hierzu z. B. Knecht 1996).

Deutlich weiter gehen Ansätze, aus der möglichst exakten theoriegeleiteten Beschreibung spezifischer Persönlichkeitskonfigurationen bzw. -entwicklungen gezielt prognostisch nutzbare Verfahren zu entwickeln. Eine Vorreiterrolle spielen hier die Arbeiten von Hare und die von ihm und seinen Mitarbeitern entwickelte *Psychopathy Checklist Revised* (PCL-R; Hare 1991; mittlerweile in der zweiten Überarbeitung sowie in einer Screening- und einer Jugendversion erhältlich). Das Instrument zählt zu den weltweit wohl am umfangreichsten untersuchten Prognoseinstrumenten überhaupt und hat seine grundsätzliche prognostische Validität vielfach belegt[17]; in der Metaanalyse von Gendreau und seinen Mitarbeitern (1996) erzielte die PCL eine mittlere Korrelation von r = .28 mit unterschiedlichen Rückfallkriterien.

In seiner derzeitigen Standardfassung (PCL-R) umfasst die Liste 20 Items, die auf der Grundlage einer mit dem LSI-R oder dem HCR-20 vergleichbar umfassenden Datenbasis durch klinisch erfahrene und in das Verfahren und die Operationalisierungen der Items eingearbeitete Personen auf einer dreistufigen Skala einzuschätzen sind. Die meisten Untersuchungen der faktoriellen Struktur der Items ergaben eine zweifaktorielle Lösung, wobei der erste Faktor zwischenmenschliche und affektive Besonderheiten umfasst und der zweite Faktor Aspekte eines chronisch instabilen und sozial devianten Lebensstils (vgl. Tabelle 1.4). Neuere Untersuchungen favorisieren allerdings eine stärkere faktorielle Differenzierung (z.B. Cooke u. Michie 2001).

Der Operationalisierungsgrad und der Forschungsstand hätten es ohne Weiteres zugelassen, die PCL unter die statistischen Verfahren der dritten Generation zu subsumieren – einige der dort aufgeführten Instrumente enthalten den PCL-Score als eines der erfassten Merkmale (z.B. die HCR-20 und der VRAG; vgl. Tabelle 1.2). Das Instrument fußt jedoch auf einem spezifischen Persönlichkeitskonstrukt („psychopathy"), das auf Cleckley (1976) zurückgeht und nach Ansicht der Autoren einem eigenständigen, stabilen Störungsbild entspricht, welches sich bereits in frühen Lebensphasen abzeichnet (daher eine spezielle Jugendversion), über lange Lebenszeit hinweg stabil bleibt und auch therapeutischen Beeinflussungsversuchen gegenüber weitgehend resistent zu sein scheint. In diesem Sinne stellt die PCL in erster Linie eine Persönlichkeitsskala zur Diagnose dieses Persönlichkeitskonstrukts[18] und erst mittelbar ein Prognoseinstrument dar. Sie zielt auf die Identifikation einer spezifischen Hochrisikoklientel, die zwar einen vergleichsweise kleinen Anteil straffälliger Personengruppen ausmacht (Untersuchungen zur Prävalenz von Straftätern mit der Diagnose „psychopathy" innerhalb verschiedener Vollzugsanstalten ergaben meist

---

[17] Eine stets aktualisierte Übersicht über theoretische und empirische Arbeiten zum Konstrukt „psychopathy" und zur PCL findet sich im Internet unter www.hare.org/references/ (Stand: November 2003).

[18] Es ist noch nicht endgültig geklärt, inwieweit es sich um ein dimensionales oder um ein kategoriales Konstrukt handelt (vgl. Hart u. Hare 1997). Einstweilen empfehlen die Autoren einen Cut-off von 30 für die Diagnose „psychopathy" und einen Wert von 20 für eine entsprechende Verdachtsdiagnose, wobei es Hinweise gibt, dass in Europa sinnvolle Trennwerte eher niedriger anzusetzen wären (vgl. Cooke 1998).

Tabelle 1.4. Items der Psychopathy Checklist-Revised (Hare 1991; Übersetzung in Anlehnung an Löffler u. Welther 1999)

1. Trickreich-sprachgewandter Blender mit oberflächlichem Charme (Faktor 1)
2. Erheblich übersteigertes, grandioses Selbstwertgefühl (Faktor 1)
3. Stimulationsbedürfnis; Neigung zu Gefühlen der Langeweile (Faktor 2)
4. Pathologisches (habituelles) Lügen (Faktor 1)
5. Betrügerisch-manipulative Verhaltensweisen (Faktor 1)
6. Fehlen von Reue, Gewissensbissen und Schuldgefühlen (Faktor 1)
7. Oberflächliche Gefühle ohne Tiefgang (Faktor 1)
8. Gefühlskälte und Mangel an Empathie (Faktor 1)
9. Parasitärer Lebensstil (Faktor 2)
10. Unzureichende Verhaltenskontrolle (Faktor 2)
11. Promiskuitives Sexualverhalten (ohne faktorielle Zuordnung)
12. Biografisch frühe Verhaltensauffälligkeiten (Faktor 2)
13. Fehlen realistischer, langfristiger Ziele (Faktor 2)
14. Impulsivität (Faktor 2)
15. Verantwortungsloses Verhalten (Faktor 2)
16. Mangelnde Bereitschaft zur Verantwortungsübernahme für eigenes Verhalten (Faktor 1)
17. Viele kurze ehe(ähn-)liche Beziehungen (ohne faktorielle Zuordnung)
18. Jugenddelinquenz (Faktor 2)
19. Früheres Bewährungsversagen (Faktor 2)
20. Polytrope Kriminalität (ohne faktorielle Zuordnung)

Größenordnungen zwischen 5 und 25%), von der aber in besonderer Weise erwartet wird, dass sie zu straffälligem und insbesondere auch zu gewalttätigem Verhalten neigt (ausführlich zum Konstrukt der „psychopathy" und der PCL: Cooke et al. 1998 oder Millon et al. 1998; zusammenfassend: z.B. Hart u. Hare 1997). Sie erfasst indessen keineswegs alle potenziell kriminogenen und rückfallgefährdeten Risikogruppen und ist insofern ein Prognoseverfahren mit entsprechend begrenzter Reichweite.

Es liegen inzwischen vielfältige internationale Studien aus Amerika, Europa und Asien vor, die die grundsätzliche transkulturelle Übertragbarkeit des Konstrukts und insbesondere der PCL zu untermauern scheinen (vgl. Cooke 1998). Auch im deutschsprachigen Raum findet das Konzept seit einiger Zeit zunehmende Beachtung, vergleichbare empirische Untersuchungen sind indessen noch rar. Es wurde gelegentlich über Erprobungen an verschiedenen deutschen Straftäterpopulationen berichtet (Hartmann et al. 2001; Löffler u. Welther 1999; Ullrich et al. 2003). Im Rahmen der CRIME-Studie wurde die PCL-R ebenfalls einbezogen und wies insgesamt moderate Zusammenhänge mit den meisten Rückfallkriterien auf, die weitgehend in Größenordnungen, wie sie international berichtet werden, lagen (vgl. im Einzelnen Dahle 2005).

▌ (Ideal-)Typologieorientierte Ansätze

Eine von ihrer Zielrichtung her klinische Prognosestrategie (im hier definierten Begriffsverständnis), die in besonderer Weise geeignet erscheint, eine Brücke zwischen den Erkenntnissen nomothetischer (durch das Auffinden gesetzmäßiger Regelhaftigkeiten erklärender) und idiografischer (durch individuelle Rekonstruktion erklärender) Wissenschaftszweige zu schlagen, könnte eine an Idealtypen orientierte Methodik darstellen. Vom Grundgedanken her geht sie von einer Typologie von Ereigniszusammenhängen (z. B. typischen Konstellationen für bestimmte Delikte) bzw. Personengruppen (z. B. Sexualstraftätertypologien) oder Entwicklungsverläufen (z. B. Typen krimineller Rückfallkarrieren) aus und versucht, durch die systematische Bezugnahme eines Einzelfalls die Person einem Prototyp zuzuordnen und „typische" und „atypische" (also die Besonderheit des Einzelfalls ausmachende) Elemente herauszuarbeiten. Der Prototyp stellt gleichsam die allgemeine Zusammenhänge und Gesetzmäßigkeiten abbildende Folie dar, vor deren Hintergrund man den Einzelfall und seine Ähnlichkeiten und Diskrepanzen mit dem Modell analysiert [19], um auf diesem Weg zu einer möglichst systematischen Rekonstruktion der individuell bedeutsamen Zusammenhänge unter Berücksichtigung regelhafter und spezifischer Aspekte zu gelangen.

In der Forschung hat der am Idealtypus orientierte Ansatz eine vergleichsweise lange Tradition. Seine erkenntnis- und wissenschaftstheoretischen Wurzeln gehen auf frühe Arbeiten von Max Weber (1904) zurück und wurden in der Folge weiter differenziert (z. B. Watkins 1972). Das ursprünglich aus der Geschichtssoziologie stammende Paradigma wurde später an andere Wissenschaftszweige adaptiert, insbesondere an die verschiedenen Zweige biografisch orientierter Wissenschaften (eine Übersicht gibt z. B. Gerhardt 1998). Freilich geht es bei diesen Forschungsansätzen zunächst einmal darum, überhaupt zu einer phänomengerechten Typologie zu gelangen, und erst im zweiten Schritt darum, mit Hilfe der so entwickelten Matrix dann Einzelfälle hinsichtlich ihrer typischen Elemente und spezifischen Besonderheiten zu untersuchen. Sofern geeignete Typologien jedoch bereits vorliegen, ließe sich das methodische Prinzip der Einzelfalluntersuchung indessen ohne Weiteres auf einzelfalldiagnostische Probleme übertragen.

Tatsächlich findet sich in der kriminologischen bzw. kriminalpsychologischen Literatur eine ganze Reihe von Typologien. Sie basieren auf (meist empirischen) Studien größerer Straftätergruppen, die darauf ausgerichtet waren, Beschreibungs- und Erklärungsmuster für unterschiedliche Phänomenbereiche zu finden. Beispiele finden sich insbesondere für unterschiedliche Deliktgruppen, etwa für Sexualstraftäter (z. B. Rehder 1993; Schorsch

---

[19] Zum Grundkonzept der sog. „Diskrepanzdiagnostik" und ihrer Bedeutung für den klinisch-diagnostischen Urteilsbildungsprozess s. Steller und Dahle (2001).

1971), Brandstifter (z.B. Klosinski u. Bertsch 2001), Ladendiebe (z.B. Osburg 1992) oder Raubmörder (z.B. Volbert 1992) sowie für unterschiedliche monotrope und polytrope Verlaufsmuster krimineller Rückfallkarrieren (z.B. Dahle 1998, 2001; D'Unger et al. 1998; Soothill et al. 2002). Die meisten der an Deliktgruppen entwickelten Typologien enthalten – abgesehen von gelegentlichen Angaben über die (einschlägige) Vorbelastung in den verschiedenen Subtypen – indessen wenig unmittelbar für die Einschätzung der Rückfallwahrscheinlichkeit verwertbare Informationen. Sofern sie eine differenzierte Sicht auf unterschiedliche Tatbegehungskonstellationen und ihre jeweiligen Hintergründe ermöglichen, eröffnen sie jedoch einen gangbaren methodischen Zugang zur Analyse der „in der Tat zutage getretenen Dynamik und der sonstigen Tatursachen" im Sinne der eingangs skizzierten Anforderung aus der Rechtsprechung an Prognosegutachten als einen wichtigen Teilschritt einer klinisch-idiografischen Einzelfallprognose (Kröber 1999). Indessen gibt es auch Ausnahmen in Form typologisch orientierter bzw. differenzierter Rückfallstudien, die neben Erklärungszusammenhängen auch unmittelbare Bezüge zu Rückfallwahrscheinlichkeiten eröffnen (z.B. Barnett et al. 1999; Beier 1995).

Göppinger hat das Grundkonzept einer am Modell des Idealtypus orientierten Strategie der Einzelfallanalyse im Rahmen seiner „Methode der idealtypisch-vergleichenden Einzelfallanalyse" (Göppinger 1983, 1997; zusammenfassend: Bock 1995) zu einer Prognosemethode im engeren Sinn zu verdichten versucht. Die Methode fußt auf empirischen Befunden einer kriminologischen Längsschnittstudie ehemals inhaftierter und nichtinhaftierter Männer im Jungerwachsenenalter – der Tübinger Jungtätervergleichsuntersuchung – und den hieraus gewonnenen Erkenntnissen über typische „kriminorelevante" und „kriminoresistente" Konstellationen und die zugehörigen Syndrome. Die Einzelfalluntersuchung erfolgt im Prinzip anhand des oben skizzierten systematischen Vergleichs mit den genannten prototypischen Konstellationen. Sie soll, neben prognostischen Einschätzungen, durch die Herausarbeitung spezifischer Risikobereiche auch Hinweise auf Ansatzpunkte für Behandlungs- und andere spezialpräventive Maßnahmen liefern (vgl. Bock, ebd.).

Die Methode der idealtypisch-vergleichenden Einzelfallanalyse sensu Göppinger stellt insofern vom Ansatz her ein methodisch nachvollziehbares, plausibles Vorgehen für eine nicht weiter selektierte Population jüngerer männlicher Strafgefangener (hierauf basiert die Typologie) dar. Wünschenswert wären allerdings noch nähere Untersuchungen ihrer Anwendbarkeit als Prognosemethode – und eben nicht nur als bloße diagnostische Strategie –, die beispielsweise die Interraterreliabilität mehrerer Anwender bei der Beurteilung derselben Person erhellen würde. Da die Methode auf der Grundlage der o.g. Studie entwickelt wurde, wäre zur Beurteilung ihrer Effizienz als Prognosemethode im engeren Sinne weiterhin eine Kreuzvalidierung erforderlich, die die Generalisierbarkeit der zugrunde liegenden Typologie und die Effizienz der hierauf basierenden prognostischen Urteile bei der Vorhersage zukünftiger Ereignisse untersucht.

1.6.2 Allgemeine klinisch-idiografische Methoden

Die bislang unter den klinisch-idiografischen Prognosemethoden behandelten Ansätze sind in ihrer Anwendbarkeit in zweierlei Hinsicht begrenzt. Die erste Begrenzung ergibt sich durch die Bezugnahme auf von vornherein bestehende theoretische oder empirische Gegebenheiten. So sind die theorieorientierten Ansätze, hierauf wurde bereits hingewiesen, auf die Reichweite der zugrunde liegenden Erklärungsmodelle beschränkt. Typologieorientierte Ansätze setzen hingegen das Vorhandensein geeigneter und methodisch brauchbarer Idealtypen voraus, was nicht für alle Fallkonstellationen der Fall ist. Die zweite Begrenzung ergibt sich daraus, dass die bisher behandelten Konzepte keine in sich abgeschlossenen Prognosemethoden darstellen, sondern nur Teilaspekte des erforderlichen prognostischen Beurteilungsprozesses abbilden. So bestünde bei einer eindeutigen Diagnose „psychopathy" nach den Richtlinien der PCL-R zwar aller Grund zur Vorsicht, eine erschöpfende Erklärung des Anlassgeschehens im Sinne der eingangs skizzierten rechtlichen Anforderungen stellt sie indessen noch nicht notwendigerweise dar; und nicht zuletzt gibt es zahlreiche Hinweise auf mögliche Subgruppen von Personen mit dieser Diagnose sowie auf häufige Komorbiditäten (vgl. Cooke et al. 1998; Millon et al. 1998), die im Einzelfall eine weitergehende Analyse nahe legen. Auch typologische Analysen mögen günstigstenfalls zu einer Erklärung des Anlassgeschehens und der hierin zum Ausdruck gekommenen spezifischen Risikofaktoren beitragen. Die eingangs erwähnte und von der Rechtsprechung geforderte Auseinandersetzung mit der Entwicklung dieser Faktoren seit dem Anlassgeschehen vermögen sie indessen kaum voranzutreiben. Insoweit stellen diese methodischen Ansätze Hilfsmittel dar, um ggf. im Rahmen eines umfassenderen klinisch-idiografischen Urteilsbildungsprozesses Teilaspekte und Teilfragestellungen zu bearbeiten.

Die abschließend zu behandelnden Methoden bemühen sich hingegen, einen universellen methodischen Rahmen für die klinisch-idiografische Prognosebeurteilung zu geben. Sie sind nicht auf bestimmte Problemstellungen (bestimmte Delikt- oder Straftätergruppen) beschränkt, sondern stellen Versuche dar, das Problem einer Kriminalprognosestellung in grundsätzlich notwendige diagnostische Teilschritte zu zerlegen. Sie beschreiben in diesem Sinne die erforderlichen Denkschritte und Problemstellungen, denen ein Prognostiker im Rahmen des Beurteilungsprozesses prinzipiell nachgehen sollte, sofern er eine vollständige Grundlage für seine prognostische Einschätzung erzielen will.

▍ Dimensionale Konzepte

Ein allgemeines Rahmenkonzept klinischer Kriminalprognosen, das in der Praxis weite Verbreitung gefunden hat, wurde von Rasch (1999, Original: 1986) vorgelegt. Sein Kerngedanke war die Zerlegung des prognostischen Beurteilungsprozesses in kleinere, diagnostisch handhabbare Zwischen-

schritte und in solche Teilbereiche, mit denen sich der Prognostiker regelmäßig auseinandersetzen sollte, wenn er ein vollständiges Bild der individuellen Risikopotenziale einer Person gewinnen will. Diese in diesem Sinne
unentbehrlichen Elemente nennt Rasch die „Dimensionen der klinischen
Prognose kriminellen Verhaltens", sie umfassen die Analyse

- der bekannten Kriminalität und der Auslöseat(en),
- des aktuellen Persönlichkeitsquerschnitts und (ggf.) des aktuellen Krank-
  heitszustands der Zielperson,
- der Zwischenanamnese bzw. der Entwicklungen während eines Freiheitsentzuges sowie
- der Zukunftsperspektiven und Außenorientierungen der zu beurteilenden Person (Rasch 1999, S. 376).

Es ist leicht erkennbar, dass es sich bei den Dimensionen nicht um eine
„Checkliste" handelt, die man einfach abarbeiten kann (vgl. Rasch 1997);
die genannten Themenbereiche sind für jeden Einzelfall erst inhaltlich zu
füllen. Es geht vielmehr darum, den Prognostiker vor der Urteilsbildung zu
einer gewissen thematischen Breite bei der Befunderhebung und zur Auseinandersetzung mit bestimmten Themenbereichen zu zwingen, um ihn
vor voreiligen Schlussfolgerungen zu bewahren.

Ein strukturell und inhaltlich ähnliches Modell wurde auch von Nedopil
(zusammenfassend: 2000) beschrieben. Sein Vorschlag basiert auf der systematischen Untersuchung der Überlegungen, auf denen eine Stichprobe erfahrener Gutachter ihre prognostischen Beurteilungen bauen. Bei der Zusammenstellung und Aufbereitung der vorgefundenen Kriterienbereiche
kam der Autor zu einer thematischen Zuordnung zu vier übergeordneten
Dimensionen, die den Dimensionen von Rasch weitgehend ähneln: der Autor nennt sie „Ausgangsdelikt", „prädeliktische Persönlichkeit", „postdeliktische Persönlichkeitsentwicklung" und „sozialer Empfangsraum". Jedem dieser übergeordneten Bereiche werden eine Anzahl weiterer Unterpunkte zugeordnet, gleichwohl betont auch Nedopil, dass es sich auch hierbei nicht
um eine schematische Kriterienliste handelt. Es geht vielmehr um eine Vor-
strukturierung unerlässlicher Gedankengänge, die im Anwendungsfall einer
auf den Einzelfall bezogenen inhaltlichen Konkretisierung bedarf.

Die Vorteile dieser und ähnlicher dimensionaler Ansätze bestehen darin,
dass durch die Untergliederung der prognostischen Globalfrage in weitgehend disjunkte Teilaspekte der erforderliche Beurteilungsprozess hand-
habbarer, übersichtlicher und damit transparenter wird und dass eine gewisse Mindestbreite an Themenbereichen als Beurteilungsgrundlage gewährleistet ist, ohne dass Vorannahmen die Methodik von vornherein auf
bestimmte Fälle einschränken würden. Auf der anderen Seite bleibt das
Ausmaß methodischer Orientierungshilfen, die das Vorgehen strukturieren
oder eine inhaltliche Grundlage für die Formulierung qualitativer Maßstäbe
bieten könnten, bei einem dimensionalen Ansatz begrenzt. Als methodisch
fehlerhaft bzw. qualitativ ungenügend wären letztlich nur solche Prognosen
anzusehen, die bei der Befunderhebung einen der geforderten Themen-

bereiche gänzlich aussparen. Unbefriedigend ist es zudem, dass die einzelnen Dimensionen weitgehend unverbunden nebeneinander stehen und weder methodische noch inhaltliche noch theoretische Bezüge zueinander aufweisen. Die Art ihrer Verknüpfung innerhalb des prognostischen Urteilsbildungsprozesses bleibt insofern offen. Empirische Untersuchungen der Güte von Vorhersagen nach dem Modell dimensionaler Kriminalprognosen sind bislang nicht publiziert.

▌ Ein allgemeines Strukturmodell der klinisch-prognostischen Urteilsbildung

Das Strukturmodell der klinisch-prognostischen Urteilsbildung (Dahle 1997, 2000) stellt den Versuch dar, eine universelle Systematik des Vorgehens bei der klinisch-idiografischen Beurteilung der individuellen Rückfallwahrscheinlichkeit strafrechtsbedeutsamer Handlungen von Rechtsbrechern zu beschreiben. Es fußt inhaltlich auf dem dimensionalen Konzept nach Rasch, sucht jedoch darüber hinaus

- eine logisch stringente Abfolge diagnostischer Teilaufgaben im Rahmen des Beurteilungsprozesses vorzugeben,
- inhaltliche und strukturelle Zusammenhänge der einzelnen Teilschritte zu charakterisieren und
- die eigentliche Prognosebeurteilung als übergreifende Synthese der Befunde und Ergebnisse der einzelnen Teilschritte zu fassen.

Ausgehend vom Anspruch klinischer Prognosen, die vorherzusagenden Phänomene auf der Grundlage empirisch fundierter theoretischer Konzepte erklären zu wollen, besteht in diesem methodischen Konzept die erste diagnostische Teilaufgabe darin, die bisherige delinquente Entwicklung der zu beurteilenden Person nachzuzeichnen und aufzuklären. Es handelt sich insoweit um eine retrospektive diagnostische Aufgabe. Die wichtigsten inhaltlichen Grundlagen hierfür stellen dar:

- die biografische Rekonstruktion der bisherigen Entwicklung der Person,
- die retrograde Analyse der Entwicklung des bisherigen strafrechtsrelevanten Verhaltens einschließlich etwaiger antisozialer Verhaltensmuster und
- die möglichst genaue Hergangsanalyse des Anlasstatgeschehens (und etwaiger ähnlicher Taten in der Vorgeschichte des Betreffenden).

Darüber hinaus können für diesen Teilschritt, je nach Fallkonstellation, auch die an früherer Stelle skizzierten klinischen Methoden begrenzter Reichweite hilfreich sein sowie die Befunde theoretisch fundierter statistischer Verfahren (insoweit Letztere z. B. spezifische Risikoprofile liefern, deren inhaltliche Bedeutung im Einzelfall herauszuarbeiten wäre). Das Ziel ist indessen, aus der Vielzahl der potenziell in Frage kommenden (Entwicklungs-, Handlungs-, Kriminal-, Verlaufs-, ggf. Störungs-)Theorien diejenigen Aspekte zusammenzutragen, die für den vorliegenden Einzelfall von Bedeutung sind und diese derart zusammenzufügen, dass sich ein in sich schlüssiges Erklärungskonzept der bisherigen Delinquenz des Betreffenden und insbesondere des Anlassgeschehens ergibt. Es geht also um die Formulierung einer *individuellen Handlungstheorie der (bisherigen) Delinquenz der fraglichen Person.* Sie stellt das diagnostische Äquivalent der rechtlich erforderlichen „Auseinandersetzung (des Gutachters) mit der den Anlasstaten zugrunde liegenden Dynamik und den sonstigen Tatursachen" (vgl. Abschn. 1.1) dar. Der Theoriebegriff wurde dabei durchaus bewusst gewählt, er verweist auf die qualitativen Anforderungen, an denen sich dieser Schritt zu messen hat. Zu prüfen ist, inwieweit diese „individuelle Handlungstheorie" das Anlassgeschehen hinreichend erschöpfend und nachvollziehbar erklärt, inwieweit es in sich selbst und im Verhältnis zu bewährten Theorien und empirischen Erfahrungen widerspruchsfrei ist und inwieweit nicht belegbare oder theoretisch nicht begründbare (Vor-) Annahmen eingehen (zur Bewertung von Theorien vgl. z.B. Gadenne 1994). Zur Beurteilung der Vollständigkeit des Erklärungsmodells können ggf. auch Kriterienlisten, Risikoprofile oder statistische Befunde hilfreich sein, um zu kontrollieren, ob nicht wichtige Aspekte übersehen wurden.

Die Anforderung der ersten diagnostischen Teilaufgabe geht jedoch noch einen Schritt weiter, da auf der Grundlage der individuellen Delinquenztheorie eine zusätzliche Untersuchung des Anlassgeschehens (ggf. auch ähnlicher Vordelikte) erforderlich ist. Notwendig ist zumindest eine Analyse der Anlasstat im Hinblick auf ihre personalen und situationalen (bzw. internalen und externalen) Bedingungsfaktoren und im Hinblick auf die zeitliche Stabilität dieser Faktoren, um zufällige bzw. zeitlich befristete Konstellationen von stabilen Bedingungen unterscheiden zu können (ein Beispiel hierfür findet sich bei Dahle 2000)[20]. Die stabilen personalen Bedingungsfaktoren als Ergebnis dieses Analyseschritts stellen in diesem methodischen Konzept dabei die psychodiagnostisch handhabbare „Übersetzung" der eingangs erwähnten Rechtsfigur der „in der Tat zutage getretenen Gefährlichkeit" (§ 454 StPO; vgl. Abschn. 1.1) dar.

Das Thema der zweiten Teilaufgabe ergibt sich aus dem im ersten Schritt erarbeiteten Erklärungsmodell der Delinquenz der Person und der Analyse ihrer Bedingungselemente. Es handelt sich um die Analyse der relevanten Entwicklungen seit der letzten Tat, die zum Ziel hat, Hinweise für etwaige Veränderungen der personalen Risikofaktoren (bzw. für deren Stabilität) zu finden. Von Bedeutung sind dabei vor allem die zeitlich etwas stabileren personalen Faktoren, stellen sie doch im engeren Sinne die individuellen Risikopotenziale der Person dar. Aufgabe ist es, anhand der Rekonstruktion der Entwicklungen seit dem Anlassgeschehen und insbesondere anhand der Analyse von Verhaltensweisen, die Aufschluss über die Entwicklung der

---

[20] Für die Hintergründe dieser aus der Attributionstheorie entlehnten Analyseeinheiten der Bedingungsfaktoren menschlichen Handelns – „external vs. internal" und „stabil vs. variabel" – s. z.B. Abramson et al. (1978). Je nach Untersuchungsanlass ließen sich auch weitergehende bzw. etwas anders gelagerte Einheiten denken; z.B. könnte man im Vorfeld therapeutischer Behandlungsmaßnahmen etwa nach der therapeutischen Ansprechbarkeit einzelner Bedingungsfaktoren (veränderbar vs. invariant) fragen.

personalen Risikofaktoren geben könnten (d.h. mit ihnen strukturell verknüpft sind), ein möglichst umfassendes Bild der Veränderbarkeit sowie der Entwicklungsrichtung und Entwicklungsdynamik dieser Merkmale zu gewinnen. Dieser Schritt gewinnt vor allem dann an Bedeutung, wenn seit der (den) letzten Tat(en) im Rahmen strafrechtlicher Sanktionen bzw. pädagogischer oder therapeutischer Maßnahmen Bemühungen stattgefunden haben, diese Potenziale gezielt zu beeinflussen. Er sollte sich dabei nicht in der einfachen Beschreibung etwaiger Veränderungen erschöpfen, sondern sich ebenfalls (unter Rückgriff auf entsprechende Entwicklungs-, Persönlichkeits-, Kriminalitätsverlaufs-, ggf. auch Störungstheorien und empirische Befunde zu therapeutischen Effekten) um ihre Erklärung bemühen. In Analogie zum ersten Teilschritt ließe sich auch formulieren, Ziel dieses zweiten Schrittes sei die Begründung einer *individuellen Entwicklungstheorie der (Veränderbarkeit der) Persönlichkeit*, wobei der Fokus auf den spezifischen kriminalitätsbedingenden Risikopotenzialen der Person liegt.

Der erneute Rekurs auf den Theoriebegriff verweist wiederum auf die Kriterien, an denen die Qualität dieses Teilschritts zu messen ist: Auch er sollte zu einer widerspruchsfreien, fundierten, nachvollziehbaren und möglichst vollständigen Erklärung der relevanten Entwicklungsprozesse führen, die ohne allzu viele Zusatzannahmen auskommt. Als spezifisches Güte- und Prüfkriterium kommt jedoch noch hinzu, dass es in erster Linie auf die im ersten Schritt gewonnenen Risikopotenziale ankommt und nicht auf beliebige Persönlichkeitsbereiche, die im vorliegenden Fall strukturell nichts mit der Delinquenz des Betroffenen zu tun haben.

Im dritten Teilschritt geht es um die Feststellung des aktuellen Entwicklungsstandes im Hinblick auf die spezifischen Risikopotenziale der Person. Insofern es sich hierbei um eine „klassische" Aufgabe klinischer Diagnostik handelt, entsprechen die methodischen Qualitätsmaßstäbe dieses Teilschritts allgemeinen diagnostischen Standards; ihre konkreten Inhalte bestimmen sich indessen aus den in den ersten beiden Schritten gewonnenen Informationen über die individuell relevanten Risikopotenziale und deren Entwicklungsdynamik. Ziel dieses Teilschritts ist die Gegenüberstellung der Fortschritte des Betreffenden in den relevanten Bereichen zu den noch vorhandenen Defiziten und die Analyse möglicher Faktoren, die geeignet sind, etwaige noch bestehende Defizite mit Risikopotenzial zu kompensieren. Hierzu erscheint es sinnvoll, unter Rückgriff auf die im ersten Schritt vorgenommene Analyse der variablen und der situationalen Bedingungsfaktoren für die bisherigen Delikte eine Konkretisierung derjenigen situationalen Rahmenbedingungen vorzunehmen, die zum Zeitpunkt der Prognosestellung eine Realisierung der verbleibenden personalen Risikomomente und damit weitere Delikte befürchten lassen. Das Ziel besteht somit in der Identifikation und Explizierung von Risikokonstellationen, z.B. in Form entsprechender Wenn-dann-Aussagen.

Die aktuell noch als vorhanden erkannten Risikofaktoren und die Analyse der für ihre Realisierung relevanten situationalen Rahmenbedingungen bilden schließlich die Grundlage für den vierten und letzten diagnostischen

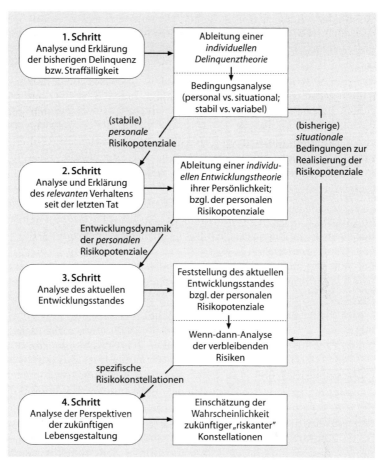

Abb. 1.5. Strukturmodell des Vorgehens bei der klinisch-idiografischen Urteilsbildung im Rahmen individueller Kriminalprognosen

Teilschritt: die Aufklärung der zukünftigen Lebensperspektiven des Betreffenden. Je nach konkreter Konstellation können ihre Inhalte die Untersuchung des sozialen Empfangsraums, der Möglichkeiten zur gesellschaftlichen (auch beruflichen) Einbindung, Freizeitpräferenzen und -möglichkeiten usw. sein. Ziel ist, die zukünftigen situationalen Rahmenbedingungen als das zukünftige Handlungsfeld der Person zumindest grob abzuschätzen. Im Vordergrund steht dabei, die Wahrscheinlichkeit solcher Situationen einzuschätzen, die – der individuellen Kriminaltheorie und der Analyse des aktuellen Status Quo zufolge – eine Realisierung der derzeit noch feststellbaren individuellen Risikopotenziale befürchten lassen (s. Abb. 1.5).

Jeder der skizzierten 4 Teilschritte stellt eine mehr oder weniger eigenständige diagnostische Aufgabe dar, deren Bearbeitung nach den üblichen Regeln und Standards einer zielgerichteten und problemorientierten Psychodiagnostik (s. hierzu z. B. Steller u. Dahle 2001) erfolgen sollte. Auch lässt sich anhand der skizzierten Kriterien für jeden der Teilschritte gesondert prüfen, inwieweit ihre jeweiligen Ziele in hinreichendem Maße erreicht wurden. Trotz dieser Eigenständigkeit sind die Teilschritte inhaltlich nicht unabhängig. Die einzelnen Inhalte beziehen sich vielmehr systematisch aufeinander – das Ergebnis jedes Schritts steuert das weitere Vorgehen, indem es gewissermaßen den „Input" für die jeweils folgenden Aufgaben liefert. Abbildung 1.5 fasst die wesentlichen Schritte und Anforderungen des prognostischen Urteilsbildungsprozesses im Rahmen des Strukturmodells noch einmal zusammen. Die eigentliche zusammenfassende Prognosestellung als übergreifende, verbindende Klammer lässt sich dabei folgendermaßen beschreiben:

„Die Kriminalprognose stellt die Fortschreibung der „individuellen Handlungstheorie" der Kriminalität einer Person (1. diagnostischer Teilschritt) nach den Prinzipien der spezifischen Entwicklungsdynamik ihrer Persönlichkeit (2. diagnostischer Teilschritt) bei Zugrundelegung ihres aktuell erreichten Entwicklungsstandes (3. diagnostischer Teilschritt) unter Annahme wahrscheinlicher zukünftiger situationaler Rahmenbedingungen (4. diagnostischer Teilschritt) dar" (Dahle 2000, S. 101).

Bei dem Konzept handelt es sich um ein Rahmenmodell, das auf einer mehr oder weniger abstrakten Ebene die prinzipielle Systematik des möglichen Vorgehens bei der individuellen Beurteilung der Kriminalrückfallprognose beschreibt und hierbei die eingangs formulierten rechtlichen Anforderungen beachtet. Die angemessene Umsetzung setzt eine umfassende Ausbildung in Psychodiagnostik als notwendiges Handwerkszeug für die Befunderhebung und -bewertung und die diagnostische Urteilsbildung bei den einzelnen Teilschritten voraus. Erforderlich sind darüber hinaus profunde Kenntnisse kriminologischer und psychologischer Handlungs- und Entwicklungstheorien, ein Überblick über den aktuellen Stand der einschlägigen empirischen Forschung und – soweit psychopathologische Aspekte eine Rolle spielen – entsprechende klinische Erfahrungen und Kenntnisse. Unter diesen Voraussetzungen scheint das Konzept aber eine transparente Anwendung zu ermöglichen (vgl. Dauer u. Ullmann 2003). Vor allem aber scheinen hinreichend reliable und valide prognostische Einschätzungen möglich. So wurden im Rahmen der CRIME-Studie auch klinisch-idiografische Prognosen, die nach dem skizzierten Konzept durch ausgebildete Diplompsychologinnen erstellt wurden, erprobt. Die Einschätzungen erfolgten dabei in Kenntnis der statistischen Zusammenhänge und erbrachten – unter dieser Voraussetzung – für die meisten Rückfallkriterien bessere Vorhersagen als es die (erprobten) statistischen Instrumente allein vermochten (vgl. Dahle 2005; s. auch Abb. 1.1).

Schlussbemerkung

Die Ausführungen zeigten, dass wissenschaftlich fundierte Kriminalprognosen eine ausgesprochen komplexe Aufgabe darstellen, die sehr hohe fachliche Anforderungen an den Gutachter stellt und vielfältige Kenntnisse und Kompetenzen erfordert. Gleichwohl sind rationale und auch wissenschaftlich untermauerte individuelle Prognosen durchaus möglich. Es gilt jedoch, auch ihre grundsätzlichen Begrenzungen zu erkennen; irrtumslose Prognosen sind schon aus theoretischen Gründen nicht denkbar.

Weiterhin ist deutlich geworden, dass die unterschiedlichen methodischen Herangehensweisen spezifische Vorzüge und Nachteile aufweisen. Keine der bisher vorgeschlagenen Methoden vermag allen Anforderungen, die an Kriminalprognosen im strafrechtlichen Umfeld gestellt werden, gleichermaßen gerecht zu werden. In diesem Sinne scheint eine integrative Vorgehensweise, die statistisch-nomothetische wie auch klinisch-idiografische Methoden berücksichtigt, die derzeit beste Wahl. Die statistisch-nomothetischen Methoden bieten die zuverlässigste Gewähr dafür, dass in hinreichendem Maße empirisches Erfahrungswissen in die Prognose einfließt, und sie sind die einzige Möglichkeit, zu einer Vorstellung von der numerischen Größenordnung der Rückfallwahrscheinlichkeit einer Person zu gelangen. Der klinisch-idiografische Zugang stellt auf der anderen Seite die einzige Möglichkeit dar, zu einer tatsächlich individualisierten Aussage zu gelangen. Beide methodischen Zugänge schließen sich dabei keineswegs aus. Sollten tatsächlich einmal die beiden methodischen Wege zu diskrepanten Einschätzungen führen, tut der Prognostiker gut daran, dieser Diskrepanz sorgfältig nachzugehen. In einigen Fällen mag eine klinische Einschätzung, die von der statistischen Erwartung (erheblich) abweicht, berechtigt sein. Dies kann aber nur dann der Fall sein, wenn individuelle Besonderheiten und Zusammenhänge als bedeutsam gewertet werden, für die (noch) keine hinreichenden empirischen Belege vorliegen und daher in den statistisch-nomothetischen Analysen unberücksichtigt bleiben mussten. Eine solche Bewertung sollte entsprechend begründet sein.

Literatur

Abramson LJ, Seligman ME, Teasdale JD (1978) Lerned helplessness in humans: Critique and reformulation. J Abnorm Psychol 87:49–74

Albert H (1971) Theorie und Prognose in den Sozialwissenschaften. In Topitsch E (Hrsg) Logik der Sozialwissenschaften. Kiepenheuer & Witsch, Köln, S 126–143

Andrews DA, Bonta J (1995) LSI-R: The Level of Service Inventory – Revised. Multi-Health Systems, Toronto

Andrews DA, Bonta J (1998) The psychology of criminal conduct, 2nd edn. Anderson, Cincinnati, OH

Andrews DA, Zinger I, Hoge RD, Bonta J, Gendreau P, Cullen FT (1990) Does correctional treatment work? A clinically relevant and psychologically informed meta-analysis. Criminology 28:369–404

Ashford JB, LeCroy CW (1988) Predicting recidivism: An evaluation of the Wisconsin Juvenile Probation and Aftercare Risk Instrument. Crim Justice Behav 15:141–151

Barbaree HE, Seto MC, Langton CM, Peacock EJ (2001) Evaluating the predictive accuracy of six risk assessment instruments for adult sex offenders. Crim Justice Behav 28: 490–521

Barnett W, Richter P, Renneberg B (1999) Repeated arson: Data from criminal records. Forensic Sci Int 101:49–54

Bartosh DL, Garby T, Lewis D, Gray S (2003) Differences in the predictive validity of actuarial risk assessments in relation to sex offender type. Int J Offender Ther Comp Criminol 47:422–438

Beier KM (1995) Dissexualität im Lebenslängsschnitt: Theoretische und empirische Untersuchungen zu Phänomenologie und Prognose begutachteter Sexualstraftäter. Springer, Berlin Heidelberg

Berlin FS, Galbreath NW, Geary B, McGlone G (2003) The use of actuarials at civil commitment hearings to predict the likelihood of future sexual violence. Sex Abuse 15:377–382

Besozzi C (1999) Die (Un)Fähigkeit zur Veränderung. Eine qualitative Untersuchung über Rückfall und Bewährung von erstmals aus dem Strafvollzug Entlassenen. http://www.ofj.admin.ch/themen/stgb-smr/ber-besozzi-d.pdf. Gesehen Nov 2003

Birkhoff H (2001) Probleme des Strafverteidigers mit Prognosegutachten. Strafverteidiger-Forum 12:401–406

Bock M (1995) Die Methode der idealtypisch-vergleichenden Einzelfallanalyse und ihre Bedeutung für die Kriminalprognose. In: Dölling D (Hrsg) Die Täter-Individualprognose. Beiträge zu Stand, Problemen und Perspektiven der kriminologischen Prognoseforschung. Kriminalistik Verlag, Heidelberg, S 1–28

Boer DP, Hart SD, Kropp PR, Webster CD (1997) Manual for the sexual violence risk. 20: Professional guidelines for assessing risk of sexual violence. The Mental Health, Law, & Policy Institute. Vancouver BC, Burnaby BC

Boers K (2003) Kriminalprognose und kriminologische Prognoseforschung http://www.worldhighway.net/sexoffender/Prognosetafeln/Boers/Kriminalprognose%20und %20kriminologische%20Prognoseforschung.htm. Gesehen 6 Jan 2004

Bonta J, Law M, Hanson K (1998) The prediction of criminal and violent recidivism among mentally disordered offenders: A meta-analysis. Psychol Bull 123:123–142

Borum R, Bartel P, Forth A (2002) Manual for the Structured Assessment of Violence Risk in Youth (SAVRY). University of South Florida, Tampa FL

Borum R, Bartel P, Forth A (2004) SAVRY Research. www.fmhi.usf.edu/mhlp/savry/SAVRY_Research.htm. Cited 6 Jan 2004

Burgess EW (1929) Predicting success or failure upon release from state institutions. J Juvenile Res 13:270–284

Cabeza SG (2000) Prognosebildung in der psychiatrischen Kriminaltherapie. In: Marneros A, Rössner D, Haring A, Brieger P (Hrsg) Psychiatrie und Justiz. Zuckschwerdt, München, S 122–127

Cleckley H (1976) The mask of sanity, 5th edn. Mosby, St Louis MO

Cohen J (1992) A power primer. Psychol Bull 112:155–159

Cooke DJ (1998) Psychopathy across cultures. In: Cooke DJ, Forth AE, Hare RD (eds) (1998) Psychopathy: Theory, research and implications for society. Kluwer, Dordrecht, pp 13–45

Cooke DJ, Forth AE, Hare RD (eds) (1998) Psychopathy: Theory, research and implications for society. Kluwer, Dordrecht

Cooke DJ, Michie C (2001) Refining the construct of psychopathy: Towards a hierarchical model. Psychological Assessment 13:171–188

Copas J, Marshall P (1998) The offender group reconviction scale: A statistical reconviction score for use by probation officers. Applied Statistics 47:159–171

Copas JB, Marshall P, Tarling R (1996) Predicting reoffending for Discretionary Conditional Release. Home Office, London

Cottle CC, Lee RJ, Heilbrunn K (2001) The prediction of criminal recidivism in juveniles. A meta-analysis. Crim Justice Behav 28:367–394

Dahle KP (1997) Kriminalprognosen Im Strafrecht – Psychologische Aspekte individueller Verhaltensvorhersagen. In: Steller M, Volbert R (Hrsg) Psychologie im Strafverfahren. Huber, Bern, S 118–139

Dahle KP (1998) Straffälligkeit im Lebenslängsschnitt. In: Kröber HL, Dahle KP (Hrsg) Sexualstraftaten und Gewaltdelinquenz. Verlauf – Behandlung – Opferschutz. Kriminalistik Verlag, Heidelberg, S 47–55

Dahle KP (2000) Psychologische Begutachtung zur Kriminalprognose. In: Kröber HL, Steller M (Hrsg) Psychologische Diagnostik im Strafverfahren: Indikation, Methodik und Qualitätsstandards. Steinkopff, Darmstadt, S 77–111

Dahle KP (2001) Violent crime and offending trajectories in the course of life: An empirical life span developmental typology of criminal careers. In: Farrington DP, Hollin CR, McMurran M (eds) Sex and violence: the psychology of crime and risk assessment. Routledge, London New York, pp 197–209

Dahle KP (2005) Psychologische Kriminalprognose: Wege zu einer integrativen Beurteilung der Rückfallwahrscheinlichkeit von Strafgefangenen. Centaurus, Herbolzheim

Dahle KP, Erdmann K (2001) Die Berliner CRIME-Studie. Chronische Rückfalldelinquenz im Individuellen Menschlichen Entwicklungsverlauf. http://www.forensik-berlin.de/forschung/crime.html. Gesehen 6 Jan 2004

Dahle KP, Steller M (2000) Trends und Perspektiven forensischer Sozial- und Psychotherapie. In: Rothschild MA (Hrsg) Das neue Jahrtausend: Herausforderungen an die Rechtsmedizin. Schmidt-Römhild, Lübeck, S 255–270

Dahle KP, Schneider V, Konrad N (2003) Psychotherapie im Justizvollzug nach der Änderung des Strafvollzugsgesetzes. Psychother Psychosom Med Psychol 53:178–184

Dawes RM, Faust D, Meehl PE (1993) Statistical prediction versus clinical prediction: Improving what works. In: Keren G, Lewis C (eds) A handbook for data analysis in the behavioral sciences: Methodological issues. Lawrence Erlbaum, Hillsdale NJ, pp 351–367

Dauer S, Ullmann U (2003) Kriterien zur Prognosebegutachtung – Qualitätskriterien in der Prognosepraxis? In: Fabian T, Jacobs G, Nowara S, Rode I (Hrsg) Qualitätssicherung in der Rechtspsychologie. Lit, Münster, S 361–376

Dhaliwal GK, Proporino F, Ross RR (1994) Assessment of criminogenic factors, program assignment and recidivism. Crim Justice Behav 21:454–467

Dittmann V (1998) Die Schweizerische Fachkommission zur Beurteilung „gemeingefährlicher" Straftäter. In: Müller-Isberner R, Cabeza SG (Hrsg) Forensische Psychiatrie: Schuldfähigkeit, Kriminaltherapie, Kriminalprognose. Forum, Godesberg, S 173–183

Dolan M, Doyle M (2000) Violence risk prediction. Clinical and actuarial measures and the role of the Psychopathy Checklist. Br J Psychiatry 177:303–311

Douglas KS, Weir J (2003) HCR-20 Violence Risk Assessment Scheme: Overview and annotated bibliography. http://www.cvp.se/publications/Downloadables/HCR%2020%20Annotated%20Bibliography. pdf. Cited 6 Jan 2004

Doyle M, Dolan M, McGovern J (2002) The validity of North American risk assessment tools in predicting in-patient violent behaviour in England. Legal Criminol Psychol 7:141–154

Dünkel F, Geng B (2003) Rückfall und Bewährung von Karrieretätern nach Entlassung aus dem sozialtherapeutischen Behandlungsvollzug und aus dem Regelvollzug. In: Steller M, Dahle KP, Basque M (Hrsg) Straftäterbehandlung – Argumente für eine Revitalisierung in Forschung und Praxis, 2. Aufl. Centaurus, Herbolzheim, S. 35–59

Egg R (2003) Psychologische Erklärungsmodelle dissozialen Verhaltens. In: Dittmann V, Jehle JM (Hrsg) Kriminologie zwischen Grundlagenwissenschaften und Praxis. Forum Verlag Godesberg, Mönchengladbach, S 37–58

Egg R, Pearson FS, Cleland CM, Lipton DS (2001) Evaluation von Straftäterbehandlungsprogrammen in Deutschland: Überblick und Meta-Analyse. In: Rehn G, Wischka B, Lösel F, Walter M (Hrsg) Behandlung „gefährlicher" Straftäter. Centaurus, Herbolzheim, S 321–347

Eisenberg U (2002) Beweisrecht der StPO, 4. Aufl. Beck, München

Elz J (2001) Legalbewährung und kriminelle Karrieren von Sexualstraftätern – Sexuelle Mißbrauchsdelikte. Kriminologische Zentralstelle, Wiesbaden

Elz J (2002) Legalbewährung und kriminelle Karrieren von Sexualstraftätern – Sexuelle Gewaltdelikte. Kriminologische Zentralstelle, Wiesbaden

Elz J (2003) Sexuell deviante Jugendliche und Heranwachsende. Kriminologische Zentralstelle, Wiesbaden

Endres J (2002) Gutachten zur Gefährlichkeit von Strafgefangenen: Probleme und aktuelle Streitfragen der Kriminalprognose. Praxis der Rechtspsychologie 12:161–181

Epperson DL, Kaul JD, Huot SJ, Hesselton D, Alexander W, Goldman R (1998) Minnesota Sex Offender Screening Tool – Revised (MnSOST-R). Minnesota Department of Corrections, St. Paul MN

Ermer A, Dittmann V (2001) Fachkommissionen zur Beurteilung „gemeingefährlicher" Straftäter in der deutschsprachigen Schweiz. Recht & Psychiatrie 19:73–78

Eucker S, Tolks-Brandau U, Müller-Isberner R (1994) Prognosebildung im psychiatrischen Maßregelvollzug. ZfStrVo, 43:154–157

Farrington DP (2003) Key results from the first forty years of the Cambridge study in delinquent development. In: Thornberry TP, Krohn MD (eds) Taking stock of delinquency: An overview of findings from contemporary longitudinal studies. Kluwer, New York, pp 137–183

Flores AW, Travis LF, Latessa EJ (2003) Case classification for juvenile corrections: An assessment of the Youth Level of Service/Case Management Inventory (YLS/CMI). Final report. Center for Criminal Justice Research, University of Cincinnati, Cincinnati, OH

Frisch W (1994) Strafrechtliche Prognoseentscheidungen aus rechtswissenschaftlicher Sicht: Von der Prognose zukünftigen Verhaltens zum normorientierten Umgang mit Risikosachverhalten. In: Frisch W (Hrsg) Prognoseentscheidungen in der strafrechtlichen Praxis. Nomos, Baden-Baden, S 55–136

Furby L, Weinrott MR, Blackshaw L (1989) Sex offender recidivism: A review. Psychol Bull 105:3–30

Gadenne V (1994) Theoriebewertung. In: Hermann T, Tack WH (Hrsg) Methodologische Grundlagen der Psychologie. Enzyklopädie der Psychologie, Themenbereich B, Serie I, Teilband 1. Hogrefe, Göttingen, S 389–427

Gendreau P, Little T, Goggin C (1996) A meta-analysis of the predictors of adult offender recidivism: What works! Criminology 34:575–607

Gerhardt U (1998) Die Verwendung von Idealtypen bei der fallvergleichenden biographischen Forschung. In: Jüttemann G, Thomae H (Hrsg) Biographische Methoden in den Humanwissenschaften. Psychologie Verlags Union, Weinheim, S 193–212

Göppinger H (1983) Der Täter in seinen sozialen Bezügen. Ergebnisse aus der Tübinger Jungtäter-Vergleichsuntersuchung. Springer, Heidelberg Berlin

Göppinger H (1997) Kriminologie, 5. Aufl. Beck, München

Gottfredson MR, Hirschi T (1990) A general theory of crime. Stanford Univ Press, Stanford, CA

Gretenkord L (2001) Empirisch fundierte Prognosestellung im Maßregelvollzug nach § 63 StGB – EFP-63. Deutscher Psychologen Verlag, Bonn

Grove WM, Meehl PE (1996) Comparative efficacy of informal (subjective, impressionistic) and formal (mechanical, algorithmic) prediction procedures: The clinical-statistical controversy. Psychol Public Pol L 2:293–232

Grubin D (1998) Sex offending against children: Understanding the risk. Police Research Series Paper 99. Home Office, London

Hall GCN (1995) Sexual offender recidivism revisited: A meta-analysis of recent treatment studies. J Consult Clin Psychol 63:802–809

Hanley JA, McNeil BJ (1982) The meaning and use of the area under a Receiver Operating Characteristic (ROC) curve. Radiology 143:29–36

Hanson RK (1997) The development of a brief actuarial risk scale for sexual offender recidivism. User Report 97-04. Department of the Solicitor General of Canada, Ottawa

Hanson RK, Bussière MT (1998) Predicting relapse: A meta-analysis of sexual offender recidivism studies. J Consult Clin Psychol 66:348–362

Hanson RK, Harris A (2000) The Sex Offender Need Assessment Rating (SONAR): A method for measuring change in risk levels. User report 2000-1. Department of the Solicitor General of Canada, Ottawa

Hanson RK, Thornton D (1999) Static-99: Improving actuarial risk assessments for sex offenders. User Report 99-02. Department of the Solicitor General of Canada, Ottawa

Hanson RK, Thornton D (2000) Improving risk assessments for the sex offenders: A comparison of three actuarial scales. Law Hum Behav 24:119-136

Hare RD (1991) The Hare Psychopathy Checklist – Revised: Manual. Multi-Health Systems, Toronto

Hare RD (2004) Key references relating to the Study of Psychopathy. http://www.hare.org/references/index.html. Cited 6 Jan 2004

Hare RD, McPherson LM, Forth AE (1988) Male psychopaths and their criminal careers. J Consult Clin Psychol 56:710–714

Harris GT, Rice ME, Quinsey VL (1993) Violent recidivism of mentally disordered offenders: The development of a statistical prediction instrument. Crim Justice Behav 20:315–335

Harris GT, Rice ME, Quinsey VL, Lalumière ML, Boer D, Lang C (2003) A multisite comparison of actuarial risk instruments for sex offenders. Psychol Assess 15:413–425

Harris GT, Rice ME, Quinsey VL (2004) Replications of the Violence Risk Appraisal Guide or Sex Offender Risk Appraisal Guide in assessing violence risk. http://www.mhcp-research.com/ragreps.htm. Cited 6 Jan 2004

Hart H (1923) Predicting parole success. J Crim Law Crim 14:405–413

Hart SD (2003) Actuarial risk assessment: Commentary on Berlin et al. Sex Abuse 15: 383–388

Hart SD, Hare RD (1997) Psychopathy: Assessment and association with criminal conduct. In: Stoff DM, Breiling J, Maser JD (eds) Handbook of antisocial behaviour. Wiley, New York, pp 22–35

Hartig J (2002) Mögliche Ursachen für die erhöhte Sterblichkeit bei Kriminellen. Eine Untersuchung im Rahmen der CRIME-Studie. Unveröffentlichte Diplomarbeit, FU Berlin

Hartmann J, Hollweg M, Nedopil N (2001) Quantitative Erfassung dissozialer und psychopathischer Persönlichkeiten bei der strafrechtlichen Begutachtung. Retrospektive Untersuchung zur Anwendbarkeit der deutschen Version der Hare-Psychopathie-Checkliste. Nervenarzt 72:365–370

Hartmann K, Eberhard K (1972) Legalprognosetest für dissoziale Jugendliche. Verlag für Medizinische Psychologie, Göttingen

Heilbrun K (1997) Prediction versus management models relevant to risk assessment: The importance of legal decision-making context. Law Hum Behav 21:347–359

Hoffmann PB (1994) Twenty years of operational use of a risk prediction instrument: The United States Parole Commission's Salient Factor Score. J Crim Just 22:477–494

Hoge RD, Andrews DA (2001) Youth Level of Service/Case Management Inventory (YLS/CMI). Multi-Health Systems, Toronto

Holt RR (1970) Yet another look at clinical and statistical prediction: Or, is clinical psychology worthwhile? Am Psychol 25:337–349

Holt RR (1986) Clinical and statistical prediction: A retrospective and would-be integrative perspective. J Pers Assess 50:376–386

Hupp E (2003) Die Validierung des Violence Risk Appraisal Guides (VRAG) anhand der Daten der Berliner CRIME-Studie. Unveröffentlichte Diplomarbeit, FU Berlin

Immich H (1999) Odds Ratio und Relatives Risiko: Vermengte Effekte? Versicherungsmedizin 51:83–86

Jehle JM, Heinz W, Sutterer P (2003) Legalbewährung nach strafrechtlichen Sanktionen: Eine kommentierte Rückfallstatistik. Bundesministerium der Justiz, Berlin

Jescheck HH, Weigend T (1996) Lehrbuch des Strafrechts, Allgemeiner Teil. Duncker & Humblot, Berlin

Karwinkel U (2001) Vergleich der spezifischen Vorhersagekraft ausgewählter Rückfallprädiktoren zwischen drei Altersgruppen des frühen Erwachsenenalters. Eine Untersuchung an einer Teilstichprobe der Berliner CRIME-Studie. Unveröffentlichte Diplomarbeit, FU Berlin

Kersting M (2003) Grundrate. In: Kubinger KD, Jäger RS (Hrsg) Schlüsselbegriffe der Psychologischen Diagnostik. Beltz, Weinheim, S 183–186

Kinzig J (1998) Der Hang zu erheblichen Straftaten – und was sich dahinter verbirgt. Neue Zeitschrift für Strafrecht 18:14–19

Klosinski G, Bertsch S (2001) Jugendliche Brandstifter: Psychodynamik, Familiendynamik und Versuch einer Typologie anhand von 40 Gutachtenanalysen. Prax Kinderpsychol Kinderpsychiatr 50:92–103

Knecht T (1996) Das Problem der Gefährlichkeitsprognose. Kriminalistik 50:439–445

Kröber HL (1995) Geständnis und Auseinandersetzung mit der Tat als Gesichtspunkte der Individualprognose nach Tötungsdelikten. In: Dölling D (Hrsg) Die Täter-Individualprognose. Kriminalistik Verlag, Heidelberg, S 63–96

Kröber HL (1999) Gang und Gesichtspunkte der kriminalprognostischen psychiatrischen Begutachtung. Neue Zeitschrift für Strafrecht 19:593–599

Kühl J, Schumann KF (1989) Prognosen im Strafrecht – Probleme der Methodologie und Legitimation. Recht & Psychiatrie 7:126–148

Lamnek S (1994) Neue Theorien abweichenden Verhaltens. Fink, München

Lamnek S (1996) Theorien abweichenden Verhaltens, 6. Aufl. Fink, München

Laub JH, Vaillant MD (2000) Delinquency and mortality: A 50-year follow-up study of 1000 delinquent and nondelinquent boys. Am J Psychiatry 157:96–102

Lesting W (2002) Anmerkung zum Beschluss des LG Paderborn vom 5.1. 2001 – StVK M 532/00 (12). Recht & Psychiatrie 20:124–126

Lewin K (1963) Feldtheorie in den Sozialwissenschaften. Huber, Bern

Litwack TR (2001) Actuarial versus clinical assessments of dangerousness. Psychol Public Pol L 7:409–443

Löffler B, Welther R (1999) Erprobung der Psychopathy Checklist Revised (PCL-R) an deutschen Strafgefangenen. Unveröffentlichte Diplomarbeit, Friedrich-Alexander-Universität Erlangen-Nürnberg

Lösel F (1998) Treatment and management of psychopaths. In: Cooke DJ, Forth AE, Hare RD (eds) Psychopathy: Theory, Research and Implications for Society. Kluwer, Dordrecht, pp 303–354

Lösel F (2003) Meta-analytische Beiträge zur wiederbelebten Diskussion des Behandlungsgedankens. In: Steller M, Dahle KP, Basqué M (Hrsg) Straftäterbehandlung – Argumente für eine Revitalisierung in Forschung und Praxis, 2. Aufl. Centaurus, Herbolzheim, S 13–34

Lösel F, Bender D (1998) Aggressives und delinquentes Verhalten von Kindern und Jugendlichen: Kenntnisstand und Forschungsperspektiven. In: Kröber HL, Dahle KP (Hrsg) Sexualstraftaten und Gewaltdelinquenz. Kriminalistik Verlag, Heidelberg, S 13–37

Marshall WL, Jones R, Ward T, Johnston P, Barbaree HE (1991) Treatment outcome with sex offenders. Clin Psychol Rev 11:465–485

Meehl PE (1954) Clinical versus statistical prediction: A theoretical analysis and a review of the evidence. University of Minnesota, Minneapolis MN

Millon T, Simonsen E, Birket-Smith M, Davis RD (eds) (1998) Psychopathy: Antisocial, criminal and violent behavior. Guilford, New York

Mischkowitz R (1993) Kriminelle Karrieren und ihr Abbruch. Empirische Ergebnisse einer kriminologischen Langzeituntersuchung als Beitrag zur „Age-Crime-Debate". Forum Verlag Godesberg, Bonn

Moffitt TE (1993) Adolescence-limited and life-course-persistent antisocial behavior: A developmental taxonomy. Psychol Rev 100:674–701

Monahan J (1981) The clinical prediction of violent behavior. National Institute of Mental Health, Rockville

Monahan J (2002) The scientific status of research on clinical and actuarial predictions of violence. In: Faigman DL, Kaye DH, Saks MJ, Sanders J (eds) Modern scientific evidence: The law and science of expert testimony, 2nd edn, vol 1. West Publishing, St Paul, MN, pp 423–445

Monahan J, Steadman HJ, Appelbaum PS, Robbins PC, Mulvey EP, Silver E, Roth LH, Grisso T (2000) Developing a clinically useful actuarial tool for assessing violence risk. Br J Psychiatry 176:312–319

Mossmann D (1994) Assessing predictions of violence: Being accurate about accuracy. J Consult Clin Psychol 62:783–792

Motiuk LL (1993) Where are we in our ability to assess risk? Forum on Corrections Research, 5:14–18

Müller-Isberner R, Cabeza SG, Eucker S (2000) Die Vorhersage sexueller Gewalttaten mit dem SVR-20. Institut für Forensische Psychiatrie, Haina

Müller-Isberner R, Jöckel D, Cabeza SG (1998) Die Vorhersage von Gewalttaten mit dem HCR-20. Institut für Forensische Psychiatrie, Haina

Nebraska State Patrol (2004) Nebraska Sex Offender Risk Assessment Instrument. http://www.nsp.state.ne.us/sor/documents/docs.cfm. Cited 6 Jan 2004

Nedopil N (2000) Forensische Psychiatrie, 2. Aufl. Thieme, Stuttgart

Nuffield J (1982) Parole decision-making in Canada: Research towards decision guidelines. Minister of Supply and Services, Ottawa

Nunes KL, Firestone P, Bradford JM, Greenberg DM, Broom I (2002) A comparison of modified versions of the Static-99 and the Sex Offender Risk Appraisal Guide. Sex Abuse 14:253–269

Osburg S (1992) Psychisch kranke Ladendiebe. Eine Analyse einschlägig erstatteter Gutachten. Kriminalistik Verlag, Heidelberg

Palmer EJ (2001) Risk assessment: Review of psychometric measures. In: Farrington DP, Hollin CR, McMurran M (eds) Sex and violence: The psychology of crime and risk assessment. Routledge, London, New York, pp 7–22

Prentky R, Righthand S (2003) Juvenile Sex Offender Assessment Protocol-II (J-SOAP-II): Manual. http://www.forensicexaminers.com/jsoap.html. Cited 6 Jan 2004

Prentky R, Harris B, Frizzel K, Righthand S (2000) An actuarial procedure for assessing risk with juvenile sex offenders. Sex Abuse 12:71–93

Quinsey V, Harris GT, Rice M, Cormier C (1998) Violent offenders: Appraising and managing risk. American Psychological Association, Washington DC

Rasch W (1997) Verhaltenswissenschaftliche Kriminalprognose. In: Frisch W, Vogt T (Hrsg) Prognoseentscheidungen in der strafrechtlichen Praxis. Nomos, Baden-Baden, S 17–29

Rasch W (1999) Forensische Psychiatrie, 2. Aufl. Kohlhammer, Stuttgart

Raynor P, Kynch J, Roberts C, Merrington S (2001) Two risk and need assessment instruments used in probation services – an evaluation. Home Office Research Findings No 143. Home Office, London

Rehder U (1993) Sexuell abweichendes Verhalten – Klassifikation, Ursachen und Behandlung. In: Egg R (Hrsg) Sozialtherapie in den 90er Jahren – Gegenwärtiger Stand und aktuelle Entwicklungen im Justizvollzug. Kriminologische Zentralstelle, Wiesbaden, S 71–101

Rehder U (2001) RRS. Rückfallrisiko bei Sexualstraftätern: Verfahren zur Bestimmung von Rückfallgefahr und Behandlungsnotwendigkeit. Kriminalpädagogischer Verlag, Lingen

Rice ME, Harris GT (2002) Men who molest their sexually immature daughters: Is a special explanation required? J Abnorm Psychol 111:329–339

Roberts C, Burnett R, Kirby A, Hamill H (1996) A system for evaluating probation practice. Centre for Criminological Research, Oxford

Sampson RJ, Laub JH (1993) Crime in the making. Pathways and turning points through life. Harvard University Press, Cambridge, MA

Schmucker M, Lösel F (2005) Die Wirksamkeit von Behandlung bei Sexualstraftätern: Nationale und internationale Befunde. In: Dahle KP, Volbert R (Hrsg) Entwicklungspsychologische Aspekte der Rechtspsychologie. Hogrefe, Göttingen, S 221–238

Schneider HJ (1997) Kriminologische Ursachentheorien: Weiter- und Neuentwicklungen in der internationalen Diskussion. Kriminalistik 51:306–318

Schneider HJ (1983) Kriminalprognose. In: Schneider HJ (Hrsg) Kriminalität und abweichendes Verhalten. Reihe Psychologie des 20. Jahrhunderts, Bd 2. Beltz, Weinheim, S 212–249

Schneider V (1999) Evaluation der Psychotherapeutischen Beratungs- und Behandlungsstelle der JVA Tegel: Zur rückfallpräventiven Effizienz einer außergewöhnlichen Behandlungsinstitution. Unveröffentlichte Diplomarbeit, FU Berlin

Schorsch E (1971) Sexualstraftäter. Enke, Stuttgart

Shover N, Thompson C (1992) Age, differential expectations, and crime desistance. Criminology 30:89–104

Sjöstedt G, Langström N (2002) Assessment of risk for criminal recidivism among rapists: A comparison of four different measures. Psychol Crime Law 8:25–40

Soothill K, Francis B, Fligelstone R (2002) Patterns of offending behaviour: A new approach. Home Office Findings No 171. Home Office, London

Spieß G (1985) Kriminalprognose. In: Kaiser G, Kerner HJ, Sack F, Schellhorst H (Hrsg) Kleines Kriminologisches Wörterbuch. Müller, Heidelberg, S 253–260

Steller M, Dahle KP (2001) Diagnostischer Prozess. In: Stieglitz RD, Baumann U, Freyberger HJ (Hrsg) Psychodiagnostik in Klinischer Psychologie, Psychiatrie, Psychotherapie, 2. Aufl. Thieme, Stuttgart, S 39–49

Stelly W, Thomas J (2001) Einmal Verbrecher – immer Verbrecher? Westdeutscher Verlag, Wiesbaden

Stelly W, Thomas J, Kerner HJ, Weitekamp EG (1998) Kontinuität und Diskontinuität sozialer Auffälligkeiten im Lebenslauf. MSchrKrim 81:104–122

Stephens K, Brown I (2001) OGRS2 in practice: An elastic ruler? Probation Journal 48:179–187

Stieglitz RD, Baumann U, Freyberger HJ (Hrsg) (2001) Psychodiagnostik in Klinischer Psychologie, Psychiatrie, Psychotherapie, 2. Aufl. Thieme, Stuttgart

Streng F (1995) Strafrechtliche Folgenorientierung und Kriminalprognose. In: Dölling D, (Hrsg) Die Täter-Individualprognose. Kriminalistik Verlag, Heidelberg, S 97–127

Swets JA (1986) Indices of discrimination or diagnostic accuracy: Their ROC's and implied models. Psychol Bull 99:100–117

Swets JA, Dawes RM, Monahan J (2000) Psychological science can improve diagnostic decisions. Psychol Sci Public Interest 1:1–26

Taylor R (1999) Predicting reconvictions for sexual and violent offences using the revised offender group reconviction scale. Home Office Research Findings No 104. Home Office, London

Thomae H (1998) Psychologische Biographik. Theoretische und methodische Grundlagen. In: Jüttemann G, Thomae H (Hrsg) Biographische Methoden in den Humanwissenschaften. Psychologie Verlags Union, Weinheim, S 75–97

Thornberry TP, Krohn MD (eds) (2003) Taking stock of delinquency: An overview of findings from contemporary longitudinal studies. Kluwer/Plenum, New York

Ullrich S, Paelecke M, Kahle I, Marneros A (2003) Kategoriale und dimensionale Erfassung von „Psychopathy" bei deutschen Straftätern. Nervenarzt 74:1002–1008

D'Unger AV, Land KC, McCall PL, Nagin DS (1998) How many latent classes of delinquent/ criminal careers? Results from mixed Poisson regression analyses. Am J Sociol 103:1593–1630

Volbert R (1992) Tötungsdelikte im Rahmen von Bereicherungstaten: Lebensgeschichtliche und situative Entstehungsbedingungen. Fink, München

Volckart B (1997) Praxis der Kriminalprognose: Methodologie und Rechtsanwendung. Beck, München

Volckart B (2002) Zur Bedeutung der Basisrate in der Kriminalprognose. Was zum Teufel ist eine Basisrate? Recht & Psychiatrie 20:105–114

Watkins JWN (1972) Idealtypen und historische Erklärung. In: Albert H (Hrsg) Theorie und Realität. Ausgewählte Aufsätze zur Wissenschaftslehre der Sozialwissenschaften, 2. Aufl. Mohr, Tübingen, S 331–356

Weber F (1996) Gefährlichkeitsprognose im Maßregelvollzug. Entwicklung sowie Reliabilitätsprüfung eines Prognosefragebogens als Grundlage für Hypothesenbildung und langfristige Validierung von Prognosefaktoren. Centaurus, Herbolzheim

Weber F, Leygraf N (1996) Prognosefragebogen nach Weber & Leygraf. Centaurus, Herbolzheim

Weber M (1904/1968) Die „Objektivität" sozialwissenschaftlicher und sozialpolitischer Erkenntnis. In: Winckelmann J (Hrsg) Gesammelte Schriften zur Wissenschaftslehre, 3. Aufl. Mohr, Tübingen, S 146–214

Webster CD, Douglas KS, Eaves D, Hart SD (1997) HCR-20: Assessing risk of violence (version 2). Mental Health Law & Policy Institute, Simon Fraser University, Vancouver

Webster CD, Harris GT, Rice ME, Cormier C, Quinsey VL (1994) The violence prediction scheme: Assessing dangerousness in high risk men. University of Toronto, Toronto

Weise K (2003) Validierung des LSI-R, des HCR-20 und der PCL-R anhand von Daten aus Prognosegutachten des Instituts für Forensische Psychiatrie. Unveröffentlichte Diplomarbeit, TU und FU Berlin

Westmeyer H (2003) Psychologisch-diagnostische Entscheidungstheorie. In: Kubinger KD, Jäger RS (Hrsg) Schlüsselbegriffe der Psychologischen Diagnostik. Beltz, Weinheim, S 111–118

Wiggins JS (1973) Personality and prediction: Principles of personality assessment. Addison-Wesley, Reading, MA

Ziethen F (2003a) Rückfallpräventive Effizienz der sozialtherapeutischen Behandlung von Sexualstraftätern. Evaluation der Sozialtherapie in der JVA Berlin-Tegel. Unveröffentlichte Diplomarbeit, FU Berlin

Ziethen F (2003b) Rückfallpräventive Effizienz der (bisherigen) sozialtherapeutischen Behandlung von Sexualstraftätern in der JVA Berlin-Tegel. Vortrag zur 10. Arbeitstagung der Fachgruppe Rechtspsychologie der Deutschen Gesellschaft für Psychologie, Berlin, 25.–27. September 2003

2 Kriminalprognostische Begutachtung

H.-L. Kröber

Einleitung

Menschen sind zukunftsbezogene Lebewesen; ein erheblicher Teil menschlichen Handelns, beginnend bei Ackerbau und Viehzucht, gründet sich auf Vorannahmen über künftige Sachverhalte und dient der Vorbereitung von Handlungen und Erfolgen weit in der Zukunft. Entsprechend ist die Einschätzung künftiger Entwicklungen auf allen Stufen wissenschaftlicher Methodik von der Bauernregel über die Wettervorhersage bis zum wissenschaftlichen Expertengutachten ein verbreiteter Bestandteil des menschlichen Alltags. Und auch die zukünftige Entwicklung von Menschen war immer schon Gegenstand prognostischer Überlegungen, so bei Schul- und Ausbildungsentscheidungen, Personalauswahl und Berufungen.

Insofern ist Kriminalprognose keineswegs ein besonders ungewöhnliches oder gar unsicheres Unterfangen. Im Rahmen kriminalprognostischer Gutachten soll auf der Grundlage eingehender Informationsgewinnung über eine Person benannt werden, mit welcher Wahrscheinlichkeit dieser bestimmte, bereits straffällig gewordene Mensch in Zukunft bestimmte rechtswidrige Handlungen begehen wird.

Grundsätzlich ist die Vorhersage menschlichen Verhaltens keineswegs unmöglich: Menschen ändern sich. Aber Menschen bleiben sich auch in wesentlichen Eigenschaften und Verhaltensbereitschaften gleich. Beide Aussagen sind richtig. Unser ganzes Alltagsleben baut darauf, dass die uns umgebenden Menschen im Wesentlichen gleich bleiben, dass der Ehepartner, der Arbeitskollege, dass die Bekannten im Verein sich auch morgen so verhalten werden, wie wir es von ihnen kennen und erwarten. Wäre das künftige Verhalten anderer nur unter hohem Risiko vorhersagbar, wir würden jeden Tag mit jenem Bangen aufstehen, das solche Menschen kennen, bei denen ein Familienangehöriger krankheitsbedingt unkalkulierbar geworden ist. Andererseits wissen und registrieren wir, dass Menschen sich verändern. Diese Veränderungsprozesse erfolgen in aller Regel langsam, in Kindheit und Jugend rascher und manchmal stürmisch. Späterhin erfolgen deutliche Änderungen in Verhalten, Einstellungen, Lebensweise nicht ganz selten als Folge von biografischen Krisen oder, häufiger, als Folge gewandelter Anforderungen: Man ist umgezogen, hat eine neue, andere berufliche Aufgabe erhalten, man hat Kinder bekommen oder die Kinder sind aus dem Haus, man musste aus gesundheitlichen oder Altersgründen bestimmte aufwändige Aktivitäten (z.B. Leistungssport) einstellen. Mit solchen biografischen Umbruchsituationen und Wandlungen befasst sich nicht nur die kriminologische Verlaufsforschung (Göppinger 1983; Maschke 1987; Farrington 1989; Mischkowitz 1993; Kröber et al. 1993; Hermann u. Dölling 2001; Hermann 2003; Dahle 2001, 2004, 2005), sondern jenseits von Straffälligkeit die soziologische Lebenslaufforschung (Bourdieu 1987; Hartmann 1999; Hermann 2004). Gleichartiger Methodik bedient sich auch die psychiatrische Erforschung biografischer Langzeitentwicklungen im Hinblick auf psychiatrisch relevante Krisenzeiten, Gesundheit und Mortalität (z.B. Helmchen et al. 2000; Klein et al. 2001; Schneider 2002).

Aufgabe der Kriminalprognose ist es, beides sorgsam zu registrieren: das, was es an konstanten Verhaltensmustern gibt, und das, was sich bei einer Person geändert hat. Daraus sind Verhaltensprognosen für die Zukunft abzuleiten. Nachfolgend sollen die rechtlichen Fragestellungen und Voraussetzungen umrissen werden. Es werden Gang und Qualitätsstandards der kriminalprognostischen Begutachtung dargestellt, und es werden die unterschiedlichen Risikokonstellationen bei unterschiedlichen Rechtsfolgen, unterschiedlichen Delikts- und Tätertypen beschrieben.

2.1 Rechtliche Vorgaben für den psychiatrischen Gutachter

Strafrecht, so könnte man denken, ist zeitlich rückwärtsgewandt. Es beschäftigt sich mit einer zurückliegenden Tat, soll den Täter ermitteln und soll zur Wiederherstellung der Rechtsgeltung, des Rechtsfriedens und der Rechtssicherheit und zum Schuldausgleich eine der Tat angemessene Strafe aussprechen und vollziehen. Die Person des Täters interessiert erst in zweiter Linie; zunächst wird die Tat ausgeleuchtet und nach der äußeren und inneren Tatseite gefragt. Sodann wird geschaut, ob in der Person des Täters schuldmindernde oder schulderhöhende Gesichtspunkte erkennbar werden, gar eine Schuldunfähigkeit wegen psychischer Krankheit. Wenn die Strafe verbüßt wurde, ist der Verurteilte wieder ein vollwertiger Bürger mit allen Rechten und Pflichten, und es liegt in seiner Verantwortung, keine Gesetze mehr zu übertreten. Andernfalls wird er erneut als Täter ermittelt und bestraft.

Tatsächlich hat sich im Streite mit dieser „konservativen", „klassischen", liberalen Auffassung des Strafrechts die „moderne", in ihrer Entstehung vor allem sozialdemokratisch geprägte Strafrechtsschule starken Einfluss erkämpft. Diese will das Strafrecht als ein Instrument der Gesellschaftsgestaltung nutzen, den Staat einsetzen zur Herstellung eines vernünftig konzipierten und im Endziel schmerzlos funktionierenden Gemeinwesens, in dem Kriminalität verschwunden oder eine Randerscheinung geworden ist. Das Zauberwort dieser Konzeption ist „Prävention", man will Straftäter gar nicht erst entstehen lassen. Im Laufe der Zeit hat sich aber erwiesen, dass mit vertretbarem Aufwand nur die sog. sekundäre Prävention durchführbar ist (Kerner 1996). Primäre Prävention wäre die Verhinderung des Entstehens von Straffälligkeit und Straftätern. Sekundäre Prävention setzt bei den bereits identifizierten Straftätern an und sucht diese daran zu hindern, erneut straffällig zu werden. Hier nun wird der Täter – seine Persönlichkeit, seine Werthaltungen, seine Handlungsbereitschaften – unter einem anderen Aspekt bedeutsam, nicht unter dem der individuellen Schuldschwere, sondern unter dem Aspekt der *Gefährlichkeit.* Kriminalprognose ist Einschätzung der Gefährlichkeit eines Menschen und der Möglichkeit, die damit verbundenen Risiken unter Kontrolle zu halten.

2.1.1 Kriminalprognostische Entscheidungen im Erkenntnisverfahren

Im *erkennenden Verfahren,* in dem es um die Aufklärung und Aburteilung einer Straftat geht, erfolgt implizit fast stets eine kriminalprognostische Risikoeinschätzung durch das Gericht. Denn das Strafmaß soll eine spezialpräventive Wirkung entfalten, soll den Angeklagten davon abhalten, künftig gleichartige oder andere Delikte zu begehen. Dies rekurriert auf die Annahme, dass Ordnungswidrigkeiten (z. B. unerlaubtes Parken) und Straftaten weit überwiegend aus rationalen Gründen begangen werden, und dass die meisten Menschen die Begehung von Straftaten abhängig machen von Kosten-Nutzen- bzw. von Nutzen-Risiko-Erwägungen (Haferkamp 1987, Becker 1993, Schneider 1997; Farrington 1992, 1996, 2003). Dabei ist der Nutzen meist klar erkenntlich (Parkplatz, Steuerersparnis, Diebesgut), das Risiko ergibt sich aus dem Produkt der subjektiven Einschätzung des Strafmaßes einerseits, des Risikos überhaupt gefasst zu werden andererseits. Nach Becker errechnet sich der *erwartete Nutzen (EU,* „expected utility") einer Straftat [S] entsprechend der Basisformel $EU[S] = B–pC$. „B" steht hier für „benefit" (Nutzen), „C" für „costs" (Kosten), „p" („probability") ist der Korrekturfaktor der Entdeckungswahrscheinlichkeit. Wichtig ist der Hinweis, dass es jeweils nicht um die objektiven Strafmaße geht, die von Tätern oft überschätzt werden, und nicht um die kriminologisch erfasste Entdeckungswahrscheinlichkeit, sondern um die subjektiven Einschätzungen der jeweiligen Täter, die sich mehr oder weniger gut in der entsprechenden delinquenten Szene auskennen können. Ein Gericht, dass nun z. B. einen Ladendieb aburteilt, trifft eine Einschätzung, ob diese Person dazu neigen könnte, erneut eine solche Tat zu begehen. Befürchtet es dies, wird es eher eine höhere Strafe aussprechen, sieht es keine Rückfallgefahr, braucht der Faktor „C" in der Becker-Formel nicht unterstrichen zu werden, und die Strafe kann mild bleiben.

Was für die einzelne Straftat gilt, gilt auch für die längerfristigen Entwicklungen zur Straffälligkeit oder aus der Straffälligkeit heraus: Auch sie sind aus der Sicht des handelnden Subjekts überwiegend rational begründet und in Maßen abgewogen. Dabei spielen für diese „rationale" Entscheidung zu einer delinquenten Laufbahn natürlich auch Sozialisationsfaktoren, Vorbilder, gleichsinnig agierende Peers und die Schwäche alternativer Karrierewege eine Rolle. Dies ist der Kern der „life course theory" von Farrington (1992) und auch das Deutungskonzept der Tübinger Jungtäterstudie (Göppinger 1983). Farrington hat den stufenweisen Ablauf solcher Entwicklungen beschrieben. Die einzelnen Taten der Kinder, Jugendlichen, aber bei spätem Beginn auch Erwachsenen seien rational motiviert; er nennt nicht nur Bereicherung oder sexuelle Neugierde als ein solches Motiv, sondern ebenso Aufregung, Unterhaltung, Anerkennung bei anderen. Die Taten sind Beweise von Mut, Männlichkeit und Durchsetzungsvermögen. Gleichwohl haben diese Täter am Beginn einer delinquenten Entwicklung durchaus ein Unrechtsbewusstsein; sie wären sehr dagegen, wenn das gleiche, was sie anderen antun, ihnen selbst oder ihrer Schwester geschähe. Wenn also rechtswidrige Taten bei diesen Personen zur Gewohnheit werden, muss die eigene Handlungsideologie nachbearbeitet werden, das Selbstkonzept muss sich dem eigenen Verhaltensstil anpassen. Dies geschieht durch die Entwicklung dissozialer Einstellungen, Wahrnehmungs- und Denkweisen, die im Wesentlichen in einer Relativierung sozialer und ethischer Normen bestehen, die nur noch gegenüber bestimmten Personengruppen gelten sollen, aber z.B. natürlich nicht gegenüber Kaufhäusern oder Banken, nicht gegenüber anderen Ethnien oder anderen definierten und mit Schimpfworten markierten Gruppen (Zecken, Assis, Faschos, Bullen, Homos etc. pp.). Bei Straftaten, die von mehreren Tätern begangen werden, werden diese Rechtfertigungsideologien auch oft kommuniziert und übernommen; bei sehr individuellen Straftaten, z.B. manchen Sexualdelikten, kann es sein, dass Täter eine dezidierte, aber sehr auf die eigene Person bezogene Rechtsfertigungsideologie haben, die sie nie jemand anderem mitteilen würden, die aber gleichwohl sehr wichtig ist. Wenn schließlich eine Stufe der stabilen Selbstrechtfertigung und der Gewohnheitsbildung erreicht ist, dann wird die Begehung neuer Straftaten im Konzept von Farrington allein von „costs and benefits" abhängig gemacht. Über pathologische Mechanismen müsste man eigentlich erst dann nachzudenken beginnen, wenn ein Täter das Begehen von Straftaten auch dann nicht lassen kann, wenn die Nachteile bei weitem überwiegen. Allerdings muss man sich des Umstandes bewusst sein, dass für Menschen, die ihr ganzes Leben mit nur kurzen, urlaubsartigen Unterbrechungen in Heimen und Strafvollzugseinrichtungen verbracht haben, die Haft den Normalzustand darstellt und nicht ein besonderes Übel bezeichnet. Was als größerer Nachteil empfunden wird, Psychiatrie oder Haft, entscheidet sich jedenfalls nicht am Wertsystem von Richtern und Psychiatern, sondern am Bewertungssystem des Probanden.

Der Strafrichter ist im Übrigen tagtäglich mit so vielen kriminalprognostischen Entscheidungen betraut, dass völlig unstreitig sein müsste, dass er ein eigenes, erfahrungswissenschaftlich basiertes, kriminologisches Wissen haben muss, da er auf die spezielle Expertise von kriminologisch-psychiatrischen oder kriminalpsychologischen Sachverständigen nur in Einzelfällen zurückgreifen kann. Kriminalprognostische Überlegungen sind erforderlich bei folgenden Entscheidungen im Erkenntnisverfahren:

▌ Strafmaß,
▌ Strafaussetzung zur Bewährung,
▌ Erteilen von Weisungen, Unterstellung unter Bewährungshelfer,
▌ Beurteilung schädlicher Neigungen im Jugendstrafrecht,
▌ erzieherische Maßnahmen im Jugendstrafrecht,
▌ Unterbringung im psychiatrischen Krankenhaus gemäß § 63 StGB,
▌ Unterbringung in einer Entwöhnungsbehandlung gemäß § 64 StGB,
▌ Unterbringung in der Sicherungsverwahrung gemäß § 66 StGB,
▌ Verhängung der vorbehaltenen Sicherungsverwahrung gemäß § 66a StGB.

Eine kriminalprognostische Beurteilung ist die jugendrichterliche Einschätzung des künftigen Entwicklungsverlaufs eines Jugendlichen oder Heranwachsenden, die Beurteilung der Frage, ob „schädliche Neigungen" vorliegen, ob man es mit einem jugendlichen Intensivtäter zu tun hat. Eine andere konkrete Fragestellung wäre, ob man es mit einem Jugendlichen zu tun hat, dessen Sexualdelikt Ausdruck einer sexuellen Perversion ist und mithin möglicherweise die erste Tat einer künftig zu befürchtenden Serie.

Eine explizite kriminalprognostische Aussage wird vom Gericht erwartet, wenn es dazu Stellung nehmen soll, ob eine fällige Freiheitsstrafe zeitgleich mit ihrer Verhängung, also schon im Urteil, zur Bewährung ausgesetzt werden kann gemäß § 56 StGB. Nach diesem Paragrafen kann das Gericht eine Freiheitsstrafe von bis zu einem Jahr zur Bewährung aussetzen, „wenn zu erwarten ist, dass der Verurteilte sich schon die Verurteilung zur Warnung dienen lassen und künftig auch ohne die Einwirkung des Strafvollzugs keine Straftaten mehr begehen wird. Dabei sind namentlich die Persönlichkeit des Verurteilten, sein Vorleben, die Umstände seiner Tat, sein Verhalten nach der Tat, seine Lebensverhältnisse und die Wirkungen zu berücksichtigen, die von der Aussetzung für ihn zu erwarten sind" (§ 56 (1) StGB). In § 56 (2) StGB ist geregelt, dass darüber hinaus Freiheitsstrafen von maximal 2 Jahren ausgesetzt werden können, wenn „besondere Umstände" vorliegen. Dabei seien besonders Bemühungen des Verurteilten zur Schadenswiedergutmachung zu berücksichtigen. Das Gericht kann durch Weisungen (§ 56c StGB) versuchen, auf die weitere Lebensweise des Verurteilten Einfluss zu nehmen und so das Rückfallrisiko zu beeinflussen, und es kann den Verurteilten einem Bewährungshelfer unterstellen (§ 56d). Dies alles ist wohlgemerkt nicht mehr Strafe, nicht mehr Schuldausgleich, sondern der Versuch der gezielten Beeinflussung eines Täters mit dem Ziel normkonformen Verhaltens. Die Art der Beeinflussung wird abgeleitet aus einer Einschätzung des Rückfallrisikos, die vermutlich seitens des Gerichts zumeist mehr oder weniger intuitiv, aber in Kenntnis allgemeiner Rückfalldaten erfolgt. Allerdings ist mit „Persönlichkeit des Verurteilten, sein Vorleben, die Umstände seiner Tat, sein Verhalten nach der Tat, seine Lebensverhältnisse" und den „Wirkungen" der Strafaussetzung ein Katalog von Gesichtspunkten genannt, der im StGB immer wieder auftaucht bis hin zum § 57a, der Entlassung aus lebenslanger Freiheitsstrafe, und der auch bei der Entlassung aus freiheitsentziehenden Maßregeln zu berücksichtigen ist. Hier sind diese

Aspekte also bedeutsam für das Aussprechen der Bewährungschance. Gewährt wird diese, wenn die individuelle Risikoeinschätzung des Gerichts zu der „Erwartung" künftigen straftatfreien Lebens geführt hat.

Den Terminus „Erwarten" treffen wir bei den Maßregeln wieder – als Erwartung künftiger erheblicher rechtswidriger Taten (§ 63 StGB) oder als Erwartung künftiger rechtskonformer Lebensweise in den §§ 67c (2), 67d (2) StGB. Kriminologische Daten zeigen (Göppinger 1997, Jehle et al. 2003), dass bei einem nicht geringen Anteil der Bewährungsstrafen die Strafaussetzung wegen neuer Straftaten widerrufen werden muss. Dieses „Erwarten" künftigen rechtskonformen Verhaltens ist mithin kein sicheres Wissen, keine Gewissheit, sondern bezeichnet eine überwiegende Wahrscheinlichkeit, die wohl umso größer sein muss, je schwerer die von diesem Täter zu befürchtenden Taten wiegen (s. Tabelle 2.1).

Kommt die Unterbringung eines Angeklagten in einer „Maßregel der Besserung und Sicherung" nach §§ 63, 64 oder 66 StGB in Betracht, ist ei-

Tabelle 2.1. Rückfälligkeit in 4 Jahren – ursprünglich 1998 zu Freiheitsstrafe *mit Bewährung* Verurteilte: erneute Sanktion (Bezugszahl der Verurteilten absolut (= 100%), sonstige Angaben in %)

§§ StGB	Zahl	Kein Rück- fall	Frei- heits- strafe	Jugend- strafe	Sicher- heits- verwah- rung	Maß- regel § 63 StGB	§ 64 StGB
177–178 Sexualdelikt	793	66,5	15,9	0,00	0,00	0,63	0,76
211–213 Tötungsdelikt	69	82,6	5,8	0,00	0,00	0,00	1,45
242 Diebstahl	7 865	44,3	40,6	0,01	0,00	0,13	0,46
243–244 schwerer Diebstahl	9 424	45,5	37,1	0,02	0,00	0,04	0,58
249–252, 255, 316 a Raub	2 146	50,2	28,3	0,00	0,00	0,37	0,62
263 Betrug	7 707	59,2	24,4	0,00	0,00	0,05	0,14
315 cIIa, 316 Straßenverkehrs- gefährdung	8 936	64,8	23,9	0,00	0,00	0,02	0,35
315 c, 316 Unfallflucht	1 029	50,9	33,3	0,00	0,00	0,10	0,19
21 StVG Fahren ohne Fahrerlaubnis	6 861	46,9	37,5	0,01	0,00	0,03	0,28
Verstoß gegen BtMG	8 918	48,9	32,4	0,00	0,00	0,03	0,71

Quelle: Jehle et al. (2003)

ne explizite Erörterung im Urteil vonnöten, ob und warum erwartet wird, dass der Angeklagte auch künftighin erhebliche Straftaten begehen wird. Tatsächlich hat man diesem Aspekt bei den §§ 63 und 64 StGB in der Vergangenheit eher wenig Aufmerksamkeit geschenkt und mehr darauf geachtet, ob ein psychiatrisch relevanter „Zustand" (§ 63 StGB) bzw. „Hang zur Berauschung" (§ 64 StGB) vorliegt.

Wer im Sinne von § 64 StGB einen „Hang" hat, „alkoholische Getränke und andere berauschende Mittel im Übermaß zu sich zu nehmen" und im Zusammenhang damit wiederholt straffällig geworden ist, wurde und wird relativ leicht untergebracht, weil der § 64 StGB befristet ist und daher als nicht so belastend gilt. Aber auch in § 64 StGB wird als prognostisches Kriterium die Gefahr „erheblicher rechtswidriger Taten" gefordert. § 64 StGB enthält zudem eine interessante *therapieprognostische* Komponente: Der Sachverständige und dann das Gericht müssen feststellen, ob es Faktoren gibt, welche die Hoffnung auf eine erfolgreiche Therapie begründen. Hier ist also eine zweifache Prognose gefordert: die künftiger Rückfälligkeit ohne Therapie und die des Therapieerfolgs.

Bei der wegen fehlender Befristung ungleich belastenderen Maßregel der Unterbringung in einem psychiatrischen Krankenhaus scheint bisweilen die Schwere der psychischen Störung verrechnet zu werden mit der Vagheit der kriminalprognostischen Einschätzung. Dass jemand psychisch schwer gestört ist, genügt aber keineswegs zur Annahme, dass von dem Beschuldigten „infolge seines Zustandes erhebliche rechtswidrige Taten zu erwarten sind und er deshalb für die Allgemeinheit gefährlich ist" (§ 63 StGB). Zunächst muss geklärt werden, ob überhaupt ein Kausalzusammenhang zwischen psychischer Gestörtheit und jetziger Tat vorliegt und ob ein solcher Zusammenhang auch künftighin zu erwarten ist. Sodann muss so exakt wie möglich eingeschätzt werden, welche Taten mit welcher Wahrscheinlichkeit zu erwarten sind und ob nicht auch die normalen sozialpsychiatrischen Möglichkeiten ausreichen, um dieses Risiko zu kontrollieren. Dazu ist ein kriminologisches und psychiatrisches Wissen über Delinquenzverläufe generell und bei psychisch Kranken sowie über Krankheitsverläufe unerlässlich. Der psychisch Kranke hat nicht mindere Freiheitsrechte als der Gesunde, und auch beim psychisch Kranken sind die Grundrechte nur bei tragfähiger Begründung und nicht allein auf Verdacht („Man kann ja nie wissen") zu beschränken.

Das Regelwerk zur Unterbringung in der Sicherungsverwahrung gemäß § 66 StGB ist in den letzten Jahren mehrfach geändert worden, um die Anordnung dieser Maßregel zu erleichtern und auf diese Weise mehr potenzielle Rückfalltäter in Freiheitsentziehung halten zu können. Das Gesetz zur Bekämpfung von Sexualdelikten und anderen gefährlichen Straftaten vom 26. Januar 1998 (BGBl I, S. 160) lockerte zum einen die formellen Anordnungsvoraussetzungen der Sicherungsverwahrung. Nach dem neu eingefügten Absatz 3 des § 66 StGB kann das Gericht in schweren Fällen bereits nach der ersten einschlägigen Wiederholungstat die Sicherungsverwahrung anordnen, unter den Voraussetzungen des Satzes 2 sogar ohne eine frühere

Verurteilung oder Freiheitsentziehung. Außerdem wurde die Befristung der ersten angeordneten Sicherungsverwahrung auf 10 Jahre aufgehoben. Das Bundesverfassungsgericht hat allerdings inzwischen in seinem Urteil vom 5. Februar 2004 (2 BvR 2029/01) verdeutlicht, dass nach 10 Jahren Sicherungsverwahrung regelhaft die Entlassung aus Freiheitsentziehung zu erfolgen habe. Dies sei nur ausnahmsweise nicht durchzuführen, wenn man anhand des Vollzugsverhaltens positiv beweisen könne, dass der Untergebrachte noch gefährlich ist; dies wird in der Tat auch bei fortbestehender Gefährlichkeit oft unmöglich sein. Die 10 Jahre überdauernde Unterbringung eines Gewalt- oder Sexualstraftäters setzt also voraus, dass der Sicherungsverwahrte entweder durch beachtliche Handlungsweisen im Vollzug oder durch das Äußern deutlich antisozialer Positionen wahrnehmbar und benennbar belegt, dass sein Hang zur Begehung erheblicher Taten fortbesteht und weitere einschlägige Straftaten erwarten lässt. Die Vorschrift über die Unterbringung in der Sicherungsverwahrung lautet nunmehr:

§ 66 StGB (Unterbringung in der Sicherungsverwahrung)

(1) Wird jemand wegen einer vorsätzlichen Straftat zu Freiheitsstrafe von mindestens zwei Jahren verurteilt, so ordnet das Gericht neben der Strafe die Sicherungsverwahrung an, wenn
    1. der Täter wegen vorsätzlicher Straftaten, die er vor der neuen Tat begangen hat, schon zweimal jeweils zu einer Freiheitsstrafe von mindestens einem Jahr verurteilt worden ist,
    2. er wegen einer oder mehrerer dieser Taten vor der neuen Tat für die Zeit von mindestens zwei Jahren Freiheitsstrafe verbüßt oder sich im Vollzug einer freiheitsentziehenden Maßregel der Besserung und Sicherung befunden hat und
    3. die Gesamtwürdigung des Täters und seiner Taten ergibt, dass er infolge eines Hanges zu erheblichen Straftaten, namentlich zu solchen, durch welche die Opfer seelisch oder körperlich schwer geschädigt werden oder schwerer wirtschaftlicher Schaden angerichtet wird, für die Allgemeinheit gefährlich ist.

(2) Hat jemand drei vorsätzliche Straftaten begangen, durch die er jeweils Freiheitsstrafe von mindestens einem Jahr verwirkt hat, und wird er wegen einer oder mehrerer dieser Taten zu Freiheitsstrafe von mindestens drei Jahren verurteilt, so kann das Gericht unter der in Absatz 1 Nr. 3 bezeichneten Voraussetzung neben der Strafe die Sicherungsverwahrung auch ohne frühere Verurteilung oder Freiheitsentziehung (Absatz 1 Nr. 1 und 2) anordnen.

(3) Wird jemand wegen eines Verbrechens oder wegen einer Straftat nach den §§ 174 bis 174c, 176, 179 Abs. 1 bis 3, §§ 180, 182, 224, 225 Abs. 1 oder 2 oder nach § 323a, soweit die im Rausch begangene Tat ein Verbrechen oder eine der vorgenannten rechtswidrigen Taten ist, zu Freiheitsstrafe von mindestens zwei Jahren verurteilt, so kann das Gericht neben der Strafe die Sicherungsverwahrung anordnen, wenn der Täter wegen einer oder mehrerer solcher Straftaten, die er vor der neuen Tat begangen hat, schon einmal zur Freiheitsstrafe von mindestens drei Jahren verurteilt worden ist und die in Absatz 1 Nr. 2 und 3 genannten Voraussetzungen erfüllt sind. Hat jemand zwei Straftaten der in Satz 1 bezeichneten Art begangen, durch die er jeweils Freiheitsstrafe von mindestens zwei Jahren verwirkt hat, und wird er wegen einer oder mehrerer dieser Taten zu Freiheitsstrafe von mindestens drei Jahren verurteilt, so kann das Gericht unter den in Absatz 1 Nr. 3 bezeichneten Voraussetzungen neben der Strafe die Sicherungsverwahrung auch ohne frühere Verurteilung oder Freiheitsentziehung (Absatz 1 Nr. 1 und 2) anordnen. Die Absätze 1 und 2 bleiben unberührt.

(4) ...

Auf die besonderen kriminalprognostischen Schwierigkeiten bei der Begutachtung zu den Voraussetzungen der Sicherungsverwahrung wird in einem späteren Abschn. (2.5.3) einzugehen sein. Der „Hang zur Begehung erheblicher Straftaten" ist erkennbar ein Hang, der sich von jenem aus § 64 StGB und vom „Zustand" des § 63 StGB unterscheidet und der als Ausdruck einer Gesamtwürdigung der Persönlichkeit und ihrer Geschichte auch unterschieden wird von der rein strafrechtlichen Vorgeschichte des Probanden. Ob dies immer überzeugend gelingt, werden wir sehen. Hilfreich ist in § 66 StGB die Erläuterung, was hier mit „erheblichen Straftaten" gemeint ist, nämlich „solche, durch welche die Opfer seelisch oder körperlich schwer geschädigt werden oder schwerer wirtschaftlicher Schaden angerichtet wird." Wichtig ist der Gesichtspunkt, dass über die Notwendigkeit der Sicherungsverwahrung einerseits im Erkenntnisverfahren verhandelt wird, dass aber auch über den Vollzug der Sicherungsverwahrung nochmals ein Gutachten erstattet wird, wenn die ausgesprochene Haftstrafe sich ihrem Zweidrittelzeitpunkt oder Endzeitpunkt nähert und entschieden werden muss, ob es dieser Maßregel noch bedarf. Leider muss diese Begutachtung inzwischen nur noch erfolgen, wenn die Strafvollstreckungskammer „erwägt", die Strafe bzw. die Maßregel zur Bewährung auszusetzen, nicht aber, wenn sie von vornherein überzeugt ist, dass eine Entlassung nicht in Frage kommt.

2.1.2 Kriminalprognostische Begutachtung in der Strafvollstreckung

Kriminalprognostische Begutachtung erfolgt in der *Strafvollstreckung* bei folgenden Fragestellungen:
- Entlassung aus zeitlich befristeter Haftstrafe gemäß § 57 StGB in Verbindung mit § 454 Abs. 2 Nr. 2 StPO,
- Entlassung aus lebenslanger Haft gemäß § 57a StGB in Verbindung mit § 454 Abs. 2 Nr. 1 StPO,
- Eintritt in den Vollzug der Maßregel der Sicherungsverwahrung (oder aber Aussetzung der Maßregel nach § 67c (1) StGB),
- Verhängung der nachträglichen Sicherungsverwahrung gem. § 66b StGB,
- Entlassung aus einer Maßregel nach den §§ 63, 64 oder 66 StGB (gemäß § 67d StGB),
- Gutachten zur Einschätzung von Therapieindikation, Therapieverlauf und Lockerungseignung in Strafvollzug, Sozialtherapie und Maßregelvollzug,
- Gutachten gemäß Maßregelvollzugsgesetz (MRVG) des jeweiligen Landes zur Entlassbarkeit und zum Therapieverlauf.

Die psychiatrische Begutachtung zur Beurteilung der *Voraussetzungen einer nachträglichen Sicherungsverwahrung gemäß § 66b StGB* nimmt in dieser Reihe eine Sonderstellung ein, weil sie als einzige nicht der Frage der Entlassbarkeit, sondern im Gegenteil der Freiheitsentziehung für jemanden gewidmet ist, der ansonsten jetzt automatisch in Freiheit käme. Insofern entspricht sie grundsätzlich den Gesichtspunkten, die auch im Erkenntnisverfahren bei der Beurteilung der Voraussetzungen der Sicherungsverwahrung zu berücksichtigen sind (s. dort).

Entlassung aus zeitiger Freiheitsstrafe: Seit dem „Gesetz zur Bekämpfung von Sexualdelikten und anderen gefährlichen Straftaten" vom 26. 1. 1998 (BGBl I 1998, S. 160) ist in weitem Umfang die Begutachtung vor der bedingten Aussetzung der zeitigen Freiheitsstrafe von Gewalt- und Sexualstraftätern vorgeschrieben. Es sind dies Prognosegutachten besonderer Art, es geht bei Ihnen nicht um die Frage, ob ein Verurteilter überhaupt wieder in Freiheit kommt, sondern nur darum, ob die Aussetzung der Reststrafe unter dem Aspekt von Rückfall- und damit Opferschutz besser ist als Vollverbüßung bis zum Strafende. Man hat diese Frage früher fast stereotyp beantwortet: Wo der Gefangene nicht Endstrafe quasi erzwang, weil er nach bisherigem Delinquenzverlauf oder Haftverhalten ständig jeden Freiheitsspielraum zu Disziplinverstößen und Straftaten missbrauchte, hat man es für besser gehalten, ihn für die letzte Etappe mit einem noch offenen Strafrest und der Drohung des Widerrufs in die beaufsichtigte Freiheit zu entlassen. Das ist im Grundsatz sicherlich weiterhin vernünftig. Hat jemand Endstrafe verbüßt, hat man kaum ein Druckmittel in der Hand, ihn im Sozialverhalten nach Haftentlassung zu leiten. Hat jemand hingegen einen Strafrest offen, kann man auf Einhaltung von Weisungen dringen, die sein Sozialverhalten stabilisieren.

Tatsächlich hat die Gesetzesänderung dazu geführt, dass es eine Qualitätsverbesserung in den Stellungnahmen zur bedingten Entlassung gegeben hat. Die notwendigen „internen Gutachten" werden jetzt in aller Regel nicht mehr allein vom Vollzugsverhalten in den letzten Monaten geprägt. Vielmehr wird jetzt sehr viel häufiger als früher entscheidungsrelevantes Material herangezogen. Dieses Material ergibt sich aus den zurückliegenden Urteilen und sonstigen kriminologisch relevanten Beurteilungen. Diese Informationen werden jetzt häufiger gezielt erarbeitet, sodann erfasst und bewertet mit erfahrungswissenschaftlich fundierten Instrumenten zur Risikoeinschätzung wie HCR-20, LSI-R (s. Kap. 1) oder vollzugsintern entwickelten Instrumenten. Vermutlich werden auf diese Weise inzwischen Risikokandidaten etwas häufiger sichtbar als früher, und es wird etwas weniger häufig bedingt entlassen als früher. Tatsächlich ist auch früher nicht jeder Risikokandidat rückfällig geworden, und es werden heute mehr Gefangene in Haft behalten, die nicht rückfällig werden würden. Die Konzentration auf Instrumente wie den HCR-20 im Strafvollzug ist auch der Tatsache geschuldet, dass es wenig etablierte Instrumente gibt, die kriminalprognostisch valide den Haftverlauf erfassen könnten; dies verzerrt die Prognose durch mangelnde Berücksichtigung der Entwicklung seit Haftantritt.

Haftentlassene haben generell eine vergleichsweise hohe Rückfälligkeit (zwischen 30 und 70 % erneute Verurteilungen). Die höchste Rückfälligkeit haben allerdings die Kurzstrafer (weil sie häufiger erst am Anfang der kriminellen Laufbahn stehen) und generell diejenigen, die Endstrafe verbüßen (weil sie eine prognostische Negativselektion darstellen). Eine obligatorische Hinzuziehung psychiatrischer oder psychologischer Gutachter bei der Entlassung aus zeitiger Freiheitsstrafe ist sachlich oft überflüssig und schafft keine zusätzliche Sicherheit, da der Gefangene wenig später allemal in Freiheit gelangt wäre.

Die *Entlassung aus lebenslanger Freiheitsstrafe* gemäß § 57a StGB in Verbindung mit § 454 Abs. 2 Nr. 1 StPO bildet sozusagen den Gegenpol zum vorgenannten Fall. Die Verurteilung ist zumeist wegen Mordes erfolgt. Mord ist ein seltenes Delikt mit einer (nach Bestrafung) eher geringen basalen Rückfallwahrscheinlichkeit; kommt es jedoch zu einem delinquenten Rückfall, sind besonders schwerwiegende Rechtsgutverletzungen vorstellbar. Für die Beurteilung, ob die in der Tat zutage getretene Gefährlichkeit (§ 454 Abs. 2 StPO) fortbesteht, sind aber grundsätzlich die gleichen Gesichtspunkte aus § 57 Abs. 1 Satz 2 StGB zu berücksichtigen wie für die Entlassung aus zeitiger Freiheitsstrafe: „Bei der Entscheidung sind namentlich die Persönlichkeit des Verurteilten, sein Vorleben, die Umstände seiner Tat, das Gewicht des bei einem Rückfall bedrohten Rechtsguts, das Verhalten des Verurteilten im Vollzug, seine Lebensverhältnisse und die Wirkungen zu berücksichtigen, die von der Aussetzung für ihn zu erwarten sind". Dies ist eine durchaus nützliche Beschreibung der Aufgaben eines Sachverständigen bei der Begutachtung zur Entlassung aus der Strafhaft oder freiheitsentziehenden Maßregeln, die keinen wichtigen Gesichtspunkt vermissen lässt.

Vor dem *Eintritt in den Vollzug der Maßregel der Sicherungsverwahrung* wird eine Entscheidung der Strafvollstreckungskammer fällig, die, wenn sie eine Aussetzung der Maßregel nach § 67c Abs. 1 StGB erwägt, ein Sachverständigengutachten einholen muss. Dieses muss eine kriminalprognostische Einschätzung vornehmen, ob nach nunmehriger weitgehender Verbüßung der Strafe der Zweck der Maßregel die Unterbringung in der Sicherungsverwahrung noch erfordert, oder ob vielmehr erwartet werden kann, dass der Proband keine erheblichen Straftaten mehr begehen wird.

Die *Entlassung aus einer Maßregel nach den §§ 63, 64 oder 66 StGB* ist geregelt in § 67d StGB und erfolgt durch Beschluss der Strafvollstreckungskammer (StVK). Sie kann durch Erledigung oder durch Aussetzung der Maßregel zur Bewährung erfolgen. Die Maßregel der Unterbringung in einer Entziehungsanstalt gemäß § 64 StGB wird nicht selten (derzeit in gut 40% der Fälle) nach wenigen Monaten wegen fehlender Erfolgsaussichten oder auch wegen Fehleinweisung erledigt; dies stützt sich nicht selten allein auf fundierte Auskünfte der Suchtklinik des Maßregelvollzugs und macht keine externe Begutachtung erforderlich. Auch bei der Entlassung aus der psychiatrischen Maßregel gemäß § 63 StGB kann sich die StVK mit einem klinikinternen Gutachten begnügen. Wenn der Fall schwierig ist und z. B. divergierende diagnostische Einschätzungen zwischen Einweisungsurteil und -gutachten einerseits, den Feststellungen in der Maßregelklinik andererseits vorliegen, werden gerne externe Gutachten angefordert. In diesen

Fällen geht es dann darum, ob überhaupt die psychiatrischen Voraussetzungen eines Maßregelvollzugs vorliegen oder ob die Maßregel zu erledigen
ist, was in Fällen einer begleitenden Haftstrafe dann deren Vollzug bedeutet (falls sie nicht zur Bewährung ausgesetzt werden kann).

Das Gutachten zur Entlassung aus dem Maßregelvollzug soll aber im Regelfall die Frage beantworten, ob „zu erwarten ist, dass der Untergebrachte
außerhalb des Maßregelvollzugs keine rechtswidrigen Taten mehr begehen
wird" (§ 67d Abs. 2 StGB). Bis Januar 1998 hieß diese Passage: ob „verantwortet kann zu erproben, dass der Untergebrachte außerhalb des Maßregelvollzugs keine rechtswidrigen Taten mehr begehen wird". Seinerzeit haben
einige Psychiater und Juristen vor der „Erwartungsklausel" gewarnt, weil
sie fürchteten, nun müsse der Gutachter oder das Gericht so etwas wie
sichere Gewähr straffreien Verhaltens bieten (Nedopil 1998). Andere forensische Psychiater und Juristen haben betont, die neue Formulierung breche
nicht mit bisheriger Prognosetradition und -methodologie (Kröber 1998;
Hammerschlag u. Schwarz 1998). In der damaligen Beschlussempfehlung
des Rechtsausschusses hieß es, „erwarten" bedeute „keine unbedingte Gewähr, sondern eine durch Tatsachen begründete Wahrscheinlichkeit straf-
freier Führung des Verurteilten". Volckart (1998) sprach unter Verweis auf
das Fortbestehen des hier entscheidenden Grundsatzes der Verhältnismäßigkeit von einer Gesetzesänderung „lediglich kosmetischer Art, aber
ohne sachlichen Inhalt". Die Klarstellung des Gesetzgebers, dass es nicht
um ein „Ausprobieren" geht (ob der Verurteilte weiter Verbrechen begeht),
sondern dass es immer schon darum ging, ob die Entlassung „verantwortbar" ist und die günstige Prognose hinreichend zuverlässig, war
wahrscheinlich für manchen Psychiater und manchen Strafvollstreckungs-
richter gleichwohl lehrreich. Dies bedeutet, dass man nicht erst und nicht
primär durch Lockerungen herausfinden kann, ob jemand weiter Straftaten
begeht. Schon vor Beginn der Lockerungen muss die Annahme begründet
sein, dass der Verurteilte diese Lockerungen nicht missbrauchen wird. Es
kann hier also nicht nach dem Prinzip „Versuch und Irrtum" verfahren
werden.

Bei der Entlassung aus der Maßregel nach §§ 63 und 64 StGB muss, sofern eine Begleitstrafe verhängt wurde, jeweils entschieden werden, ob auch
der noch offene Strafrest zur Bewährung ausgesetzt wird; die in diesen
Maßregeln verbrachte Zeit wird nämlich nur auf maximal zwei Drittel der
Haftstrafe angerechnet, sodass ein Drittel der Haftstrafe stets unverbüßt
bleibt, wenn nicht schon vor dem Maßregelvollzug mehr als zwei Drittel
verbüßt wurden. Auch dazu wird der Gutachter gefragt. Wenn ein Proband
wegen nunmehr guter Prognose aus der Maßregel entlassen werden kann,
müsste dies in der Regel natürlich gleichermaßen für die Aussetzung der
Haftstrafe gelten.

*Gutachten zur Einschätzung von Therapieindikation, Therapieverlauf und
Lockerungseignung* in Strafvollzug, Sozialtherapie und Maßregelvollzug
sind gerade bei problematischen Gefangenen oder Untergebrachten zunehmend gefragt. Problematische Gefangene sind solche, die entweder beson-

ders gefährliche Straftaten begangen haben und auch längere Delinquenzverläufe haben oder solche, bei denen das Bild nicht klar ist und die
Möglichkeit besteht, dass ungeachtet einer bislang noch nicht ganz präg-
nanten Delinquenz eine hochgefährliche Entwicklung bevorsteht. Es gibt
hier in der Regel keine gesetzlichen Vorgaben für den Gutachter, sondern
die Einrichtung (Justizvollzugsanstalt, sozialtherapeutische Anstalt, Klinik)
bzw. die jeweilige Aufsichtsbehörde formuliert ihre Fragestellung.

Gutachten gemäß Maßregelvollzugsgesetz (MRVG) haben eine Mittelstel-
lung zwischen Entlassungsgutachten und solchen zur Therapieindikation
und zum Therapieverlauf. In verschiedenen Bundesländern sind nach dor-
tigem Maßregelrecht in bestimmten Abständen (z. B. 3 Jahre in Nordrhein-
Westfalen) externe Gutachten gemäß MRVG vorgeschrieben. Es sollen in
der Regel beide Fragestellungen bearbeitet werden: ob inzwischen ein
rechtskonformes Leben erwartet und eine Entlassung verantwortet werden
kann, aber auch, wie der Stand der Therapie und der Entwicklung des Probanden eingeschätzt wird und welche Änderungen an Therapie, Locke-
rungsstatus und flankierenden Maßnahmen angezeigt erscheinen.

2.1.3 Juristischer Grundbegriff: Gefährlichkeit

Vergeblich sucht man nach einer verbindlichen Definition des bei der bedingten Entlassung maßgeblichen Begriffs der *„Gefährlichkeit"*. In § 454 (2)
StPO heißt es: „Das Gutachten hat sich namentlich zu der Frage zu äußern,
ob bei dem Verurteilten keine Gefahr mehr besteht, dass dessen durch die
Tat zutage getretene Gefährlichkeit fortbesteht". Seit Beginn der empirischen Kriminalwissenschaft, der mit Namen wie Lombroso, Ferri oder
auch von Liszt verknüpft ist, geht es um das Auffinden von empirischem
Material, aus dem sich die Gefährlichkeit eines Straftäters ableiten lässt.
Gerade die „fortschrittliche", auf Prävention und „social defense" abgestimmte Rechtspolitik erhoffte sich viel von einer quasi naturwissenschaft-
lichen, objektiven Bestimmung und Messung von Gefährlichkeit. Allerdings
sucht man in der gängigen juristischen Kommentarliteratur vergeblich
nach einer Definition dieses Begriffs der StPO.

Die Formulierung „keine Gefahr mehr besteht, dass ... Gefährlichkeit
fortbesteht", wirkt im ersten Zugriff sprachlich nicht besonders klar. Gemeint ist vermutlich, dass nicht nur die aktuell sichtbare Gefährlichkeit zu
beurteilen ist, die ja eine gegenwärtige Gefahr darstellen würde. Es kann
aber jemand unter Haftbedingungen ungefährlich sein, weil er gar keine
Chance zur Begehung der von ihm angestrebten Straftaten hat, z. B. sexueller Missbrauch von Kindern. Oder es schließt sich bei ihm die Straffälligkeit jeweils an eine vorangehende kurze Strecke des Alkoholmissbrauchs
und der sozialen Verwahrlosung an, die in Haft jedoch blockiert ist. „Gefahr der Gefährlichkeit" meint nun wohl, dass bislang die Wiederherstellung von solchen Risikosituationen noch nicht ausgeschlossen ist, weil der
Verurteilte z. B. noch kein genügendes Problembewusstsein zum Alkohol-

missbrauch oder zum Kontaktieren von Kindern entwickelt hat. Eine solche, durch benennbare Risikofaktoren und Risikosituationen vermittelte Gefährlichkeit unterscheidet sich also von der unmittelbar erkennbaren Gefährlichkeit eines Gefangenen, der ständig mit einer habituellen Gewaltbereitschaft zu kämpfen hat oder sich jetzt schon den ganzen Tag mit sadistischen Sexualphantasien befasst.

Sichtbar wird auch, dass es offenbar um einen Koppelungsprozess geht: Die überdauernde Gefährlichkeit liegt in der Person des Probanden (oder eben nicht), und sie wird manifest in bestimmten Situationen. Situationen widerfahren einem aber nicht, sondern Menschen schaffen sich aktiv die Situationen, die ihren Bedürfnissen entsprechen.

Als psychiatrischer Sachverständiger hat man den gerichtlichen Auftrag wohl so zu verstehen, dass mit *Gefährlichkeit* eine *relevant erhöhte individuelle Disposition zur Begehung erheblicher Straftaten* gemeint ist. Diese Gefährlichkeit wird mit der Formulierung des § 454 (2) StPO „in der Tat zutage getretene Gefährlichkeit" festgemacht an der zurückliegenden Delinquenz und gleichzeitig eingegrenzt auf deren individuelle Hintergründe. Gefragt ist, ob diese individuellen Ursachen fortbestehen oder nicht. Dies ist ein verstehbarer und grundsätzlich durchführbarer Auftrag.

Gefährlichkeit ist vom Psychiater nicht nur im Strafverfahren zu beobachten, zu erfassen und zu berücksichtigen. Im Rahmen der psychiatrischen Krankenversorgung ist es Teil der ärztlichen Garantenstellung, den Kranken an der Begehung fremd- oder selbstschädigender Handlungen zu hindern, falls dieser zu verantwortlichem Handeln nicht mehr imstande ist. Bestimmte, nach Diagnose und Verlauf differenzierbare psychiatrische Untergruppen, z. B. chronisch wahnkranke Männer, haben ein erhöhtes Risiko im Hinblick auf Gewaltdelinquenz, was bereits im Rahmen des Versorgungsauftrags immer erneut eingeschätzt werden muss. Es geht in diesen Fällen um die Nutzung der Möglichkeiten der Landesunterbringungsgesetze (Psychisch-Kranken-Gesetz) und des Betreuungsrechts. Gefährlichkeitseinschätzung gehört insofern zur alltäglichen Berufsausübung. Die dafür geforderten Kompetenzen liegen zum einen in einer soliden Diagnostik und Einschätzung des Aktualzustands eines Menschen, zum anderen in einem Wissen um die tatsächliche Gefährlichkeit von Menschen mit unterschiedlichen psychischen Erkrankungen und Störungen.

Gefährlichkeit ist als „potential for harm or injury" (Leong et al. 2003) eine mehrdimensionale Kapazität, die nicht ständig aktualisiert und manifestiert wird und die in ihrem Ausmaß von mehreren Faktoren abhängt, so den folgenden:

▮ von der Intensität und der Art des zu befürchtenden Verbrechens,
▮ von der Gegenwärtigkeit, zeitlichen Entfernung und Ausdehnung der Gefahr,
▮ von den individuellen Fertigkeiten der gefährlichen Person zur Durchführung gefährlicher Taten (Kraft, Intelligenz, Training, Alter etc.),
▮ von der sozialen Einbindung und den sozialen Interaktionen und ihrem zukünftigen Verlauf,

▌ von der Erforderlichkeit bestimmter Rahmenbedingungen für die Durchführung der Tat (hinsichtlich Tatort, Stimmung, vorherige Berauschung etc.),

▌ von der Verfügbarkeit von Opfern.

Wir werden diesen Gesichtspunkten bei der Darstellung der kriminalprognostischen Praxis wieder begegnen.

2.2 Grundlagen der kriminalprognostischen Praxis

Grundlagen und Methoden der Kriminalprognose sind in dem vorangehenden Kap. 1 eingehend dargestellt worden. Was dort streng wissenschaftlich fundiert und in seinen Aussagemöglichkeiten begrenzt wird, ist erfahrungswissenschaftlich gewonnen („kontrollierte Erfahrung") und zugleich von unmittelbar praktischer Relevanz für die juristisch begründete Beurteilung im Einzelfall, „Kriminalprognose als kontrollierte Praxis".

2.2.1 Kriminologische Rückfallaspekte, Rückfalldaten

▌ Rückfallfaktoren

Die individuelle Kriminalprognose erfolgt stets vor dem Hintergrund des kriminologischen Wissens zu allgemeinen Rückfallfaktoren (s. auch Bock 1990). Es gibt als Bezugspunkte der Prognose relativ bekannte Risikofaktoren wie Alkoholmissbrauch – wenn dieser in der Vergangenheit eine Rolle gespielt hat bei der sozialen Labilisierung oder gar direkt im Tatvorfeld. Es gibt aber, wie im Folgenden dargestellt wird, manche Risikofaktoren, die in der Bevölkerung weit verbreitet sind, aber nur bei einer Minderheit tatsächlich mit Delinquenz in Zusammenhang geraten. Es gibt die sehr wichtigen, aber unbeeinflussbaren Rückfallfaktoren wie Lebensalter und Geschlecht. Es gibt die speziellen Merkmale besonderer Tätergruppen, z. B. bei Sexualstraftätern als wichtiges Merkmal das Vorliegen (oder eben nicht) einer stabilen sexuellen Perversion. Wichtig sind aber besonders die in der empirischen Literatur immer wieder für die Prognose herangezogenen und zu quantifizierenden Bereiche, genannt die „großen Vier" (Andrews u. Bonta 1998):
1. die Vorgeschichte antisozialen und delinquenten Verhaltens,
2. die Ausprägung von Merkmalen der antisozialen Persönlichkeit,
3. das Ausmaß antisozialer Kognitionen und Einstellungen sowie
4. ein antisoziales Umfeld.

Darüber hinaus gibt es aber fraglos weitere relevante Einflussfaktoren. Diese Aufmerksamkeitsbereiche der Begutachtung korrespondieren durchaus mit den juristisch in § 57 Abs. 1 Satz 2 StGB angegebenen Merkmalen, die bei der Entlassung aus Freiheitsentziehung zu berücksichtigen sind: „Persönlichkeit des Verurteilten, sein Vorleben, die Umstände seiner Tat, das Gewicht des bei einem Rückfall bedrohten Rechtsguts, das Verhalten des Verurteilten im Vollzug, seine Lebensverhältnisse und die Wirkungen, die von der Aussetzung für ihn zu erwarten sind".

▌ Basisraten

Die Prognose erfolgt in orientierender Kenntnisnahme von „Basisraten" (Volckart 2002), basalen Kriminalitätswahrscheinlichkeiten für bestimmte Deliktformen, die sich dann immer weiter spezifizieren lassen (Eigentumsdelikte, Diebstahl, Einbruchdiebstahl, Diebstahl aus PKW) und auf unterschiedliche Menschengruppen beziehen lassen (alle, Erwachsene, Männer, südeuropäische Ausländer, vorbestrafte gewaltbereite Sexualstraftäter etc.). Je spezifischer die Gruppe definiert ist, desto weniger wird man noch von „Basisrate" sprechen wollen. Basisraten erlauben nur eine sehr grobe Annäherung, sozusagen eine Einschätzung des Schwierigkeitsgrades einer individuellen Prognose. Basisraten, die sich auf die Gesamtbevölkerung beziehen (z. B. für Ladendiebstahl), helfen erkennbar kaum weiter, weil wir es in der Begutachtungspraxis mit kleinen Untergruppen zu tun haben, deren Risiko sich stark von dem der Gesamtbevölkerung unterscheidet. Herangezogen werden, soweit bekannt, Rückfalldaten für bereits identifizierte Straftäter, wobei es abermals einen großen Unterschied machen kann, ob die Rückfallhäufigkeit für gesunde oder aber psychisch gestörte Rechtsbrecher bestimmt wird. So ist die basale Wahrscheinlichkeit, dass eine beliebige erwachsene männliche Person im nächsten Jahr ein vorpubertäres Kind sexuell missbraucht, extrem gering (etwa 1:3000); tausendmal so hoch mit 1:3 ist die Wahrscheinlichkeit jedoch, wenn es sich dabei um jemanden handelt, der bereits mehrfach mit sexuellem Missbrauch eines vorpubertären Kindes aufgefallen ist. Es soll mithin die Rückfallwahrscheinlichkeit einer mehr oder weniger spezifischen Klientel eingeschätzt werden (z. B. Greenberg 1998). Bisweilen sind dabei die zu beurteilenden Gruppen von Tätern so klein und so spezifisch (z. B. „Kannibalen"), dass es kein gesichertes gruppenstatistisches Wissen gibt. Anderseits sind innerhalb bestimmter Tätergruppen (z. B. die Ladendiebe) die interindividuellen Differenzen so groß, dass hier z. B. der Delikttypus wenig zur Eingrenzung beiträgt. Wir wissen auch relativ wenig über die „Basisraten" der Rückfälligkeit für bestimmte Deliktgruppen; die von Nedopil (2000, 2005) angegebenen Basisraten sind nur partiell mit Literaturdaten belegt und verdeutlichen, wie wenig Informationsgewinn zumeist erreicht wird, insbesondere für die Beurteilung des Einzelfalls. Man weiß fast nichts über die Charakteristika der jeweils untersuchten Tätergruppe, entsprechend auch nicht, ob der eigene Proband, mit dem man zu tun hat, in deren Profil überhaupt annähernd hineinpasst. Verändert man die Definitionen einer Delinquentengruppe mit z. B. Einbruchdiebstahl, indem man z. B. einige Einschlussvariablen verändert (z. B. Alter, Nationalität), hat man möglicherweise schlagartig wesentlich andere „Basisraten". Auch die Rückfalldaten in den kriminologischen Lehrbüchern (z. B. Göppinger 1997) weisen weite Varianzen auf.

Gleichwohl ist es natürlich wichtig zu wissen, wie häufig generell Rückfälle vorkommen. Das Bundesministerium der Justiz hat 2003 eine kommentierte Rückfallstatistik herausgegeben (Jehle et al. 2003), die hilfreich ist, um sich allgemein ein Bild von der Rückfälligkeit jugendlicher und erwachsener Straftäter im Verlauf von 4 Jahren seit der letzten Verurteilung oder Haftentlassung (im Jahre 1998) zu machen. Leider vermag auch diese Statistik nur sehr begrenzt nach Deliktgruppen bei den Ursprungsdelikten zu differenzieren; Körperverletzungsdelikte wurden nicht ausgewertet. Es wurde dann dargestellt, wer in den nachfolgenden 4 Jahren in Freiheit erneut mit welchen Sanktionen belegt wurde; die Art der neuen Delikte (ob einschlägig etc.) konnte nicht erfasst werden. Von allen 1998 Abgeurteilten (950 000 Personen, davon 2,4 % zu Freiheitsstrafe ohne, 9,9 % zu Freiheitsstrafe mit Bewährung) wurden 35 % erneut verurteilt. Diejenigen allerdings, die aus einer vollstreckten Freiheitsstrafe entlassen wurden, wurden zu 57 % erneut bestraft und zu 29 % mit einer erneuten Freiheitsstrafe. Jugendliche, die aus Jugendhaft entlassen wurden, wurden zu 78 % rückfällig und zu 45 % zu einer erneuten Freiheitsstrafe verurteilt. Es zeigte sich auch an deren Faktoren, wie sehr die Rückfallquote altersabhängig war, mit Maximum bei den Jugendlichen und kontinuierlichem, aber nirgends steilem Abfall mit zunehmendem Lebensalter (43 % bei den Jugendlichen, 20 % bei den 55-Jährigen). Andererseits wurde die große Gruppe derer, die ursprünglich 1998 eine Geldstrafe erhalten hatten, nur zu 30 % erneut verurteilt und nur in 2 % zu einer Freiheitsstrafe. Die Rückfälligkeit nichtdeutscher Verurteilter lag bei jeweils gleichartiger Verteilung etwas niedriger als die deutscher Täter (Jehle et al. 2003).

In Tabelle 2.2 sind die Rückfallquoten für die Deliktsgruppen angegeben, die Jehle et al. ausgewertet haben. Bestätigt wird die auch sonst gut belegte Erfahrung, dass Abgeurteilte mit Sexualdelikten mehrheitlich nicht rückfällig werden; Sexualstraftäter sind international (Gebhard et al. 1965; Grünfeld u. Noreik 1986; Hall u. Proctor 1987; Furby et al. 1989; Rice et al. 1990, Weinrott u. Saylor 1991; Grubin 1997; Hanson u. Bussière 1998) wie auch in Deutschland (Egg 1999; Elz 2001, 2002) hinsichtlich Rückfälligkeit und Art der Rückfalldelikte relativ gut beforscht.

Ein wesentliches Ergebnis in Deutschland war, dass abgesehen von exhibitionistischen Tätern und monotrop Pädosexuellen das Gros der Verurteilten sehr viel häufiger anderweitig als spezifisch mit Sexualdelikten rückfällig wurde. Die allgemeinen Rückfalldaten des BMJ sind recht klar: 40 % Rückfälligkeit, 20 % wurden nun mit Freiheitsstrafen bedacht – wahrscheinlich war etwa jede vierte Rückfalltat ein Sexualdelikt. Eine der immer wieder einmal genannten, aber auch nicht belegten Zahlen ist, dass Männer mit Tötungsdelikten nur in 2 bis 3 % der Fälle mit ähnlich schweren Delikten rückfällig werden. Die Statistik des BMJ zeigt, dass bereits innerhalb von 4 Jahren 27 % der wegen Tötungsdelikten nach §§ 211 bis 213 Abgeurteilten wieder straffällig geworden sind und 15 % eine Freiheitsstrafe erhalten haben.

Tabelle 2.2. Rückfälligkeit binnen 4 Jahren bei bestimmten Deliktgruppen – alle 1998 Abgeurteilten/aus der Haft Entlassenen: erneute Sanktion (Bezugszahl der Verurteilten absolut (= 100%), sonstige Angaben in %)

§§ StGB	Zahl	Kein Rück-fall	Frei-heits-strafe	Jugend-strafe	SV § 66	Psychi-atrie § 63 StGB	Entzie-hung § 64 StGB
177–178 Sexualdelikte	2 057	59,3	20,1	1,5	0,39	1,31	0,92
211–213 Tötungsdelikt	860	73,1	15,0	0,0	0,35	1,40	0,58
242 Diebstahl	185 185	61,4	9,7	2,6	0,00	0,03	0,11
243–244 schwerer Diebstahl	37 079	41,1	25,7	6,4	0,01	0,09	0,42
249–252, 255, 316a Raub	8 327	41,5	26,1	5,7	0,12	0,36	0,73
263 Betrug	54 362	65,5	12,9	0,4	0,00	0,05	0,09
315 cIIa, 316 Straßenverkehr	163 842	77,8	8,5	0,1	0,00	0,01	0,07
315 c, 316 Unfallflucht	46 499	76,2	6,5	0,4	0,00	0,02	0,06
21 StVG Fahren ohne Fahrerlaubnis	79 221	55,3	15,9	1,9	0,00	0,03	0,12
Verstoß gegen BtMG	28 142	47,9	26,6	2,0	0,01	0,04	0,69

Quelle: Jehle et al. (2003)

Stets deutlich dramatischer ist die kriminalprognostische Perspektive, wenn Jugendliche und Heranwachsende schwere Straftaten begehen oder aus sonstigen Gründen, z.B. Delikthäufigkeit, mit einer Jugendstrafe ohne Bewährung bedacht werden (Tabelle 2.3). In allen Deliktkategorien mit Ausnahme der Tötungsdelikte kam es zu eminent hohen Rückfallzahlen und nachfolgenden Verurteilungen zu Freiheitsstrafen in weit mehr als jedem zweiten Fall. Aber auch 39% Rückfälligkeit nach Tötungsdelikten, 26,4% mit erneuter Freiheitsstrafe bedacht, verdeutlichen die Gefährlichkeit früh auffälliger Gewalttäter. Deutlich über 80% Rückfällige gab es bei jenen, die wegen Diebstahldelikten Jugendstrafen zu verbüßen hatten, 70% kamen wieder in Freiheits- oder Jugendstrafe. Wichtig ist schließlich die Erfahrung, die auch aus der KrimZ-Studie zur Rückfälligkeit von Sexualstraftätern bestätigt wird (Elz 2001, 2002), dass Jugendliche und Heranwachsende, die mit Sexualdelikten auffallen, keineswegs alterstypische Delikte begehen, die „sich auswachsen", sondern eine nicht geringe Rückfallwahrscheinlichkeit haben: Von jenen, die primär bereits mit unbedingter

Tabelle 2.3. Rückfälligkeit in 4 Jahren – ursprünglich zu Jugendstrafe ohne Bewährung Verurteilte: neue Sanktion (Bezugszahl der Verurteilten absolut (=100%), sonstige Angaben in %)

§§ StGB	Zahl	Kein Rückfall	Freiheits- strafe	Jugend- strafe	Maßregel § 63	§ 64 StGB
177–178 Sexualdelikte	73	31,5	52,1	1,4	4,11	0,00
211–213 Tötungsdelikte	125	60,8	26,4	0,0	1,60	1,60
242 Diebstahl	257	17,9	63,8	7,0	0,39	1,56
243–244 schwerer Diebstahl	1027	16,1	62,5	7,5	0,10	1,56
249–252, 255, 316a Raub	639	25,7	50,6	5,0	0,47	1,56
263 Betrug	68	14,7	66,2	0,0	0,00	1,47
21 StVG Fahren ohne Fahrerlaubnis	37	13,5	59,5	2,7	2,70	5,41
Verstoß gegen BtMG	465	23,0	60,4	1,9	0,22	1,72

Quelle: Jehle et al. (2003)

Jugendstrafe bedacht worden waren, erhielten 52% eine erneute Freiheitsstrafe. Von jenen 191 Verurteilten, bei denen 1998 die Jugendstrafe wegen Sexualdelikts zur Bewährung ausgesetzt worden war, wurden 44% in den 4 Folgejahren straffällig und 17,3% zu einer Freiheitsstrafe verurteilt. Die Rückfallwahrscheinlichkeit ist also auch hier keineswegs günstiger als bei Erwachsenen.

Statische und dynamische Rückfallprognose

Die Bedeutsamkeit von Rückfallfaktoren ändert sich im Laufe der Zeit, bei manchen Deliktformen z.B. in deutlicher Abhängigkeit vom Alter. Anders gesagt: Nicht alle Rückfallfaktoren haben das gleiche Gewicht, und das Gewicht kann sich im Laufe der Zeit verändern. Entsprechend ist das Rückfallrisiko für einen 19-jährigen Einbrecher ein anderes als das für den 43-jährigen Einbrecher. Andererseits können lebensgeschichtliche Erfahrungen, die Folge der Delinquenz sind, das Risiko weiterer Delinquenz erhöhen oder mindern, z.B. eine kriminelle Verwahrlosung in Haft oder aber eine berufliche Qualifikation in Haft oder auch Therapie. Auch die „Auseinandersetzung mit der Tat" gehört zu den dynamischen Risikofaktoren: Wie hat sich der Proband mit seiner Tat auseinandergesetzt, hat er etwas Nützliches daraus gelernt, bewegt sie ihn zu einer Änderung seines Lebensstils oder belastet und bekümmert sie ihn nur oder ist sie ihm ein geheimes Erfolgserlebnis, nach dessen verbesserter Wiederholung er strebt?

Auf die Formen der „Bearbeitung" der Tat oder „Auseinandersetzung" mit der Tat (Kröber 1995) wird bei der Erörterung der gutachterlichen Schlussfolgerungen noch einzugehen sein.

Teilweise lassen sich diese dynamischen Faktoren gruppenstatistisch berücksichtigen, nicht selten aber müssen sie im Rahmen der klinischen Prognose jeweils im Einzelfall betrachtet und gewichtet werden. Ähnliches gilt für zwischenzeitlich eingetretene körperliche Erkrankungen, unfallbedingte Verletzungen und Behinderungen, die z. B. bestimmte Verhaltensweisen verunmöglichen könnten.

▌ Graduierende Risikobeurteilung im Einzelfall

Die gutachterliche Beurteilung der Kriminalprognose ist eine Risikobeurteilung zu der Frage, mit welcher Wahrscheinlichkeit eine bestimmte Person erneut mit bestimmten Delikten straffällig werden wird. Sie ist keine Wette im Sinne von „Ja" = wird wieder straffällig, oder „Nein" = wird nicht wieder straffällig. Sie soll vielmehr eine differenzierte Beschreibung der individuellen, persongebundenen Disposition zur Begehung von Straftaten liefern (die in der Tat zutage getretene Gefährlichkeit), die zukünftig unter bestimmten äußeren Umständen (sozialen und situativen Rahmenbedingungen) zur erneuten Manifestation einer Straftat führen kann, aber nicht immer zwingend führen muss (Kröber 1999; Dahle 2005, 2005 a). Je durchschlagender die Disposition zur Begehung bestimmter Straftaten ist (Penetranz der Disposition), desto geringer ist die Bedeutung situativer Faktoren (so schon Rasch 1986), während im breiten Mittelfeld eben Disposition und zukünftige, möglicherweise noch nicht absehbare soziale Rahmenbedingungen hinzukommen müssen oder auch weitere Entwicklungen der Person. Wenn eine extrem hohe Wahrscheinlichkeit künftiger Straftaten angenommen wird, nahe 100%, bedeutet dies, dass von 100 Entlassenen auch alle wieder straffällig werden. Wenn eine mäßige Wahrscheinlichkeit von 60% mit erneuter, erheblicher Straffälligkeit angenommen wird, bedeutet dies, dass jedes Individuum dieser Gruppe mit 60%iger Wahrscheinlichkeit rückfällig wird – aber 40 von 100 aus dieser Gruppe haben das Glück, dass sie nicht in entsprechende manifestationsfördernde Rahmenbedingungen geraten sind und nicht rückfällig werden. Gleichwohl war, worauf Urbaniok (2004) nachdrücklich hinweist, bei allen 100 Probanden dieser Gruppe die kriminalprognostische Einschätzung völlig richtig: Die 40 Nichtrückfälligen waren von ihrer Disposition her genauso gefährlich wie die Rückfälligen, und sie wurden nicht irrtümlich für gefährlich gehalten. Es ist eine rein rechtspolitische Entscheidung und kein prognostisches Problem, bei welchem Rückfallrisiko im Einzelfall man eine Entlassung befürwortet oder verwehrt. Wer ein 50%iges Risiko aufweist, mit exhibitionistischen Handlungen in Erscheinung zu treten, den wird man wohl in Freiheit entlassen können. Was aber will man tun mit einem Vorbestraften, der ein 20%iges Risiko aufweist, ein sexuell motiviertes Tötungsdelikt zu begehen? Praktisch hieße das: Von zehn Entlassenen begehen zwei ein solches Verbrechen. Dies ist keine Frage von „Falsch-Positiven", sondern einer wertenden, normativen Entscheidung, die der Gesetzgeber und die Gerichte, nicht aber der Sachverständige zu treffen hat. Dass ein hoch riskantes Unternehmen nicht scheitert, widerlegt keineswegs, dass es hochriskant war. Ein hochriskanter Maßregelpatient in Brandenburg erhielt 177-mal Ausgänge, ohne dass etwas passierte. Beim 178. Mal waren zwei versuchte und ein vollendetes Tötungsdelikt die Folge. Es wäre ein Irrtum zu glauben, der Patient wäre erst beim 178. Mal hochgefährlich gewesen und die zuvor fehlende Manifestation dieser Gefährlichkeit hätte diese bereits schlüssig widerlegt gehabt.

2.2.2 Statistische Prognoseinstrumente

Standardisierte Checklisten zur statistischen Risikoanalyse

Wir werden in wenigen Jahren regelhaft bei kriminalprognostischen Gutachten eine Kombination haben aus klinischer Persönlichkeitsanalyse anhand eingehender Exploration zur Lebensgeschichte und, auch darauf gestützt, Risikobeschreibungen anhand der standardisierten Prognoseinstrumente wie PCL-R (Hare 1991), VRAG (Harris et al. 1993; Webster et al. 1994) HCR-20 (Webster et al. 1995, deutsch: Müller-Isberner et al. 1998) und LSI-R (Andrews u. Bonta 1995), für Sexualstraftäter speziell auch SVR-20 (Boer et al. 1997, deutsch: Müller-Isberner et al. 2000), SORAG (Quinsey et al. 1999) und SONAR (Hanson u. Harris 2000), für jugendliche Täter Instrumente wie die Jugendversion des LSI-R oder das SAVRY (Borum et al. 2002), für jugendliche Sexualstraftäter das J-SOAP (Prentky et al. 2000). Sicherlich werden diese Instrumente im Verlaufe weiterer Evaluationen noch weiter modifiziert werden; es gibt auch deutsche Instrumente aus dem Strafvollzug (Rehder 2001) und dem Maßregelvollzug (Gretenkord 2001; Seifert 2005). Eine ausführliche Übersicht über den Aufbau dieser und weiterer Instrumente gibt K. P. Dahle in Kap. 1. Dass es künftig stets eine Kombination von statistischer Prognose und klinischer Prognose geben wird, ergibt sich aus dem Sachverhalt, dass die Kombination deutlich bessere Ergebnisse bringt als jedes Verfahren allein (Dahle 2004, 2005). Dies ergibt sich auch daraus, dass die Instrumente recht treffsicher eine Gruppe Hochgefährlicher zu identifizieren vermögen, während ihre Aussagekraft im Mittelfeldbereich deutlich nachlässt.

Grundlage für eine zuverlässige Nutzung dieser Instrumente ist allemal die detaillierte Kenntnis des Lebens dieses Probanden, seiner delinquenten Vorgeschichte, seiner Neigungen und sozialen Bezüge, seiner Freizeitgestaltung, seiner sexuellen Vorlieben etc. – also die Informationen, die man einerseits aus einer eingehenden Aktenanalyse gewinnt, zum anderen aus einer ebenso eingehenden Exploration des Probanden. Nur wenn der Proband nicht kooperiert oder in bestimmten Forschungssettings wird man auf die ausführliche Exploration verzichten müssen. Ansonsten aber steht und fällt der Wert der statistischen Prognosemethoden mit der Güte der zugrunde gelegten Informationen. Prognosechecklisten listen in wenigen Items die großen und tief gestaffelten Bereiche auf, die es zu erkunden gilt. Und Personenmerkmale, die z. B. auf eine Persönlichkeitsstörung hinweisen, nach der in den meisten Checklisten gefragt ist, gewinnt man nur bei entsprechender persönlichkeitsdiagnostischer Kompetenz und eingehender psychiatrischer Untersuchung eines Probanden.

Hier ist auch der Platz ergänzender *testpsychologischer Verfahren* wie des MMPI, des Gießen-Tests, von Intelligenz- und anderen Leistungsfragebögen. Sie können in keinem Fall eine direkte Aussage zur Kriminalprognose liefern, schon gar nicht die sog. Aggressionstests, in denen Straffällige angeben sollen, ob sie aggressiv sind. Sie können aber beitragen zur Einschätzung von Leistungspotenzial, Selbstbild und Wahrnehmungsstilen des Probanden. Da diese Tests in der Regel Selbstbeschreibungen anhand standardisierter Fragen sind, sind sie unbedingt zu ergänzen durch die Fremdwahrnehmung des Probanden durch den Untersucher, die üblicherweise in einem „psychischen Befund" dokumentiert wird. Interessant sind natürlich sowohl Übereinstimmungen wie auch krasse Diskrepanzen zwischen Selbstschilderung und Fremdwahrnehmung im Sinne einer „Diskrepanzdiagnostik" (Steller 1994).

2.2.3 Die vierschrittige individuelle klinische Kriminalprognose

Gewappnet mit einer profunden Kenntnis der Akten und des Probanden geht es dann methodisch darum, der prognostischen Aussage im Einzelfall eine stabile Grundlage zu schaffen. Es geht um die Frage, worin bei dieser Person die „in den Taten zutage getretene Gefährlichkeit" besteht, was bei dieser Person die allgemeinen und besonderen Gründe ihrer Straffälligkeit sind. Ohne eine Antwort auf diese Frage ist jede Prognose ohne Basis und rein spekulativ. Oder wie Dahle es sinngemäß formuliert: Die erste diagnostische Teilaufgabe besteht darin, die bisherige delinquente Entwicklung der zu beurteilenden Person nachzuzeichnen und aufzuklären. Die wichtigsten inhaltlichen Grundlagen hierfür sind:
1. die biografische Rekonstruktion der bisherigen Entwicklung der Person,
2. die retrograde Analyse der Entwicklung des bisherigen strafrechtsrelevanten Verhaltens einschließlich etwaiger antisozialer Verhaltensmuster und
3. die möglichst genaue Hergangsanalyse des Anlasstatgeschehens (und etwaiger ähnlicher Taten in der Vorgeschichte des Betreffenden).

Aus dieser Analyse der Dynamik, die den Anlasstaten zugrunde lag, und der sonstigen Tatursachen entwickelt der Sachverständige die „individuelle Handlungstheorie der bisherigen Delinquenz der fraglichen Person" (Dahle 2000, 2004, 2005). Gemeint ist mit „individueller Handlungstheorie" oder „individueller Delinquenztheorie" nicht, welche Theorie das Individuum über die Gründe seines rechtswidrigen Handelns hat, sondern die ganz auf diese Person zugeschnittene Theorie des Sachverständigen, worin die Straffälligkeit bei diesem Individuum begründet liegt und ggf. aufrechterhalten wird. Urbaniok (2004) nennt dies „Art und Ausprägung einer individuellen tatbegünstigenden Persönlichkeitsdisposition und ihrer handlungsrelevanten Konsequenzen". Zu analysieren seien andererseits die situativen Rahmenbedingungen, welche entsprechende Handlungsimpulse generieren, verstärken oder Hemmschwellen absenken. Es geht um die personalen und situationalen Bedingungsfaktoren der Straftaten und ihre zeitliche Stabilität, wobei die situativen Faktoren wiederum hochspezifische und unwiederholbare oder aber überdauernde oder allgegenwärtige sein können. Mit anderen Worten (Kröber 1999): Worin besteht die in ihren bisherigen Taten zutage getretene Gefährlichkeit dieser Persönlichkeit? Wie stabil und überdauernd ist diese Gefährlichkeit?

Die zweite Teilaufgabe besteht dann in der Klärung der Frage, was der Verlauf seit der Anlasstat an Aussagen erlaubt über die Persönlichkeit des Probanden, über mögliche Veränderungsprozesse und über seine Gefährlichkeit. Die Prüfung der relevanten Entwicklungen in der Zeitetappe seit der Tat ist zugleich in gewissem Umfang eine Überprüfung der Theorie über die Persönlichkeitsentwicklung und die Handlungsbereitschaften bis zur Tat. Besondere Aufmerksamkeit gilt dabei natürlich den Risikopotenzialen dieser Persönlichkeit und ihrer Veränderbarkeit. Die Beschreibung der Veränderungen führt weiter zu der Frage, wodurch diese bedingt sein mögen und welche Ressourcen und Möglichkeiten, aber auch Grenzen dabei sichtbar werden. Dies mündet in die Frage: Was hat sich an dieser Person seit der Tat geändert, und was besagt dies generell über die Veränderungspotenziale dieser Persönlichkeit? Oder mit den Worten von Dahle: Ziel des zweiten Untersuchungsabschnitts ist die „Begründung einer individuellen Entwicklungstheorie der [Veränderbarkeit der] Persönlichkeit" (Dahle in diesem Band). Urbaniok (2004) spricht von der „Beeinflussbarkeit" der individuellen Disposition, die im Unterbringungsverlauf sichtbar werden müsste.

Im dritten Teilabschnitt geht es um die „Feststellung des aktuellen Entwicklungsstandes im Hinblick auf die spezifischen Risikopotenziale der Person" (Dahle 2005). Tatsächlich werden der zweite und dritte Schritt in der Praxis oft zusammengefasst: Wie ist die Entwicklung seit der Tat, und zu welchem Ergebnis hat sie bislang geführt, und was besagt dies über die Veränderungspotenziale des Probanden? Welche Risikofaktoren sind gänzlich unverändert, welche Faktoren sind deutlich verbessert, waren aber vielleicht nie Risikofaktoren?

Der vierte Teilschritt ist dann die Aufklärung der künftigen Lebensperspektiven eines Probanden. Das betrifft den sog. „sozialen Empfangsraum": Welche Möglichkeiten wird er im Fall einer Entlassung haben hinsichtlich Wohnen, Arbeiten, finanzieller Absicherung, persönlichen Beziehungen, Freizeitaktivitäten, gesundheitlicher Betreuung etc. Es betrifft dies aber auch die subjektiven Zukunftsperspektiven: individuelle Wünsche hinsichtlich

Arbeit, Partnerschaft, Sexualität, Sport, Freizeit, Kontakte zur Verwandt-
schaft, Kontakte zu früheren Freunden, Bekannten oder gar Opfern etc.

Aus der Zusammenführung von individueller Analyse der ursprünglichen Gefährlichkeit, der seitherigen Entwicklung gerade der Risikofaktoren,
des erreichten Standes und der objektiven wie subjektiven Zukunftsperspektiven ergibt sich dann die Kriminalprognose, also die Beantwortung
der Frage, ob die Gefahr besteht, dass die ursprüngliche Gefährlichkeit in
relevantem Umfang fortbesteht. Es ist dies aber eine graduierende Einschätzung der fortbestehenden Risiken. Die Methode besteht darin, die bisherigen Entwicklungslinien, deren Bedeutsamkeit, Stabilität und Bewe-
gungsrichtung sorgsam geprüft wurden, entsprechend ihren individuellen
Bewegungsgesetzen in die Zukunft fortzuschreiben.

2.3 Praxis der kriminalprognostischen Begutachtung

Es geht bei jedem Prognosegutachten im ersten Schritt darum herauszuarbeiten, worin die „in der Tat zutage getretene Gefährlichkeit" bestanden
hat. Bei Strafgefangenen wie auch bei im psychiatrischen Maßregelvollzug
Untergebrachten bedeutet dies: Welche überdauernden Wahrnehmungsweisen, Einstellungen (Werthaltungen) und Verhaltensmuster haben bei diesem Menschen an seine frühere Delinquenz herangeführt und die Entscheidung zum Delikt unmittelbar befördert? Was besagen das Tatbild und die
Delinquenzgeschichte über die Handlungsbereitschaften des Probanden?
Bei psychisch Kranken im engeren Sinne, aber auch bei Persönlichkeitsgestörten und sexuell Devianten sind natürlich zudem Intensität, Verlauf
und Beeinflussbarkeit der psychischen Störung und der Zusammenhang
zwischen Krankheit bzw. Störung und Delinquenz zu erforschen. Ohne eine
korrekte Bestimmung der „in der Tat zutage getretenen Gefährlichkeit, also
der individuellen Tathintergründe, ist eine fundierte Prognosestellung
unmöglich. Daher das immense Gewicht des aktuarischen, rückwärts gewandten Teils der kriminalprognostischen Arbeit.

In einem nächsten Schritt (der die Teilschritte 2 bis 4 von Dahle umfasst) ist dann anhand der Persönlichkeitsentwicklung seit der Tat und anhand des gegenwärtigen Befundes zu prüfen, ob sich an diesen risikoträchtigen Strukturen inzwischen etwas geändert hat und wie insgesamt das
Veränderungspotenzial einzuschätzen ist. Wenn es wichtige Entwicklungen
gegeben hat, ist dem juristischen Leser des Gutachtens zu verdeutlichen,
woran man dies erkennen kann. Aufzuzeigen ist, welche neuen oder veränderten Strukturen sich herausgebildet haben und wie zeit-, situations- und
belastungsstabil diese Strukturen sind. Dies ist insbesondere zu projizieren
auf das, was gegenwärtig als sozialer Empfangsraum für den Probanden
sichtbar ist, und abzugleichen mit dessen subjektiven Zukunftsplänen und
-erwartungen.

Danach ist schließlich im letzten Schritt aus allem Vorangehenden abzuleiten ob und wenn ja, weshalb damit das Delinquenzrisiko derart gemindert ist, dass künftige erhebliche Straftaten unwahrscheinlich geworden sind, oder ob zumindest – und unter welchen Kautelen – der Weg von Lockerungen beschritten werden kann.

2.3.1 Auswertung des Aktenmaterials

Der Sachverständige weiß im Idealfall alles über den Probanden, was man über diesen – zumal aus Akten – wissen kann. Er benötigt dieses Hintergrundwissen natürlich auch für die gezielte Exploration. Er benötigt die Akten, er soll sie auswerten, und er soll die relevanten Ergebnisse dieser Auswertung dokumentieren (Kröber 1999a; Lau u. Kröber 2000). Ideal wäre es mithin, wenn er *alle* verfügbaren Akten über den Probanden erhielte, also sämtliche Strafakten seit der ersten Verurteilung, sämtliche Gefangenenpersonalakten und Klinikakten. Tatsächlich gibt es natürlich umfängliche Aktenteile, die für den Sachverständigen unwichtig sind, z.B. Hauptverhandlungsprotokolle etc. In der Regel kann aber keine Vorauslese erfolgen, sondern der Sachverständige muss selbst herausfinden, wo in den Akten sich das findet, was er benötigt. Bei sehr umfänglichem und redundantem Aktenmaterial wird man natürlich auswählen und z.B. nicht alle Vorstrafakten anfordern. Manche Auftraggeber stellen die Akten dem Sachverständigen vollständig zur Verfügung, manche überlassen es ihm, Akten bei den jeweiligen Staatsanwaltschaften anzufordern, die in der Regel ohne weitere Umstände 2 bis 4 Wochen nach Erforderung eintreffen.

Die Qualität eines kriminalprognostischen Gutachtens steht und fällt mit der Sorgfalt des Aktenstudiums. Im kriminalprognostischen Gutachten wird stets die Darstellung der Aktenlage einen besonders großen Raum einnehmen, oft etwa die Hälfte des Textvolumens. Wer dies unter Verweis auf die Gerichtsbekanntheit aller Akteninhalte zurückweist, sollte gleich gänzlich auf ein schriftliches Gutachten verzichten; wenn man dem Sachverständigen die Erarbeitung des Akteninhalts „erspart“, beraubt man das Gutachten von vornherein eines soliden Fundaments. Dies ist natürlich keineswegs ein Plädoyer für ein sinnloses seitenlanges Zitieren aus den Akten; solches Tun ist das direkte Gegenteil einer zielgerichteten Materialauswertung und einer verdichtenden Zusammenfassung. Seitenlange wörtliche Zitate aus den Akten, gar deren Überwiegen, das darf in der Tat misstrauisch machen. Gerade weil das Aktenmaterial so umfangreich ist, erfordert die Wiedergabe des beurteilungsrelevanten Akteninhalts eine intensive Verdichtung auf das Wesentliche und rechtfertigt keine sinn- und ziellosen Endloszitate. Man darf andererseits nicht davon ausgehen, dass der mit dieser Vollstreckungssache betraute Staatsanwalt oder Richter, Vollzugsleiter oder Stationspsychologe wirklich je die Zeit und Gelegenheit gefunden hat, zumindest das Urteil und das Einweisungsgutachten vollständig zu lesen, geschweige denn, sich mit anderen Aktenteilen vertraut zu machen. Das allwissende Gericht ist eine Fiktion von Kostenbeamten, und die Wiederherstellung eines soliden Kenntnisstandes über den Probanden obliegt ganz zu Recht dem psychiatrischen oder psychologischen Sachverständigen; das ist zeitaufwändig und zu vergüten.

Es geht bei der Auswertung des Akteninhalts (Ermittlungsakten, Anstaltsakten, Krankenhausakten) im Hinblick auf die kriminalprognostischen Fragestellungen insbesondere um die folgenden Gesichtspunkte:

Die *Rekonstruktion der Lebensgeschichte* erfolgt anhand früherer Einlassungen zur Biografie, bei Polizei, Gericht und Begutachtungen. Lang zurückliegende, aber eventuell relevante Geschehnisse lassen sich anhand zeitnaher Bekundungen oft besser rekonstruieren als anhand heutiger Erinnerungen. Sehr nützlich sind oftmals die Angaben von Angehörigen, Partnerinnen, Lehrern und Vorgesetzten über Verhalten und Persönlichkeit des Untersuchten, die diese bei polizeilichen Vernehmungen, vereinzelt auch bei Gutachtern gemacht haben. Hilfreich sind Jugendgerichtshilfeberichte, sofern sie nicht nur Spekulationen über Delinquenzursachen, sondern eigene Ermittlungen zum familiären und sozialen Umfeld und zum Entwicklungsverlauf enthalten. Nicht selten wird vom Probanden im Lebensverlauf eine justiz- oder begutachtungsgerechte Lesart (Legende) der eigenen Biografie entwickelt, die an markanten Punkten von der objektivierbaren Lebensgeschichte abweicht. Gerade diese Abweichungen von der Realität, und ihre Veränderungen im Laufe der Zeit sind erhellend. Andererseits ist auch die Fähigkeit eines Verurteilten aufschlussreich, sich der eigenen Biografie untendenziös und ernsthaft zu widmen, dann keine einseitige, sondern eine differenzierte und abwägende Lebensgeschichte zu präsentieren, welche die objektiven Fakten berücksichtigt. Ob dies die objektiven Fakten sind, muss man als Gutachter mithin wissen. Wer nichts oder nur wenig weiß, verleitet manche Probanden geradezu dazu, den Sachverständigen zu belügen und ihn mit den Geschichten zu versorgen, die aus Sicht des Probanden bei diesem vielleicht besonders gut ankommen.

Die *Rekonstruktion der objektiven Delinquenzgeschichte* erfolgt primär anhand des Bundeszentralregisterauszugs (BZR). Darüber gelangt man an frühere Urteile, die einerseits eventuell exaktere biografische Angaben enthalten und vor allem genauere Tatschilderungen zu den früheren Delikten (Informationen über Tatablauf, Opfer, Begleitumstände, Nachtatverhalten etc.). Belangvoll sind insbesondere Hinweise auf Frühdelinquenz, Art und Hintergründe der ersten aktenkundigen oder ersten abgeurteilten Straftat, weiterer Delinquenzverlauf, Haftgeschichte sowie Integrationsgrad und Integrationsformen in Freiheit, Rückfallgeschwindigkeit, Intensitätsveränderungen der Delikte, Konstanz oder aber Veränderlichkeit des Tatbildes etc. Oftmals ist der Proband zum Zeitpunkt der Begutachtung schon zahlreiche Male verurteilt worden, ohne dass aus Urteilen oder BZR zu entnehmen wäre, wann er sich denn nun tatsächlich in Haft, wann in Freiheit befunden hat. Ziel dieser Rekonstruktion ist eine kriminologische oder kriminalpsychiatrische Diagnose hinsichtlich Struktur und, im Verein mit den biografischen Daten, Hintergründen der bisherigen Delinquenz.

Die *Rekonstruktion der subjektiven Delinquenzgeschichte* erfolgt anhand früherer Stellungnahmen des Probanden zu seinen Taten, die anders als die Urteile nicht nur zutreffende oder bestreitende oder beschönigende Darstellungen des Tatablaufs enthalten, sondern vielfach auch Bewertungen der Tat und des Opfers durch den Beschuldigten, Ursachen- und Schuldzuweisungen, die es mit seinen jetzigen Stellungnahmen abzugleichen gilt.

Die *Rekonstruktion der psychiatrischen Vorgeschichte* erfordert bisweilen weitere Aktenanforderungen durch den Sachverständigen. Geboten ist die Erfassung der bisher erhobenen medizinischen, psychiatrischen, psychologischen und pädagogischen Befunde seit der Kindheit, der bisher gestellten Diagnosen sowie von Art und Dauer von Therapien in Freiheit, Straf- und Maßregelvollzug. Diese Befunde ergeben sich teilweise aus vorhandenen oder beizuziehenden Krankenakten, teilweise aus früheren Begutachtungen. Natürlich ist zu fordern, dass alle früheren Gutachten beigezogen werden, insbesondere die ersten und nicht nur jenes im letzten Verfahren.

Nachvollzug des jetzigen Haft- oder Behandlungsverlaufs: Anhand der Gefangenenpersonalakten oder der Klinikakten lassen sich Vollzugsverhalten, Arbeitseinsatz, Qualifikationsmaßnahmen, Disziplinarverstöße, Außenkontakte, Schuldenstand etc. erfassen. Bei Probanden, die im psychiatrischen Maßregelvollzug oder in einer sozialtherapeutischen Anstalt untergebracht sind, interessieren zusätzlich natürlich Art und Verlauf der durchgeführten Therapie, die bei manchen anhand von Verlaufseinträgen nachvollziehbar wird, bei manchen wegen Schweigepflichtsvereinbarung mit dem Einzeltherapeuten nur hinsichtlich der formalen Parameter (Häufigkeit, Dauer, Regelmäßigkeit) sichtbar ist.

Der beurteilungsrelevante Akteninhalt ist zu erarbeiten und schriftlich zusammenzufassen, um die im Gutachten formulierte kriminalpsychiatrische Diagnose, nämlich die Bestimmung der „in der Tat zutage getretenen Gefährlichkeit", auf ein breites, konkretes Faktenmaterial stützen zu können und dem Auftraggeber sowie weiteren Verfahrensbeteiligten zu verdeutlichen, worauf sich die Beurteilung stützt.

Die hier geforderte Aktenauswertung impliziert vereinzelt juristische Probleme, da frühere Zeugenaussagen oder Einlassungen oftmals keinen Eingang in die Urteile gefunden haben, nicht weil sie widerlegt gewesen wären, sondern weil sie für das Urteil nicht erforderlich waren oder weil das Urteil nur die zwischen den Prozessbeteiligten unstreitigen Fakten zugrunde legt, um Zeugenvernehmungen überflüssig zu machen oder Rechtsmittel zu vermeiden. Dies ist für den späteren Sachverständigen ein Dilemma, wenn sich z.B. aus Zeugenaussagen und polizeilichen Ermittlungen zu Tatablauf und Tatwerkzeugen deutliche Hinweise auf eine sadistische Motivation ergeben, man sich aber in der Hauptverhandlung auf die für den Angeklagten freundlichste Version geeinigt und weitere Beweiserhebungen unterlassen hatte. Der Sachverständige bewegt sich dann in einer Grauzone zwischen teilweise recht massiven Indizien einerseits und dem anders lautenden Urteil andererseits. Er sollte dies in einem kriminalprognostischen

Gutachten nicht verschweigen, sondern auf diese Risikoaspekte hinweisen und ansprechen, dass hier etwas übersehen worden sein könnte.

Ähnlich problematisch für den prognostischen Sachverständigen ist die vereinzelt weit reichende Bereitschaft, Strafverfahren nach § 154 (1) StPO einzustellen, sodass bisweilen auf zehn Anklagepunkte nur zwei Aburteilungen kommen: zehn abgeurteilte Taten (gar in einem Zeitraum von Monaten) würden eine kriminaldiagnostisch eindeutige Spur zeichnen, zwei hingegen können wesentlich weniger aussagekräftig sein. Auch hier steht man in der Not, auf die anderen Ermittlungsverfahren verweisen zu müssen, ohne dass man sich in seinen Beurteilungen und Entscheidungen wesentlich darauf stützen darf. Bisweilen wird ja z.B. bei Untergebrachten nach § 63 StGB die Verfolgung einer neuen Straftat, die während der Unterbringung begangen wurde, wegen weiterhin bestehender verminderter Schuldfähigkeit und Fortbestehen der Maßregel eingestellt (das Beispiel eines erneuten Vergewaltigungsdelikts bei Kröber 1999); die unstreitige, aber nicht verurteilte Tat sollte aber kriminalprognostisch durchaus verwertbar sein. Der psychiatrische Sachverständige ist dazu da, der Lebenswelt einen Platz in juristischen Überlegungen zu verschaffen; daher wird der Sachverständige natürlich die Bedeutung eines solchen Vorfalls erörtern und es den Juristen, im Zweifel den Oberlandesgerichten, überlassen, ob man sich an der Realität auch dann orientieren muss, wenn sie nicht rechtskräftig festgeschrieben wurde. Die Rechtsprechung zu dem, was der Sachverständige seinen Beurteilungen zugrunde legen darf, tendiert in diese Richtung: Gesicherte Sachverhalte dürfen berücksichtigt werden. So dürfen z.B. auch bereits im Erkenntnisverfahren für die Kriminalprognose Vorstrafen berücksichtigt werden, die aus dem BZR inzwischen getilgt sind und beispielsweise für das Strafmaß außer Acht gelassen werden müssen.

2.3.2 Untersuchung des Verurteilten/Untergebrachten

Die Untersuchung des Probanden erfolgt vorangekündigt an mindestens zwei Terminen. Die Vorgabe von zwei Terminen ist nicht unstreitig, es gibt Sachverständige, die es bei einem Gespräch belassen. Bei sehr umschriebener und einfacher Fragestellung mag dies angehen; wenn es um schwerwiegende Entscheidungen und nicht nur um eine einfache Einschätzung der Persönlichkeit und ihrer Entwicklung geht, ist die Beschränkung auf einen einzigen Termin stets sehr risikobelastet. Der Proband kann in seiner Aufregung wirklich einmal einen besonders schlechten Tag erwischt haben, übrigens auch der Sachverständige, man kann nicht nach zwischenzeitlicher längerer Besinnung nochmals nachtragen, korrigieren, Wichtiges ergänzen (aufseiten des Probanden), man kann nicht noch einmal nachfragen, nicht neue Hypothesen nachprüfen, nicht beurteilen, wie den Probanden das Vorgespräch beeinflusst und in seinem Verhalten verändert hat.

Die Gesamtdauer der Untersuchungsgespräche liegt, je nach Schwierigkeitsgrad der Fragestellung und Konzentriertheit des Probanden, meist zwischen 4 und 6 Stunden, bisweilen länger, kaum einmal kürzer. Probanden, die sich in alle unwichtigen Nebensächlichkeiten ergehen, gerade um vom eigentlichen Thema wegzukommen, können Gespräche sehr in die Länge ziehen. Manche schwer kranke Schizophrene andererseits sind so karg in ihren Auskünften und so wenig belastbar, dass jeweils nur relativ kurze Gespräche möglich sind. Es liegt aber im Wesentlichen am Sachverständigen, ob er die Gespräche einigermaßen gezielt anleitet und dem Probanden Raum gibt, sich gerade zu den wichtigen Themen eingehend zu äußern und darzustellen, ohne sich in nebensächliche Plaudereien zu verlieren.

Spätestens bis zum zweiten Gespräch muss der Sachverständige alles Aktenmaterial durchgearbeitet und geistig präsent haben. Vorteilhaft ist es, wenn die Gespräche eng aufeinander folgen und der Sachverständige auch in der Zwischenzeit in Aktenstudium und Dokumentation der Gesprächsinhalte vorrangig mit diesem Fall befasst ist, wenn er sich also um ein hohes Maß an Konzentration und Aktualwissen in der Prüfungssituation bemüht.

Im Untersuchungsgespräch ist dem Probanden obligatorisch Gelegenheit zu geben, seine gegenwärtige Lebenssituation sowie den Haft- oder Unterbringungsverlauf darzustellen, seine Lebensgeschichte, seine Delinquenzgeschichte und seine Taten sowie seine Zukunftserwartungen. Jeder einigermaßen sozial angepasste Proband präsentiert sich selbstredend so, wie er es für geschickt und tunlich hält, wobei diese präsentierte Oberfläche mehr oder weniger geschönt sein kann. Dass jemand voller guter Einsichten und Vorsätze ist, ist kein Fehler, erlaubt aber auch noch keine Beurteilung. Der Sachverständige tut gut daran, diese Selbstdarstellung möglichst umfangreich, ohne Einwände, Vorhalte und Korrekturen anzuhören, er soll keine Ahnungslosigkeit vortäuschen, muss andererseits sein exakteres Wissen nicht sogleich offenbaren. In der zweiten Etappe der Exploration jedoch soll der Sachverständige unter Offenbarung eigenen Wissens gezielt nachfragen, in durchaus freundlicher und verbindlicher Form mit anderen Darstellungen der Realität oder anderen früheren Einlassungen konfrontieren, Korrekturen ermöglichen. Nach der systematischen, themengebundenen Befragung sollte schließlich unbedingt auch Raum bleiben für einen „freien Teil" des unstrukturierten, konfrontativen, kreativen Gesprächs, in dem zu prüfen ist, inwieweit und mit welchen Resultaten der Proband sich im wirklichen Dialog zum Nachdenken über die eigene Person stimulieren lassen kann.

Das Untersuchungsgespräch soll herausfinden, auf welchem Entwicklungsstand der Untersuchte sich jetzt befindet. Dazu muss man hinter die präsentierte Oberfläche gelangen, jede Begutachtung verlangt nach „Diskrepanzdiagnostik" (Steller 1994), nach Erhellung der Verwerfungen zwischen Selbstdarstellung und Realität. Das Gespräch über die Lebensgeschichte und die Delinquenzgeschichte ist dazu ein geeignetes Mittel, auch wenn beides schon mehrfach Thema in früheren Begutachtungen war. Es geht dabei nicht primär darum herauszufinden, ob der Proband den Hauptschulabschluss hat oder wann die Mutter das zweite Mal geheiratet hat (auch wenn Exaktheit in den Fakten ausgesprochen wünschenswert ist), sondern darum, wie der Proband heute die wichtigen Menschen und Erfahrungen seiner Lebensgeschichte sieht und bewertet. Diese Bewertungen ändern sich mit den Wertmaßstäben und der Differenziertheit der Persönlichkeit. Die Lebensgeschichte ist das fruchtbarste Material, an dem sich alles abbildet, wenn man den Probanden nur zum Sprechen gewinnt: die Interaktionsmuster mit wichtigen anderen Menschen, emotionale Bewertungen, Wahrnehmungsstile, Denkstile, Projektionen, Zielvorstellungen etc.

Die Fähigkeiten, die in der ausgiebigen Exploration und im psychiatrischen Untersuchungsgespräch eingesetzt werden, entsprechen der klinisch-psychiatrischen Ausbildung. Der Psychiater lernt es und praktiziert es täglich über viele Jahre, Menschen zu explorieren, Patienten und deren Angehörige zu befragen zu aktuellen Schwierigkeiten und deren Vorgeschichte, zu Lebensgeschichte und sexuellen Erfahrungen. Er hat eine eingehende Ausbildung in Diagnostik, und zwar weit in den Bereich des Normalen hinein. Er lernt Interventionen durchzuführen, also Behandlungsmaßnahmen zu vertreten und den Patienten und seine Angehörigen dafür zu gewinnen. Er lernt länger dauernde Lebens- und Behandlungsverläufe kennen. Sofern die Begutachtung durch Diplom-Psychologen erfolgt, sollten diese auf jeden Fall über eine gleichwertige Ausbildung als klinische Psychologen verfügen, also längere Zeit diagnostisch und intervenierend, therapeutisch mit Menschen gearbeitet haben und über die Fähigkeit zu einer psychopathologisch und psychodynamisch beobachtenden Exploration verfügen. Je nach Deliktgruppe des Probanden ist natürlich zudem eine einschlägige psychiatrische, sexualpathologische und psychotherapeutische Expertise unerlässlich, sodass die rein kriminologische Begutachtung (Feltes 2000, 2003) wohl nur in Ausnahmefällen sinnvoll ist und eher der reinen Materialsammlung für eine statistische Kriminalprognose dient.

2.3.3 Gesichtspunkte im Untersuchungsgespräch

Es gibt eine Vielzahl von Gesichtspunkten im Untersuchungsgespräch, auf die der in dieser Weise qualifizierte Sachverständige achtet. Einige besonders wichtige, die natürlich auch bei der Begutachtung im Erkenntnisverfahren relevant sind, sollen nachfolgend erörtert werden.

❚ **Authentizität und emotionale Konturierung der Äußerungen.** Dies geht in Richtung der Frage, ob das gebotene Material überhaupt verwertbar ist, ob es sich hier um tatsächliche Einstellungen und Überzeugungen des Probanden handelt oder ob er angelernte Texte darbietet, mit denen er die „richtigen" Antworten auf die Fragen des Sachverständigen zu liefern hofft. Aber auch, wenn jemand offenbar nie oder nur sehr selten zu einer gefühlsmäßigen Verdeutlichung dessen, was er sagt, bereit oder in der Lage ist, verweist dies auf Mängel in der emotionalen Wahrnehmung und vermutlich auch in der sozialen Interaktion mit anderen. Denn diese wird mindestens ebenso sehr wie durch Informationen durch Emotionen vermittelt.

Anbiederung, Unterwerfung, Theatralik im Umgang mit dem Sachverständigen und die Reaktion des Probanden auf diesbezügliche Änderungsbemühungen des Sachverständigen. Dies ist insbesondere zum jeweiligen Gesprächsbeginn ein wichtiger Aufmerksamkeitsbereich. Der Sachverständige sollte nicht einfach hinnehmen, wenn der Proband unterwürfig oder anbiedernd auftritt und so versucht, die Untersuchungssituation anders zu definieren und zu „entschärfen". Er sollte, durchaus taktvoll, versuchen, den Probanden zu einer ernsthafteren, selbstverantwortlichen, erwachsenen Position anzuhalten, um zu einem tragfähigeren Untersuchungsergebnis zu kommen.

Wahrnehmung und Einbeziehung des Gesprächspartners durch den Probanden. Wird der Sachverständige überhaupt als Person wahrgenommen oder wird er sozusagen als Agent, Vertreter der Staatsmacht oder „der anderen" entindividualisiert? Achtet der Proband darauf, wie er wirkt, wie seine Äußerungen ankommen oder ist er selbst in einer solchen angespannten Situation unfähig zum Wahrnehmen der Reaktionen auch nur eines einzigen Interaktionspartners? Manche andere Probanden sind ganz im Gegenteil extrem auf der Hut, sehr auf die Reaktionen des Sachverständigen konzentriert und im Hinblick darauf ständig taktierend. Wünschenswert wäre natürlich, wenn der Proband einen Mittelbereich halten kann, aufmerksam ist, aber sich so präsentiert, wie er sich sieht.

Aktuelles Nachdenken statt Abspulen von Erlerntem. Das kann natürlich nicht jeder, und insbesondere initial möchte jeder motivierte Proband zumindest das loswerden, was er zu sagen sich vorgenommen hat. Das Gespräch über die Lebensgeschichte, über die Erfahrungen mit wichtigen anderen Menschen bietet aber schließlich wenig Anlass, fertige Texte loszuwerden. Der Proband hat jede Gelegenheit, sich von Klischees zu lösen und zu sagen, was er über die anderen und die Geschehnisse der Vergangenheit eigentlich denkt. Es mag sich darin eine *Offenheit* zur Auseinandersetzung und Prüfung der Dinge zeigen, die im Grundsatz natürlich besser ist als eine starre Zielgerichtetheit. Andererseits werden hier natürlich nicht selten auch bedenkliche Einstellungen sichtbar.

Aussagekonstanz. Ob die jetzigen Angaben zur Lebensgeschichte, Tatgeschichte, zu anderen Personen mit früheren Einlassungen übereinstimmen oder davon abweichen, ist in mehrerlei Hinsicht interessant. Zum einen kann die jetzige Aussage eine größere Annäherung an die Realität (auch im Sinne von subjektiver Wahrheit) darstellen – oder sich von ihr noch weiter entfernen. Die Veränderung der Aussagen kann Ausdruck einer Beschönigung oder aber einer konstruktiven Auseinandersetzung mit den eigenen Erfahrungen sein; interessant ist dabei natürlich auch, wie ernsthaft jemand sich diesen Erfahrungen stellt und ob er diesen Erfahrungen emotional gewachsen zu sein scheint oder nicht. Auch eine über Jahre und Jahrzehnte unveränderte Aussage ist interessant. Üblicherweise wandeln wir in längeren Verläufen unseren Blick auf die Vergangenheit; die Bewertungen und die Bewertungsmaßstäbe verändern sich, wenn auch manchmal nur geringfügig. Insofern ist natürlich auch noch die wiederholte Befragung zur Lebensgeschichte ausgesprochen informativ. Wenn jemand bis ins Detail immer die gleiche Geschichte erzählt, auch noch 20 Jahre nach der Tat, mag sie sich so scharf in die Erinnerung eingefressen haben. Es mag aber auch sein, dass diese Geschichte, so wie sie sich für den Probanden in Worten darstellt, nicht weiter bearbeitbar und entsprechend nicht veränderbar ist. Er kann sie nicht in andere Worte fassen, nicht von anderer Warte betrachten, nicht Einzelaspekte herauslösen. Das bedeutet zumeist, dass man außer einer emotionalen Reaktion – Schrecken, Verunsicherung, Ekel, stille Faszination oder anderes – nichts aus der Geschichte lernen kann, sie mit dem eigenen Leben nicht in Verbindung setzen kann – und oft auch nicht mag, weil dies möglicherweise noch schlimmere Einsichten nach sich zöge. Das Konservieren der Geschehnisse in einer unverweslichen Geschichte, die gut erinnert und problemlos verbalisiert, ja abgespult wird, kann also durchaus eine funktionierende Form der Abwehr und Verdrängung dieses unangenehmen Themas sein.

■ **Aussagemuster, Floskeln oder Redewendungen.** Darüber hinaus sind *festgefahrene Aussagemuster*, wiederkehrende Floskeln oder Redefiguren (Da müsste ich lügen, das kann man nun mal nicht ändern, da bin ich auch missverstanden worden etc. pp.), die ja meist recht unbewusst gehäuft werden, hilfreiche Hinweise auf zentrale Themen und Denkfiguren des Probanden, mit denen er sein Material zu strukturieren und zu übermitteln versucht. Obwohl eigentlich nicht Teil der expliziten Botschaft des Probanden, können sie nützlich sein bei der Wertung seiner Aussagen.

■ **Externalisieren, Internalisieren oder Differenzieren.** Wichtiger Gesichtspunkt im Untersuchungsgespräch ist die Neigung zum *Externalisieren, Internalisieren oder Differenzieren* des Probanden hinsichtlich Ereignisursachen und Verantwortung. Unterschieden wird, ob der Proband sich selbst als Akteur, Urheber und Verantwortlichen seiner Taten (Internalisieren) sieht oder ob er alles der Übermacht anderer Personen (soziales Externalisieren) oder der Unbeeinflussbarkeit schicksalhafter Abläufe (fatalistisches Externalisieren) zuschreibt. Ein allzu markantes Internalisieren kann auch problematisch sein: Wir sind nicht Ursache aller biografischen Geschehnisse und entsprechend nicht für alles verantwortlich; entsprechend ist dies bisweilen ein größenwahnhaft anmutender Gedanke, der aber auch depressive Selbstvorwürfe kennzeichnen kann. Bei dissozialen Persönlichkeiten überwiegen aber ganz deutlich externalisierende Ursachenzuschreibungen. Viele Probanden haben von ihrer ganzen Sozialisation her kein Karrierekonzept vom Leben, in dem man sich Schritt für Schritt und von Stufe zu Stufe nach vorne arbeitet, sondern teilen mit ihren Eltern (und manchen philosophierenden Hirndeutern) die Anschauung, dass alles kommt, wie es kommt, und man dies nicht wesentlich beeinflussen kann. Dieser basale Karriereverzicht in Selbstkonzept und Lebensvorstellung, der vor allem zu einem Verzicht auf mittel- und längerfristige Planungen führt, bedeutet aber nicht a priori, dass solche Menschen unfähig wären, in bestimmten umschriebenen sozialen Situationen die Handlungsanteile unterschiedlicher Personen adäquat wahrzunehmen. Das heißt, dass viele bei der Analyse von Lebenswandel, Tatvorgeschichte und Tatgeschehen durchaus imstande sind, eigene Anteile und die der anderen richtig zu bestimmen und nicht nach einer vorgegebenen Schablone zu verfahren. Solche differenzierenden Wahrnehmungen sind aber gerade bei dissozial Sozialisierten, die mit diversen sozialen Vorurteilen (z.B. dem bekannten „hostility bias") leben, erst nach einem sozialtherapeutischen Training möglich, in dem sie sich die eigenen Kognitionen zu vergegenwärtigen und diese zu berücksichtigen lernen. Wünschenswert ist jedenfalls die schließlich erlangte Fähigkeit zur differenzierenden Wahrnehmung sozialer Situationen und zum Perspektivenwechsel, also zur Fähigkeit zu beschreiben, wie jemand anderes die Situation wohl erleben mag. Andererseits sind negative Selbstkonzepte verknüpft mit einer erhöhten Delinquenzneigung, auch bei Sexualstraftätern (Fruehwald et al. 1998).

█ **Fähigkeit zur Differenzierung bei der Beschreibung wichtiger Bezugspersonen.** Differenzierungsfähigkeit ist auch bei der *Beschreibung der signifikanten Anderen im Lebensverlauf* erwünscht. Zumeist deutlich besser als jedes standardisierte Instrument zum Erfragen von Einstellungen verdeutlicht das Sprechen des Probanden über die Exfrau, den Ausbilder in der Lehre, den Bruder, die Schwester, Vater, Mutter und Stiefmutter, wie er Menschen wahrnehmen kann und wieweit er fähig ist, von einer schlichten Schwarz-Weiß-Zeichnung abzugehen. Dies ist insbesondere interessant hinsichtlich Menschen, die sich vom Probanden abgewendet oder ihn enttäuscht oder in der Rivalität obsiegt haben: Werden sie ganz negativ, gar massiv abwertend behandelt, oder kann der Proband ihnen gleichwohl einen gewissen Respekt zollen, auch Stärken und gute Seiten an ihnen entdecken. Selbst im Negativen gibt es noch Unterschiede, zwischen jenen Probanden, die sich einfach global abweisend und negativ über bestimmte Personen äußern, ohne dies weiter zu konkretisieren, sie möchten es gar nicht vertiefen, und jenen Probanden, die mit Eifer und Raffinesse eine Vielzahl von massiven Beleidigungen auf die gehasste Person häufen, die zum Teil gar nicht auf den ersten Blick als Beleidigung in Erscheinung treten, sondern als mitleidiges oder nachsichtiges Tätscheln (Sie konnte ja nicht anders, die Arme, weil ja schon ihre Mutter auf den Strich ging) oder als vergiftetes Lob. So wird im Reden über die signifikanten Anderen das Spektrum der Gefühle sichtbar, von Enttäuschung, Resignation, Verbitterung, Trauer bis hin zu Wut und Hass. Gleiches gilt für die prosozialen Gefühle, auch hier wird im Sprechen ein Spektrum deutlich von warmer, aber unterscheidungsfähiger Zuneigung über matte Sympathie zu blinder Idealisierung. Und es gibt jene nicht ganz kleine Gruppe von Probanden, bei der eigentlich keine einzige Person der Lebensgeschichte emotional konturiert wird, alle bleiben fremd und ohne Eigenart, als würde aus dem Telefonbuch vorgelesen. Hier wird der Sachverständige sicherlich versuchen, die Lupe aufzumachen und die Beziehung zu einigen wichtigen Personen genauer auszuleuchten, um die Formen und Qualitäten der gefühlshaften Bindung besser wahrnehmen zu können. Es gibt in diesem Bereich aber unterschiedliche Probleme. Es gibt Probanden, die andere Menschen kaum wahrnehmen und noch schlechter beschreiben können, aber möglicherweise recht intensive Gefühle diesen Menschen gegenüber haben. Es gibt Probanden, die anderen gegenüber keine prosozialen Gefühle (allenfalls Irritiertheit, Verachtung, Wut, Hass) entwickeln, aber durchaus eine sehr gute Fähigkeit haben, andere Menschen in ihren Eigenarten und insbesondere Schwächen wahrzunehmen und manipulativ darauf einzugehen. Der oft angeführte „Empathiemangel", gemeint als fehlendes Einfühlungsvermögen in die Gefühle und Wünsche anderer, kann völlig unterschiedlicher Struktur sein. Er kann Resultat eines tatsächlich reduzierten sozialen Wahrnehmungsvermögens sein; schon ab der Geburt ist es wichtig, in der Interaktion mit anderen deren Gestimmtheit und emotionale Signale wahrzunehmen, weil diese sehr viel schneller und besser über die Situation und die Anforderungen informieren als eine verbale Botschaft. Wer das nicht gut kann oder gar infolge bestimmter Sozialisationserfahrungen verlernt hat, ist in der Tat schlecht dran und tappt immer wieder ins Fettnäpfchen. Es sind dies zumeist Menschen mit einer schizoiden Persönlichkeitsstörung; in extremer Ausprägung gibt es diese emotionale und soziale „Sehbehinderung" beim Asperger-Syndrom und generell beim Autismus. Etwas durchaus anderes ist der „Empathiemangel" im Rahmen psychopathischer Persönlichkeitsbilder, bei denen nicht selten ein gutes Gespür für Wünsche, Gefühle, Bedürftigkeit anderer vorliegt, aber nicht die mindeste Bereitschaft, damit anders als manipulativ und ausbeuterisch umzugehen. Diese Menschen sind also gerade deshalb gefährlich, weil sie soziale Situationen gut lesen können und dabei insbesondere die Schwächen ihrer Sozialpartner wahrnehmen. Dies wird dann fatal, wenn der Täter sich über die sozialen Spielregeln, an die sich die anderen gebunden fühlen, bedenkenlos hinwegsetzt – weil er keine emotionalen Hemmungen kennt. Es gibt hier keinen Mangel in der Wahrnehmung von nonverbalen Informationen, wohl aber einen Mangel an eigenen altruistischen Emotionen wie Zuneigung, Verantwortungsgefühl und Scham, die rücksichtsloses Handeln hemmen (Herpertz et al. 2001).

▌ **Wahrnehmung eigener Verhaltensmuster.** Die Aufmerksamkeit des Sachverständigen gilt auch der *Wahrnehmung typischer eigener Verhaltensmuster* seitens des Probanden: Weiß dieser etwas über sich selbst, über seine handlungsleitenden Einstellungen und Wünsche, weiß er etwas darüber, wie er sich in bestimmten sozialen Feldern (auf Station, bei der Arbeit, beim

Sport, gegenüber der Partnerin, den Kindern) tatsächlich verhält, kann er das reflektieren, und wenn ja, auf welchem Reflexionsniveau? Üblicherweise ist dies natürlich ein Effekt therapeutischer Einwirkungen auf den Probanden im Straf- und Maßregelvollzug; der Proband hat gelernt, bestimmte Erklärungen seiner Therapeuten anzunehmen und zu akzeptieren. Es stellt sich die Frage, ob solche Erkenntnisse irgendeine handlungsverändernde Potenz haben. So führt die Einsicht „Ich bin immer so impulsiv" nicht ohne Weiteres zu einer Verhaltensänderung. Dabei ist Impulsivität bei Straffälligen ein besonders verbreitetes und relevantes Problem (Herpertz 2001; Moeller et al. 2001). Noch abstrakter, geradezu holzwegartig wird es, wenn der Proband gelernt hat, dass er lernen muss, seine Probleme besser zu lösen. Kurzum: Ein wesentliches Element der Exploration besteht darin zu betrachten, wie das in Therapie geschneiderte neue Gewand passt, ob der Proband damit eigenständig umgehen und neue Lösungen finden kann oder ob er sich nur redlich bemüht, sich daran zu erinnern, was der Therapeut gesagt hat und wie er es wohl gemeint haben könnte. Es gibt aber Probanden, die auch ohne therapeutische Einwirkung daran gehen, ihr eigenes Verhalten und Empfinden zu beobachten und dabei durchaus brauchbare Entdeckungen machen. Auch hier geht es natürlich immer wieder um den Abgleich zwischen Selbstwahrnehmung des Probanden und Fremdwahrnehmung durch den Gutachter, die wiederum abzugleichen ist mit der Fremdwahrnehmung Dritter. Ein ganz wichtiger Punkt der gutachterlichen Überprüfung ist, ob die Themen der Selbstreflexion überhaupt etwas mit der Delinquenz und dem Straftatrisiko zu tun haben, oder ob mit dem Therapeuten an Themen gearbeitet wird, die dessen Qualifikation entsprechen, den Probanden aber nicht weiterbringen.

Wahrnehmung eigener Gefühle und körperlicher Sensationen. Ein Unterthema der Selbstreflexion ist die *Wahrnehmung eigener Gefühle und körperlicher Sensationen* und die Fähigkeit des Probanden, solche Wahrnehmungen konstruktiv zu verbalisieren. Wir haben es in der Mehrzahl der Fälle mit Probanden zu tun, die der Unterschicht entstammen, bei der es bis zum Aufkommen der mittäglichen Talkshows im Fernsehen nicht üblich war, allzu viel über innere Befindlichkeiten und Gefühle zu sprechen. Das ist auch keineswegs immer nötig. Wenn es in diesem Bereich jedoch relevante Störfaktoren gibt, z. B. starke Hassgefühle oder auch starkes körperliches Missbefinden, kann Kontrolle darüber vom Probanden nur erlangt werden, wenn er diesen Zustand erkennen, mithin benennen kann. Auch wer über seine sexuellen Wünsche überhaupt nicht sprechen kann, wird stärker ausgeliefert sein als der, der sie benennen kann. Viele dieser Gefühle sind nahe benachbart mit körperlichen Sensationen wie Schmerz, Ekel, Unwohlsein, Druck, Spannung, Unruhe. Es ist nicht selten doch ein Fortschritt, wenn ein Proband gelernt hat zu registrieren, dass er angespannt ist, unruhig, gereizt und dazu die Botschaft gelernt und parat hat, nun besser aus dem Feld zu gehen und bestimmte Schritte zu unternehmen.

▊ **Körperliches Selbstkonzept.** Überhaupt ist das *körperliche Selbstkonzept* ein gewichtiger Faktor im Rahmen der kriminalprognostischen Begutachtung, nicht nur bei Sexualstraftätern. Bodyshaping, das Bearbeiten und Gestalten des eigenen Körpers, hat für viele Straffällige eine hohe Bedeutung, und darin verbirgt sich nicht selten ein tiefes Misstrauen in die Verlässlichkeit des eigenen Körpers. Das Selbstvertrauen dieser Männer basiert oft auf der eigenen körperlichen Kraft und Fitness, eine gewichtige Disziplinarstrafe in Haftanstalten ist der Ausschluss vom Krafttraining. Junge Männer, die Haftstrafen verbüßen, haben eine gegenüber Nichtstraffälligen massiv erhöhte Sterblichkeit: durch Unfall, Krankheit, Suizid und Fremdeinwirkung (Laub u. Vaillant 2000; Dahle 2004). Insassen sind also auch objektiv stärker gefährdet und stärker auf das Funktionieren ihres Körpers angewiesen. Umso gewichtiger werden in der Kriminalprognose Konstellationen, bei denen der Proband bisher immer wieder wegen Krankheit oder stets wegen Unfällen aus Arbeitsverhältnissen herausfiel und auch jetzt bereits wieder diverse körperliche Beeinträchtigungen geltend macht. Es wird hier ein Selbstkonzept sichtbar, demzufolge man selbst ja eigentlich möchte und genau weiß, wie die soziale Reintegration erfolgen muss; aber dass diese gelingt, könne man nicht garantieren, weil man ja nicht wisse, ob dieser unzuverlässige Körper mitmacht.

▊ **Selbstvertrauen, Optimismus, Verantwortungsübernahme, Frustrationstoleranz.** Es ist gut, wenn der Proband nicht nur nun kompensierte Schwächen hat, sondern über ausbaufähige oder tragfähige Stärken verfügt. Bisweilen mag es sinnvoller sein, bestimme Stärken zu nutzen und weiter auszubauen, als auf die Beseitigung der verbliebenen Schwächen zu hoffen. Das Leben in Freiheit zu meistern, bedarf es einiger Energie, und es ist nicht ermutigend, wenn der Proband sich schon vor der Entlassung entkräftet und ängstlich präsentiert, auch wenn dies als „Problembewusstsein" gezeigt wird.

Von erheblicher Bedeutung ist schließlich auch, dass der Sachverständige seine eigenen psychischen und körperlichen Reaktionen im Gesprächsverlauf sorgsam registriert und nachforscht, was diese Reaktionen ausgelöst hat.

2.3.4 Dokumentation der Gesprächsinhalte, psychischer Befund, Beurteilung

Möglichst bald nach dem Untersuchungsgespräch sollten anhand der schriftlichen Aufzeichnungen die Gesprächsinhalte diktiert werden. Es gibt Gutachter, die dies recht summarisch machen. Wesentlich informativer ist eine möglichst wörtliche Wiedergabe der Äußerungen, aus der die Gesprächs- und Argumentationshaltung des Probanden deutlich wird. Dies mag den juristischen Auftraggeber weniger interessieren als die Sozialtherapeuten oder die Klinik. Oft aber ist es nicht die letzte Begutachtung dieses Menschen, und so mag es gut sein, die gegenwärtigen Einstellungen,

Bewertungen und Beschreibungen möglichst getreu zu dokumentieren, um sie einem späteren Vergleich zugänglich zu machen.

Unverzichtbar ist ein „psychischer Befund", also eine ausführliche und anschauliche Beschreibung des psychischen Ist-Zustandes des Probanden. Der Sachverständige ist nicht nur als Explorationsexperte bestellt, sondern als jemand, der mit professioneller Kennerschaft das Interaktionsverhalten, die Selbstdarstellungsweisen, die emotionalen Schattierungen, den Denkstil von Menschen in Untersuchungssituationen wahrnehmen, beschreiben und (persönlichkeits-)diagnostisch zuordnen kann. Bedauerlicherweise fehlt der „psychische Befund" nicht ganz selten in Schuldfähigkeits- und Prognosegutachten, man muss befürchten: weil es Arbeit macht, sich möglichst bald nach den Gesprächen nochmals alle Wahrnehmungen zu vergegenwärtigen und sie sprachlich zu fassen. Es ist dies aber eine äußerst fruchtbare Arbeit der Verdichtung, die direkt an eine diagnostische Einordnung heranführt.

Der „psychische Befund" ist durch die Wiedergabe testpsychologischer Ergebnisse nicht ersetzbar. Testpsychologische Untersuchungen können, wenn sie Antworten auf nachvollziehbare Fragen liefern, nützlich sein, ebenso die Zweitsicht des Probanden durch eine Psychologin oder einen Psychologen. Entscheidende, gar objektive Hinweise zur Prognose sind aus testpsychologischen Aktualbefunden nicht ableitbar, insbesondere nicht durch den Abgleich mit Resultaten aus dem Erkenntnisverfahren, bei dem sich der Proband in einer ganz anderen psychischen Situation befand. Möglichkeiten und Grenzen der Testpsychologie bei der prognostischen Begutachtung können hier nicht eingehend erörtert werden. Man möge aber juristischerseits den Sachverständigen einen gewissen Spielraum lassen, wie sie arbeiten und welche Zusatzuntersuchungen sie für erforderlich halten.

Die Beurteilung erfolgt anhand von Akteninformationen, Gesprächsergebnissen, psychischem Befund und wissenschaftlichem Hintergrundwissen (s. Abschn. 2.4).

2.3.5 Interne und externe Begutachtung

Die externe Begutachtung in der vorab skizzierten Weise korrespondiert mit der fortlaufenden „internen Begutachtung" eines Verurteilten in der Institution (Kröber 2003). Dies ist im Strafvollzug bisweilen weniger stark ausgeprägt, obwohl die jährlichen oder halbjährlichen Vollzugspläne durchaus so etwas wie eine Verlaufsdiagnostik und kriminalprognostische Einschätzung enthalten können. Deutlicher ist dieses Moment der fortlaufenden „internen Begutachtung" mit Knotenpunkten in der Wiederbesprechung des Vollzugs- und Wiedereingliederungsplans bereits in den sozialtherapeutischen Anstalten des Strafvollzugs.

Dass Patienten eines psychiatrischen Krankenhauses fortlaufend diagnostisch eingeschätzt werden, dass die Entwicklung ihrer Symptomatik von

Tag zu Tag sorgfältig beobachtet und ggf. therapeutisch darauf reagiert wird, ist eine Selbstverständlichkeit. Es ist aber klar, dass bei so langen Behandlungsdauern wie in Haft oder Maßregelvollzug das Risiko besteht, dass die Aufmerksamkeit in der Beobachtung nachlässt, dass es beiderseits zu stereotypen Wahrnehmungsmustern kommt, die für tatsächliche Veränderungen nicht mehr empfindlich bleiben, und dass die tägliche Routine zum Gedächtnisverlust führt, also zu dem Phänomen, dass man nicht mehr so recht weiß, weswegen der Patient eigentlich da ist, welches die Straftaten sind, die seiner Unterbringung zugrunde liegen und wie denn die Befunde vor der Unterbringung, zu Beginn der Unterbringung und nach den ersten Jahren der Unterbringung eigentlich waren (Kröber 1998 a). Insofern spricht bei langen Unterbringungszeiten alles dafür, dass auch klinikintern so etwas wie eine interne Begutachtung durchgeführt wird anlässlich der halbjährlichen Behandlungsplankonferenzen. Die Qualität der Behandlungsplankonferenzen ist ein Spiegelbild der Qualität einer Station oder Abteilung des Maßregelvollzuges insgesamt. Bedeutsam ist insbesondere, dass die Behandlung im Maßregelvollzug sich auf Störungen und Symptome bezieht, die oftmals aktuell während der Behandlung unsichtbar sind, nämlich auf Delinquenzbereitschaft und Gewalttaten. Diese können auf zwei Wegen sichtbar werden: durch Einholung von (ganz überwiegend schriftlichen) Informationen über die Vergangenheit des Patienten, insbesondere seine Delinquenz, oder aber durch Aktualisierung der Delinquenzproblematik während der Therapie. Es werden also von den Mitarbeitern des Maßregelvollzuges besondere diagnostische Anstrengungen gefordert, oftmals auch in einer exakteren Abklärung der Einweisungsdiagnose aus dem Strafverfahren.

Die Diagnose sollte eigentlich mindestens zweiteilig sein und
▌ eine möglichst exakte Eingrenzung der psychischen Störung und
▌ zugleich eine möglichst exakte Eingrenzung der delinquenten Problematik
beinhalten. Auf Letzteres wurde häufig verzichtet, weil man glaubte, man könne Delinquenz restlos auf eine psychische Problematik zurückführen und müsse sie nicht als eigenständigen Phänomenbereich analysieren. Dies ist aber ein – bisweilen folgenschwerer – Irrtum. Die ganz überwiegende Mehrzahl der Menschen begeht Straftaten, ohne psychisch schwer gestört zu sein; psychische Gesundheit garantiert also keineswegs fehlende Delinquenzbereitschaft.

Um die doppelte Diagnose zu gewinnen, müssen die Therapeuten frühere Urteile, frühere Gutachten, frühere Berichte über den Patienten anfordern und durcharbeiten; notwendig ist eine aktuarische Rekonstruktion der bisherigen Lebensentwicklung zusätzlich zu der Darstellung seines Lebens, die der Untergebrachte selber vorträgt. Diese Erarbeitung der Vorgeschichte ist sehr zeitaufwändig, und sie muss allemal neu geleistet werden, wenn der Patient, bedingt durch einen Stationswechsel, mit weitgehend neuen Therapeuten konfrontiert wird, die bisher nicht über ihn Bescheid wussten. Diese vielstündige Arbeit kann man nicht nebenher leisten, sondern sie muss als gesicherte Routinemaßnahme erfolgen, zum einen bei Aufnahme bzw. Verlegung eines Patienten durch die aufnehmende Station und den dortigen Behandler, des Weiteren jeweils zu den Behandlungsplankonferenzen über diesen Patienten. Zu Recht haben inzwischen auch in den Kliniken die Beurteilungsschemata an Bedeutung gewonnen, die sich auf die empirische Erforschung von Einflussfaktoren auf die Rückfälligkeit stützen wie HCR-20 oder SVR-20 (Müller-Isberner et al. 1998, 2000). Diese Instrumente setzen aber bereits voraus, dass man ausgiebig die Vorgeschichte des Patienten erhoben hat. Hilfreich sind zudem Fremdanamnesen, also die Befragung von Angehörigen.

Grundlegend ist also auch für die Arbeit in der Klinik die Erschließung der Vorgeschichte. Nur gestützt auf eine solche exakte Analyse können auch die Behandlungsziele sachgerecht definiert werden und nur so kann begründet abgeschätzt werden, welche Ziele im *nächsten* Behandlungszeitraum, in der *anstehenden* Behandlungsphase erreichbar sein müssten. Am Anfang der Behandlung steht mithin eine länger dauernde diagnostische Phase von ein bis zwei Monaten, in der die psychiatrische und kriminologische Diagnose erarbeitet wird und in der zudem die behandlungsbezogenen Spezifika dieses Patienten erschlossen werden wie Absprachefähigkeit, Motivationsstruktur, Abwehrstruktur etc. Zudem wird in dieser Zeit vor allem an der Therapiemotivation gearbeitet (Dahle 1995). Sodann kann ein Abgleich zwischen den besonderen Problemen dieses Patienten und den Behandlungsmöglichkeiten und -formen der Klinik stattfinden.

Die Konferenzen zur Wiederbesprechung des Behandlungsplanes sind dann intensive Werkstätten der teamförmigen Psychotherapie, die zugleich die psychotherapeutische Kompetenz aller Beteiligten trainieren (Kröber 1999b). Stationäre Psychotherapie hat den Vorteil, dass man sie im Team durchführen kann. Teamförmiges Arbeiten setzt voraus, dass es keine Rollenkonfusion zwischen den Aufgaben des Psychiaters, des Psychologen, des Stationspflegers, der Bezugsschwester, des Ergotherapeuten etc. gibt. Zugleich gibt es aber ein kooperatives Hinwirken auf ein gemeinsames Ziel. Im Idealfall weiß jeder alles über den Patienten, aber jeder sieht ihn anders, beim Sport, bei der Arbeit, beim Gespräch über den Elternbesuch, in der Einzeltherapie, in der Gruppe etc. Jeder erlebt ihn gebrochen durch die eigenen Lebens- und Beziehungserfahrungen, also erlebt ihn jeder anders. Die vielfältigen Brechungen der Wahrnehmung des Patienten eröffnen eine ausgesprochen fruchtbare Welt des Wissens über ihn, sofern diese Wahrnehmungen laufend vernetzt, ohne gleichgeschaltet zu werden. Sie müssen also stets erneut zusammengetragen werden, aber in ihrer Besonderheit gewahrt bleiben.

Der Patient wird innerhalb der Klinik nicht nur in unterschiedlichen Lebensbereichen wie Arbeit, Freizeit, Sport, Kochen etc. wahrgenommen, sondern bietet auch in der Beziehungsgestaltung zu seinem vielfältigen personalen Umfeld viele Ansatzpunkte für eine diagnostische Einschätzung. Es macht bei vielen Patienten einen Unterschied aus, wie sie mit den Mitpatienten umgehen, mit dem Pflegepersonal (und hier wieder mit einzel-

nen Personen des Pflegepersonals), mit den unterschiedlichen Kotherapeuten, mit ihren Familienangehörigen, anderen Besuchern, ärztlichen und
psychologischen Therapeuten und dann insbesondere mit jenen, die in der
Hierarchie der Institution immer weiter oben stehen und dann schließlich
auch die strafende Justiz verkörpern, soweit diese nicht – durch die Richter
der Strafvollstreckungskammer, Rechtsanwälte, Staatsanwaltschaft oder externen Gutachter – selbst in Erscheinung tritt. Der Patient ist hier in ganz
unterschiedlichen Rollen zu erleben. Es mag sein, dass er Mitpatienten
gegenüber hilfsbereit, differenziert, geduldig ist, während er andererseits
völlig undifferenziert ablehnend, kleinkindhaft bockig auf alles reagiert,
was z. B. von der juristischen Ebene kommt. Auch Entwicklungsprozesse
können darüber sichtbar gemacht werden, dass die Patienten es im Laufe
der Zeit lernen, mit den begegnenden Anderen in veränderter, differenzier-
terer, auch für sie selbst förderlicher Weise umzugehen. Auch hier lassen
sich Reifungsprozesse zum Erwachsenen abbilden. Die moderne Therapie
im Maßregelvollzug besteht insofern zum einen aus, inzwischen vielerorts
implementierten, standardisierten Behandlungsprogrammen, andererseits
aus einem zeitlich sehr viel umfänglicheren Feld „unspezifischer" Therapiemaßnahmen, die aber für die Verlaufsdiagnostik wie für den schließlichen
Behandlungserfolg nicht minder wichtig sind (vgl. Kap. 4).

Entscheidend für die interne Verlaufsdiagnostik ist es, tatsächlich sicherzustellen, dass in festgesetzten Fristen alles vorhandene Wissen über einen
Patienten zusammengetragen, vergegenwärtigt und zur Grundlage der weiteren Behandlungsgestaltung (einschließlich Lockerungen) gemacht wird.
Notwendig dazu ist eine „Ritualisierung" der Vorgehensweise bei der Eingangsdiagnostik (beginnend damit, dass routinemäßig alle relevanten früheren Urteile, früheren Gutachten etc. angefordert werden) und bei den
Überprüfungen der Behandlungspläne. Es geht um regelmäßige, feststehen-
de, in ihren Abläufen verbindliche Verfahren, die auch dokumentiert werden und einer äußeren Überprüfung zugänglich sind (Kröber et al. 2001).

Diese ritualisierten Verfahren ermöglichen eine arbeitsteilige Erarbeitung des Bildes des Patienten, an der alle Berufsgruppen, die mit dem Patienten befasst sind, beteiligt sind. Es geht also um eine Bündelung der Perspektiven, die im Team vorhanden sind. Und es geht schließlich auch darum, die so gewonnene Einschätzung mit der Einschätzung des Patienten
abzugleichen, keineswegs nur unter dem Aspekt, dass das Team immer
Recht hat, sondern um zu prüfen, was von den Einschätzungen dem Patienten vermittelbar ist, und wie weit die anders lautende Wahrnehmung
des Patienten nicht in sich berechtigt ist und einen weiterführenden Fin-
gerzeig gibt.

Deutlich wird auch, dass die Vielfalt der Angebote im Arbeits-, Behand-
lungs- und Freizeitbereich, verknüpft jeweils mit der professionellen Wahrnehmung der Mitarbeiter, einen wesentlichen Unterschied ausmacht zum
normalen Strafvollzug, in dem nur bei manchen Gefangenen und nur in
manchen Lebensbereichen eines Gefangenen eine professionelle diagnostische Wahrnehmung des Verurteilten möglich ist, sodass im Strafvollzug

am ehesten die stark störenden Gefangenen differenzierter wahrgenommen werden, nicht hingegen jene, die sich angepasst zu verhalten wissen, ohne dass dies jedoch zwingend etwas über ihre fortdauernde Gefährlichkeit aussagt.

Allemal hat die interne Begutachtung eines Untergebrachten in einer Klinik des Maßregelvollzuges zwei große Stärken:

1. wenn es sich dabei um das Ergebnis von Wahrnehmungen unterschiedlicher, professionell ausgebildeter Personen handelt und
2. wenn die Klinik den Untergebrachten im zeitlichen Verlauf beobachtet und die Veränderungen im Verlauf registriert hat.

Schwächen hat die interne Beurteilung, wenn sie nur von einer Person, z. B. dem Einzeltherapeuten, dominiert wird, wenn sie hinsichtlich der biografischen und kriminologischen Fakten zu diesem Patienten ziemlich unwissend ist und wenn sie sich in unreflektierte Kämpfe mit diesem Patienten verwickelt hat – oder aber auch wenn sie insofern die Distanz zu dem Patienten verloren hat, als dieser nun als (tatsächlicher oder vermeintlicher) Musterpatient in Erscheinung tritt. Interne Verlaufsbeobachtung, interne Diagnostik und interne Fallkonferenz einerseits, externe Begutachtung andererseits ergänzen einander, können sich aber nicht ersetzen. Fundamental ist die fortlaufende Beobachtung und Einschätzung des Patienten innerhalb der Klinik.

Die externe Begutachtung ist eine zusätzliche Maßnahme, um die Wahrnehmung des Patienten zu erweitern und ggf. spezielle kriminologische Expertise beim Experten für forensische Psychiatrie einzuholen. Ganz fatal wäre es aber, wenn gerade die Gefährlichkeitseinschätzung nicht die elementare Aufgabe der jeweils behandelnden Station und Klinik wäre, sondern in großen Zeitabständen von außen geliefert werden müsste. Insofern sind auch die Regelungen mancher Bundesländer nicht besonders überzeugend, die eine externe kriminalprognostische Begutachtung in festgesetzten Zeitabständen vorsehen, in Nordrhein-Westfalen z. B. alle 3 Jahre. Wesentlich sinnvoller erscheint eine externe kriminalprognostische Begutachtung zu definierten Fragestellungen, die also dann erfolgt, wenn tatsächlich Weichenstellungen anstehen oder wenn man den Eindruck hat, dass die Behandlung seit längerer Zeit auf der Stelle tritt, man durch die externe Begutachtung also eine Art Fallsupervision erwartet. Externe Begutachtung ist kein Allheilmittel zur Verhinderung falscher Lockerungsentscheidungen. Wesentlich ist allemal, dass die kriminalprognostischen Gutachter dann tatsächlich auch über ein sehr gediegenes kriminologisches, kriminalprognostisches Wissen verfügen und dies fallbezogen einsetzen können. Externe Begutachtung ist eine zeit- und kostenaufwändige Maßnahme; wer sie anfordert, sollte sich genau überlegt haben, welche Fragen an den Gutachter er tatsächlich hat.

Mit dem zeitaufwändigen und teuren Produkt externes Gutachten sollte sorgsam umgegangen werden. In manchem Fall, gerade wenn differierende Einschätzungen sichtbar werden, wird es sinnvoll sein, das Gutachten nicht einfach zu den Akten zu nehmen, sondern mit dem Sachverständigen zu besprechen. Insbesondere in Fällen, wo schwierige Entscheidungen anstehen, sollte nach Erstattung des schriftlichen Gutachtens der Gutachter gebeten werden, an einer Behandlungsplankonferenz oder sonstigen Erörterung des Gutachtens teilzunehmen. In dieser Konferenz sollte der Sachverständige sein Gutachten erläutern, er sollte allerdings auf keinen Fall an Beschlussfassungen beteiligt werden, sondern vor Diskussionen über solche Beschlüsse die Teilnahme beenden. Es ist wichtig, dass der externe Sachverständige tatsächlich eine gewisse Unabhängigkeit und Distanz gegenüber den behandelnden Kliniken einhält, die eben auch die Möglichkeit zur kollegialen Kritik bewahrt.

2.4   Die kriminalprognostische Beurteilung

2.4.1   Die zugrunde liegende Gefährlichkeit

Die kriminalprognostische Beurteilung hat als erstes die Frage zu beantworten, worin die in den Taten des Probanden zutage getretene Gefährlichkeit bestanden hat. Es geschieht dies durch eine biografische Analyse, eine Analyse von Persönlichkeit, Einstellungen, Verhaltensstilen und Interaktionsmustern, sowie durch eine Tatbildanalyse und kriminologische Einordnung des Delinquenzmusters dieses speziellen Probanden. Im Sinne der „doppelten Diagnose" psychiatrischer Gutachten im strafrechtlichen Kontext geht es zum einen um eine Persönlichkeitsdiagnose (ggf. auch die Diagnose einer psychischen Krankheit oder einer sexuellen Perversion), zum anderen um eine kriminologische Diagnose. Die erstgenannte Aufgabe ist klassisch psychiatrisch, die zweite Aufgabe spezifisch forensisch.

Für die psychiatrische Diagnose ist natürlich das psychiatrische Diagnosensystem der internationalen Klassifikation psychischer Störungen, ICD-10, Kapitel V (F) (Dilling et al. 1991) oder aber das diagnostische und statistische Manual psychischer Störungen (DSM-IV-TR, Saß et al. 2003) obligatorischer Bezugspunkt. Das Gutachten sollte auf jeden Fall kenntlich machen, ob eine Diagnose dieser Systeme vorliegt, und wenn ja welche; es gibt immer noch Gutachter, die ihr privates Diagnosensystem vertreten, und bei denen man nicht weiß, was sie mit den von ihnen gestellten Diagnosen meinen. Insofern ist die Bezugnahme auf eines der beiden genannten Systeme obligatorisch – oder eben die Auskunft, dass keine psychiatrische Diagnose zu stellen ist. Wenn eine Diagnose gestellt wird, bedeutet dies keineswegs automatisch, dass der Proband krank oder vermindert schuldfähig ist: Auch Nikotinmissbrauch, leichte alkoholische Berauschung oder Erektionsstörungen sind Diagnosen der genannten Manuale.

Wesentliche Fragestellungen im Rahmen der spezifisch psychiatrischen Exploration sind das frühere Vorliegen von depressiven oder manischen Krankheitsphasen, psychotischen Erlebnisveränderungen, hirnorganisch bedingten Leistungseinbrüchen oder emotionalen Labilisierungen. Weiter wird nach Hinweisen auf eine Persönlichkeitsstörung geforscht und nach Hinweisen auf Störungen in der sexuellen Entwicklung. Schließlich geht es um die Abklärung des Vorliegens und ggf. Umfangs von Substanzmissbrauch.

Zwischen spezifisch psychiatrischen und kriminologischen Gesichtspunkten gibt es natürlich Verknüpfungen, die gerade in der Analyse zeitlicher Abläufe sichtbar wird. Rasch (1986) hat bei der Auslösetat viel Wert auf die Überprüfung gelegt, ob die zugrunde liegende Kriminalität und die Anlasstat auf grundlegende Persönlichkeitsmerkmale, gar eine pathologische Entwicklung zurückzuführen ist und eingeschliffene Verhaltensmuster verdeutlicht. Solche zeitstabilen Merkmale sind natürlich ungünstig, im Gegensatz zu Konstellationen, bei denen die Delinquenz Ausdruck „lebensphasischer Bedingungen oder eines schicksalhaften Konflikts" war, die als schwerlich wiederholbar anzusehen wären. Tatsächlich erwies sich als die häufigste Ursache von Fehlprognosen (Pierschke 2001), nach denen es zu erneuten Tötungsdelikten kam, die irrige Annahme des Gutachters, die zugrunde liegende Tat sei einer solchen biografisch einmaligen Konfliktsituation geschuldet gewesen. Manche Menschen sind so strukturiert, dass sie z. B. immer wieder hoch konflikthafte Partnerbeziehungen inszenieren.

Die kriminologische Einordnung wird insbesondere die Entwicklung der delinquenten Karriere nachzeichnen: Wie früh wurden die ersten Straftaten begangen? Gab es bereits im strafunmündigen Alter deutliche Störungen des Sozialverhaltens wie Stehlen, Gewalttätigkeit gegen andere Kinder, Tierquälereien, Weglaufen, intensives Lügen etc.? Welcher Art ist das Delinquenzmuster, gibt es nur eine oder wenige Deliktformen oder geht die Delinquenz polytrop von Verkehrsdelikten über Eigentumsdelikte zu Gewalt- und Sexualdelikten? Gab es irgendwann längere Zeiten ohne Straffälligkeit und womit standen diese in Zusammenhang? Was sind die erkennbaren oder auch eingeräumten motivationalen Hintergründe der Taten?

Eine besondere Bedeutung haben die genaue Wahrnehmung und die Analyse des Tatgeschehens. Erste Auskunft hierzu sollte das Urteil geben, das zur rechtlichen Würdigung ja auch erörtert, welche Motive dem Handeln zugrunde gelegen haben. Das Tatgeschehen sagt einiges aus über den Täter (Wegener 2003). Der Täter hat am Tatort Entscheidungen getroffen, er hat sich für bestimmte Handlungsformen entschieden, er hat Spuren hinterlassen, er hat Dinge gemacht, die er allein zum Erreichen des vermutlichen Ziels nicht hätte tun müssen. Oft geht es aber nicht um spezifische Eigentümlichkeiten, sondern um das erkennbare Grundmuster: Wie alt waren die Opfer? Waren sie alle gleich alt oder spielt das Alter keine Rolle? Gibt es sonstige einheitliche Opfermerkmale nach Geschlecht, Größe, Gestalt, Bekleidung? Gibt es bestimmte Zeitpunkte, Wochentage, Uhrzeiten, zeitgebundene Situationen (z. B. Heimweg von der Diskothek), an denen die Taten jeweils begangen wurden? Anhand der modernen Routenplaner kann sich der Sachverständige in seinem Büro am Bildschirm aufs Haus genau anschauen, wo die Tatorte waren, in welchem räumlichen Verhältnis zueinander sowie zum Wohn- und Arbeitsort des Probanden, welche Wege er zurücklegte, welchen Zeitaufwand dies bedeutete. Wie viel Zeit verbrachte der Proband mit der Tatvorbereitung, mit dem Auskundschaften, Auflauern, Warten, Beobachten? Wie oft bewegte er sich zum Tatort oder in die Tatregion, nur um zu beobachten, ohne Taten zu begehen? Welche Tatwerkzeuge wurden benutzt, wurden die Tatwerkzeuge mitgebracht, wann wurden sie gekauft oder hergestellt, wie lange geht die Beschäftigung mit Tatwerkzeugen (und entsprechend Tatphantasien) bereits zurück? Gibt es eine Zunahme im Einsatz von Tatwerkzeugen im Lauf der Taten? Diese eingehende „Auseinandersetzung mit der Tat" seitens des kriminalprognostischen Gutachters soll dazu dienen, dass dieser sich möglichst konkret vorstellen kann, wie der Proband vorgegangen ist, wie lange er vorbereitet hat, was an Leistungsfähigkeit ihm abverlangt wurde, welches Ausmaß an Risikobereitschaft oder aber auch an Angst und Irritierbarkeit sichtbar wird. Speziell bei Sexualdelikten, Gewaltdelikten und Tötungsdelikten ist natürlich von besonderem Interesse, was das Motiv des Täters war. Das Tatbild kann im ersten Zugriff täuschen, wenn der Täter gar nicht dazu gekommen ist, das zu tun, was er eigentlich tun wollte, z. B. den sexuellen Teil der aggressiven Attacke noch auszuführen. Bisweilen sind ermittelte Täter geständig, dies intendiert zu haben, bisweilen nicht; bisweilen werden auch falsche Motive angegeben. Der Abgleich mit dem Tatbild erlaubt in vielen Fällen zumindest eine Eingrenzung, was stimmen kann und was nicht.

2.4.2 Bewertung von Verlauf und aktuellem Befund

Unmittelbar anknüpfend an die gutachterlich herausgearbeiteten Faktoren, welche die zugrunde liegende Gefährlichkeit ausmachen, ist der Verlauf seit den Anlassdelikten zu analysieren.

▌ Verlauf und Befund bei psychischer Krankheit

Dieser Verlauf kann dadurch gekennzeichnet sein, dass eine zugrunde liegende und die Geschehnisse dominierende psychische Erkrankung inzwischen deutlich gebessert und unter Kontrolle von Proband und Behandlern ist. Wenn zudem alles für eine fortbestehende Kooperationsbereitschaft des Probanden spricht und nach medizinischer Erfahrung die mittelfristige Prognose gut ist, die Erkrankung weiter unter Kontrolle halten zu können, ein Rückfall zudem rechtzeitig erkannt würde, bevor es wieder zu kritischen Situationen kommen würde, kann in der Regel eine günstige Prognose gestellt werden. Eine wesentliche Aufgabe des Gutachters besteht dann darin, sorgfältig festzustellen, wie der tatsächliche Zustand des psychisch kranken Rechtsbrechers inzwischen ist. Insbesondere gilt es zu prüfen, ob es tatsächlich zu einer stabilen Remission der psychotischen Symptomatik gekommen ist (was nicht zuletzt bei nichtdeutschen Probanden ausgesprochen schwierig sein kann), oder ob der Proband eine fortbestehende Symptomatik aus nachvollziehbaren Gründen dissimuliert.

Bei psychischen Erkrankungen geht es also generell um
▊ die Art der Erkrankung,
▊ das Kausalverhältnis zwischen Erkrankung und Delinquenz,
▊ die Behandelbarkeit und den Behandlungserfolg im konkreten Fall,
▊ die Geschwindigkeit des möglichen Krankheitsrückfalls,
▊ die rechtzeitige Erkennbarkeit eines Rückfalls und
▊ die Möglichkeit rechtzeitiger Intervention.

Ganz gleichsinnig ist bei Probanden mit Abhängigkeitserkrankungen zu prüfen, wie stabil und belastbar sie inzwischen in ihrer Abstinenz sind, wie erreichbar für stützende Interventionen sie im Falle eines Rückfalls bleiben und wie rasch im Falle eines Rückfalls mit erneuten Straftaten gerechnet werden muss. Bei Suchtkranken sind über längere Zeit erfolgreich bewältigte eigenständige Lockerungen ein ganz guter Hinweis auf ihre Abstinenzfähigkeit.

Auch Rasch (1986) hat die weitgehende Remission einer psychotischen Symptomatik als ein prognostisch günstiges Moment gewertet, während das Fortbestehen einer „hohen psychischen Abnormität" mit hoher Störbarkeit, geringer Frustrationstoleranz, Depressivität, geringem Selbstwertgefühl, Impulsivität, Augenblicksverhaftung sicherlich ebenso Bedenken weckt wie das Fortbestehen einer produktiv-psychotischen Symptomatik, aber auch einer ausgeprägten schizophrenen Residualverfassung, die keine soziale Reintegration erwarten lässt. Auch eine starke Bezogenheit auf körperliche Beschwerden und Einbußen wird als Problem angesehen. Wichtig ist sicherlich bei chronisch psychisch Kranken eine Einschätzung der weiteren Therapiemotivation, die manchmal nur bis zum erhofften Entlassungszeitpunkt reicht.

Seifert (2005; Seifert u. Möller-Mussavi 2005) hat 1997 bis 2003 sämtliche Entlassungen von 21 forensisch-psychiatrischen Kliniken und Abteilungen erfasst und eine Untersuchungsstichprobe von 255 Probanden mit danach mehr als 2 Jahren in Freiheit ausgewertet. Im Ergebnis misslang bei 21,6% der Probanden die soziale Reintegration. Allerdings begingen nur 16,5% der Entlassenen neue Straftaten, weitere 5% mussten allein wegen des Verstoßes gegen Bewährungsauflagen wieder in die Maßregel zurück verbracht werden. Schwerere Delikte (5-mal Körperverletzung, 9 Sexualdelikte, 15 Eigentumsdelikte, 2-mal Brandstiftung) hatten 13,3% der Entlassenen begangen. Die Auswertungen von Seifert zeigen, dass es bei dieser Klientel psychisch gestörter Rechtsbrecher zwei sehr gewichtige Risikofaktoren für künftigen Rückfall gibt: 1. deutliche dissoziale Vorprägung und anhaltende dissoziale Einstellungen und/oder 2. eine Neigung zum längeren oder aber auch nur punktuellen Alkoholmissbrauch unter Stress. Seifert konnte aber auch gut die Bedeutung der Nachsorgeeinrichtungen aufzeigen: Häufiger wurden jene Probanden rückfällig, denen man mehr zugetraut hatte, die in ganz eigenständige Wohn- und Arbeitsformen entlassen worden waren (und die Arbeit auf dem freien Arbeitsmarkt oft bald verloren hatten).

Ausgesprochen ungünstig ist es natürlich, wenn nach psychiatrischem Eindruck eine so schwerwiegende psychische Störung, Persönlichkeitsproblematik oder sexuelle Perversion vorliegt, dass allein eine therapeutische Bearbeitung eine spürbare Verbesserung erhoffen lässt, der Proband solche Therapie aber gänzlich verweigert oder in diversen Therapieversuchen nie an einen Punkt gebracht werden konnte, wo eine Therapie im funktionalen Sinne begonnen hätte. Solche gescheiterten Therapieversuche sind prognostisch natürlich ungünstig; sie dürfen auch nicht reflexhaft mit der gutachterlichen Empfehlung beantwortet werden, es nun immer erneut zu versuchen. Vielmehr muss dann häufiger dem Probanden eine relevante Vorleistung vor einem erneuten Versuch abverlangt werden. Es ist aber gutachterlich zu prüfen, ob tatsächlich eine Therapienotwendigkeit besteht oder ob nicht nach heutigem wissenschaftlichem Kenntnisstand eine Resozialisierung auch ohne spezifische psychotherapeutische Maßnahmen ebenfalls gangbar ist. Übrigens hatten in der Studie von Seifert (2005) wie auch in der Untersuchung von de Vogel et al. (2004) die Probanden, die gegen den Rat der Therapeuten gerichtlicherseits entlassen worden waren, eine sehr hohe Rückfallrate von 80 bzw. 50% mit neuen Verurteilungen.

Persönlichkeitsentwicklung im Verlauf

Nicht mehr streng auf psychische Krankheiten, sondern auf allgemeine charakterliche und Persönlichkeitsfaktoren ist die Frage bezogen, ob seit der Tat eine „Nachreifung der Persönlichkeit" eingetreten ist, eine kritische Auseinandersetzung des Probanden mit seinen Schwächen und den Hintergründen seiner Tat. Die Auseinandersetzung mit der Tat (s. Abschn. 2.4.3) soll aber nicht dazu verhelfen, dass der Proband eine mehr oder weniger plausible Theorie hat, wie es dazu kommen konnte, sondern sie soll zu einer Veränderung in den Einstellungen und Verhaltensbereitschaften des Probanden geführt haben, zu einer relevanten Minderung seiner Schwächen und seines Rückfallrisikos. Wesentlich ist sicherlich, dass eine gutachterlich behauptete Nachreifung der Persönlichkeit nicht nur der intuitive Eindruck des Sachverständigen ist, sondern sich festmachen lässt an benennbaren Veränderungen in den Einstellungen und in den Verhaltensweisen, sichtbar in bestimmten sozialen Situationen, die geschildert werden sollten.

Die Musterung der Ergebnisse der „Nachreifung" beginnt bei der Frage, ob es seitens der Probanden überhaupt eine Ernstwertung seiner Delinquenz gibt oder ob er sie als eigentlich belanglos abtut oder sich als unschuldiges Opfer allzu heftiger Strafverfolgung präsentiert. Dies setzt sich fort in der Frage, ob der Proband nicht nur die Taten schlimm oder zumindest unfair findet, sondern sich auch im Sinne individueller Verantwortlichkeit diese Taten zurechnet und sich für die Zukunft sowohl Zuständigkeit wie Kompetenz zuschreibt, diese (und andere) Taten zu unterlassen.

Unmittelbar in diesen Bereich gehört bereits, ob der Proband, wenn er nicht mehr sehr weit vom Entlassungszeitpunkt entfernt ist, sich Gedanken über seine Zukunft gemacht hat, konkrete Perspektiven entwickelt hat und in dieser Richtung bereits tätig geworden ist, um sich z. B. beruflich zu qualifizieren, sich Unterkunft zu suchen, sozialen Anschluss in Freiheit zu finden etc. Es ist ein wichtiger Gesichtspunkt, ob der Proband hier eigenständig aktiv wird, durchaus unter Inanspruchnahme der sozialen Dienste, oder ob er die Erledigung all dieser Anforderungen primär von sozialarbeiterischer Seite erwartet. In gewissem Umfang sind das subjektive Zukunftskonzept des Probanden und seine soziale Kompetenz, dies auch umzusetzen, relevanter als das reale Vorliegen einer bestimmten Wohnung, Arbeitsstätte und Partnerin. Letzteres kann binnen weniger Wochen dahin sein, der Umgangsstil des Probanden mit den sozialen Anforderungen wird hingegen mittel- und langfristig darüber entscheiden, ob er habituell in Schwierigkeiten kommt. Andererseits ist natürlich eine Entlassung ohne alle Vorbereitung hinsichtlich des Wohnens, Arbeitens und der sozialen Einbindung ein Kunstfehler; eine solche plötzliche Destabilisierung nach jahrelanger Haft kann auch den leistungsfähigsten Probanden überfordern. Wenn die Voraussetzungen einer Entlassung vorliegen, der Proband aber noch gar keine Vorbereitungen dafür getroffen hat, sollte dies aber zu denken geben.

Zur „Nachreifung der Persönlichkeit" gehört natürlich der bessere Umgang mit früheren Schwächen, vielleicht sogar ihr Verschwinden. Impulskontrolle, Kontrolle von Wut und Ärger, der Aufschub von Wunscherfüllung, das Abwarten vor Entscheidungen, kurz: Vieles, was gerade in sozialtherapeutischen, der Struktur nach pädagogischen und verhaltenstherapeutischen Programmen geschult wird, sollte sich auch in Anforderungssituationen als stabil erweisen. Das heißt: Die Einschränkung, der Proband „raste nur noch aus", wenn auf der Station besonders viel Stress sei, ist nicht besonders viel versprechend; in Freiheit entsteht manchmal auch viel Stress. Hilfreich hingegen sind Situationsschilderungen, wonach der Proband eben gerade in Stresssituationen stabil geblieben ist.

Gern wird als Beispiel für Nachreifung angegeben, der Proband habe gelernt, insbesondere mit seiner neuen Partnerin, „über alles zu reden". Über alles zu reden ist aber bislang kein Faktor, der vor neuen Straftaten schützt. Vielmehr handelt es sich hier um ein Produkt der Haft- oder Unterbringungssituation; gerade im geschlossenen Vollzug bleibt einem bei Besuchen kaum etwas anderes als die Möglichkeit, mit der Besucherin zu reden, zumal es in den Besuchsräumen in der Regel keinen Fernsehapparat gibt. Manche machen erstmals die Erfahrung, dass sie so etwas können. Hilfreich kann diese Entwicklung gleichwohl sein, wenn diese Erfahrung in einen tatsächlichen konstruktiven Reflexionsprozess einmündet. Die während der Haft kennen gelernte neue Partnerin, Verlobte, neue Ehefrau ist im Übrigen kein Hinweis auf eine günstige oder ungünstige Sozialprognose. Sehr viele Partnerschaften überdauern die Entlassung nur kurze Zeit, zumal Frauen, die Beziehungen zu Häftlingen suchen, oft ihrerseits weniger stabil sind oder ganz spezifische Bedürfnisse haben, z. B. den Mann eigentlich an sicherem Ort auf Distanz haben wollen. Etwas anderes ist es schon, wenn eine vor Inhaftierung bestehende, an sich nicht kriminogene Beziehung gehalten werden kann und überhaupt soziale Kontakte in ein nichtkriminelles Milieu aktiv gepflegt wurden. Umgekehrt kann das Fortbestehen einer durchaus innigen Beziehung eines Süchtigen zu einer ebenfalls süchtigen, aber weiter konsumierenden Partnerin starke Bedenken auslösen.

Ähnlich problematische Modeformeln für etwas, das man für unbezweifelbar nützlich hält, sind: sich nun endlich „öffnen" zu können oder auch, „Gefühle zulassen" zu können. Auch diese Termini sind längst in den nachmittäglichen Talkshows popularisiert. Oft öffnet sich da jemand, der ohnehin gern über sich redet und keinen Blick für andere hat, und das „Zulassen" von Gefühlen meint oft genug das sozialfeindliche Ausleben dieser Gefühle, den Verzicht auf einen disziplinierten Umgang mit sich selbst unter Berücksichtigung dessen, was man anderen zumuten kann. Es kann also kurz gesagt nicht darum gehen, für die problematischen Verhaltensmuster, die den Probanden zu seiner Delinquenz geführt haben, nun beschönigende Begriffe aus der Vulgärpsychologie zu finden und diese Umbenennung dann für einen Behandlungsfortschritt zu halten. All diesem ist am ehesten zu begegnen, wenn man in konkreten Beispielen illustriert, in welchen charakteristischen Situationen der Proband sich in welcher Weise nun anders verhält als früher. Damit soll andererseits natürlich nicht bestritten werden, dass es ein Fortschritt ist, wenn ein bis dahin sehr verschlossener und misstrauischer Patient es lernt, sich jemandem anzuvertrauen, sich diesem Menschen zu öffnen und sich dann auch mit seinen eigenen Gefühlen auseinandersetzen kann. Man sollte allerdings nicht verkennen, dass diese Entwicklung zunächst zu einer Labilisierung dieses Menschen führen kann, der sich nun angreifbarer, verletzlicher, abhängiger erlebt, was er in dieser Phase ja auch ist.

2.4.3 Die Auseinandersetzung mit der Tat

Das Geständnis hat in der europäischen Kultur eine große Bedeutung und hohes Ansehen, auch weit vor dem Bereich der Strafjustiz. Spätestens seit dem Mittelalter, so Foucault (1977, S. 75), „haben die abendländischen Gesellschaften das Geständnis unter die Hauptrituale eingereiht, von denen man sich die Produktion der Wahrheit verspricht". Es impliziert aktive, bekundete Unterordnung unter die Macht und den gesellschaftlichen Kanon. Das Geständnis erschien der Strafjustiz als so wichtig, dass sie lange Zeit die Folter als adäquates Mittel zu seiner Erlangung ansah und subjektiv überzeugt war, dies sei auch zum Wohle des Angeklagten. Gerade eine Strafjustiz, die nicht mehr allein züchtigen und abstrafen, sondern vielmehr bessern, erziehen, „heilen" wollte (Foucault 1976), machte das Geständnis praktisch belangvoll: ohne Geständnis keine Einsicht, ohne Einsicht keine Besserung. Unverkennbar ist, dass der „Geständniszwang", der vormals als Teil von Erziehung und Charakterbildung in Beichtstühlen und ähnlichen ritualisierten Formen geübt wurde, mittlerweile als „Geständnis-arbeit" in verschiedenste pädagogische und therapeutische Bereiche transponiert wurde und an Bedeutung beileibe nicht abnahm. In der direkten Begegnung zwischen zwei Menschen erscheint das Geständnis als Möglichkeit, ein Zerwürfnis zu beenden, sich von Gewissenslasten zu befreien und, selbst unter Inkaufnahme von Strafe, eine erneute liebevolle Zuwendung des anderen zu erreichen.

Offen ist in der Gegenwart allerdings der tatsächliche Nutzen des Geständnisses im Hinblick auf tief greifende Verhaltensänderungen und, in unserem Fall, die Kriminalprognose. In Prozessen, bei denen der Angeklagte der Sexualdelinquenz gegen Frauen oder Kinder beschuldigt wird, kann ein Geständnis („Es war genau so, wie es in der Anklage steht") den Geschädigten die Einvernahme als Zeugen und damit die Erörterung ihrer traumatischen Erfahrungen in foro ersparen. Die Gratifikation für den Angeklagten besteht in einem bisweilen nicht geringen Strafnachlass; zur Einsicht und Besserung des Täters führt dies Geständnis selten. In Prozessen um Tötungsdelikte wiederum ist der primär geständige und in seinen Ausführungen vorbehaltlose Angeklagte im Urteil oft schlechter gestellt als der zur Tatzeit angeblich abwesende und volltrunkene Täter, der dem Gericht mit seinen Ausflüchten die Chance lässt, die absolute Strafe *nicht* zu verhängen. Zu beobachten sind schließlich Fälle, wo das eventuelle Ablegen eines Geständnisses daran geknüpft wurde, dass man den gewünschten psychiatrischen Sachverständigen erhält. Allerdings werden nichtgeständige Täter deutlich häufiger als voll schuldfähig klassifiziert als geständige (Gerstenfeld 2000).

Zum Zeitpunkt der typischen kriminalprognostischen Begutachtung ist das erkennende Verfahren rechtskräftig abgeschlossen, der Gefangene hat also vermeintlich keine Nachteile aus einem Geständnis mehr zu befürchten; man denkt, nun könne er doch endlich gestehen. Wenn er dies in adäquater Weise tue, sei dies prognostisch günstig. Die Auseinandersetzung mit der Tat wird in allen Haftanstalten als ein besonders wichtiger Aspekt des Haftverhaltens und der Kriminalprognose angesehen. Haberstroh (1982) erklärte, es gehe dabei nicht darum, dass dem Gefangenen das Sozialschädliche seines Verhaltens klar werde; vielmehr solle der Gefangene instand gesetzt werden, seine Tat als ungeeignete Problemlösung im Gesamtzusammenhang seiner Probleme zu sehen. Ihm sollen daher andere Sichtweisen als seine verfestigten Schemata angeboten und eine Kommunikation gegenseitigen Verstehens geschaffen werden. Andere sahen den wesentlichen Wert in der Verbalisierung des Tatgeschehens. Speziell bei psychisch kranken Tätern vermutete Stüttgen (1987), dass psychische Krankheit das retardierende Moment der sprachlichen Darstellung eines Verhaltens außer Kraft setze, das hemmend zwischen Impulshaftigkeit und Tatdurchführung tritt. Ein psychoedukatives Training der „Verbalisation des delinquenten Tatvorgangs" sei daher bei psychisch kranken Tätern als der „prognostische Fokus" zur Entscheidung über Lockerungen und die Entlassung aus dem Maßregelvollzug nach § 63 StGB anzusehen. Die Fähigkeit des nach § 63 StGB Untergebrachten sei zu fördern, zu seiner Tat eine kritische, von emotionalen Motiven freie Stellungnahme abgeben zu können. Es findet sich hier eine Verkürzung psychischer Krankheit auf Impulsivität, die z. B. den eingehend geplanten, psychotisch motivierten Taten in keiner Weise entspricht. Stüttgen glaubte, je detaillierter ein Patient im Maßregelvollzug seinen Tathergang verbal-szenisch darstellen kann, desto mehr sei er in der Lage, sich von seinem unmittelbaren Tatverhalten distanzieren zu können. Deshalb sei der Patient in den verschiedenen Behandlungsetappen immer wieder zu einer sprachlichen Darstellung des rein szenischen Tathergangs anzuhalten. Diese vermutlich kaum befolgten Ratschläge sind nicht unproblematisch; ein solches Training würde am ehesten ein emotional minderbegabter Proband ertragen, dessen Fähigkeit, affektiv unbewegt über Tatgeschehen zu plaudern aber nicht als Distanz und Verhaltenshemmung gedeutet werden kann. Das Problem ist nicht akademisch; es gibt psychiatrische Gutachter, welche die Kriminalprognose im Wesentlichen daraus ableiten, in welchem Umfang die jetzige Tatschilderung des Probanden mit den Urteilsfeststellungen übereinstimmt. Wenn ein Proband erklärt, er könne die Tat nicht erklären, wird dies als Hemmnis für Lockerungen und als Entlassungshindernis bezeichnet. Allerdings müsste dann auch der Gutachter eine mehr als triviale, nachvollziehbare Theorie zur Tat haben und zudem schlüssig aufzeigen, warum der Proband diese seine Theorie erkennen und beherzigen müsste.

Grundsätzlich aber ist das besondere Gewicht, das der Auseinandersetzung mit der Tat bei Entscheidungen nach § 57 und § 57a zugemessen wird, nicht unbegründet. Tatsituation und -handlung sind Knotenpunkte in der Biografie des Gefangenen. Von der Auseinandersetzung mit diesem einschneidenden Lebensereignis und Selbsterlebnis darf man durchaus Aufschlüsse darüber erwarten, wie der Proband sich seither entwickelt hat (Kröber 1993, 1995 a). Nicht selten steuert die Exploration im Rahmen der kriminalprognostischen Begutachtung auf dieses Kapitel als dem Höhepunkt der Auseinandersetzung zwischen Proband und Gutachter zu. Es besteht aber eine nicht geringe Anzahl von Schwierigkeiten in der Bewertung der Äußerungen eines Probanden. Was ist eigentlich für den Täter das Erlebnis der Tat (das ja nicht identisch ist mit dem Geschehnis)? Wie erlebte er die Tat, was vom Tatgeschehen und Selbsterleben ist ihm eigentlich erinnerbar, verwertbar und integrierbar? Oder wurde das Taterlebnis sogleich verwischt von den Tatfolgen, dem Erlebnis der Auseinandersetzung mit Polizei, Angehörigen, einer übermächtigen Institution? Wie selbstverständlich kann im gegebenen Fall erwartet werden, dass das Tatbild, das sich aus den Feststellungen des Urteils und weiterer Aktenkenntnis ergibt, ein Tatbild ist, das für den Täter erreichbar oder zumindest kommunizierbar ist? Wie muss der Gefangene mit seiner Tat umgehen oder umgegangen sein, damit man ihm eine günstige Prognose stellen kann? Wie sieht demgegenüber eine Nichtauseinandersetzung oder eine schlechte Auseinandersetzung aus? Und schließlich: Welche Relevanz hat die Auseinandersetzung mit der Tat für die Prognose?

Etwas formal kann man unterscheiden zwischen den Fähigkeiten eines Gefangenen oder Untergebrachten,

1. seine eigene Täterschaft anzuerkennen, den Tatablauf kognitiv richtig zu erfassen und wirklichkeitsgerecht sprachlich darzustellen,
2. sich emotional und als Person zu der Tat zu verhalten, also Stellung zu beziehen,
3. die Tat zu verstehen.

Die Anerkennung oder Nichtanerkennung der eigenen Täterschaft und Zuordnung der Tat zur eigenen Person geht bereits implizit aus der Schilderung des Tatablaufs hervor: Werden wichtige Sachverhalte weggelassen, bagatellisiert, beschönigt, werden die Abläufe umgeordnet und neu zusammengesetzt oder entsprechen die Angaben den früher getroffenen Feststellungen?

Es wäre allzu einfach, könnte man die Übereinstimmung der Tatschilderung mit den Urteilsfeststellungen oder irgendeinem anderen Text darüber, was „in Wirklichkeit" passiert sei, zum Güte- und Prognosekriterium machen. Sicherlich ist eine ehrliche und offene Einlassung schon besser als eine verlogene und verdeckende, sicherlich ist eine Fähigkeit zur Verbalisation hier und auch sonst im Leben nützlich. Es bleibt aber das Problem, dass einige Gefangene, denen die Tat nicht allzu sehr auf der Seele liegt, recht unverbindlich und ausführlich darüber reden können, während manch andere, die unter ihrer eigenen Täterschaft leiden, bisweilen sehr ungern über die Tatabläufe sprechen, manche allzu schmerzlichen oder beschämenden Details weglassen möchten. Man muss ihnen deshalb nicht zwangsläufig eine schlechtere Prognose stellen.

Ungünstig ist natürlich, wenn ein Verurteilter weiterhin von seinem Recht zu leugnen Gebrauch macht, vor allem deswegen, weil mit diesem Probanden dann seine Sichtweise der Tathintergründe nicht erarbeitet werden kann. Das Leugnen kann Ausdruck eines hartnäckigen Trotzens sein, mit dem sich der Proband der Gesellschaft und der staatlichen Macht verweigert und sein Tun für seine Privatsache erklärt. Das ist natürlich ebenso ungünstig wie ein Leugnen, das taktischen Gesichtspunkten folgt, z.B. um Mittäter zu decken, sich im Besitz eines Teils der Beute zu belassen etc. Ein häufiger Grund fortgesetzten Leugnens ist, sich die emotionale und eventuell auch materielle Zuwendung von Angehörigen und Freunden zu bewahren. Einzelne haben als „unschuldig Verurteilte" auch Opferstatus erworben und damit Medienkarriere gemacht.

Leugnen der Tat kann aber nicht von vorneherein als absolutes Hindernis für Lockerungen, bedingte Entlassung und günstige Kriminalprognose angesehen werden. Zum einen kann es für Probanden unabhängig von der Tatbearbeitung gute Gründe geben, nicht mehr straffällig zu werden: Wenn es sich einfach nicht mehr rechnet, weil der Ertrag zu gering und das Entdeckungsrisiko zu groß geworden ist (z.B. Räuber, Betrüger). Zum anderen kann das Leugnen in Einzelfällen eben auch Ausdruck einer massiven Scham sein, die impliziert, dass der Täter künftighin alles meiden will, was ihn wieder in die Nähe einer Tatsituation bringen könnte. Es sind dies oft Täter, die andere, weniger beschämende Taten zu gestehen stets bereit waren, die sich aber dieses spezielle Versagen nicht verzeihen können und es nach außen nicht eingestehen können. Wenn allerdings bei dieser Form des Leugnens ein ganzer Bereich, z. B. eine deviante Sexualität, global der therapeutischen Bearbeitung oder zumindest der diagnostischen Überprüfung entzogen wird, wenn also z. B. alle Gewaltdelikte mit sexueller Motivation verleugnet werden, muss festgehalten werden, dass ein virulenter Risikobereich offenbar unbearbeitet geblieben ist und vor einer Auseinandersetzung bewahrt wird; dies ist prognostisch ungut. Der Gutachter soll allerdings nicht beurteilen, ob aus dem Gefangenen nun ein anständiger, gar sympathischer Mensch geworden ist. Auch ein unsympathischer und in seiner Persönlichkeitsartung weiterhin problematischer Mensch mag strafrechtlich eine gute Prognose haben.

Zu schauen ist, in welcher Weise der Proband emotional und personal zur Tat Stellung nimmt, wie er seine Schuld sieht, nicht im juristischen Sinn, sondern im Sinne einer moralischen Beurteilung des Verhältnisses zwischen sich und anderen. Hier gibt es auch zum Begutachtungszeitpunkt viele Jahre nach der Tat ganz unterschiedliche Reaktionen: Eine immer noch aktualisierbare massive Erschütterung durch die Tat, authentische Betroffenheit, ruhig distanziertes Schuldbekenntnis, Indifferenz, Bagatellisieren der Tat, Schuldzuweisung an das Opfer, Zustimmung zur Tat, Verhöhnung des Opfers – das sind einige Facetten dieses Spektrums. Bewertungsprobleme macht besonders das indifferente, zum Teil bereits das ruhig distanzierte Sprechen über die Tat: Ist der Täter unberührt oder hat er inzwischen mit der Tat abgeschlossen – und darf er das, mit der eigenen Tat sozusagen seinen Frieden machen?

Dies führt zum dritten Punkt, dem Verständnis der eigenen Tat. Wenn es einen „Friedensschluss" mit ihr gab, eine vorläufige abschließende Deutung des Geschehens, des eigenen Handelns und Erlebens, so ist natürlich zu schauen, was für eine Lösung hier gefunden wurde. Bisweilen wird auch juristisch, z. B. in Fortdauerbeschlüssen kritisiert, der Gefangene habe bislang kaum etwas zum Verständnis seiner Tat beigetragen. Es gibt aber immer wieder Taten, gerade bestimmte „sinnlose" Gewalt- und Tötungsdelikte, bei denen auch die Kammern selbst, der psychiatrische Gutachter im Erkenntnisverfahren wie auch der Prognosegutachter, die Tat nicht „verstehen" konnten, jedenfalls nicht über eine sehr globale Motivzuschreibung hinaus. Es wird bisweilen schuldhaft dem Probanden zugerechnet, dass dieser immer noch nicht mehr zur Aufklärung der Gründe beitrage; dabei ist natürlich gut möglich, dass auch dieser nicht mehr versteht als die Experten, und dass die Tat ihm im Laufe der Jahre immer fremder und unverständlicher wird. Es fällt offensichtlich schwer festzustellen, ob das subjektive „Verständnis der Tat" beim Gefangenen „richtig" und hinlänglich differenziert ist. Es kann auch fehlen, nicht möglich sein. Bewerten kann man letztlich nur die funktionale Qualität der gegebenen Interpretation: Ungünstig sind sicher Darstellungen, die primär der Schuldzurückweisung dienen und signalisieren, dass aus der Katastrophe selbst letztlich nichts gelernt wurde. Die Interpretation des Probanden kann aber auch dazu dienen, das Problem für weitere Auseinandersetzungen offen zu halten. Sie kann dazu dienen, einen vorläufigen Abschluss zu finden, um sich nicht an der Tat zu verzehren, sondern Ruhe und einen neuen Weg zu finden. Unter psychohygienischen Aspekten ist die Forderung, „dass einmal Schluss sein muss", nicht grundsätzlich zu verwerfen; vor dem Schlussmachen sollten aber die richtigen Lehren gezogen worden sein.

Ganz wichtig ist der Hinweis, dass die Stellungnahme zur Tat kein statischer Sachverhalt ist, sondern günstigenfalls einer Entwicklung unterworfen ist. Die wirklich ungünstigen Verläufe sind in der Regel jene, in denen eben *keine* Entwicklung in der Auseinandersetzung mit der Tat erkennbar ist. Dies sind jene Probanden, die zum Teil nach mehr als 20 Jahren noch ebenso unberührt, bagatellisierend und alle Schuld dem Opfer zuweisend über das Geschehen sprechen wie einst bei der Kriminalpolizei und bei Vorgutachtern. Wo aber eine Entwicklung feststellbar ist, verläuft diese oft zunächst ungünstig. Dies ist insbesondere bei einer Gruppe von Tätern feststellbar, bei denen die Tat die sozusagen letale Zuspitzung einer primär leidvollen, passager stabilisierten, dann dramatisch dekompensierten Biografie darstellte, einer emotionalen Verwahrlosung. In der ersten Etappe nach der Verurteilung sind dies bisweilen gefürchtete, disziplinlose, ständig aufbegehrende Gefangene. Die fast schon autodestruktive Rebellion mündet schließlich nach einigen Jahren in Resignation, in depressive und suizidale Krisen, die aber subjektiv und objektiv einen Wendepunkt markieren können. Dieser weitere positive Haftverlauf würde sich dann nicht nur in einem angepassten Verhalten zeigen, sondern im Eingehen von – möglicherweise nur wenigen – personalen Beziehungen und der Nutzung von Qualifikationsangeboten.

Man kann also nicht schematisch damit umgehen, was der Täter und wie umfänglich er über die Tat berichtet. Es ist nicht a priori illegitim, wenn er nach 15 oder 20 Jahren einen gewissen Abschluss mit dem Geschehen gefunden hat, und es ist prognostisch noch nicht negativ, wenn er zwischendurch Phasen massiver Verdrängung und Verleugnung durchlaufen hat. Jeder Täter muss in gewissem Umfang imstande sein, seine Tat zu bewältigen, wenn er in sozial adäquater Weise und mit einem gewissen Selbstvertrauen weiterleben will, er muss trotz der einstigen Tat wieder zu Würde und Selbstachtung finden. Seine Schilderungen werden immer auch von seiner veränderten Zukunfts- und Lebensperspektive geprägt sein, für deren Bewahrung er sich distanzieren und in Maßen verdrängen will. Prognostisch ungünstig oder unkalkulierbar sind vor allem jene Fälle, in denen die aggressive Handlungsbereitschaft durch gute Vollzugsanpassung vollkommen verdeckt und subjektiv vollkommen abgespalten und negiert wird, und jene Gefangenen, die sich ebenfalls brav führen, aber in ihren Reden und oft ausführlichen Tatschilderungen gänzlich in ihrer egozentrischen Sichtweise befangen bleiben. All diese Fälle sind gekennzeichnet durch das Phänomen, dass man bei exakter Prüfung seit (Untersuchungs-)Haftbeginn praktisch keine Veränderung von Einstellungen und Persönlichkeit erkennen kann. Als Faustregel bleibt die Erkenntnis: Solange bei einem Gefangenen noch eine Entwicklung zu erkennen ist, auch wenn diese Auseinandersetzung mit sich selbst und seinem Lebenskonzept zunächst problematische Züge der Isolierung oder aber des ständigen Kampfes trägt, besteht die Hoffnung auf eine positive Wende. Ungünstig ist die Prognose vor allem da, wo über Jahre und Jahrzehnte keinerlei Veränderung zu erkennen ist. Dies betrifft häufig Verurteilte, die sich durch nur geringe Gemüthaftigkeit, Bindungsunfähigkeit und egozentrische Rücksichtslosigkeit auszeichnen, die meist auch im Untersuchungsgespräch über die Tat kaum verborgen werden kann.

Die *verstehende Rekonstruktion* der psychologischen und situativen Tathintergründe ist aber letztlich Aufgabe des Experten, die nicht an den Probanden delegiert werden soll. Sie ist eine aufwändige Aktion der Informationsgewinnung aus den Akten, um ein Wissen über die Determinanten der Lebensgeschichte des Probanden vor und seit der Tat zu gewinnen. In diesem Zusammenhang ist die Stellungnahme des Probanden zur Tat, die er zum Zeitpunkt der Prognosebegutachtung abgibt, selbstredend eine bedeutsame Information: weniger von der reinen Faktenschilderung her, als im Hinblick auf die impliziten Bewertungen und Bezugnahmen, die mit wacher gutachterlicher Aufmerksamkeit zu registrieren sind. Es ist ein Knotenpunkt der Exploration, weil es an einem konflikthaften Gegenstand Aufschluss gibt über die Gemüthaftigkeit und die Gewissensbildung eines Gefangenen, weil es also wesentliche Aspekte seiner Persönlichkeitsartung beleuchtet. Es zielt nicht auf Unterwerfung, Reuebekundungen oder auf die Beurteilung einer „richtigen" Einstellung zur Tat. Sondern es ist ein wichtiges Mittel, um im Zusammenhang der biografischen Anamnese zu einem Verständnis seiner Persönlichkeit und seines Lebensschicksals zu gelangen. Aber auch wenn der Proband zur eigentlichen Tat kaum etwas sagen will oder kann, erschließt sich der Inhalt dieser „black box" nicht selten aus einer verstehenden Erarbeitung der Biografie zuvor und seither.

2.4.4 Umgang mit Lockerungen

Dass ein Verurteilter Lockerungen bislang nicht missbraucht hat, ist von nur begrenzter Aussagekraft. Auch in Freiheit hat dieser Proband möglicherweise nicht in jeder freien Minute, nicht einmal monatlich, eine Straftat begangen. Lockerungen belegen zunächst nur, dass der Verurteilte für so zuverlässig gehalten wird, dass er Lockerungen nicht zur Flucht oder für neue Straftaten missbrauchen wird; dies kann natürlich eine Fehleinschätzung sein.

Lockerungen sollen im Strafvollzug gewährt werden, um das Vollzugsziel zu erreichen, also die Reintegration des Verurteilten in die Gesellschaft und ein zukünftiges straftatfreies Leben. Nach überwiegender Meinung in der Rechtslehre (Volckart 1997; einschränkend Schöch 1994) hat insbesondere der Maßregelpatient einen Anspruch auf Lockerungen, soweit diese den Behandlungsprozess fördern und mit der Sicherungsaufgabe des Maßregelvollzuges vereinbar sind, da bei dem Maßregelpatienten der Freiheitsentzug nicht mit dem Schuldprinzip zu rechtfertigen ist (weil der Freiheitsentzug nicht Strafe ist, sondern der Besserung und Sicherung dienen soll). Therapie ist nicht zwangsläufig auf Lockerungen angewiesen, sie findet statt in Form von Tagesstrukturierung, Arbeit und Lernen, Einzel- und Gruppentherapie etc. Erwiesenermaßen kann Therapie im Grundsatz auch unter stark freiheitsentziehenden Rahmenbedingungen durchgeführt werden. Lockerungen sind an sich keine Therapie, sondern Minderungen der Freiheitseinschränkungen des Untergebrachten. Lockerungen richten sich, bereits aus rechtlichen Gründen, ausschließlich nach dem Grad der Gefährlichkeit des Untergebrachten.

Wo Lockerungen unter Gefährlichkeitsaspekten vertretbar sind, kann ihnen eine wichtige ergänzende sozialtherapeutische Funktion zukommen, etwa durch die Aufrechterhaltung bzw. Herstellung sozialer Kontakte oder als eine Art soziales Training, z. B. durch das Erlernen und Einüben von Freizeitgestaltung. Sie sind unbestreitbar notwendig im Rahmen der Entlassungsvorbereitung, wenn eine Entlassung grundsätzlich verantwortbar ist. Lockerungen sollen nicht erst Aufschluss geben, ob der Proband erneut straffällig wird, sondern darüber, wie gut ihm die Vorbereitung seiner sozialen Reintegration gelingt und wo dort noch Schwachpunkte und Risikobereiche sind. Dies ist der kriminalprognostische Aspekt; allein jene Probanden, die bisher schon in kürzester zeitlicher Distanz mit Straftaten rückfällig wurden, beweisen, wenn sie längere Zeit als Freigänger ordentliches Verhalten zeigen, dass bei ihnen eine wichtige Änderung eingetreten ist. Probanden, die nie Integrationsprobleme hatten, z. B. pädosexuelle Männer mit auch früher stets guter sozialer Einbindung, beweisen mit ordentlichem Lockerungsverhalten nichts. Für andere wiederum können Lockerungen aber ganz wichtige neue Erfahrungen des Lebens in Freiheit ermöglichen, z. B. nach einer Berufsausbildung in Haft die erstmalige Erfahrung eines lang dauernden stabilen Arbeitsverhältnisses, der dort erlebten Anerkennung etc., was nun eine gänzlich neue soziale Perspektive für den Probanden eröffnet. Diese positiven, neuen Erfahrungen im Rahmen der Lockerungen sind es, die diese so wichtig für prospektive Beurteilungen machen, nicht der gefährliche Irrglaube, man teste in Lockerungen, ob jemand wieder etwas anstellt.

Andererseits ist kriminalprognostisch durchaus häufiger der Eintritt in Lockerungsprozesse als die direkte Entlassung zu empfehlen, weil solche schrittweisen Lockerungsprozesse ein für jeden kleinen Einzelschritt hinreichend kalkulierbares Risiko (Rasch 1985, Frisch 1992) darstellen, in dessen Rahmen eben keine neue Straffälligkeit befürchtet werden muss, andererseits wichtige neue Sozialerfahrungen, auch im Freizeitbereich, gemacht werden können. Dass der Verurteilte erneute Straftaten begeht, muss nach fachlichem Ermessen weitestgehend ausgeschlossen sein. Erprobt werden soll vielmehr eine Veränderung in den spezifischen Erlebens- und Verhaltensbereichen, die den Hintergrund der früheren Straftaten des Patienten gebildet haben. Sofern sich dabei Hinweise auf einen Rückfall in alte Verhaltensmuster ergeben, hat eine Rücknahme der Lockerung zu erfolgen, bevor es zu einer erneuten Gefährdung der Öffentlichkeit kommt.

Es gibt einen Sonderfall: Lockerungen dienen insbesondere bei Suchtkranken, aber auch bei manchen psychisch Kranken der Belastungserprobung. Das Verhalten unter den Anforderungen eines zunehmend größeren Freiheitsraumes soll Aufschluss darüber geben, inwieweit positive Änderungen im Verhaltensmuster des Patienten auch außerhalb stärker strukturierter Lebensbedingungen konstant bleiben, z.B. ob Alkoholabstinenz eingehalten werden kann. Es handelt sich hier also schon um ein Austesten, aber nicht der Delinquenz, sondern stabiler Verhaltensweisen, die möglicher Delinquenz vorgeschaltet sind. Prognostische Beurteilungen dürfen nie auf eine Versuchs-Irrtums-Methode reduziert werden, schon gar nicht mit einem gestuften Lockerungsprogramm, indem man sich den Aufstieg in die nächst höhere Stufe jeweils mit schierem Wohlverhalten und durch Zeitablauf „ersitzt". Stattdessen setzt jede Lockerungsentscheidung eine eingehende Risikoabschätzung voraus.

Wichtig ist eine Trennung von Therapieverlaufsbeurteilung und Sicherungsaspekten: Ein Untergebrachter kann in der Therapie deutliche Fortschritte machen, kann sich seinen problematischen Verhaltensweisen stellen und beginnen, darüber ernsthaft nachzudenken. Dies bedeutet noch keineswegs, dass er in diesem Moment auch weniger gesichert werden müsste und man ihm, quasi als Belohnung, dann rasch Lockerungen gewähren müsste. Vielmehr können gerade sehr intensive Therapiephasen von einer Labilisierung des Untergebrachten begleitet sein, er kann Angst vor der eigenen Courage entwickeln und gerade erhöht in der Gefahr stehen, lieber doch zu alten, bewährten Verhaltensmustern zurückzukehren und sich durch einen Rückfall dem verwirrenden Neuen zu entziehen. Wesentlich ist auch, dass die Therapie nicht von der Lockerungsfrage dominiert wird. Ausgesprochen ungünstig ist es, Patienten von Anfang an vor allem auf die Lockerungsfrage statt auf die Therapieaufgaben zu orientieren oder gar den Eindruck zu vermitteln, man könne sich Lockerungsstufen durch schlichten Zeitablauf „ersitzen".

Wichtig ist, dass Personal und Therapeuten schnell und flexibel reagieren, wenn sie eine Verschlechterung oder kritische Zuspitzung des Zustandes des Untergebrachten bemerken. Jeder Zweifel daran, ob angesichts des gegenwärtigen Zustandes des Patienten eine gewährte Lockerung auch praktisch wahrgenommen werden sollte, muss sofort sorgfältig geklärt werden. Bleibt der Zweifel unwiderlegt, muss die Lockerung vorläufig ausgesetzt werden. Die Entscheidungen der Klinik beruhen nicht primär auf dem Rat externer Gutachter, sondern auf eigener eingehender Befunderhebung.

2.4.5 Betrachtung unterschiedlicher Risikokonstellationen

▌ Psychische Krankheit als wichtiger Risikofaktor

Eine wesentliche Ursache der zugrunde liegenden Straffälligkeit können psychische Erkrankungen sein, namentlich schizophrene Erkrankungen (Hodgins et al. 2003), des Weiteren hirnorganische Erkrankungen, affektive (depressive oder manisch-depressive) Erkrankungen, Persönlichkeitsstörungen und Abhängigkeitserkrankungen (Sucht). Es ist im Rahmen der kriminalprognostischen Begutachtung sorgsam zu klären, in welchem Kausalverhältnis Erkrankung und Straffälligkeit stehen.

Psychische Erkrankung erhöht nicht in jeder Form und generell das Delinquenzrisiko, sondern bestimmte Untergruppen haben ein deutlich erhöhtes, andere, wie Depressive, ein gegenüber der Normalbevölkerung niedrigeres Risiko (Böker u. Häfner 1973, Gottlieb et al. 1987; Leygraf 1988, Lindqvist u. Allebeck 1990, Eronen et al. 1996; Taylor 1997; Knecht u. Schanda 1998; Monahan et al. 2001).

▌ Schizophrenie.
Schizophrene, insbesondere schizophrene Männer, haben ein gegenüber der Normalbevölkerung deutlich erhöhtes Risiko von Gewalttaten, auch wenn mehr als 90% der Kranken keine Gewalttaten begehen. Bei bestimmten Formen von schizophrenem Erkranken, z.B. bei einem „geordneten Wahnkranken", können wahnhafte Überzeugungen der Verfolgung direkt an eine Gewalttat heranführen. Sie bedingen die rechtswidrige Tat und konstituieren zugleich auf rechtlicher Ebene Schuldunfähigkeit. Ein solch enges Kausalverhältnis ist aber nicht immer gegeben. Es gibt schizophren Erkrankte, die in akuten Krankheitsphasen keine Delikte begehen, aber in gebesserter Verfassung aufgelockerter, aktiver sind, jedoch auch unbedenklich, und dann z.B. Diebstähle begehen. Auch hier besteht ein Zusammenhang zur Krankheit: Die residuale Persönlichkeitsverformung durch die Krankheit hat hier wesentlich den Leichtsinn und den fehlenden Normenbezug befördert. Während im ersten Fall aber eine deutliche Minderung der Krankheitssymptomatik die Erwartung begründen kann, dass der Proband keine rechtswidrigen Taten mehr begehen wird, kann im zweiten Fall gerade eine Besserung psychotischer Akutsymptomatik das Risiko von – vielleicht nicht besonders schwerwiegenden – Taten nicht ausräumen. Es gibt die dritte Konstellation, dass ein psychotisch Kranker in akuten Krankheitsphasen und in remittierten Zuständen mit – meist unterschiedlichen – Delikten in Erscheinung tritt. Er kann in akuten psychotischen Zuständen stark durch Misstrauen und Angst bestimmt handeln und z.B. gegen Familienangehörige tätlich werden, die ihn in ein Krankenhaus bringen wollen, und er kann in remittierter, also deutlich gebesserter Verfassung mit Betrugsdelikten auffallen. Insofern muss man auch differenzieren, welche Delikte man bei einem Untergebrachten künftighin ggf. in Kauf nehmen will, um entsprechend dem Grundsatz der Verhältnismäßig-

keit einen Schizophrenen nicht jahrelang im Maßregelvollzug zu internieren wegen des Restrisikos von Schwarzfahren oder Ladendiebstahl.

Eine sozialpsychiatrisch besonders schwierige Gruppe sind schizophren Erkrankte, die zudem einen – oft multiplen – Substanzmissbrauch betreiben, also im Übermaß Alkohol, Haschisch und andere Drogen zu sich nehmen. Sie sind sowohl besonders schwer in ein Behandlungssetting als auch in die Gemeinde zu integrieren, oft auch nicht in betreuten Wohneinrichtungen zu halten, und sie begehen oft Ordnungswidrigkeiten, Schwarzfahren, Eigentumsdelikte und vereinzelt Körperverletzungsdelikte; sie verstoßen zudem häufiger gegen das Betäubungsmittelgesetz, manchmal auch als Kleindealer oder Transporteure. Wegen der geringen rechtlichen und finanziellen Möglichkeiten der Allgemeinpsychiatrie, diese Patienten so lange stationär zu behandeln, bis eine relevante Besserung eingetreten ist, landen diese nicht selten erst im Rahmen von Strafverfahren im psychiatrischen Maßregelvollzug. Sie sind dann oft schwer entlassbar, weil sie bei Lockerungen zwar keine relevanten neuen Straftaten begehen und auch nicht akut psychotisch werden, aber wieder mit Alkohol- oder Drogenkonsum auffallen, vereinzelt auch mit Alkoholdiebstählen oder Zechprellerei oder Widerstand gegen Vollzugsbeamte. Allemal spielt bei schizophren Erkrankten die sorgfältige und stabile, eher etwas vorsichtigere Wiedereingliederung in die Gemeinde eine besonders wichtige Rolle bei der Rückfallvermeidung (Hodgins u. Müller-Isberner 2004; Seifert 2005).

Depressive Störungen. Es gibt schließlich gar nicht so selten den Kausalzusammenhang: Straffälligkeit nicht wegen, sondern *trotz* psychischer Erkrankung. Wie jemand sich berufliche, private und sportliche Leistungen abringen kann nicht wegen, sondern trotz körperlicher Erkrankung, so gibt es dies auch bei psychischer Erkrankung. Insbesondere bei Wirtschaftsdelikten, Betrug, Untreue und Ähnlichem muss, wenn eine depressive Erkrankung geltend gemacht wird, geprüft werden, wie die Kausalbeziehung verläuft. Sofern unter „depressiv" nicht die alltagssprachliche, jedermann bekannte, missmutige Verstimmung gemeint ist, die ganz normal ist, sondern eine krankhafte Störung, geht sie einher nicht nur mit einem Stimmungseinbruch, sondern mit einer Antriebshemmung, einer Abwendung von Außenbeziehungen und einem massiven Verlust des Glaubens an die eigene Wirkungsmacht. Depressive glauben, dass sie nach außen nichts mehr ausrichten können, dass sie auf die Dinge der Welt keinen wirksamen Einfluss mehr nehmen können, und dass sie dazu auch gar nicht die Kraft hätten. Es gibt zwar nicht nur gehemmt Depressive, sondern auch „agitierte" Krankheitsformen, bei denen die Erkrankten motorisch sehr unruhig sind. Auch agitiert Depressive sind aber nicht fähig zu einem aktiven und gezielten Einsatz ihrer Kräfte, z.B. für komplexe und aufwändige Wirtschaftsdelikte. Kurzum: Depressive sind durch ihre Erkrankung weitgehend gehindert, vorsätzliche Straftaten zu begehen. Sie haben auch kein Interesse daran. Es bleibt als ein einigermaßen gesicherter Bereich, in dem Depressive wegen ihrer Erkrankung Rechtsbrecher werden, der erweiterte Suizid in der wahnhaften Überzeugung, die eigenen Kinder oder den Partner nicht in dieser grauenhaften Welt zurücklassen zu dürfen. Die Analyse solcher Taten zeigt, welche enorme Kraftanstrengung es für den Kranken bedeutet, eine solche Tat zu begehen; der massiven Antriebshemmung stand allein die wahnhafte und sehr persönlichkeitsnahe, als massive Verpflichtung erlebte Überzeugung entgegen, die Kinder nicht verlassen zu dürfen.

Allerdings ist nicht jeder erweiterter Suizid ein solcher „altruistischer Mitnahmesuizid"; es gibt insbesondere bei stark narzisstisch Gestörten auch jene Form, in der Angehörige, Partner, aber auch Feinde zugleich oder unmittelbar zuvor aus Rache getötet werden: „Wenn ich schon nicht mehr weiterleben kann (weil ich finanziell oder in meiner Karriere gescheitert bin), dann sollt ihr auch nicht weiterleben dürfen!" Allemal sind Suizidversuche in der Vorgeschichte eines Probanden ein wichtiger Hinweis auf ein Aggressionspotenzial und eine Bereitschaft, dieses auch auszuleben. Nicht selten gibt es die Verquickung von autoaggressiven Phantasien (auch des „unheimlich starken Abgangs") mit fremdaggressiven Phantasien der Abstrafung. Der schließlich gar nicht ausgeführte Entschluss zum Selbstmord rechtfertigt bei manchen dann vermeintlich jede vorangehende rechtswidrige Tat, da man mit dieser Welt und ihren Regeln ja nichts mehr zu schaffen habe.

Kehrt man nun zu den Wirtschafts- und Eigentumsdelikten zurück, so ist von Belang, ob es sich hier um zeitlich sehr ausgedehnte Tätigkeiten handelte. Depressive Erkrankungen sind häufige Erkrankungen, 20% der Bevölkerung erkranken im Laufe ihres Lebens mindestens einmal an einer Depression. Insofern ist nahe liegend, dass nicht nur gesetzestreue Menschen, sondern z. B. auch Steuerhinterzieher, Wirtschaftskriminelle und Betrüger depressiv erkranken können. Natürlich werden sie sich wie alle bemühen, ihre Aktivitäten trotz der depressiven Einbußen fortzusetzen. Man wird diese aber nicht auf die Depression zurückführen, insbesondere dann nicht, wenn die Depression erst nach dem Beginn der Strafverfolgung oder gar der Verhaftung begonnen hat, und man wird nicht annehmen, dass die Prognose bereits dadurch günstig würde, dass nun eine wirksame psychiatrische Behandlung der Depression erfolgt ist. Gerade bei Betrugskriminalität besteht eine erhebliche Rückfallgefahr, und je gesünder ein Betrüger ist, desto erfolgreicher wird er in aller Regel sein. Unter kriminalprognostischem Aspekt wäre also zunächst zu prüfen, ob überhaupt eine depressive Erkrankung vorlag und wie sie sich zur Delinquenz verhielt; wesentliche Einflüsse auf die künftige Deliktrückfälligkeit sind nicht zu erwarten.

Bipolare affektive Störungen. Anders verhält es sich bei Menschen mit bipolaren affektiven Störungen, die sowohl mit depressiven wie auch mit manischen Episoden erkranken. Akut manische Verfassungen sind charakterisiert durch eine Einbuße der Kritikfähigkeit, eine massive Antriebssteigerung und eine pathologisch veränderte Stimmungslage im Sinne der Hochgestimmtheit, häufiger allerdings der Aufgeregtheit, Unruhe und Gereiztheit; der Schlaf ist meist auf ein Minimum reduziert. Die Kranken sind voller optimistischer, möglichst rasch umzusetzender Pläne, in der Begegnung mit anderen Menschen oftmals laut, distanzlos, übermäßig selbstbewusst und nicht selten verbal verletzend, dabei aber selbst ausgeprägt empfindlich bei Kritik oder Zurückweisung. Trotz des schwerwiegenden Krankheitsbildes, das insbesondere die Angehörigen zutiefst erschreckt, passieren meist nur wenige rechtswidrige Taten. Es gibt Straßenverkehrsdelikte durch Rücksichtslosigkeit und Selbstüberschätzung, Fahren unter Alkohol und bei Konflikten selten einmal Körperverletzungsdelikte. Es werden immer wieder einmal vermeintliche Betrugsdelikte angeklagt, wenn manische Männer beispielsweise in hohem Wertumfang Waren bestellen, die sie gar nicht bezahlen können; tatsächlich haben sie nicht in Täuschungsabsicht gehandelt, sondern sind krankheitsbedingt der Selbsttäuschung unterlegen, das Geschäft durchführen zu können. (Es gibt allerdings auch umgekehrte Fälle, dass habituelle Betrüger und Wirtschaftskriminelle, juristisch beraten und fachkundig instruiert, eine bipolare Erkrankung zu simulieren versuchen.) Selten einmal werden in der Manie rechtswidrige sexuelle Übergriffe begangen, die zumeist nicht sehr schwerwiegend sind. Die meisten bipolaren Menschen haben einen recht ausgeprägten Normbezug und in gesunden Zeiten eine große Scheu, sozialwidrig zu handeln oder sich gar ins soziale Abseits zu manövrieren. Insofern ist es meistens möglich, nach Abklingen der akuten manischen Phase zu einem ambulanten Arrangement zu kommen, dass sowohl die Gefahr neuer Krankheitsphasen als auch das (deutlich kleinere) Risiko neuer rechtswidriger Handlungen unter Kontrolle hält.

∎ **Hirnorganische Störungen.** Hirnorganische Erkrankungen waren noch vor 50 Jahren eine ganz wichtige Ursachengruppe von Straffälligkeit, nicht zuletzt durch zahlreiche Hirnverletzte im Gefolge zweier Weltkriege, aber auch durch die damals sehr viel größere Ausbreitung und Schädigungspotenz von Krankheiten, die zu Hirnschädigungen führen können. Antibiotika, mit denen Infektionskrankheiten behandelt werden können, wirksame Tuberkulosemedikamente, Insulinpräparate zur Behandlung der Zuckerkrankheit – all das hat sich erst nach Ende des Zweiten Weltkriegs als Standard etabliert. Inzwischen ist die Zahl der Patienten, die aufgrund hirnorganischer Erkrankungen straffällig wird und gar im psychiatrischen Maßregelvollzug landet, recht klein geworden. Meist handelt es sich um angeborene oder früh erworbene Intelligenzdefizite, die dann mit einer mangelnden Herausbildung angemessener sozialer Verhaltensstile einhergehen; diese Probanden unterscheiden sich nicht prinzipiell von der Gruppe der angeboren Lernbehinderten, die dem Rechtsbegriff „Schwachsinn" zuzuordnen sind. Relevant sind insbesondere Täter mit sexuellen Übergriffen, zumal gegen Kinder, und manche impulsiv gewalttätig reagierende Täter. Bei ihnen ist in der Regel keine Änderung des medizinischen Sachverhalts zu erreichen. Nach einiger Zeit der stationären Interventionen wird man wissen, welche Lernfortschritte sich erzielen lassen, und man wird abschätzen müssen, ob dies ausreicht, um weniger restriktive Betreuungsformen verantworten zu können.

Es gibt schließlich einen umschriebenen Bereich chronischer hirnorganischer Erkrankungen mit nicht einheitlichem Verlauf, z. B. Epilepsien, bei denen man, ähnlich wie oben bei Schizophrenien beschrieben, das genaue Wechselverhältnis zwischen Krankheitszuständen, Verlauf, Behandelbarkeit, Kooperationsfähigkeit und Straffälligkeit analysieren muss, um sozusagen in einem individuellen Maßanzug die notwendigen Maßnahmen zur neuropsychiatrischen und sozialen Risikokontrolle angemessen zu bestimmen.

Intellektuelle Minderbegabung. Intellektuelle Minderbegabung ist, sofern angeboren, keine hirnorganische Krankheit, sondern eine Normvariante. Sie ist sozial fast immer ein Nachteil, wenn sie in ihren Auswirkungen nicht dadurch kompensiert wird, dass der/die Betreffende sich besonders strikt an den vorhandenen Hilfsangeboten orientiert und sozusagen nicht über die eigenen intellektuellen Möglichkeiten lebt. Intellektuelle Minderbegabung im Ausmaß einer deutlichen Lernbehinderung – ein Intelligenzquotient von deutlich unter 70 im HAWIE-R, Unfähigkeit zum Lesen und Schreiben oder mangelnde Beherrschung einfacher Rechenoperationen (sofern nicht eine wirklich umschriebene Teilleistungsschwäche vorliegt, die aber auch nicht unproblematisch ist) – tritt heutzutage kriminologisch kaum noch in Erscheinung. Offenbar ist das Versorgungssystem inzwischen so entfaltet, dass geistig Behinderte bereits im Kindesalter in eine entsprechende Versorgung kommen, die auf behinderte Menschen eingestellt ist. Kriminologisch relevant sind sie fast nur noch im Bereich von Sexualdelikten, insbesondere sexuellen Missbrauchsdelikten gegenüber Kindern, manchmal aber eben auch sexuellen Gewaltdelikten bis hin zum Mord zur Ermöglichung oder Vertuschung des sexuellen Übergriffs. Die therapeutischen Einwirkungsmöglichkeiten sind infolge der Lernbehinderung sehr gering; in wenig gefährlichen Fällen kann erwogen werden, eine Behandlung mit Antiandrogenen durchzuführen. Große Bedeutung haben die sozialen Rahmenbedingungen, also die Unterbringungs- und Betreuungsform als äußere Struktur und Korrektur. Die kriminalprognostische Beurteilung ist undankbar: Man kann meist wenig Hoffnung machen und es ist meist auch schon alles versucht worden.

Substanzabhängigkeit als wichtiger Risikofaktor

Ein zentraler Einflussfaktor auf Straffälligkeit und Rückfälligkeit ist die Trias aus dissozialer Sozialisation, dissozialem Lebensstil und dissozialem Umfeld. Alkoholmissbrauch ist in diesem Kontext ein üblicher, verstärkender Faktor, in manchen Milieus auch der Missbrauch von Haschisch und anderen Drogen. Viele Menschen wechseln im Laufe der Zeit phasenweise zwischen einem dissozialen und einem sozial besser integrierten Lebensstil. Sie haben also zeitweilig Arbeit, finanzielle Mittel, Wohnung, einen Partner, vielleicht auch eine strukturierte Einbindung im Freizeitbereich wie einem Sportverein o. Ä. Nach manchmal eher kleinen Ereignissen, z. B. einer Verletzung, die zur eigentlich nur befristet erforderlichen Aufgabe der sportlichen Aktivitäten führte, kommt es zu einer allmählichen Kaskade weiterer Veränderungen, die abrupter natürlich auch durch einen Arbeitsplatzverlust oder eine Partnertrennung ausgelöst werden kann. Diese Kaskade bedeutet dann den schrittweisen Verlust der sozialen Integration und das Hineinrutschen in ein dissoziales Leben mit oft niedrigem Selbstkonzept, Sozialhilfebezug und materieller Enge, Planlosigkeit bei einem Übermaß an verfügbarer Zeit, dem Fehlen tragfähiger personaler Beziehungen. Das Hineinrutschen in diesen Lebensstil, wie bereits der Arbeitsplatzverlust, die Partnertrennung, wird nicht selten durch Alkoholmissbrauch entscheidend befördert und, einmal aufgetreten, konsolidiert. Bei einem solchen Fall von sozialer Verwahrlosung und habitueller Gewalttätigkeit trifft durchaus zu, dass Alkohol zu einer Auflösung von Selbstachtung, Normenbezug und persönlichen Loyalitäten führen kann. Auch dann aber genügt nicht allein die „Alkoholsanierung", sondern es muss an der Veränderung des sozialen Selbstkonzepts gearbeitet werden. Die dissozialen Prägungen und ein Selbstkonzept als „Opfer" oder als „Verlierer" sind mindestens so relevant für die weitere Lebensgestaltung wie der manifeste Alkoholkonsum.

Es gibt natürlich auch Menschen, die ohne dissoziale Vorerfahrungen, nach vielmehr guter sozialer Integration durch eine zunehmende Alkoholabhängigkeit im dritten, vierten oder noch späteren Lebensjahrzehnt entweder generell sozial verwahrlosen, arbeitslos werden, Partner, Freunde und Verwandte verlieren oder aber noch eine gewisse Integration behalten, aber im familiären Feld mit Gewalttätigkeiten auffällig werden, insbesondere Gewalt gegen die Kinder und die Partnerin. Hier wäre differenzialdiagnostisch genau zu schauen, ob depressive Einbrüche an der Entwicklung der Substanzabhängigkeit Anteil hatten, ob zuvor bereits eine Persönlichkeitsstörung vorgelegen hat, die ihrerseits relevant sein könnte für die Gewaltbereitschaft, oder ob auch suchtunabhängige Störungen in der Weise erkennbar werden, wie der Proband intime Beziehungen gestaltet. Kriminalprognostisch wichtig ist, was außer dem kontrollierten Umgang mit der Suchtproblematik eventuell noch an Veränderung erforderlich ist.

Wenig Anlass zu Optimismus ist es, wenn vom Probanden selbst sein habitueller Alkoholmissbrauch in zutiefst reuiger Haltung zum eigenständigen, ihm selbst gar nicht angehörenden Ursachenfaktor erklärt wird und die Glaubensüberzeugung geäußert wird, mit dem festen Vorsatz des Nichtmehr-Trinkens sei nun alles getan. Meist hält die Behauptung, jemand habe alle seine Straftaten unter Alkohol begangen, einer genauen Überprüfung nicht stand. Oft hat auch keine Alkoholabhängigkeit im psychiatrischen Sinn bestanden (mit Abstinenzunfähigkeit, Kontrollverlust, körperlicher Abhängigkeit und Dosissteigerung), sondern der habituelle Missbrauch, wie er im dissozialen Umfeld gang und gäbe ist. Trotzdem wird in der Rückschau der Alkoholkonsum vom Probanden aufgebauscht, um mit dem Abstinenzvorsatz jeglicher weiterer Veränderung der Lebensweise vermeintlich enthoben zu sein.

Es gibt aber auch bei Süchtigen die umgekehrte Kausalbeziehung: Straffälligkeit nicht wegen, sondern trotz Substanzmissbrauchs oder Abhängigkeit. Ein rheinischer Anlagebetrüger prellte hunderte von Kleinanlegern insgesamt um Millionenbeträge; am erfolgreichsten war er, als er sich gleichzeitig in Behandlung einer Suchtklinik befand und sicher abstinent war. Seine kriminellen Geschäfte wurden dann zunehmend ausgedünnt und für ihn weniger erfolgreich, als er mit Alkohol rückfällig wurde, was Kunden und Geschäftspartner verstörte; er schaffte nur noch kurze Zeiträume, in denen er nüchtern wirkte. Hier mag eine erneute Suchtbehandlung menschlich indiziert sein; das Delinquenzrisiko vermag sie natürlich nicht zu mindern.

Drogenabhängige Straftäter bilden insofern kriminalprognostisch eine schwierige Gruppe, weil sie oft stärker noch als Alkoholmissbraucher eingebunden sind in eine kriminelle Szene, bei der die Rollenverteilungen schlecht einzuschätzen sind. Entgegen vielen Vorurteilen bei Juristen und in der Bevölkerung ist die süchtige Bindung an Drogen, auch harte Drogen, nicht intensiver als an Alkohol, und der Drogenentzug ist in der Regel weniger leidvoll und weniger gefährlich als der Alkoholentzug. Viele Heroinabhängige haben, eher unfreiwillig, schon „kalte" Entzüge ohne Minderung der Entzugserscheinungen durch Medikamente durchgemacht. Das Rückfallrisiko Drogenabhängiger ist also nicht primär durch die Suchtpotenz der Droge bestimmt, sondern einerseits durch eine fortbestehende psychische Anfälligkeit des abstinent gewordenen Süchtigen, andererseits durch das soziale Umfeld, in das er wieder zurückkehrt und das ihn möglicherweise eben nicht nur mit Drogen versorgt, sondern auch mit Arbeit und Geld: als Drogenkurier, als Händler. Es gibt nach einer Therapie bisweilen auch den Fall, dass der sanierte Drogenkonsument clean bleibt, aber weiter dealt oder sogar in der kriminellen Hierarchie aufsteigt, weil er nun für riskantere Unternehmungen in Betracht kommt.

Im Haftverlauf und Unterbringungsverlauf kommt es bei vielen Insassen zum Konsum verbotener Substanzen, also zum Ansetzen von Alkohol („Fiffi"), Konsum von eingeschmuggeltem Alkohol, Haschisch, Speed, Kokain, Heroin, psychotropen Natursubstanzen (Muskatnuss, Pilze etc.) und Medikamenten, Dopingmitteln, Muskelaufbaupräparaten etc. Bei keiner Substanz beweist bereits der einmalige Konsum eine süchtige Abhängigkeit, dies gilt oft auch für mehrfachen Konsum. Primär sind diese Vorfälle auch deswegen für die Insassen ein Genuss, weil damit gegen die Anstaltsordnung verstoßen wird, weil damit ein kleines trotziges Stück Freiheit gegen die Vorschriften durchgesetzt wird; das muss man nicht unbedingt moralisch missbilligen und das muss auch nicht immer bedeuten, dass der Proband nicht zur Kooperation bereit wäre. Gleichwohl erweist sich gerade in Stadien der Lockerung anhand dieser Verbote, ob der Proband imstande ist, sich mit dem Ziel der bedingten Entlassung und eines straffreien Lebens zu disziplinieren und auf Wunscherfüllungen zu verzichten. Das gilt gerade auch in den vielen Fällen, wo Verurteilte keine Alkohol- und Drogenabhängigkeit haben, gleichwohl als Freigänger die Auflage haben, keinen Alkohol zu konsumieren (illegale Drogen ohnehin nicht). Gerade wenn man nicht süchtig ist, kann man dies durchhalten; wenn nicht, hat man offenbar noch ein Autoritätsproblem mit mächtigen anderen und der Staatsmacht, mit der Neigung zum Regelverstoß aus Trotz, das eventuell besser *vor* der Entlassung gelöst werden sollte. Andererseits muss sich eine Vollzugsanstalt hüten vor dem Fehler, im Kampf um die Einhaltung von Abstinenzauflagen dahin zu gelangen, die mögliche Gefährlichkeit eines Insassen nur noch an seinem Alkoholkonsum während Lockerungen festzumachen. Allerdings ist die Fähigkeit und Bereitschaft eines Inhaftierten oder Untergebrachten, Regeln und Auflagen einzuhalten, natürlich ein wichtiger Indikator seiner sozialen Anpassungsbereitschaft, die nach Entlassung nicht mehr durch engmaschige Kontrollen gestützt werden kann, sondern höheren Anforderungen unterliegt: Der Proband muss auch innerlich bereit sein, sich den geltenden Normen zu unterwerfen. Insofern ist punktueller Alkoholmissbrauch ein Rückfallindikator nicht nur bei Alkoholabhängigen oder Menschen mit länger dauerndem Substanzmissbrauch (Stadtland u. Nedopil 2003). Seifert (2005) hat gezeigt, dass eine Alkoholisierung (nicht aber notwendig eine massive Berauschung) während der Tat sowie eine fortbestehende Neigung zum gelegentlichen Betrinken, zumal in Stresssituationen, ein Indikator war für eine erhöhte Rückfallneigung nach Entlassung aus dem psychiatrischen Maßregelvollzug. Bei manchen ist dieser Faktor weitgehend identisch mit den fortwirkenden dissozialen Prägungen.

▌ Persönlichkeitsstörungen als wichtiger Risikofaktor

Eingangs hingewiesen wurde auf die kriminalprognostisch besonders wichtigen „großen Vier" (Andrews u. Bonta 1998) in der Persönlichkeitsdiagnostik:
1. die Vorgeschichte antisozialen und delinquenten Verhaltens,
2. die Ausprägung von Merkmalen der antisozialen Persönlichkeit,
3. das Ausmaß antisozialer Kognitionen und Einstellungen sowie
4. ein antisoziales Umfeld.

Diese Phänomene sammeln sich in der Praxis in der Diagnose einer „dissozialen Persönlichkeitsstörung" (F60.2) nach ICD-10 (Dilling et al. 1991) oder aber, wenn bereits vor Vollendung des 15. Lebensjahrs eine Störung des Sozialverhaltens vorlag, einer „antisozialen Persönlichkeitsstörung", (301.7) nach DSM-IV-TR (Saß et al. 2003). Diese dissoziale oder antisoziale Persönlichkeitsstruktur ist unter Strafgefangenen recht häufig anzutreffen, in empirischen Untersuchungen kam man auf Quoten von 30 bis 70%, und insbesondere bei Probanden mit früh, also in der Kindheit beginnender delinquenter Karriere (wie es die Kriterien der „antisozialen Persönlichkeitsstörung" im DSM im Gegensatz zur ICD verlangen) haben sich weit überwiegend Einstellungen, Reaktions- und Verhaltensmuster herausgebildet, welche die Kriterien einer solchen Persönlichkeitsstörung erfüllen. Das DSM spricht von antisozialer, die ICD von dissozialer Persönlichkeitsstörung.

∎ **Dissoziale Persönlichkeitsstörung.** Gruppenstatistisch sind Straffällige mit einer dissozialen Persönlichkeitsstörung sicherlich die wichtigste und kompakteste Gruppe in dem Bereich der Strafverfolgung, in dem die Schwere der Taten Haftstrafen oder freiheitsentziehende Maßregeln erforderlich macht. Insofern ist es nahe liegend, dass Andrews u. Bonta (1998) auf Antisozialität fokussieren und diese nochmals in vier Dimensionen quantifizieren, nämlich nach sichtbarer Vorgeschichte, nach Persönlichkeitsquerschnitt, nach der Intensität der antisozialen Kognitionen und Einstellungen sowie nach dem antisozialen Umfeld. Sicherlich empfiehlt es sich auch im Rahmen kriminalprognostischer Begutachtungen, diese vier Dimensionen je einzeln auszuleuchten, um innerhalb des Feldes antisozialer Phänomene noch eine gewisse Graduierung vornehmen und Interventionsmöglichkeiten erschließen zu können.

In der ICD-10 ist die dissoziale Persönlichkeitsstörung (F60.2) charakterisiert durch dickfelliges Unbeteiligtsein gegenüber den Gefühlen anderer und einen Mangel an Empathie, durch deutliche und andauernde Verantwortungslosigkeit und Missachtung sozialer Normen, Regeln und Verpflichtungen. Die Betreffenden beeindrucken durch das Unvermögen zur Beibehaltung längerfristiger Beziehungen, obwohl keine Schwierigkeit besteht, Beziehungen einzugehen. Die betreffenden Personen haben eine geringe Frustrationstoleranz und neigen zu aggressivem, auch gewalttätigem Verhalten. Sie erleben kein Schuldbewusstsein und lernen nicht aus Erfahrung, insbesondere lernen sie wenig aus Bestrafung, schon gar nicht aus eher symbolischer Bestrafung. Sie haben eine große Neigung, andere zu beschuldigen und vordergründige Rationalisierungen für eigenes Fehlverhalten anzubieten, und manche zeichnen sich durch eine andauernde Reizbarkeit aus. Bei der Kriterienliste der „antisozialen Persönlichkeitsstörung" des DSM-IV (Diagnosenr. 301.7) werden die Akzente etwas anders gesetzt. Dort ist diese Persönlichkeitsstörung ausgezeichnet durch wiederholtes Begehen von Handlungen, die Grund für eine Festnahme bilden: Falschheit, Lügen und Betrügen anderer, Impulsivität oder Unfähigkeit, vorausschauend zu planen, Reizbarkeit und Aggressivität, die sich in wiederholten Schlägereien und Überfällen geäußert haben, rücksichtslose Missachtung der eigenen Sicherheit oder der Sicherheit anderer, durchgängige Verantwortungslosigkeit, die sich in wiederholtem Versagen zeigt, eine dauerhafte Tätigkeit auszuüben oder finanziellen Verpflichtungen nachzukommen, fehlende Reue, die sich in Gleichgültigkeit oder Rationalisierung äußert. Zudem müssen die Störungen des Sozialverhaltens bereits vor Vollendung des 15. Lebensjahres erkennbar sein im Sinne der entsprechenden kinderpsychiatrischen Diagnose.

Kriminalprognostisch bedeutsam ist, dass solche eingeschliffenen dissozialen Verhaltensstile keineswegs im Selbstlauf oder mit dem Alter verschwinden, sondern aufrechterhalten bleiben, so lange sich der Betreffende in einem entsprechenden dissozialen Milieu bewegt und keine dezidierten Anstrengungen unternimmt, Distanz zu solchen Personen und Verhaltensgewohnheiten aufzubauen. Dies bedeutet unter freiheitsentziehenden Bedingungen in der Regel, dass der Betreffende bereit sein müsste und entsprechende Schritte unternimmt, „die Fronten zu wechseln", mit der staatlichen Seite zu kooperieren, sich in ein anderes soziales Lernumfeld einzugliedern. Insofern sind praktisch alle Bemühungen, die in Jugendstrafanstalten, Strafanstalten, Entziehungsanstalten gemäß § 64 StGB und dem psychiatrischen Maßregelvollzug unternommen werden, basal immer auch ein Bemühen, dissoziale Verhaltensstile zu unterlaufen, zu unterbinden, zu beenden und Lernfelder zu eröffnen, um in sozial adäquaterer Weise und selbstverantwortlich am Leben teilzunehmen. Insbesondere auch in der Suchtbehandlung gemäß § 64 StGB ist die Mitbehandlung der hier sehr häufigen dissozialen Stile ein essenzieller Bestandteil der Arbeit, die nicht allein auf die Wirkung des Suchtmittels und die Herstellung von Abstinenz beschränkt bleiben kann. Fortschritte eines Probanden im Umgang mit seinen dissozialen Prägungen müssten einerseits im Rahmen einer Begutachtung im Gespräch sichtbar werden, wenn der Proband nunmehr reflektierend imstande ist, eigenes und fremdes Verhalten differenziert zu beurteilen, wenn er Abstand nehmen kann von Schwarzweißmalerei und Lagerdenken, wenn er auf externalisierende Schuldzuweisungen als Hauptinstrument zum Verständnis der Welt und seines Lebens verzichtet und wenn er an entscheidenden Punkten davon Abstand nehmen kann, Lügengeschichten zu erzählen. Sichtbar werden müsste dies allerdings auch in den alltäglichen Abläufen der Kooperation mit der Einrichtung, mit Mitarbeitern und Fachdiensten wie auch mit Mitpatienten oder Mitgefangenen. Lockerungen sollen bei solchen Menschen gerade dazu dienen, dass sie den neu gewonnenen Freiheitsspielraum nutzen, um außerhalb der freiheitsentziehenden Einrichtung Kontakt mit Personen und Einrichtungen herzustellen, die nicht in einem dissozialen Milieu leben, und mit denen sie wohnen, arbeiten und ihre Freizeit verbringen können, z.B. im Sportverein etc.

▌ „Psychopathy". Eine kriminologisch besonders wichtige Untergruppe der dissozialen Persönlichkeiten, die in Deutschland etwa 10% der Menschen mit dissozialer Persönlichkeitsstörung umfassen könnte, sind Menschen, die die Kriterien des angloamerikanischen Psychopathiekonzepts erfüllen (Hare 1970, 1991). Bei ihnen findet sich eine Kombination von dissozialen Kognitionen und Verhaltensstilen mit einer sehr starken Durchsetzungsbereitschaft und Rücksichtslosigkeit sowie einem pathologischen Narzissmus, der es verlangt, dass ihnen andere Menschen zum Beweis der eigenen Grandiosität zum Opfer fallen. Diese Persönlichkeiten haben häufig recht gute Fähigkeiten, die Bedürfnisse und Verhaltensstile anderer Menschen zu erkennen, manipulativ zu beeinflussen und auszubeuten, und sind in diesem Sinne nicht empathielos; sie sind aber empathielos in dem Sinne, dass ihnen das Leid anderer nichts Negatives bedeutet. Vielmehr gewinnt man häufig den Eindruck, dass sie sich am Leid anderer laben und daraus ein Gefühl von Macht und Größe gewinnen. Dieses grandiose Überlegenheitsgefühl versuchen sie durch immer erneute Übergriffe auf andere zu konsolidieren. Für diese Gruppe von Straftätern gibt es bislang keine wirksamen Behandlungsformen (Lösel 1998); gesichert ist, dass sie in wenig strukturierten Behandlungsformen sogar noch an Gefährlichkeit gewinnen, vermutlich dadurch, dass sie ihr Repertoire zu Manipulation und zu Missbrauch anderer Menschen noch erweitern. In der Identifikation dieser Problemgruppe hat sich die „psychopathy-checklist" von Hare (1991) bewährt, in deren Anwendung man allerdings geschult sein muss. Erfasst wird mit diesem Instrument (PCL-R oder PCL-SV) die Intensität der delinquenten Vorgeschichte, der Faktor Rücksichtslosigkeit und offensive Durchsetzungsbereitschaft, der Empathiemangel und die narzisstische Präsentation. Menschen, die allein eine intensive dissoziale Vorgeschichte haben, denen aber die entsprechende Persönlichkeitskonfiguration nicht zukommt, gelangen bisweilen auf mittlere Punktwerte, während hohe Werte in der PCL immer ein nachdrückliches Warnsignal darstellen, das bis zum Beweis des Gegenteils eine negatives Kriminalprognose indiziert. Eine Analyse der sozialen Vorgeschichte und psychiatrischer Risikofaktoren (darunter auch des PCL-Scores), des gegenwärtigen Verhaltensstils und des sozialen Empfangsraums enthält der HCR-20 (Webster u. Eaves 1995, in deutscher Übersetzung bei Müller-Isberner et al. 1998); sie wendet dies prognostisch auf das Risiko künftiger Gewalttaten an. Es empfiehlt sich, im Rahmen der kriminalprognostischen Begutachtung solche standardisierten Instrumente ebenfalls einzusetzen und zu kombinieren mit der klinischen Kriminalprognose (s. auch Kap. 1); ohnehin bedarf es für das korrekte Ausfüllen dieser Prognoseinstrumente einer eingehenden Erhebung der Anamnese und auch eines persönlichen Eindrucks vom Probanden, während andererseits die Ergebnisse, die ein Proband im PCL oder HCR erzielt, für den Gutachter Anlass sein werden, dies mit seinen sonstigen Eindrücken abzugleichen und argumentativ aufzulösen.

▌ **Grundlegende Kriterien für Persönlichkeitsstörungen.** Wesentlich ist bei der Berücksichtigung von Persönlichkeitsstörungen in der Kriminalprognose, dass die Diagnose einer Persönlichkeitsstörung nicht nur das Vorliegen der speziellen Symptome der jeweils einzelnen Störung (wie oben angeführt für die dissoziale bzw. antisoziale Persönlichkeitsstörung) erfordert, sondern dass auch die grundlegenden Kriterien vorhanden sein müssen, die für alle Persönlichkeitsstörungen sachliche Vorbedingung sind:
1. deutliche Unausgeglichenheit in den Einstellungen und dem Verhalten in mehreren Funktionsbereichen wie Affektivität, Antrieb, Impulskontrolle, Wahrnehmen und Denken sowie in den Beziehungen zu anderen;
2. das abnorme Verhaltensmuster ist andauernd und nicht auf Episoden psychischer Krankheiten begrenzt;
3. das abnorme Verhaltensmuster ist tief greifend und in vielen persönlichen und sozialen Situationen eindeutig unpassend;
4. die Störungen beginnen immer in der Kindheit oder Jugend und manifestieren sich auf Dauer im Erwachsenenalter;
5. die Störung führt zu deutlichem subjektiven Leiden, manchmal erst im späteren Verlauf;

6. die Störung ist meistens mit deutlichen Einschränkungen der beruflichen und sozialen Leistungsfähigkeit verbunden,
7. sie ist nicht Ausdruck oder Folge einer anderen, z. B. hirnorganischen Störung.

Die Kriterien 5 und 6 lassen sich bei der forensischen Klientel oftmals nicht beurteilen, weil das subjektive Leiden sich häufig mehr auf die negativen Tatfolgen für den Probanden selbst bezieht; die deutlichen Einschränkungen der beruflichen und sozialen Leistungsfähigkeit sind häufig durch seine Delinquenz und Haftzeiten bedingt und nicht durch Persönlichkeitseigenheiten. Entscheidend ist aber, dass die Kriterien 1 bis 4 vorliegen müssen. Dies bedeutet insbesondere, dass Persönlichkeitsstörungen keine monosymptomatischen Sachverhalte sind (1. Kriterium), sie können sich nicht allein in einer bestimmten Straffälligkeit äußern und nicht allein in einem einzigen Persönlichkeitsbereich, sondern sie müssen die gesamte Persönlichkeit in unterschiedlichen Funktionsbereichen beeinträchtigen. Dieses gestörte Verhaltensmuster muss dann seit Kindheit und Jugend, spätestens seit dem frühen Erwachsenenalter kontinuierlich vorliegen (Kriterien 2 und 4). Es muss tief greifend und in vielen Situationen eindeutig unpassend sein (Kriterium 3). Eine Persönlichkeitsstörung, die vor der Straffälligkeit oder vor der Inhaftierung niemand wirklich bemerkt hat, oder die anscheinend erst im dritten Lebensjahrzehnt aufgetreten ist, wäre mit diesen Vorgaben nicht vereinbar. Man müsste in solchen Fällen vielmehr an eine vorübergehende Anpassungsstörung denken oder eben an eine schiere Überbewertung von dysfunktionalen Reaktionen auf das Strafverfahren.

Kriminologisch und auch kriminalprognostisch sind im Grunde alle Persönlichkeitsstörungen relevant. Unter Straffälligen gibt es einen erhöhten Anteil von Persönlichkeitsstörungen in einem breiten Spektrum. Die Persönlichkeitsstörungen, meistens werden in den diagnostischen Systemen etwa 8 bis 10 Störungen unterschieden, lassen sich traditionell in drei Gruppen (Merkmalscluster) ordnen, nämlich als Cluster A die kühl distanzierten Persönlichkeiten, als Cluster B die emotional bewegten Persönlichkeiten und als Cluster C die durchsetzungsschwachen, unsicheren Persönlichkeiten.

▌ **Cluster A.** In Cluster A findet sich die *paranoide Persönlichkeitsstörung*, die gekennzeichnet ist von Misstrauen und Argwohn und einer großen Neigung, die Motive anderer böswillig auszulegen. Es findet sich hier die kriminologisch ausgesprochen wichtige Gruppe der *schizoiden Persönlichkeitsstörungen*, die sich durch Distanziertheit in sozialen Beziehungen, Einzelgängertum, Introvertiertheit und eine eingeschränkte Bandbreite emotionaler Ausdrucksmöglichkeiten auszeichnet, wobei diese Distanziertheit durchaus mit einer hohen Verletzlichkeit und Kränkbarkeit einhergehen kann und mit der Ausbildung von destruktiven Phantasien. Es findet sich in diesem Cluster die *schizotypische Persönlichkeitsstörung*, bei der die

Menschen ein starkes Unbehagen in nahen Beziehungen haben, Verzerrungen des Denkens und der Wahrnehmung aufweisen und Eigentümlichkeiten des Verhaltens zeigen.

Die *antisoziale Persönlichkeitsstörung* des DSM lässt sich teilweise dem Cluster A, in anderen Fällen eher dem emotional-instabilen Cluster B zuordnen.

Menschen mit einer Cluster-A-Persönlichkeitsstörung geraten in Konflikt mit sozialen Normen und anderen Menschen durch ihre geringen Fähigkeiten, sich wechselseitig auf andere Menschen zu beziehen, anderen zu vertrauen, die Intentionen anderer korrekt einzuschätzen. Es gibt in dieser Hinsicht sehr charakteristische Verläufe bei Menschen mit paranoider Persönlichkeitsstörung, die als Querulanten, vermeintliche Mobbingopfer und Störer oft eine recht markante Bahn ziehen, die nicht selten auch teilweise berechtigte Anliegen haben, sodass es schwer fällt, reaktiv Nachvollziehbares von Pathologischem zu unterscheiden. Solche paranoiden Entwicklungen entsprechender Menschen sind kriminalprognostisch häufig sehr schwer einzuschätzen, insofern diese Menschen, wenn sie in Freiheitsentziehung kommen, zeitweilig desaktualisiert sein können in ihren kämpferischen Antrieben und eine oberflächliche Anpassungsleistung vollziehen, wobei sie aber ihr Anliegen angesichts der Macht der äußeren Umstände nur aufgeschoben haben, nicht aufgehoben. Immer wieder einmal werden Fälle berichtet, in denen solche Persönlichkeiten nach längerer Freiheitsentziehung und scheinbarer Auflösung des konflikthaften Fokus, in Freiheit zurückgelangt, schließlich dann doch ihre Rachepläne durchführten. Insofern wird sich bei der kriminalprognostischen Begutachtung hier die Auseinandersetzung mit den einstigen Tathintergründen und -anreizen und den heutigen Positionen hierzu sehr sorgfältig der Frage widmen, welche Haltungen der Proband heute zu den einstigen Feinden und Handlungsursachen einnimmt.

Schizoide Persönlichkeiten finden sich nicht selten bei eher einzelgängerischen kriminellen Karrieren mit einem breiteren, aber gewaltbetonten Handlungsspektrum und auch bei Menschen mit sadistischen Symptombildungen und destruktiv gewaltsam aufgeladener Sexualität. Tatsächlich erweisen sich insbesondere im psychiatrischen Maßregelvollzug solche Persönlichkeiten nicht als unbehandelbar, sondern sie profitieren offenbar nicht selten von der in ihrem Leben nun erstmalig gemachten Erfahrung, dass sie für andere Menschen als Person wichtig sind, dass sie eine kontinuierliche Zuwendung und Wertschätzung erfahren und dass sie lernen, innere Befindlichkeiten wahrzunehmen, zu benennen und mit anderen zu erörtern. Bei manchen dieser schwer schizoid gestörten Menschen liegt offenbar im haltenden therapeutischen Rahmen über längere Fristen hinweg eine korrigierende emotionale Erfahrung, die ihnen eine innerliche Nachreifung ermöglicht, welche wiederum einen Verzicht auf destruktive Kompensation erlaubt. Mangels empirischen Materials kann allerdings nicht die Frage beantwortet werden, ob solches auch dann gelingt, wenn sich zuvor bereits eine stabile sadistische Neigung herausgebildet hatte und auch sa-

distische Aktionen stattgefunden haben, in denen das plötzliche Einschie-
ßen von Gefühlen der Macht, der Stärke, des Triumphes eindrückliche
Lernerfahrungen hinterlassen haben, die auf Wiederholung drängen. In der
Praxis erfährt man natürlich am ehesten von den Fällen, bei denen im
Glauben an eine Heilung schließlich doch eine Entlassung in Freiheit
durchgeführt wurde, der dann eine neue Tatserie folgte, wie im Fall von
Jack Unterweger. Im Übrigen ist für schizoide Persönlichkeiten natürlich
auch die Gruppe ein Übungsfeld; man wird aber in den meisten Fällen nur
eine emotionale Bewegung initiieren können, wenn der Proband auch die
Erfahrung einer konstanten emotionalen Zuwendung in der Einzelsituation
macht. Im Übrigen gilt für solche Persönlichkeitsstörungen wie für alle anderen auch, dass das Ziel von Behandlung nicht sein kann, diese Persönlichkeitsstörung gänzlich aufzulösen, sondern die Betreffenden instand zu
setzen, trotz ihrer diesbezüglichen Schwächen und Neigungen sozial adäquate Verhaltensstile zu entwickeln, wobei insbesondere die kompensatorischen Verhaltensweisen trainiert und manchmal ritualisiert werden
müssen, um dann Schwächen stabil zu überbrücken.

Menschen mit schizotypischer Persönlichkeitsstörung sind schon im allgemeinpsychiatrischen Feld selten und finden sich auch kaum in der strafrechtlichen Begutachtung. Angesichts der Vielfalt ihrer bizarren Symptome
sind sie hochgradig auffällig. Sie werden wohl in aller Regel, sofern eine
Freiheitsentziehung erforderlich ist, im psychiatrischen Maßregelvollzug
landen und ähnlich wie schizophren Kranke eine relativ stabile poststatio-
näre Nachsorge benötigen.

█ **Cluster B.** Im Cluster B finden wir neben den antisozialen die emotional
instabilen Persönlichkeiten und die Borderline-Persönlichkeitsstörung, bei
der insbesondere eine Instabilität in zwischenmenschlichen Beziehungen,
im Selbstbild und in Affekten relevant ist sowie eine deutliche Impulsivität.
Es findet sich hier die histrionische Persönlichkeitsstörung, die sich durch
übermäßige und übertrieben wirkende Emotionalität, manipulatives Verhalten, Geltungsbedürfnis und Verlangen nach Aufmerksamkeit auszeichnet. Dem Cluster B zugeordnet ist schließlich die narzisstische Persönlichkeitsstörung des DSM-IV-TR, die in der ICD-10 keine eigene Kategorie hat,
sondern dort unter „andere spezifische Persönlichkeitsstörung" einzuord-
nen ist. Sie ist ausgezeichnet durch Großartigkeitsgefühle, ein Bedürfnis
danach, bewundert zu werden, sowie mangelnde Empathie.

Im Cluster B ist nicht schwer verständlich, dass die emotional instabilen
Persönlichkeiten, die rasch in Verstimmung geraten und dazu tendieren,
andere Menschen einerseits zu idealisieren, bei Enttäuschung aber auch radikal abzuwerten, in der Gefahr stehen, immer wieder in soziale Konflikte
zu geraten, auch andere gegen sich aufzubringen. Bei dem sich daraus ergebenden sozial mühseligen Leben fällt es dann schwer, gute Vorsätze, die
man nach einer Bestrafung gefasst hat, auch umzusetzen, weil alles wieder
ganz anders kommt, als man sich das vorgestellt hat. Insofern ist es hier sicherlich auch recht wichtig, eine soziale Einbettung zu finden, bei der die

Personen des Umfelds stabiler sind als der Proband und imstande, dessen Ausschläge in Stimmung und Handlungsbereitschaften zu dämpfen; es geht also vor allem um die Frage, ob im sozialen Empfangsraum haltende Strukturen vorhanden sind und ob seitens des Probanden die Bereitschaft herausgebildet ist, mit anderen Personen zu kooperieren. Man wird darauf achten, wie entsprechende Versuche in der Vergangenheit verlaufen und woran sie gescheitert sind. Eine große und besonders schwierige Gruppe sind die Menschen, die im Wesentlichen durch ihre Impulsivität immer wieder mit der Gesellschaft in Konflikt geraten und dabei dann ungeplante, unbedachte Straftaten aus der jeweiligen Situation heraus begangen haben. Mit diesen Menschen kann man in Haft oder Unterbringung oft recht verständig sprechen, sie sehen im Nachhinein die Dummheit ihrer Handlungsweisen durchaus ein, können aber nicht willentlich das Muster abstellen, erst zu handeln und dann zu bedenken. Insofern geht der Effekt vieler Lernprogramme bei diesen impulsiven Menschen ins Leere, weil sie kognitiv all das, was man ihnen beibringen möchte, durchaus wissen; sie handeln jedoch schon, bevor dieses Wissen greift. Insofern wird man bei diesen Menschen indirekte Programme schulen. Es geht zum einen um die Vermeidung von bestimmten Situationen, die für sie riskant werden können. Man wird aber auch versuchen, in Rollenspielen oder ähnlichen praktischen Übungen Verhaltensrituale einzuüben, die in kritischen Situationen hilfreich sein könnten, um die Abläufe zu verlangsamen und der abwägenden Überlegung eine Chance einzuräumen.

In diesem ganzen Feld der emotional instabilen und impulsiven Persönlichkeiten ist absehbar, dass zukünftig auch stimmungsstabilisierende medikamentöse Vorgehensweisen greifen werden. Wenn so tatsächlich einer größeren Anzahl von Menschen ermöglicht würde, ihr Verhalten besser und sozial adäquater einzurichten, die ansonsten wegen ihrer Gefährlichkeit in Freiheitsentziehung bleiben müssten, wäre dies ausgesprochen erfreulich. Denkbar ist im Übrigen auch, dass Menschen mit Persönlichkeitsstörung aus dem Cluster A durch eine medikamentöse Behandlung offener, vertrauensfähiger, zugewandter werden, wie wir dies auch aus der medikamentösen Behandlung Schizophrener kennen. Am wenigsten Hoffnung gibt es in dieser Hinsicht für die Gruppe C der selbstunsicheren und durchsetzungsschwachen Menschen.

▌ Cluster C. Im Cluster C finden sich die vermeidend-selbstunsicheren Persönlichkeitsstörungen, definiert durch ein Muster von sozialer Hemmung, Unzulänglichkeitsgefühlen und Überempfindlichkeit gegenüber negativer Bewertung. Es findet sich hier die dependente Persönlichkeitsstörung mit unterwürfigem und anklammerndem Verhalten, das auch ein übermäßiges Bedürfnis danach, umsorgt zu werden, signalisiert. Schließlich finden sich hier Menschen mit zwanghafter Persönlichkeitsstörung, die sich ständig mit Ordnung, Perfektionismus und Kontrolle befassen.

Das Cluster C galt lange Zeit als kriminologisch unerheblich, weil man dachte, zwanghafte und selbstunsichere Menschen würden sich gar nicht zur Begehung von Straftaten „aufraffen". In unselektierten Straftäterpopulationen finden sich allerdings in Wirklichkeit doch relativ viele selbstunsichere, asthenische, anlehnungsbedürftige Persönlichkeiten, die häufig nicht als Einzeltäter in Erscheinung treten, sondern sich in dissozialen Milieus bewegen und dort in unterschiedlicher Funktion zu Mittätern werden, die dann allerdings auch die Erfahrung machen, dass es so schwer nicht ist, z.B. Einbrüche zu begehen oder, eventuell auch in alkoholisierter Verfassung, gewalttätig gegenüber Schwächeren zu werden. Im Rahmen des Heidelberger Delinquenzprojektes (Kröber et al. 1993) zeigten selbstunsichere, haltschwache Persönlichkeiten, obwohl sie nur eine schwache aktive Ausrichtung auf die Begehung neuer Straftaten zeigten, eine sehr hohe Rückfallneigung, deutlich höher als Straffällige ohne Persönlichkeitsstörung. Kriminalprognostisch bedeutsam ist, dass diese Haltschwäche und Selbstunsicherheit sich häufig nicht nachlernend korrigieren lässt, dass man wiederum eher auf haltende Strukturen setzen muss und auf die Bereitschaft, solche haltenden Strukturen zu akzeptieren und zu nutzen. Dies ist manchmal bereits die Einbindung in eine Ehe, Familie, einen stabilen Arbeitsplatz; allerdings sind es selten die Frauen, die über Annoncen oder als Angehörige von Mitinsassen während der Haftzeit kennen gelernt werden, die in eine solche Stabilität überleiten.

▌ **Narzisstische Persönlichkeitsstörung.** In der gutachterlichen Praxis besteht ein besonderes Problem mit der „narzisstischen Persönlichkeitsstörung". Alle Menschen bedürfen einer gewissen Selbstsicherheit und eines Selbstwertgefühls, und auch ein verantwortliches Leben in Freiheit ohne Straftaten hat zur Voraussetzung, dass man sich selbst etwas zutraut, dass man von sich selbst glaubt, zu guten und sozial wichtigen Handlungen imstande zu sein und nicht das Selbstkonzept hat, dass man stets ein Versager ist oder aber ein „reißender Wolf", der nur im Kampf mit anderen zu bestehen vermag. Insofern ist es natürlich völlig legitim, wenn Gefangene oder Untergebrachte versuchen, auch unter den bedrückenden Bedingungen einer freiheitsentziehenden Einrichtung mit manchmal sehr eingeschränkten Lebensverhältnissen, über Monate und Jahre in Mehrbettzimmern etc., ihr Selbstwertgefühl zu bewahren und geltend zu machen, dass sie wichtig sind. Dies mag in manchen Situationen dann auch in für andere etwas unangenehmer Weise sichtbar werden. Sicherlich ist gerade die Situation von Haft und Unterbringung eine besondere Belastung des Selbstwertgefühls, und es mag punktuell inadäquate Mechanismen geben, auf diese Lage zu reagieren. Insofern sollte man gerade bei Menschen in diesen Situationen ausgesprochen zurückhaltend damit sein, ihnen nicht nur narzisstische Anstrengungen zur Selbstwertregulation zuzusprechen, sondern einen *pathologischen* Narzissmus oder eine narzisstische Persönlichkeits*störung*. Bisweilen werden schon einfachste Mechanismen der Selbstbehauptung in dieser Weise pathologisiert und abqualifiziert, als hätten manche Gutachter und Therapeuten den unterwürfigen, gänzlich gehorsamen, aber auch im Hintergrund bleibenden, nämlich bescheidenen Insassen als Maßstab. Ganz

unverständlich wird es, wenn sozusagen reflexartig von manchen Diagno-
stellern ohne jede weitere Begründung hinzugesetzt wird: „auf Borderline-Niveau"; diese Aussage, die vermutlich so etwas wie „heftig" oder
„schwer beeinflussbar" bekunden soll, ist im Übrigen nie ICD- oder DSM-
kompatibel. Die DSM-IV-TR-Kriterien für die narzisstische Persönlichkeitsstörung bezeichnen jedenfalls ein „tiefgreifendes Muster von Großartigkeit
in Phantasie oder Verhalten, Bedürfnis nach Bewunderung und Mangel an
Empathie. Der Beginn liegt im frühen Erwachsenenalter und zeigt sich in
verschiedenen Situationen." Mindestens fünf der folgenden Kriterien
müssen erfüllt sein:

1. Ein grandioses Gefühl der eigenen Wichtigkeit (übertreibt z.B. die positive Einschätzung der eigenen Leistung und Talente, erwartet, ohne entsprechende Leistung als überlegen anerkannt zu werden),
2. ist stark eingenommen von Phantasien von grenzenlosem Erfolg, Macht,
Glanz, Schönheit oder idealer Liebe,
3. glaubt von sich, besonders und einzigartig zu sein und nur von anderen
besonderen oder angesehenen Personen oder Institutionen verstanden
zu werden oder nur mit diesen verkehren zu können,
4. verlangt nach übermäßiger Bewunderung,
5. legt ein Anspruchsdenken an den Tag, d.h. übertriebene Erwartungen
an eine besonders bevorzugte Behandlung oder automatisches Eingehen
auf die eigenen Erwartungen,
6. ist in zwischenmenschlichen Beziehungen ausbeuterisch, d.h. zieht Nutzen aus anderen, um die eigenen Ziele zu erreichen,
7. zeigt einen Mangel an Empathie: ist nicht willens, die Gefühle und
Bedürfnisse anderer zu erkennen oder sich mit ihnen zu identifizieren,
8. ist häufig neidisch auf andere oder glaubt, andere seien neidisch auf ihn,
9. zeigt arrogante, überhebliche Verhaltensweisen oder Haltungen.

Wo tatsächlich die Kriterien einer narzisstischen Persönlichkeitsstörung
erfüllt sind, dürfte diese so markant sein, dass sie auch vor der Freiheitsentziehung schon nicht zu übersehen war und den Umgangsstil des Betreffenden geprägt hat. Zu prüfen ist insbesondere, ob dann nicht auch das
Vollbild von „psychopathy" vorliegt und eine entsprechend ungünstige Behandlungsprognose. Aber auch, wenn eine intensivere dissoziale Vorgeschichte fehlen sollte, sind die Möglichkeiten der Behandelbarkeit sicherlich begrenzt; stets zu fragen ist allerdings, ob die zugrunde liegenden Taten in relevantem Zusammenhang mit der Persönlichkeitsstörung standen.
Narzisstische Persönlichkeiten finden sich in einem breiten Feld von Straffälligkeit. Nahe liegend ist diese Konfiguration bei vielen Hochstaplern und
Betrügern, deren Taten manchmal etwas Tragikomisches eignet und die
sich nach Entlarvung gern als witzig darstellen; sie sind gleichwohl bemerkenswert oft gänzlich humorlos und untergründig aggressiv, als sei das Leben ein Rachefeldzug. Es findet sich aber unter Kriminellen jeglicher Art
ein nicht geringer Teil narzisstisch Gestörter, unter Zuhältern, Bandenkri-
minellen, Bankräubern, Serienvergewaltigern, nicht selten im Übergang zu

„psychopathischen" Bildern hoher Aktivität und rücksichtsloser Durchsetzungsbereitschaft, ausgeprägter manipulativer und ausbeuterischer Fähigkeiten im zwischenmenschlichen Kontakt bei Unberührbarkeit vom Leid anderer (Empathiemangel). Allerdings werden narzisstische Muster im Straf- und Maßregelvollzug überdiagnostiziert; fast jede Freiheitsentziehung führt zu einer Beeinträchtigung des Selbstwertgefühls und entsprechend zu kompensatorischen Bemühungen, die dysfunktional sein können. Innerhalb der Haftanstalt oder der Maßregelklinik einen gewissen sozialen Status erreichen zu wollen, sich durchsetzen zu wollen, Ansprüche zu formulieren, belegt noch keinen pathologischen Narzissmus. Gefordert ist für die Annahme einer narzisstischen Persönlichkeitsstörung allemal, dass dies ein schwerwiegendes, in diversen sozialen Zusammenhängen deutlich problembelastetes Verhaltensmuster sein muss, das seit der Adoleszenz durchgängig nachweisbar ist.

▎ Sexuelle Deviation als wichtiger Risikofaktor

Bei der kriminalprognostischen Begutachtung kommt der Sachverständige nicht selten in die Lage, dass er überhaupt erstmalig zu prüfen hat, ob bei dem Verurteilten eine sexuelle Deviation vorliegt. Sexuelle Deviation steht hier synonym für Paraphilie und auch für Perversion (Giese 1962); gemeint sind alle stabilen sexuellen Normabweichungen, sei es im Hinblick auf das Triebziel (z.B. Pädophilie), sei es im Hinblick auf die Praktiken (z.B. Voyeurismus, Fetischismus etc.). Was beim Probanden der Fall ist, steht mit dem Urteil oft noch keineswegs fest: Abgeurteilt ist dieser wegen eines Sexualdelikts oder, in selteneren Fällen, wegen eines Gewaltdelikts, das aber aus sich heraus nicht verständlich ist, sondern nur, wenn man es als Beginn einer sexuell motivierten Unterwerfung annimmt – bei der die Ausführung sexueller Aktionen aber unterblieb. Nicht ganz selten sind die Fälle, wo man anhand der Tatspuren nur die Gewalteinwirkung, nicht aber die sexuelle Intention rekonstruieren kann. Bereits hier wird sichtbar, dass für die Beurteilung der Kriminalprognose bei Tätern von Sexualstraftaten eine genaue Betrachtung des Tatbildes – soweit Informationen darüber zur Verfügung stehen – unerlässlich ist.

Die erste gutachterliche Frage ist stets: Worin bestand die in den Taten zutage getretene Gefährlichkeit. Das heißt hier konkret: Besteht bei diesem Probanden eine stabile oder passagere Störung der Sexualpräferenz? Dies macht in der Regel keine Schwierigkeiten, wenn recht bizarre, zudem durch Zeugenaussagen oder objektive Tatsachen gesicherte Phänomene vorliegen wie eine Koprophilie oder bestimmte fetischistische Neigungen wie z.B. ein Schuhfetischismus, der aus einer großen Sammlung von Damenschuhen ersichtlich wird. Wenn solche Eigenheiten bekannt sind, verweisen sie eigentlich stets auf eine stabile Störung, die natürlich gleichwohl strafrechtlich kompensiert bleiben kann. Sie ist aber in aller Regel Teil einer umfassenderen Störung der Persönlichkeit, oft im Rahmen schwerer schizoider Muster.

Pädophilie. Eine häufige Frage hingegen ist bei sexuellen Übergriffen gegenüber Kindern, ob eine Pädophilie vorliegt oder nicht, also eine stabile Bezogenheit auf präpubertäre Kinder. Die Möglichkeit einer Pädophilie ist noch nicht widerlegt, wenn ein Proband eine erwachsene Partnerin hat. Wenn er allerdings auch nach Zeugenaussagen von Partnerinnen ein ungestörtes und aktives erwachsenes Sexualleben hat, auch mehrere Kinder, dann sinkt natürlich die Wahrscheinlichkeit einer Pädophilie; zumindest ist dieser Proband für seine sexuelle Befriedigung nicht angewiesen auf Kinderkontakte. In aller Regel sind Kernpädophile leicht zu identifizieren wegen ihres recht einheitlichen Aktionsmusters, insbesondere bei den ausschließlich auf Jungen bezogenen Tätern, und je jünger im Falle vieler und wiederholter Taten an unterschiedlichen Geschädigten die Kinder sind, desto zwingender wird die Annahme einer stabilen Pädosexualität. Allerdings muss man solche Täter abgrenzen gegenüber dissozial verwahrlosten und anderen persönlichkeitsauffälligen Tätern, die sozusagen alles „nehmen", was als Sexualpartner geeignet erscheint, und die bisweilen die Erfahrung machen, dass in bestimmten sozialen Feldern Kinder am leichtesten zu bekommen sind, leichter als erwachsene oder heranwachsende Partnerinnen, die oft fordernder und selbstbewusster sind. Es geht hier nicht darum, dass solche Täter aus Schüchternheit und Selbstunsicherheit auf Kinder „ausweichen", sondern aus Bequemlichkeit und zur raschen Bedürfnisbefriedigung und um allen partnerschaftlichen Ansprüchen von vorneherein auszuweichen. Bei innerfamiliären sexuellen Übergriffen, Inzesttaten im engeren und weiteren Sinne, besteht zumeist eine wesentlich höhere Wahrscheinlichkeit, dass der Täter nicht pädophil ist, sondern nur die Gelegenheiten des engen Zusammenlebens ausgenutzt hat, um zu zusätzlichen sexuellen Erfahrungen oder auch Machterlebnissen zu kommen.

Stabile pädophile Orientierungen bilden sich in der Pubertät heraus und werden den Betroffenen als Jugendlichen oder Heranwachsenden bewusst; es gibt hier ebenso wenig „progrediente Entwicklungen" wie bei Menschen, die stabil auf reife gleich- oder gegengeschlechtliche Partner orientiert sind. Eine „Progredienz" gibt es allenfalls in dem Sinne, dass mit zunehmendem Alter zunehmend Erfahrungen in der Verführung von Sexualpartnern und im Umgang mit den Risiken gesammelt werden. Eine Zunahme sexueller Aktivitäten als kompensatorischer Mechanismus in biografischen Krisenzeiten oder auch in Zeiten, in denen es wenig Herausforderungen, viele Möglichkeiten und viel verfügbare Zeit gibt, mag auch im späteren Lebensverlauf bisweilen für Monate oder Jahre zu verzeichnen sein – eine solche Zunahme ist primär noch ganz unverdächtig in Bezug auf eine psychische Pathologie und sicherlich nicht beweisend dafür, dass nun sexuelle Erfahrungen plötzlich besonders wichtig geworden wären für eine Selbstwertstabilisierung. Eigene Untersuchungen des Lebens- und Delinquenzverlaufs bei älteren Pädophilen (Wendt u. Kröber 2005) haben gezeigt, dass ältere Pädophile (im Alter über 40 Jahren) tendenziell häufiger bestraft werden als jüngere, weil sie durch ihre zurückliegenden Sanktionen immer mehr aus allen sozialen Bezügen herausgelöst wurden, Arbeit, Freundeskreis und

Lebensumfelder verloren haben, keine sinnvolle Freizeitbeschäftigung mehr finden, entsprechend verstärkt wieder zur Kontaktaufnahme mit Kindern tendieren, die jetzt häufig zu noch mehr Kindern in noch kürzeren Kontakten erfolgt, wodurch das Entdeckungs- und Bestrafungsrisiko zusätzlich ansteigt. Es gibt hier keine „Progredienz" aus psychodynamischen Gründen einer größeren Angewiesenheit auf sexuelle Erlebnisse, sondern ein rein sozial aufklärbares Phänomen der Vereinsamung und Resignation, das unbedenklich macht gegenüber den Tatfolgen und zur Fortsetzung der Straffälligkeit auch schließlich im höheren Alter führt. Bei Pädophilen ist sehr gut die Verlaufsbesonderheit gesichert, dass sie oftmals nicht besonders rasch, sondern nach mehrjährigen Intervallen ohne Straftaten rückfällig werden, also z. B. Bewährungszeiten gut überstehen. Im Gegensatz jedoch zu anderen Straftätern, bei denen nach 2 und nochmals nach 5 Jahren ohne Delikt das verbleibende Risiko erneuter Straffälligkeit stark absinkt, bleibt es bei Pädophilen auch nach langen Intervallen recht hoch.

Kriminaldiagnostisch macht es einen erheblichen Unterschied, ob Sexualstraftaten gegen Kinder mit Überredung, situativem Druck, indirektem Zwang ausgeführt werden oder aber mit unmittelbarer Gewaltanwendung. Bei gewaltsamen Taten gegen Kinder oder Erwachsene kommt es dann auch darauf an, ob es sich um einfache körperliche Gewalt zur Überwindung des Widerstands handelt oder ob in qualifizierter Weise Werkzeuge eingesetzt werden, die dann zu wesentlichen Stützen des Tatgeschehens werden. Es geht hier um Fesselungsmaterialien (Schnüre, Stricke, Klebeband, Handschellen, Schals etc.), Knebel, Waffen (Messer, Dolche, Pistolen, Würgehölzer etc.), Materialien, die in den Körper des Opfers eingeführt werden sollen (z. B. Spraydosen) und Transportbehältnisse, um all dies bei sich zu führen; schließlich ein Fahrzeug für den Täter (Fahrrad, Mofa, Auto). Wenn solche Tatwerkzeuge bei einer Tat eingesetzt worden waren, beweisen sie, dass der Täter die Tat vorher in seiner Phantasie durchgespielt haben muss – wenn auch vielleicht nicht so, wie sie dann konkret durchgeführt wurde, sondern in der Vorstellung noch umfänglicher.

Allgemein können statistische Daten zur Rückfallhäufigkeit (die sog. Basisraten) eine gewisse Orientierung geben (s. Kap. 1 und in diesem Beitrag Abschn. 2.2.1). Im Bereich von Sexualstraftaten liegt die spezifische Rückfälligkeit, also die Begehung nicht irgendwelcher, sondern erneuter Sexualstraftaten, mit 10 bis 20% deutlich niedriger, als in der Öffentlichkeit angenommen wird. Tatsächlich differieren die Zahlen jedoch mit dem Tat- und Tätertypus, und es wird den Kriminalprognostiker wenig trösten, dass nur jeder fünfte Vergewaltiger als nächstes wieder vergewaltigt, wenn er aber in 60% der Fälle binnen eines Jahrfünfts wieder mit Körperverletzung, Raub oder Diebstahl vor Gericht steht. Für die drei großen Gruppen unter den jährlich etwa 52 000 angezeigten Sexualstraftaten in Deutschland – sexueller Missbrauch von Kindern (etwa 15 000 Fälle im Hellfeld), Vergewaltigung und sexuelle Nötigung zumeist heranwachsender oder erwachsener Opfer (13 000 Fälle) sowie exhibitionistische Handlungen (10 000 Fälle) – hat die Kriminologische Zentralstelle Wiesbaden (Elz 2001, 2002; Elz et al.

2004) die Auswertung eines 10-Jahres-Verlaufs nach Verurteilung vorgelegt. Die einschlägige Rückfälligkeit lag bei sexuellen Missbrauchern (sog. Gelegenheitstäter/Inzesttäter sowie Pädophile) ebenso wie bei den Gewalttätern bei jeweils etwa 20%. Eine Vorstrafenbelastung war bei Kindesmissbrauchern (nur) dann relevant für einschlägige Rückfälligkeit, wenn sie zuvor bereits wegen Sexualdelikten (und nicht allein wegen anderer Delikte) verurteilt worden waren. Gelegenheitstäter ohne stabile Pädophilie und ohne sonstige delinquente Belastungen hatten mit knapp 10% Rückfälligkeit die beste Quote, pädophile Wiederholungstäter mit teilweise über 50% die schlechteste. Im Rahmen einer Diskriminanzanalyse fand Elz (2002) folgende Merkmale, die mit Rückfälligkeit einhergingen:

▌ geringes Alter beim ersten Sexualdelikt bzw. beim Bezugsdelikt,
▌ keine Partnerschaft zum Tatzeitpunkt,
▌ geringe Altersdifferenz zwischen Täter und (jüngstem) Opfer,
▌ keine Vorbeziehung zwischen Täter und Opfer,
▌ abgebrochene Schulbildung,
▌ mehrere Vorstrafen,
▌ frühere therapeutische Maßnahmen.

Auch hier finden sich also „klassische" Rückfallfaktoren, die auch bei anderen Deliktformen wichtig sind, wie früher Delinquenzbeginn, bereits schulisches Versagen, keine Partnerbindung, mehrere Vorstrafen als Ausdruck dissozialer Einflüsse, die offenbar für den Verlauf effektstärker sind als spezifisch sexualdiagnostische Sachverhalte. Im Tatbild besonders relevant waren: keine Vorbeziehung zwischen Täter und Opfer, mehrere Opfer, kindliche Opfer und *kein* Alkoholeinfluss bei der Tat. Täter, die weder einer „Gelegenheit" noch einer alkoholischen „Enthemmung" bedürfen, seien im Hinblick auf neuerliche Sexualdelinquenz als besonders gefährlich einzustufen.

Diese Indikatoren erhöhten Rückfallrisikos bei Sexualstraftätern korrespondieren mit jenen, die Rehder (2001) in seiner Rückfallstudie an ca. 200 Sexualstraftätern gefunden hat (die allerdings noch nicht kreuzvalidiert sind): geringes Alter beim ersten Sexualdelikt, mehrere Verurteilungen wegen Sexualdelikten, längere Hafterfahrung, geringe Bindungs- und Beziehungsfähigkeit, Neigung zu missmutigen Verstimmungen, geringe berufliche Leistungsfähigkeit, niedrige soziale Kompetenz, keine Bekanntschaft zwischen Täter und Opfer, Planung der Sexualstraftat. Ein erhöhtes Rückfallrisiko wurde bei Vergewaltigern zudem indiziert durch die Zahl der Opfer von Sexualdelikten, fehlende Alkoholisierung bei der Tat, eher geringe Bedrohung des Opfers, Fehlen eines konventionellen Geschlechtsrollenverständnisses. Bei sexuellem Missbrauch wurden Täter, die innerfamiliäre Opfer gesucht hatten, deutlich seltener rückfällig als solche, die fremde Kinder missbraucht hatten.

Wie bereits anhand der Basisratenproblematik erörtert, helfen Prozentzahlen zur Rückfälligkeit in größeren Gruppen bei der Begutachtung im Einzelfall nur wenig weiter, zumal einer prognostischen Begutachtung selten die Ersttäter, meist vielmehr Wiederholungstäter mit längerem, ungünstigem Verlauf zugeführt werden. In den meisten Fällen besteht hier bereits gruppenstatistisch, nach den „Basisraten", eine überwiegende Wahrscheinlichkeit künftiger Straffälligkeit, und es gilt nicht zuletzt jene zu identifizieren, bei denen dennoch ein günstiger Verlauf anzunehmen und aktiv zu fördern ist. Insofern ist jede Kriminalprognose eine individuelle Maßanfertigung, die darauf ausgerichtet sein muss, dem tatsächlichen Verlauf und seinen Ursachen im Einzelfall möglichst nahe zu kommen und seinen Besonderheiten gerecht zu werden. Dabei nehmen die Beurteilungsschwierigkeiten eher zu, wenn der Proband als insgesamt wenig gestört, wenig festgelegt in seinen Möglichkeiten imponiert – er kann sich, wenn er zurückgekehrt ist in die Freiheit, für unterschiedliche Wege entscheiden, ohne dass wir heute schon seine Entscheidung als präjudiziert ansehen und schlüssig vorhersagen können. Psychische Störungen, aber auch sexuelle Deviationen führen zu einem festgelegten, einseitigen, unflexiblen Verhaltensmuster, dessen Fortsetzung sich vorhersagen lässt – wenn es sich nicht ändert und dann in der Kompensationsstruktur (eines der Norm entsprechenden Verhaltens) eine ähnliche Festigkeit gewinnt.

Sadistische Störung. Eine solche hochgradig festgelegte Gruppe bilden Menschen mit einer sadistischen Störung, die mit Gewaltdelikten straffällig geworden sind. Diese Gruppe ist klein, aber in vielen Fällen sehr gefährlich, und entsprechende Täter sind im Straf- und Maßregelvollzug keine Rarität. Dabei ist die Diagnose oft keineswegs gesichert. Es geht also auch noch bei der kriminalprognostischen Begutachtung um die Frage, ob eventuell eine *sexuelle Perversion* vorliegt im Sinne einer destruktiven, sadistischen Aufladung oder Instrumentalisierung von Sexualität. Ein wichtiger Bezug sind die Analysen von Robert J. Stoller (1975/1979), weil sie primär deskriptiv vorgehen. Nach dessen Beschreibung ist eine sexuelle Perversion

1. sexuell – sie geht einher mit einer bewusst erlebten sexuellen Erregung, aber nicht unbedingt mit fraglos sexuellen Handlungen. Sie ist

2. gekennzeichnet durch Feindseligkeit, Rache und Zerstörungswunsch. Es geht um den als Racheakt erlebten und ausgelebten Wunsch, dem Objekt (Opfer) zu schaden (Destruktivität statt Aggressivität). Ganz wichtig und in aller Regel vom Täter verschwiegen wird

3. das Erlebnis des Triumphs – bei jeder perversen Handlung, mit anderen oder allein, wird ein Triumph gefeiert. Die nicht misslungene Tat ist in der Rückschau glorreich und grandios. Dies wird dem Kriminalbeamten, dem Gutachter und der Richterin natürlich meistens nicht erzählt, auch bei der prognostischen Begutachtung halten es die meisten für untunlich zu berichten, wie großartig in der Erinnerung diese Höhepunkte eigener Macht und Durchsetzung erscheinen.

4. Es geht in der Tat um Risiko und Kontrolle des Risikos. Um höchste Erregung auszulösen, muss der perverse Akt ein riskantes Unternehmen sein. Die Angst darf aber nicht überhand nehmen; man darf sich das Ri-

siko nur vorstellen. Stoller ist entsprechend seinem psychoanalytischen Hintergrund der Auffassung, dass die perverse Tat

5. ein reinszeniertes Trauma darstellt – ein Kindheitstrauma wird in den Triumph eines Erwachsenen verwandelt.

Viele empirische Befunde zur Kindheit sadistischer Täter legen eher den Gedanken nahe, dass es nicht ein umschriebenes Erlebnis ist, das zur Herausbildung destruktiver, dann sexualisierter Phantasien geführt hat, sondern das jahrelange Erleben von Vernachlässigung, Lieblosigkeit, Kränkung, Gewalt und des Gar-nicht-wahrgenommen-Werdens. Tatsächlich ist die Kindheit später schwer sadistisch gestörter Menschen häufig von geradezu vernichtender Lieblosigkeit und Feindseligkeit geprägt, welche die Probanden in aller Regel eher dissimulieren oder gar nicht als ungewöhnlich wahrzunehmen vermögen. Die kindliche Sexualisierung in emotionalen Entbehrungssituationen wäre der Versuch zur Rettung eigener erotischer Lust, zumindest in den Annehmlichkeiten, die der eigene Körper spenden kann, hier aber schon verknüpft mit der feindseligen, Rache fordernden Stimmung gegen andere. Der Hass auf die feindselige Kindheitsumgebung, der dort nicht wirksam werden kann, weil er die Existenzgrundlagen bedrohen würde, wird kanalisiert in destruktiven Phantasien einstiger Kompensation, einstiger Größe, einstigen Triumphes, und er wird vorläufig in der Kindheit nur in Szenen mit Unterlegenen deutlich, im Misshandeln von Kleinkindern z. B. oder im ausgedehnten (und als Vorläufersymptom häufigen) Quälen von Tieren. Gesucht und immer stärker erreicht wird die perfekte Inszenierung der sadistischen Phantasien; dies führt zu einer gewissen „Progredienz" der Tatbilder, die aber nicht bedeutet, dass die devianten Phantasien nicht schon seit Jahren bestünden und z. B. Masturbationshandlungen seit langem begleiteten. Die „Progredienz" von Tatbildern verrät nicht zuletzt zunehmende Übung und Sicherheit des Täters, zunehmende Routine, keineswegs aber zwangsläufig zunehmende Pathologie. Das Bedürfnis nach Wiederholung der perversen Handlungsweisen, so Stoller, rühre aus der Unfähigkeit, sich von der Bedrohung, dem Trauma, vollständig zu befreien. In der Perversion wiederhole man, weil die Tat nur eine Flucht vor dem frühen Trauma bedeute, nicht aber dessen Bewältigung – „und weil Rache und Orgasmus eine Wiederholung wert sind. Das ist Grund genug" (Stoller).

Bei den vielen sadistischen Tätern, die jegliche sadistische Motivation und Phantasietätigkeit leugnen und jahrzehntelang, lebenslang bei diesem Leugnen bleiben, ist es wichtig, ein potenziell *sadistisches Tatbild* wahrzunehmen. Zum einen ist es natürlich hilfreich, wenn es Zeugenaussagen der Geschädigten gibt, die von einem lang, bisweilen stundenlang hingezogenen Tatgeschehen berichten mit vielen unterschiedlichen Zurichtungen, Fesselungen, Stellungen, Formen der Schmerzzufügung und Demütigung. Dann sind diagnostische Zweifel ohnehin beseitigt und es ist allenfalls auszuloten, ob im Geschehen seitens des Täters bestimmte Grenzen bestehen, an die er sich bislang gehalten hat. Bisweilen hat der Täter die Geschehnisse auf Video aufgezeichnet oder mit einigen Photos für sich dokumentiert, auf die er später zurückgreifen möchte. Es gibt aber auch oftmals Taten, bei denen die Opfer nur fragmentarisch berichten können, weil sie bewusstlos wurden, oder bei denen die Opfer getötet wurden. Von den Tätern erfährt man diese sadistische Motivation nur in der Minderzahl der Fälle, kaum einer gesteht sie und die lang vorangehenden sadistischen Phantasien. Manchen, die es gestehen, merkt man an, dass sie das entlastet, dass sie vor sich selbst geschützt werden wollen, dass sie dem zermürbenden Kampf zwischen sadistischer Motivation und normbezogener Verantwortung entkommen wollen. Diese Männer berichten oft auch nach jahrelangem Aufenthalt im Maßregelvollzug von der Persistenz entsprechender Phantasien und legen einem den Gedanken nahe, sie besser nicht „raus zu lassen". Man sollte diese Warnungen überaus ernst nehmen. Ansonsten aber bieten Vernehmungen des Beschuldigten oft wenig Material, das zur treffenden Diagnose führt, im Gegenteil: Die Kriminalpolizei bietet dem Täter bisweilen weniger belastende, weniger beschämende Motivationen an, um rascher zu einem Geständnis hinsichtlich der eigentlichen Tat zu kommen. Umgekehrt gibt es „normale", dissoziale Vergewaltiger, die angesichts eines erneuten Strafverfahrens mit den Risiken nunmehriger Sicherungsverwahrung eine Pathologisierung ihres Verhaltens anstreben, um stattdessen in die psychiatrische Maßregel zu gelangen. Sie werden von eigenen sexuellen Missbrauchserlebnissen berichten und versuchen, ihre Kenntnisse über Sadismus (die ja über die Sexual- und Kriminalitätsaufklärung des Fernsehens leicht erhältlich sind) in die polizeiliche Vernehmung und psychiatrische Begutachtung einzubringen. Nicht jeder, der sich sadistischer Neigungen bezichtigt (und zum Beleg Dominabesuche als masochistischer Kunde anführt), hat dieses Problem auch tatsächlich.

Ein Aufmerksamkeitsbereich des Kriminalprognostikers sind dann auch Jahre später noch die beim Täter festgestellten Werkzeuge. Waffen, Knebel, Stricke, Klebeband, Handschellen, Brustklemmen, Chemikalien, Watte, Transportmittel hat ein Erwachsener nicht „zufällig" dabei. Es sind Tatwerkzeuge. Wer Tatwerkzeuge mitbringt, hat die Tat geplant – im Falle von Sadismus stets hunderte von Malen vorphantasiert. Je mehr Werkzeuge eingesetzt werden, desto näher liegt die Annahme einer lebhaften, ausgestaltenden Phantasietätigkeit und eines Sadismus. Es gibt aber auch abortive Tatbilder, infolge einer Störung von außen oder eines Abbruchs wegen zu hohen Risikos, bei denen sich der Sadismus-Verdacht nur aus den vom Täter mitgeführten Gegenständen ergibt. Komplexe Tatbilder tragen die Verdachtsdiagnose Sadismus, nicht aber bereits ein massiv destruktives Tötungshandeln mit vielen Messerstichen, vielen Schüssen oder ähnlichen Zeichen großer Wut oder großen Vernichtungswillens. Denn es gibt Menschen, die situativ hochgradig wütend reagieren können, in denen dann ein großer Hass mobilisiert und wirkungsmächtig wird, bisweilen auch aus Enttäuschung und Selbstaufgabe eine massive Zerstörungswut, die aber nie mit Zerstörungsphantasien schwanger gingen und die sich die schließlich begangene Tat auch nie zugetraut hätten. Es sind dies keine unproblematischen Menschen, aber sicher haben sie andere Probleme als Sadisten.

Dies betrifft auch die tatortanalytische Betrachtung des zerstörten Leibes des Opfers. Nicht leicht fällt die Interpretation und diagnostische Zuordnung bei schlimmen Beschädigungen, die aus unterschiedlichen Motivationen und Gründen entstanden sein können. Möglich ist, dass es sich um eine sadistische, destruktive Bemächtigung des Leibes handelt, speziell auch bei ausgedehnter Zerstörung des Geschlechtsleibes. Möglich ist, dass es sich um einen Gewaltüberschuss aus situativer Wut und Verzweiflung gehandelt hat – hier wird man allerdings eher ungerichtete Einwirkungen auf den Leib des Opfers vermuten. Bisweilen wird aber auch der Leib dieses Objekts des eigenen Hasses – z. B. die betrügende Ehefrau – zudem gedemütigt, zumal manche Beziehungstäter auf die Idee kommen, ihre Tat als perverses Sexualverbrechen eines Unbekannten zu maskieren. Schließlich finden sich massive Verstümmelungen je nach Fortschritt des rational begründeten Versuchs, die Leiche zu zerstückeln, um sie verschwinden lassen (oder auch sie ganz oder teilweise zu verbrennen, in Säure aufzulösen, tiefzugefrieren etc. pp.). Tatsächlich ist die Tatortanalyse oft nicht so einfach in eine einzige Version auflösbar, wie manche „Profiler" dies glauben machen wollen, und manches wird zudem durch Zufälle gestört, wenn z. B. Tiere einen Tatort im Freien durcheinander gebracht haben. Allgemein aber wird man sagen, dass große Heftigkeit des zu unterstellenden Geschehens zunächst nur auf heftige Gefühle hindeutet, während eine große Komplexität des Tatbildes auf vorhergehende Planung verweist. Sadismus aber ist verknüpft mit vorhergehender Planung.

Wenn ein Täter mit einem getöteten Opfer sexuell verkehrt, ist dies nicht zwangsläufig ein Hinweis auf Sadismus, sondern zunächst einmal ein Hinweis auf eine sexuelle Erregung, welche das Erlebnis des eigenen Tötens überdauert hat und nicht dadurch aufgehoben wird, dass das Sexualobjekt tot ist, möglicherweise auch massiv blutig (in seiner optischen, haptischen und geruchlichen Konsequenz). Den sexuellen Übergriff auf das tote Opfer findet man also nicht selten bei emotional stark verwahrlosten Persönlichkeiten, die oftmals auch sonst sexuell recht undifferenziert sind, die auch sonst hinsichtlich Alter, Geschlecht und Aussehen potenzieller Sexualobjekte nicht wählerisch waren. Bisweilen hört man Kommentare, dass das Tatgeschehen anders gelaufen sei als geplant und die Tötung sozusagen erforderlich machte, um den Widerstand des Opfers zu brechen; man habe deswegen aber nicht von der ursprünglichen sexuellen Absicht ablassen wollen. Es gibt auch jene Verläufe, bei denen der Täter auf die sexuellen Vollzüge nicht verzichten will, dann aber auf halbem Wege – z. B. nach Bloßlegen des Unterkörpers, nach ersten Handlungen – abbricht, weil das Sichbefassen mit dem Leichnam zu viele Ekelgefühle mobilisiert. Anderseits gibt es natürlich, deutlich seltener, Täter, bei denen es einen besonderen, erregenden Reiz ausmacht, mit einer Leiche zu verkehren.

Sadismus ist in der ICD-10 recht mager operationalisiert. Es heißt dort nur unter „F65.5 Sadomasochismus": „Die allgemeinen Kriterien für eine Störung der Sexualpräferenz (F65) müssen erfüllt sein. Präferenz für sexuelle Aktivitäten entweder als Passiver (Masochismus) oder als Aktiver (Sadismus) oder beides, bei denen mindestens eines der folgenden Charakteristika vorliegt:

1. Schmerzen,
2. Erniedrigung,
3. Unterwerfung.

Die sadomasochistische Aktivität ist die wichtigste Quelle sexueller Erregung oder notwendig für sexuelle Befriedigung."

Die Zusammenfassung masochistischer und sadistischer Menschen in *einer* diagnostischen Kategorie erscheint fragwürdig; unter den straffälligen Sadisten finden sich nur sehr wenige, die jemals masochistische Erlebnisse hatten. Bedeutsam ist allemal die Festlegung, die sadistische Aktion oder Phantasie müsse wichtigste Quelle oder gar notwendige Voraussetzung sexueller Befriedigung sein.

Schorsch u. Becker (1977) hatten unter Bezugnahme auf Stoller (1975) Sadismus „als soziales und kriminelles Handeln" gefasst und zwei wesentliche Kennzeichen herausgearbeitet, die den Sadismus charakterisieren:

1. „Sadismus ist die Ausdrucksform einer auf den anderen gerichteten destruktiven Dynamik, die sich triebhaft äußert und lustvoll entlädt; sie ist mehr oder weniger eng und unmittelbar an Sexualität gebunden. Sadismus ist sexualisierte Destruktivität.
2. Sadistische Intentionen als Phantasien oder Handlungen zielen auf die Bemächtigung des anderen, auf ein totales Verfügen über ihn, die Aufgabe seiner Eigenständigkeit. Dominanz – Subordination in extremer Zuspitzung wird zum sexualisierten Thema; es geht nicht in erster Linie um Aggressivität oder Grausamkeit, sondern um Beherrschung."

Destruktiv sei die sadistische Dynamik deshalb, weil sie in dem anderen etwas zu brechen, zu zerstören trachte, nämlich dessen Eigenständigkeit und Selbstbestimmung.

Beide Autoren haben die Begutachtungsstandards in Deutschland dann auch dadurch beeinflusst, dass sie von „zwei verschiedenen, prinzipiell unterscheidbaren Erscheinungsformen von Sadismus" sprachen: „Einmal ist Sadismus eine sexuelle Deviation, d.h. ein dauerhaftes und stabiles inneres Gebilde in Form einer abweichenden sexuellen Orientierung an sadomasochistischen Praktiken. Diese Gruppe ist sicherlich klein." Die andere Erscheinungsform des Sadismus sei: „Sadismus als passageres Phänomen, als eine vorübergehende Sexualisierung destruktiver Impulse in Form von sadistischen Einfällen, Phantasien und Aktionen, die unmittelbar in soziales Handeln eingehen und dort einen bedrohlichen Charakter bekommen können." In dieser Form wird der Name einer überdauernden, lang anhaltenden, lebensbestimmenden Perversion mit starken kriminalprognostischen Implikationen ebenfalls verwendet für zeitlich sehr umschriebene Gewaltsituationen oder auch Situationen ohne unmittelbar strafbaren Gehalt, z.B. sexualisierter Machtausübung am Arbeitsplatz oder in Institutionen, in Form verbaler Demütigungen, Bloßstellungen, Beschämungen, sexueller Anzüglichkeiten etc. Was damals bei Schorsch und Becker ein Tribut an den Zeitgeist (der psychodynamischen Pathologisierung sozialer und politischer Verhältnisse) war, hat sich in der Anwendung auf einzelne Täter als eine Ursache von Fehlunterbringung, Fehlbehandlung und unnötigen Entlassungsblockaden erwiesen. Wenn Menschen keine sadistische Vorgeschichte haben, wenn ihre Tat, soweit erkennbar, nicht als länger auszukostendes szenisches Geschehen vorphantasiert und mit Tatwerkzeugen vorbereitet war, in der Tat aber eine massive Gewaltanwendung und auch eine Bezugnahme auf den Sexualleib des Opfers sichtbar wird, muss man eben besonders sorgfältig analysieren. Es gibt auch im Alltagsleben immer wieder eine plötzliche Sexualisierung hoch angespannter Situationen, von Angstsituationen, Gewaltsituationen, Risikosituationen – vom Operationssaal bis zum Luftschutzkeller im Bombenhagel sind solche Phänomene reichlich bekannt; man kann hier einen Übersprung in die Beruhigung durch selbstverfügbare Lust vermuten. Offenbar gibt es immer wieder Täter, die in der hohen Anspannung von Tatsituationen – bei Wohnungseinbrüchen, bei gewaltsamen Konfrontationen – auch sexuell erregt reagieren und z. B. beim Wohnungseinbruch die alte Frau im Nachthemd, die sie bei ihrer Suche nach Geld überrascht, nun auch vergewaltigen. Und es gibt vereinzelt das Phänomen, dass Männer nach Tötung des Opfers den Machttriumph weiter auskosten durch Zerstückelung, durch Herausnehmen von Eingeweiden, durch das Absetzen des Kopfes – ohne dass dies einen anderen Sinn hätte als den der weitergehenden Demütigung. Man könnte an Achill denken, der nach dem Zweikampf mit Hektor dessen Leichnam an seinen Streitwagen gehängt und um Troja geschleift hatte. Schorsch u. Becker würden dies eine sadistische Reaktion nennen. Um gerade im juristischen Bereich Durcheinander zu vermeiden, sollte man aber in der Begutachtung auf diesen Begriff verzichten und von einem massiv destruktiven Handeln sprechen, das man dann in den Kontext der hier vorfindlichen Person stellen muss. Erst in diesem Kontext ist zu erhellen, ob man hier mit weiteren gleichartigen Taten rechnen muss oder ob es sich hier um ein einmaliges Versagen unter hohem situativen Druck gehandelt hat. Überflüssig zu erwähnen, dass „sadistische Reaktion" oder „Neigung zu sadistischen Impulshandlungen" keine ICD- oder DSM-kompatible Diagnosen darstellen, wie sie auch bei der kriminalprognostischen Begutachtung gefordert sind.

Wenn es möglich ist – schwierig ist es allemal – wäre es hilfreich, etwas über eine fortbestehende Progredienz im Umgang mit sadistischen Phantasien zu erfahren und über die Eindrücke des Probanden, in welchem Maße er Kontrolle darüber hat. Heuristisch interessant ist eine Unterscheidung zwischen Ich-syntonem Sadismus, der mit dem Selbstbild vereinbar, ins Selbstbild integriert ist und sogar genossen wird, und Ich-dystonem, innerlich bekämpftem Sadismus – nicht selten gibt es eine Ich-dystone Etappe im Vorfeld der ersten Taten, dann aber ein „Nachgeben" gegenüber dem destruktiven Verlangen. Gefährlich sind beide Varianten. Manche Probanden können sehr anschaulich den Kampf gegen das Ausleben des Verlangens schildern, bisweilen mit Kompromissbildungen wie einem partiellen Zulassen und Kanalisieren der Deviation in einer zunehmenden Annäherung an das Objekt. In dieser Phase, in der es noch keine wirklichen Taten gibt, gibt es nicht selten einen weiteren Ausbau der Phantasien, aber auch eine Ausweitung der Konkretisierungen, also Vorbereitungshandlungen, Einkäufe, dann das „cruising" – das auf die Jagd gehen nach potenziellen Opfern, die in dieser Phase aber noch monatelang nicht wirklich angegriffen werden. Schließlich kommt es dann zur Dekompensation dieses Abwehrarrangements und zur ersten Tat und aus den geschilderten Gründen zu Tatwiederholungen. Das „Progredienzkonzept" von Giese und Schorsch gilt es jeweils abzugleichen mit den subjektiven Entwicklungen beim Täter; keineswegs ist es auf Intensitätsunterschiede der Tatbilder zu stützen. Wenn die erste Tat begangen wird, ist die psychodynamische Spirale der Progredienz allemal zu Ende, eine bereits stabile Perversion hat in der Tat ihren Ausdruck gefunden.

Die Therapie bei sexuellen Perversionen (Berner 2000, 2001; Hebebrand et al. 2002) ist schwierig; nicht selten wird zunächst ein Gewicht auf der Beeinflussung der alles rahmenden schweren Persönlichkeitsstörung liegen. Aber auch wenn all dies gut gelingt, bleibt eine große Ungewissheit, ob die perverse Problematik und Verhaltensbereitschaft nicht im Verlauf abgespalten und sozusagen stillgelegt, auch in einer ansonsten offenen und fruchtbaren therapeutischen Beziehung dann völlig unsichtbar, nach der Entlassung in Freiheit aber rasch wieder aktivierbar und handlungsmächtig werden.

▌ Täter ohne besondere psychische Auffälligkeiten

Täter ohne psychische oder persönliche Auffälligkeiten gibt es immer wieder einmal bei der Schuldfähigkeitsbegutachtung, sehr selten bei der Begutachtung für die bedingte Entlassung. Offenbar werden sozial hinreichend kompetente, ansonsten unproblematische Inhaftierte in der Regel vollzugsintern als solche erkannt. Sie sind zumeist gut imstande, am Vollzugsziel der Resozialisierung mitzuwirken und werden nur begutachtet, wenn dies gesetzlich vorgeschrieben ist. Es sind dies dann insbesondere Täter, die nach den Gesetzesänderungen von Januar 1998 wegen eines Verbrechens (oder einer Sexualstraftat) mit mehr als 2 Jahren Freiheitsstrafe bedacht wurden und jetzt zur bedingten Entlassung anstehen; in solchen Fällen ist eine Begutachtung vorgeschrieben. Sexualstraftäter würden uns erst nach genauer Prüfung als Menschen ohne psychische Auffälligkeit erscheinen, zumal hier empirische Daten vorliegen, die je nach Tatmuster und Motivation Aussagen zur Prognose erlauben. Aber keineswegs ist jede sexuelle Nötigung, ja Vergewaltigung Ausdruck einer psychischen Gestörtheit. An dieser Stelle ist aber an jene Verurteilte zu denken, die z.B. wegen Drogendelikten verurteilt wurden, ohne selbst drogenabhängig zu sein oder der Drogenhändlerszene bzw. der organisierten Kriminalität anzugehören. Ein Beispiel wäre ein Ingenieurstudent mit einigen auch zwielichtigen Kommilitonen, der sich seinen Türkeiurlaub mit einem Drogentransport auf dem Flug von Antalya nach Deutschland zu finanzieren gedachte und dafür mit 3 Jahren Haft bestraft wurde. In der Begutachtung fand man dann einen wirklich unauffälligen, intelligenten, gedanklich wendigen Mann, der für seinen Leichtsinn gebüßt hat und dadurch erwachsener geworden sein mag, als er vorher war. Besondere Risiken im Falle einer bedingten, vorzeitigen Entlassung sind hier nicht zu erkennen; man könnte eher annehmen, dass ein solcher Mensch weniger als der unbescholtene gleichaltrige Normalbürger dazu neigen wird, nochmals eine relevante Gesetzesübertretung zu begehen. Gleichwohl gibt es natürlich auch unter diesen Menschen einige wenige, die sich mit dem Gedanken tragen, die verlorene Zeit und den finanziellen Verlust dadurch wettzumachen, dass sie es das nächste Mal besser machen, noch mehr Geld erbeuten und sich nicht mehr erwischen lassen. Eine solche Absicht wird man schwerlich in einer Begutachtung erfahren können. Und ebenso schwer ist es in der Regel zu erkennen, ob ein solcher kompetenter und intelligenter Mann (im Bereich illegaler Geschäfte ist es bisweilen auch eine Frau) in Wirklichkeit doch der organisierten Kriminalität zugehört. So etwas können die zuständigen Dezernate der Kriminalpolizei herausfinden, nicht ein psychiatrischer oder psychologischer Sachverständiger.

Ohnehin verlaufen diese Begutachtungen, bei denen man oft keinerlei biografische Vorinformationen und keinerlei Anhaltspunkte für psychische Probleme hat, sehr oberflächlich. Es gab in der Regel keine Begutachtung im Erkenntnisverfahren, die aktenmäßigen Informationen zur Lebensgeschichte umfassen wenige Zeilen, und auch über den Haftverlauf ist nichts zu berichten, außer, dass es keine besonderen Vorfälle gab. Auch der gutwillige und normorientierte Proband sieht die Begutachtung als Formalität ohne Eigenwert, ohne Erkenntnisgewinn für ihn selbst, will sie schnell hinter sich bringen, sorgt sich, dass irgendwelche Äußerungen falsch ausgelegt werden und ihm plötzlich Probleme attestiert werden könnten, die er nicht hat und die plötzlich seine Entlassung gefährden; er kann bei der Begutachtung nichts gewinnen und im schlimmsten Fall verlieren. Es ist daher wünschenswert, wenn diese Begutachtungen, sofern das Anlassdelikt nicht beunruhigt, mit möglichst adäquatem Aufwand vollzugsintern durchgeführt werden.

2.4.6 Rückfälligkeitsfaktoren

Zusammenfassend kommen wir bei der Betrachtung der einzelnen Probanden zu einer groben Zweiteilung der Fragestellung. Bei psychisch Kranken im engeren Sinne, insbesondere Schizophrenen, geht es um die Frage, ob eine anhaltende psychische Krankheit vorliegt, ob sie ursächlich für die rechtswidrigen Taten war, ob sie hinreichend abgeklungen ist, ob sie weiterhin medizinisch unter Kontrolle gehalten werden kann, ob im Falle eines Krankheitsrückfalles genügend Zeit bleibt, um zu reagieren und die Sicherheitsmaßnahmen zu verstärken, und ob der Betreffende bereit und auch im Falle eines Rückfalls imstande ist, mit den Unterstützungssystemen zu kooperieren. Wenn die Krankheit der entscheidende Risikofaktor ist, hängt alles davon ab, ob sie unter Kontrolle zu bringen ist. Dieser idealtypische Fall ist aber gar nicht so häufig – häufig bestehen auch nach Abklingen der Krankheit Probleme in der Person des Kranken, insbesondere mangelnde Kooperationsbereitschaft und Neigung zu leichtsinnigen Verhaltensweisen, die dann Behandlung und Risikoeinschätzung bestimmen. Analog ist die Situation bei den „echten" Suchtkranken, bei denen die soziale Verwahrlosung und die Straffälligkeit ursächlich auf ihre süchtige Bindung an Alkohol oder Drogen zurückgehen; wesentlich größer ist auch die Gruppe der Menschen, bei denen es eben Teil eines basalen dissozialen Lebensstils ist, chronisch oder periodisch einen Substanzmissbrauch zu betreiben.

Die zweite Gruppe von Prognosefällen betrifft Menschen, die überdauernd problematische Persönlichkeitseigenheiten haben, von denen bestimmte wesentlichen Einfluss auf ihr Rückfallrisiko haben. Dies reicht vom wichtigsten und in der kriminologischen Realität weitaus häufigsten Faktor – nachhaltige dissoziale Prägungen, Einstellungen, Umgebungen und Verhaltensstile, über umschriebene, aber intensive Faktoren wie Impulsivität, aggressives Geltungsbedürfnis, Halt- und Kritikschwäche bis hin zu den sexuellen Deviationen und der sehr gefährlichen Konstellation sadistischer Destruktivität.

Wesentliche Gegenstände der Betrachtung im Einzelfall sind also, wie bereits mehrfach angesprochen: Impulsivität (rasche Rückfälligkeit, situative Verführbarkeit, evtl. Reizbarkeit, Substanzmissbrauch etc.), fehlende Fremdwertgefühle (Gemütsarmut, fehlende Bindungsfähigkeit, hochgradige Egozentrik, Empathiemangel etc.), Hass und Sadismus (ständige Straf- und Rachebedürfnisse, natürlich auch dann, wenn sie nicht sexualisiert sind), stabile Ich-syntone sexuelle Devianz, Gefährdung durch Substanzmissbrauch, anhaltender Autoritätskonflikt, altersdifferente Sozialrolle, fehlendes Problembewusstsein für Risikosituationen – und schließlich auch die auffällige Normalität bei sachlich-kompetenten Eigentumstätern, also die Kenntnisnahme des großen Feldes der Berufskriminalität (gewählte kriminelle Laufbahn von Menschen, die fast ausschließlich kriminelle Sozialerfahrungen haben und einen entsprechenden Lebensstil herausbilden). Wie oben und auch von Dahle (Kap. 1) erörtert, sind all diese Faktoren in Merkmalslisten der Risikoabschätzung erfasst und gruppenstatistisch in verschiedenen Studien ausgewertet. Bei der Begutachtung im Einzelfall aber kommt es darauf an, eine Verknüpfung von gruppenstatistisch gewonnenen empirischen Daten mit dem individuellen Persönlichkeitsbild vorzunehmen; in diesem Einzelfall können Eigenheiten, die gruppenstatistisch wenig Bedeutung haben, gleichwohl eine hohe prognostische Relevanz besitzen.

Betrachtet wird, was sich im Haft-/Unterbringungsverlauf nicht nur an den Risikofaktoren, sondern insgesamt an den Einstellungen und am Lebenskonzept geändert hat, und nüchtern zu prüfen ist, welche zukünftigen Erwartungen darauf zu stützen sind und was an stabilisierenden Maßnahmen möglich und notwendig ist.

Schließlich ist zu prüfen, in welches Lebensumfeld der Proband entlassen werden würde und was er selbst bislang geleistet hat, um diesen sozialen Empfangsraum herzustellen und auf seine individuellen Bedürfnisse und Notwendigkeiten auszurichten. Diese aktive, vorbereitende Gestaltung des sozialen Empfangsraums ist ja eine wesentliche Zielsetzung der in der Haftzeit gewährten Lockerungen. Diese Vorbereitung soll nach Möglichkeit nicht einen einzigen Aspekt erfassen (z. B. Arbeit oder Freundin), sondern Wohnen, Arbeitsmöglichkeiten, soziale Kontakte (incl., aber gerade nicht ausschließlich Freundin), Freizeitgestaltung und künftige Kontakte zu Fachdiensten (Bewährungshilfe, Ambulanz, Therapeut etc.). Die große Rückfallstudie über Entlassene aus dem Maßregelvollzug (Seifert 2005) hat gezeigt, dass dem sozialen Empfangsraum bei dieser Klientel eine besonders hohe Bedeutung zukommt: Patienten, die zunächst (oder dauerhaft) in mehr oder weniger stark betreute Wohnformen entlassen wurden und auch sonst an ein Netz professioneller Helfer angeschlossen waren (Werkstatt für Behinderte, Patientenclub, forensische Ambulanz etc.), wurden deutlich seltener rückfällig als Patienten, die in eigenständiges Wohnen, zu einer Partnerin, mit freier Arbeit entlassen worden waren. Gerade die hoch bewerteten, sehr eigenständigen Formen des Lebens nach der Entlassung – eigene Wohnung, Partnerin, freies Arbeitsverhältnis – sind sehr anfällig und können 3 Tage nach Entlassung schon sämtlich Vergangenheit sein, wie mehrfach gesehen. Einen Platz im Betreuten Wohnen oder in der WfB verliert man nicht so schnell. Gleichwohl kann man einen gesunden, leistungsfähigen Mann nicht aus dem Strafvollzug in ein betreutes Wohnen resozialisieren; man muss mit diesen Risiken dann anders umgehen. Allerdings spricht sehr vieles für die Änderungen in den rechtlichen Grundlagen der Führungsaufsicht, um die Bewährungszeit auch bei psychisch gesunden Haftentlassenen adäquater zur Begleitung und stützenden Kontrolle nutzen zu können. Psychologisch-psychiatrisch besetzte forensische Fachambulanzen empfehlen sich nicht nur für entlassene Maßregelpatienten, sondern auch für einen kleinen, aber problematischen Teil der Entlassenen aus dem Strafvollzug.

2.5 Begutachtung in unterschiedlichen Rechtssituationen

2.5.1 Entlassung aus lebenslanger Freiheitsstrafe

Lange Zeit gab es externe psychiatrische Begutachtungen zur Kriminalprognose fast nur bei Inhaftierten mit lebenslanger Freiheitsstrafe zur Vorbereitung von Gnadenentscheidungen, dann der vom Bundesverfassungsgericht ermöglichten bedingten Entlassung gemäß § 57a StGB. Diese Begutachtungen hatten den Vorteil, dass sie auf eine lange Haftzeit und eine zumeist materialreich belegte Vorgeschichte zurückblicken konnten; sie hatten und haben den Nachteil, dass sie in der Erwartung der Öffentlichkeit eine

Prognose bis zum Lebensende des Probanden liefern sollen, der, wenn er 18 Jahre verbüßt hat, möglicherweise jetzt 39 Jahre alt ist. Zudem sollen sie vermeintlich ein sehr selten eintretendes Ereignis prognostizieren; seit 2 Jahrzehnten kursiert das auch in Gutachten auftauchende Gerücht, Mörder würden nach Strafverbüßung nur in „0 bis 3%" rückfällig. Die eingangs (Abschn. 2.2.1, Tabelle 2.2) gezeigte Rückfallstatistik von Jehle et al. (2003) zeigt, dass haftentlassene Tötungsdelinquenten bereits binnen 4 Jahren in 15% der Fälle erneut zu Haftstrafen verurteilt worden waren. Es geht bei der kriminalprognostischen Begutachtung von Menschen mit lebenslanger Freiheitsstrafe ja keineswegs nur um die Frage, ob sie erneut eine Tat wie ihr Ursprungsdelikt begehen – oft haben sie in der Vergangenheit ja auch weitere, weniger schwerwiegende, aber ebenfalls erhebliche Taten wie Raub, Vergewaltigung, Körperverletzung begangen. Und zugleich ist empirisch gesichert, dass Menschen, die bereits getötet haben, eine Gruppe bilden, die ein deutlich höheres Risiko für ein künftiges Tötungsdelikt aufweisen als die Gruppe gleichaltriger Männer, die bislang nicht getötet haben. Dass jemand in der Vergangenheit getötet hat, kann in Krisen- und Belastungssituation die Hemmschwelle für ein erneutes Tötungsdelikt offenbar senken. Dies korrespondiert mit der gut gesicherten generellen ungünstigen Beeinflussung durch massive Gewalterfahrungen, auch wenn man nur ihr mittelbarer Teilnehmer war, wie unter anderem die erhöhte Gewaltdelinquenz von Kriegsheimkehrern zeigt, aber eben auch die fortlaufende Beobachtung von Gewalt in der Sozialisation (Felthous u. Barratt 1998). Die regelhaft anzutreffende besondere Vorsicht der Strafvollstreckungskammern ist also durchaus empirisch begründbar.

Dass keine „besondere Schwere der Schuld" festgestellt worden ist, wird von manchen Insassen (und von vielen Journalisten) irrtümlich als Ansatzpunkt genommen, eine zügige Entlassung nach 15 Jahren Haft für gesichert zu halten. Das Fehlen besonderer Schuldschwere bleibt aber kriminalprognostisch weitgehend ohne Bedeutung. Es gelten hier die gleichen Regeln und gleichen Risikofaktoren wie auch sonst in der individuellen Kriminalprognose, mit eben dem zusätzlichen Risikofaktor der eigenen Tötungserfahrung und der in der Tat zutage getretenen Bereitschaft zu töten.

Bisweilen weichen Gutachter einer Entscheidung über die Entlassbarkeit aus und empfehlen zunächst weitere Lockerungen. Dies ist in der Regel angebracht, wenn Lockerungen vertretbar sind und der Proband bislang keinen Ausgang, ja nicht einmal Ausführungen hatte. Lockerungen sind oft vertretbar, weil die zugrunde liegenden Taten einen langen zeitlichen Vorlauf hatten und es nicht möglich wäre, Taten wie die einstigen im Rahmen eines Ausgangs zu begehen. Zudem ist auch das Risiko einer Flucht oft gering, wenn der Proband außerhalb der Anstalt keine Kontakte hat, die ihm bei einer Flucht weiterhelfen könnten und dies auch täten. Gleichwohl müssen Lockerungen bei Menschen in unbefristeter Freiheitsentziehung natürlich bezogen bleiben auf eine Entlassungsperspektive, um den oft zu beobachtenden Automatismus fortschreitender Lockerungen zu vermeiden, der sich von einer mittelfristigen Gefährlichkeitseinschätzung abkoppelt und dadurch selbst zum Risiko wird.

Pierschke (2001) hat 43 Fälle (darunter eine Frau) gesammelt, bei denen nach zuvor juristisch als günstig eingeschätzter Kriminalprognose ein Tötungsdelikt begangen wurde, 17 im Rahmen von Lockerungen, 26 waren in Freiheit. Aus dieser Sammlung hatten 16 Personen bereits zuvor ein Tötungsdelikt begangen, weitere 16 eine massive Körperverletzung und 9 ein gewalttätiges Sexualdelikt (Vergewaltigung oder sexuelle Nötigung). Über die Hälfte der Täter hatten mehrere Vorstrafen, 26 Täter waren zuvor im Strafvollzug, 10 hatten nur Bewährungsstrafen erhalten, und 7 Täter waren im psychiatrischen Maßregelvollzug gewesen, davon ein einziger mit einer Psychose. Bei 14 Entlassungen war trotz schwerwiegender Delikte kein Gutachten erstellt worden. In den restlichen 29 Fällen war die Prognose 10-mal günstig gewesen, 10-mal ungünstig und 9-mal gab es gar keine Einschätzung der Prognose. Lediglich in 8 Fällen waren umfängliche Gutachten erstellt worden, wie sie den handwerklichen Voraussetzungen kriminalprognostischer Begutachtung entsprechen, der Rest waren überwiegend wenige Seiten umfassende psychologische Stellungnahmen aus dem Vollzug. Die retrospektiv erkennbaren wesentlichen Fehler der Gutachten und Stellungnahmen lagen vor allem in drei Bereichen:

1. in *einer mangelnden Differenziertheit bei der prognostischen Betrachtung des Indexdelikts;* bisweilen wird das Indexdelikt überhaupt nicht zur Kenntnis genommen oder gar nicht diskutiert oder in seiner Bedeutung völlig falsch erfasst (dies gilt auch für die Schuldfähigkeitsgutachten);
2. in *der Einschätzung einer Störung als „entwicklungsbedingte Phase",* und zwar zum einen bei Jugendlichen und Heranwachsenden die Fehleinschätzung destruktiv-gewaltsamen und sexuell-gewaltsamen Verhaltens als passager und „entwicklungsbedingt", zum anderen die Fehleinschätzung gewaltsamen Verhaltens Erwachsener als Ausdruck einer einmaligen und unwiederholbaren Lebenskrise (vermeintlich „situativ bedingte" Ausgangstat);
3. in *der Überbewertung eines angepassten Vollzugsverhaltens* als ausschlaggebendem Kriterium für Lockerungen und Entlassung, zumal wenn gar keine anderen Informationen über den Betreffenden erarbeitet wurden.

Die von Pierschke gesammelten Fälle wurden ganz überwiegend in einer Zeit beurteilt, gelockert und entlassen, in der noch wenig über die notwendigen Standards bei solchen Entscheidungen und den zugrunde liegenden Begutachtungen diskutiert wurde. Eine zwischenzeitlich eingetretene Verbesserung der Situation ist zu erhoffen. Allerdings kann auch bei sorgfältiger Erarbeitung von Gutachten nie ausgeschlossen werden, dass langjährige Insassen gefährliche Phantasien oder Persönlichkeitsanteile verborgen halten oder aber in Lebensumstände geraten werden, die das Risiko neuer Straftaten wieder massiv erhöhen. Folgt man der Sammlung von Pierschke, muss der möglichen Begehung sexueller Gewaltdelikte besondere Aufmerksamkeit gelten: 25 der 43 neuen Tötungsdelikte wurden im Zusammenhang mit einem sexuellen Übergriff begangen; in 9 Fällen soll es sich um einen „ungesteuerten Ausbruch" von Aggressionen gehandelt haben, in 7 Fällen ging es um Rache, und 2-mal um Bereicherung. Offenbar gibt es gerade auch für die gefährlichen Täter vieles, was ihnen wichtiger ist als Geld.

2.5.2 Lockerungen und Entlassung aus zeitiger Freiheitsstrafe

Seit dem „Gesetz zur Bekämpfung von Sexualdelikten und anderen gefährlichen Straftaten" vom 26. 1. 1998 (BGBl I 1998, S. 160) ist die Begutachtung von Verurteilten vorgeschrieben, die wegen eines Verbrechens oder einer Sexualstraftat zu mehr als 2 Jahren Haft verurteilt wurden und bei denen die Strafvollstreckungskammer die Aussetzung der Strafe erwägt. Dies sind Prognosegutachten besonderer Art, denn es geht bei ihnen nicht um die Frage, ob ein Verurteilter überhaupt wieder in Freiheit kommt, sondern nur darum, ob die Aussetzung der Reststrafe unter dem Aspekt von Rückfall- und damit Opferschutz besser ist als die Vollverbüßung bis zum Strafende. Kurze und mittellange Strafen wurden auch bislang schon, anders als lange Strafen, mehrheitlich bis zum Terminende verbüßt, weil die Justiz bei kurzen Strafen mit ihren Entscheidungen (ab Rechtskraft des Urteils) in Zeitrückstand gerät; viele Gefangene haben auch kein Interesse an einer anschließenden Bewährungszeit. Bei mittellangen Strafen von etwas über 2 Jahren bis etwa 6 Jahren hat man diese Frage recht einheitlich beantwortet: Wo der Gefangene nicht Endstrafe quasi erzwang, weil er nach bisherigem Delinquenzverlauf oder Haftverhalten ständig jeden Freiheitsspielraum zu Disziplinverstößen und Straftaten missbrauchte oder weil er früher Bewährungen nie überstanden hat, hat man es stets für besser gehalten, ihn für die letzte Etappe mit einem noch offenen Strafrest und der Drohung des Widerrufs in die beaufsichtigte Freiheit zu entlassen. Das ist im Grundsatz sicherlich weiterhin vernünftig. Hat jemand Endstrafe verbüßt, hat man kaum ein Druckmittel in der Hand, ihn im Sozialverhalten nach Haftentlassung zu leiten. Hat jemand hingegen einen Strafrest offen, kann man auf Einhaltung von Weisungen dringen, die sein Sozialverhalten stabilisieren.

Gleichwohl kann die Begutachtung von Verurteilten mit zeitigen Freiheitsstrafen eine lohnende und interessante Aufgabe sein. Dies gilt sicherlich, wenn der Betreffende eine lange Haftstrafe von z. B. 8 oder mehr Jahren abzusitzen hat, weil die zugrunde liegende Tat dann meist so gewichtig war, dass eine genauere Risikoabschätzung zur Entlassbarkeit, aber auch zur Lockerungseignung wünschenswert ist. Auch unter Probanden mit mittellangen Strafen findet man bisweilen Personen, die psychiatrisch oder zumindest persönlichkeitsdiagnostisch hochauffällig sind und bisweilen ganz eigenartige Straftaten begangen haben; gleichwohl sind sie nie begutachtet worden und auch nicht in den innervollzuglichen Psychiatriebereich geraten. Den Gegenpol bilden die in Abschn. 2.4.5 erörterten einstigen Gelegenheitstäter ohne besondere psychische Auffälligkeiten, die zu begutachten weder weitere Aufschlüsse noch größere Sicherheit liefert.

2.5.3 Entlassung aus psychiatrischer Maßregel

Für die Entlassung aus der psychiatrischen Maßregel (§ 67d Abs. 2 StGB) sind andere Paragrafen einschlägig als für die Entlassung aus der Strafhaft (§§ 57, 57a StGB); gleichwohl ist der § 454 Abs. 2 StPO ein brauchbarer Bezugspunkt für beide Konstellationen: worin bestand die in der Tat (oder in den Taten) zutage getretene Gefährlichkeit, besteht sie fort oder hat sich an ihr wesentlich etwas geändert, und was ist daraus für die Zukunft abzuleiten. § 57 StGB benennt durchaus zutreffend die Gesichtspunkte, die dabei zu berücksichtigen sind: die Persönlichkeit des Verurteilten, sein Vorleben, die Umstände seiner Tat, sein Verhalten im Vollzug, seine Lebensverhältnisse und die Wirkungen, die von der Aussetzung für ihn zu erwarten sind. Insofern verläuft in der gutachterlichen Praxis die Begutachtung zur bedingten Entlassung aus dem psychiatrischen Maßregelvollzug kaum anders als bei der Begutachtung von Strafgefangenen. Natürlich trifft man im Maßregelvollzug sehr viel häufiger auf psychisch Kranke und kann daher die spezielle psychiatrische Kompetenz nutzen, manchmal eben auch für psychiatrisch seltene Störungen. Im Übrigen hat die Begutachtung von Maßregelpatienten durch die inzwischen etablierten Standards überwiegend Vorteile: Sie sind in der Regel besser voruntersucht, der Verlauf ist meistens (nicht immer) besser, umfassender und fachkundiger dokumentiert, nicht zuletzt auch vom Pflegepersonal. Vereinzelt, wenn auch immer noch zu selten, wurden Fremdanamnesen bei Familienangehörigen und früheren Bekannten erhoben. Der soziale Empfangsraum, in den hinein der Maßregelpatient entlassen werden soll, ist in aller Regel besser bekannt, dichter, stabiler und stärker auf eine nachgehende, aufsuchende Betreuung ausgerichtet als der soziale Empfangsraum für entlassene Strafgefangene. Wenn begründet erwartet werden kann, dass der entlassene Maßregelpatient in diesem stützenden Umfeld – oder auch ganz ohne dieses – keine rechtswidrigen Taten mehr begehen wird, kann die bedingte Entlassung verantwortet werden.

2.5.4 Begutachtung zur Frage der psychiatrischen Voraussetzungen der Sicherungsverwahrung

Die Sicherungsverwahrung ist eine ausschließlich kriminalprognostisch begründete Maßregel; allemal wird unterstellt, dass von der betreffenden Person in Zukunft erhebliche Straftaten zu erwarten sind, ob nun infolge eines entsprechenden „Hanges" oder (in den Bestimmungen zur nachträglichen Sicherungsverwahrung) auch ohne „Hang". Der Betreffende hat in der Regel keine tatüberdauernde psychische Störung (vgl. Habermeyer et al. 2002; Habermeyer 2005), welche seine Einsichts- oder Steuerungsfähigkeit wesentlich beeinträchtigt. Grundlegend für die Anordnung im Erkenntnisverfahren ist die Frage, ob die „*Gesamtwürdigung des Täters und seiner Taten ergibt, dass er infolge eines Hanges zu erheblichen Straftaten, namentlich zu solchen, durch welche die Opfer seelisch oder körperlich schwer geschädigt werden oder schwerer wirtschaftlicher Schaden angerichtet wird, für die Allgemeinheit gefährlich ist"* (§ 66 Abs. 1 Satz 3). Bei der psychiatrischen Begutachtung zu diesem Zeitpunkt soll nicht zuletzt geklärt werden, ob nicht vielmehr eine andere, „therapeutische" Maßregel (§§ 63, 64 StGB) in Betracht kommt. Die Sicherungsverwahrung kommt aber auch bei vermindert Schuldfähigen in Betracht, wenn es sich um eine passagere Beeinträchtigung handelt oder wenn z.B. eine Maßregel nach § 64 StGB wegen fehlender Erfolgsaussicht oder eine Maßregel nach § 63 StGB mangels positiv festgestellter verminderter Schuldfähigkeit nicht angeordnet werden kann. Kritisch zur Begutachtungspraxis äußert sich Kinzig (1996, 1997, 1998).

Die Frage an den psychiatrischen Sachverständigen nach Ausschluss einer relevanten psychischen Störung oder eines Substanzmissbrauchs ist keine psychiatrische, vielmehr eine eher kriminologische und lautet: Liegt ein „Hang zur Begehung erheblicher Straftaten" vor? Das Merkmal „Hang", so der Bundesgerichtshof in seiner ständigen Rechtsprechung, „verlangt einen eingeschliffenen inneren Zustand des Täters, der ihn immer wieder neue Straftaten begehen lässt. Hangtäter ist danach derjenige, der dauernd zu Straftaten entschlossen ist oder der aufgrund einer fest eingewurzelten Neigung, deren Ursache unerheblich ist, immer wieder straffällig wird, wenn sich die Gelegenheit dazu bietet" (BGH, Urt. v. 11.9. 2002 – 2 StR 193/02, NStZ 2003, S. 201 f.). Diese Neigung zu Rechtsbrüchen, heißt es andernorts, bestehe aufgrund charakterlicher Veranlagung oder sei durch Übung erworben. In der zitierten Entscheidung führte der BGH aus, dass die im gegebenen Fall erfolgte Prüfung der fünf Kriterien „kriminelle Entwicklung, Gleichartigkeit der Taten, Sozialisation, Charakterstruktur, Sozialverhalten" als sorgfältige Gesamtwürdigung des Täters und seiner Taten nicht ausreiche und dass es zur Verneinung des Hanges nicht genüge, wenn einzelne Gesichtspunkte gegen die Annahme eines Hanges sprechen.

In den früheren Fassungen des § 66 StGB war in differenzierter Weise angegeben, welche Vorstrafen verhängt und verbüßt sein mussten, um die rechtlichen Voraussetzungen der Sicherungsverwahrung zu schaffen. Dies bewirkte in der Regel, dass die Sicherungsverwahrung nur bei solchen Tätern beurteilt wurde, bei denen zum einen eine (überdauernd) verminderte oder aufgehobene Schuldfähigkeit nie zur Diskussion gestanden hatte oder wiederholt ausgeschlossen worden war, und bei denen vor allem eine zumeist stattliche Liste von Vorstrafen und Haftzeiten vorlag, sodass an der eingeschliffenen kriminellen Neigung auch ohne psychiatrische Hilfe kein rechter Zweifel aufkam. „Der Hang zu Straftaten ist kein naturwissenschaftliches Kriterium, sondern normatives Merkmal", heißt es bei Dreher/ Tröndle (50. Aufl., 2001, § 66, RN 19). Dieses normative Merkmal lässt sich recht zuverlässig feststellen, wenn die „alten" Voraussetzungen der Sicherungsverwahrung gegeben sind, also jede Menge Vorstrafen und Strafverbüßungen: dies macht den erfahrungswissenschaftlichen Bereich aus, auf den sich die normative Einordnung stützt.

Dabei sind klassisch kriminologische Variablen: Alter bei Delinquenzbeginn, Zahl der Vorstrafen, Rückfallgeschwindigkeit sowie Art der begangenen Straftaten in aller Regel zur Beurteilung künftigen Sozialverhaltens ungleich aussagekräftiger als rein psychologische Variablen. Die erfahrungswissenschaftliche Fundierung der Hangzuschreibung liegt also vor allem im kriminologisch erschlossenen Bereich. Die gesetzgeberische Erleichterung der Verhängung der Sicherungsverwahrung durch zunehmenden Verzicht auf eine längere und/oder intensive delinquente Vorgeschichte erschwert entsprechend die gutachterliche Beurteilung, ob hier bereits von einem „Hang zur Begehung erheblicher Straftaten" zu sprechen ist.

Der Hang des § 64 StGB und der „Zustand" des § 63 StGB werden als psychische Sachverhalte der Vergangenheit zugeordnet, und es gilt jeweils zu prüfen, ob sie in die Zukunft fortdauern und ob sie dadurch bedingte rechtswidrige Handlungen erwarten lassen. Eine solche Zweiteiligkeit der Fragestellung (Vergangenheit/Zukunft) ist bei der Frage nach dem Hang nicht ohne Weiteres erkennbar. Wenn man die bisherige kriminelle Vorgeschichte einen „Hang" nennt, impliziert dies automatisch eine prognostische Aussage; Vorsicht ist also geboten. Trotzdem ist es natürlich nicht zirkulär, von vergangenem Verhalten auf zukünftiges zu schließen. Je markanter (nicht unbedingt: schwerer) die psychische Störung, z.B. eine ausgeprägte sexuelle Perversion, desto mehr Aussagen sind möglich über die vermutliche Dauer und Wirksamkeit dieser Störung. Je stärker alles auf dissoziale Verhaltensmuster reduziert ist, desto beeinflussbarer durch Situatives und reicher an Spielarten werden die künftigen Verläufe.

Schon vor der Reform 1998 sollte die „Gesamtwürdigung des Täters und seiner Taten" verdeutlichen, dass der Hang sich nicht darin erschöpft, dass die sonstigen juristischen Voraussetzungen hinsichtlich Deliktzahl und -schwere sowie Strafverbüßung gegeben sind. Das Gericht hat mithin, auch wenn der Angeklagte sich einer Begutachtung verweigert, die Persönlichkeit des Täters „mit allen kriminologisch wichtigen Tatsachen" wie Herkunft, Elternhaus, Erziehung etc. pp. aufzuklären. Zudem ist zu klären, ob und in welchem Umfang es sich bei den begangenen Taten um „Symptomtaten" handelt, in denen sich sein Hang zu gefährlichen Straftaten manifestiert. Diese Delikte müssen nicht von derselben Art sein, sondern nur einen inneren, ursächlichen Zusammenhang haben; bei solchen sehr unterschiedlichen Taten, die ihre gemeinsame „Wurzel im Hang" des Täters haben, haben die Tatgerichte dieses besonders sorgfältig darzulegen. Andererseits können gleichartige Taten, die unter unterschiedlichen Rahmenbedingungen begangen werden (z.B. Gewalttaten im Affekt, unter Alkoholeinfluss sowie in nüchterner Verfassung), Gelegenheits- und Augenblickstaten einen Hang belegen.

Leygraf (2004) fokussiert bei der Begutachtung zur Sicherungsverwahrung auf die kriminalprognostische Fragestellung. Zumeist liege auch bei Sicherungsverwahrten eine Persönlichkeitsfehlentwicklung vor, die der Problematik persönlichkeitsgestörter Patienten im psychiatrischen Maßregelvollzug durchaus vergleichbar sei.

In der Kriminologie werden traditionell zwei Gruppen chronischer Rückfalltäter unterschieden: die sog. Berufsverbrecher einerseits und die sog. Hang-, Zustands- oder Gewohnheitsverbrecher andererseits. Was an den Tätern interessiert, ist allein ihre zukünftige Gefährlichkeit, nicht aber, wie sie so geworden sind. Dies mag zwar vereinzelt für die Schuldschwere noch von Belang sein, nicht aber für die Maßregel der Sicherungsverwahrung. Insofern kann für den erfahrungswissenschaftlichen Gutachter nicht eine möglichst plastische Ausfüllung des Rechtsbegriffs „Hang" im Vordergrund stehen, sondern eine möglichst genaue Abklärung der Frage, ob bei dem Probanden aufgrund persönlichkeitsimmanenter Faktoren eine erhöhte oder besonders hohe Wahrscheinlichkeit der künftigen Begehung erheblicher Straftaten vorliegt. Es geht dabei nicht zuletzt um die Erörterung der *sachlichen, kriminologischen Bedeutung* der biografischen Sachverhalte, die zugleich die *formellen Voraussetzungen* der Sicherungsverwahrung ausmachen. Es geht hier also bereits im Erkenntnisverfahren um eine wohlbegründete Kriminalprognose. Natürlich muss sich auch die Anordnung der Unterbringung im psychiatrischen Maßregelvollzug oder in einer Entziehungsanstalt auf die prognostische Einschätzung künftiger Gefährlichkeit stützen; diese künftige Gefährlichkeit wird von den Gerichten jedoch relativ häufig aus der gegenwärtigen psychischen Störung bzw. aus der Alkohol- oder Drogenabhängigkeit abgeleitet und in die Zukunft fortgeschrieben nach dem Motto: Solange sich an der Störung nichts ändert, wird sich auch an der Gefährlichkeit nichts ändern. Während sich hier aber auch unter Ausklammerung der Straftat anhand der Symptomatik eine Gestörtheit oder süchtige Abhängigkeit psychopathologisch gut beschreiben lässt, gibt es solche querschnittlich fassbaren Auffälligkeiten beim schlichten Wiederholungstäter häufig eben nicht. Am häufigsten noch wird man dissoziale Prägungen, Einstellungen, Wahrnehmungs- und Bewertungsmuster zu registrieren haben und dabei bedenken, dass sozial abweichende Einstellungen, Denk- und Verhaltensstile zunächst einmal weder pathologisch noch unveränderlich sind. Also bedarf es hier einer sehr viel eingehenderen Abklärung der Frage, welche Risikofaktoren bei diesem Angeklagten – der die jetzt vorgeworfene Tat zudem möglicherweise bestreitet – vorliegen und was sie über seine künftige Entwicklung – nach noch ausstehender Strafverbüßung – aussagen.

Es ist dann fairerweise eine erneute Begutachtung durchzuführen, wenn die Strafzeit sich dem Ende zuneigt und entschieden werden muss, ob eine (evtl. vorzeitige) Entlassung erfolgen und der Vollzug der Sicherungsverwahrung zur Bewährung ausgesetzt werden kann. Die Begutachtung unterbleibt inzwischen gelegentlich mit der Begründung, die Strafvollstreckungskammer habe eine Aussetzung gar nicht erst erwogen; in der Regel ist dies Sparsamkeit am falschen Ort, denn eine Erfassung des aktuell erreichten Standes wie auch der verbleibenden Interventionsmöglichkeiten ist durchaus geboten. Vergleichsweise viele Gefangene haben angesichts der näher rückenden Sicherungsverwahrung doch einige erhebliche Anstrengungen unternommen, sich kritisch mit der eigenen Person und der Lage zu befassen. Man muss ihnen (aus Gründen der Menschenwürde wie auch aus Kostengründen) eine Chance geben, ihre Bemühungen zu präsentieren und dafür Unterstützung anregen, wo sie doch noch Entwicklungsmöglichkeiten eröffnen. Fatal wird die Sicherungsverwahrung, wenn die Untergebrachten resignieren und sich aufgeben oder wenn sie sich einspinnen in skurrile Aktivitäten; da sind sie dann kaum noch herauszuholen. Diesen Entwicklungen ging nicht selten voran, dass seitens der Anstalt und der Strafvollstrecker kein wahrnehmender Kontakt mit dem zunächst noch Strafgefangenen, dann Untergebrachten mehr gesucht wurde. Schon weil Anwälte den Blick auf den Gefangenen nicht stets öffnen, sondern manchmal auch verstellen (sodass man z. B. irrtümlich den Gefangenen für aggressiv und querulatorisch hält), bedarf es für diese vorurteilsfreie Wahrnehmung des Sicherungsverwahrten einer rechtzeitigen Begutachtung, nicht erst nach dem Ablauf von zehn Jahren Sicherungsverwahrung.

Die Erwartungen an Gutachten zu den kriminologisch-psychiatrischen Voraussetzungen der Sicherungsverwahrung, die das Bundesverfassungsgericht in seinem zitierten Urteil vom 5. Februar 2004 genannt hat, sind zum einen elementarer methodischer Natur und beinhalten ansonsten Mindestanforderungen. Das BVerfG hat vor allem deutlich gemacht, dass kriminalprognostische Gutachten zur Sicherungsverwahrung aufwändige Aufträge an erfahrene Experten sind. Es fordert: Das Gutachten muss anerkannten wissenschaftlichen Standards genügen. Gefordert wird ein externer Sachverständiger, der eventuell bislang mit dem Fall nicht befasst war, sowie eine nachvollziehbare und transparente Argumentation, klare und vollständige Benennung von Anknüpfungs- und Befundtatsachen. Hypothesen sollen offengelegt werden; klargestellt wird, dass eine Kriminalprognose eine Wahrscheinlichkeitsaussage beinhaltet. Als Bereiche der Betrachtung werden wiederum die Gesichtspunkte des § 57 StGB genannt, die auch von forensischen Psychiatern immer schon favorisiert wurden: Lebensgeschichte, Bedeutung des Anlassdelikts, prä- und postdeliktische Persönlichkeitsentwicklung, Lockerungsverhalten und sozialer Empfangsraum im Falle der Entlassung. Es gilt also im Einzelfall herauszuarbeiten, welche Bedeutung im Lebenslängsschnitt, im Interaktionsverhalten und in der psychischen Organisation eines Straffälligen seine Straftaten haben, worin die individuelle Gefährlichkeit des Probanden besteht, und dies sodann abzugleichen mit Erfahrungswissen über die gruppenstatistischen Verläufe in solchen Fällen. Insofern wird zunehmend eine Kombination empfohlen von klinisch-kasuistischer Erarbeitung des Einzelfalls und auch der Betrachtung der Ergebnisse in statistischen Rückfallinstrumenten wie der Psychopathie-Checklist PCL-R (Hare 1991), der HCR-20 (Webster et al. 1995, Müller-Isberner et al. 1998), der SVR-20 (Müller-Isberner et al. 2000) oder des LSI-R (Andrews u. Bonta 1995). Gerade die Berliner CRIME-Studie zur Rückfälligkeit im Lebenslängsschnitt (Dahle 2004, s. Kap. 1) hat gezeigt, dass die klinische Kriminalprognose bei Anwendung dieser Methodik der statistischen Kriminalprognose nicht unterlegen ist und dass die Kombination beider Verfahren die Vorhersageergebnisse nochmals verbessert.

Die Begutachtung zur Sicherheitsverwahrung im Erkenntnisverfahren hat sich mit vier typischen Konstellationen zu befassen:

1. *Erste Konstellation*: Es gibt keine längere Vorstrafbelastung oder überhaupt keine frühere Delinquenz, jetzt aber eine Tatserie mit einer ganzen Reihe von Einbrüchen, Betrugsdelikten, Vergewaltigungen, Körperverletzungen oder pädosexuellen Handlungen. An den psychiatrischen Gutachter wird die Frage herangetragen: Manifestiert sich hier ein Hang? Die zutreffende gutachterliche Antwort ist in aller Regel: Nein. Solche Tatserien sind „normal", sie sind das typische Resultat des Sachverhalts, dass der Täter zunächst scheinbar erfolgreich war, nicht gefasst wurde, straflos davon kam. Sie ergeben sich aus einem kurzschlüssigen Lernen am Erfolg. Die Wiederholung entsprechender Taten allein beweist noch keinen psychischen Hang im Sinne des § 66 StGB. Wenn allerdings solche Verhaltensbereitschaften nicht sistieren, obwohl Strafverfolgung stattfand, zudem die Ermittlung als Täter und empfindliche Bestrafung, so kann man schlussfolgern, dass die fehlende Löschung der delinquenten Verhaltensbereitschaft trotz dieser Aversionsbehandlung darauf verweist, dass diese Bereitschaften recht eingeschliffen sein könnten. Sie können aber übrigens aus der Sicht des Täters auch recht „vernünftig" sein (wir alle haben auch vernünftige eingeschliffene Gewohnheiten), wenn z. B. trotz Bestrafung das Risiko erneuter Bestrafung gering ist, der Ertrag von Straftaten (z. B. bei manchen Betrugsdelikten) aber sehr hoch. Der Gutachter wie der Richter hat sich also immer auch mit der Rationalität der Straftaten zu befassen; es kann bisweilen in dessen Sichtweise für den Angeklagten durchaus sinnvoller gewesen sein, weiter zu delinquieren, als sich den Normansprüchen zu unterwerfen.

2. *Die zweite Konstellation*, bei der jetzt wieder häufiger nach Sicherungsverwahrung gefragt wird, geht in Richtung Berufsverbrecher: Jemand hat z. B. immer wieder sorgfältig geplante, umsichtig durchgeführte und materiell ertragreiche Banküberfälle begangen. Nach Verurteilung und Strafhaft, belastet mit hohen Schulden oder auf Flucht hat er erneut solche Delikte begangen. Förderlich für die Tatbegehung mögen Intelligenz, Durchsetzungsbereitschaft, Nervenstärke sein, also Eigenschaften, die man nicht dem Hangbegriff subsumieren wird. Die Tatentschlüsse beruhten auf klaren Nutzen-Risiko-Abwägungen. Es sind keine persönlichkeitsimmanenten Faktoren zu erkennen, die die Entscheidungsfreiheit beeinträchtigt hätten, der Angeklagte ist sozusagen ein Paradebeispiel unbeeinträchtigter Schuldfähigkeit. Kann man ihm dann einen Hang im Sinne des § 66 StGB zusprechen – nicht nur als Beschreibung seiner von ihm bisher geschaffenen kriminologischen Sachverhalte (zwei oder mehr Tatserien), sondern auch als psychologischen Sachverhalt? Wenn der Psychiater hier keine spezifische persönliche Inklination zur Begehung solcher Straftaten sieht, kann er sie auch nicht attestieren. Ob Berufsverbrecher auch prophylaktisch weggesperrt werden sollen, ist eine rechts-

politische Frage, die man ohne Psychiater lösen sollte. Jedenfalls wäre es unredlich, nur psychisch gestörten Menschen die Fähigkeit zur Begehung von Straftaten zuzuschreiben. Gerade Taten aus dem Felde der organisierten und Berufskriminalität sowie der Wirtschaftskriminalität werden von Menschen begangen, die für psychisch Kranke nur Verachtung übrig haben. Tatserien sind auch in diesem Feld „normal", ja konstitutiv.

3. *Die dritte Konstellation* betrifft Täter, die Taten oder Tatserien begangen haben, welche auch Hangtäter begehen, z. B. wiederholte massive Gewaltdelikte, wiederholte Sexualdelikte, wiederholte Betrugsdelikte. Für den Psychiater stellt sich die Frage, ob aus der Begehensweise, aus der Biografie und aus dem Querschnittsbild der Persönlichkeit eine besondere persönliche Inklination zur Begehung erheblicher Straftaten ableitbar wird. Das ist z. B. bei sexuellen Missbrauchsdelikten zunächst eine Analyse des Tattypus: Geht es um sehr junge Kinder oder um Mädchen in der Pubertät, liegt eine stabile Pädosexualität vor oder handelt es sich um einen Gelegenheitstäter, der Sexualität gesichert stabil mit erwachsenen Partnerinnen erleben kann? Handelt es sich um einen stabil pädosexuellen Täter, so besteht natürlich empirisch gesichert ein deutlich erhöhtes Rückfallrisiko, andererseits vielleicht ein geringes Risiko einer Intensitätssteigerung der Taten. Ob der Beschuldigte im Einzelfall aber tatsächlich rückfällig wird, hängt eben nicht nur von seiner sexuellen Orientierung ab, sondern von seinen Entscheidungen, ob er sich auch nach Strafverfolgungserfahrung normwidrig verhalten wird oder nicht. Insofern bedeutet gruppenstatistisch erhöhtes Rückfallrisiko im Einzelfall eben keineswegs, dass dem Probanden ein Hang zu Straftaten (nicht ein Hang zu Kindern) attestiert werden kann. Man wird dies erst dann bejahen, wenn er sich resistent erwiesen hat gegenüber Bestrafungserfahrungen, und auch dann ist juristischerseits zu prüfen, ob die Taten die im § 66 StGB gemeinte Erheblichkeit aufweisen. Das Bundesverfassungsgericht meint, nur hochgefährliche Täter gerieten in Sicherungsverwahrung; tatsächlich liegt der Grenzbereich gegenwärtig bei wiederholten nichtgewaltsamen sexuellen Übergriffen gegen Kinder. Bei diesen Tätern ist die Prognose hinsichtlich Rückfälligkeit auf gleichem Niveau zumeist gesichert ungünstig; es stellt sich die Frage, ob die Taten so erheblich sind, dass sie nicht nur bestraft, sondern auch mit Sicherungsverwahrung bedacht werden sollten. Hier sind die Entscheidungen der Tatgerichte uneinheitlich, der Bundesgerichtshof hat in mindestens einem solchen Fall ein Urteil wegen der Nichtanordnung der Sicherungsverwahrung aufgehoben.

Wie soeben am Beispiel des sexuellen Missbrauchs erörtert, ist also bei Wiederholungstätern in jedem Einzelfall zu prüfen, ob sie dem Bild bestimmter einschlägiger, kriminologischer bzw. forensisch-psychiatrischer Tätertypen mit empirisch gesichert hoher Rückfälligkeit entsprechen: Exhibitionisten, alkoholabhängige Brandstifter, histrionisch-hochstaplerische Betrüger, sadistische Vergewaltiger, impulsgestörte Körperverletzer. All dies sind kriminologische Typen, die oft nicht den Beeinträchtigungsgrad aufweisen, der von einer „schweren anderen seelischen Abartigkeit" sprechen ließe. Wegen ihrer Fixierung auf bestimmte Delikte laufen sie aber Gefahr, dass im nächsten Strafverfahren die Sicherungsverwahrung zum Thema gemacht wird. Es sind auch dies Lebens- und Delinquenzverläufe, anhand derer einschlägige Rückfälligkeit nicht schwer zu prognostizieren ist, wo vielmehr alles von der Frage der Erheblichkeit und Verhältnismäßigkeit abhängt.

Fälle hochgefährlicher Verurteilter, deren Gefährlichkeit im Strafverfahren aber nicht erkannt oder nicht benannt wurde, können seit 2004 nach § 66 b StGB einer nachträglichen Sicherungsverwahrung zugeführt werden. Dieser Entscheidung soll nicht primär oder gar allein das Vollzugsverhalten zugrunde gelegt werden. Zwei unabhängige psychowissenschaftliche Gutachter sollen vielmehr in einem sorgfältigen kriminalprognostischen Gutachten alle Informationen zu Lebensgeschichte, Delinquenzverlauf, Tatbildern und Persönlichkeit erfassen und würdigen. Dieses psychiatrische Gutachten kann und sollte allein Stellung nehmen zu der Frage, ob mit dem Beschuldigten ein geringes, mittleres, hohes oder sehr hohes Risiko künftiger erheblicher Straftaten verbunden ist und woraus man das ableitet. Insofern entspricht die Begutachtung in ihrer Methodik im Prinzip genau jener im Erkenntnisverfahren. Die aus strafrechtsdogmatischen Gründen wichtige Frage, ob es sich bei dem Ergebnis der jetzigen psychiatrischen Begutachtung nun um eine echte Neuigkeit handelt oder um einen Sachverhalt, der bereits im Erkenntnisverfahren bekannt war (ohne dass man deswegen die Sicherungsverwahrung angeordnet hatte), ist von den juristischen Verfahrensbeteiligten zu klären. Allenfalls kann der Gutachter, wenn es sich so verhält, darauf hinweisen, dass er zwar etwas andere Begrifflichkeiten verwendet hat als ein früherer Gutachter, dass er damit aber dasselbe meint.

4. Eine weitere, häufige Begutachtungssituation ist schließlich der polytrop straffällige, entweder haltschwache oder aber auch der antriebsreiche und durchsetzungsfähige Täter, der die Kriterien der dissozialen Persönlichkeitsstörung erfüllt. Sofern er zu den antriebsstark-durchsetzungsfähigen und skrupellosen Tätern gehört, die mit der fachkundig angewandten Psychopathy-Checklist (Hare 1970, 1991) recht zuverlässig zu identifizieren sind, entspricht er jenem Typus, für den die Sicherungsverwahrung wohl ursprünglich gedacht war. Aber auch bei den Haltschwachen, wenn sie die „alten" Kriterien der Sicherungsverwahrung einer einschlägig intensiven Vorgeschichte erfüllen, wird man einen Hang nicht verneinen können: Auch aus Haltschwäche können sehr schlimme Verbrechen erwachsen, man denke beispielsweise an die Menschenverluste bei Brandstiftungen. Wieder geht es weniger um Vorhersagbarkeit neuer Delinquenz als um die Angemessenheit der Maßregel.

Literatur

Andrews DA, Bonta J (1995) LSI-R: The Level of Service Inventory-Revised. Multi-Health Systems, Toronto

Andrews DA, Bonta J (1998) The psychology of criminal conduct, 2nd edn. Anderson, Cincinnati OH

Becker GS (1993) Kriminalität und Strafe: Ein ökonomischer Ansatz. In: Becker GS (Hrsg) Ökonomische Erklärung menschlichen Verhaltens. Mohr-Siebeck, Tübingen, S 39–96

Berner W (2000) Zur Differenzierung der Behandlung paraphiler Störungen. Sexualforsch 13:181–193

Berner W (2001) Institutionelle Therapie bei sexueller Delinquenz. In: Sigusch V (Hrsg) Sexuelle Störungen und ihre Behandlung, 3. Aufl. Thieme, Stuttgart New York, S 501–516

Birkhoff H (2001) Probleme des Strafverteidigers mit Prognosegutachten. Strafverteidiger 12:401–406

Bock M (1990) Zur dogmatischen Bedeutung unterschiedlicher Arten empirischen Wissens bei prognostischen Entscheidungen im Strafrecht. NStZ 10:457–463

Böker W, Häfner H (1973) Gewalttaten Geistesgestörter. Springer, Berlin Heidelberg New York

Boer DP, Hart SD, Kropp PR, Webster CD (1997) Manual for the Sexual Violence Risk-20: Professional guidelines for assessing risk of sexual violence. The Mental Health, Law & Policy Institute, Vancouver Burnaby

Borum R, Bartel P, Forth A (2002) Manual for the Structured Assessment of Violence Risk in Youth (SAVRY). University of South Florida, Tampa

Bourdieu P (1987) Die feinen Unterschiede. Kritik der gesellschaftlichen Urteilskraft. Suhrkamp, Frankfurt

Bundesverfassungsgericht (2004) Urteil des Zweiten Senats vom 5. Februar 2004 (2 BvR 2029/01) http://www.bverfg.de/entscheidungen/rs20040205_2bvr202901.html

Bundesverfassungsgericht (2004) Urteil des Zweiten Senats vom 10. Februar 2004 (2 BvR 834/02) http://www.bverfg.de/entscheidungen/rs20040210_2bvr083402.html

Curti H (1998) Abschreckung durch Strafe. Eine ökonomische Analyse der Kriminalität. DUV, Konstanz

Dahle KP (1995) Therapiemotivation hinter Gittern. Roderer, Regensburg

Dahle KP (1998) Straffälligkeit im Lebenslängsschnitt. In: Kröber HL, Dahle KP (Hrsg) Sexualstraftaten und Gewaltdelinquenz – Verlauf – Behandlung – Opferschutz. Kriminalistik Verlag, Heidelberg, S 47–56

Dahle KP (2001) Violent crime and offending trajectories in the course of life: An empirical life span developmental typology of criminal careers. In: Farrington DP, Hollin CR, McMurran M (eds) Sex and violence: The psychology of crime and risk assessment. Routledge, London New York, pp 197–209

Dahle KP (2004) Abschlußbericht zur Berliner C.R.I.M.E.-Studie an die Deutsche Forschungsgemeinschaft (DFG). Institut für Forensische Psychiatrie der Charité – Universitätsmedizin Berlin, Berlin

Dahle KP (2005) Psychologische Kriminalprognose – Wege zu einer integrativen Methodik für die Beurteilung der Rückfallwahrscheinlichkeit bei Strafgefangenen. Centaurus, Herbolzheim

Dahle KP (2005a) Psychologische Begutachtung zur Kriminalprognose. In: Kröber HL, Steller M (Hrsg) Psychologische Begutachtung im Strafverfahren – Indikationen, Methoden und Qualitätsstandards, 2. Aufl. Steinkopff, Darmstadt, S 133–169

Dilling H, Mombour W, Schmidt MH (Hrsg) (1991) Internationale Klassifikation psychischer Störungen ICD-10 Kapitel V (F). Huber, Bern Göttingen Toronto

Egg R (1999) Zur Rückfälligkeit von Sexualstraftätern. Eine empirische Analyse anhand von BZR-Auszügen und Strafakten. Kriminalistik 53:367–373

Elz J (2001) Legalbewährung und kriminelle Karrieren von Sexualstraftätern: Sexuelle Missbrauchsdelikte. Kriminologie und Praxis, Bd 33. Kriminologische Zentralstelle, Wiesbaden

Elz J (2002) Legalbewährung und kriminelle Karrieren von Sexualstraftätern: Sexuelle Gewaltdelikte. Kriminologie und Praxis, Bd 34. Kriminologische Zentralstelle, Wiesbaden

Elz J, Jehle JM, Kröber HL (Hrsg) (2004) Exhibitionisten – Täter, Taten, Rückfall. Kriminologische Zentralstelle, Wiesbaden

Eronen M, Hakola P, Tiihonen J (1996) Mental disorders and homicidal behavior in Finland. Arch Gen Psychiatry 53:497–501

Farrington DP (1989) Self-reported and official offending from adolescence to adulthood. In: Klein MW (ed) Cross-national research in self-reported crime and delinquency. Kluwer, Dordrecht Boston London, pp 399–423

Farrington DP (1992) Explaining the beginning, progress, and ending of antisocial behavior from birth to adulthood. In: McCord J (ed) Fracts, frameworks, and forecasts. New Brunswick, London, pp 253–286

Farrington DP (1996) The explanation and prevention of youthful offending. In: Hawkins JD (ed) Delinquency and crime: current theories. Cambridge University Press, Cambridge New York Melbourne, pp 68–148

Farrington DP (2003) Key results from the first forty years of the Cambridge study in delinquent development. In: Thornberry TP, Krohn MD (eds) Taking stock of delinquency: An overview of findings from contemporary longitudinal studies. Kluwer, New York, pp 137–183

Feltes T (2000) Rückfallprognose und Sicherungsverwahrung: Die Rolle des Sachverständigen. Strafverteidiger 11:281–286

Feltes T (2003) Kriminologische Begutachtung von Sexualstraftätern? Die neue Polizei 53:S 5–10

Felthous AR, Barratt ES (1998) Impulsive und episodische Aggressivität: Biologische und psychosoziale Forschung in den USA. In: Kröber HL, Dahle KP (Hrsg) Sexualstraftaten und Gewaltdelinquenz – Verlauf – Behandlung – Opferschutz. Kriminalistik Verlag, Heidelberg, S 95–117

Foucault M (1976) Überwachen und Strafen: Die Geburt des Gefängnisses. Suhrkamp, Frankfurt

Foucault M (1977) Sexualität und Wahrheit I: Der Wille zum Wissen. Suhrkamp, Frankfurt

Freedman D (2001) False prediction of future dangerousness: Error rates and Psychopathy Checklist-Revised. J Am Acad Psychiatry Law 29:89–95

Frisch W (1992) Prognostisch fundierte Entscheidungen im Strafrecht. Recht & Psychiatrie 10:110–123

Fruehwald S, Eher R, Frottier P, Aigner M, Gutierrez K, Dwyer SM (1998) The relevance of self-concepts discriminating in long-term incarcerated sex offenders. J Behav Ther Exp Psychiatry 29:267–278

Furby L, Weinrott MR, Blackshaw L (1989) Sex offender recidivism: A review. Psychol Bull 105:3–30

Gebhard PH, Gagnon JH, Pomeroy WB, Christenson CV (1965) Sex offenders – an analysis of types. Harper & Row, New York

Gerstenfeld C (2000) Der Psychiater als Inquisitor – Die Bedeutung des Geständnisses für das Begutachtungsergebnis. MSchrKrim 83:280–289

Giese H (1962) Leitsymptome sexueller Perversionen. In: Giese H (Hrsg) Psychopathologie der Sexualität. Enke, Stuttgart, S 420–470

Göppinger H (1983) Der Täter in seinen sozialen Bezügen. Ergebnisse der Tübinger Jungtäter-Vergleichsuntersuchung. Springer, Berlin Heidelberg New York

Göppinger H (1997) Kriminologie, 5. Aufl. Beck, München

Gottlieb P, Gabrielsen G, Kramp P (1987) Psychotic homicide in Copenhagen from 1959 to 1983. Acta Psychiat Scand 76:285–292

Greenberg DM (1998) Sexual recidivism in sex offenders. Can J Psychiatry 43:459–465

Gretenkord L (2001) Empirisch fundierte Prognosestellung im Maßregelvollzug nach § 63 StGB – EFP-63. Deutscher Psychologen Verlag, Bonn

Grubin D (1997) Inferring predictors of risk: sex offenders. Int Rev Psychiatry 9:225–231

Grünfeld B, Noreik K (1986) Recidivism among sex offenders: A follow-up study of 541 Norwegian sex offenders. Int J Law Psychiatry 9:95–102

Habermeyer E (2005) Psychiatrische Kriminalprognose in einer „fachfremden Maßregel: Erfahrungen mit Probanden vor bzw. in der Sicherheitsverwahrung. MschrKrim 88: 12–25

Habermeyer E, Hoff P, Saß H (2002) Das psychiatrische Gutachten zur Hangtäterschaft: Zumutung oder Herausforderung? MSchrKrim 85:20–24

Haberstroh D (1982) Die Erfahrung der Straftat im Behandlungsvollzug. MSchrKrim 65: 334–342

Haferkamp H (1987) Zur zukünftigen Neuorientierung der kriminologischen Forschung. Kriminologisches Journal 19:171–192

Hall GCN, Proctor WC (1987) Criminological predictors of recidivism in a sexual offender population. J Consult Clin Psychol 55:111–112

Hammerschlag H, Schwarz O (1998) Das Gesetz zur Bekämpfung von Sexualdelikten und anderen gefährlichen Straftaten. NStZ 18:321–326

Hanson RK, Bussière MT (1998) Predicting relapse: A meta-analysis of sexual offender recidivism studies. J Consult Clin Psychol 66:348–362

Hanson RK, Thornton D (1999) Static-99: Improving actuarial risk assessments for sex offenders. User Report 99-02. Department of the Solicitor General of Canada, Ottawa

Hare RD (1970) Psychopathy: Theory and research. Wiley, New York

Hare RD (1991) The Hare Psychopathy Checklist – Revised: Manual. Multi-Health Systems, Toronto

Hare RD, McPherson LM, Forth AE (1988) Male psychopaths and their criminal careers. J Consult Clin Psychol 56:710–714

Harris GT, Rice ME, Quinsey VL (1993) Violent recidivism of mentally disordered offenders: The development of a statistical prediction instrument. Crim Justice Behav 20:315–335

Hartmann PH (1999) Lebensstilforschung. Darstellung, Kritik und Weiterentwicklung. Leske & Buderich, Opladen

Hebebrand K, Hebebrand J, Remschmidt H (2002) Medikamente in der Behandlung von Paraphilien und hypersexuellen Störungen. Fortschr Neurol Psychiat 70:462–475

Helmchen H, Henn F, Lauter H, Sartorius N (2000) Psychiatrie der Gegenwart, 4. Aufl, Bd 3: Psychiatrie spezieller Lebenssituationen. Springer, Berlin Heidelberg New York

Hermann D (2003) Werte und Kriminalität. Konzeption einer allgemeinen Kriminalitätstheorie. Westdeutscher Verlag, Wiesbaden

Hermann D (2004) Bilanz der empirischen Lebensstilforschung. Kölner Z Soziol Sozialpsychol 56:153–179

Hermann D, Dölling D (2001) Kriminalprävention und Wertorientierungen in komplexen Gesellschaften. Analysen zum Einfluß von Werten, Lebensstilen und Milieus auf Delinquenz, Viktimisierungen und Kriminalitätsfurcht. Mainzer Schriften zur Situation von Kriminalitätsopfern. Weißer Ring, Mainz

Herpertz SC (2001) Impulsivität und Persönlichkeit. Zum Problem der Impulskontrollstörungen. Kohlhammer, Berlin Stuttgart Köln

Herpertz SC, Werth U, Lukas G et al. (2001) Emotion in criminal offenders with psychopathy and borderline personality disorder. Arch Gen Psychiatry 58:737–745

Hodgins S, Hiscoke UL, Freese R (2003) The antecedents of aggressive behavior among men with schizophrenia: A prospective investigation of patients in community treatment. Behav Sci Law 21:523–546

Hodgins S, Müller-Isberner R (2004) Preventing crime by people with schizophrenic disorders: the role of psychiatric services. Br J Psychiatry 185:245–250

Jehle JM, Heinz W, Sutterer P (2003) Legalbewährung nach strafrechtlichen Sanktionen – eine kommentierte Rückfallstatistik. Forum Verlag Bonn, Mönchengladbach

Jockusch U, Keller F (2001) Praxis des Maßregelvollzugs nach § 63 StGB. Unterbringungsdauer und strafrechtliche Rückfälligkeit. MSchrKrim 84:453–465

Kerner HJ (1996) Entstehungsbedingungen von Kriminalität und Ansatzpunkte von Kriminalprävention. In: Jehle HM (Hrsg) Kriminalprävention und Strafjustiz. Kriminologische Zentralstelle, Wiesbaden, S 37–54

Kinzig J (1996) Die Sicherungsverwahrung auf dem Prüfstand. Max-Planck-Institut für Ausländisches und Internationales Strafrecht, Freiburg

Kinzig J (1997) Die Gutachtenpraxis bei der Anordnung der Sicherungsverwahrung. Recht & Psychiatrie 15:9–20

Kinzig J (1998) Der Hang zu erheblichen Straftaten, und was sich dahinter verbirgt. NStZ 18:14–19

Klein T, Schneider S, Löwel H (2001) Die Bedeutung gesundheitsrelevanter Aspekte des Lebensstils. Z Soziol 30:384–400

Knecht G, Schanda H (1998) Verlaufsaspekte bei psychotischen Gewalttätern. In: Kröber HL, Dahle KP (Hrsg) Sexualstraftaten und Gewaltdelinquenz – Verlauf – Behandlung – Opferschutz. Kriminalistik Verlag, Heidelberg, S 87–93

Kröber HL (1993) Die prognostische Bedeutung der „Auseinandersetzung mit der Tat" bei der bedingten Entlassung. Recht & Psychiatrie 11:140–143

Kröber HL (1995) Konzepte zur Beurteilung der „schweren anderen seelischen Abartigkeit". Nervenarzt 66:532–541

Kröber HL (1995a) Geständnis und Auseinandersetzung mit der Tat als Gesichtspunkte der Individualprognose nach Tötungsdelikten. In: Dölling D (Hrsg) Die Täterindividualprognose. Beiträge zu Stand, Problemen und Perspektiven der kriminologischen Prognoseforschung. Kriminalistik Verlag, Heidelberg, S 63–81

Kröber HL (1998) Die Strafrechtsreformen zur Sexual- und Gewaltdelinquenz. Z Sexualforsch 11:59–66

Kröber HL (1998a) Mißstände und Fehler in der Maßregeltherapie aus der Sicht des externen Gutachters. Forensische Psychiatrie und Psychotherapie Werkstattschriften 5:7–20

Kröber HL (1999) Gang und Gesichtspunkte der kriminalprognostischen psychiatrischen Begutachtung. NStZ 19:593–599

Kröber HL (1999a) Beurteilungsrelevante Akteninformationen gehören in das forensisch-psychiatrische Gutachten. NStZ 19:170–172

Kröber HL (1999b) Wandlungsprozesse im psychiatrischen Maßregelvollzug. Z Sexualforsch 12:93–107

Kröber HL (2003) Externe und interne Gutachten im psychiatrischen Maßregelvollzug. In: Häßler F, Rebernig E, Schnorr K, Schläfke D, Fegert JM (Hrsg) Forensische Kinder-, Jugend- und Erwachsenenpsychiatrie – Aspekte der Psychiatrischen Begutachtung. Schattauer, Stuttgart, S 188–198

Kröber HL, Scheurer H, Richter P, Saß H (1993) Ursachen der Rückfälligkeit von Gewaltstraftätern – Ergebnisse des Heidelberger Delinquenzprojekts. MSchrKrim 76:227–241

Kröber HL, Marg E, Phieler-Morbach U, Schnoor H (2001) Bericht der unabhängigen Kommission Maßregelvollzug im Land Brandenburg. Ministerium für Arbeit, Soziales, Gesundheit und Frauen des Landes Brandenburg, Potsdam

Lau S, Kröber HL (2000) Kenntnis der Aktenlage als entscheidende Voraussetzung der gutachterlichen Exploration. In: Marneros A, Rössner D, Haring A, Brieger P (Hrsg) Psychiatrie und Justiz. Zuckschwerdt, München Bern Wien New York, S 42–46

Laub JH, Vaillant GE (2000) Delinquency and mortality: A 50-year follow-up study of 1000 delinquent and nondelinquent boys. Am J Psychiatry 157:96–102

Leong GB, Silva JA, Weinstock R (2003) Dangerousness. In: Rosner R (ed) Principles and practice of forensic psychiatry, 2nd edn. Arnold, London, pp 564–571

Leygraf N (1988) Psychisch kranke Rechtsbrecher. Springer, Berlin Heidelberg New York

Leygraf N (2004) Die Begutachtung der Gefährlichkeitsprognose. In: Venzlaff U, Foerster K (Hrsg) Psychiatrische Begutachtung, 4. Aufl. Urban & Fischer, München Jena, S 437–450

Lindqvist P, Allebeck P (1990) Schizophrenia and crime. A longitudinal follow-up of 644 schizophrenics in Stockholm. Br J Psychiatry 157:345–350

Lösel F (1998) Evaluation der Straftäterbehandlung: Was wir wissen und noch erforschen müssen. In: Müller-Isberner R, Gonzalez Cabeza S (Hrsg) Forensische Psychiatrie –

Schuldfähigkeit, Kriminaltherapie, Kriminalprognose. Gießener Kriminalwissenschaftliche Schriften, Bd 9. Forum Verlag Godesberg, Mönchengladbach, S 29–50

Maschke W (1987) Das Umfeld der Straftat. Ein erfahrungswissenschaftlicher Beitrag zum kriminologischen Tatbild. Minerva, München

Mischkowitz R (1993) Kriminelle Karrieren und ihr Abbruch. Empirische Ergebnisse einer kriminologischen Langzeituntersuchung als Beitrag zur „Age-Crime Debate". Forum Verlag Godesberg, Mönchengladbach

Moeller FG, Barratt ES, Dougherty DM, Schmitz JM, Swann AC (2001) Psychiatric aspects of impulsivity. Am J Psychiatry 158:1783–1793

Monahan J, Steadman HJ, Silver E et al (2001) Rethinking risk assessment: The MacArthur Study of mental disorder and violence. Oxford University Press, New York

Müller-Isberner R, Jöckel D, Gonzalez Cabeza S (1998) Die Vorhersage von Gewalttaten mit dem HCR 20. Institut für Forensische Psychiatrie, Haina

Müller-Isberner R, Gonzalez Cabeza S, Eucker S (2000) Die Vorhersage sexueller Gewalttaten mit dem SVR 20. Übersetzung der kanadischen Originalversion von DP Boer, SD Hart, PR Kropp, CD Webster. Institut für Forensische Psychiatrie, Haina

Nedopil N (1998) Folgen der Änderung des § 67d II StGB für den Maßregelvollzug und die Begutachtung. MSchrKrim 81:44–49

Nedopil N (2000) Forensische Psychiatrie, 2. Aufl. Thieme, Stuttgart

Nedopil N (2005) Prognosen in der Forensischen Psychiatrie – Ein Handbuch für die Praxis. Pabst, Lengerich Berlin Bremen

Pierschke R (2001) Tötungsdelikte nach – scheinbar – günstiger Legalprognose. MSchr Krim 84:249–259

Prentky R, Harris B, Frizzel K, Righthand S (2000) An actuarial procedure for assessing risk with juvenile sex offenders. Sex Abuse 12:71–93

Quinsey V, Harris GT, Rice M, Cormier C (1999) Violent offenders: Appraising and managing risk. American Psychological Association, Washington DC

Rasch W (1985) Die Prognose im Maßregelvollzug als kalkulierbares Risiko. In: Schwind HD (Hrsg) Festschrift für G. Blau. De Gruyter, Berlin New York, S 309–325

Rasch W (1986) Forensische Psychiatrie. Kohlhammer, Stuttgart Berlin

Rehder U (2001) RRS – Rückfallrisiko bei Sexualstraftätern: Verfahren zur Bestimmung von Rückfallgefahr und Behandlungsnotwendigkeit. Kriminalpädagogischer Verlag, Lingen

Rice ME, Harris GT, Quinsey VL (1990) A follow-up of rapists assessed in a maximum-security psychiatric facility. J Interpersonal Violence 5:435–448

Ross T, Pfäfflin F (2005) Risk Assessment im Maßregelvollzug: Grenzen psychometrischer Gefährlichkeitsprognose im therapeutischen Umfeld. MSchrKrim 88:1–11

Saß H, Wittchen HU, Zaudig M, Houben I (2003) Diagnostisches und Statistisches Manual Psychischer Störungen DSM-IV-TR, textrevidierte Fassung. Übersetzt nach der vierten Auflage des Diagnostic and Statistical Manual of Mental Disorders TR der American Psychiatric Association. Hogrefe, Göttingen Bern Toronto

Schorsch E, Becker N (1977/2000) Angst, Lust, Zerstörung – Sadismus als soziales und kriminelles Handeln. Psychosozial Verlag, Gießen

Schneider HJ (1997) Kriminologische Ursachentheorien: Weiter- und Neuentwicklungen in der internationalen Diskussion. Kriminalistik 51:306–318

Schneider S (2002) Lebensstil und Mortalität. Welche Faktoren bedingen ein langes Leben? Westdeutscher Verlag, Wiesbaden

Schöch H (1994) Maßregelvollzug. In: Venzlaff U, Foerster K (Hrsg) Psychiatrische Begutachtung, 2. Aufl. Fischer, Stuttgart, S 445–468

Seifert D (2005) Gefährlichkeitsprognosen im psychiatrischen Maßregelvollzug gemäß § 63 StGB – Validierung eines Prognose-Inventars mittels einer prospektiven Studie. Habilitationsschrift, Medizinische Fakultät, Universität Duisburg-Essen

Seifert D, Möller-Mussavi S (2005) Aktuelle Rückfalldaten der Essener prospektiven Prognosestudie. Werden Deliktrückfälle forensischer Patienten (§ 63 StGB) seltener? Fortschr Neurol Psychiatr 73:16–22

Stadtland C, Nedopil N (2003) Alkohol und Drogen als Risikofaktoren für kriminelle Rückfälle. Fortschr Neurol Psychiatr 71:654–660

Steller M (1994) Diagnostischer Prozeß. In: Stieglitz RD, Baumann U (Hrsg) Psychodiagnostik psychischer Störungen. Enke, Stuttgart, S 37–46

Stoller RM (1975/79) Perversion – Die erotische Form von Haß. Nachdruck 2001. Psychosozial Verlag, Gießen

Stüttgen T (1987) Die Verbalisation des delinquenten Tathergangs als prognostischer Faktor im Maßregelvollzug (§ 63 StGB). Forensia 8:91–102

Taylor PJ (1997) Damage, disease and danger. Crim Behav Ment Health 7:19–48

Urbaniok F (2004) Validität von Risikokalkulationen bei Straftätern – Kritik an einer methodischen Grundannahme und zukünftige Perspektiven. Fortschr Neurol Psychiatr 72:260–269

Vogel V de, Ruiter C de, Hildebrand M, Bos B, Ven P van de (2004) Type of discharge and recidivism measured by the HCR-20: A retrospective study in a dutch sample of treated forensic patients. Int J Forensic Ment Health 3:149–165

Volckart B (1997) Maßregelvollzug, 4. Aufl. Luchterhand, Neuwied

Volckart B (1998) Die Aussetzungsprognosen nach neuem Recht. Recht & Psychiatrie 16:3–11

Volckart B (2002) Zu Bedeutung der Basisrate in der Kriminalprognose. Recht & Psychiatrie 20:105–114

Webster CD, Harris GL, Rice ME, Cormier C, Quinsey VL (1994) The Violence Prediction Scheme. University of Toronto, Toronto

Webster CD, Eaves E, Douglas K, Wintrup A (1995) The HCR-20 Scheme. Mental Health, Law and Policy Institute, Simon Fraser University, Burnaby BC

Wegener R (2003) Konzepte der operativen Fallanalyse (OFA) bei Tötungsdelikten aus Sicht des Rechtsmediziners. Rechtsmedizin 13:315–328

Weinrott MR, Saylor M (1991) Self-report of crimes committed by sex offenders. J Interpersonal Violence 6:286–300

Wendt F, Kröber HL (2005) Lebensverläufe und Delinquenz von älteren Pädophilen. Z Sexualforsch 18:115–134

3 Praxis der kriminalprognostischen Begutachtung: handwerkliche Mindeststandards und kasuistische Illustration

H.-L. Kröber

Wie in den beiden vorangehenden Kapiteln dargestellt, geht es bei jedem Prognosegutachten im ersten Schritt darum herauszuarbeiten, worin im Einzelfall die „in der Tat zutage getretene Gefährlichkeit" bestanden hat. Dies heißt: Welche überdauernden Wahrnehmungsweisen, Einstellungen (Werthaltungen) und Verhaltensmuster haben bei diesem Menschen an seine frühere Delinquenz herangeführt und die Entscheidung zum Delikt unmittelbar befördert? Was besagen das Tatbild und die Delinquenzgeschichte über die Handlungsbereitschaften des Probanden? Bei psychisch Kranken im engeren Sinne, aber auch bei Persönlichkeitsgestörten und sexuell Devianten sind natürlich zudem Intensität, Verlauf und Beeinflussbarkeit der psychischen Störung und der Zusammenhang zwischen Krankheit bzw. Störung und Delinquenz zu erforschen. Ohne eine korrekte Bestimmung der „in der Tat zutage getretenen Gefährlichkeit", also der individuellen Tathintergründe, ist eine fundierte Prognosestellung unmöglich. Daher das immense Gewicht des aktuarischen, rückwärts gewandten Teils der kriminalprognostischen Arbeit.

In einem nächsten Schritt ist dann anhand der Persönlichkeitsentwicklung seit der Tat und anhand des gegenwärtigen Befundes zu prüfen, ob sich an diesen risikoträchtigen Strukturen inzwischen etwas geändert hat und wie insgesamt das Veränderungspotenzial einzuschätzen ist. Wenn es wichtige Entwicklungen gegeben hat, ist dem juristischen Leser des Gutachtens zu verdeutlichen, woran man dies erkennen kann. Aufzuzeigen ist, welche neuen oder veränderten Strukturen sich herausgebildet haben und wie zeit-, situations- und belastungsstabil diese Strukturen sind. Dies ist insbesondere zu projizieren auf das, was gegenwärtig als sozialer Empfangsraum für den Probanden sichtbar ist, und abzugleichen mit dessen subjektiven Zukunftsplänen und -erwartungen.

Danach ist schließlich im letzten Schritt aus allem Vorangehenden abzuleiten, ob und wenn ja, weshalb das Delinquenzrisiko derart gemindert ist, dass künftige erhebliche Straftaten unwahrscheinlich geworden sind, oder ob zumindest – und unter welchen Kautelen – der Weg von Lockerungen beschritten werden kann.

3.1 Basale handwerkliche Regeln

Die Vorschläge der BGH-Arbeitsgruppe zur Qualitätssicherung von Schuld-fähigkeitsgutachten (Boetticher et al. 2005) lassen sich hinsichtlich der for-malen Voraussetzungen umstandslos auch auf Prognosegutachten anwen-den. Sie beziehen sich ohnehin in erster Linie auf die Abfassung des schriftlichen Gutachtens. Dafür empfehle sich die Einhaltung einer relativ schematischen Struktur, um wesentliche Punkte nicht zu übersehen und dem Leser die Orientierung zu erleichtern. Verbindlich sei, sofern eine psy-chiatrische Diagnose zu stellen ist, die Verwendung kriterienorientierter, standardisierter Diagnosen entsprechend ICD-10 (Dilling et al. 1991) oder DSM-IV-TR (Saß et al. 2003), was weitere diagnostische Erörterungen kei-neswegs ausschließt.

▌ **Formelle Mindestanforderungen.** Die BGH-Arbeitsgruppe nennt einen Ka-talog von *formellen Mindestanforderungen*, also basalen Formerfordernis-sen, wie diese auch in Lehrbüchern der forensischen Psychiatrie (Nedopil 2002; Rasch u. Konrad 2004; Venzlaff u. Foerster 2004; Kröber 2005) seit Jahrzehnten stets verfochten worden sind:
▌ Nennung von Auftraggeber und Fragestellung;
▌ Darlegung von Ort, Zeit und Umfang der Untersuchung;
▌ Dokumentation der Aufklärung;
▌ Darlegung der Verwendung besonderer Untersuchungs- und Dokumenta-tionsmethoden (z.B. Videoaufzeichnung, Tonbandaufzeichnung, Be-obachtung durch anderes Personal, Einschaltung von Dolmetschern);
▌ exakte Angabe und getrennte Wiedergabe der Erkenntnisquellen (Akten, subjektive Darstellung des Untersuchten, Beobachtung und Untersuchung, zusätzlich durchgeführte Untersuchungen wie z.B. bildgebende Verfahren, psychologische Zusatzuntersuchung).

Gefordert wird weiter:
▌ eindeutiges Kenntlichmachen der interpretierenden und kommentieren-den Äußerungen und deren Trennung von der Wiedergabe der Informatio-nen und Befunde;
▌ Trennung von gesichertem medizinischen (psychiatrischen, psychopatho-logischen, psychologischen) Wissen und subjektiver Meinung oder Ver-mutungen des Gutachters;
▌ Offenlegung von Unklarheiten und Schwierigkeiten und den daraus ab-zuleitenden Konsequenzen, ggf. rechtzeitige Mitteilung an den Auftrag-geber über weiteren Aufklärungsbedarf;
▌ Kenntlichmachung der Aufgaben- und Verantwortungsbereiche der be-teiligten Gutachter und Mitarbeiter;
▌ bei Verwendung wissenschaftlicher Literatur: Beachtung der üblichen Zitierpraxis; klare und übersichtliche Gliederung;
▌ schließlich der Hinweis auf die Vorläufigkeit des schriftlichen Gutach-tens.

Tatsächlich scheitert eine Vielzahl von unverwertbaren Gutachten bereits infolge der Nichteinhaltung dieser basalen Regeln, die natürlich auch essenzieller Bestandteil der forensischen Ausbildung sein müssen.

▌ **Inhaltliche Mindestanforderungen.** Als *inhaltliche Mindestanforderungen* werden dann weiter genannt:

▌ Vollständigkeit der Exploration, insbesondere zu den delikt- und diagnosenspezifischen Bereichen (z. B. ausführliche Sexualanamnese bei sexueller Devianz und Sexualdelikten, detaillierte Darlegung der Tatbegehung);

▌ Benennung der Untersuchungsmethoden und Darstellung der Erkenntnisse, die mit den jeweiligen Methoden gewonnen wurde;

▌ Diagnosen sind unter Bezugnahme auf das zugrunde liegende Diagnosesystem zu stellen (in der Regel ICD-10 oder DSM-IV-TR). Bei Abweichung von diesen Diagnosesystemen ist eine Erläuterung erforderlich, warum welches andere System verwendet wurde;

▌ gefordert wird eine Darlegung der differenzialdiagnostischen Überlegungen;

▌ wichtig ist die Darstellung der Funktionsbeeinträchtigungen, die im Allgemeinen durch die diagnostizierte Störung bedingt werden, soweit diese für die Gutachtensfrage relevant werden könnten;

▌ ebenso wichtig ist die Überprüfung, ob und in welchem Ausmaß diese Funktionsbeeinträchtigungen bei dem Untersuchten bei Begehung der Tat vorlagen;

▌ gefordert werden die korrekte Zuordnung der psychiatrischen Diagnose zu den gesetzlichen Eingangsmerkmalen und eine transparente Darstellung der Bewertung des Schweregrades der Störung;

▌ alternativen Beurteilungsmöglichkeiten sind ggf. eigenständig darzustellen und zu erörtern.

Man kann die Anforderungen, die an ein solches Gutachten zu stellen sind, natürlich auch aus der Perspektive des Empfängers beschreiben und fragen, ob ein Gutachten die nachfolgenden Gesichtspunkte erfüllt in den vier Leistungsbereichen Aktenstudium, jetzige Untersuchung, Befunderhebung und Befundbeurteilung (Kröber 1999, 2004):

1. Die Akten
Ist der Sachverständige mit allen wesentlichen Akteninformationen vertraut?

1.1   Welche Akten hat der Sachverständige genutzt (Ermittlungsakten, weitere Vorstrafakten, Gefangenen-Personalakten, Krankenhausakten)? *Mindestforderung:* Einweisungsurteil (speziell auch Tatgeschehen, Tatzeitpunkt, Tatopfer), Einweisungsgutachten, Tatgeschehen (Urteile) relevanter früherer Straftaten, wichtige frühere Gutachten, Kenntnis des Vollstreckungshefts oder der GPA bzw. Maßregelkrankenhaus-Akten, der Behandlungspläne.

1.2   Hat der Sachverständige den Akteninhalt ausgewertet im Hinblick auf die kriminalprognostischen Fragestellungen, insbesondere:

1.2.1 Delinquenzvorgeschichte (Frühdelinquenz, erste abgeurteilte Straftat, weiterer Delinquenzverlauf, Haftgeschichte sowie Integrationsgrad/-formen in Freiheit, Rückfallgeschwindigkeit, Intensitätsveränderungen, Konstanz/Veränderlichkeit des Tatbildes)?

1.2.2 Diagnostik- und Therapiegeschichte (pädagogische, psychologische und medizinische Befunde in der Kindheit und danach, frühere Begutachtungen [Befunde!], frühere Behandlungen)?

1.2.3 frühere Stellungnahmen des Probanden zu seinen Taten, zu sich selbst, zu seinen wichtigen Bezugspersonen, seiner Lebensgeschichte etc. (z. B. aus früheren Beschuldigtenvernehmungen)?

1.2.4 frühere Schilderungen von Zeugen (Angehörigen, Partnerinnen, Arbeitskollegen etc.) über Verhalten und Persönlichkeit des Untersuchten?

1.3   Hat der Sachverständige den relevanten Akteninhalt komprimiert und nachvollziehbar aufgearbeitet, oder gibt es nur ein blindes Zitieren aus den Akten?

1.4   Geht aus dem Gutachten hervor, dass der Sachverständige Falschinformationen vom Probanden übernommen hat, die sich anhand der Akten widerlegen lassen?

2. Die Untersuchung

Wurde der Proband jetzt hinreichend eingehend untersucht?

2.1   Umfang der Untersuchungsgespräche; sofern der Sachverständige den Probanden nicht aus früherer Begutachtung kennt und es nicht um die bedingte Entlassung bei kurzen, allenfalls mittellangen Freiheitsstrafen geht: mindestens zwei Termine oder Begründung, warum ein Termin ausreicht.

2.2   Wird der Explorationsinhalt so wiedergegeben, dass Einstellungen und Werthaltungen des Probanden deutlich werden, oder reduziert der Sachverständige die Berichte auf so etwas wie einen tabellarischen Lebenslauf?

2.3   Wird eine Delinquenzanamnese erhoben?
       Werden die Anlasstaten erörtert, ggf. auch unter Vorhalt geleugneter Fakten?

2.4   Werden Unterbringungs-/Haftverlauf erfragt und Zukunftsvorstellungen?

3. Die Befunde und Diagnose

Gibt es eine angemessene Befundschilderung und Diagnosestellung?

3.1   Gibt es einen „psychischen Befund" bzw. eine Beschreibung des Verhaltens des Probanden während der Begutachtung? Beschreibung des Auftretens, der psychischen Verfassung des Verurteilten/Untergebrachten und seines Verhaltens in der Interaktion.

3.2 Falls testpsychologische Befunde vorgelegt werden:
   – getrennt vom klinischen psychischen Befund?
   – zu welchen Fragestellungen?
   – Erörterung der kriminalprognostischen Relevanz.
3.3 Gibt es eine Bezugnahme auf die Merkmale der etablierten statistischen Prognoseinstrumente wie HCR-20 und PCL-R bzw. direkt auf diese Instrumente?
3.4 Falls eine psychiatrische Diagnose gestellt wird: Wird sie als ICD-10 bzw. DSM-IV-Diagnose gestellt und verschlüsselt?

4. Erörterung der Gutachtenfrage („Zusammenfassung und Beurteilung"):
Beantwortet der Sachverständige die Begutachtungsfragen?
Gemäß §§ 57, 57 a StGB sind bei der Entscheidung namentlich zu berücksichtigen die Persönlichkeit des Verurteilten, sein Vorleben, die Umstände seiner Tat, sein Verhalten im Vollzug, eine Lebensverhältnisse und die Wirkungen, die von der Aussetzung für ihn zu erwarten sind.
   Bei der Begutachtung, ob ein Verurteilter aus der Strafhaft oder der psychiatrischen Maßregel entlassen werden kann, ist die entscheidende Frage, ob die in der Tat zutage getretene Gefährlichkeit fortbesteht oder ob erwartet werden kann, dass der Verurteilte/Untergebrachte außerhalb der Anstalt keine rechtswidrigen Taten mehr begehen wird. Beantwortet werden müssen also die Fragen:
4.1 Worin bestand die zur Tat führende Gefährlichkeit?
   Wie groß war das Gewicht überdauernder, persönlichkeitseigener Faktoren im Verhältnis zu eher vorübergehenden, situativen Faktoren? Erforderlich ist zudem eine Doppelgleisigkeit der Diagnostik: die Prüfung des Delinquenzrisikos erstens durch psychische Störungen und zweitens infolge Gewohnheitsbildung, Lebensstil, bewusster Entscheidung etc.
4.2 Was hat sich seit der Tat an dem Täter geändert? Wodurch, woran wird das sichtbar?
   Wie stabil sind diese Änderungen? Was hat sich nicht geändert?
4.3 Hat sich speziell an psychischen Risikofaktoren etwas geändert?
4.4 Beeinflussen die Veränderungen das Risiko erneuter Straftaten oder sind sie dafür bedeutungslos?
4.5 Wie ist die soziale Einbindung des Probanden, wie wäre seine soziale Lage nach der Entlassung (Arbeit, Wohnen, Schulden, Beziehungen)?
4.6 Welche Vorschläge macht der Sachverständige zur weiteren Vollzugsgestaltung? Sind diese abgestimmt auf die realen Möglichkeiten des Vollzugs? Sind sie geeignet zur Minderung des Delinquenzrisikos? Sind sie erforderlich?

3.2 Begutachtung bei psychischen Krankheiten – Fallbeispiel

Nachfolgend soll zur Illustration der kriminalprognostischen Arbeitsweise an einem keineswegs ungewöhnlichen, recht typischen Fall eines schizophren erkrankten Rechtsbrechers das gutachterliche Vorgehen illustriert werden. Einige randständige Sachverhalte, welche die Identifizierung erleichtern könnten, wurden bewusst abgeändert, um nach Möglichkeit Anonymität zu wahren.

Ein kriminalprognostisches Gutachten beginnt nach Nennung des Namens des Sachverständigen (psychiatrische Gutachten werden von Personen verfasst, nicht von Kliniken oder Instituten), des Adressaten sowie des Datums und des Aktenzeichens üblicherweise etwa wie folgt:

Gemäß Beschluss der Strafvollstreckungskammer des Landgerichts B.-Stadt vom xx.yy.zz erstatte ich das nachstehende

kriminalprognostische psychiatrische Gutachten

über Herrn Alfred A., geb. 15.05.1951 in A-Dorf, untergebracht in der Klinik für Forensische Psychiatrie A.-Stadt, zur Vorbereitung einer Entscheidung über die Aussetzung der Unterbringung, ob keine Gefahr mehr besteht, dass die in der Tat des Untergebrachten zutage getretene Gefährlichkeit fortbesteht (§ 454 Abs. 2, § 463 Abs. 3 StPO). Das Gutachten soll aus der fachlichen Sicht des Sachverständigen die Umstände beschreiben, aus denen die Gefährlichkeit bei der Tat entstanden war, wie sich diese bis heute entwickelt haben, ob und welche Umstände künftig auf eine fortdauernde Gefährlichkeit schließen lassen sowie ob und gegebenenfalls wie sich diese Umstände beeinflussen und beherrschen lassen.

Das Gutachten stützt sich auf die Kenntnis der gerichtlich übersandten dreibändigen Sachakten und einer Kopie des Vollstreckungsheftes, auf die Kenntnis der Krankenakten der Klinik für Forensische Psychiatrie A.-Stadt 4 Leitz-Ordner) sowie auf die Exploration und psychiatrische Untersuchung des Untergebrachten am 3. und 4.12.2004 in der Klinik für Forensische Psychiatrie A.-Stadt.

Am Ende des Gutachtens, oder auch auf der zweiten Seite, findet sich bei etwas längeren und untergliederten Gutachten eine *Inhaltsübersicht*. Solche Untergliederungen des Materials erleichtern dem Leser die Orientierung, aber auch dem Sachverständigen selbst die Vergegenwärtigung der beurteilungsrelevanten Bereiche und Informationsebenen.

Nachfolgend soll dieses Gutachten, in gekürzter Form, dargestellt werden. Dies beginnt mit der Aktenlage, also mit dem Kapitel *„Psychiatrisch relevante Akteninformationen"*.

Zu den basalen Aufgaben eines Sachverständigen gehört es, zunächst die wesentlichen Informationen zusammenzutragen. Wenn er Glück hat, sind sie bereits im zugrunde liegenden Urteil enthalten, meist muss er sich aber weitere Daten aus den Akten, aus den früheren Gutachten, Vernehmungen etc. zusammensuchen. Was er gefunden hat, soll er knapp zusammenstellen.

Psychiatrisch relevante Akteninformationen

Zugrunde liegende rechtswidrige Taten. Der zuvor strafrechtlich nie in Erscheinung getretene Bauingenieur Alfred A. erkrankte kurz vor seinem vierzigsten Geburtstag im März 1990 an einer akuten schizophrenen Psychose. In einem hochakuten Krankheitszustand tötete er am 07.04.1990 in seinem Heimatort A-Dorf gegen 11.30 Uhr seinen 79-jährigen Vater Gerd A. in dessen Küche. Er stieß den Vater von einem Stuhl und schlug auf den am Boden liegenden Mann mit einem Kaminhaken wuchtig ein, wodurch er dem Vater den Kopf zertrümmerte. Danach ließ er sich widerstandslos festnehmen. Er kam zunächst in das psychiatrische Krankenhaus X., am nächsten Tag, dem 08.04.1990, in die Klinik für Forensische Psychiatrie nach Z., wo bereits nach wenigen Tagen die psychotische Symptomatik auch ohne antipsychotische Medikation verschwand. Am 11.05.1990 wurde er in die Klinik in A.-Stadt verlegt, wo es nochmals kurzzeitig zu einem Aufflackern psychotischer Symptomatik kam, aber ab 18.05.1990 war er symptomfrei. Anfang Dezember 1990 wurde er von A.-Stadt in die JVA Y. verlegt zur Durchführung des Prozesses. Am 20.12.1990 erfolgte das freisprechende Urteil wegen Schuldunfähigkeit, zugleich wurde die Anordnung einer Maßregel gemäß § 63 StGB vom Schwurgericht des Landgerichts Y. abgelehnt. Er wurde am selben Tag entlassen und zog zu seiner Mutter.

Der jetzigen Unterbringung liegt zugrunde, dass Herr Alfred A. 9 Jahre später, am 28.05.1999, morgens gegen 5 Uhr, abermals in der Wohnung C-Straße 1 in A-Dorf, also der elterlichen Wohnung, in deren Schlafzimmer die Mutter bis zur Bewusstlosigkeit würgte. Er befand sich abermals in akut psychotischer Verfassung und wurde wiederum zunächst in das PKH X. eingewiesen. Von dort aus wurde er wiederum nach Z. verlegt, wo er zunächst ab dem 07. 06. 1999 gemäß § 126a StPO untergebracht war.

Am 29. 10. 2000 erkannte dann das Landgericht Y. auf Unterbringung des Beschuldigten in einem psychiatrischen Krankenhaus gemäß § 63 StGB. Im Zustand der krankheitsbedingten Schuldunfähigkeit habe Herr Alfred A. zunächst den Tatbestand des versuchten Mordes erfüllt, von dem er aber schließlich strafbefreiend zurückgetreten sei. Er habe dann aber den Straftatbestand der gefährlichen Körperverletzung erfüllt gemäß § 224 Abs. 1 Ziff. 5 StGB, die von ihm bewirkte Körperverletzung habe einen lebensbedrohlichen Zustand hervorgerufen. Das Landgericht kam nun zu dem Ergebnis, dass von Herrn Alfred A. auch künftig erhebliche rechtswidrige Taten infolge seines Zustandes zu erwarten seien, da er an einer paranoiden Schizophrenie erkrankt sei und weiter behandlungsbedürftig sei. Für den Fall eines psychotischen Schubes sei damit zu rechnen, dass er erneut schwere Straftaten begehen werde. Die einstige Urteilsfeststellung 1990, der Betroffene sei von seiner Erkrankung geheilt, habe sich als tragischer Irrtum erwiesen.

Nach fast fünfeinhalb Jahren stationärer Behandlung hatte zuletzt die Klinik für Forensische Psychiatrie Z., so auch in einer Stellungnahme vom August 2004, für eine bedingte Entlassung von Herrn Alfred A. plädiert, da angesichts des Behandlungsverlaufs, der bei dem Untergebrachten gegebenen Krankheitseinsicht und Kooperationsbereitschaft und wegen der flankierenden Maßnahmen und vom Betroffenen eingehaltenen Auflagen die Prognose günstig sei. Die Staatsanwaltschaft widersprach einer bedingten Entlassung, und es wurde eine externe kriminalprognostische Begutachtung gefordert, die dann von der Strafvollstreckungskammer beschlossen wurde.

Warum hier ein Gutachten in Auftrag gegeben wurde, ist leicht zu verstehen. Man hatte sich einmal folgenreich geirrt, insofern man glaubte, die erste rechtswidrige Tat gegen den Vater sei einmalig und unwiederholbar. Das ist der häufigste prognostische Irrtum: dass die erste schwere Tat für so stark situativ determiniert gehalten wird, die Konstellation für so einmalig, dass man die Möglichkeit einer Wiederholung ausschließen zu können glaubt. Aber es gibt fast stets die Möglichkeit, schließlich eine ähnliche Konstellation zu etablieren. Allerdings vergingen 9 lange Jahre bis zur nächsten Tat, und vielleicht wäre Herr A. auch bei Ausspruch einer Maßregel inzwischen längst entlassen gewesen. War die neue Tat vorhersehbar, war sie verhinderbar? Wäre eine weitere Tat dieses Mannes rechtzeitig vorhersehbar und verhinderbar? Zunächst gilt es, die Ausgangslage zu betrachten, die biografische Vorgeschichte. Es ist ein freundlicher Dienst des Sachverständigen, wenn er hier möglichst konkrete und möglichst zuverlässige Daten zusammenträgt, aus Primärquellen gewonnen und nicht aus einem diesbezüglich oft nachlässigen Urteil, das von früheren Urteilen abgeschrieben hat.

▎ **Biografische Basisdaten.** Der Proband wurde als Alfred A. am 23. 03. 1950 in A-Dorf geboren.

Sein Vater war der Bergmann Gerd A., geb. 22. 09. 1910 in D. Seine Mutter ist Emma A. geborene G., geb. 22. 08. 1924, die aus einer alteingesessenen A-Dorfer Bauernfamilie stammt.

Die Eheleute A. bekamen 1949 ein Kind Klaus, das im Alter von 3 Monaten starb. Dieser tote Bruder, den der Proband nie gesehen oder kennengelernt hat, hat ihn in seinen psychotischen Zuständen stark beschäftigt. Wie er jetzt gegenüber dem Sachverständigen angab, hatten die Eltern gesagt, sie hätten nur ein Kind haben wollen, und wenn Klaus nicht gestorben wäre, wäre Alfred gar nicht auf die Welt gekommen.

Der Proband besuchte von 1956 bis 1964 die vierklassige Dorfschule und machte dort nach der achten Klasse den Volksschulabschluss. 1964 bis 1967 absolvierte er eine Schreinerlehre und war weiter bis 1969 als Tischler beschäftigt. 1969 bis 1970 machte er die mittlere Reife, 1970 bis 1972 in D. auf dem Ruhrkolleg das Abitur nach.

1972 bis 1978 absolvierte er in B.-Stadt sein Ingenieurstudium. 1979 bis 1980 hatte er eine erste Anstellung als Bauingenieur. In K. lernte er seine spätere erste Ehefrau kennen, damals Sekretärin bei einem großen Konzern, Frau B.A., geb. 22.07.1954, die er im Mai 1983 heiratete.

Nach einem Jahr in K. fand der Proband 1980 eine Stelle bei einer renommierten Firma und machte sich 1985 mit mehreren Kollegen in eigener Firma selbstständig.

Soziale Vorerfahrungen, die fortdauernde soziale Umgebung, die früher gezeigte Leistungsfähigkeit und soziale Kompetenz sind natürlich wichtige Informationen, auf die auch dann Bezug zu nehmen ist, wenn inzwischen eine erhebliche Erkrankung eingetreten ist. Im weiteren Gutachten werden dann anhand der Akten und Krankenblattinformationen der Verlauf und die Symptomatik bei der Ersterkrankung geschildert, die in diesem Rahmen begangene erste Tat gegen den Vater und die danach erfolgenden Behandlungsmaßnahmen. Die produktive Symptomatik klang weitgehend ab, Herr A. war aber nicht mehr belastbar und beantragte Rente. Er war weiter in ambulanter psychiatrischer Behandlung. Es gab dann einen ersten deutlichen Krankheitsrückfall.

Vorfeld der zweiten Tat 1999. Seit 1994 erhielt Herr A. Berufsunfähigkeitsrente. Er beschäftigte sich intensiv mit der Renovierung des Fachwerkhauses in M.-Dorf. Die Ehefrau fühlte sich von ihm stark vernachlässigt und trennte sich von ihm, zog mit der kleinen Tochter wieder in die Nähe ihrer Familie nach F.-Stadt. Im September 1997 zog Herr Alfred A. selbst in das nun fertig renovierte Fachwerkhaus, wo er bis Februar 1998 wohnen blieb; die Zeit dort habe ihn sehr bedrückt. Ab Februar 1998 habe er wieder vermehrt gegrübelt, zudem gab es einen Unterhaltsstreit. Zudem betrieb er einen erheblichen Alkoholmissbrauch durch übermäßigen Konsum von Rotwein.

Am 22.03.1998 trank er vermehrt Alkohol, zechte die Nacht durch und fuhr am frühen Morgen zu seiner Mutter nach A-Dorf. Dort wurde ihm übel, er erbrach, bekam Angst wegen seines Herzens; er leidet seit 20 Jahren unter Herzrhythmusstörungen. Er lief im Haus auf und ab, hatte Todesangst. Offenbar bestanden auch wahnhafte Überzeugungen. Die alarmierten Angehörigen benachrichtigten den langjährigen Hausarzt der Familie L., der telefonisch eine Zwangseinweisung befürwortete, und Herr A. wurde ins PKH X. gebracht. Dort war er dann mit freiwilliger Behandlung einverstanden. Der Gedankengang war assoziativ gelockert, er befand sich in einer Wahnstimmung, beobachtet wurde nächtliche Angst. Auf anfängliche Medikation wirkte er relativ entspannt, später dann misstrauisch und psychisch verändert. Er glaubte, in einem Pfleger seinen in der Kindheit verstorbenen Bruder zu erkennen. Er hatte paranoide Vorstellungen von „Inszenierungen" und „Spielchen" und war rationalen Argumenten, auch hinsichtlich seiner Herzerkrankung, nicht zugänglich. Die Gedanken brachen immer wieder ab, und Herr A. berichtete, seine Mutter habe versucht, ihn zu vergiften. Unter der Behandlung mit hochpotenten antipsychotischen Medikamenten verschwanden die formalen Denkstörungen. Herr A. war aber offenbar nicht krankheitseinsichtig, versuchte vielmehr sein Verhalten ständig zu rationalisieren und krankhafte Phänomene zu leugnen.

Er wurde dann monatelang, schließlich tagesklinisch, in einer psychiatrischen Universitätsklinik behandelt. Scheinbar konnte schließlich Entwarnung gegeben werden; die einstige Gewalttat gegen den Vater hatte in dieser Phase keine Folgen, da sie ja rechtskräftig abgeschlossen war. Die Erinnerung an frühere Gewalttätigkeit beunruhigte nur die Angehörigen und die Nachbarn in A-Dorf.

Nach der stationären Behandlung kehrte Herr A. Ende Juni 1998 nach M.-Dorf zurück, zog dann aber im Herbst 1998 ins Elternhaus nach A-Dorf zu seiner Mutter. Er wurde wieder vom praktischen Arzt W. behandelt, nahm als antipsychotisches Medikament Clozapin. Etwa alle 3 Wochen sollte er zum Psychiater gehen. Gegenüber dem späteren Gutachter Prof. R. berichtete Herr Alfred A., die Monate in A-Dorf habe er nicht viel unternommen. Die Stimmung sei mies gewesen und der Antrieb schlecht. Er sei noch alle 3 Wochen nach F.-Stadt zu seiner Frau gefahren, was für ihn im Gegensatz zu früher eine große Belastung gewesen sei. Sonst habe er Fernsehen geguckt. Seine Mutter habe alles für ihn gemacht und sich eigentlich in den Zustand ihres Sohnes gefügt. Es habe keinen größeren Streit gegeben, obwohl seine Mutter schon ein schwieriger Fall sei, weil sie sich sehr dominierend verhalte. Es habe mit der Mutter diverse Streitigkeiten gegeben, weil er oben im Haus einen eigenen Bereich haben wollte, die Mutter sei aber immer zu ihm raufgekommen. Es gab auch Streit wegen einer Überschreibung des Hauses. Er habe relativ viel Rotwein getrunken. Seit Mai 1999 habe er seine Medikamente nicht mehr genommen. Er sei antriebsstärker geworden, die Dämpfung sei weggefallen. Dr. W. und dem Psychiater habe er mitgeteilt, dass er die Medikamente nicht mehr nehme. Es kam dann schließlich am 28.05.1999 frühmorgens zur Tat gegen die Mutter.

Seine tatsächliche, hochpsychotische Verfassung zu diesem Zeitpunkt ergibt sich nicht aus den Eigenschilderungen von Herrn A., sondern aus den Schilderungen von Frau C. von der aufnehmenden Klinik PKH X. Bei der Aufnahme am 28.05.1999 habe Herr A. gespannt gewirkt, Erinnerungslücken angegeben, z.B. keine Erinnerung daran, die Mutter gewürgt zu haben. Er wirkte auffassungsgestört, zum Teil schwerbesinnlich. Formale Denkstörungen mit Gedankenabbrechen, Fadenverlieren, weitschweifiger, unstrukturierter Bericht. Inhaltliche Denkstörungen mit paranoiden Ideen, Beziehungsideen. Angabe von akustischen Halluzinationen, nämlich einer Stimme im Ohr. Die Stimmung wirkte bedrückt, verminderte affektive Schwingungsfähigkeit, Depersonalisationserleben („Fühle mich wie tot"). Latente Suizidalität („Ich will nicht sterben, aber suche vor allem Ruhe"). Er sei deutlich ambivalent gewesen, im Verhalten schwer einschätzbar.

Der Hausarzt K. berichtete, Herr A. habe in den letzten 3 bis 4 Monaten ganz überwiegend apathisch auf dem Bett gelegen. Als er ihn dann auf die Einweisung 1998 in die Klinik angesprochen habe, habe Herr A. ihn bedroht und gesagt, er werde ihn anzeigen, weil er ihn eingewiesen habe, ohne ihn gesehen zu haben. Er habe Herrn A. als sehr bedrohlich erlebt. Dieser habe nie eine medikamentöse Behandlung zugelassen, sie immer wieder abgelehnt, sich mit der Mutter verzankt. Er habe schon das Gefühl gehabt, dass sich ein Konflikt zuspitzt.

Herr A. selber gab damals an, er wisse nicht genau, ob er mehr etwas mit dem Herzen habe oder ob es psychisch sei. Er habe in letzter Zeit schlecht geschlafen, seine Mutter habe soviel Lärm im Haus gemacht, ständig geklappert. „Alles sei so ein Gemauschel" gewesen. Auf Nachfrage habe er das Wort Gemauschel erläutert mit „ins mütterliche Chaos eingezogen sein, von der Mutter erdrückt sein". Er habe sich nicht erinnern können, der Mutter etwas angetan zu haben, wörtlich gesagt: „Ich könnte der nichts tun." Auf die Frage, warum er von M.-Dorf zur Mutter gezogen sei, habe er auf die Trennung von der Frau und der Tochter verwiesen. „Jedoch in A-Dorf ginge es ihm auch nicht gut, das ganze Dorf sei gegen ihn verbündet, man arbeite gegen ihn, er würde nicht akzeptiert als Alfred A., was bei ihm eine Identitätsstörung bewirke. Seiner Meinung nach hänge das mit einer Verkennungssache zusammen zwischen ihm und seinem Vater. Die Leute versuchten ihm etwas in die Schuhe zu schieben." Herr A. hatte beim Aufenthalt bei der Mutter offenbar dann auch die wahnhafte Angst entwickelt, die Mutter könne sich an ihm rächen wollen und würde ihm Rattengift ins Essen mischen.

Die genaue Erfassung der psychischen Verfassung im zeitlichen Vorfeld der Tat, hier wie schon bei der Tat gegen den Vater, ist wichtig, um beurteilen zu können, ob und in welcher Weise die Gewaltbereitschaft und die schließliche Tat in die psychotische Erkrankung verwoben waren. Was führte möglicherweise zum psychotischen Rezidiv (psychische Belastungen, Weglassen der Medikamente, Alkohol- oder Drogenmissbrauch), wie schnell entwickelte sich die psychotische Symptomatik, in welchem Umfang war der Proband bereit oder gar bemüht, ärztliche und sonstige Hilfe in Anspruch zu nehmen?

Dargestellt wird der Umgang mit therapeutischer Hilfe, aber auch mit den freiheitsentziehenden Maßnahmen und sozialen Einschränkungen und Belastungen in dem folgenden Abschnitt über den Behandlungsverlauf. Hier ist zunächst eine Orientierung an den Jahresstellungnahmen der Klinik möglich, zudem können man dann einzelne Vorkommnisse, kritische Zeiten, bedeutsame Vorfälle noch genauer dargestellt werden anhand der therapeutischen und pflegerischen Verlaufseinträge. Insbesondere dann, wenn der Therapeut eigentlich wenig Kontakt zum Untergebrachten hat und eher theoretisierende Verlaufseinträge macht, ist der Blick in die Pflegedokumentation mit den buntscheckigen Beschreibungen des Pflegepersonals oft ein Weg, um einen plastischeren Eindruck zu bekommen.

Behandlungsverlauf. Die Klinik für Forensische Psychiatrie Z. diagnostizierte bei Herrn Alfred A. „paranoide Schizophrenie, episodisch, mit stabilem Residuum (F20.02)". Über den Behandlungsverlauf in Z. und in A.-Stadt haben die regelmäßigen Stellungnahmen an die Staatsanwaltschaft Aufschluss gegeben. Initial war die medikamentöse Einstellung schwierig, Herr Alfred A. brauchte offenbar auch relativ lange Zeit, um zu einer gewissen Krankheits-, Behandlungs- und Medikamenteneinsicht zu kommen.

Schließlich habe er im März 2002 von Z. auf die halboffene Rehabilitationsstation nach A.-Stadt verlegt werden können. In A.-Stadt zeigte sich anfangs eine sehr ausgeprägte Residual- und Depressionssymptomatik, die sich dann deutlich besserte.

Zu einer vorübergehenden psychischen Labilisierung kam es im Herbst 2002. Herr A. wünschte die Umstellung von Zyprexa auf Leponex (Clozapin), dies musste aber nach einer Woche wieder rückgängig gemacht werden, da Herr A. nun verstärkt unter Schlafstörungen litt, sich psychisch stark belastet zeigte, von einer quälenden inneren Unruhe mit hysterischen Zügen bestimmt war. Die Krise klang dann offenbar wieder ab.

Im Dezember 2003 konnte Herr A. nach fast zweijähriger erfolgreicher Belastungserprobung und Stabilisierung eine Zweizimmerwohnung in A.-Stadt anmieten und selbstständig einrichten.

Am 01.04.2004 wurde er in guter psychischer Verfassung auf Antrag der Klinik und mit Zustimmung der Strafvollstreckungskammer zur halbjährigen Belastungserprobung in seine A.-Stadter Wohnung verlegt.

In den Stellungnahmen der Klinik ist immer wieder vermerkt, dass Herr Alfred A. regelmäßig vierzehntäglich samstags seine Mutter in A-Dorf besucht und in etwa vierwöchigen Abständen seine Ehefrau und seine Tochter Olivia in G-Ort besuchte. Auch seitens der Klinik ist darauf hingewiesen worden, dass es sich bei der 16 Jahre jüngeren zweiten Ehefrau um eine psychisch wenig belastbare Frau handele, die zunächst wenig Verständnis für die Erkrankung ihres Mannes und die dadurch bedingten Einschränkungen gehabt habe.

Nachfolgend wurde dann noch detaillierter über den Verlauf berichtet, speziell die Kontakte zur Exfrau mit Tochter und zur Mutter.

Dann wendet sich das Gutachten unmittelbar dem Probanden zu und berichtet über die *Jetzigen Untersuchungen*. Zu Beginn dieses großen Abschnitts ist passenderweise mitzuteilen, dass eine ordnungsgemäße Aufklärung des Probanden erfolgt ist.

Jetzige Untersuchungen

Herr Alfred A. wurde nach Vorankündigung am 03.12.2004 und am Folgetag in der Klinik für Forensische Psychiatrie in A.-Stadt aufgesucht. Er wurde zu Beginn mit Gegenstand und Ablauf der Begutachtung vertraut gemacht und auf die Freiwilligkeit seiner Mitwirkung sowie darauf hingewiesen, dass der Sachverständige in dieser Funktion nicht der ärztlichen Schweigepflicht unterliegt. Herr Alfred A. war mit der Begutachtung einverstanden.

Es wurde dann getreulich berichtet, was Herr A. zur *gegenwärtigen Lebenssituation* (Wohnen, Arbeiten, Freizeitaktivitäten, soziale Kontakte, finanzielle Situation) angab. Es wurde mit ihm nochmals eingehend die Lebensgeschichte erörtert, um sein Bild der wichtigen Bezugspersonen erkennen und nachvollziehen zu können und zu verstehen, in welchen Rollen und Interaktionen er sich selbst beschreibt. Dies findet sich dann im Kapitel *„Eigene Angaben zur Biografie"*. Und wie zuvor bei der Aktenauswertung geht es dann voran zur Musterung der ersten Erkrankung und des *zeitliches Umfelds der ersten Tat*. Wie ein Proband selbst seine Krankheit sieht, wie er seine rechtwidrige

Tat darstellt, welche Hintergründe und wichtigen Einflüsse er sieht, ist natürlich eminent bedeutsam, um ihn in seinen hier entscheidenden Kognitionen und Einstellungen zu begreifen. Dies ergibt, bei Kranken wie bei Gesunden, die subjektive Delinquenztheorie des Betroffenen. Ausgesprochen wichtig ist immer wieder die Betrachtung der Zeiten, in denen es einem Probanden relativ gut gegangen ist oder er sozial gut zurecht gekommen ist. Im gegebenen Fall handelt es sich ja um eine recht lange Zeit der *Entwicklung ab 1991 bis 1998*, in der offenbar keine Gefahr von Herrn A. ausgegangen war: Was waren die Rahmenbedingungen dieser Stabilisierung? Tatsächlich war die Residualsymptomatik der Antriebsminderung, die Zurücknahme von Aktivitäten und Interessen daran beteiligt, dass sich Herr A. längere Zeit mit einem deutlich reduzierten Lebensumfeld abfand. Es kam dann aber zu einer zunehmenden Vereinsamung, zu Alkoholmissbrauch und dann zu dem erneuten Auftreten produktiv-psychotischer Symptomatik. Auch dies wurde exploriert und im Kapitel „*Vorfeld der zweiten Tat*" dargestellt, gefolgt von der Schilderung der ersten nachfolgenden Zeit.

(Wie kam es zu der *Tat*?) Er habe dann unten in seinem Zimmer geschlafen, weil er sich da geborgener gefühlt habe. Das Zimmer liege hinter dem Zimmer der Mutter, habe keinen eigenen Zugang, er habe durch das Schlafzimmer der Mutter in sein eigenes Schlafzimmer gemusst. Er habe das von früher gekannt und habe sich dahin zurückgezogen, weil er sich da sicherer fühlte. Er habe dann an dem Tag morgens zur Toilette gemusst und sei durch das Schlafzimmer der Mutter. Da habe er sie dann liegen sehen. Er sei auf das Bett gesprungen und habe sie gewürgt. Das sei vorher nicht überlegt gewesen, das sei erst in dem Moment gekommen, als er an dem Bett vorbeigelaufen sei. Er wisse nicht warum, vielleicht wegen der Vergiftungsängste. Er habe dann von ihr abgelassen, als sie geröchelt hat, und er sei völlig perplex gewesen, dass er das gemacht habe, das war irgendwie.... Er sei dann nach oben, habe sich oben in sein Zimmer ins Bett gelegt. Dann sei im Laufe des Morgens W. gekommen, den hatte die Mutter angerufen, der habe ihn eingewiesen nach X.

(Auf Vorhalt des Berichts der aufnehmenden Ärztin: „In letzter Zeit habe er schlecht geschlafen, seine Mutter habe soviel Lärm im Haus gemacht, ständig geklappert, alles sei so ein Gemauschel gewesen":) Ja, seine Mutter als Bauersfrau habe ständig was gemacht, in seiner Psychose habe ihn das aufgeregt. Er wollte eigentlich seine Ruhe haben. Und dann kam sie öfter hoch, habe irgendwas gewollt von ihm, dass er etwas mache im Haus. Das habe ihn aufgeregt und geärgert. („So ein Gemauschel" – ob er das Gefühl gehabt habe, dass da etwas im Gange sei?) Ja, vielleicht, das Gefühl, dass sie was im Schilde führt. Aber das wisse er nicht so genau, das sei schon so lange her jetzt. (Damals habe er auch angegeben, in A-Dorf gehe es ihm nicht gut, das ganze Dorf sei gegen ihn verbündet, man arbeite gegen ihn, er würde nicht akzeptiert als Alfred A.?) Ja, das habe er vielleicht auch gedacht, damals, es könne sein, dass man sich gegen ihn verschworen habe, dass sich das so entwickelt hatte.

Man sieht hier auf einen Blick die fatale, bereits räumliche Verstrickung mit der Mutter, die zwangsläufig immer wieder in seinen Rückzugsraum eindringen musste, und zugleich aber auch einen zeitlich langen Vorlauf massiver Krankheitssymptomatik, den die wenigen Personen, mit denen er Kontakt hatte, aber hingenommen hatten.

(Ob denn auch die allererste Psychose einen Vorlauf gehabt habe?) Ja, das sei schon ein bisschen länger gelaufen, als aus dem Urteil ersichtlich wird. Das habe ja auch der Kollege festgestellt, dass er psychisch verändert ist, schon in der Woche, wo er noch gearbeitet habe. An dem Sonnabend vor der Tat sei er dann nach A-Dorf gefahren worden von den Kusinen. Er habe sich nach A-Dorf zurück flüchten wollen, habe geglaubt, da noch einigermaßen sicher zu sein. Er sei nicht selbst gefahren, weil er sich das vermutlich nicht mehr zutraute. Die hätten dann ja auch gesehen, dass es ihm sehr schlecht ging. Er sei dort dann in sein Zimmer gegangen, habe das ganze Wochenende phantasiert, auch Sachen diktiert, das ganze Wochenende lang, er sei dann ja erst am Montag aggressiv geworden. (Was er davon noch wisse?) Nicht mehr viel. Er wisse, dass der Vater ihm Angst gemacht habe und er ihn nicht mehr als Vater erkannt habe. Er habe sich dann auf den Stuhl setzen wollen, wo früher immer die Oma draufsaß, da saß jetzt der Vater drauf. Der sei dann hingefallen, und er habe dann den Schürhaken genommen und auf den eingeschlagen. Der Vater sei ja schon 80 Jahre und gebrechlich gewesen.

In Anschluss an die Darstellung dessen, was in der Exploration erfragt und berichtet wurde, kommt dann die Darstellung der *Untersuchungsbefunde*. Bei der kriminalprognostischen Begutachtung ist eine körperliche Untersuchung meistens entbehrlich, bei körperlichen Beschwerden kann in Absprache mit dem Probanden die sog. Gesundheitsakte der Haftanstalt eingesehen werden; bei Maßregelpatienten erfolgt ja ohnehin regelhaft ein Einblick ins Krankenblatt. Auch die Frage, ob *testpsychologische Untersuchungen* durchgeführt werden sollten, hängt sehr von der Fragestellung und davon ab, ob hinlänglich Vorbefunde (z.B. zur intellektuellen Leistungsfähigkeit) vorhanden sind. Gerade für die Kriminalprognose sind standardisierte Persönlichkeitstests, Aggressionsfragebogen etc. von nur begrenztem Wert. Allemal können sie die eingehende Exploration weder abkürzen noch gar ersetzen. Nach dieser Exploration ist aber in jedem Fall eine Darstellung des Verhaltens in der Begutachtungssituation im Rahmen des „psychischen Befundes" geboten. Hilfreich ist es, den psychischen Befund in der Vergangenheitsform zu formulieren, nicht im Präsens, um sich und anderen die Tatsache bewusst zu machen, dass es sich um passagere Momentaufnahmen handelt, allerdings mit Aussagekraft.

▌ Psychischer Befund

Herr Alfred A. präsentierte sich als ein 54 Jahre alter, großer, schlanker, durchaus altersgerecht aussehender Mann, der unauffällig gekleidet war und körperlich nicht ungepflegt wirkte. Er nahm problemlos Kontakt mit dem Sachverständigen auf, hatte schon auf dem Flur auf ihn gewartet und verhielt sich durchgängig kooperativ und situationsadäquat. Insbesondere zu Beginn des ersten Gespräches war er, wie er selbst mitteilte, etwas aufgeregt. Er spulte dann seinen Text etwas mechanisch wirkend ab, hatte erkennbar das Bemühen, die für die Entscheidung des Gerichts wichtigen Themen und Argumente möglichst zügig und klar vorzubringen. Zu einem eigentlichen Gespräch kam es eigentlich erst nach Erledigung dieses Pflichtteils. Aber auch im weiteren Gespräch gab es immer wieder Passagen, in denen man das Gefühl hatte, dass Herr A. keinen wirklichen emotionalen Zugang zu bestimmten Problemen und Themen findet, sondern dass er auch hier rationale, zum Teil erlernte Einschätzungen abspult. Offenbar fehlt ihm hier und da das Verständnis für die Probleme, die andere Menschen mit ihm haben, speziell die Ehefrau, die Tochter und weitere Personen, weil er so recht nicht realisiert, was an seinem Verhalten ungewöhnlich ist und andere irritiert. Er wirkt insofern schon deutlich residual verändert und etwas karg in der emotionalen Konturierung seiner Wahrnehmungen und Beurteilungen. Er wirkte aber jetzt im Gespräch an keiner Stelle bizarr oder verstiegen, auch fanden sich gegenwärtig keinerlei produktiv-psychotische Phänomene wie inhaltliche Denkstörungen, deutlichere formale Denkstörungen, überwertige Ideen, Wahneinfälle oder gar ein systematisiertes Wahnsystem. Gleichermaßen fehlten auch halluzinatorische Phänomene und Hinweise auf Auflösung der Ich-Grenzen.

Der Untersuchte verfügt sicherlich über sehr gute intellektuelle Fähigkeiten, war im Gespräch von hinreichend rascher Auffassung, es gab, soweit ersichtlich, an keiner Stelle Verständigungsschwierigkeiten oder Fehlinterpretationen von Worten oder Äußerungen. Herr A. war ausgeglichener Stimmung, stärkere Affekte, z. B. Traurigkeit, Fröhlichkeit, Zorn, waren nicht zu erkennen, bei Scherzen des Sachverständigen lächelte er, wobei er wohl vor allem einer Höflichkeitspflicht zu genügen versuchte.

Aus der Schilderung des Tagesverlaufes und der Woche ergeben sich einige weitere Hinweise auf eine Residualsymptomatik: dass gemessen an der ursprünglichen intellektuellen Kapazität und Interessenvielfalt des Untersuchten eine deutliche Verarmung in der geistigen Leistungsfähigkeit eingetreten ist, er sich weitestgehend rezeptiv verhält mit Fernsehkonsum und „Radio Antenne", vereinzelt essen geht, ansonsten motorisch recht unruhig ist, viel läuft, was dann teilweise etwas bizarre Züge hat, insofern er in seiner Wohnung sehr viel auf- und abläuft, jetzt auf der Station, ansonsten seinem Bericht nach viel durch die Stadt läuft, die er andererseits aber dabei nur wenig kennen lernt, also wenig aufnimmt.

▌ **Diagnose.** Paranoid-halluzinatorische Schizophrenie, remittiert, mit stabilem Residuum (F20.02).

Wer will, und in vielen Fällen wird man heutzutage schon müssen, kann am Ende des psychischen Befundes oder in einer gesonderten Befundkategorie schildern, zu welchen Ergebnissen er mit standardisierten Prognoseinstrumenten gekommen ist, also beispielsweise mit HCR-20, SVR-20, PCL-R, LSI. Den Juristen muss immer wieder gesagt werden, dass es sich dabei um keine „Tests" handelt wie z. B. die Persönlichkeitsfragebogen, sondern um die Ermittlung von Risikowerten anhand festgelegter Items, wobei aber die Qualität dieser Punktwertbestimmung gänzlich abhängig ist von der Qualität des Aktenstudiums und der Exploration des Probanden.

Anschließend an die Mitteilung einer Diagnose – oder die Mitteilung, dass keine psychiatrische Diagnose zu stellen ist, kommt dann das abschließende Kapitel *„Zusammenfassung und Beurteilung"*, das man ggf.

auch noch einmal untergliedern kann. Jetzt gilt es, all das, was an Informationen erschlossen wurde, zu ordnen, zu werten, für die Beantwortung der Gutachtenfrage zu nutzen.

▌ Zusammenfassung und Beurteilung

In diesem kriminalprognostischen Gutachten soll Stellung genommen werden zu der Frage, ob die in seinen Taten zutage getretene Gefährlichkeit des nunmehr 54-jährigen Alfred A. fortbesteht, des Weiteren, ob und in welcher Weise die Gefahr hinreichend kontrolliert werden kann, dass es in Zukunft erneut zu gefährlichen Zuständen bei ihm kommen kann. Im gegebenen Fall lassen sich diese Fragen vergleichsweise klar und schlüssig beantworten.

Die Lebens- und Krankheitsgeschichte des Probanden verdeutlicht die ganz erhebliche Verlaufsvielfalt und Unterschiedlichkeit schizophrener Erkrankungen. Viele schizophrene Patienten erkranken bereits in der Jugend oder Adoleszenz, spätestens im frühen Erwachsenenalter. Es gibt aber auch nach dieser Lebensphase noch über lange Strecken Ersterkrankungen, die teilweise zunächst in der Form einer umschriebenen Episode mit vollständiger Remission der Krankheitssymptomatik verlaufen. Gleichwohl kommt es auch bei spät beginnenden Erkrankungen nicht selten zu Rezidiven, sodass sie in einen mehr oder weniger chronischen, mehr oder weniger durch Restsymptomatik beeinträchtigten Verlauf einmünden. Diesem Bild entspricht der Krankheitsverlauf bei Herrn Alfred A.

Prognostisch günstig bei solch spätem Krankheitsbeginn ist der Sachverhalt, dass diese Menschen in den 40 Jahren ihres gesunden Lebens eine Vielzahl von normalen sozialen Erfahrungen und Kompetenzen erwerben konnten, auf die sie auch in günstigeren Zeiten ihrer Erkrankung zurückgreifen können, während früh schizophren erkrankende Menschen genau diese Kompetenzen oft nicht haben und nicht selten zudem schon früh in einen Drogen- oder Alkoholmissbrauch geraten sind.

Herr Alfred A. hat also, zunächst auch unabhängig von der forensischen Fragestellung, nach dem bisherigen Verlaufsbild eine relativ günstige Prognose, insofern er über eine gute Intelligenz verfügt, insofern er im Laufe der Rückfälle und des Krankheitsverlaufes ein gewisses Krankheitsverständnis und eine gewisse Krankheitseinsicht erarbeiten konnte und insofern er in seinem Alltagsleben auf soziale Kompetenzen und Routinen zurückgreifen kann, die es ihm ermöglichen, trotz fortbestehender Beeinträchtigung formal angepasst zu leben.

Es besteht bei ihm also durchaus die gute Chance, dass er den Krankheitsverlauf auf dem jetzt erreichen Level einigermaßen stabilisieren kann und dass es zu keinen gravierenden dauerhaften Verschlechterungen kommt. Dies schließt nicht aus, dass es vereinzelt wieder Rückfälle geben kann, dies schließt auch nicht grundsätzlich die Möglichkeit eines schließlich doch ungünstigeren Verlaufes aus. Die überwiegende Wahrscheinlichkeit spricht jedoch für die gute Möglichkeit, dass er sich auf dem jetzigen Niveau langfristig stabilisieren kann.

Diese Annahme trifft zu unter der Voraussetzung, dass Herr Alfred A. weiterhin mit den professionellen Behandlern kooperiert, das heißt, dass er regelmäßig eine antipsychotische Medikation nimmt, regelmäßig Kontakt zu Fachärzten bzw. Fachambulanzen hält (die seine Erkrankung nicht, wie in der Vergangenheit einmal geschah, allein für eine narzisstische Störung halten) und dass er bereit ist, in Krisenzeiten in Kooperation mit den Behandlern energisch gegenzusteuern, statt gerade in solchen Situationen die Medikamente ganz wegzulassen. Dazu gehört sicherlich auch der Entschluss des Proban-den, auf den Alkoholkonsum zu verzichten, der im zeitlichen Vorfeld der Rückfälle ein erhebliches, hohes Niveau angenommen hatte. Dies ist sicherlich teilweise als eine Selbstbehandlung zu deuten, um anlaufende Unruhe und Irritierbarkeit zu dämpfen. Es ist dies aber eine insuffiziente, problemverschärfende Selbstbehandlung, insofern der ständige Wechsel von Alkoholintoxikation und Nüchternheit zusätzlich labilisiert haben dürfte.

Wendet man sich nun speziell der forensischen Fragestellung zu, so ist zunächst fest-zuhalten, dass im Falle des Probanden tatsächlich seine Gefährlichkeit und seine frühe-ren rechtswidrigen Taten eng und ausschließlich verbunden waren mit Zuständen einer akuten psychotischen Verfassung im Sinne einer akuten schizophrenen Psychose. An der Diagnose einer paranoid-halluzinatorischen Schizophrenie ist angesichts der beweisen-den, eindeutigen Symptomatik zu den beiden zeitlich weit auseinander liegenden Tat-zeitpunkten sowie bei weiteren Rückfällen nicht zu zweifeln, und der Krankheitsverlauf belegt die Diagnose ebenso wie die jetzt vorhandene, im psychischen Befund beschrie-bene Residualsymptomatik bei Herrn Alfred A. Diese ist ausgesprochen charakteristisch in ihrem frappierenden Nebeneinander von guter Formalanpassung und kommunikativer Routine einerseits, markanten Störungen der Selbstwahrnehmung, der Kritikfähigkeit und der Emotionalität andererseits.

Außerhalb solcher akut psychotischer Phasen hat es bei Herrn Alfred A. keine rechts-widrigen Handlungen gegeben. Gefährlichkeit besteht bei ihm nur, wenn er in eine akut psychotische Verfassung gerät.

Zu fragen ist also, wer in solchen Phasen gefährdet ist. Bisher hat er in solchen Pha-sen einen starken Drang gehabt, das Elternhaus aufzusuchen, dies ist von allen drei gut dokumentierten Phasen 1990, 1998 und 1999 bekannt. Die beiden Taten richteten sich gegen den Vater und später gegen die Mutter und waren offenbar eindeutig psycho-tisch motiviert. Es kann durchaus sein, dass aggressive Wahnvorstellungen bei dem Un-tersuchten sich ausschließlich auf die Herkunftsfamilie, also Vater und Mutter, richten würden und er möglicherweise gegen dritte Personen auch nie aktiv würde. Sicherlich wäre im Falle eines Rückfalls die Mutter wieder akut gefährdet, insbesondere dann, wenn er sich dann wieder nach A-Dorf zurückziehen würde, wenn er der Mutter nicht nur für wenige Stunden begegnen, sondern wieder bei ihr leben würde und Zeit bekä-me, seine Wahnvorstellungen an die aktuelle Situation anzupassen und die Mutter wie-der mit bestimmten Vorstellungen zu befrachten. Insofern ist es sicherlich sinnvoll, wenn der Kontakt zur Mutter, so wie jetzt, in gewisser Weise ritualisiert und sehr begrenzt ab-läuft und Herr Alfred A. davon Abstand nimmt, im Elternhaus zu übernachten. Mögli-cherweise wären auch das Sterben und der Tod der Mutter ein Punkt, wo man beson-ders aufmerksam sein müsste, ob es zu einer Labilisierung und zu einem drohenden Krankheitsrezidiv kommt.

Andererseits lässt sich, falls es wieder zu einer akut psychotischen Verfassung kommt, Aggressivität gegen andere als die Eltern nicht mit Sicherheit ausschließen, und verständlicherweise hat insbesondere die Ehefrau Sorge, dass in solchen Situationen die Aggressivität sich gegen sie und/oder die Tochter richten könnte. Grundsätzlich wäre es sicherlich erforderlich, wenn der Proband akut psychotisch ist, ihn umgehend stationär zu behandeln, zumindest nicht mit ihm eine Wohnung zu teilen und nicht zu versuchen, als Angehöriger und private Person auf seinen Krankheitszustand einzuwirken.

Entscheidend aber ist, dass es gar nicht zu einem manifesten Rückfall kommt bzw. dass im Falle eines Rückfalls eine stationäre Intervention bereits zu einem Zeitpunkt erfolgt, der von der Etappe aggressiver Handlungsbereitschaft hinreichend weit entfernt ist.

Nach Auffassung des Sachverständigen bietet die Form des Krankheitsverlaufes bei Herrn Alfred A. dafür hinreichend zuverlässige Handhabe. Die zweite Krankheitsphase 1998 hatte mit Sicherheit einen mehrwöchigen, wahrscheinlich mehrmonatigen Vorlauf, und es wurde dann auch rechtzeitig erkannt, dass er wieder akut psychotisch ist, sodass er dann ins PKH X. eingewiesen wurde, ohne dass es vorher zu gefährlichen Situationen gekommen ist. Wenn Herr Alfred A. damals nicht in M.-Dorf ganz allein gelebt hätte, wäre sein Zustand mit großer Wahrscheinlichkeit bereits wesentlich früher als stationär behandlungsbedürftig erkannt worden. Bei der dritten Krankheitsphase 1999 dürfte unstreitig sein, dass sich zuvor schon der Gesundheitszustand seit einem halben Jahr massiv verschlechtert hatte und dass Herr Alfred A. sich bereits seit Wochen in psychotischer Verfassung befand. Dies gilt bereits zu dem Zeitpunkt, als er die Restmedikation absetzte, was dann die weitere Ausbildung des akuten Krankheitsbildes sicherlich noch erheblich befördert hat. Auch mitbedingt dadurch, dass Herr Alfred A. und seine Mutter auf die Zwangseinweisung 1998 sehr missgestimmt und undankbar reagiert hatten, hielten sich 1999 diejenigen, die große Sorgen über den Zustand des Probanden hatten, offenbar nun zurück, sodass es dann zur Eskalation im April 1999 kam.

So bleibt die Frage, ob aber nicht die erste Krankheitsphase im Jahre 1990 zeigt, dass bei dem Probanden akut psychotische Zustände binnen kürzester Frist quasi aus dem Nichts entstehen.

Dazu ist zum ersten zu sagen, dass manchmal Ersterkrankungen tatsächlich sehr rasch auftreten, dass aber dann im weiteren Verlauf stets ein hinreichend langes Vorfeld der Verschlechterung zu beobachten ist. In sehr vielen Fällen, und meines Erachtens auch bei Herrn Alfred A., ist aber der Eindruck, die Ersterkrankung sei binnen von 4 oder 5 Tagen entstanden, nur der Ausdruck einer damals anderen Wahrnehmungsweise. Es bestehen deutliche Hinweise darauf, dass auch die erste Krankheitsphase einen Vorlauf von zumindest etwa einem Monat hatte, in dem es subjektive Überforderungsgefühle, Grübeleien, Depressivität, innere Unruhe, Ratlosigkeit gab. Natürlich kam damals kein Einziger auf die Idee, dass bei dem 40-jährigen, bis dato gesunden Mann nun eine akute Psychose ins Haus stehe, sondern man führte all diese Symptome auf Überlastung durch den Beruf, die Erbschaftsstreitigkeiten und den finalen Ehekonflikt zurück nach dem Motto: „Das ist ja alles ganz normal". Erst als dann die Verhaltens- und Wahrnehmungsweisen von Herrn Alfred A. krass unnormal wurden, war man bereit anzuerkennen, dass hier wohl eine Krankheit vorliege.

...Ganz sicher sprach zum Zeitpunkt des ersten Gerichtsverfahrens für eine günstige Prognose, dass es unter stationären Rahmenbedingungen bei Herrn Alfred A. sehr schnell zu einem Rückgang der Symptomatik gekommen war; allerdings hätte vielleicht das zeitweilige Aufflackern von Basisstörungen in den ersten Monaten nach der Tat daran denken lassen können, dass doch eine erhöhte Vulnerabilität zurückgeblieben ist, die im weiteren Verlauf eine Krankheitsanfälligkeit konstituieren könnte. Es ist aber auch aus heutiger Sicht an der damaligen Entscheidung, keine Einweisung in den Maßregelvollzug vorzunehmen, keine grundsätzliche Kritik zu üben; Herr Alfred A. wäre dann möglicherweise 1993 entlassen worden, ohne dass dieser weitere Aufenthalt in der Klinik irgend etwas Grundsätzliches an seinen Verlaufschancen geändert hätte.

Zusammenfassend spricht also alles dafür, dass akute Gefährlichkeit nur in akuten psychotischen Phasen zu befürchten ist. Die Analyse der individuellen Form des Krankheitsverlaufs zeigt, dass solche akuten Phasen einen zeitlich hinreichend langen Vorlauf haben, sodass die sich abzeichnende Verschlechterung rechtzeitig erkannt werden kann und dass ihr rechtzeitig begegnet werden kann. Diese fortlaufende Risikokontrolle erfolgt im Wesentlichen mit medikamentöser Therapie und engmaschigen Kontakten, zur Not auch mit einer passageren stationären Behandlung, bis die Krise wieder abgeklungen ist.

Herr Alfred A. hat in den vergangenen 2 Jahren unter Beweis gestellt, dass er in einer guten Weise in einem solchen Behandlungsregime zu kooperieren bereit ist, dass er imstande ist, auf Risikofaktoren (Alkohol) zu verzichten und auch den Ratschlägen seiner Behandler zu folgen, zum Beispiel nicht mit Ehefrau und Tochter in G.-Ort zusammenzuziehen…. Unter den Auflagen also, die auch schon zuvor für die Beurlaubung vereinbart worden sind (u.a. keine Übernachtung bei der Mutter), hält der Sachverständige eine bedingte Entlassung des Untergebrachten für vertretbar und verantwortbar, weil nicht zu erwarten ist, dass er außerhalb des Maßregelvollzuges rechtswidrige Taten begehen wird.

Dies war ein letztlich recht einfaches Gutachten, weil die wichtigen Sachverhalte in typischer Weise vorlagen, erhellt werden konnten und eine recht eindeutige weitere Verlaufsrichtung aufwiesen. Wenn es anders ist, wird das Gutachten eben aufwändiger. Es müssen die Komplikationen ermittelt, dargestellt und in ihrer Bedeutsamkeit erörtert werden, und es muss die Beurteilung bisweilen letztlich offen, also skeptisch bleiben. Im gegebenen Fall traf es sich sozusagen lehrbuchmäßig, dass die Gefährlichkeit des Probanden allein an akut psychotische Verfassung gebunden war. Dies ist keineswegs immer der Fall, und insbesondere gibt es beides: Gefährlichkeit im Rahmen der akuten Psychose, Kleinkriminalität, Drogenmissbrauch und bisweilen auch Gewaltbereitschaft in remittierter, aber eben auch nicht vollkommen gesunder Verfassung.

Literatur

Boetticher A, Nedopil N, Bosinski HAG, Saß H (2005) Mindestanforderungen für Schuldfähigkeitsgutachten. NStZ 25:57–62

Dilling H, Mombour W, Schmidt MH (Hrsg) (1991) Internationale Klassifikation psychischer Störungen ICD-10 Kapitel V (F). Huber, Bern Göttingen Toronto

Kröber HL (1999) Gang und Gesichtspunkte der kriminalprognostischen psychiatrischen Begutachtung. NStZ 19:593–599

Kröber HL (2004) Qualitäts-Kriterien zur Beurteilung eines kriminalprognostischen Gutachtens. In: Felber W, Sutarski S, Lammel M (Hrsg) Kriminalprognose – psychiatrische und juristische Sicht. Jahresheft für Forensische Psychiatrie 1 (2004), S 187–221

Kröber HL (2005) Qualitätssicherung bei der Schuldfähigkeitsbegutachtung. In: Kröber HL, Steller M (Hrsg) Psychologische Begutachtung im Strafverfahren, 2. Aufl. Steinkopff, Darmstadt, S 21–38

Nedopil N (2002) Forensische Psychiatrie, 2. Aufl. Thieme, Stuttgart

Rasch W, Konrad N (2004) Forensische Psychiatrie, 3. Aufl. Kohlhammer, Stuttgart

Saß H, Wittchen HU, Zaudig M, Houben I (2003) Diagnostisches und Statistisches Manual Psychischer Störungen DSM-IV-TR, Textrevidierte Fassung. Übersetzt nach der vierten Auflage des Diagnostic and Statistical Manual of Mental Disorders TR der American Psychiatric Association. Hogrefe, Göttingen Bern Toronto

Venzlaff U, Foerster K (Hrsg) (2004) Psychiatrische Begutachtung, 4. Aufl. Urban & Fischer, München Jena

4 Maßregelvollzug und Strafvollzug

4.1 Psychiatrischer Maßregelvollzug (§ 63 StGB)

N. LEYGRAF

4.1.1 Historischer Hintergrund

Der psychiatrische Maßregelvollzug geht zurück auf das am 24. 11. 1933 erlassene „Gesetz gegen gefährliche Gewohnheitsverbrecher und über Maßregeln der Sicherung und Besserung". Zwar erfolgte die Einführung durch die Nationalsozialisten, dennoch handelte es sich nicht um ein „Nazigesetz", sondern war Resultat einer jahrzehntelangen Diskussion über mögliche Sicherungsmaßnahmen gegenüber gefährlich erscheinenden psychisch kranken oder gestörten Rechtsbrechern (Kröber 2001). Die Unterbringung in einem psychiatrischen Krankenhaus nach § 63 StGB setzt voraus, dass der Betreffende infolge einer der in § 20 StGB genannten Störungen bei Begehung einer Straftat vermindert schuldfähig oder schuldunfähig war und von ihm infolge dieser psychischen Störung auch in Zukunft erhebliche rechtswidrige Taten zu erwarten sind, er somit für die Allgemeinheit gefährlich ist (ausführlicher hierzu s. den Beitrag von Rössner und Leygraf in Band 1 des Handbuches). Die Anordnung dieser Maßregel hat eine *überwiegende Sicherungsfunktion*. Sie erfolgt unabhängig von der Notwendigkeit und den Erfolgsaussichten einer Behandlung (vgl. BGH, NStZ 1998, S. 35; BGH NStZ 2002, S. 533) und ist auch zeitlich nicht befristet. Da der psychiatrische Maßregelvollzug primär keiner therapeutischen Zielsetzung entsprang, sondern auf eine möglichst sichere Verwahrung und Ausgrenzung dieser Patientengruppe abzielte, entsprach er auch jahrzehntelang im Wesentlichen einer Sicherungsverwahrung für psychisch kranke und gestörte Rechtsbrecher und nur sehr marginal einer Therapieeinrichtung zur Behandlung und Resozialisierung solcher Patienten. Erst ab Mitte der 80er Jahre des letzten Jahrhunderts kam es zu deutlichen Verbesserungen der baulichen, personellen und therapeutischen Situation im Maßregelvollzug (Leygraf 1996).

Die *Zahl* der in den alten Ländern der Bundesrepublik nach § 63 StGB untergebrachten Patienten war von 4222 im Jahre 1970 kontinuierlich auf 2362 im Jahre 1983 abgesunken und blieb trotz stetig steigender jährlicher Einweisungsrate in den folgenden Jahren zunächst relativ konstant bei ca.

2400 Patienten (Statistisches Bundesamt Wiesbaden 1970–2004). Infolge der zunehmend aktiveren Behandlungsanstrengungen konnte also eine erhebliche Verkürzung der Unterbringungsdauer erreicht werden. Dies betraf vor allem die schizophren erkrankten Maßregelpatienten, deren mittlere Verweildauer von 1984 bis 1994 in Niedersachsen von 10,8 auf 5,7 Jahre und in Nordrhein-Westfalen von 8,0 auf 4,5 Jahre fast um die Hälfte reduziert worden war (Boyan 1997; Seifert u. Leygraf 1997 a). Die Verbesserungen in den Behandlungsmöglichkeiten konnten jedoch den erheblichen *Anstieg der Einweisungsrate* (von 432 Einweisungen im Jahre 1990 auf 876 im Jahre 2003) schließlich nicht mehr kompensieren, sodass die Zahl der untergebrachten Patienten von 2420 im Jahre 1990 auf 5390 im Jahre 2004 ebenfalls rapide anstieg (jeweils alte Bundesländer, ab 1995 einschl. Gesamt-Berlin). Hierin spiegelt sich weniger eine vermehrt therapeutisch orientierte Kriminalpolitik wider als eher die zunehmende Entwicklung zu einem „Sicherheitsstaat" (Haffke 2005). Zugleich sind die Verweildauern im psychiatrischen Maßregelvollzug auf derzeit im Mittel ca. 6 Jahre deutlich angestiegen und die gerichtlichen Entlassungsentscheidungen innerhalb von 10 Jahren um die Hälfte gesunken (Seifert et al. 2001; Seifert 2005). Bundesweit fand sich für das Jahr 2002 ein „Entlassungsverhältnis" von lediglich 1 : 18 (191 entlassene zu 3485 in der Studie insgesamt erfasste Maßregelpatienten gemäß § 63 StGB). Eine Entlassung aus dem psychiatrischen Krankenhaus erfolgte somit sogar noch seltener als eine Entlassung aus der Sicherungsverwahrung gemäß § 66 StGB, wo ein „Entlassungsverhältnis" von 1 : 16 zu finden war (Kröniger 2004).

4.1.2 Patienten

Im Rahmen einer bundesweiten Erhebung hatten sich bei den Maßregelpatienten deutliche *regionale Unterschiede* hinsichtlich der Diagnose- und Deliktverteilung sowie der durchschnittlichen Dauer ihrer Unterbringung aufzeigen lassen (Leygraf 1988). Ursächlich ließ sich hierfür teils eine uneinheitliche Begutachtungs- und gerichtliche Einweisungspraxis vermuten, teils erhebliche Unterschiede in der regionalen Ausgestaltung der Unterbringung. Bundesweite Zahlen neueren Datums, insbesondere unter Einbeziehung der neuen Bundesländer, liegen noch nicht vor. Eine jährliche Gesamterhebung der Basisdaten erfolgt bislang lediglich für die nach § 64 StGB untergebrachten suchtkranken Straftäter (von der Haar 2004).

Der Anteil der gemäß § 63 StGB untergebrachten *Frauen* ist von 3,8% im Jahre 1990 auf 6,2% im Jahre 2004 leicht angestiegen; er entspricht aber weiterhin dem Frauenanteil im Strafvollzug (4,9% im Jahre 2004) und unterscheidet sich somit deutlich von der sonstigen stationären psychiatrischen Behandlung mit einem Frauenanteil von ca. 45% (Statistisches Bundesamt Wiesbaden 1990–2004). Auch hinsichtlich ihrer *soziodemografischen Daten* gleichen die im Maßregelvollzug untergebrachten Patienten eher den nichterkrankten Tätern im Strafvollzug als den nichtdelinquenten psychisch Kranken. In der bundesweiten Erhebung (Leygraf 1988) stammten die Maßregelpatienten überwiegend aus unteren sozialen Schichten, sie verfügten über ein geringes schulisches Bildungsniveau (58% ohne Hauptschulabschluss, 75% ohne Berufsausbildung). Jeder dritte Untergebrachte hatte zumindest einen Teil seiner Kindheits- und Jugendentwicklung in einem Heim verbracht. Bei einem mittleren Lebensalter von 39 Jahren lebte nur etwa jeder zehnte Patient vor der Unterbringung in einer Partnerschaft. Fast zwei Drittel der Patienten waren bei Begehung des Unterbringungsdeliktes schon ein- oder mehrmals vorbestraft, ca. 40% hatten bereits Haftstrafen verbüßt.

Als *Hauptdiagnose* lag bei 40% der Patienten eine funktionelle, in aller Regel schizophrene Psychose vor, 6% litten unter einer hirnorganischen Störung. Die Diagnose einer Persönlichkeitsstörung fand sich bei 44% der Untergebrachten, vielfach in Verbindung mit einer intellektuellen Minderbegabung. Bei 6% bestand eine geistige Behinderung und bei 4% eine Suchterkrankung. Die von den Maßregeleinrichtungen häufig beklagte Verschiebung des Diagnosespektrums mit einer zunehmenden Einweisung persönlichkeitsgestörter Täter hat sich empirisch nicht nachweisen lassen (Leygraf 1996; Leygraf u. Schalast 2005; Dessecker 2005). Erheblich ist jedoch die Belastung der Patienten mit einer komorbiden Persönlichkeitsstörung. Zudem findet sich bei mehr als der Hälfte der Maßregelpatienten neben der primären psychischen Störung eine Suchtproblematik, überwiegend in Form eines Alkoholmissbrauchs (Seifert u. Leygraf 1997a; Seifert 2005).

Bei den *Unterbringungsdelikten* hat sich, mit gewissen regionalen Unterschieden, eine Zunahme gewalttätiger Deliktformen ergeben (Seifert u. Leygraf 1997a). Jeweils ca. 30% der untergebrachten Patienten haben ein Tötungs- oder Sexualdelikt begangen, jeweils ca. 15% ein Körperverletzungs- oder Eigentumsdelikt. Bei den restlichen 10% handelt es sich überwiegend um Brandstiftungen. Von den aus dem Maßregelvollzug entlassenen Patienten waren jedoch nur 13% wegen eines Sexualdeliktes untergebracht worden (Seifert 2005), worin sich die spezielle Zurückhaltung der Gerichte bei der Entlassung solcher Täter widerspiegelt. Das Vorliegen einer Sexualstraftat als Unterbringungsdelikt wird auch seitens der Einrichtungen selbst als ein wesentliches Entlassungshindernis angesehen (Leygraf u. Schalast 2005). Somit ist für die kommenden Jahre eine noch stärkere Konzentration von Sexualstraftätern in den psychiatrischen Maßregeleinrichtungen anzunehmen.

4.1.3 Versorgungsstruktur

Die Durchführung des Maßregelvollzugs liegt in der Zuständigkeit der Bundesländer. Die rechtliche Ausgestaltung ist in einigen Ländern in das PsychKG integriert, die meisten Länder haben jedoch spezielle Maßregelvollzugsgesetze geschaffen (die Gesetzestexte aller Bundesländer finden sich bei Volckart u. Grünebaum 2003, S. 263 ff.) Auch die organisatorische Ausgestaltung ist unterschiedlich strukturiert, vor allem hinsichtlich des Zent-

ralisationsgrades. In einigen Ländern wurden zentral zuständige forensische Großkliniken eingerichtet, in anderen Ländern forensisch-psychiatrische Abteilungen, die allgemein-psychiatrischen Krankenhäusern angeglie-
dert sind. Aufgrund der zunehmenden Einweisungszahlen bei abnehmen-
der Entlassungshäufigkeit sind die Maßregeleinrichtungen in fast allen
Bundesländern überbelegt, weshalb auch in den ursprünglich zentralisiert
organisierten Ländern zusätzliche Abteilungen eingerichtet wurden, teils als
regional zuständige Einrichtungen innerhalb psychiatrischer Versorgungs-
krankenhäuser, teils als „Außenstellen" forensischer Kliniken mit speziellen
Aufgabenbereichen.

Zudem werden aufgrund zunehmender Kapazitätsprobleme der Maßregeleinrichtungen vermehrt forensische Patienten auch in allgemein-psychiatrischen Stationen untergebracht. Dies kann zwar in manchen Fällen
zu Lösungen führen, die unter Sicherheits- und Behandlungsgesichtspunkten durchaus zweckmäßig erscheinen (Schalast et al. 2003); eine völlige Integration der Maßregelpatienten in die allgemeine Psychiatrie ist jedoch
nicht sinnvoll. Bei der Klientel des Maßregelvollzugs handelt es sich nur
um eine Personengruppe, die sich in vielen Bereichen deutlich von den
sonstigen Patienten psychiatrischer Krankenhäuser unterscheidet. Auch der
konkrete Hintergrund sowie die Rahmenbedingungen ihrer Unterbringung
entsprechen kaum den Gegebenheiten sonstiger psychiatrischer Krankenhausbehandlung:

▪ Stationäre psychiatrische Behandlungen erfolgen überwiegend freiwillig,
die psychiatrische Maßregelbehandlung ist hingegen eine freiheitsentziehende Zwangsmaßnahme. Entsprechend ergeben sich hier weitergehende
Sicherungserfordernisse im baulichen und organisatorischen Bereich.

▪ Stationäre Behandlungen in der Allgemeinpsychiatrie tendieren immer
stärker in Richtung kurz dauernder Krisenintervention (mittlere Verweildauer in 2003: 22,8 Tage – Statistisches Bundesamt Wiesbaden); die
durchschnittliche Unterbringungszeit im psychiatrischen Maßregelvollzug bemisst sich in Jahren bis Jahrzehnten mit weiter steigender Tendenz (Leygraf u. Schalast 2005; Seifert 2005). Für die Maßregelpatienten
muss daher zusätzlich zu den primären Therapieangeboten innerhalb
eines gesicherten Unterbringungsbereiches ein Lebensfeld mit Arbeits-,
Ausbildungs-, Freizeit- und Kontaktmöglichkeiten geschaffen werden.
Zudem sind die bei Maßregelpatienten häufigen Störungen im sexuellen
und Aggressionsbereich bei Patienten in der Allgemeinpsychiatrie nur
selten anzutreffen, sodass man mit deren Behandlung dort über wenig
Erfahrung verfügt.

▪ Die gemäß § 63 StGB eingewiesenen Patienten weisen häufig neben ihrer
psychischen Erkrankung/Störung eine lang dauernde dissoziale Entwicklung und/oder eine massive Aggressionsproblematik auf (Müller-Isberner
u. Jöckel 1997). Diese zweite Problematik ist oftmals bereits lebens-
geschichtlich verfestigt und hält – unbehandelt – an, auch wenn die psychische Erkrankung/Störung sich bessert. Die Kombination von psychischer Erkrankung/Störung mit dissozialer und Aggressionsproblema-

tik stellt besonders Behandlungsanforderungen, die allgemein-psychiatrische Abteilungen sowohl fachlich als auch organisatorisch kaum erfüllen können.

Die Behandlung psychisch kranker/gestörter Rechtsbrecher erfordert eine besondere fachliche Kompetenz bei Pflegepersonal, ärztlichen und psychologischen Therapeuten, Sozialpädagogen und Kotherapeuten im Hinblick auf die Wechselwirkungen zwischen psychischen Störungen und Delinquenzrisiko und zur ständigen Paralleleinschätzung von psychischer Verfassung und aktueller Gefährlichkeit. Dies betrifft insbesondere auch die Prognosestellung und Beurteilung von Lockerungs- und Entlassungsmöglichkeiten, die im Maßregelvollzug anderen Kriterien als in der Allgemeinpsychiatrie unterliegen.

Diesen *Besonderheiten der psychiatrischen Maßregelbehandlung* lässt sich am ehesten in spezialisierten Einrichtungen Rechnung tragen, wodurch jedoch die möglichen Vorteile eines engen Verbunds mit der Allgemeinpsychiatrie – z.B. in Form einer eigenständigen Abteilung – nicht in Abrede gestellt sind. Ein solcher Verbund erleichtert die gemeinsame Weiterbildung aller Berufsgruppen in allgemein-psychiatrischen Fragen und die Weiterbildung allgemein-psychiatrisch Tätiger in Themen der forensischen Psychiatrie. Hierdurch würde auch die raschere Implementierung von Behandlungsfortschritten der allgemeinen Psychiatrie (sowohl in der Pharmakotherapie wie z.B. in der Therapie von Persönlichkeitsstörungen) ermöglicht und der Gefahr einer Abkapselung und Ausgrenzung der forensischen Psychiatrie vorgebeugt.

Strittig ist weiter die Frage nach dem *Zentralisationsgrad* und der optimalen Größe einer solchen Einrichtung. Zentrale Einrichtungen verfügen in der Regel über eine ausreichende Patientenzahl, um therapeutische Differenzierungen durchzuführen, indem man z.B. jeweils spezielle Bereiche für die Aufnahme und Diagnostik, für die Behandlung von Psychosekranken, für Persönlichkeitsgestörte und für geistig Behinderte schafft. Sie sind zudem eher dazu in der Lage, spezielle Therapiekonzepte für diese Patienten zu entwickeln. Für dezentralere Abteilungen spricht dagegen die stärkere Gemeindenähe. Dabei geht es weniger um eine räumliche Nähe zur Herkunftsfamilie, denn viele dieser Patienten hatten schon vor der Unterbringung kaum noch Kontakt zu ihrer Familie. Jedoch erleichtert eine Regionalisierung die Akzeptanz durch das im Umfeld psychiatrischer Kliniken vorhandene professionelle Hilfesystem. Eine Zusammenarbeit etwa mit Übergangseinrichtungen setzt voraus, dass man durch eine enge Kooperation die bei diesen Einrichtungen vorhandenen Ängste gegenüber Maßregelvollzugspatienten reduziert. Tendenziell werden in den aktuellen Planungen Einrichtungen mit einer Größe von bis zu 100 Behandlungsplätzen favorisiert (van den Bergh et al. 1996, Lohner et al. 2005). Bei solchen Einrichtungen kann die notwendige Binnendifferenzierung auch kooperativ geleistet werden, indem bestimmte Abteilungen spezielle Angebote vorhalten, sodass eine gezielte Zuweisung der Untergebrachten möglich wird.

4.1.4 Behandlungskonzepte

▌ **Grundprobleme der Maßregelbehandlung**

Die Maßregel wird zwar in einem psychiatrischen Krankenhaus vollzogen, unterscheidet sich aber durch ihre strafrechtlichen Kautelen erheblich von einer üblichen Krankenhausbehandlung:

▌ Patient und Maßregeleinrichtung bilden eine *Zwangsgemeinschaft*. Die Aufnahme erfolgt durchweg unabhängig vom und vielfach gegen den Willen des Patienten. In gleicher Weise ist die Maßregeleinrichtung zu seiner Aufnahme verpflichtet, auch wenn man keinerlei Behandlungsnotwendigkeit oder Erfolg versprechende Behandlungswege für den Patienten zu sehen vermag. Somit ergibt sich ein Motivationsproblem aufseiten des Patienten, dessen primäres Ziel sich weniger auf eine innere Veränderung, als im Wesentlichen auf eine möglichst baldige Entlassung bezieht. Aber auch in den Einrichtungen bzw. bei den dort tätigen Therapeuten findet sich zuweilen eine resignativ-pessimistische Grundhaltung (Schalast 1997).

▌ Da die Entlassung grundsätzlich in der Entscheidung des Gerichtes liegt, ist der *Entlassungszeitpunkt* eine unbekannte und von Arzt und Patient nur bedingt beeinflussbare Größe. Entlassen wird der Patient, sofern die Strafvollstreckungskammer dies unter gefährlichkeitsprognostischen Aspekten für verantwortbar hält. In diese Entscheidung fließen zwar die Einschätzungen der Therapeuten mit ein, aber auch die der externen Gutachter, die Bewertung der Richter selbst und nicht zuletzt das aktuelle rechtspolitische Gesamtklima (Leygraf u. Schalast 2005).

Somit bestehen in der Therapie, die immer auch auf ein zeitliches Ziel gerichtet ist, große Unsicherheiten aufseiten der Therapeuten wie der Patienten, was sich lähmend auf die Behandlungsmotivation auswirken kann. Traditionell hat man dem in vielen Maßregeleinrichtungen durch ein „*Stufenkonzept*" in der Behandlung zu begegnen versucht. Hierbei wird der Patient zu Beginn der Maßregelbehandlung in einem hoch gesicherten Bereich untergebracht. Fortschritte in der Behandlung führen zu entsprechenden Lockerungen des Vollzugs, also einem Aufstieg in die nächste „Lockerungsstufe". Dadurch lässt sich das vom Patienten angestrebte, zunächst aber in weiter Ferne liegende Entlassungsziel in für ihn überschaubare und kurzfristig erreichbare Zwischenziele gliedern. Dies soll seine Behandlungsmotivation fördern und den Gesamtbehandlungsplan strukturieren (Leygraf u. Heinz 1984). In den meisten Einrichtungen hat man sich jedoch von einem starren Stufensystem gelöst, da es der Individualität, mit der die Behandlung und Rehabilitation im Maßregelvollzug erfolgen muss, nicht gerecht wird. Zudem kann es zu einer irreführenden Gleichsetzung von Lockerungsstufe und tatsächlichem Behandlungsstand führen und bringt insbesondere die Gefahr von „Bewährungsaufstiegen" mit sich, bei der nachfolgende Lockerungen nur noch mit dem erfolgreichen Verlauf der vorangegangenen begründet werden (Schüler-Springorum et al. 1996).

Die Patienten werden im Maßregelvollzug untergebracht, weil sie aufgrund ihrer Persönlichkeit, ihrer Störung und ihrer Straftat(en) als gefährlich eingeschätzt wurden. Dieses Gefährlichkeitspotenzial ist untrennbarer Teil sowohl der therapeutischen Arbeit als auch der Beziehung zum Patienten und beinhaltet, dass der behandelnde Therapeut auch mit prognostischen Fragestellungen konfrontiert ist. Damit ist die Frage der *Schweigepflicht* für im Maßregelvollzug tätige Therapeuten tangiert, die kontrovers und zum Teil recht ideologisch diskutiert wird. So postuliert Böllinger (2003), dass der Behandler die Erkenntnisse aus seinen therapeutischen Sitzungen nicht in den sonstigen Behandlungsprozess einbringen und sich vor allem nicht zu prognostischen Fragen äußern dürfe. Dahinter steht die Vorstellung, dass der Patient nur dann schambesetzte oder ängstigende Themen zur Sprache bringt, wenn er sich sicher sein kann, dass das Wissen darum bei seinem Therapeuten bleibt. Ob diese Realitätskonstruktion aber auch den Sichtweisen der Patienten entspricht, in deren Biografien häufig konflikthafte Beziehungen zu Institutionen und Autoritätspersonen mit einem entsprechenden Misstrauen zu finden sind, ist zu bezweifeln. Auch die Hinzuziehung externer Therapeuten, die sich einem unbedingten Schweigen gegenüber der Institution und der Vollstreckungsbehörde verpflichten, löst dieses Problem nur scheinbar. In welchem Ausmaß sich ein Patient seinem Therapeuten zu öffnen vermag, wird entscheidend von der Qualität der therapeutischen Beziehung bestimmt, also insbesondere von der im Verlauf der Behandlung gemachten Erfahrung des Patienten, seinem Therapeuten vertrauen zu können (Kröber 1999).

Generell ist die Einbeziehung *externer Psychotherapeuten* als ein Notbehelf anzusehen und allenfalls dort sinnvoll, wo keine hinreichenden internen Behandlungsmöglichkeiten zur Verfügung stehen, wie dies in einigen Strafvollzugsanstalten der Fall ist. Moderne Maßregelbehandlung erfolgt hingegen in einer multiprofessionellen Teamarbeit, in der es nicht zu einer Trennung kommen darf zwischen dem „eigentlichen" Therapeuten und dem sonstigen Klinikpersonal, dessen Aufgaben auf die Versorgung und Sicherung des Patienten reduziert würde. Je besser die institutionelle Einbindung der Psychotherapie als ein in die übrigen Aktivitäten des Patienten integrierter Behandlungsteil gelingt, umso geringer ist in der Regel der kustodiale Charakter der Einrichtung (Gretenkord 1998).

Lockerungen

Der Freiheitsentzug in der psychiatrischen Maßregel erfolgt nicht unter Schuld- und Bestrafungsaspekten, sondern ist allein mit Behandlungs- und Sicherungserfordernissen zu rechtfertigen. Somit hat der Maßregelpatient einen Anspruch auf Lockerungen, soweit diese den Behandlungsprozess fördern und mit der Sicherungsaufgabe des Maßregelvollzugs vereinbar sind (vgl. Volckart u. Grünebaum 2003, S. 123 f.; einschränkend Schöch 2004, S. 401). Die Frage der Gewährung von Lockerungen nimmt in der Praxis des Maßregelvollzuges einen erheblichen Stellenwert ein. Für den

Patienten entspricht seine „Lockerungsstufe" nicht nur dem Maß seiner wiedererlangten Eigenständigkeit, sondern gilt ihm auch als Zeichen seines Behandlungsfortschrittes.

Lockerungen sind kein Selbstzweck und für sich genommen auch keine Therapie. Sie sind Bestandteil eines Gesamtrehabilitationsplans und ihr Einsatz sollte stets klar definierten Zielen dienen, die in der Regel unter folgenden Aspekten zu sehen sind (im Einzelnen hierzu Schüler-Springorum et al. 1996):

❙ Durch die Aussicht auf vermehrte Freiheiten soll der Patient zu einer Mitarbeit in der Behandlung *motiviert* werden. Viele der im Maßregelvollzug untergebrachten Patienten haben zunächst kaum Einsicht in ihre eigene Persönlichkeitsproblematik, können also auch die Notwendigkeit einer längerfristigen Veränderung nicht sehen. Ohne ein tatsächlich erfahrbares, konkretes Behandlungsziel sind sie daher für eine Therapie kaum zu gewinnen. Hier kann die Aussicht auf mehr Freiheit durchaus als positiver Verstärker dienen. Es besteht dabei aber auch die Gefahr, Lockerungsgewährungen und -rücknahmen als Disziplinierungsinstrumente zu missbrauchen (Rasch u. Konrad 2004).

❙ Eine direkte *therapeutische Funktion* kommt Lockerungen etwa durch die Aufrechterhaltung bzw. Herstellung sozialer Kontakte zu oder im Rahmen von sozialen Trainings, z.B. zum Erlernen und Einüben von Freizeitgestaltung. Insbesondere bei schizophren erkrankten Patienten kann durch frühzeitige Lockerungsmöglichkeiten die Gefahr sekundärer Hospitalisierungsschäden verringert werden.

❙ In der Funktion der Lockerungen als *Belastungserprobung* verdichtet sich die dem Maßregelvollzug immanente Spannung zwischen Therapie und Sicherung (Kröber 2001). Das Verhalten unter den Belastungen eines zunehmend größeren Freiheitsraumes soll Aufschluss darüber geben, inwieweit positive Änderungen im Verhaltensmuster auch außerhalb stärker strukturierter Lebensbedingungen konstant bleiben. „Erprobung" bedeutet in diesem Zusammenhang aber nicht eine experimentelle Überprüfung, ob der Patient erneute Straftaten begeht, wenn man ihm durch entsprechende Freiheiten die Möglichkeit dazu gibt. Erprobt werden soll vielmehr eine Veränderung in den spezifischen Erlebens- und Verhaltensbereichen, die den Hintergrund der früheren Straftaten gebildet hatten. Sofern sich dabei Hinweise auf einen Rückfall in alte Verhaltensmuster ergeben, ist die Lockerung zurückzunehmen, bevor es zu einer erneuten Gefährdung der Öffentlichkeit oder gar einer erneuten Straftat kommt.

❙ Entscheidende Funktion kommt den Lockerungsmöglichkeiten im Rahmen der *Entlassungsvorbereitung* zu. Der Übergang von der streng strukturierten und reglementierten Unterbringung in ein weitgehend selbstbestimmtes Leben wird hierdurch in kleine Einzelschritte untergliedert, was die Gefahr einer Überforderung des Patienten verringert und eventuell noch vorhandene Risikofaktoren frühzeitig erkennen und bearbeiten lässt. In dieser Möglichkeit eines flexiblen und langfristig angelegten Entlassungsprozesses liegt ein wesentlicher rehabilitativer Vorteil der psychiatrischen Maßregelbehandlung im Vergleich zum Strafvollzug. Insofern kann bei rehabilitativen Maßnahmen auf Vollzugslockerungen nicht verzichtet werden.

Die meisten Maßregeleinrichtungen verfügen über ein zum Teil sehr differenziertes Stufensystem mit vielfältigen Lockerungsmöglichkeiten, wobei jedoch vier Lockerungsschritte („*Schwellenlockerungen*") besonders sorgfältig abzuwägen sind (Schüler-Springorum et al. 1996):

1. Der *erste Lockerungsschritt*, in der Regel Ausgang in Begleitung von Mitarbeitern, ist insofern von besonderer Bedeutung, als er aus Sicht des Patienten eine Signalwirkung im Sinne eines ersten Entlassungsschrittes hat. Gerade bei Patienten, die aufgrund des Schweregrades ihrer Störung oder der Länge ihrer Freiheitsstrafe auf absehbare Zeit kaum eine Entlassungsperspektive haben, sollte bereits in der Eingangsdiagnostik und Behandlungsplanung mit dem Patienten besprochen werden, dass bei ihm in den nächsten Jahren voraussichtlich keinerlei Lockerungen in Betracht kommen werden. Uneindeutigkeiten oder hinhaltende Äußerungen sind zu vermeiden, weil sonst ständig neue und den Patienten enttäuschende Diskussionen über Lockerungen vorprogrammiert sind, was die Therapie nur noch weiter erschwert. Unter prognostischen Aspekten ist bereits bei der ersten Lockerung die Gefahr eines Deliktrückfalls – etwa im Falle einer Entweichung – zu beachten. Bedeutsamer ist hier aber die Beurteilung der Entweichungsgefahr. Diese ist in der Regel umso geringer, je intensiver/tragfähiger die Beziehung zwischen Patienten und begleitendem Mitarbeiter ist.

2. Der erste *unbegleitete Ausgang* erfolgt zumeist räumlich und zeitlich eng limitiert, etwa als unbegleiteter Gang von der Station zur Arbeitstherapie. Die auf den Patienten zukommenden Belastungen und somit auch die Risiken erhöhen sich mit räumlicher und zeitlicher Ausdehnung der Ausgangsmöglichkeiten und der Verringerung von Kontrollmöglichkeiten. Hinsichtlich der Entweichungsgefahr sollte der Patient in einem solchen Maß therapeutisch eingebunden sein, dass diese Beziehung auch ohne die konkrete Anwesenheit eines Mitarbeiters tragfähig ist. Hinsichtlich der Deliktgefahr sollte er in seiner spezifischen Problematik bereits derartige Fortschritte gemacht haben, dass bei einer eventuellen Entweichung nicht sogleich auch ein Deliktrückfall zu befürchten ist.

3. Bei *Beurlaubungen* ist das Risiko – und die somit hinsichtlich des psychischen Zustandes des Patienten zu fordernde Stabilität – neben der Urlaubslänge vor allem vom Grad der Strukturierung abhängig sowie von den verbleibenden Kontrollmöglichkeiten, etwa durch Angehörige, durch telefonische Kontakte oder durch Vorstellungen bei anderen Betreuungspersonen, z. B. beim Bewährungshelfer.

4. Der aus dem Strafvollzug stammende Begriff des *„offenen Vollzuges"* meint die Unterbringung in einer Abteilung, in der auf bauliche Sicherungen verzichtet wird, die Türen also – zumindest zu bestimmten Zei-

ten – offen sind. Hier wird der freie Ausgang zur Normalität, während er bis dahin lediglich die – wenn auch unter Umständen tägliche – Ausnahme von der Regel der geschlossenen Unterbringung darstellte. Dies bedeutet nicht nur für den Patienten, sondern auch für die Mitarbeiter eine erhebliche psychologische Veränderung. Hinsichtlich des Risikos dominiert hier die Einschätzung der Deliktgefahr. Ein offener Vollzug setzt voraus, dass die vom Patienten gemachten Fortschritte derart weitreichend sind, dass auch über einen längeren Zeitraum kein Deliktrückfall mehr zu erwarten ist.

Die vor der Gewährung von Lockerungen zu stellenden Prognosen unterscheiden sich in ihrer Methodik nicht von den sonstigen Prinzipien empirisch fundierter Gefährlichkeitsprognosen (vgl. Kap. 1 und 2). Um sicherzustellen, dass bei Lockerungsentscheidungen die wesentlichen gefährlichkeitsprognostischen Aspekte beachtet werden, ist der formelle Entscheidungsweg so zu gestalten, dass

▌ die *delinquente Vorgeschichte* des Patienten in allen ihren wesentlichen Facetten (z.B. Art und Hintergründe der Delinquenz, früheres Bewährungs- bzw. Lockerungsversagen) den Entscheidungträgern präsent ist. Ein jahrelanger therapeutischer Kontakt mit einem Patienten kann die Gefahr mit sich bringen, bestimmte Gefährdungsbereiche auszublenden und die eigenen Behandlungserfolge zu überschätzen. Als eine Möglichkeit der Gegenkontrolle bietet sich hier die Nutzung aktuarischer Prognoseinstrumente oder Checklisten an;

▌ die im direkten *therapeutischen Kontakt* und im täglichen Umgang mit dem Patienten gewonnenen Erkenntnisse und Erfahrungen berücksichtigt werden. Die wesentliche Entscheidungsebene hierfür bildet das Behandlungteam, wobei die Kenntnisse über bzw. die Erfahrungen mit dem Patienten aus möglichst vielen Behandlungsbereichen bei der Beurteilung zu berücksichtigen sind;

▌ eine genügende *Redundanz der Entscheidung*, also eine Beteiligung von Kontrollinstanzen, gewährleistet ist.

Die Gewährung der Lockerungen erfolgt in der Regel in der Verantwortung der ärztlichen Leitung der Maßregeleinrichtung. Darüber hinaus beinhalten die Bestimmungen der meisten Bundesländer eine mehr oder weniger intensive *Beteiligung der Staatsanwaltschaften*, was von juristischer Seite als „gesetzgeberischer Missgriff" (Volckart u. Grünebaum 2003, S. 126) kritisiert wurde. Die Unterbringung nach § 63 StGB stellt jedoch eine strafgerichtlich angeordnete Maßnahme dar, deren Beendigung ebenfalls einen strafgerichtlichen Beschluss voraussetzt. Da es nie eine hundertprozentige Prognosesicherheit gibt, bedarf eine solche Entlassung stets einer Güterabwägung, deren Entscheidung allein in der Verantwortung der Strafvollstreckungskammern liegt. Lockerungsentscheidungen, also eine Verringerung der Sicherungsmaßnahmen, setzen in vergleichbarer Weise die Einschätzung eines „kalkulierten Risikos" (Rasch 1985), also eine entsprechende Güterabwägung voraus. Dies kann die Einbeziehung juristischer Kontrollinstanzen durchaus begründen.

Natürlich lassen sich die für Lockerungsentscheidungen erforderlichen prognostischen Kriterien durch juristischen Sachverstand nicht zusätzlich anreichern (Schüler-Springorum et al. 1996). Die Beteiligung der Staatsanwaltschaft bringt der Maßregeleinrichtung aber immer ins Bewusstsein, dass die hier untergebrachten Patienten auch Rechtsbrecher sind und eine Gefahr darstellen können. Zudem führt die Notwendigkeit einer schriftlichen Begründung des Sinns und der Verantwortbarkeit einer geplanten Lockerungsmaßnahme in einer auch für den psychiatrisch-psychologischen „Laien" verständlichen Form zu einem nochmaligen systematischen Durchdenken der Lockerungsentscheidung. Insofern kann zwar keine Zustimmungserfordernis, aber eine vorherige Anhörung der Staatsanwaltschaft bei Vollzugslockerungen durchaus sachgerecht sein (Schöch 2004, S. 402).

Bei Patienten, die aufgrund der Art ihrer Störung besondere prognostische Probleme aufwerfen oder bei denen aufgrund der Vorgeschichte besonders schwerwiegende Delikte zu befürchten sind, kann zumindest vor der erstmaligen Gewährung von Einzelausgang die Einholung eines *externen Gutachtens* ratsam sein. Externe Gutachten sind aber immer nur ein zusätzliches prognostisches Mittel und können die zwingend notwendige eigene Kompetenz der Maßregeleinrichtung und deren sorgfältige Entscheidungsfindung nicht ersetzen (Kröber 2001).

Sofern eine Lockerung gewährt wird, kommt es entscheidend auf die *Verlaufskontrolle* an. Die besondere Zuverlässigkeit von Lockerungsprognosen basiert darauf, dass sie nur für einen kurzen und hinsichtlich der verschiedenen störungsbedingten, situativen und sozialen Einflussvariablen überschaubaren Zeitraum erfolgen und dass auf Veränderungen der Entscheidungsgrundlagen schnell reagiert werden kann. Daher sind in regelmäßigen Abständen die aktuellen Lockerungen aller Patienten unter dem Aspekt zu überprüfen, ob sich hinsichtlich des psychischen Zustandsbildes oder der situativen Rahmenbedingungen prognoserelevante Veränderungen ergeben haben. Vor allem aber ist mit dem Patienten selbst der Verlauf der Lockerungen zu besprechen. Sollten sich dabei Hinweise auf eine veränderte prognostische Einschätzung im Sinne einer erhöhten Gefährdung ergeben, sind die Lockerungen wieder einzuschränken bzw. zurückzunehmen.

▪ Eingangsdiagnostik und Therapieplanung

Vor der Anordnung einer freiheitsentziehenden Maßregel ist grundsätzlich eine gutachterliche Untersuchung durch einen, in der Regel psychiatrischen, Sachverständigen erforderlich (§ 80 a StPO). Somit verfügt die Einrichtung bei fast allen Patienten zu Beginn der Unterbringung über ein schriftliches Gutachten, was sie aber nicht von der Notwendigkeit einer eigenen Eingangsdiagnostik enthebt. Dies liegt nicht allein an der zuweilen mangelnden Qualität der Einweisungsgutachten. Vielmehr wurden diese im Ermittlungsverfahren erstellt und sind deshalb auch geprägt von der damaligen Situation und Befindlichkeit des Probanden, eventuellen taktischen Überlegungen und seiner Bereitschaft zur Mitarbeit und Offenheit. Mit rechtskräftigem Abschluss des Verfahrens und Beginn der Maßregel sind viele Patienten eher zu einer realistischen Zielsetzung und konstruktiven Mitarbeit in der Lage.

Eine ausführliche *Eingangsdiagnostik* beinhaltet:

∎ eine umfassende, in mehreren Einzelsitzungen mit dem Patienten zu erhebende *Anamnese*. Diese hat zum einen alle psychiatrisch relevanten Bereiche zu erfassen (u. a. medizinische Eigen- und Familienanamnese, soziobiografische Entwicklung, sexuelle und partnerschaftliche Entwicklung, Suchtmittelkonsum, psychiatrische Vorerkrankungen und Behandlung). Zum anderen ist eine eingehende Erhebung der forensischen Vorgeschichte erforderlich (biografischer Beginn delinquenter Verhaltensweisen, Art und Häufigkeit von Vordelikten bzw. Vorstrafen, Hafterfahrungen und ggf. Verlauf früherer Unterbringungen). Schließlich ist das aktuelle Unterbringungsdelikt hinsichtlich Vorgeschichte, subjektivem Hintergrund und Tatablauf zu erörtern, einschließlich der Zusammenhänge zwischen der Tat und der individuellen (erkrankungs- oder persönlichkeitsbedingten) psychischen Disposition;

∎ eine möglichst umfassende *Einbeziehung weiterer Erkenntnisquellen*. Dem Aufnahmeersuchen der Vollstreckungsbehörde beigefügt ist neben dem Gutachten zumeist lediglich noch das erkennende Urteil. Darin sind für die prognostische und therapeutische Bewertung wesentliche Aspekte oft nicht aufgeführt, diese erschließen sich erst nach sorgfältigem Studium der Ermittlungsakte. Zu achten ist insbesondere auf Inkongruenzen zwischen den Tatschilderungen des Patienten und den Tatortbefunden bzw. Zeugenaussagen. Um die Therapieplanung nicht schon von Beginn an auf unzutreffende Grundlagen aufzubauen, sollte die Ermittlungsakte schon im Rahmen der Eingangsdiagnostik von der Vollstreckungsbehörde angefordert und eingesehen werden, bei relevanten Vorstrafen zumindest auch die jeweiligen Urteile. Wesentliche Inhalte sind durch eine zusammenfassende Darstellung den Krankenblattunterlagen beizufügen;

∎ die Erhebung *fremdanamestischer Angaben* seitens der Angehörigen. Dabei sollte zugleich auch eine Einschätzung ihrer Zuverlässigkeit erfolgen. Die Einbeziehung von Angehörigen bereits während der Eingangsdiagnostik empfiehlt sich auch zu einer vorläufigen Abschätzung ihrer Vertrauenswürdigkeit bei späteren Lockerungsmaßnahmen und der eventuellen Entlassungsperspektive. Zudem bestehen bei den Angehörigen zuweilen ähnliche Vorbehalte gegenüber der Maßregelunterbringung wie bei den Patienten selbst. Diese müssen frühzeitig erkannt werden, um ein Vertrauen aufbauen und die Angehörigen als Verbündete in der Behandlung gewinnen zu können;

∎ eine *testpsychologische Untersuchung* der kognitiven Funktionen sowie der Persönlichkeit. Die neuropsychologische Beurteilung der kognitiven Leistungsfähigkeit des Patienten empfiehlt sich auch in den Fällen, in denen bereits im Einweisungsgutachten eine entsprechende Untersuchung erfolgt ist. In der speziellen Situation des Ermittlungsverfahrens, zumal zu Beginn einer Untersuchungshaft oder im direkten Vorfeld der Hauptverhandlung, ist der Patient auch bei vorhandener Motivation oft nicht in der Lage, sein tatsächliches kognitives Potenzial deutlich werden zu lassen;

▌ eine *somatisch-apparative Diagnostik* (z. B. EEG, CCT oder Kernspintomografie), sofern sich aus der Anamnese und/oder den sonstigen Untersuchungsbefunden eine Indikation hierzu ergibt und nicht durch die Begutachtung relativ zeitnahe Befunde zur Verfügung stehen;

▌ eine eingehende *psychopathologische Befunderhebung* und -beschreibung, insbesondere unter Einbeziehung des Verhaltens des Patienten auf der Station im Umgang mit Mitarbeitern und Mitpatienten.

Anhand dieser Eingangsdiagnostik ist zunächst die im Einweisungsverfahren erfolgte diagnostische Zuordnung zu überprüfen. Sofern sich konkrete Anhaltspunkte dafür ergeben, dass die im Gutachten und Urteil angenommenen Voraussetzungen der Unterbringung nicht (mehr) vorliegen, z. B. mangels eines überdauernden „Zustandes" psychischer Erkrankung/Störung als Grundlage der angenommenen Gefährlichkeit, wäre in Hinblick auf eine eventuelle Erledigung der Maßregel gemäß § 67d Abs. 6 StGB möglichst frühzeitig die Strafvollstreckungskammer zu informieren.

Aus der Analyse der Erkrankungs- und Persönlichkeitsproblematik sowie der Deliktvorgeschichte sollte, ähnlich dem Vorgehen bei der Prognosebeurteilung, eine „individuelle Handlungstheorie der Delinquenz" des Patienten abgeleitet werden (Dahle 2000). Hierdurch lassen sich die deliktspezifischen Bereiche definieren, die im Fokus der Behandlung stehen sollen. Sowohl in Hinblick auf spätere Vollzugslockerungen als auch auf künftige Entlassungsüberlegungen sind schon zu Beginn der Unterbringung die prognoserelevanten Aspekte (hinsichtlich der Erkrankung bzw. Persönlichkeitsproblematik sowie der Umgebungsvariablen) festzuhalten, deren Veränderung für eine günstige Gefährlichkeitsprognose erforderlich erscheinen. Hierdurch wird die Gefahr vermieden, dass bei langen Unterbringungszeiten der Blick auf die wesentliche Problematik des Patienten verloren geht.

Natürlich handelt es sich bei der Eingangsdiagnostik immer nur um eine vorläufige Beurteilung, die durch die im Verlauf der Behandlung gewonnenen Erfahrungen ergänzt und ggf. auch in ihren Schlussfolgerungen modifiziert werden muss. Jede Änderung der diagnostischen Beurteilung und insbesondere jede Veränderung in der Einschätzung der deliktrelevanten Aspekte des Patienten bedürfen jedoch einer eingehenden Begründung und kritischen Auseinandersetzung mit den Ergebnissen der Eingangsdiagnostik.

In den Maßregelvollzugsgesetzen fast aller Bundesländer ist die Erstellung eines individuellen „*Therapie- und Eingliederungsplans*" vorgeschrieben, der mit dem Patienten zu erläutern ist (zu der jeweiligen Bestimmung im Einzelnen s. Volckart u. Grünebaum 2003). Aufbauend auf den Ergeb-

nissen der Eingangsdiagnostik sind in der Behandlungsplanung folgende
Bereiche zu berücksichtigen:

- Welche *spezifische Therapie* ist bei der vorliegenden Erkrankung/Störung
  indiziert? Dies betrifft einerseits die Frage medikamentöser Behandlungsformen, insbesondere bei psychotischen Erkrankungen. Zum anderen ist festzulegen, mit welchen psychotherapeutischen Maßnahmen welche Veränderungen in welchen deliktrelevanten Problembereichen des
  Patienten erreicht werden sollen. Dabei ist auf eine möglichst realistische
  Einschätzung der Ressourcen des Patienten, aber auch auf die in der
  Einrichtung tatsächlich gegebenen Behandlungsmöglichkeiten zu achten.
- Von welcher (Mindest-)*Unterbringungsdauer* ist in Anbetracht der Art
  und Behandlungsmöglichkeit der Erkrankung/Störung des Patienten und
  der eventuellen Länge einer zusätzlichen Freiheitsstrafe auszugehen?
- Wie ist die *Gefährlichkeit* des Patienten innerhalb der Maßregeleinrichtung zu beurteilen, insbesondere auch unter dem Aspekt baulich-tech-
  nischer Sicherungserfordernisse?

In der Behandlungsplanung sind auch die konkret anzustrebenden *Rahmenbedingungen künftiger Rehabilitationsbemühungen* zu beachten. Die
Konzeptualisierungen forensisch-psychiatrischer Behandlung beziehen sich
noch immer stark auf Aspekte der Persönlichkeit und ihrer Pathologie. Bei
einigen Patienten ist aber aufgrund ihrer zum Teil sehr frühzeitigen biografischen Beschädigungen und der Art ihrer Erkrankung (z. B. Komorbidität mit Suchtproblemen und intellektueller Minderbegabung) schon in den
ersten Wochen der Unterbringung absehbar, dass eine Entlassung in ein
weitgehend selbstgestaltetes Leben in Freiheit therapeutisch nicht erreichbar sein wird. Vielmehr werden diese Patienten dauerhaft eines betreuen-
den Umfeldes und spezifischer Kontrollen bedürfen, bei deren Sicherstellung nur noch sehr begrenzte Risiken von ihnen ausgehen. Zu einer qualifizierten Eingangsdiagnostik gehört es daher, die Notwendigkeiten der Ein-
flussnahme auf die Entlassungsbedingungen frühzeitig zu klären und auf
diese kontinuierlich und beharrlich hinzuarbeiten (Schalast 2003).

Die Unterbringung gemäß § 63 StGB bedeutet für die meisten Patienten
eine langjährige und ihr weiteres Leben erheblich beeinflussende Maßnahme. Wie diese Unterbringung verläuft, wird wesentlich von der Qualität der
Eingangsdiagnostik und Behandlungsplanung mitbestimmt. Sofern es die
Größe einer Maßregeleinrichtung zulässt, sollte diese Aufgabe einem *speziellen Aufnahmebereich* zukommen, aus dem heraus die Zuteilung des Patienten zu den jeweiligen Behandlungsbereichen erfolgt, entsprechend seinen individuellen Therapie- und Sicherungsnotwendigkeiten.

⸗ Basisbehandlung

Maßregelvollzugseinrichtungen sind „totale Institutionen", mit den von
Goffman (1981) beschriebenen Attributen und den entsprechenden Auswirkungen auf die in ihnen lebenden Patienten. Die Handlungsräume für

selbstbestimmtes und selbstverantwortliches Handeln der Patienten sind tendenziell klein; der Alltag ist reglementiert, es wird über sie entschieden und das über viele Jahre bis Jahrzehnte. Dadurch werden aber genau diejenigen Inhalte konterkariert, die in der Behandlung grundsätzlich zu fördern sind, nämlich ein positives Selbstwertgefühl und ein realistisches Selbstbild, das durch Selbstverantwortung und -wirksamkeit gekennzeichnet ist. Das Ausmaß an Fremd- und Selbstkontrolle im Spannungsverhältnis von Behandlung und Sicherung ist deshalb bei jeder Maßnahme auch unter therapeutischen Aspekten immer wieder abzuwägen. Die gesamte Institution sollte nach therapeutischen Gesichtspunkten ausgestaltet sein, um als „Basisbehandlung" im Sinne eines entwicklungsfördernden Milieus zu wirken.

Je stärker der Umgang mit dem Patienten insgesamt unter therapeutischen Gesichtspunkten ausgestaltet und das gesamte Alltagsleben der Einrichtung in ein Gesamtkonzept einbezogen ist, desto weniger Gewicht bekommt die mit der Maßregelbehandlung stets verbundene Problematik des *Zwangscharakters der Therapie* und der vielfach zunächst geringen Änderungsbereitschaft. Die Betonung von Freiwilligkeit, innerem Leidensdruck und Eigenmotivation als Voraussetzung für den Erfolg psycho- und soziotherapeutischer Behandlungsmaßnahmen ist eher ideologisch als empirisch begründet. Geringe primäre Motivation und die Einleitung einer Behandlung unter den Bedingungen äußeren Zwangs finden sich nicht nur im Maßregelvollzug, sondern sind Bestandteil vieler psychosozialer Interventionsprogramme, insbesondere bei Suchterkrankungen. Das klassische Konzept der *Therapiemotivation*, die allein auf einem innerseelischen Leidensdruck basiert, geht im Wesentlichen zurück auf Behandlungserfahrungen mit neurotischen gestörten Patienten mittlerer und höherer Sozialschichten und entsprechendem Bildungsstand. Insbesondere Dahle (1995, 1998) hat aufgezeigt, dass sich dieses Konzept auf eine straffällige Zielgruppe nicht übertragen lässt. Therapiemotivation ist ein mehrdimensionales Konstrukt, wobei an jene Dimensionen des Motivationsprofils, die gut ausgeprägt sind, anzuknüpfen ist und die weniger gut ausgeprägten Dimensionen zu fördern sind.

Neben einem geringen inneren Leidensdruck erweisen sich in der Maßregelbehandlung vor allem Wissensdefizite über und Zweifel an den Möglichkeiten der Therapie sowie ein tief verwurzeltes Misstrauen gegenüber strafrechtlichen Institutionen als wesentliche Motivationshindernisse (Stolpmann 2001, S. 113). Zur Behebung dieses skepsisbegründeten Motivationsdefizites ist nicht nur die Vermittlung von Wissen über Ablauf, Inhalt und Ziel der Therapie erforderlich, sondern vor allem der Aufbau einer therapiebezogenen Hoffnung aufseiten des Patienten (Schalast 2000). Klagen über fehlende Behandlungsmotivationen der Patienten entsprechen nicht selten einer resignativ-pessimistischen Grundhaltung der Mitarbeiter (Schalast 1997). Voraussetzung erfolgreicher Maßregelbehandlung ist somit neben den fachlichen Fähigkeiten der Therapeuten deren positive Einstellung zur eigenen Tätigkeit. Dies gilt es durch entsprechende Fort- und Weiterbildungen sowie durch die verantwortliche Einbeziehung aller Mitarbeiter in die Entwicklung und Ausgestaltung des Behandlungskonzeptes der jeweiligen Station zu fördern.

▎ **Die Station als Ort und Mittel von Behandlung.** Im psychiatrischen Maßregelvollzug untergebrachte Rechtsbrecher weisen in der Regel eine Reihe von therapieerschwerenden Faktoren auf (Leygraf 1988). Oft liegen neben der Grunderkrankung weitere psychische Auffälligkeiten/Störungen vor, z. B. Suchtmittelmissbrauch, intellektuelle Minderbegabung, dissoziale Persönlichkeitszüge. Viele Patienten entstammen einem familiären Hintergrund, der ebenfalls schon durch Dissozialität und einen aggressiven Verhaltensstil geprägt war. Somit ist in der Maßregelbehandlung insbesondere das *„Ansprechbarkeitsprinzip"* (vgl. Abschn. 4.4) zu beachten. Statt einsichtsorientierter Therapiemethoden sind eher handlungsorientierte, den Patienten aktiv einbeziehende Programme Erfolg versprechend.

Insofern ist die *Ausgestaltung des Stationsmilieus* zum einen Grundlage dafür, dass der Patient seine Unterbringung nicht nur unter dem Aspekt von Zwang und Freiheitsentzug ansieht. Dies gilt vor allem für diejenigen Patienten, die bereits über langjährige Erfahrungen aus dem Strafvollzug verfügen und dazu tendieren, das dortige subkulturelle Regelwerk auf die Maßregeleinrichtung zu übertragen. Zum anderen besitzt die Ausgestaltung der Station, die Konzeptualisierung von Tagesablauf und Stationsordnung sowie die Integration einzelner Behandlungsteile in eine Gesamtbehandlung eine wichtige therapeutische Funktion. Hier ist der Raum, in dem Beziehungs- und Konfliktfähigkeiten erlebt, entwickelt, ausprobiert und verändert, Beziehungserfahrungen und Selbstkonzepte korrigiert werden können. Eine behandlungsfördernde Abteilungsstruktur stellt dafür relativ homogene, nach Diagnosen differenzierte Behandlungseinheiten bereit, in denen in der Milieugestaltung die jeweiligen Behandlungsbedürfnisse und Fähigkeiten der Patienten angemessen berücksichtigt werden können.

Kröber (2001) hat die wesentlichen Aspekte eines *aktivierenden, therapeutisch orientierten Stationsmilieus* folgendermaßen zusammengefasst:

▎ multiprofessionelle Teamarbeit durch Kooperation aller an der Behandlung des Patienten beteiligten Berufsgruppen;

▎ intensive Wahrnehmung der Problematik des Patienten durch Einbeziehung der in unterschiedlichen Bereichen (Station, Arbeitstherapie, Sport etc.) festzustellenden Aspekte;

▎ Orientierung der Arbeit an individuellen Therapiezielen mit klarer Indikationsstellung und mit definierten, den Beteiligten bekannten Methoden;

▎ aktives Zugehen auf den Patienten, der möglichst wenig sich selbst überlassen bleibt, sondern immer wieder in Aktivitäten und soziale Kontakte eingebunden wird.

Eine stabile und für alle Beteiligten transparente Gestaltung des Stationsmilieus setzt schriftlich fixierte *Regeln* voraus, deren Ausgestaltung in Inhalt, Umfang und Konkretheit auf den Stationscharakter (z. B. Aufnahme-

oder Rehabilitationsstation) und die jeweils für die Station vorgesehene Patientenklientel (z. B. schizophrene, minderbegabte oder persönlichkeitsgestörte Patienten) abgestellt werden muss. Wichtiger als ein möglichst umfassendes Regelwerk ist eine klare, eindeutige und übersichtliche Stationsordnung, die Patienten wie Mitarbeitern gleichermaßen bekannt ist und auf deren Einhaltung verlässlich geachtet wird.

In gleicher Weise klar, transparent, eindeutig und verlässlich ist der Umgang der Mitarbeiter untereinander und mit den Patienten zu gestalten. Insbesondere dissozial geprägte Patienten tendieren dazu, das Behandlungsteam zu spalten und einzelne Teammitglieder zu manipulieren. Um dies zu verhindern, bedarf es einer gut abgestimmten und professionell supervidierten Zusammenarbeit aller Berufsgruppen. Die therapeutische Gestaltung der Station oder Wohngruppe ist ein eigenständiges therapeutisches Mittel. Wie die Mitarbeiter miteinander umgehen, wie sie auf Konflikte mit Patienten und Konflikte der Patienten untereinander reagieren, gibt diesen modellhaft die Gelegenheit, situationsadäquatere Verhaltensmöglichkeiten zu erlernen.

Wesentlicher Aspekt des soziotherapeutischen Umgangs mit den Patienten ist die möglichst zeitnahe Spiegelung und Bearbeitung ihrer störungsrelevanten Erlebens- und Verhaltensweisen, die sich innerhalb des Stationsalltags zeigen (Wahrnehmungsverzerrungen, mangelnde Affekt- und Impulskontrolle, Frustrationsintoleranz, Verletzungen von Stationsregeln und Beeinträchtigung von Mitpatienten). Dies kann in Einzelgesprächen im Bezugspflegesystem erfolgen, aber auch innerhalb der Stationsgruppe. Zur Förderung sozialer Wahrnehmungs- und Interaktionsfähigkeit bieten sich auch Gruppenaktivitäten und Rollenspiele an.

Ergotherapie und schulische Qualifizierung. Traditionell kommt der Teilnahme des Patienten an der Arbeitstherapie im Maßregelvollzug eine wesentliche Bedeutung zu, auch wenn dabei zunächst vielfach im Vordergrund stand, den Patienten „irgendwie über den Tag zu bringen" (Rasch 1984). Die Bedeutung der Ergotherapie geht jedoch deutlich über den Aspekt der allgemeinen Aktivierung und Tagesstrukturierung hinaus (Reker 1999). Neben Erhalt oder Erwerb von beruflichen Fähigkeiten und Qualifikationen hat sie eine regressionshemmende Funktion und fördert Ausdauer, Belastbarkeit, Affekt- und Impulskontrolle und situationsadäquates Sozialverhalten. Sie soll dem Patienten eine realistische Selbsteinschätzung ermöglichen und durch Erprobung in unterschiedlichen Belastungsstufen eine Grundlage bilden für die Planung seiner künftigen beruflichen Einbindung in Richtung regulärem Arbeitsmarkt oder einer beschützenden Arbeitssituation. Hierfür benötigt die Maßregeleinrichtung ein möglichst vielfältiges Angebot ergotherapeutischer Einsatzbereiche, das unter anderem kreative Gestaltungsmöglichkeiten, handwerkliche Tätigkeiten, industriell ausgerichtete Arbeitsplätze und neuropsychologische Trainingsmöglichkeiten umfasst.

Zwar würden die Unterbringungszeiten im Maßregelvollzug auch eine mehrjährige Berufsausbildung ermöglichen; dies würde aber entsprechende

Ausbildungsplätze in der Einrichtung selbst erfordern. Der Besuch eines externen Ausbildungsplatzes setzt weitgehende Vollzugslockerungen des Patienten voraus, wie sie in der Regel erst in der Phase der Entlassungsvorbereitung möglich sind. Zur Verbesserung künftiger Arbeitschancen praktikabler erscheint die gezielte Vermittlung z. B. handwerklicher Fähigkeiten für berufliche Tätigkeiten, die keine besondere formale Qualifikation erfordern (Stolpmann 2001, S. 156). Hierzu gehört auch das Training basaler Voraussetzungen des beruflichen Alltagslebens wie Pünktlichkeit, Zuverlässigkeit, Sorgfalt, Ordnungsbereitschaft und Teamfähigkeit (Müller-Isberner 2004).

Die meisten Maßregelpatienten weisen gegenüber der Allgemeinbevölkerung einen deutlich niedrigeren schulischen Bildungsstand auf, nicht wenige sind Analphabeten (Leygraf 1988). Dies liegt nur zu einem geringen Teil an einer unterdurchschnittlichen intellektuellen Begabung, sondern ist häufiger Folge von Sozialisationsdefiziten, die teils durch frühe Verhaltensauffälligkeiten der Patienten selbst, teils durch eine wenig unterstützende familiäre Herkunft bedingt sind. Somit ist es vielen Patienten erst durch die stützende Förderung in der Maßregelbehandlung möglich, an Bildungsmaßnahmen erfolgreich zu partizipieren, was die Legalprognose grundsätzlich verbessert (Heinz u. Pozsár 1996). Die *Förderung schulischer Qualifikationen* erweitert nicht nur die Möglichkeiten der sozialen Wiedereingliederung. Wesentlicher noch sind die positiven Auswirkungen auf das Selbstkonzept und die Persönlichkeitsentwicklung der Patienten, die Verbesserung ihrer kognitiven Fähigkeiten und die Vermittlung praktischer Fähigkeiten zur verbesserten Lebensbewältigung. Als sinnvoll erwiesen haben sich insbesondere spezielle Kursangebote (Alphabetisierung, Verbesserung von Schreib- und Rechenfähigkeiten, Deutschkurse für ausländische Patienten etc.).

Freizeitgestaltung. Viele Patienten müssen nicht nur den Umgang mit regelmäßiger Arbeit, sondern auch eine sinnvolle Nutzung ihrer Freizeit (wieder-)erlernen. Sinnvolle *Freizeitgestaltung* soll einerseits ergänzend zur Ergotherapie den Regressionstendenzen entgegenwirken, für die im Maßregelvollzug aufgrund der langen Unterbringungsdauern eine besondere Gefährdung besteht. Zudem soll der Patient lernen, seinen Tagesablauf auch dann sinnvoll zu strukturieren, wenn ihm nach einer Entlassung keine ihn zeitlich ausfüllende Arbeitsmöglichkeit zur Verfügung steht. Mögliche Freizeitaktivitäten beginnen bereits im Stationsleben, im gemeinsamen Spiel der Patienten untereinander oder mit den Stationsmitarbeitern. Sofern dies den jeweiligen Lockerungsmöglichkeiten der Patienten entspricht, kommen gemeinsame Spaziergänge, Einkaufsfahrten, Veranstaltungsbesuche und Kurzurlaube hinzu. Dabei ist neben der Maßnahme selbst vor allem deren gemeinsame, verantwortliche Vorplanung von Bedeutung. Die Fähigkeit zu kooperativem Arbeiten kann auch durch pädagogische Angebote wie die Erstellung einer Patientenzeitung oder die Bildung von Film- bzw. Laienspielgruppen gefördert werden.

Auch *sportliche Betätigungen* stellen Möglichkeiten einer sinnvollen Freizeitbeschäftigung dar, sofern sie sich nicht allein auf Kraftsport beschränken. Sinnvoller sind Mannschaftssportarten, in denen soziale Kontakte und prosoziales Verhalten gefördert werden können. Kenntnis und Beachtung von Regeln, Förderung von Frustrationstoleranz, integratives und konstruktives Gruppenverhalten und regelgeleitetes, kontrolliertes Ärgermanagement können im gemeinsamen Sport eingeübt und deren Verbesserungen erkennbar gemacht werden.

Spezielle Behandlungsverfahren

Medikamentöse Behandlung. Indikationen und Methoden der psychopharmakologischen Behandlung im psychiatrischen Maßregelvollzug entsprechen im Wesentlichen den in der Allgemeinpsychiatrie gängigen medikamentösen Therapieverfahren, wenn auch mit unterschiedlichen Schwerpunkten. Eine medikamentöse *antidepressive Behandlung* ist entsprechend dem Diagnosespektrum nur bei wenigen Maßregelpatienten erforderlich, zuweilen erweist sie sich bei postremissiven Erschöpfungssyndromen nach akuten schizophrenen Krankheitsphasen als hilfreich.

Wesentlicher Schwerpunkt der Psychopharmakotherapie bei psychisch kranken Rechtsbrechern stellt jedoch die neuroleptische Akutbehandlung und Rezidivprophylaxe schizophrener Psychosen dar (im Einzelnen hierzu s. Abschn. 4.3.1). Bei den im Maßregelvollzug untergebrachten Patienten ist die Zuverlässigkeit der Medikamenteneinnahme oft geringer, die mit einem Krankheitsrezidiv einhergehende Gefahr hingegen deutlich höher einzuschätzen als bei den meisten schizophrenen Kranken. Somit sind zur Sicherstellung einer effektiven Medikation regelmäßige Kontrollen des Serumspiegels erforderlich. Im Rahmen der Entlassungsvorbereitung ist in der Regel die Einstellung auf ein Depotpräparat nicht verzichtbar. Mittlerweile steht aus der Gruppe der sog. atypischen Neuroleptika, die von den Patienten als deutlich weniger beeinträchtigend erlebt werden, ebenfalls eine Substanz (Risperidon) als Depotpräparat zur Verfügung, was die Effizienz der medikamentösen Langzeitbehandlung deutlich verbessert (Bhanji et al. 2004; Lasser 2004).

Als zusätzliche Bausteine innerhalb eines Gesamtbehandlungsplans können atypische Neuroleptika sowie selektive Serotoninwiederaufnahmehemmer (SSRI) bei Impulskontrollstörungen und speziell bei Patienten mit einer Borderline-Erkrankung zur Symptomverbesserung beitragen (Zanarini et al. 2001; Rinne et al. 2002). SSRI sollen durch eine Verminderung sexueller Impulsivität und Reduktion der sexuellen Appetenz die Psychotherapie bei Patienten mit sexuellen Impulshandlungen unterstützen (Berner 2001). Das zur Triebreduktion bei Sexualstraftätern früher gebräuchliche Cyprosteronacetat wird zunehmend durch den Einsatz von LHRH-Agonisten ersetzt (Seifert 2000), denen eine bessere Reduktion in der Häufigkeit sexuell devianten Erlebens und Verhaltens zugeschrieben wird (im Einzelnen s. hierzu Abschn. 4.3.4).

Der Einsatz von Neuroleptika, SSRI und LHRH-Antagonisten in der Behandlung von Persönlichkeitsstörungen bzw. sexuellen Deviationen kann zwar bislang nur außerhalb ihrer arzneimittelrechtlichen Zulassung erfolgen; ein solcher Behandlungsversuch („off-label-use") ist aber sicher gerechtfertigt, da die bisherigen Studien einen klinisch relevanten Nutzen bei vertretbarem Risiko nahe legen.

▌ **Psychotherapeutische Verfahren.** Die psychotherapeutische Praxis des Maßregelvollzuges war lange Zeit durch eine geringe Zielorientierung und Systematik gekennzeichnet. Welcher Patient mit welchen Therapieverfahren behandelt wurde, hing weniger von der Indikation als von zufälligen Faktoren ab; entscheidend war nicht der spezielle Bedarf des Patienten, sondern die jeweilige Weiterbildung des aktuell für ihn zuständigen Therapeuten (Leygraf 1988, S. 166). Dieser unhaltbare Zustand gehört in den meisten Einrichtungen weitgehend der Vergangenheit an (Kröber 1999). Zwar gibt es durchaus Unterschiede in den therapeutischen Grundkonzepten (vgl. Abschn. 4.4). Einigkeit herrscht jedoch darüber, dass psychotherapeutische Behandlungsprogramme im Maßregelvollzug

▌ mit einer klaren Indikationsstellung und definierten Methoden zu erfolgen haben, die auf die individuellen kriminogenen Faktoren abzielen;
▌ sich entsprechend am Leistungsvermögen der Maßregelpatienten orientieren müssen, die überwiegend der Unterschicht entstammen, wenig zu verbaler Reflexion neigen und oft intellektuell unterdurchschnittlich begabt sind;
▌ Externalisierungsprozessen und Schuldverschiebungen nicht weiter Vorschub leisten dürfen; dies betrifft insbesondere die unkritische Einbeziehung sog. Traumatherapien (Carr 2005, Bode 2002) in die Maßregelbehandlung.

Psychodynamisch orientierte Einzeltherapien stehen in der Praxis des Maßregelvollzuges nur noch bei wenigen Patienten im Vordergrund der Behandlung. Dies liegt nicht nur an der generellen Schwierigkeit, selbstreflexive, einsichtsorientierte Verfahren auf die Behandlung der überwiegend schwer gestörten Maßregelpatienten zu übertragen. Wesentlicher erscheint der Wechsel in der Zielrichtung der Behandlung, die nicht mehr auf grundsätzliche Veränderungen der Persönlichkeit abzielt, sondern auf konkrete Veränderungen kriminogen bedeutsamer Verhaltensweisen und deren Kontrolle. Dennoch sollte zumindest der Versuch unternommen werden, das Verhalten des Patienten auch unter psychodynamischen Aspekten verständlich werden zu lassen. Dies trägt zum Aufbau einer stabilen therapeutischen Beziehung bei und hilft, unreflektierte emotionale Reaktionen des Therapeuten zu vermeiden (Stolpmann 2001, S. 143). Eine auf Akzeptanz aufbauende, tragfähige und vertrauensvolle therapeutische Beziehung ist unabhängig vom speziell eingesetzten Therapieverfahren eine wesentliche Voraussetzung erfolgreicher Straftäterbehandlung (Marshall u. Serran 2004).

Neben den *psychoedukativen Verfahren*, die vorwiegend bei schizophren erkrankten Rechtsbrechern von Bedeutung sind, haben sich vor allem Behandlungsprogramme etabliert, die *verhaltenstherapeutische und kognitive*

Behandlungselemente kombinieren, zumeist einen modularen Aufbau haben und in Gruppentherapien erfolgen. Sie zielen ab auf eine Verbesserung sozialer Fertigkeiten und der Selbstwertregulierung, auf eine Veränderung Delinquenz fördernder Einstellungen, Werthaltungen und kognitiver Verzerrungen, auf eine Modifikation von Externalisierungs-, Verleugnungs- und Bagatellisierungstendenzen und auf den Versuch einer Verbesserung der Empathie. Hinzu kommen spezielle Module zur Entwicklung von Rückfallpräventionsstrategien.

Hinsichtlich der verschiedenen hierzu eingesetzten psychotherapeutischen Verfahren sei auf den Beitrag von Pfäfflin (Abschn. 4.4) sowie die Beiträge zur Therapie einzelner Tätergruppen (Abschn. 4.3) verwiesen. Die meisten der im angloamerikanischen bzw. kanadischen Raum entwickelten Programme zur „Kriminaltherapie" stellten primär auf die Behandlung von Straftätern in Justizvollzugsanstalten ab und wurden in Deutschland zunächst in der Klinik für Forensische Psychiatrie Haina in den Maßregelvollzug eingeführt. Einiges spricht dafür, dass sie in modifizierter Form auch in der psychiatrischen Maßregelbehandlung zur Verbesserung der Behandlungseffizienz beitragen können. Empirisch belegt ist dies bislang jedoch noch nicht.

Hierzu gehört etwa das von Ross et al. (1988) entwickelte *Reasoning and Rehabilitation Program* (R&R), das auf eine Vermittlung und Einübung kognitiver Fähigkeiten abzielt. Dies soll eine bessere Problembewältigung und ein adäquates, effektives Sozialverhalten ermöglichen (zum Einsatz im Maßregelvollzug s. Gretenkord 2002). Das *Rückfallvermeidungsmodell* geht zurück auf Konzepte zur Nachbehandlung von Suchtpatienten, wurde in der Straftäterbehandlung jedoch zu eigenständigen Behandlungsprogrammen ausgebaut, die im Wesentlichen der selbstkontrollierten Vermeidung von Rückfällen und der Strukturierung eines externen Risikomanagements einschließlich der Erarbeitung eines individuellen Rückfallvermeidungsplans dienen (Eucker 2002). Diese Programme sind ausgesprochen deliktorientiert, wobei im Rahmen einer Verhaltensanalyse das Muster der den bisherigen Delikten vorausgegangenen äußeren und inneren Bedingungen erarbeitet wird. Hier ist die eigentliche Bedeutung des im Maßregelvollzug vielfach überbewerteten und vieldeutig benutzten Begriffs der „Tatbearbeitung" (Kröber 1995) zu sehen.

In einigen Maßregeleinrichtungen wurden als sog. *Kreativtherapien* musik-, kunst- und dramatherapeutische Angebote sowie tanz- und körpertherapeutische Interventionen eingeführt. Sie sollen mittels nonverbaler Kommunikation einen Weg in die Gefühls- und Erlebenswelt der Patienten vermitteln, Selbstbewusstsein und Wahrnehmungsfähigkeit verbessern sowie Kontakt- und Kommunikationsmöglichkeiten der Patienten fördern (Smeijsters 2000). Ob sie über unspezifische Persönlichkeitsänderungen hinaus einen rückfallpräventiven Effekt in der Behandlung von Rechtsbrechern haben, ist nicht bekannt.

▌ Entlassungsvorbereitungen und Rehabilitationsmaßnahmen

Die meisten Maßregelpatienten bedürfen nach ihrer Entlassung weiterhin eines beschützenden und kontrollierenden Umfeldes. Daher sollten schon während der Behandlung Überlegungen getroffen werden, in welchen Bereichen und in welchem Ausmaß der Patient voraussichtlich einer solchen Unterstützung bedarf, welche Einrichtungen der komplementären Betreuung und ambulanten Weiterbehandlung in Betracht kommen und welche zusätzlichen Bedingungen (z. B. Weisungen im Rahmen der Führungsaufsicht) erforderlich erscheinen. Bestehen hierbei divergente Einschätzungen zwischen Mitarbeitern und Patient, sollten diese zentrales Thema der weiteren Behandlung sein.

Sofern eine Konsensbildung hinsichtlich Entlassungsumfeld und Entlassungsbedingungen erreicht worden ist und darüber hinaus auch seitens der Strafvollstreckungskammer eine bedingte Entlassung unter diesen Voraussetzungen erwartet werden kann, sind konkrete Entlassungsvorbereitungen einzuleiten. Hierzu gehört die Bereitstellung eines entsprechenden Entlassungsortes, in den meisten Fällen in Form eines betreuten Wohnens. Gleiches gilt für den Arbeits- bzw. Beschäftigungsbereich zur Sicherstellung einer geregelten Tagesstruktur. Vor allem sind die Verantwortlichkeiten für eine ambulante Fortsetzung der psychotherapeutischen und/oder medikamentösen Behandlung zu klären. All dies braucht in der Regel Zeit, weshalb mit entsprechenden Maßnahmen frühzeitig begonnen werden sollte. Dabei sind die zukünftigen, nachbetreuenden Dienste unmittelbar an der Planung zu beteiligen. Zur Erschließung geeigneter Einrichtungen der Nachsorge und zur Verbesserung des Überleitungsprozesses in die Nachbetreuung bietet sich die Einschaltung spezieller *forensischer Ambulanzen* an, auch zur Übernahme der ambulanten Weiterbehandlung (Näheres hierzu s. Abschn. 4.2.3). Zur Erprobung der Stabilität des Patienten innerhalb des Entlassungsumfeldes sollte der tatsächlichen Entlassung stets eine längerfristige Beurlaubung dorthin vorgeschaltet werden.

4.1.5 Patienten mit geringen Entlassungsaussichten

Mit dem Wandel der Einrichtungen des Maßregelvollzugs zu therapieintensiven Kliniken und vor dem Hintergrund der zunehmenden Kapazitätsprobleme hat sich in den letzten Jahren verstärkt das Augenmerk auf diejenigen Patienten gerichtet, die von der Unterbringung in behandlungsintensiven Abteilungen des Maßregelvollzuges nicht in der Weise profitieren, dass eine Entlassung erwogen werden kann. Der in diesem Zusammenhang häufig benutzte Begriff der „nicht therapierbaren Patienten" ist nicht nur wegen der stigmatisierenden Etikettierung abzulehnen, sondern ist schon deshalb nicht sachgerecht, weil ihm ein zu eng gefasstes Therapieverständnis zugrunde liegt. Der Behandlungsauftrag des Maßregelvollzugs gilt auch für solche Patienten, bei denen die Entlassung in Freiheit aktuell kein realistisches Therapieziel darstellen kann. Zudem berichtete Martens (2000) über Maßregelvollzugspatienten in den Niederlanden, die man über viele Jahre therapeutisch nicht hatte erreichen können und deshalb als nicht therapierbar aufgegeben hatte. Es handelte sich insbesondere um Patienten mit einer antisozialen Persönlichkeitsstörung, die sich aus unterschiedlichen Gründen heraus plötzlich doch in ihrem Sozialverhalten deutlich besserten mit einer stabilen Berufstätigkeit und ohne erneute Delinquenz.

In der Debatte um die Fortentwicklung des Maßregelvollzugs wird der Anteil derjenigen Patienten, bei denen langfristig die Entlassungschancen als gering anzusehen sind, zumeist auf etwa 10% der gemäß § 63 StGB Untergebrachten eingeschätzt (vgl. Dönisch-Seidel 2002). Diese Schätzgröße hat keine konkrete Grundlage und hat sich auch empirisch nicht verifizieren lassen (Leygraf 2002). Eine genaue Feststellung dürfte alleine schon deshalb kaum möglich sein, weil die „Entlassbarkeit" eines Patienten aus der psychiatrischen Maßregel nicht alleine von Art, Schweregrad und Beeinflussbarkeit seiner Erkrankung bedingt ist. Entscheidend ist die Einschätzung seiner weiteren Gefährlichkeit, bei der es sich aber um ein recht komplexes Konstrukt handelt, in das wesentlich auch Aspekte des jeweiligen kriminalpolitischen Gesamtklimas einfließen (Dessecker 2005).

Auch wenn sich eine genaue Größenordnung nicht festlegen lässt, gibt es im Maßregelvollzug jedoch unstreitig eine Gruppe von Patienten, bei denen längerfristig keine Entlassungsperspektive besteht. Dabei handelt es sich teils um hirnorganisch oder intellektuell beeinträchtigte bzw. chronisch-psychotisch erkrankte Patienten. Diese weisen zumeist innerhalb der Unterbringung ein relativ geringes Gefährdungspotenzial auf, sind aber außerhalb einer solchen Struktur kaum lebensfähig und es gibt für sie außerhalb des psychiatrischen Maßregelvollzuges offenbar immer weniger beschützte Lebensräume. Bei vermindert schuldfähigen Tätern mit einer entsprechend hohen Begleitfreiheitsstrafe, deren Gefährlichkeit therapeutisch nicht hinreichend zu beeinflussen ist und bei denen der Maßregelvollzug alleine auf seine Sicherungsaufgabe reduziert ist, ergeben sich künftig vielleicht erweiterte Möglichkeiten einer zumindest zeitweiligen Verlegung in den Justizvollzug (vgl. Abschn. 4.3.1). Aber auch unter den persönlichkeitsgestörten bzw. sexuell devianten Tätern findet sich in der Maßregel eine Reihe von Patienten mit derart starken Beeinträchtigungen, dass sie auch dann des Schutzes einer zumindest betreuend orientierten Einrichtung bedürfen, wenn aufgrund ihrer fortdauernden Gefährlichkeit eine auf Entlassung abzielende Behandlung nicht möglich erscheint (Leygraf u. Schalast 2005).

Sofern sich absehen lässt, dass eine Entlassung langfristig kein realistisches Ziel darstellt, ist mit dem Patienten offen über diese Perspektive zu sprechen. Sowohl für die Mitarbeiter als auch für den Patienten sollte Klarheit darüber bestehen, dass von einer langfristigen Unterbringungsnotwendigkeit auszugehen ist, um den auf eine Entlassung abzielenden Behandlungsanspruch und Behandlungsdruck zu verringern. Für diese Patienten in Anlehnung an das niederländische Konzept eigenständige „Longstayeinrichtungen" zu schaffen birgt aber die Gefahr, hierin lediglich ein finanzielles Einsparpotenzial durch eine drastische Reduzierung des Pflegesatzes zu sehen (Perik 2002). Weitaus sachgerechter erscheint die Angliederung kleinerer, milieutherapeutisch orientierter Langzeitabteilungen an bestehende forensisch-psychiatrische Einrichtungen (Muysers 2002). Eine solche Abteilung sollte eher auf das subjektive Wohlbefinden des Patienten bzw. Bewohners und auf sein soziales Funktionieren abheben als auf eine Behandlung seiner deliktspezifischen Symptomatik. Es muss eine stimulierende, unterstützende Umgebung geschaffen werden, damit noch bestehende Kompetenzen und Ressourcen des Patienten nicht verkümmern. Das Tagesangebot sollte auf Aktivierung ausgerichtet sein und nicht so sehr auf Verhaltensänderung mittels Aktivitäten. Wesentlich ist dabei die Sicherstellung einer Durchlässigkeit zwischen Behandlungs- und Verwahrbereich, sofern sich im weiteren Verlauf neue Gesichtspunkte ergeben, die eventuell eine bessere Behandlungsprognose ermöglichen.

4.1.6 Zur Effizienz der Maßregelbehandlung

Jeglicher Versuch, die Effektivität des psychiatrischen Maßregelvollzuges zu evaluieren, birgt erhebliche methodische Probleme. Zöge man die *durchschnittliche Verweildauer* als Parameter für die Behandlungseffizienz heran, wäre diese angesichts der Verlängerung der Unterbringungszeiten in den letzten Jahren deutlich gesunken (Seifert 2005). Zwar dürfte die Überbelegung vieler Einrichtungen durchaus auch die Behandlungsverläufe negativ beeinflusst haben. Im Wesentlichen ist die Verlängerung der Verweildauer aber der restriktiveren Entlassungspraxis im Rahmen des aktuellen kriminalpolitischen Klimas geschuldet.

Betrachtet man die Effizienz unter dem reinen *Sicherungsaspekt,* hat es zu Beginn der 90er Jahre des vorigen Jahrhunderts eine Phase vermehrter Zwischenfälle gegeben, insbesondere auch einige Tötungsdelikte durch im Maßregelvollzug untergebrachte Patienten (Schüler-Springorum et al. 1996). Die in Nordrhein-Westfalen für den Zeitraum 1984 bis 1994 empirisch ermittelte Zunahme von Straftaten im Verlauf einer Unterbringung stand auch im Zusammenhang mit einer vermehrten Offenheit der Behandlung, zumal diese Delikte überwiegend im Rahmen einer Lockerung bzw. einer Entweichung während einer Lockerung erfolgten (Seifert u. Leygraf 1997b). Hier hat sich durch einen restriktiveren Umgang in der Gewährung von Vollzugslockerungen, aber auch durch eine Professionalisierung der Lockerungsprognosen und Verlaufskontrollen ein Rückgang der Entweichungszahlen seit 1992 binnen 7 Jahren um ca. 70% erreichen lassen (Kröber 2001) (s. Tabelle 4.1.1).

Misst man die Effizienz der psychiatrischen Maßregelbehandlung an der *Legalbewährung* nach einer bedingten Entlassung, kommen alle bisherigen Studien zu Ergebnissen, die für den Maßregelvollzug vergleichsweise günstig erscheinen. Sie sind jedoch häufig regional begrenzt und letztlich nur bedingt aussagekräftig (Leygraf 1998). In Tabelle 4.1.1 sind die Ergebnisse der methodisch am ehesten vergleichbaren Studien aufgeführt. Für die aktuelle Situation am aussagekräftigsten sind sicher die Daten aus der bundesweiten Prognosestudie von Seifert (2005). Demnach waren von 255

Tabelle 4.1.1. Untersuchungen zur Rückfälligkeit nach Entlassung aus einer Unterbringung nach § 63 StGB

Dimmek u. Dunker 1996	120 Patienten, entlassen 1984–1991 Katamnesezeitraum 4–11 Jahre 21% erneute Straftaten 20% erneute Unterbringung 9% Gewalt- bzw. Sexualdelikte
Dessecker 1997	69 Patienten, entlassen 1981–1989 Katamnesezeitraum 5 Jahre 41% erneute Straftaten 28% erneuter Freiheitsentzug 4% Gewalt- bzw. Sexualdelikte
Gretenkord 2001	196 Patienten, entlassen 1977–1985 mittlerer Katamnesezeitraum 8,5 Jahre 43% erneute Straftaten 29% erneuter Freiheitsentzug 11% Gewaltdelikte
Jokusch u. Keller 2001	169 Patienten, entlassen 1978–1993 mittlerer Katamnesezeitraum 5 Jahre 40% erneute Straftaten 26% erneuter Freiheitsentzug 10% Gewaltdelikte
Seifert 2005	255 Patienten, entlassen 1997–2003 Katamnesezeitraum 2–6 (im Mittel 4) Jahre 16% erneute Straftaten 10% erneuter Freiheitsentzug 7% Gewalt- bzw. Sexualdelikte 3% Bewährungswiderruf ohne Deliktrückfall

entlassenen Maßregelpatienten 42 Patienten (16,5%) innerhalb eines mittleren Katamnesezeitraumes von 4 Jahren wieder delinquent geworden, überwiegend durch gewaltlose Eigentumsdelikte, 17 Patienten (6,7%) hatten ein Sexual- oder Gewaltdelikt begangen, 4 Patienten (1,6%) kamen wegen des Rückfalldeliktes in Strafhaft, 14 Patienten (5,5%) erneut in den Maßregelvollzug. Bei weiteren 7 Patienten (2,7%) erfolgte ein Widerruf der bedingten Entlassung wegen Verstoßes gegen Bewährungsauflagen, ohne dass es zu einer erneuten Straftat gekommen war.

Zwar können sich diese Ergebnisse der Maßregelbehandlung durchaus auch im internationalen Vergleich sehen lassen (Leygraf 1998); dennoch sind solche Rückfallquoten insofern schwer zu bewerten, als es an entsprechenden Vergleichswerten fehlt (vgl. Lau 2003). Für Straftäter, bei denen die Voraussetzungen einer Unterbringung nach § 63 StGB vorliegen, gibt es rechtlich keine Alternative zur tatsächlichen Unterbringung im Maßregelvollzug. Zudem gibt es für die psychisch kranken Rechtsbrecher außerhalb des Maßregelvollzuges keinerlei vergleichbare Tätergruppen. Hinsichtlich der persönlichkeitsgestörten Straftäter, die im Strafvollzug wie im Maßregelvollzug anzutreffen sind, ist dagegen bei der Maßregelklientel von einer erheblichen Selektion auszugehen, sowohl hinsichtlich des Schweregrades der Störung als auch hinsichtlich der „base-line" ihrer Rückfallgefahr, da eine entsprechend hohe Rückfallgefahr die Grundvoraussetzung der Unterbringung in den Maßregelvollzug darstellt.

Als Vergleichsgruppe sind noch am ehesten die von Dünkel u. Geng (1994) untersuchten „Karrieretäter" (n = 510) heranzuziehen. Es handelte sich um Strafgefangene in der JVA Berlin-Tegel, die mindestens 3 Vorstrafen hatten. Wurden diese aus dem Regelvollzug (n = 340) entlassen, kam es in 65% der Fälle innerhalb von 5 Jahren zu einem erneuten Freiheitsentzug, nach Entlassung aus dem dortigen Behandlungsvollzug (n = 160) lag die entsprechende Rückfallquote bei 42%. Die in Tabelle 4.1-1 aufgeführten Ergebnisse zeigen also, dass die Rückfälligkeit nach Entlassung aus dem Maßregelvollzug erheblich geringer ist als die nach einer Entlassung aus dem Strafvollzug.

Die im Vergleich mit früheren Untersuchungen deutlich geringere Gesamtrückfallquote und Quote erneuter Freiheitsentzüge in den von Seifert (2005) ermittelten Daten ist im Übrigen nur zu einem geringen Teil auf den etwas kürzeren Katamnesezeitraum zurückzuführen. In mehr als zwei Drittel der fehlgeschlagenen Rehabilitationsverläufe erfolgte das Scheitern bereits innerhalb der ersten 18 Monate nach der Entlassung, was den Ergebnissen früherer Studien entspricht (Leygraf 1988). Hier werden teils die in den letzten Jahren zurückhaltendere Entlassungspraxis, vor allem aber die Verbesserungen in der Behandlungspraxis und prognostischen Beurteilung ihren Niederschlag finden. So konnten Jokusch u. Keller (2001) in Baden-Württemberg eine erhebliche Senkung der Rückfallzahlen parallel zur Ausbildung einer differenzierten Behandlungsstruktur bei deutlich verbesserter Personalsituation und professioneller Kompetenz nachweisen.

Lediglich hinsichtlich der Rückfälligkeit mit einem Sexual- oder Gewaltdelikt haben sich bislang wenige Veränderungen erreichen lassen, obschon auch hier die Rückfallzahlen deutlich unter denen nach Entlassung aus dem Strafvollzug liegen. Möglicherweise lassen sich bei dieser Kerngruppe besonders problematischer Patienten weitere Verbesserungen der Rückfallraten weniger durch Verbesserungen der stationären Behandlungsmöglichkeiten erreichen, als eher durch eine spezialisierte und langfristige Nachsorge (vgl. Abschn. 4.2.3).

Literatur

Bergh WM van den, Behnke J, Blankenstein JH et al (1996) Rahmenbedingungen und Struktur einer neuen Maßregelvollzugseinrichtung. Recht & Psychiatrie 14:57–68

Berner W (2001) Neue Entwicklungen in der Diagnostik und Therapie von Paraphilien. Bewährungshilfe 48:233–250

Bhanji N, Choinard G, Margolese HC (2004) A review of compliance, depot intramuscular antipsychotics and the new long-acting injectable atypical antipsychotic risperidone in schizophrenia. Eur Neuropsychopharmacol 14:87–92

Bode G (2002) Traumabehandlung – EMDR in der forensischen Psychiatrie. In: Osterheider M (Hrsg) Forensik 2001. Innovative Konzepte. 16. Eickelborner Fachtagung. PsychoGen Verlag, Dortmund, S 53–58

Böllinger L (2003) Kontrolle der Innenwelt statt Resozialisierung. Zur Offenbarungspflicht der Therapeuten im Strafvollzug. Werkstattschriften für Forensische Psychiatrie und Psychotherapie 10:17–45

Boyan NH (1997) Maßregelvollzug in Niedersachsen. Patienten und Praxis der Unterbringung gemäß § 63 StGB. Dissertation, Essen

Carr A (2005) Contributions to the study of violence and trauma: multi-systemic therapy, exposure therapy, attachment styles, and therapy process research. Interpersonal Violence 20:426–435

Dahle KP (1995) Therapiemotivation hinter Gittern. Roderer, Regensburg

Dahle KP (1998) Therapiemotivation und forensische Psychotherapie. In: Wagner E, Werdenich W (Hrsg) Forensische Psychotherapie. Facultas, Wien, S 97–112

Dahle KP (2000) Psychologische Begutachtung zur Kriminalprognose. In: Kröber HL, Steller M (Hrsg) Psychologische Begutachtung im Strafverfahren: Indikationen, Methoden und Qualitätsstandards. Steinkopff, Darmstadt, S 77–111

Dessecker A (1997) Straftäter und Psychiatrie. Eine empirische Untersuchung zur Praxis der Maßregel nach § 63 StGB im Vergleich mit der Maßregel nach § 64 StGB und sanktionslosen Verfahren. Schriftenreihe der Kriminologischen Zentralstelle e.V., Wiesbaden

Dessecker A (2005) Die Überlastung des Maßregelvollzugs: Folge von Verschärfungen im Kriminalrecht? Neue Kriminalpolitik 17:23–28

Dimmek B, Dunker H (1996) Zur Rückfallgefährdung durch Patienten des Maßregelvollzuges. Recht & Psychiatrie 14:50–56

Dönisch-Seidel U (2002) Editorial. Recht & Psychiatrie 20:2

Dünkel F, Geng B (1994) Rückfall und Bewährung von Karrieretätern nach Entlassung aus dem sozialtherapeutischen Behandlungsvollzug und aus dem Regelvollzug. In: Steller M, Dahle KP, Basque M (Hrsg) Straftäterbehandlung. Argumente für eine Revitalisierung in Forschung und Praxis. Centaurus, Pfaffenweiler, S 35–59

Eucker S (2002) Relapse Prevention. In: Müller-Isberner R, Gretenkord L (Hrsg) Psychiatrische Kriminaltherapie, Bd. 1. Pabst, Lengerich, S 18–28

Goffman E (1981) Asyle. Suhrkamp, Frankfurt

Gretenkord L (1998) Der Therapeut als Doppelagent – Zum Rollenkonflikt des Psychotherapeuten in einer forensischen Institution. In: Wagner E, Werdenich W (Hrsg) Forensische Psychotherapie. Facultas, Wien, S 68–80

Gretenkord L (2001) Empirisch fundierte Kriminalprognose im Maßregelvollzug nach § 63 StGB (EFP-63). Deutscher Psychologen Verband, Bonn

Gretenkord L (2002) Das Reasoning and Rehabilitation Programm (R&R). In: Müller-Isberner R, Gretenkord L (Hrsg) Psychiatrische Kriminaltherapie, Bd. 1. Pabst, Lengerich, S 29–40

Haar M von der (2004) Stichtagserhebung im Maßregelvollzug nach § 64 StGB. Niedersächsisches LKH Wunstorf, Fachabteilung Bad Rehburg

Haffke B (2005) Vom Rechtsstaat zum Sicherheitsstaat? In: Rode I, Kammeier H, Leipert M (Hrsg) Neue Lust auf Strafen. LIT, Wiesbaden, S 35–66

Heinz G, Poszár C (1996) Pädagogik in der forensischen Psychiatrie. Nervenheilkunde 15: 164–168

Jokusch U, Keller F (2001) Praxis des Maßregelvollzuges nach § 63 StGB. Unterbringungsdauer und strafrechtliche Rückfälligkeit. Monatsschrift für Kriminologie und Strafrechtsreform 84:2–13

Kröber HL (1995) Geständnis und Auseinandersetzung mit der Tat als Gesichtspunkte der Individualprognose bei Tötungsdelikten. In: Dölling D (Hrsg) Die Täter-Individualprognose. Kriminalistik Verlag, Heidelberg, S 63–81

Kröber HL (1999) Wandlungsprozesse im psychiatrischen Maßregelvollzug. Z Sexualforsch 12:93–107

Kröber HL (2001) Psychiatrische Beurteilung der unbefristeten Maßregel nach § 63 StGB bei verminderter Schuldfähigkeit. In: Kröber HJ, Albrecht HJ (Hrsg) Verminderte Schuldfähigkeit und psychiatrische Maßregel. Nomos, Baden-Baden, S 147–168

Kröniger S (2004) Lebenslange Freiheitsstrafe, Sicherungsverwahrung und Unterbringung in einem psychiatrischen Krankenhaus. Dauer und Gründe der Beendigung. Ergebnisübersicht zur bundesweiten Erhebung für das Jahr 2002. Schriftenreihe der Kriminologischen Zentralstelle e.V., Wiesbaden

Lasser RA, Bossie CA, Gharabawi GM, Turner M (2004) Patients with schizophrenia previously stabilized on conventional depot antipsychotics experience significant clinical improvements following treatment with long-acting risperidone. Eur Psychiatry 19:219–225

Lau S (2003) Wirkt ambulante Kriminaltherapie? Literaturübersicht zur Effektivität gemeindenaher rückfallpräventiver Maßnahmen bei Straftätern und psychisch kranken Rechtsbrechern. Psychiatr Prax 30:119–126

Leygraf N (1988) Psychisch kranke Straftäter. Epidemiologie und aktuelle Praxis des psychiatrischen Maßregelvollzuges. Springer, Berlin Heidelberg

Leygraf N (1996) Praxis des Maßregelvollzuges in den alten Bundesländern. In: Egg R (Hrsg) Der Aufbau des Maßregelvollzuges in den neuen Bundesländern. Schriftenreihe der Kriminologischen Zentralstelle, Wiesbaden, S 59–71

Leygraf N (1998) Zur Wirksamkeit des psychiatrischen Maßregelvollzuges. In: Kröber HL, Dahle KP (Hrsg) Sexualstraftaten und Gewaltdelinquenz. Verlauf – Behandlung – Opferschutz. Kriminalistik Verlag, Heidelberg, S 164–173

Leygraf N (2002) Verschiedene Möglichkeiten, als nicht therapierbar zu gelten. Recht & Psychiatrie 20:3–7

Leygraf N, Heinz G (1984) Stationäre psychiatrische Behandlung psychisch kranker Straftäter. In: Blau G, Kammeier H (Hrsg) Straftäter in der Psychiatrie. Situation und Tendenzen des Maßregelvollzugs. Enke, Stuttgart, S 44–57

Leygraf N, Schalast N (2005) Wodurch wird ein Maßregelpatient „schwer entlassbar"? In: Rode I, Kammeier H, Leipert M (Hrsg) Neue Lust auf Strafen. LIT, Wiesbaden, S 85–104

Lohner J, Pape A, Konrad N (2005) Modellkonzeption eines Krankenhauses des Maßregelvollzuges – Bedeutung der Architektur bei „Besserung und Sicherung". Recht & Psychiatrie 23:122–131

Marshall WL, Serran GA (2004) The role of the therapist in offender treatment. Psychol Crime Law 10:309–320

Martens W (2000) What shall we do with untreatable forensic patients? Med Law 19: 389–395

Müller-Isberner R (2004) Therapie im psychiatrischen Maßregelvollzug (§ 63 StGB). In: Foerster K (Hrsg) Psychiatrische Begutachtung, 4. Aufl. Urban & Fischer, München, S 417–436

Müller-Isberner R, Jöckel D (1997) Kriminologische Differentialdiagnostik – Differenzierte Kriminaltherapie. In Steinberg R (Hrsg) Forensische Psychiatrie. 20. Psychiatrie-Symposion Pfalzklinik Landeck. Roderer, Regensburg, S 17–30

Muysers J (2002) Zur Inbetriebnahme einer „langfristigen Behandlungsstation" in der forensischen Abteilung der Rheinischen Kliniken Langenfeld. Recht & Psychiatrie 20:21–22

Perik JCA (2002) Longstay in der Praxis. Recht & Psychiatrie 20:23–27

Rasch W (1984) Krank und/oder kriminell? Maßregelvollzug in Westfalen-Lippe. Landschaftsverband Westfalen-Lippe (Hrsg) Pressestelle Münster

Rasch W (1985) Die Prognose im Maßregelvollzug als kalkuliertes Risiko. In: Schwind HD (Hrsg) Festschrift für Günter Blau zum 70. Geburtstag. De Gruyter, Berlin New York, S 309–325

Rasch W, Konrad N (2004) Forensische Psychiatrie, 3. Aufl. Kohlhammer, Stuttgart

Reker T (1999) Psychiatrische Arbeitstherapie – Konzepte, Praxis und wissenschaftliche Ergebnisse. Psychiatr Prax 26, Sonderheft 1:12–15

Rinne T, Brink W van den, Wouters L, Dyk R van (2002) SSRI treatment of borderline personality disorders: a randomized, placebo-controlled clinical trial for female patients with borderline personality disorder. Am J Psychiatry 159:2048–2054

Ross RR, Fabiano E, Ewles CD (1988) Reasoning and Rehabilitation. Int J Offender Ther Comp Criminol 32:29–36

Schalast N (1997) Zur Situation der Beschäftigten im Maßregelvollzug. Ergebnisse einer arbeitspsychologischen Untersuchung. Recht & Psychiatrie 15:24–33

Schalast N (2000) Motivation im Maßregelvollzug gemäß § 64 StGB. Fink, München

Schalast N (2003) Patienten des Maßregelvollzugs gemäß § 63 StGB mit geringen Entlassungsaussichten. Projektbericht. Institut für Forensische Psychiatrie der Universität Duisburg-Essen

Schalast N, Balten A, Leygraf N (2003) Zur Unterbringung forensischer Patienten in der Allgemeinpsychiatrie. Nervenarzt 74:252–258

Schöch H (2004) Juristische Aspekte des Maßregelvollzugs. In: Foerster K (Hrsg) Psychiatrische Begutachtung, 4. Aufl. Urban & Fischer, München, S 371–384

Schüler-Springorum H, Berner W, Cirullies B et al (1996) Sexualstraftäter im Maßregelvollzug – Grundfragen ihrer therapeutischen Behandlung und der Sicherheit der Allgemeinheit. MSchrKrim 79:147–200

Seifert D (2000) GnRH-Analoga – Eine neue medikamentöse Therapie bei Sexualstraftätern? Sexuologie 7:1–11

Seifert D (2005) Gefährlichkeitsprognosen im psychiatrischen Maßregelvollzug gemäß § 63 StGB. Habilitationsschrift, Essen

Seifert D, Jahn K, Bolten S (2001) Zur momentanen Entlassungssituation forensischer Patienten (§ 63 StGB). Fortschr Neurol Psychiatr 69:245–255

Seifert D, Leygraf N (1997a) Die Entwicklung des psychiatrischen Maßregelvollzuges (§ 63 StGB) in Nordrhein-Westfalen. Psychiatr Prax 24:237–244

Seifert D, Leygraf N (1997b) Straftaten während und nach einer Behandlung im Maßregelvollzug gemäß § 63 StGB. Deutsche Richter Zeitung 75:338–335

Smeijsters H (2000) Handboek Creatieve Therapie. Coutinho, Bussum

Statistisches Bundesamt (1990–2003) Fachserie 10/Reihen Strafverfolgung und Strafvollzug. Statistisches Bundesamt, Wiesbaden

Statistisches Bundesamt (1970–2004) Fachserie 12/Reihe Gesundheitswesen. Statistisches Bundesamt, Wiesbaden

Stolpmann G (2001) Psychiatrische Maßregelbehandlung. Eine Einführung. Hogrefe, Göttingen

Volckart B, Grünebaum R (2003) Maßregelvollzug. Luchterhand, München, Neuwied

Zanarini MC, Frankenburg FR (2001) Olanzapine treatment of female borderline personality disorder patients: A double-blind, placebo-controlled pilot study. J Clin Psychiatry 62: 849–854

4.2   Sonstige Behandlungssettings

4.2.1   Sozialtherapeutische Anstalt

R. Egg

4.2.1.1 Entwicklung der sozialtherapeutischen Einrichtungen in Deutschland

Die Geschichte der sozialtherapeutischen Anstalten beginnt im Jahre 1966. Damals schlugen die sog. Alternativprofessoren – 14 deutsche und schweizerische Strafrechtslehrer – in ihrem „Alternativ-Entwurf eines Strafgesetzbuches" (s. Baumann et al. 1966, S. 126 ff.) die „Einweisung in die sozialtherapeutische Anstalt" (§ 69 AE-StGB) vor. Leitidee dieses Vorschlages war die Resozialisierung von Straftätern mit hoher Rückfallgefahr in besonderen Einrichtungen des Strafvollzuges. Der Vorschlag mündete schließlich in § 65 StGB, der im Juli 1969 mit den Stimmen aller Fraktionen des Deutschen Bundestages beschlossen wurde. Als Zeitpunkt des Inkrafttretens dieser neuen Maßregel der Besserung und Sicherung war zunächst der 01. 10. 1973 vorgesehen, der aber später auf den 01. 01. 1978 und dann nochmalig auf den 01. 01. 1985 verschoben wurde.

Mit dieser „Unterbringung in einer sozialtherapeutischen Anstalt" sollte eine dritte Form des therapeutischen Maßregelvollzuges – neben psychiatrischem Krankenhaus (§ 63 StGB) und Entziehungsanstalt (§ 64 StGB) – geschaffen werden. Vorbild waren mehrere ausländische Einrichtungen, insbesondere die bereits 1935 eröffnete Anstalt in Herstedvester, Dänemark, sowie die holländische Van-der-Hoeven-Klinik in Utrecht. [1]

In der Folge wurden in mehreren Bundesländern verschiedene Modell- bzw. Erprobungsanstalten eingerichtet, in die Gefangene allerdings nicht auf richterliche Anordnung, sondern nach freiwilliger Meldung oder nach einer Empfehlung durch das Vollzugspersonal aufgenommen wurden. [2]

▌ **Das Scheitern der Maßregellösung.** Von Anfang an gab es jedoch auch Kritik an diesem Konzept einer Behandlung von Straftätern, zunächst vor allem von Vertretern konservativer kriminalpolitischer Vorstellungen, die „härtere Strafen und weniger Psychologie" anmahnten (z. B. Witkowski 1973, 1978). Dazu kamen auch Einwände von kriminalpolitisch quasi entgegengesetzter, sozialkritischer Seite, die Kriminalität primär als soziales Problem betrachteten, nicht als Ausdruck einer individuellen Störung (z. B. Peters u. Peters 1970). [3]

Diese oft sehr grundsätzlich geführte rechtspolitische Diskussion wurde später untermauert durch den aus den USA übernommenen Slogan „Nothing works!". Dieser bezog sich vor allem auf die Sekundäranalyse von Lipton, Martinson u. Wilks (1975), allerdings in einseitiger und verkürzter Interpretation, denn die Arbeit selbst erklärt keineswegs alle Therapieansätze pauschal für gescheitert, sondern zeichnet ein recht differenziertes Bild der Behandlungsergebnisse im Strafvollzug.

Für die weitere Entwicklung der Sozialtherapie in Deutschland waren jedoch vor allem finanzielle Gründe ausschlaggebend. Anders als in den 60er Jahren des 20. Jahrhunderts, in denen es einen deutlichen wirtschaftlichen Aufschwung gegeben hatte, waren die 70er und 80er Jahre von starker Rezession gekennzeichnet. Dadurch wurden auch die Haushaltsmittel der Länder zunehmend knapper und bereits sehr detailliert entwickelte Pläne für den Neubau sozialtherapeutischer Anstalten (z. B. in Bayern und Baden-Württemberg) wurden rasch und ersatzlos gestrichen. Im Vordergrund der allgemeinen kriminalpolitischen Diskussion standen damals zudem auch andere Themen wie Terrorismus, Drogenkriminalität und Gewalt junger Menschen.

Für ein Festhalten an der Maßregellösung der Sozialtherapie im Vollzug blieb deshalb aus mehreren Gründen offenbar kein Raum mehr. Im Herbst

---

[1] Im Einzelnen s. dazu Egg (1984, S. 5 – 22)
[2] Vgl. Rasch (1977); für Kurzbeschreibungen und Literaturhinweise s. Egg (1984, S. 75-95)
[3] Zur Diskussion dieser Argumente vgl. zusammenfassend Egg (1984 S. 49 ff.)

1984 wurde schließlich § 65 StGB wieder aus dem Strafgesetzbuch gestrichen, ohne dass er je geltendes Recht geworden war (vgl. Rasch, 1985). Übrig blieb die sog. Vollzugslösung der Sozialtherapie § 9 des 1977 in Kraft getretenen Strafvollzugsgesetzes (StVollzG), der die Verlegung eines Gefangenen in eine sozialtherapeutische Einrichtung vorsah, „wenn die besonderen Mittel und sozialen Hilfen einer solchen Anstalt zu seiner Resozialisierung angezeigt sind." Ein Anspruch auf eine solche Behandlung ergibt sich daraus allerdings nicht, auch blieb es den Ländern überlassen, derartige Anstalten einzurichten, auszubauen oder auch nicht vorzusehen. Dadurch kam es für viele Jahre praktisch zu einem Stillstand hinsichtlich der weiteren Entwicklung sozialtherapeutischer Einrichtungen (vgl. Egg 1993, 1994, 1996).

Neuanfang der Sozialtherapie? In den Jahren 1996/97 entwickelte sich in der Folge einiger weniger spektakulärer Straftaten eine heftige kriminalpolitische Diskussion in Deutschland, welche die sozialtherapeutischen Einrichtungen wieder ins Gespräch und in Bewegung brachten. Am 26.01. 1998 wurde das „Gesetz zur Bekämpfung von Sexualdelikten und anderen gefährlichen Straftaten" verkündet (BGBl I S. 160–163). Dabei handelt es sich um eine Reihe von Vorschriften, mit denen der Schutz der Allgemeinheit vor Sexualstraftätern, besonders vor Rückfälligen, erhöht werden soll (z.B. Dessecker 2000; Schöch 1998). Für die Aufnahme in sozialtherapeutische Einrichtungen wurde mit diesem Gesetz eine neue, zusätzliche Vorschrift geschaffen, welche die bisherige „freiwillige Vollzugslösung" durch eine „verpflichtende Vollzugslösung" ergänzt: Bei Sexualstraftätern mit Verurteilungen zu mehr als 2 Jahren Freiheitsstrafe ist nach diesem Gesetz ab dem Jahr 2003 eine zwingende Verlegung in sozialtherapeutische Einrichtungen vorgesehen, sofern die entsprechende Behandlung angezeigt ist (§ 9 Abs. 1 StVollzG).

Bemerkenswert ist, dass diese neue Regelung nicht wegen der Ergebnisse der bisherigen Praxis auf den Weg gebracht wurde, sondern als Folge einzelner gravierender Straftaten und einer daraus entstandenen öffentlichen Forderung nach Verbesserung des Schutzes der Allgemeinheit vor gefährlichen Sexualstraftätern anzusehen ist. So fanden die insgesamt ermutigenden Ergebnisse der Behandlungsforschung im Strafvollzug[4] zwar Eingang in die Beratungen des Sexualdeliktsbekämpfungsgesetzes, sie waren aber nicht deren Anlass. Es handelt sich also nicht um eine Neubelebung der Resozialisierungsidee der 60er Jahre, Ziel ist vielmehr der Schutz möglicher Opfer. Dies ist an sich nicht zu beanstanden, es ist jedoch fraglich, ob der damit für die sozialtherapeutischen Einrichtungen entstandene hohe Erwartungsdruck erfüllbar sein wird, denn eine Straftäterbehandlung mit Erfolgsgarantie gibt es nicht. Bei zukünftigen schweren Sexualstraftaten nach

---

[4] Vgl. z.B. Egg et al. (2001) sowie weitere Beiträge in Rehn et al. (2001) und in Steller et al. (1994)

einer sozialtherapeutischen Behandlung könnte darum die Diskussion über den Umgang mit gefährlichen Straftätern erneut in Gang kommen.

Die mit dem Sexualdeliktsbekämpfungsgesetz geschaffenen neuen Bestimmungen haben seit 1998 zu weit reichenden Veränderungen in den sozialtherapeutischen Einrichtungen geführt. Dies war auch zu erwarten, denn wegen der durch das Gesetz geregelten verpflichtenden Verlegung von Sexualstraftätern in sozialtherapeutische Einrichtungen war es erforderlich, die geringe Zahl der vorhandenen Plätze (bislang nur knapp 1% aller Plätze im Justizvollzug) deutlich auszubauen. Auch hinsichtlich der Konzeption der Behandlung, z.B. Festlegung klarer Indikationen für die Therapie oder Entwicklung spezifischer Maßnahmen für einzelne Tätergruppen, eröffnet das Gesetz Chancen für eine Fortentwicklung.

Nachfolgend werden einige Grunddaten zur aktuellen Situation in den sozialtherapeutischen Einrichtungen dargestellt. Ausgangspunkt dabei sind Umfragen der Kriminologischen Zentralstelle in Wiesbaden (KrimZ), die seit 1997 jährlich (jeweils am 31.03. d.J.) durchgeführt werden.

4.2.1.2 Zur Situation in den sozialtherapeutischen Einrichtungen: Stichtagserhebung der KrimZ

Die Stichtagserhebung vom 31.03.2003 (Kröniger 2003) umfasste bundesweit 38 sozialtherapeutische Anstalten, Teilanstalten oder Abteilungen (s. Tabelle 4.2.1). Die Mehrzahl dieser Einrichtungen ist ausschließlich für erwachsene Männer vorgesehen, lediglich 2 Einrichtungen sind Abteilungen des Frauenvollzuges (Berlin, Alfeld), eine Anstalt (Hamburg-Altengamme) nimmt Männer und Frauen auf, im (männlichen) Jugendvollzug gibt es 6 sozialtherapeutische Einrichtungen.

Die Stichtagserhebungen der KrimZ in den Jahren 1997 bis 2003 ergaben u.a. folgende Ergebnisse:

Die Zahl der verfügbaren Haftplätze in sozialtherapeutischen Einrichtungen nahm seit 1997 um rund 70% zu (von 888 auf 1509) und die der Insassen um knapp 62%. Besonders deutlich, nämlich von 191 auf 685 Insassen (entspricht rund 259%) war der Anstieg bei Verurteilten nach Sexualdelikten (s. auch u.). Die Belegungsquote ist gegenüber den Werten der beiden Vorjahre wieder etwas zurückgegangen, was aber weitgehend durch die noch nicht vollständige Auslastung neuer Einrichtungen zu erklären ist (Einzelheiten s. Tabelle 4.2.2).

Für das Jahr 2003 zeigt die Verteilung der Altersgruppen, dass die Mehrzahl der Gefangenen (50%) am Stichtag zwischen 25 und 40 Jahre alt war; 14,8% der Insassen gehörten zur Gruppe der Jugendlichen und Heranwachsenden, 9,3% waren über 50 Jahre alt. Im Vergleich zum Vorjahr ist eine Verschiebung zu Gunsten der höheren Altersgruppen feststellbar (s. Tabelle 4.2.3).

Bei der Dauer der jeweils zu verbüßenden Freiheits- oder Jugendstrafen lag 2003 der Schwerpunkt (55,3%) bei 3 bis 7 Jahren, 31,4% verbüßten eine Strafe von mehr als 7 Jahren. Strafen unter 3 Jahren waren dagegen eher

Tabelle 4.2.1. Sozialtherapeutische Einrichtungen im Justizvollzug (Stand: März 2003)

Einrichtung	Land	Art der Einrichtung	Klientel	Haftplätze
▌ Adelsheim	BW	Abteilung	Jugendliche	20
▌ Asperg	BW	selbstständige Anstalt	Männer	61
▌ Crailsheim	BW	Außenstelle	Jugendliche	24
▌ Amberg	BY	Abteilung	Männer	16
▌ Bayreuth	BY	Abteilung	Männer	24
▌ Erlangen	BY	selbstständige Anstalt	Männer	41
▌ München	BY	Abteilung	Männer	23
▌ Würzburg	BY	Abteilung	Männer	24
▌ Berlin-Neukölln	BE	Abteilung	Frauen	16
▌ Berlin-Tegel, SothA I	BE	Teilanstalt	Männer	159
▌ Berlin-Tegel, SothA II	BE	Abteilung	Männer	15
▌ Brandenburg	BB	Abteilung	Männer	40
▌ Hamburg Altengamme	HH	selbstständige Anstalt	Männer und Frauen	60
▌ Hamburg Bergedorf	HH	selbstständige Anstalt	Männer	42
▌ Hamburg Hahnöfersand	HH	Abteilung	Jugendliche	12
▌ Hamburg Nesselstrasse	HH	Abteilung	Männer	29
▌ Diez	HE	Abteilung	Männer	13
▌ Kassel	HE	selbstständige Anstalt	Männer	171
▌ Alfeld	NI	Teilanstalt Bad Gandersheim	Frauen	12
▌ Bad Gandersheim	NI	selbstständige Anstalt	Männer	24
▌ Hameln	NI	Abteilung	Jugendliche	31
▌ Hannover	NI	Abteilung	Männer	30
▌ Lingen	NI	Abteilung	Männer	16
▌ Meppen	NI	Abteilung	Männer	20
▌ Uelzen	NI	Abteilung	Männer	32
▌ Aachen	NW	Abteilung	Männer	34
▌ Bochum	NW	Abteilung	Männer	15
▌ Euskirchen	NW	Teilabteilung (Aachen)	Männer	16
▌ Gelsenkirchen	NW	selbstständige Anstalt	Männer	57
▌ Siegburg	NW	selbstständige Anstalt	Jugendliche	30
▌ Willich	NW	Abteilung	Männer	12
▌ Ludwigshafen	RP	selbstständige Anstalt	Männer	67
▌ Saarbrücken	SL	Abteilung	Männer	36
▌ Bautzen	SN	Abteilung	Männer	26
▌ Waldheim	SN	Abteilung	Männer	74
▌ Zeithain	SN	Abteilung	Jugendliche	37
▌ Halle	ST	selbstständige Anstalt	Männer	116
▌ Tonna	TH	Abteilung	Männer	34
Alle Einrichtungen				**1509**

Tabelle 4.2.2. Plätze in sozialtherapeutischen Einrichtungen (jeweils am 31. 3. des entsprechenden Jahres)

Plätze	1997	1998	1999	2000	2001	2002	2003
▌ Zahl der Einrichtungen	20	22	23	27	28	31	38
▌ verfügbare Haftplätze, Männer	853	887	948	1019	1050	1165	1475
▌ verfügbare Haftplätze, Frauen	35	30	34	36	36	36	34
▌ Haftplätze gesamt	888	917	982	1055	1086	1201	1509
▌ Belegung, Männer	791	818	897	1016	1051	1132	1302
▌ Belegung, Frauen	34	32	31	37	35	28	33
▌ Belegung gesamt	825	850	928	1053	1086	1160	1335
▌ Belegungsquote	92,9%	92,7%	94,5%	99,8%	100,0%	96,6%	88,5%

Tabelle 4.2.3. Verteilung der Altersgruppen (jeweils am 31. 3. des entsprechenden Jahres)

Altersgruppen von „…" bis unter „…" Jahre	1997	1998	1999	2000	2001	2002	2003
<18	0,6%	1,5%	1,4%	1,4%	1,2%	1,5%	0,8%
18–21	5,0%	4,4%	5,2%	7,3%	7,4%	6,7%	6,1%
21–25	10,4%	10,5%	8,9%	7,8%	8,8%	7,7%	7,9%
25–30	22,8%	20,8%	19,1%	15,3%	15,9%	15,3%	13,0%
30–35	24,6%	21,4%	22,6%	21,2%	20,0%	17,6%	15,3%
35–40	16,2%	18,9%	18,6%	19,8%	18,2%	19,1%	19,6%
40–45	10,1%	10,8%	13,1%	14,1%	14,9%	16,2%	18,1%
45–50	7,2%	6,9%	6,4%	7,7%	8,3%	8,6%	10,0%
>50	3,2%	4,7%	4,7%	5,4%	5,2%	7,3%	9,3%

selten (13,3%). Im Vergleich zum Vorjahr sind hier wenige Änderungen zu verzeichnen. Sowohl der Anteil der Insassen mit längeren Haftstrafen (die Gruppen ab 5 Jahren bis hin zu lebenslänglich: 2002: 54,9%; 2003: 53,3%) als auch der Anteil der Gefangenen, die nur eine kürzere Haftdauer (unter 2 Jahre bis zu 5 Jahre: 2002: 45%; 2003: 46,7%) zu verbüßen haben, veränderten sich nur unwesentlich (s. Tabelle 4.2.4). Damit hat sich der bis 2001 bestehende Trend eines Rückgangs längerer Freiheitsstrafen nicht fortgesetzt. Insgesamt ist die Klientel der sozialtherapeutischen Einrichtungen älter und verbüßt deutlich längere Strafen als die Mehrzahl der Inhaftierten des Normalvollzuges.

Tabelle 4.2.4. Verteilung der Gesamtdauer der in der jetzigen Haft zu verbüßenden Freiheits- und/oder Jugendstrafe (jeweils am 31.3. des entsprechenden Jahres)

Haftdauer über „..." bis „..."	1997	1998	1999	2000	2001	2002	2003
<2	4,0%	3,0%	5,6%	5,8%	6,6%	2,2%	2,7%
2–3	10,1%	11,2%	11,3%	10,7%	11,6%	10,9%	10,6%
3–4	15,5%	16,4%	15,1%	18,4%	17,9%	16,7%	16,9%
4–5	15,1%	15,5%	14,8%	15,3%	16,1%	15,3%	16,5%
5–7	24,7%	21,5%	21,3%	21,7%	22,4%	24,6%	21,9%
7–10	17,2%	19,0%	19,1%	17,1%	14,6%	18,2%	18,6%
10–15	9,7%	9,3%	9,3%	7,1%	6,5%	8,0%	7,5%
>15/LL	3,8%	4,0%	3,6%	3,8%	4,2%	4,1%	5,3%

Tabelle 4.2.5. Verteilung der Deliktgruppen (jeweils am 31.3. des entsprechenden Jahres)

Deliktgruppe	1997	1998	1999	2000	2001	2002	2003
▊ Eigentums- und Vermögensdelikte	44,5%	39,9%	35,1%	29,0%	26,4%	22,4%	18,4%
▊ Sexualdelikte	23,2%	26,4%	33,9%	36,8%	40,4%	45,4%	55,1%
▊ Tötungsdelikte	21,9%	23,1%	20,1%	20,8%	19,8%	19,1%	18,7%
▊ Sonstige Delikte	10,4%	10,7%	10,9%	13,4%	13,3%	13,1%	11,7%
▊ Gesamt	100%	100,1%	100%	100%	100%	100%	100%

Betrachtet man die Verteilung der Straftaten, die zur Verurteilung führten (s. Tabelle 4.2.5), so ergibt sich seit 1997 eine merkliche Veränderung in der Zusammensetzung der Insassen:

Während der Anteil der Sexualstraftäter von 23,2 auf 55,1% anstieg, nahm der Anteil der wegen Eigentums- und Vermögensdelikten Verurteilten von 44,5% auf 18,4% ab. Demgegenüber blieb der Anteil von Verurteilten nach Tötungsdelikten mit rund 20% sowie die Restgruppe mit sonstigen Delikten (ca. 10 bis 13%) nahezu konstant. Sexualstraftäter nehmen also, wie zu erwarten, nicht nur mehr Plätze in sozialtherapeutischen Einrichtungen ein, sondern erhalten diese Plätze primär zu Lasten der Eigentums- und Vermögenstäter. Dabei handelt es sich vorwiegend (fast 67%) um Raub und Erpressung, also um gewaltsame Eigentumsdelikte.

Auch hinsichtlich der Verteilung der Deliktgruppen bei den Sexualstraftätern sind Veränderungen feststellbar, die eine Verschiebung vom Schwerpunkt sexuelle Gewaltdelikte (Vergewaltigung und sexuelle Nötigung) zu der Gruppe der wegen sexuellen Kindesmissbrauchs Verurteilten bedeuten (Einzelheiten s. Tabelle 4.2.6).

Tabelle 4.2.6. Verteilung der Sexualdelikte (jeweils am 31.3. des entsprechenden Jahres)

Deliktsgruppe	1997	1998	1999	2000	2001	2002	2003
▌ Sexueller Kindesmiss-brauch	32,5%	38,8%	49,8%	51,5%	46,5%	46,4%	47,7%
▌ Sexuelle Gewaltdelikte	59,6%	54,9%	45,4%	41,8%	44,9%	44,7%	42,8%
▌ Sonstige Sexualdelikte	7,9%	6,3%	4,8%	6,7%	8,7%	8,9%	9,5%
▌ Gesamt	100%	100%	100%	100%	100,1%	100%	100%

Gleichzeitig mit der Vermehrung der Haftplätze in sozialtherapeutischen Einrichtungen stieg auch die Zahl der verfügbaren Personalstellen an, allerdings nicht in gleichem Maße: Während der Zuwachs an Haftplätzen von 1997 bis 2003, wie bereits erwähnt, rund 70% betrug (von 888 auf 1.509), wurde die Zahl der Personalstellen lediglich um rund 40% erhöht (von 667 auf 933). Allerdings blieb die prozentuale Verteilung der Stellen auf die verschiedenen Tätigkeitsbereiche nahezu unverändert: rund 67% allgemeiner Vollzugsdienst und Werkdienst, rund 23% Fachdienste, davon überwiegend und jeweils etwa knapp die Hälfte für die Fächer Psychologie und Sozialarbeit/Sozialpädagogik und etwa 11% für Leitung und Verwaltung. Betrachtet man die Entwicklung der Relation zwischen Personal und Insassen, so zeigt sich insgesamt nur eine geringe Veränderung von 1:1,3 auf 1:1,6. Bei den Fachdiensten beträgt die Relation 1:6,9, als ideal gelten 1:5 (Arbeitskreis Sozialtherapeutische Anstalten im Justizvollzug 1988, 2000).

4.2.1.3 Das Konzept der Behandlung in der Sozialtherapie

Die Frage des Behandlungsprogramms, also der konkreten inhaltlichen Ausgestaltung, spielte naturgemäß bei der Konzeption der sozialtherapeutischen Anstalten von Beginn an eine große Rolle. Dabei ging man in der Anfangszeit vor allem von psychiatrisch-psychotherapeutisch geprägten Grundpositionen aus. Im Zentrum der Behandlungsmaßnahmen sollten danach psychotherapeutische, insbesondere psychoanalytische Verfahren in Einzel- und Gruppenform stehen; weitere Angebote, z.B. schulische und berufliche Ausbildung, wurden lediglich als Ergänzung angesehen (s. dazu insbesondere Mauch u. Mauch 1971). Das Hauptziel der Therapie sollte die Bearbeitung und weitgehende Beseitigung jener psychischen Störungen sein, die als kriminalitätsverursachend galten, ferner der Aufbau und die Förderung von Verhaltensmerkmalen, die für ein Leben ohne Straftaten erforderlich sind.

Im Gegensatz zu diesem „klassischen Konzept" der Sozialtherapie waren jedoch in den einzelnen Anstalten aus verschiedenen finanziellen und personellen Gründen von Anfang an nur wenige psychoanalytisch ausgebildete Therapeuten tätig, sodass man frühzeitig gezwungen war, nach anderen Behandlungsansätzen zu suchen. Sehr rasch zeigte sich dabei auch, dass es

nicht sinnvoll ist, Therapieformen, die außerhalb des Strafvollzuges ent-
wickelt wurden, schematisch auf Strafgefangene und auf die Situation des
Strafvollzuges anzuwenden. Überall entstanden so Abwandlungen und
Mischformen der „reinen" Therapien (vgl. Schmitt 1980, S. 147–175).

Parallel dazu änderte sich auch die Auffassung über den Stellenwert der
Einzelpsychotherapie im Gesamtprogramm. Sie gilt heute nicht mehr als
das Kernstück der Sozialtherapie, sondern lediglich als eines von mehreren
Angeboten. Dagegen gewannen deliktorientierte Gruppen, soziale Trai-
ningskurse, spezielle Rückfallvermeidungsprogramme, aber auch die all-
tagsbezogene Arbeit in den Wohngruppen (vgl. Michelitsch-Traeger 1991;
Rehn 1996) sowie der Einbezug des sozialen Umfeldes (Familie, Beruf) und
Maßnahmen der Nachbetreuung Entlassener zunehmend an Bedeutung.

Insgesamt entstand eine sog. „integrative Sozialtherapie" (s. Baulitz et al.
1980; Wischka u. Specht 2001), also ein Bündel von Maßnahmen (Psychotherapie, Sozialpädagogik, arbeitstherapeutische Methoden etc.), die miteinander kombiniert und in individuellen Behandlungsplänen aufeinander
abgestimmt werden (sollen).

Die konkrete Ausgestaltung kann dabei von Ort zu Ort verschieden sein,
denn eine einheitliche bundesweite Gesamtkonzeption gibt es nicht. In
mehreren sozialtherapeutischen Einrichtungen wurden spezielle Behandlungsverfahren ausgearbeitet und erprobt (z. B. Berner u. Becker 2001; Pfaff
2001; Wischka et al. 2001). Als besonders Erfolg versprechend gelten in
jüngster Zeit strukturierte, kognitiv-behaviorale und multimodale Programme (vgl. Lösel 2001).

4.2.1.4 Evaluation der Sozialtherapie

Die Frage der Wirksamkeit der sozialtherapeutischen Behandlung von
Straftätern war bereits in den 70er Jahren Gegenstand mehrerer Evaluationsstudien, bei denen freilich regelmäßig verschiedene grundsätzliche methodische Probleme zu lösen waren (vgl. dazu Lösel u. Bender 1997). Die
Ergebnisse dieser frühen Studien wurden im Rahmen einer 1987 veröffentlichten Metaevaluation von F. Lösel und Mitarbeitern analysiert und bewertet. Wesentliches Ergebnis war ein moderater Haupteffekt der Sozialtherapie, der für Entlassene aus sozialtherapeutischen Anstalten im Durchschnitt
um 8 bis 14% häufiger positive Veränderungen (z. B. kein Rückfall) erwarten lässt als bei den Entlassenen des „Regelvollzuges".

Spätere wissenschaftliche Arbeiten, die nun auch längerfristige Effekte
berücksichtigen konnten, z. B. Dünkel u. Geng (1994), Egg (1990), bestätigten dieses Ergebnis im Wesentlichen. Unter Einbeziehung dieser neuen
Befunde in die von ihm 1987 vorgenommene Metaanalyse kam Lösel (1994,
S. 15–20) zu einer nur wenig veränderten Gesamteffektschätzung von
$r = 0.11$. Auch eine von amerikanischen und deutschen Forschern gemeinsam durchgeführte Meta-Analyse (Egg et al. 2001) kommt zu ähnlichen Ergebnissen. Die mittlere Effektstärke bei sozialtherapeutischen Programmen
in Deutschland beträgt danach $r = 0.13$. Diese Ergebnisse entsprechen in et-

wa auch den Erfahrungen mit der sozialtherapeutischen Behandlung von Straftätern in anderen Ländern (z. B. Lipsey 1992; vgl. Lösel 1994). Weniger günstig, wenngleich grundsätzlich positiv, sind die von Ortmann (2002) im Rahmen einer experimentellen Studie berichteten Effektstärken (zwischen 0.051 und 0.078).[5] Von therapeutischen Ansätzen im Strafvollzug dürfen danach also zwar keine Wunder erwartet werden, dennoch kann die grundsätzliche Wirksamkeit solcher Maßnahmen inzwischen als nachgewiesen angesehen werden, sodass es sich lohnt, auf diesem Wege weiterzumachen (vgl. Müller-Luckmann 1994).

Für differenzierte Aussagen ist es erforderlich, die konkreten Bedingungen der sozialtherapeutischen Maßnahmen zu beachten, namentlich die aus der Evaluationsforschung ableitbaren Kriterien für eine angemessene Behandlung (vgl. Egg et al. 1998; Lösel 1995; Wischka 2001). Daraus resultieren unterschiedliche Effektstärken für verschiedene Therapieprogramme. So stellen Lösel u. Bender zusammenfassend fest, dass „insbesondere für kognitiv-verhaltenstherapeutische und multimodale Behandlungsformen sowie komplexere, stark strukturierte therapeutische Gemeinschaften und sozialtherapeutische Ansätze" positive Effekte relativ durchgehend nachgewiesen werden konnten, während „nondirektive, rein psychodynamische oder schwach strukturierte milieutherapeutische Konzepte" sich als weniger geeignet erwiesen, insbesondere bei Tätern mit hoher Rückfallneigung und antisozialer Persönlichkeitsstörung (Lösel u. Bender 1997, S. 189).

Bezüglich der Behandlungserfolge bei Sexualstraftätern geben die bisherigen Studien zur Sozialtherapie jedoch nur wenig Aufschluss, da sie sich primär auf andere Tätergruppen beziehen. Es sind hierzu in Deutschland inzwischen zwar bereits mehrere Studien in Arbeit, deren Ergebnisse werden aber erst in einigen Jahren vorliegen.

Optimistisch stimmt in diesem Zusammenhang eine neue Metaevaluationsstudie aus Kanada zur Behandlung von Sexualstraftätern (Hanson et al. 2002). Für 43 Studien mit zusammen 9454 Probanden ergaben sich hier insgesamt positive Effekte (Follow-up-Intervall: 4 bis 5 Jahre). Allerdings waren nicht alle eingesetzten Maßnahmen gleichermaßen wirksam. So zeigten Therapieansätze, die vor dem Jahr 1980 zum Einsatz kamen, kaum positive Effekte, während neuere Verfahren sowohl die allgemeine Rückfälligkeit wie die einschlägige Rückfälligkeit deutlich reduzierten (von 51 auf 32% bzw. 17 auf 10%). Besonders günstig schnitten dabei (bei erwachsenen Straftätern) wiederum sog. kognitiv-verhaltenstherapeutische Verfahren ab.

---

[5] Zur Diskussion siehe Drenkhahn (2003)

4.2.1.5 Abschließende Bemerkungen

Die gegenwärtige Situation bezüglich der Umsetzung des „Gesetzes zur Bekämpfung von Sexualdelikten und anderen gefährlichen Straftaten" lässt sich zusammenfassend wie folgt charakterisieren:

- Erwartungsgemäß wurden in allen Ländern zahlreiche Planungen zur Erweiterung der Behandlungsmöglichkeiten für Sexualstraftäter veranlasst. Die entsprechenden Vorhaben reichen von der Schaffung neuer Personalstellen für die Fachdienste über die Qualifizierung von Mitarbeitern in der Behandlung von Sexualstraftätern bis hin zur Einrichtung neuer sozialtherapeutischer Abteilungen und Anstalten.
- Bei kleineren Ländern (z.B. Bremen, Saarland, Mecklenburg-Vorpommern) fallen diese Planungen verständlicherweise kleiner und bescheidener aus als bei großen Ländern.
- In mehreren Ländern wurden die Planungsschritte durch Arbeitsgruppen mit Hilfe von teils sehr umfangreichen Bestandsaufnahmen vorbereitet und detaillierte Konzepte ausgearbeitet (z.B. in Berlin, Hessen, Nordrhein-Westfalen, Niedersachsen, Sachsen-Anhalt).
- Einige der dabei entstandenen Planungen wurden bereits umgesetzt, andere stehen unmittelbar bevor, weitere sind längerfristig konzipiert.
- Von 1998 bis zum Jahre 2003, also bis zum vollen Inkrafttreten von § 9 Abs. 1 StVollzG, ist ein deutlicher Ausbau der Haftplätze in sozialtherapeutischen Einrichtungen erfolgt, allerdings können bislang nur wenige Länder die für die Behandlung von Sexualstraftätern benötigten Plätze in vollem Umfang bereitstellen.
- Ein wesentliches Hindernis für die vollständige Schaffung der erforderlichen Behandlungsplätze sind Restriktionen der jeweiligen Landeshaushalte. Es ist daher auch zukünftig mit Kompromisslösungen, z.B. bezüglich der Personalausstattung und der räumlichen Kapazitäten, zu rechnen.
- Durch den Ausbau der Sozialtherapie ergeben sich verbesserte Möglichkeiten für die Behandlung von Sexualstraftätern. Dennoch sind folgende Punkte kritisch zu beurteilen bzw. zu ändern:
- Die Errichtung von Behandlungsplätzen für Sexualstraftäter wird in der Regel (Ausnahme z.B. Bayern) begleitet von einem Abbau an entsprechenden Plätzen für andere gefährliche Straftäter, namentlich für solche, die gewaltsame Eigentumsdelikte verübt haben. Diese Verschiebung ist kriminalpolitisch bedenklich, da sie neue Risiken schafft.
- Das neue Gesetz bezieht sich ausschließlich auf erwachsene Verurteilte, nicht auf Verurteilte mit Jugendstrafen. Allerdings ist gerade die Sexualdelinquenz junger Täter prognostisch ungünstiger zu bewerten als die von älteren Tätern.
- Verbesserungsbedarf besteht auch bezüglich der sog. Nachsorge, also der ambulanten Nachbetreuung entlassener Straftäter. Diese ist aber ein wesentliches Element eines dauerhaften Behandlungserfolges. An einigen Orten gibt es bereits Erfolg versprechende Nachsorgekonzepte, deren Weiterentwicklung und verstärkte Anwendung dringend geboten erscheint.

Das Gesetz sieht keine systematische Begleitforschung zur Implementation und Evaluation der neuen Maßnahmen vor. In mehreren Ländern gibt es zwar entsprechende Forschungsvorhaben, eine Koordination oder Vernetzung der einzelnen Projekte steht jedoch bislang aus.

Literatur

Arbeitskreis Sozialtherapeutische Anstalten im Justizvollzug (1988) Mindestanforderungen an Sozialtherapeutische Einrichtungen. MSchrKrim 71:334–335

Arbeitskreis Sozialtherapeutische Anstalten im Justizvollzug (2000) Mindestanforderungen an Organisationsform, räumliche Voraussetzungen und Personalausstattung Sozialtherapeutischer Einrichtungen. ZfStrVo 50:178–179

Baulitz U, Driebold R, Eger HJ, Flöttmann U, Kober B, Kollwig M, Lohse H, Specht F (1980) Integrative Sozialtherapie. Innovation im Justizvollzug. Eigenverlag, Bad Gandersheim

Baumann J, Brauneck AE, Hanack EW et al (1966) Alternativ-Entwurf eines Strafgesetzbuches. Allgemeiner Teil. Mohr, Tübingen

Berner W, Becker H (2001) „Sex Offender Treatment Programme" (SOTP) in der sozialtherapeutischen Abteilung Hamburg-Nesselstraße. In: Rehn G et al (Hrsg) Behandlung „gefährlicher Straftäter": Grundlagen, Konzepte, Ergebnisse. Centaurus, Herbolzheim, S 206–217

Dessecker A (2000) Behandlung von Sexualstraftätern im Strafvollzug und in Freiheit. Ein Überblick zu den neuen gesetzlichen Grundlagen. In: Egg R (Hrsg) Behandlung von Sexualstraftätern im Justizvollzug. Folgerungen aus den Gesetzesänderungen. Kriminologie und Praxis, Bd 29. Kriminologische Zentralstelle, Wiesbaden, S 27–46

Drenkhahn K (2003) Therapeutischer Strafvollzug. In: Northoff R (Hrsg) Handbuch der Kriminalprävention. 5. Lieferung, April 2003. Nomos, Baden-Baden, S 4–39

Dünkel F, Geng B (1994) Rückfall und Bewährung von Karrieretätern nach Entlassung aus dem sozialtherapeutischen Behandlungsvollzug und aus dem Regelvollzug. In: Steller M, Dahle KP, Basqué M (Hrsg) Straftäterbehandlung. Centaurus, Paffenweiler, S 35–59

Egg R (1984) Straffälligkeit und Sozialtherapie: Konzepte, Erfahrungen, Entwicklungsmöglichkeiten. Heymann, Köln

Egg R (1990) Sozialtherapie und Rückfälligkeit im längerfristigen Vergleich. MSchrKrim 73: 358–368

Egg R (Hrsg) (1993) Sozialtherapie in den 90er Jahren. Gegenwärtiger Stand und aktuelle Entwicklungen im Justizvollzug. Berichte, Materialien, Arbeitspapiere aus der Kriminologischen Zentralstelle (Heft 7). Kriminologische Zentralstelle, Wiesbaden

Egg R (1994) Sozialtherapeutische Einrichtungen im Strafvollzug – konzeptionelle und strukturelle Probleme. In: Steller M, Dahle KP, Basqué M (Hrsg) Straftäterbehandlung – Argumente für eine Revitalisierung in Forschung und Praxis. Centaurus, Pfaffenweiler, S 186–200

Egg R (1996) Zur Situation in den sozialtherapeutischen Einrichtungen. Ergebnisse einer Umfrage. ZfStrVo 45:276–281

Egg R, Kälberer R, Specht F, Wischka B (1998) Bedingungen der Wirksamkeit sozialtherapeutischer Maßnahmen. ZfStrVo 47:348–351

Egg R, Pearson FS, Cleland CM, Lipton DS (2001) Evaluation von Straftäterbehandlungsprogrammen in Deutschland. Überblick und Meta-Analyse. In: Rehn G, Wischka B, Lösel F, Walter M (Hrsg) Behandlung „gefährlicher Straftäter". Grundlagen, Konzepte, Ergebnisse. Centaurus, Herbolzheim, S 321–347

Hanson RK, Gordon A, Harris AJR, Marques JK, Murphy W, Quinsey VL, Seto MC (2002) First report of the Collaborative Outcome Data Project on the effectiveness of psychological treatment for sexual offenders. Sex Abuse 14:169–194

Kröniger S (2003) (Bearb) Sozialtherapie im Strafvollzug: Ergebnisübersicht zur Stichtagserhebung vom 31.03. 2003. Kriminologische Zentralstelle, Wiesbaden

Lipsey MW (1992) The effect of treatment on juvenile delinquents: Results from meta-analysis. In: Lösel F, Bender D, Bliesener T (eds) Psychology and Law. International perspectives. De Gruyter, Berlin, pp 131–143

Lipton D, Martinson R, Wilks J (1975) The effectiveness of correctional treatment. A survey of treatment evaluation studies. Praeger, New York Washington London

Lösel F (1994) Meta-analytische Beiträge zur wiederbelebten Diskussion des Behandlungsgedankens. In: Steller M, Dahle KP, Basqué M (Hrsg) Straftäterbehandlung. Centaurus, Paffenweiler, S 35–59

Lösel F (1995) Ist der Behandlungsgedanke gescheitert? Eine empirische Bestandsaufnahme. In: Justizministerium Baden-Württemberg (Hrsg) Sozialtherapie im Strafvollzug: Dokumentation der 5. überregionalen Tagung der sozialtherapeutischen Einrichtungen im Bundesgebiet in Stuttgart-Hohenheim. Justizministerium Baden-Württemberg, Stuttgart, S 132–156

Lösel F (2001) Behandlung oder Verwahrung: Ergebnisse und Perspektiven der Intervention bei „psychopathischen" Straftätern. In: Rehn G et al (Hrsg) Behandlung „gefährlicher Straftäter": Grundlagen, Konzepte, Ergebnisse. Centaurus, Herbolzheim, S 36–53

Lösel F, Bender D (1997) Straftäterbehandlung: Konzepte, Ergebnisse, Probleme. In: Steller M, Volbert R (Hrsg) Psychologie im Strafverfahren: Ein Handbuch. Huber, Bern, S 171–204

Lösel F, Köferl, P, Weber F (1987) Meta-Evaluation der Sozialtherapie. Qualitative und quantitative Analysen zur Behandlungsforschung in sozialtherapeutischen Anstalten des Justizvollzuges. Enke, Stuttgart

Mauch G, Mauch R (1971) Sozialtherapie und die Sozialtherapeutische Anstalt. Erfahrungen in der Behandlung Chronisch-Krimineller: Voraussetzungen, Durchführung und Möglichkeiten. Enke, Stuttgart

Michelitsch-Traeger I (1991) Sozialtherapeutisch ausgerichteter Wohngruppenvollzug – oder: was man wissen muss, wenn man eine Wohngruppe implementieren will. ZfStrVo 41: 282–286

Müller-Luckmann E (1994) Es lohnt sich, weiterzumachen. In: Steller M, Dahle KP, Basqué M (Hrsg) Straftäterbehandlung. Centaurus, Paffenweiler, S 264–265

Ortmann R (2002) Sozialtherapie im Strafvollzug: eine experimentelle Längsschnittstudie zu den Wirkungen von Strafvollzugsmaßnahmen auf Legal- und Sozialbewährung. Max-Planck-Institut für ausländisches und internationales Strafrecht, Freiburg i. Br.

Peters D, Peters H (1970) Therapie ohne Diagnose. Zur soziologischen Kritik am kriminologischen Konzept sozialtherapeutischer Anstalten. Kriminologisches Journal 2:114–120

Pfaff C (2001) „Mit Köpfchen durchs Leben" – ein kognitiv-behaviorales Trainingsangebot zur Förderung sozialer Kompetenzen. In: Rehn G et al (Hrsg) Behandlung „gefährlicher Straftäter": Grundlagen, Konzepte, Ergebnisse. Centaurus, Herbolzheim, S 170–192

Rasch W (Hrsg) (1977) Forensische Sozialtherapie. Erfahrungen in Düren. Müller, Karlsruhe Heidelberg

Rasch W (1985) Nachruf auf die sozialtherapeutische Anstalt. Bewährungshilfe 32:319–329

Rehn G (1996) Konzeption und Praxis der Wohngruppenarbeit in sozialtherapeutischen Einrichtungen. ZfStrVo 45:281–290

Rehn G, Wischka B, Lösel F, Walter M (Hrsg) (2001) Behandlung „gefährlicher Straftäter". Grundlagen, Konzepte, Ergebnisse. Centaurus, Herbolzheim

Schmitt G (1980) Sozialtherapie – eine Gratwanderung im Strafvollzug. Konzepte, Alltag und Organisationsstruktur einer Sozialtherapeutischen Anstalt. Haag und Herchen, Frankfurt/M

Schöch H (1998) Das Gesetz zur Bekämpfung von Sexualdelikten und anderen gefährlichen Straftaten vom 26. 1. 1998. Neue juristische Wochenschrift 51:1257–1262

Steller M, Dahle KP, Basqué M (Hrsg) (1994) Straftäterbehandlung – Argumente für eine Revitalisierung in Forschung und Praxis. Centaurus, Pfaffenweiler

Wischka B (2001) Was wirkt? Sozialtherapie für Sexualstraftäter. Kriminalpädagogische Praxis 29:27–34

Wischka B, Foppe E, Griepenburg P, Nuhn-Naber C, Rehder U (2001) Das Behandlungsprogramm für Sexualstraftäter (BPS) im niedersächsischen Justizvollzug. In: Rehn G et al (Hrsg) Behandlung „gefährlicher Straftäter": Grundlagen, Konzepte, Ergebnisse. Centaurus, Herbolzheim, S 206–217

Wischka, B, Specht, F (2001) Integrative Sozialtherapie. Mindestanforderungen, Indikation 3333und Wirkfaktoren. In: Rehn G et al (Hrsg) Behandlung „gefährlicher Straftäter": Grundlagen, Konzepte, Ergebnisse. Centaurus, Herbolzheim, S 249–263

Witkowski W (1973) Vom Unsinn des Strafens? Kriminalistik 27:121–125

Witkowski W (1978) Härtere Strafen und weniger Psychologie? Oder: „Vom Unsinn des Strafens". Kriminalistik 32:201–205

4.2.2 Psychiatrie des Strafvollzuges

N. Konrad

Die folgenden Ausführungen zur Justizvollzugspsychiatrie beziehen auch Untersuchungsgefangene mit ein; der Titel vermittelt jedoch berechtigt den Eindruck, dass der Untersuchungshaft trotz Unschuldsvermutung ein erheblicher punitiver Charakter innewohnt, der mit psychischen Belastungen und nicht selten mit reaktiv-depressiven Symptomen einhergeht.

4.2.2.1 Prävalenz psychisch Kranker im Justizvollzug

Als wichtige Faktoren, die international im Zusammenhang mit einer hohen Prävalenz psychisch Gestörter im Justizvollzug genannt werden (zusammenfassend Konrad 2002), gelten:

▪ Kriminalisierung psychisch Kranker, etwa, indem sozial abweichendes Verhalten nicht toleriert, sondern zur Anzeige gebracht wird;

▪ Ökonomisierung der Behandlung psychisch Kranker mit Abbau stationärer Langzeiteinrichtungen (Stichwort Enthospitalisierung), zunehmender Verkürzung der Liegedauer (Dauer vollstationärer Behandlung) und unzureichender Entlassungsvorbereitung bei gleichzeitig

▪ unzureichenden komplementären Versorgungsstrukturen in der Gemeinde, insbesondere hinsichtlich Eignung, vor allem als personenzentrierter Ansatz für „young adult chronic psychiatric patients", und Verfügbarkeit;

▪ (Änderung der) Rechtslage mit eng gefassten Kriterien zivilrechtlicher oder öffentlich-rechtlicher Unterbringung, die den Eindruck einer Sicherungslücke hinterlassen, für deren Schließung bei auffälligem und nicht gesetzeskonformem Verhalten bei eigentlich bestehender Behandlungsnotwendigkeit ohne Behandlungsbereitschaft mangels sonstiger sozialer Kontrolle am ehesten der Justizvollzug geeignet erscheint;

▪ Zurückhaltung bei der Übernahme psychisch kranker Gefangener in allgemeinpsychiatrische Institutionen, etwa wegen der Annahme einer die Behandlungsinstitution überfordernden Gefährlichkeit (z.B. unzureichende räumliche Sicherheitsbedingungen, fehlende forensisch-psychiatrische Praxiserfahrung des Personals) oder wegen Bettenmangel;

▪ Zurückweisung „schwieriger" chronisch psychotischer Patienten wegen Zweifeln an der Behandlungseignung;

„death of liberalism" (Gunn 2000) in Verbindung mit einem politischen Klima, das die Ressourcen für psychisch gestörte Rechtsbrecher auf einem niedrigen Niveau hält.

Die genannten Problembereiche sind komplex und in ihrer Relevanz für die Situation psychisch Kranker im Justizvollzug primär länderspezifisch zu diskutieren.

Eine hohe Prävalenz psychischer Störungen unter den Gefangenen ist in neueren Übersichtsarbeiten eindrucksvoll demonstriert worden. In einer systematischen Übersicht (Fazel u. Danesh 2002) über 62 Studien aus 12 unterschiedlichen westlichen Ländern bei 22 790 Gefangenen (Durchschnittsalter 29 Jahre, 81% Männer), hatten 3 bis 7% der Männer eine psychotische Erkrankung, 10% eine „major depression" und 65% eine Persönlichkeitsstörung; 4% der Frauen hatten eine psychotische Erkrankung, 12% eine „major depression", und 42% eine Persönlichkeitsstörung. Das Risiko, an einer psychischen Störung zu leiden, ist länder- und diagnoseübergreifend bei Gefangenen im Vergleich zur Allgemeinbevölkerung erhöht (Konrad 2000 b).

Bei älteren Strafgefangenen in England und Wales wurde eine gegenüber jüngeren Gefangenen und der Allgemeinbevölkerung deutlich erhöhte Prävalenz psychotischer Störungen (überwiegend depressiver Erkrankungen) festgestellt (Fazel et al. 2001).

Diese hohe Prävalenz allein mit einer Zunahme psychisch Kranker unter den Inhaftierten erklären zu wollen, ist problematisch: Es fehlen nicht nur geeignete Längsschnittstudien, die ein größeres, repräsentatives Sample einer Gefangenenpopulation bei konstant gebliebenen rechtlichen Zuweisungsbedingungen mit standardisierten und validierten Instrumenten in einem größeren Abstand untersuchen; vielmehr ist es durch verbesserte diagnostische Möglichkeiten in den letzten Jahren überhaupt erst möglich geworden, psychische Störungen verlässlicher zu erkennen. In einer systematischen Übersicht zeigte sich keine signifikante Erhöhung der Prävalenzraten bei den Studien nach 1990 im Vergleich zu davor (Fazel u. Danesh 2002). Hinzu kommt möglicherweise eine höhere Sensibilisierung der im Justizvollzug Tätigen, auffälliges Verhalten (auch) als Symptom einer psychischen Störung zu sehen.

Die Prävalenz psychisch Kranker in Haft wird durch weitere Faktoren beeinflusst, insbesondere durch geringere Chancen im Vergleich zu Mitgefangenen zu Lockerungsmaßnahmen zugelassen oder auf Bewährung vorzeitig entlassen zu werden.

Methodisch fundierte Studien zur Prävalenz psychischer Störungen im Justizvollzug, die ein größeres, repräsentatives Sample einer Gefangenenpopulation mit standardisierten diagnostischen Instrumenten untersuchten und eine an internationalen Klassifikationssystemen orientierte Diagnose liefern, gibt es bislang kaum in Deutschland. In einer jüngst abgeschlossenen Studie (Konrad 2004) wurde erstmalig in Deutschland die Prävalenz psychischer Störungen in einer speziellen Gefangenengruppe, den Verbüßern einer Ersatzfreiheitsstrafe, ermittelt. Die mit Hilfe des DIA-X gestellten Diagnosen betrafen vor allem Alkoholmissbrauch/-abhängigkeit (77%), Nikotinabhängigkeit (64%), spezifische Phobien (39%) sowie Dysthymia (21%) und einzelne oder rezidivierende depressive Episoden (20%). Auffällig ist der hohe Anteil an Probanden, bei denen psychotische Merkmale in der Lebenszeitprävalenz diagnostiziert wurden (10%); bei solchen Personen wäre eigentlich zu prüfen, ob die zur Verurteilung führenden Delikte in psychotischem Zustand begangen wurden; wenn ja, wäre bei In-Betracht-Kommen von Schuldunfähigkeit ein Wiederaufnahmeverfahren einzuleiten. Die Dauer eines solchen Unterfangens übersteigt jedoch in der Praxis die Dauer der zu verbüßenden Freiheitsstrafe um ein Mehrfaches.

Demgegenüber fanden sich mit der gleichen Methodik gewonnene Diagnosen bei Untersuchungsgefangenen in anderer Häufigkeit. Hier betrafen die mit Hilfe des DIA-X gestellten Diagnosen weniger Alkoholmissbrauch/-abhängigkeit (43%), Nikotinabhängigkeit (36%), spezifische Phobien (14%) sowie Dysthymia (6%), dafür waren einzelne oder rezidivierende depressive Episoden mit 40% vertreten; letztere Diagnosekategorie dürfte dabei einen wesentlichen Anteil an Gefangenen umfassen, die im Zusammenhang mit der Haftsituation eine reaktiv-depressive Symptomatik entwickeln, welche eher als Anpassungsstörung zu klassifizieren wäre (Utting 2002).

Andere Gefangenengruppen sind in Deutschland bislang noch nicht systematisch auf die Prävalenz psychischer Störungen hin untersucht worden. Aufgrund dieses Forschungsdefizits existieren keine aktuellen Daten, die eine angemessene Versorgungsplanung im Hinblick auf die Bedürfnisse psychisch gestörter Inhaftierter ermöglichen würden. Es fehlt damit auch eine empirische Grundlage zur Beantwortung der Frage, ob es in Deutschland – ähnlich wie offenbar in Österreich (Frottier 2002) – zu einer Zunahme psychischer Störungen bei Inhaftierten gekommen ist, die etwa mit Folgeerscheinungen von inadäquaten Enthospitalisierungsprogrammen begründet werden kann.

4.2.2.2 Die Versorgungssituation in Deutschland

Die Versorgungssituation im deutschen Justizvollzug war zuletzt 1996 Gegenstand eines Kommissionsberichtes der CPT, des European Committee for the Prevention of Torture and Inhuman or Degrading Treatment or Punishment. In diesem Bericht wurde, bezogen etwa auf die psychiatrisch-neurologische Abteilung des Krankenhauses der Berliner Vollzugsanstalten, wie schon in einem früheren Kommissionsbericht aus dem Jahr 1991, auf unzureichende therapeutische Angebote und eine fehlende stationsbezogene Differenzierung der Patienten hingewiesen (Council of Europe 1997).

Die stationär-psychiatrische Versorgung von Gefangenen in Deutschland ist regional sehr unterschiedlich geregelt. Eine justizeigene, also innerhalb von Justizvollzugsanstalten befindliche und den Justizbehörden unterstehende psychiatrische Abteilung existiert lediglich in 4 Bundesländern (Baden-Württemberg, Bayern, Berlin, Sachsen). Dabei gibt es in der deutschsprachigen Literatur bislang kein allgemein akzeptiertes Konzept einer stationär-psychiatrischen Versorgung im Justizvollzug (Konrad 2000 a); grundsätzlich ist im Vergleich der allgemeinpsychiatrischen mit den justizpsychiatrischen Einrichtungen festzustellen, dass die Allgemeinpsychiatrie über eine bessere personelle Ausstattung, einen höheren Ausbildungsstand des Personals und ein zeitgemäßeres Therapieangebot verfügt (Konrad u. Missoni 2001). In Ländern ohne eigene Justizvollzugspsychiatrie erfolgt die ambulante und stationäre psychiatrische Versorgung der Gefangenen mit der Hilfe von externen Institutionen und konsiliarischen Fachkräften (Missoni u. Rex 1997).

Dort, wo eine stationär-psychiatrische Abteilung im Justizvollzug existiert, stellen sich diverse Probleme (Konrad 2000 a):

- Das Fehlen verbindlicher rechtlicher Kriterien zur Aufnahme in eine oder Entlassung aus einer psychiatrischen Abteilung im Justizvollzug kann zum Drängen nach Übernahme etwa durch dissoziale Verhaltensweisen „vollzugsstörender" Gefangener führen. Eine Abgrenzung gegen ethisch bedenkliche Psychiatrisierungstendenzen ist dadurch möglich, dass die Zuständigkeit einer psychiatrischen Abteilung innerhalb des Justizvollzuges für die stationäre Versorgung von psychisch gestörten Inhaftierten angenommen wird, wenn diese – in Anlehnung an PsychKG-Bestimmungen – und solange diese durch ihr krankheitsbedingtes Verhalten ihr Leben, ernsthaft ihre Gesundheit oder besonders bedeutende Rechtsgüter anderer in erheblichem Maße gefährden.

- Gefängnissubkultur und therapiekontraproduktive Hierarchisierung unter den Patienten werden gefördert, wenn nicht externe Kräfte, sondern Patienten gewissermaßen als Stationshilfen für Reinigungsarbeiten eingesetzt werden müssen, von deren uneingeschränkter Einsatzfähigkeit der hygienische Krankenhausstandard abhängt.

- Hinzu kommt, dass in Berlin im Zusammenhang mit der Laufbahnverordnung für Werk- und Krankenpflegedienst das Pflegepersonal nicht nur an einer Schießausbildung teilnehmen muss, sondern auch, etwa bei Ausführungen, als potenzieller Waffenträger in Betracht kommt; die hiermit verbundene Rolle des potenziellen Schädigers hindert den Aufbau einer vertrauensvollen, empathiegetragenen Beziehung, führt zu einer Rollenkonfusion und schadet damit dem therapeutischen Umgang mit den Patienten.

- Auch wenn nach dem Strafvollzugsgesetz Gefangene im Hinblick auf die medizinische Behandlung nicht schlechter gestellt werden dürfen als die Allgemeinbevölkerung, unterliegt die psychiatrische Versorgung gerade in Zeiten, die unter dem Zeichen der Einsparung stehen, der ständigen Gefahr, dass psychiatrische Patienten in personeller, räumlicher und organisatorischer Hinsicht keinen der allgemeinen Psychiatrie außerhalb des Justizvollzuges vergleichbaren Behandlungsstandard erfahren, etwa wenn die Psychiatriepersonalverordnung – die für den Justizvollzug keine Rechtsverbindlichkeit besitzt – als Orientierungsmaßstab der Angleichung der Versorgungsstandards nicht akzeptiert wird oder unter organisatorischen Gesichtspunkten Einschlusszeiten des geschlossenen Vollzuges mit therapeutischen Angeboten und milieutherapeutischer Gestaltung einer Krankenhausatmosphäre konkurrieren müssen.

Unter Berücksichtigung einer Studie aus England und Wales (Gunn et al. 1991) kann man bei vorsichtiger Schätzung davon ausgehen, dass ca. 3% der Gefangenenpopulation mindestens ein Mal im Jahr aus diagnostischen oder therapeutischen Gründen der stationär-psychiatrischen Versorgung bedürfen. Dabei ist der Bedarf an stationären Plätzen zur Entwöhnung Suchtkranker nicht berücksichtigt, zumal bei abhängigkeitskranken Inhaftierten in der Regel auf Behandlungen außerhalb des Justiz-, aber auch des Maßregelvollzuges gesetzt wird.

Die stationär-psychiatrische Behandlung von Gefangenen in allgemeinpsychiatrischen Einrichtungen stößt häufig auf Sicherheitsbedenken von Seiten der Vollzugsbehörden. Die daraus resultierende Vermeidungshaltung findet Widerhall bei den Behandlungsinstitutionen, die, sofern sie die Behandlung von Gefangenen nicht grundsätzlich ablehnen – in Nordrhein-Westfalen und Rheinland-Pfalz wird in zwei Drittel der allgemeinpsychiatrischen Einrichtungen kein Gefangener behandelt –, Behandlungsindikation, Behandlungsbereitschaft oder therapeutische Ansprechbarkeit eingewiesener Patienten in Frage stellen und auf institutionsschädliche Einflüsse von der Beeinträchtigung des therapeutischen Klimas über Demotivation bis zur Rückfallprovokation therapiebereiter Mitpatienten hinweisen (Konrad u. Missoni 2001). Speziell wird geltend gemacht, dass Gefangene andere Patienten beunruhigen, Disziplinschwierigkeiten bereiten und eine stärkere Anspruchshaltung an den Tag legen. Bezogen auf die Gesamtaufnahmezahl der Gefangenen in den Ländern Nordrhein-Westfalen und Rheinland-Pfalz erfolgte im Jahre 1997 eine stationär-psychiatrische Behandlung bei 0,1 bis 2,3% in Abhängigkeit von der betreffenden Justizvollzugsanstalt (Konrad u. Missoni 2001).

In einer Befragung aller Maßregelvollzugseinrichtungen Deutschlands war zu erfahren, dass sich insgesamt 17 Kliniken aus 10 Bundesländern an der stationären, 4 von ihnen (in 4 Bundesländern) auch an der ambulanten psychiatrischen Versorgung von Gefangenen beteiligen. Die Gesamtzahl der stationär behandelten Gefangenen betrug im Jahre 1996 187. Davon waren 184 männlichen und 3 weiblichen Geschlechtes und bis auf 2 männliche Gefangene alles Erwachsene. Dies ist 0,085% der Summe der Gesamtzahlen der Gefangenen der entsprechenden 10 Bundesländer (Missoni u. Konrad 1998).

4.2.2.3 Der Gefängnissuizid

Suizide stehen in der Rangfolge der Todesursachen in Vollzugsanstalten an herausragender Stelle. So war unter den im Berliner Justizvollzug in den Jahren 1992 bis 2002 vorgekommenen 121 Todesfällen Suizid mit rund 48% die häufigste Ursache. Braun (2000) fand für Deutschland im Durchschnitt der Jahre von 1983 bis 1998 eine rund 6,5fach erhöhte Suizidrate bei männlichen Vollzugsinsassen im Vergleich zur altersentsprechenden männlichen Allgemeinbevölkerung; eine deutlich erhöhte Suizidgefährdung von Gefangenen wird aber auch aus anderen europäischen und außereuropäischen Ländern berichtet (z. B. Liebling und Ward 1994).

Unter den Gefangenen des Justizvollzuges sind Untersuchungshäftlinge bzw. Gefangene zu Beginn ihrer Haftzeit besonders gefährdet. So betrafen rund 64% der Suizidfälle aus dem Berliner Justizvollzug der o. g. Jahre Untersuchungshäftlinge, obwohl diese Gruppe insgesamt weniger als ein Viertel der Gefangenen stellte. Auch ausländische Studien fanden regelmäßig bei den Untersuchungsgefangenen besonders hohe Suizidraten (z. B. Backett 1987; Dooley 1990; Frühwald 1996). Dabei scheint es in den ersten Tagen nach der Inhaftierung zu den meisten Suiziden zu kommen. Bogue und Power (1995) geben den Anteil der in der ersten Inhaftierungswoche erfolgten Suizide mit 34% an, Backett (1987) berichtet aus Schottland über 39%, in Berlin lag er im genannten Zeitraum bei rund 35%.

Als Ursache für die hohen Suizidraten gerade bei den Gefangenen, die sich in der ersten Haftphase befinden, wird einerseits eine Überforderung durch die Kumulation situationaler Stressoren im Zusammenhang mit der Inhaftierung und dem anstehenden Strafverfahren diskutiert. Hierzu tragen Faktoren bei, wie sie etwa unter dem Begriff des „Inhaftierungsschocks" subsumiert werden können – d. h. die Erfahrung, jäh aus den gewohnten sozialen Bezügen herausgerissen, isoliert, ohne nennenswerte Kontroll- und Einflussmöglichkeiten, ohne Privatsphäre und plötzlich weitgehend fremdbestimmt zu sein –, aber auch vermehrte Unsicherheiten im Hinblick auf die ungewohnte Haftumgebung und ihre Regeln oder im Hinblick auf die im noch laufenden Gerichtsverfahren zu erwartende Strafe (Cox u. Morschauer 1997) und nicht zuletzt bei Gefangenen mit Suchterkrankungen etwaige Entzugssymptome (Bogue u. Power 1995). Gerade bei schweren Gewaltdelikten können auch Schuldgefühle im Hinblick auf das Tatgeschehen oder seine Folgen die Belastung verstärken (Dooley 1990).

Auf der anderen Seite stellen Gefangene keinen repräsentativen Querschnitt der Allgemeinbevölkerung dar, sondern weisen vielmehr von vornherein ein erhöhtes Ausmaß an Risikofaktoren für suizidales Verhalten auf. So finden sich unter Untersuchungs- und Strafgefangenen regelhaft erhöhte Anteile an Personen mit psychischen Störungen, Suchtproblemen, Verlusterlebnissen, Suizidversuchen in der Vorgeschichte und ähnlichen Vorbelastungen (Konrad 2001). Dem entspricht, dass im Rahmen einer Längsschnittstudie zur Biografie ehemaliger männlicher Strafgefangener für diese Gruppe auch außerhalb des Justizvollzuges erhöhte Suizidraten gefunden wurden (Hartig 2002). Konsequenterweise geht man daher von einem Ursachenbündel als Erklärung für die hohe Suizidgefährdung von Vollzugsinsassen aus, im Sinne einer Wechselwirkung erhöhter individueller Vulnerabilität bei den Betroffenen in Verbindung mit der erheblich erhöhten situationalen Belastung, die durch die Haft und das laufende Gerichtsverfahren bedingt ist (z. B. Liebling 1995).

Insofern die Belastung durch die Inhaftierung als ein wichtiger Faktor für die hohe Suizidgefährdung von Gefangenen gilt, stehen die Vollzugsanstalten in der gesetzlichen Pflicht, diesen „Schädlichen Folgen des Freiheitsentzuges (…) entgegenzuwirken" (§ 3 Abs. 2 StVollzG). Die Feststellung, dass ein Großteil der Suizide bereits in den ersten Hafttagen erfolgt, erschwert jedoch die Suche nach geeigneten Präventionsmaßnahmen. Eine klinisch-diagnostische Abklärung der Suizidgefährdung jedes Inhaftierten unmittelbar zum Haftantritt durch entsprechend ausgebildete Psychologen oder Psychiater ist in Anbetracht der personellen Situation der einschlägigen Fachdienste in den Vollzugsanstalten kaum möglich; eine hierfür erforderliche personelle Aufstockung erscheint gegenwärtig wenig realistisch.

In den Niederlanden wurde kürzlich ein Screeningverfahren vorgestellt, das im Auftrag des niederländischen Justizministeriums entwickelt wurde und genau dem genannten Zweck, nämlich der Früherkennung potenziell suizidaler Risikogruppen unter Gefangenen auf der Grundlage möglichst einfach zu generierender Informationen, dienen soll (Blaauw et al. 2001). Dieses wurde für deutsche Zwecke modifiziert (Dahle et al. 2005); es ist in Tabelle 4.2.7 zusammengefasst.

Das Screening stellt jedoch keine Beurteilung der akuten individuellen Suizidgefährdung eines Gefangenen dar und kann eine fundierte Diagnos-

Tabelle 4.2.7. Optimiertes Screening zur Identifikation potenziell suizidaler Untersuchungsgefangener

Eigenschaft	Beschreibung	Ja	Nein
▮ Alter 40+	40 Jahre oder älter	1	0
▮ Ohne festen Wohnsitz	vor der Inhaftierung ohne festen Wohnsitz oder ohne Meldeadresse gewesen	1	0
▮ Keine oder eine frühere Inhaftierung	Erstinhaftierung oder genau eine Vorinhaftierung	1	0
▮ Multipler Missbrauch harter Drogen	Konsum harter Drogen in der Vorgeschichte (mind. einmal pro Woche) in Kombination mit regelmäßigem Konsum weicher Drogen und/oder Konsum größerer Mengen von Alkohol und/oder Medikamentenmissbrauch	1	0
▮ Bekannte frühere Suizidversuche oder selbstschädigende Handlungen	es sind Suizidversuche oder intentionale Selbstschädigungen (Schnitte, Vergiftungen, Selbstverletzungen) aus der Vergangenheit des Gefangenen bekannt	1	0
▮ Suizidale Äußerungen oder Suizidversuche	während der aktuellen Inhaftierung (bei Festnahme, im Gerichtssaal, bei Transporten, im Justizvollzug oder im Interview) werden Bemerkungen gemacht, die auf Suizidalität hindeuten oder es erfolgten bereits Suizidversuche	3	0
Bei 3 oder mehr Punkten ist eine unverzügliche Vorstellung beim psychologischen oder psychiatrischen Fachdienst zu veranlassen		Σ	

tik nicht ersetzen. Sein Ziel ist es, Teilgruppen von Untersuchungsgefangenen zu identifizieren, deren Ausgangsrisiko für suizidale Handlungen gegenüber der allgemeinen Population im Untersuchungsgefängnis erhöht ist. Insofern hierdurch die Möglichkeit eröffnet wird, die begrenzten personellen Ressourcen der psychologischen und psychiatrischen Fachdienste frühzeitig auf relevante Risikogruppen zu fokussieren, erfüllt das Screening seinen Zweck. Voraussetzung für eine effiziente Suizidprävention wäre eine regelhafte Anwendung unmittelbar bei Haftantritt und die Gewährleistung, dass im Falle eines positiven Screenings unverzüglich eine klinisch fundierte Klärung der tatsächlichen Gefährdung vorgenommen wird. Ein Verzicht hierauf und eine bloße Beschränkung auf restriktive und den Gefangenen gewöhnlich zusätzlich belastende Präventionsmaßnahmen (etwa in Form von Sonderbeobachtungen) sind weder aus inhaltlichen noch aus statistischen Gründen zu rechtfertigen. Inhaltlich würde eine solche Praxis dazu führen, dass z. B. jeder obdachlose Erst- oder Zweitinhaftierte, nur weil er ein bestimmtes Alter erreicht hat, mit einer solchen Maßnahme belastet würde. Statistisch hingegen ist wegen der extrem geringen Basisrate die tatsächliche Suizidwahrscheinlichkeit auch bei positivem Screening minimal.

Darüber hinaus muss davon ausgegangen werden, dass für definierte Teilgruppen – etwa drogenabhängige Gefangene oder Gefangene mit Gewaltdelikten – jeweils ganz andere Merkmale relevant sind, sodass ein konfiguraler Ansatz möglicherweise zweckmäßiger wäre. Angesichts der ohnehin sehr geringen Basisraten sind entsprechende Forschungen an Teilgruppen von Suizidenten in Haftanstalten jedoch sehr aufwändig, sodass mit kurzfristigen Ergebnissen kaum zu rechnen ist.

Literatur

Backett SA (1987) Suicide in Scottish prisons. Br J Psychiatr 151:218–221
Bogue J, Power K (1995) Suicide in Scottish prisons, 1976–93. J Forens Psychiatry 6:527–540
Blaauw E, Kerkhof AJFM, Winkel FW, Sheridan L (2001) Identifying suicide risk in penal institutions in the Netherlands. Br J Forensic Pract 3:22–28
Braun U (2000) Der Gefängnissuizid in Europa. Unveröffentlichte Dissertation, Freie Universität Berlin
Council of Europe (1997) Report to the German Government on the visit to Germany carried out by the European committee for the Prevention of Torture and Inhuman or Degrading Treatment or Punishment (CPT) from 14 to 26 April 1996. Council of Europe, Strasbourg
Cox JF, Morschauser PC (1997) A solution to the problem of jail suicide. Crisis 18:178–184
Dahle KP, Lohner J, Konrad N (2005) Prävalenz psychischer Störungen bei Verbüßern einer Ersatzfreiheitsstrafe. R & P 22:147–150
Dooley E (1990) Prison suicide in England and Wales, 1972–87. Br J Psychiatry 156:40–45
Fazel S, Danesh J (2002) Serious mental disorder in 23 000 prisoners: a systematic review of 62 surveys. Lancet 349:545–550
Fazel S, Hope T, O'Donnell I, Jacoby R (2001) Hidden psychiatric morbidity in elderly prisoners. Br J Psychiatry 179:535–539
Frottier P (2002) Die letzte psychiatrische Anstalt. Recht & Psychiatrie 20:162–167
Frühwald S (1996) Kriminalität und Suizidalität. Selbstmorde in Österreichs Haftanstalten 1975–1994. ZfStrVo 45:218–224

Gunn J, Maden A, Swinton M (1991) Treatment needs of prisoners with psychiatric disorders. Br Med J 303:338–341

Gunn J (2000) Future directions for treatment in forensic psychiatry. Br J Psychiatry 176: 332–338

Hartig J (2002) Mögliche Ursachen für die erhöhte Sterblichkeit bei Kriminellen: Eine Untersuchung im Rahmen der Berliner CRIME-Studie. Unveröffentlichte Diplomarbeit, Freie Universität und Technische Universität Berlin

Konrad N (2000 a) Psychisch Kranke im Justizvollzug – Sicht des forensischen Psychiaters. ZaeFQ 94:288–292

Konrad N (2000 b) Psychiatrie in Haft, Gefangenschaft und Gefängnis. In: Helmchen H, Henn FA, Lauter H, Sartorius N (Hrsg) Psychiatrie der Gegenwart, 4. Aufl. Springer, Berlin Heidelberg New York

Konrad N (2001) Suizid in Haft – Europäische Entwicklungen. ZfStrVo 50:103–109

Konrad N (2002) Prisons as new asylums. Curr Opin Psychiatry 15:583–587

Konrad N (2004) Suicide prevention in penal institutions: validation and optimization of a screening tool for early identification of high-risk inmates in pretrial detention. Int J Forensic Ment Health 4:53–62

Konrad N, Missoni L (2001) Psychiatrische Behandlung von Gefangenen in allgemeinpsychiatrischen Einrichtungen am Beispiel von Nordrhein-Westfalen und Rheinland-Pfalz. Psychiatr Prax 28:35–42

Liebling A (1995) Vulnerability and prison suicide. Br J Criminol 35:173–187

Liebling A, Ward T (1994) Deaths in custody: International perspectives Whiting & Birch, London

Missoni L, Konrad N (1998) Beteiligung des Maßregelvollzuges an der psychiatrischen Versorgung von Straf- und Untersuchungsgefangenen in Deutschland. Recht & Psychiatrie 16: 84–90

Missoni L, Rex R (1997) Strukturen psychiatrischer Versorgung im deutschen Justizvollzug. ZfStrVo 46:335–339

Utting F (2002) Prävalenz psychischer Störungen bei Untersuchungsgefangenen. Unveröffentlichte Dissertation, Freie Universität Berlin

4.2.3 Ambulante Behandlungsmöglichkeiten

N. Leygraf

4.2.3.1 Bereiche ambulanter Behandlung von Straftätern und Rechtsbrechern

Von 1992 bis 2004 stieg die Zahl der Strafgefangenen in der Bundesrepublik um ca. 61% von 39 299 auf 63 373, die der nach § 64 StGB untergebrachten suchtkranken Rechtsbrecher von 1269 um ca. 90% auf 2412 und die der nach § 63 StGB untergebrachten psychisch kranken Rechtsbrecher hat sich mit einem Anstieg von 2657 auf 5390 (ca. 103%) sogar mehr als verdoppelt (Statistisches Bundesamt Wiesbaden 1992–2004, die Angaben für den Maßregelvollzug beziehen sich nur auf die alten Bundesländer). Diese Zunahme freiheitsentziehender strafrechtlicher Interventionen führte – nicht zuletzt unter dem Finanzdruck der öffentlichen Haushalte (Lau 2003) – zu einer forcierten Diskussion über alternative ambulante Interventionsmöglichkeiten. Hiermit sollen durch eine Verringerung der Notwendigkeit und eine Verkürzung der Zeitdauer stationärer Maßnahmen Kosten gesenkt werden.

Zugleich geht es aber auch um eine Verbesserung des rückfallpräventiven Effektes strafrechtlicher Sanktionen. Hierauf zielt z. B. die im Gesetz zur Bekämpfung von Sexualdelikten und anderen gefährlichen Straftaten vom 26. 01. 1998 geschaffene Neuregelung des § 56 c Abs. 3 Nr. 1 StGB ab. Demnach kann das Gericht im Rahmen der Straf- bzw. Strafrestaussetzung zur Bewährung auch ohne Einwilligung des Betroffenen anordnen, dass sich der Verurteilte (weiterhin) einer Heilbehandlung unterzieht, sofern diese nicht mit einem körperlichen Eingriff verbunden ist. Die Nichterfüllung dieser Weisung kann zum Widerruf der Strafaussetzung führen.

Ambulante Behandlungsmaßnahmen zur Kriminalprävention können auf drei verschiedenen Ebenen erfolgen:

1. *Primäre Prävention (Prophylaxe)* soll durch Interventionen im Vorfeld von Delikten das Risiko von Straftaten verringern. Hierunter fallen vielfältige Programme der Kriminalitätsvorsorge, die in der Regel auf bestimmte Problembereiche (z. B. häusliche Gewalt, Gewalt in Schulen, sexueller Missbrauch) oder potenzielle Tätergruppen (z. B. gewaltbereite Jugendliche) abzielen. Aber auch individuelle Behandlungsmaßnahmen bei verhaltensauffälligen/gestörten Kindern und Jugendlichen haben einen kriminalitätsvorsorgenden Aspekt, auch wenn dieser in der Regel nicht primär angestrebt ist, sondern einen positiven Begleiteffekt darstellt. Auch bei Erwachsenen ist der kriminalpräventive Effekt einer intensiven ambulanten Behandlung psychisch Kranker empirisch sehr gut belegt (Swanson et al. 2000). In der Regel erfolgen diese Behandlungen in Einrichtungen der allgemeinen Psychiatrie bzw. Kinder- und Jugendpsychiatrie und sind Bestandteil des psychiatrischen Gesundheitssystems.

Ambulante Behandlungen mit dem konkreten Ziel, durch therapeutische Maßnahmen drohende Straftaten bei bislang noch nicht straffällig Gewordenen zu vermeiden, erfolgten bislang allenfalls unsystematisch und überwiegend bei Patienten mit einer sexuellen Deviation. Sie setzen ein entsprechendes Problembewusstsein des Patienten voraus und dessen Bereitschaft, sich freiwillig in eine entsprechende Behandlung zu begeben. Inwieweit das in diesem Zusammenhang in Berlin geplante Projekt zur „Prävention von sexuellem Kindesmissbrauch im Dunkelfeld" (Ahlers et al. 2005) einen hinreichenden Zuspruch finden wird, bleibt abzuwarten.

2. *Sekundäre Prävention* zielt über die Behandlung bereits straffällig Gewordener auf die Verhinderung erneuter Delikte und die Vermeidung sonst erforderlicher freiheitsentziehender Maßnahmen (Strafe, Maßregel) ab. Auch eine solche Kriminalprävention kann einen – gewünschten – Begleiteffekt einer allgemein-psychiatrischen Krankenversorgung darstellen. So führt die Methadonsubstitution bei Opiatabhängigen nicht nur zu signifikanten Verbesserungen des Gesundheitszustandes und der sozialen Situation der Betroffenen, sondern ist erfolgreiche Sekundärprävention bezüglich der Gefahr erneuter BtM-Delikte und zugleich präventiv im Hinblick auf eine drohende Beschaffungskriminalität (Reuter u. Küfner 2002). In der Regel zielen ambulante Behandlungsmaßnahmen bei Straftätern aber gezielt auf den speziellen kriminalpräventiven Effekt

ab, weshalb ihre Effizienz auch durchweg am Kriterium des Deliktrückfalles beurteilt wird.

3. *Ambulante Nachsorgemaßnahmen* sollen die Straffreiheit nach Entlassung aus dem Straf- oder Maßregelvollzug sichern und die Häufigkeit von Wiederaufnahmen in eine freiheitsentziehende Sanktion bzw. Maßnahme senken. Sofern es sich um psychisch kranke Rechtsbrecher handelt, kann eine solche Nachsorge zum Teil durch gemeindenahe Dienste und das System allgemein-psychiatrischer Behandlungsangebote erfolgen. Dies erweist sich aber wegen der Besonderheiten in der Behandlung dieser Klientel, bei der psychische Befindlichkeit und Gefährlichkeit stets gleichermaßen im Auge behalten werden müssen, vielfach als schwierig (ein eindrucksvolles Beispiel findet sich bei Pörksen u. Scholz 2003; der von ihnen beschriebene Patient ist kurze Zeit nach Erscheinen ihres Beitrags wegen eines erneuten, wahnhaft bedingten Tötungsdeliktes wiederum gemäß § 63 StGB untergebracht worden). Nicht nur bei ehemaligen Strafgefangenen, sondern auch bei entlassenen Maßregelpatienten sollte die Nachbetreuung möglichst durch Therapeuten bzw. Einrichtungen erfolgen, die über spezielle Kenntnisse und Erfahrungen in der Behandlung von Rechtsbrechern verfügen.

Ein Reihe von Metaanalysen weist darauf hin, dass mit ambulanten Therapiemaßnahmen bei Straftätern durchaus Gefährlichkeit und Rückfallhäufigkeit gesenkt werden können. Eine umfassende Literaturübersicht hierzu findet sich bei Lau (2003). Demnach besteht hinsichtlich der kriminalpräventiven Wirksamkeit einer Straftätertherapie kein vernünftiger Zweifel. Insgesamt lässt sich durch Therapiemaßnahmen eine Verringerung relevanter Rückfälle um bis zu 30% erreichen, wobei sich ambulante und gemeindenah durchgeführte Programme als besonders wirksam erwiesen haben. Ein großer Teil dieser Studien bezog sich auf die Behandlung delinquent gewordener Jugendlicher, weil dort häufiger auf ambulante Maßnahmen zurückgegriffen wird und die Effekte insgesamt günstiger sind. Dabei hat sich auch gezeigt, dass eine erfolgreiche ambulante Straftätertherapie keineswegs nur auf freiwilliger Basis erfolgen kann (Whitead u. Lab 1989).

Studien bei Erwachsenen betreffen vor allem die Behandlung von Sexualstraftätern. Hier fand Hall (1995) bei langfristigen ambulanten, kognitiv-behavioral orientierten Behandlungen signifikant höhere Effektstärken als bei vergleichbaren Therapien im stationären Setting. Einschränkend wies Hall jedoch darauf hin, dass hier unterschiedliche Zusammensetzungen von Untersuchungs- und Vergleichsgruppen Einfluss genommen haben können, da Täter mit schweren Delikten und/oder langfristig hoher Gefährlichkeit in der Regel nur im gesicherten Setting des Freiheitsentzugs behandelt werden können. Von daher sind Täter mit einer geringeren und möglicherweise auch besser beeinflussbaren Rückfallgefahr und solche mit weniger schwerwiegenden Delikten bei ambulanten Behandlungsmaßnahmen oft überrepräsentiert.

So sieht das deutsche Strafrecht z. B. bei exhibitionistischen Handlungen auch dann die Möglichkeit einer Strafaussetzung zur Bewährung vor, „wenn zu erwarten ist, dass der Täter erst nach einer längeren Heilbehandlung keine exhibitionistischen Handlungen mehr vornehmen wird" (§ 183 Abs. 3 StGB). Der Gesetzgeber nimmt hier also die Gefahr, dass ein solcher Täter auch nach der Strafaussetzung wieder rückfällig wird, in Kauf, wenn davon ausgegangen werden kann, dass die Therapie erfolgreich sein und zu späterer Straffreiheit führen wird. In der Praxis scheitern solche gerichtlichen Weisungen zur ambulanten Psychotherapie aber oft daran, dass es den Betroffenen kaum möglich ist, einen entsprechend qualifizierten Therapeuten zu finden (Pitzing 2004).

4.2.3.2 Notwendigkeit ambulanter Nachsorge

Die besondere Bedeutung des Nachsorgeaspektes bei aus dem Maßregelvollzug entlassenen *psychisch kranken Rechtsbrechern* wird vor allem bei Betrachtung der Fälle deutlich, bei denen es nach der Entlassung zu einem schwerwiegenden Deliktrückfall gekommen ist. Bereits in der Studie von Ritzel (1978) fand sich lediglich bei 37% der ehemaligen Maßregelpatienten eine ambulante Weiterbehandlung. Falls eine solche überhaupt durchgeführt worden war, erfolgte sie nur in ca. einem Drittel der Fälle durch einen Psychiater, in den übrigen Fällen lag die Behandlung dagegen in den Händen von nicht psychiatrisch weitergebildeten Ärzten. Diese waren mit der hier vorliegenden Problematik oft gänzlich überfordert.

Im Rahmen der bundesweiten Maßregelstudie (Leygraf 1988) waren 17% der Patienten zum wiederholten Mal im Maßregelvollzug gemäß § 63 StGB untergebracht, ganz überwiegend aufgrund eines Deliktrückfalles. Dabei war die Hälfte aller Wiederaufnahmen in den Maßregelvollzug bereits in den ersten 15 Monaten nach Entlassung erfolgt. Diese Übergangsphase erwies sich also als besonders kritisch, was seinerzeit insofern noch besonders ausgeprägt war, als es nur wenige Möglichkeiten einer schrittweisen Enthospitalisierung gab, z. B. in Form weitergehender Vollzugslockerungen und insbesondere Probebeurlaubungen. Somit war der Schritt von den sehr strukturierten Bedingungen innerhalb des Maßregelvollzuges zur Situation nach der Entlassung noch sehr viel größer und störanfälliger. Viele der damaligen Wiederaufnahmen dürften sich heute als vorzeitige Abbrüche von Probebeurlaubungen abzeichnen. Aber auch bei den von Seifert (2005) untersuchten Patienten, die zwischen Oktober 1997 und Juni 2003 aus einer Unterbringung gemäß § 63 StGB entlassen worden waren, erfolgten die Rückfalldelikte bzw. das Scheitern der Wiedereingliederung in 69% der Fälle bereits innerhalb der ersten 18 Monaten nach der Entlassung.

Vergleichbare Zahlen gibt es auch aus dem *Strafvollzug*. So fanden Ohlemacher et al. (2001) bei einer Studie über im Jugendstrafvollzug untergebrachte Gewaltstraftäter, dass über die Hälfte der Gewaltrückfälle bereits im ersten Jahr nach der Haftentlassung erfolgte. Auch bei der Sexualstraftäterkatamnesestudie der Kriminologischen Zentralstelle war über die Hälfte der neuerlichen Straftaten bereits in den ersten beiden Jahren nach der Verurteilung bzw. nach Verbüßung einer Freiheitsstrafe begangen worden, teilweise sogar noch vor der Entlassung aus dem Strafvollzug (Elz 2001, 2002). Allerdings gab es hier auch eine nicht geringe Zahl an Rückfällen (ca. 30%), die erst 4 bis 6 Jahre nach Verurteilung bzw. Entlassung verübt wurden. Aus anderen Studien ist ebenfalls bekannt, dass gerade Sexualstraftäter noch nach vielen Jahren tatsächlicher – oder vielleicht auch nur vermeintlicher – Deliktfreiheit wieder einschlägig rückfällig werden können (Hanson 2001). Auf die *Notwendigkeit einer langfristigen Nachbetreuung* wiesen bereits die Ergebnisse der Evaluationsstudie von Egg (1990) hin, derzufolge sich die zunächst geringeren Rückfallraten nach Sozialtherapie innerhalb weniger Jahre den Raten der unbehandelten Vergleichgruppen wieder anglichen. Dies ließ vermuten, dass die Effekte der sozialtherapeutischen Behandlung durch eine langfristige Nachbetreuung hätten gesichert werden können.

Wenn also in der Diskussion über die Einrichtung forensischer Nachsorgeambulanzen zuweilen davon ausgegangen wird, dass die Betroffenen in der Regel nur in den ersten 1 bis 1,5 Jahren einer besonderen Betreuung bedürften (so z. B. bei Dönisch-Seidel u. Hollweg 2003), greift dies in vielen Fällen sicher zu kurz. Die erhöhte Rückfallquote ehemaliger Maßregelpatienten sowie Strafgefangener in den ersten 1 bis 2 Jahren nach Entlassung liegt nur zum Teil an den Schwierigkeiten des Wechsels von den hoch strukturierten Bedingungen innerhalb des Freiheitsentzugs in die Belastungen eines eigenverantwortlichen Lebens in Freiheit. Vielmehr werden Täter mit einem hohen Rückfallrisiko im Mittel auch schneller rückfällig. Wenn man also bei dieser Risikogruppe mit Hilfe von Nachsorgemaßnahmen einen Deliktrückfall in den ersten 1 bis 2 Jahren hat vermeiden können, bedeutet das keineswegs, dass die Betroffenen nun, ohne weitere Nachsorge, nicht wieder rückfallgefährdet wären.

Ambulante Nachsorge bedeutet in der allgemeinen Psychiatrie oft eine Betreuung über viele Jahre, nicht selten ist sie lebensbegleitend. Das gilt für die ambulante Nachbetreuung psychisch kranker Rechtsbrecher umso mehr. Hier wäre in einigen Fällen durchaus eine *Verlängerung der Führungsaufsichtszeit* über die gesetzliche Höchstdauer von 5 Jahren wünschenswert, was bislang nur in den Fällen möglich ist, in denen der Betroffene schon während der Führungsaufsicht einer Behandlungsweisung nicht nachkommt (§ 68c Abs. 1 Satz 1 StGB). Sofern aber z. B. bei einem aus dem Maßregelvollzug entlassenen schizophrenen Rechtsbrecher zu befürchten ist, dass er die während der Führungsaufsicht beibehaltene neuroleptische Rezidivprophylaxe nach deren Ablauf nicht mehr fortführen wird, bleiben allenfalls die Mittel des Betreuungsrechtes. Hierdurch lässt sich eine dauerhafte medikamentöse Rezidivprophylaxe jedoch vielfach nicht sicherstellen, zumal mit Ablauf der Führungsaufsicht auch ein Widerruf der Aussetzung der Maßregel nicht mehr möglich ist. Diese Problematik stellt bei vielen schizophrenen Maßregelpatienten ein Entlassungshindernis dar. Insofern ist die im § 68c Abs. 3 des aktuellen „Entwurfes eines Gesetzes zur Reform der Führungsaufsicht" des Bundesjustizministeriums (Stand 4. Juli 2005) vorgesehene Neuregelung sehr zu begrüßen. Demnach wäre schon bei der begründeten Annahme, der Patient könnte nach Beendigung der Führungsaufsichtszeit eine zur Rezidivprophylaxe erforderliche Medikation absetzen und wieder erkranken, ein möglicher Anlass, die Führungsaufsicht auch langfristig aufrecht zuerhalten. Dies könnte Gutachtern wie Gerichten die Entscheidung über eine Entlassung schizophrener Patienten aus dem Maßregelvollzug sehr erleichtern.

Hinter dem Gedanken, ambulante Nachsorge sei lediglich für die passagere Überbrückung eines vulnerablen Zeitraums nach der Entlassung erforderlich, steht nicht zuletzt der Wunsch, mit ihrer Hilfe einen Beitrag zur finanziellen Entlastung der öffentlichen Haushalte zu leisten. Somit wird das *Kostenargument* gerade von den Befürwortern ambulanter Nachsorge oft hervorgehoben. Die z. B. von Freese (2003) erfolgte Gegenüberstellung, nach der ein ambulant betreuter Patient nur 4,7% der Kosten verursacht, die für eine Unterbringung im stationären Bereich des Maßregelvollzuges aufzuwenden wären, erscheint aber zu vereinfachend. So werden laut Seifert (2005) derzeit etwa 70% der Maßregelpatienten nicht in eine eigenständige Wohnform entlassen, sondern in eine komplementäre Wohneinrichtung, die je nach Intensitätsgrad der Betreuung ebenfalls durchaus kostenintensiv sein kann.

Die in den letzten Jahren deutlich forcierte Diskussion über Verbesserungen der ambulanten Nachsorge für Patienten des psychiatrischen Maßregelvollzugs ist sicher auch bedingt durch den erheblichen Anstieg der Unterbringungszahlen und die Verlängerung der Verweildauern. Dies hat zu Kapazitätsproblemen geführt, die sich langfristig nicht durch eine Überbelegung der Maßregeleinrichtungen und die Unterbringung forensischer Patienten in allgemein-psychiatrische Abteilungen lösen lassen. So ist in Nordrhein-Westfalen der Bau sechs neuer Maßregelkliniken geplant, wobei pro Therapieplatz mit einer Investitionssumme von 255 000 Euro gerechnet wird (Dönisch-Seidel u. Hollweg 2003). Hier könnte ein funktionierendes Nachsorgeangebot zu einer Senkung der intramuralen Verweildauern führen, zumal komplementäre Übergangseinrichtungen eher zu einer Übernahme ehemaliger Maßregelpatienten bereit sind, wenn sie dabei von einer forensischen Ambulanz unterstützt und begleitet werden (Seifert et al. 2003).

4.2.3.3 Ambulante Nachbetreuung nach Maßregelvollzug

In den vergangenen 20 Jahren hat es nicht nur in der stationären Maßregelbehandlung, sondern auch in der ambulanten Nachsorge erhebliche Fortschritte gegeben. Die erste forensisch-psychiatrische Spezialambulanz wurde 1987 in Berlin aufgebaut (Warmuth 1990). Ein Jahr später wurde in Gießen eine ambulante Nachbetreuungseinheit für die hessischen Maßregelpatienten eröffnet (Freese 2003). Von 1990 bis 1997 wurden mit Mitteln des Bundesgesundheitsministeriums Modellerprobungen in Düren, Lippstadt, Haina, Moringen und Stralsund durchgeführt (Knahl 1997). Weitere Spezialambulanzen entstanden 1993 in Göttingen (Poszár 2001), 1995 in Essen und 2000 in Langenfeld (Seifert et al. 2003).

Ab März 2002 wurde in drei bayrischen Bezirkskrankenhäusern ein zunächst auf 2 Jahre befristetes „Modell Ambulante Sicherungsnachsorge" durchgeführt (Steinböck et al. 2004). Von den 63 Patienten, die durch diese Nachsorge erfasst wurden, hätten nach Einschätzung der zuständigen Therapeuten 36 Patienten ohne dieses Angebot nicht aus der stationären Unterbringung entlassen werden können. Zum einen erschien ihre Entlassung nur unter sehr engmaschiger Betreuung vorstellbar, zum anderen sahen die Strafvollstreckungskammern darin eine zusätzliche Sicherheit. Zudem wären die Einrichtungen des betreuten Wohnens ohne die Zusicherung dieser Nachsorge nicht zur Übernahme der Patienten bereit gewesen.

Die Annahme, dass durch ambulante Nachsorgeangebote die *stationären Unterbringungszeiten im Maßregelvollzug verkürzt* werden können, ist also offensichtlich gut begründet, auch wenn sie sich empirisch nur schwer überprüfen lässt. Verweildauern im Maßregelvollzug sind von höchst unterschiedlichen Parametern abhängig, wobei die tatsächlich von dem Patienten ausgehende Gefahr nicht unbedingt die entscheidende Einflussgröße darstellt (Leygraf u. Schalast 2005). Der in den letzten Jahren erfolgte Anstieg der mittleren Verweildauer im Maßregelvollzug (Seifert u. Möller-Mussavi 2004) spricht also sicher nicht gegen die Möglichkeit der Verkürzung stationärer Unterbringungszeiten durch vermehrte Nachsorgeaktivitäten. Diese Verlängerung der Verweildauern ist vielmehr Folge des aktuellen kriminalpolitischen Klimas, das auf Sicherheit durch vermehrten Freiheitsentzug setzt (Dessecker 2005; Haffke 2005). Wenn aber Freese (2003) im hessischen Maßregelvollzug eine entgegen diesem bundesweiten Trend in den letzten Jahren relativ konstante Verweildauer hat aufzeigen können, dürfte dies nicht unwesentlich auf die hier systematisch ausgebaute Nachsorgeambulanz zurückzuführen sein.

Ebenfalls nicht einfach nachzuweisen ist der *rückfallverhindernde Effekt* von Nachsorgeambulanzen. Generell sind Untersuchungen an Patienten des Maßregelvollzugs oder entsprechenden Institutionen in anderen Staaten durch erhebliche methodische Schwierigkeiten gekennzeichnet (vgl. Abschn. 3.1). Studien zur Effektivität forensisch-psychiatrischer Behandlungen stehen stets vor dem Problem, dass sich kaum eine adäquate Vergleichs- oder gar Kontrollgruppe bilden lässt (Lau 2003). Dennoch lassen die vorhandenen Studien durchaus einen deutlichen rückfallpräventiven Effekt vermuten.

So fanden Benter u. Heinz (2002) bei 34 in der forensischen Ambulanz in Göttingen nachbetreuten Patienten innerhalb von 8 Jahren nur 2 Patienten, bei denen wegen eines Rückfalldeliktes ein erneuter Freiheitsentzug erforderlich war. In einer Studie über die forensischen Ambulanzen des Rheinlandes war es bei 4 von 69 Patienten innerhalb von 4,5 Jahren zu einem Deliktrückfall gekommen (Seifert et al. 2003). Eine Wiederaufnahme in den Maßregelvollzug war dabei jedoch nur in einem Fall erforderlich. Die bei beiden Ambulanzgruppen gefundene Quote von ca. 2 bis 6% Rückfalldelikten mit erneutem Freiheitsentzug lag somit deutlich unter der Quote von 15 bis 20%

entsprechender Rückfälle, die sich sonst im Rahmen von Katamnesestudien nach einer Maßregelunterbringung gemäß § 63 StGB haben finden lassen (vgl. Abschn. 3.1). Auch in der aktuellen Prognosestudie von Seifert (2005) hat sich gezeigt, dass die Nachsorgesituation bei erfolgreichen Wiedereingliederungen deutlich enger strukturiert war als bei den Maßregelpatienten, die nach ihrer Entlassung wieder rückfällig geworden waren.

Ein eindeutiger rückfallpräventiver Effekt ließ sich vor allem in der Begleitforschung der Ambulanz der Klinik für forensische Psychiatrie in Haina nachweisen (Müller-Isberner et al. 1997; Gonzales Cabeza 1998). Dort fand sich in einem Katamnesezeitraum von im Mittel ca. 31 Monaten ein erheblich besseres Abschneiden der in der Ambulanz weiterbetreuten Gruppe gegenüber den ohne eine solche Nachsorge entlassenen Patienten hinsichtlich erneuter schwerer Delinquenz (5 vs. 12%) und erneuten Inhaftierungen (2 vs. 11%). Dieser Befund erscheint umso bemerkenswerter, als die in die Ambulanz aufgenommenen Patienten hinsichtlich ihrer Vordelinquenz einen höheren Gefährlichkeitsgrad aufwiesen und aufgrund ihrer Übernahme in die Ambulanz zugleich bereits im Mittel 9 Monate früher aus der stationären Maßregel entlassen werden konnten.

Die Vermeidung von Deliktrückfällen durch eine spezialisierte ambulante Nachsorge wird nicht nur durch eine professionelle Betreuung der einzelnen Patienten gewährleistet. Zumindest ebenso von Bedeutung ist, dass die Patienten kontinuierlich auch *unter gefährlichkeitsprognostischen Aspekten beobachtet* werden und dass schnell und konsequent auf sichtbar werdende Gefahren reagiert werden kann. So konnte Freese (2003) bei Wiederaufnahmen in den Maßregelvollzug von zuvor in der forensischen Ambulanz betreuten Patienten eine erheblich geringere Rate an Deliktrückfällen als Wiederaufnahmegrund nachweisen (24,1 statt 75,9%). Wahrscheinlich wäre ein hoher Teil der von der Nachsorgeambulanz wieder in den Maßregelvollzug zurückgebrachten Patienten ohne diesen Widerruf im weiteren Verlauf deliktrückfällig geworden. Jedenfalls weist die Betrachtung konkret erfolgter Rückfalldelikte (Seifert 2005) darauf hin, dass durch eine spezialisierte und forensisch erfahrene Ambulanz die Gefahr im Vorfeld häufig hätte erkannt und entsprechend darauf hätte reagiert werden können.

Dies entspricht auch internationalen Erfahrungen in der Nachsorge ehemals forensisch untergebrachter Rechtsbrecher. Beim Vergleich der Nachsorgeprogramme dreier amerikanischer Staaten (Wiederanders et al. 1997) war bei Patienten mit Therapieauflage zwar die Widerrufsquote signifikant höher als bei Patienten ohne Behandlungsauflage. Letztere wiesen jedoch eine viermal höhere Zahl erneuter Delikte und eine signifikant erhöhte Wiederinhaftierungsrate auf. Insgesamt schienen eine relativ hochfrequente Kontaktaufnahme, Gruppenangebote, Überprüfung der Medikation und regelmäßige Urinkontrollen auf Drogen mit einer geringeren Rückfälligkeit einherzugehen.

Eine forensisch-psychiatrische Nachsorge sollte daher aktiv, strukturierend und insbesondere auch kontrollierend ausgestaltet sein. So führte in dem kanadischen Inter-Ministerial Project (IMP) eine staatlich unterhaltene *aufsuchende Hilfe* für chronisch psychisch Kranke zu einer deutlich geringeren Zahl erneuter Tage in Haft als in einer unbehandelten Vergleichsgruppe (Wilson et al. 1995). Wahrscheinlich wurde durch den aufsuchenden Charakter der Hilfe die geringe Eigenmotivation von forensischen Populationen zur Inanspruchnahme von Betreuung überwunden (Lau 2003). Dass die Verpflichtung zur Therapie bei psychisch Kranken einen wesentlichen Faktor zur Reduktion von Rückfälligkeit darstellt, wurde insbesondere von Swanson et al. (2000) gezeigt. Bei einer mehr als 6 Monate fortgesetzten gerichtlich auferlegten ambulanten Behandlung fanden sich signifikant weniger gewalttätige Zwischenfälle und Wiederverurteilungen als in einer unbegleiteten Kontrollgruppe. Auch hier erwiesen sich neben der Dauer der Nachbetreuung die Kontrolle des Drogenkonsums und der Medikamenteneinnahme von entscheidender Bedeutung. In Übereinstimmung damit hat die Abschaffung von Bewährungsauflagen einschließlich der Möglichkeit einer gerichtlich auferlegten Neuroleptikabehandlung in Finnland zu einer erhöhten Rückfallquote bei den aus forensischen Kliniken entlassenen Patienten geführt (Vartianen u. Hakola 1992).

4.2.3.4 Ambulante Nachbetreuung nach Strafvollzug

Auch im Bereich des Strafvollzugs besteht über eine psychosoziale Hilfestellung hinaus ein hoher Bedarf an ambulanter Nachsorge. Laut Krupinski et al. (1998) war bei 192 Probanden der Bewährungshilfe in München in 47% der Fälle eine mit einer psychiatrischen Diagnose spezifizierte Erkrankung oder Störung festgestellt worden; 40% hatten eine Behandlungsweisung, davon zur Hälfte als Entzugsbehandlung. Bei 7% der Probanden bezog sich die Weisung auf eine psychiatrische und bei 4% auf eine spezifische psychotherapeutische Behandlung. Die Bewährungshelfer selbst nahmen sogar bei 63% der Probanden behandlungsbedürftige psychische Probleme an und hatten bei 42% der Probanden auch eine spezielle psychotherapeutische Behandlung angeregt. Tatsächlich befanden sich aber insgesamt nur 20% in ambulanter therapeutischer Betreuung, die sich bei 9% eher locker gestaltete. Lediglich 11% erfuhren eine psychotherapeutische Behandlung im engeren Sinn, mit mindestens wöchentlichen Behandlungskontakten. Das Resümee der Untersuchung war eine im Bereich der Bewährungszeit erhebliche Diskrepanz zwischen Therapiebedarf und tatsächlich erfolgten Behandlungen, trotz der in München ausgesprochen hohen Therapeutendichte. Dies mag auf eine immer noch bestehende Zurückhaltung vieler Psychotherapeuten diesen Klienten gegenüber hinweisen (Rauchfleisch 1993), zeigt aber auch, dass eine ambulante Behandlung, sofern sie zur Senkung krimineller Rückfallgefahr erforderlich erscheint, bei dieser Klientel nicht nur „angeregt", sondern zur Auflage gemacht und deren Einhaltung kontrolliert werden sollte.

Spezielle *ambulante Nachsorgeprogramme für aus dem Strafvollzug entlassene Täter* gibt es in der Bundesrepublik bislang nur vereinzelt. Sie betreffen entweder umschriebene Personengruppen (z. B. Jugendliche und

Heranwachsende) oder spezielle Delinquenzbereiche, insbesondere Sexual-
und Gewaltdelikte. Seit September 1998 führt eine fachspezifische „Ambulanz für Sexualstraftäter" in Stuttgart gerichtlich angewiesene ambulante
Therapiemaßnahmen durch, wobei in der Mehrzahl der Fälle schon während der Inhaftierung mit der Therapie durch die Mitarbeiter der Ambulanz begonnen wird. Die bislang vorliegenden Erfahrungen sprechen für einen deutlichen rückfallpräventiven Effekt (Pitzing 2004). Ein kooperatives
Gesamtkonzept für die ambulante Nachsorge nach Strafvollzug in Hessen
befindet sich derzeit in der Aufbauphase (Fünfsinn 2004). In Berlin wurde
im April 2005 eine „Forensisch-Therapeutische Ambulanz für Sexual- und
Gewaltstraftäter" eröffnet, in der sowohl ehemalige Strafgefangene als auch
entlassene Maßregelpatienten betreut werden (zur Entstehungsgeschichte
und Konzeption s. Zürn u. Möllhoff-Mylius 2004). Sieht man von den Besonderheiten bei psychosekranken Rechtsbrechern ab, finden sich bei Patienten des Maßregelvollzugs in der Regel vergleichbare Faktoren der Kri-
minalitätsentstehung wie bei Strafgefangenen, sodass die hierauf abzielenden rückfallpräventiven Maßnahmen auch bei beiden Tätergruppen gleichermaßen wirksam sein müssten (Lau 2003). Entsprechende empirische
Belege, die diese Hypothese stützen, liegen allerdings bislang nicht vor.

4.2.3.5 Zur Durchführung ambulanter Behandlungsprogramme

Erfolgreiche Straftäterbehandlungen orientieren sich an den drei von Andrews et al. (1990) entwickelten Prinzipien. 1. Die Intensität des therapeutischen Angebots entspricht der Höhe des Rückfallrisikos, 2. die Behandlung
fokussiert auf die tatsächlichen kriminogenen Faktoren und sie ist 3. den individuellen Fähigkeiten und dem Lernstil des Betroffenen angemessen. Diese
Grundsätze gelten in gleicher Weise für ambulante Behandlungsmaßnahmen.
Darüber hinaus lassen sich aus den Ergebnissen der bisherigen Erfahrungen
für eine möglichst effiziente forensische Ambulanz folgende Aspekte ableiten
(vgl. Freese 2003; Lau 2003; Seifert et al. 2003; Heilbrunn u. Peters 2000):

▌ Die Behandlung erfolgt entsprechend einem individuell für den Nachbetreuten erarbeiteten *Therapieplan* mit definierten Behandlungszielen
und strukturierten, empirisch fundierten Behandlungskonzepten. Dabei
beinhaltet die Therapieplanung auch die Erstellung eines konkreten In-
terventionsplans für eventuelle Krisensituationen.

▌ Im Vordergrund der Behandlung steht zunächst der *Aufbau einer tragfähigen therapeutischen Beziehung.* Hierzu ist eine wohlwollende, respekt-
volle und hilfsbereite Grundhaltung dem Betroffenen gegenüber erforderlich, die insbesondere von dissozial geprägten Tätern durch ihre Tendenz zu impulsivem Handeln oft auf eine harte Probe gestellt wird
(Rauchfleisch 1993).

▌ Die Überleitung aus dem Straf- bzw. Maßregelvollzug sollte möglichst
schrittweise und unter *frühzeitiger Einbeziehung sämtlicher Beteiligter*
(Strafvollstreckungskammer, Bewährungshelfer, Betreuer, Ambulanz,
komplementäre Einrichtung) erfolgen. Dabei ist auf eine eindeutige und

transparente Klärung der jeweiligen Zuständigkeiten zu achten sowie auf eine umfassende Information über die psychiatrische und forensische Vorgeschichte des Betroffenen.

┃ Auch im weiteren Verlauf der ambulanten Nachsorge ist ein regelmäßiger Informationsaustausch sicherzustellen. Hier haben sich sog. Helferrunden bewährt, in denen alle am Reintegrationsprozess Beteiligten zusammenkommen, den bisherigen Verlauf des Wiedereingliederungsprozesses reflektieren, das weitere Vorgehen abstimmen und insbesondere eine Einschätzung eventueller Gefährdungsmomente vornehmen (Seifert et al. 2003).

┃ In der ambulanten Nachsorge von Maßregelpatienten finden sich recht vielfältige und oft ineinander verwobene Störungsbilder. Hierfür sollte ein multiprofessionelles Team zur Verfügung stehen, das über ein spezielles forensisch-psychiatrisches Wissen verfügt und in der Lage ist, beginnende Krisen zu erkennen, hinsichtlich ihrer gefährlichkeitsprognostischen Bedeutung zu beurteilen und entsprechend frühzeitig zu reagieren.

┃ Gerade in Krisenzeiten haben viele forensische Patienten Schwierigkeiten, von sich aus Betreuung in Anspruch zu nehmen. Deshalb muss eine Spezialambulanz mobil konzipiert sein, auch um eventuelle Krisensituationen vor Ort möglichst zeitnah einschätzen zu können.

┃ Die ambulante Behandlung von Straftätern und Rechtsbrechern hat neben dem Aspekt der individuellen Hilfe und Betreuung stets in gleicher Weise Sicherungsaufgaben zu erfüllen. Sie hat somit auch einen begrenzenden und kontrollierenden Charakter, wobei in Bezug auf eventuell erforderliche administrative Maßnahmen eine individuelle Abwägung zwischen den Persönlichkeitsrechten des Betroffenen, einer ihm angemessenen Behandlung und der öffentlichen Sicherheit erforderlich ist.

Die bisherigen Erfahrungen in der ambulanten Behandlung von Straftätern und Rechtsbrechern haben gezeigt, dass sie eine gute Alternative und Ergänzung zum reinen Straf- oder Maßregelvollzug darstellen kann. Sie setzt jedoch nicht nur spezielle Behandlungskonzepte voraus, sondern erfordert Mitarbeiter, die neben ihrer beruflichen Qualifikation auch die persönliche Befähigung besitzen, mit einer ausgesprochen schwierigen Klientel umzugehen. Derart qualifizierte Mitarbeiter sind für kurzfristig konzipierte Behandlungsprojekte zumeist nur schwer zu gewinnen, weshalb forensische Ambulanzen einer sicheren, langfristigen Finanzierung bedürfen.

Literatur

Ahlers CJ, Schäfer GA, Goecker D, Beier KM (2005) Therapeutische Prävention pädosexueller Übergriffe im Dunkelfeld. Vortrag auf der 29. Jahrestagung für Sexualmedizin, 04.05.–07.05.2005, München

Andrews D, Zinger I, Hoge RD, Bonta J, Gendreau P, Cullen FT (1990) Does correctional treatment work? A clinically relevant and psychologically informed meta-analysis. Criminology 28:369–404

Benter C, Heinz G (2002) Ambulante Nachsorge in der Forensischen Psychiatrie. Werkstatt-schriften Forensische Psychiatrie und Psychotherapie 9:19–28

Dessecker A (2005) Die Überlastung des Maßregelvollzugs: Folge von Verschärfungen im Kriminalrecht? Neue Kriminalpolitik 17:23–28

Dönisch-Seidel U, Hollweg T (2003) Nachsorge und Wiedereingliederung von (bedingt) entlassenen Maßregelvollzugspatienten in Nordrhein-Westfalen. Recht & Psychiatrie 21:13–16

Egg R (1990) Sozialtherapie und Rückfälligkeit im längerfristigen Vergleich. MSchrKrim 73:358–368

Elz J (2001) Legalbewährung und kriminelle Karrieren von Sexualstraftätern: sexuelle Missbrauchsdelikte. Schriftenreihe der Kriminologischen Zentralstelle, Wiesbaden

Elz J (2002) Legalbewährung und kriminelle Karrieren von Sexualstraftätern: sexuelle Gewaltdelikte. Schriftenreihe der Kriminologischen Zentralstelle, Wiesbaden

Freese R (2003) Ambulante Versorgung psychisch kranker Straftäter. Pabst, Lengerich

Fünfsinn H (2004) Konzeption einer ambulanten Nachsorge im Anschluss an den Strafvollzug in Hessen. In: Egg R (Hrsg) Ambulante Nachsorge nach Straf- und Maßregelvollzug. Schriftenreihe der Kriminologischen Zentralstelle, Wiesbaden, S 185–192

Gonzales Cabeza S (1998) Kriminalprävention durch ambulante Kriminaltherapie. In: Müller Isberner R, Gonzales Cabeza S (Hrsg) Forensische Psychiatrie – Schuldfähigkeit, Kriminaltherapie, Kriminalprognose. Gießener Kriminalwissenschaftliche Schriften, Bd. 9. Forum Verlag Godesberg, Mönchengladbach, S 123–135

Hall CGN (1995) Sexual offender recidivism revisited. A meta-analysis of recent treatment studies. J Consult Clin Psychol 63:802–809

Haffke B (2005) Vom Rechtsstaat zum Sicherheitsstaat? In: Rode I, Kammeier H, Leipert M (Hrsg) Neue Lust auf Strafen. LIT, Wiesbaden, S 35–66

Hanson RK (2001) Sex offender risk assessment. In: Hollin CR (ed) Handbook of offender assessment and treatment. Wiley, Chichester New York Weinheim, S 85–96

Heilbrunn K, Peters L (2000) Community-based treatment programmes. In: Hodgins S, Müller-Isberner R (eds) Violence, crime and mentally disordered offenders. Wiley, New York, S 193–215

Knahl A (1997) Nachsorge für forensisch-psychiatrische Patienten: Synopse der Modellerprobung des BMG. Nomos, Baden-Baden

Krupinski M, Schoechlin C, Fischer A, Nedopil N (1998) Annäherung an ambulante Therapie bei Straffälligen. In: Kröber HL, Dahle KP (Hrsg) Sexualstraftaten und Gewaltdelinquenz. Verlauf, Behandlung, Opferschutz. Kriminalistik Verlag, Heidelberg, S 169–174

Lau S (2003) Wirkt ambulante Kriminaltherapie? Literaturübersicht zur Effektivität gemeindenaher rückfallpräventiver Maßnahmen bei Straftätern und psychisch kranken Rechtsbrechern. Psychiatr Prax 30:119–126

Leygraf N (1988) Psychisch kranke Straftäter. Springer, Berlin Heidelberg

Leygraf N, Schalast N (2005) Wodurch wird ein Maßregelpatient „schwer entlassbar"? In: Rode I, Kammeier H, Leipert M (Hrsg) Neue Lust auf Strafen. LIT, Wiesbaden, S 85–104

Müller-Isberner R, Rohdich R, Gonzalez Cabeza S (1997) Zur Effizienz ambulanter Kriminaltherapie. Bewährungshilfe 44:272–285

Ohlemacher T, Sögding D, Höynck F, Ethé N, Welte G (2001) Anti-Aggressivitätstraining und Legalbewährung: Versuch einer Evaluation. In: Bereswill M, Greve W (Hrsg) Forschungsthema Strafvollzug. Nomos, Baden-Baden, S 345–386

Pitzing HJ (2004) Ambulante Psychotherapie mit Sexualstraftätern bei Strafaussetzung – Diskrepanz zwischen Gesetzgebung und Praxis. In: Egg R (Hrsg) Ambulante Nachsorge nach Straf- und Maßregelvollzug. Schriftenreihe der Kriminologischen Zentralstelle, Wiesbaden, S 87–120

Pörksen N, Scholz W (2003) Wer hat den Schwarzen Peter? Zur (Un-) Verbindlichkeit in der Nachsorge forensischer Patienten. Recht & Psychiatrie 21:47–51

Poszár C (2001) Nach der Maßregelbehandlung gemäß § 63 StGB – Praxis der ambulanten und stationären Nachsorge. Recht & Psychiatrie 19:82–88

Rauchfleisch U (1993) Die ambulante Behandlung von Straffälligen – eine Herausforderung für den Psychotherapeuten. In: Leygraf N, Volbert R, Horstkotte H, Fried S (Hrsg) Die

Sprache des Verbrechens – Wege zu einer klinischen Kriminologie. Festschrift für W Rasch. Kohlhammer, Stuttgart u a O, S 284–289

Reuter B, Küfner H (2002) Ergebnisse der Methadonsubstitution in Deutschland – eine qualitative und quantitative Zusammenfassung. Suchtmedizin 4:31–45

Ritzel G (1978) Unterbringung und Wiedereingliederung psychisch kranker und geistig behinderter Rechtsbrecher. Habilitationsschrift, Göttingen

Seifert D (2005) Gefährlichkeitsprognosen im psychiatrischen Maßregelvollzug gemäß § 63 StGB. Habilitationsschrift, Essen

Seifert D, Möller-Mussavi S (2004) Aktuelle Rückfalldaten der Essener prospektiven Prognosestudie. Werden Deliktrückfälle forensischer Patienten (§ 63 StGB) seltener? Fortschr Neurol Psychiatr 73:16–22

Seifert D, Schiffer B, Leygraf N (2003) Plädoyer für die forensische Nachsorge – Ergebnisse einer Evaluation forensischer Ambulanzen im Rheinland. Psychiatr Prax 30:235–241

Statistisches Bundesamt (1992–2004) Fachserie 10/Reihe Strafvollzug. Statistisches Bundesamt, Wiesbaden

Steinböck H, Groß G, Nedopil N, Stübner S, Tiltscher E, Vopelius G von, Werner M (2004) Ambulante Betreuung forensischer Patienten – vom Modell zur Institution. Recht & Psychiatrie 22:199–207

Swanson JW, Swartz MS, Borum R, Hiday VA, Wagner HR, Burns BJ (2000) Involuntary outpatient commitment and reduction of violent behaviour in persons with severe mental illness. Br J Psychiatry 176:324–331

Vartianen H, Hakola HPA (1992) How changes in mental health law adversely affect offenders discharged from a security hospital. J Forensic Psychiatry 3:564–570

Warmuth M (1990) Drei Jahre forensisch-psychiatrische Ambulanz in Berlin-West. Aufbau – Erfahrungen – Konsequenzen. Recht & Psychiatrie 8:109–120

Wiederanders MR, Bromley DL, Choate PA (1997) Forensic conditional release programs and outcomes in three states. Int J Law Psychiatry 20:249–257

Wilson D, Tien G, Eaves D (1995) Increasing the community tenures of mentally disordered offenders. Int J Law Psychiatry 18:61–69

Zürn Ch, Möllhoff-Mylius M (2004) Zur Entstehungsgeschichte und Konzeption der Berliner Forensisch-Therapeutischen Ambulanz für Sexual- und Gewaltstraftäter. In: Egg R (Hrsg) Ambulante Nachsorge nach Straf- und Maßregelvollzug. Schriftenreihe der Kriminologischen Zentralstelle, Wiesbaden, S 223–230

Whitehead JT, Lab SP (1989) Meta-analysis of juvenile correctional treatment. J Res Crime Delinquency 26:276–295

4.3 Therapie verschiedener Tätergruppen

4.3.1 Psychisch kranke Rechtsbrecher

N. Leygraf

4.3.1.1 Krankheit und Gefährlichkeit

In ihrer grundlegenden empirischen Studie fanden Böker u. Häfner (1973) in dem von ihnen untersuchtem Zeitraum (1955–1964) keine erhöhte Gewaltkriminalität innerhalb der Gesamtgruppe der – nach damaliger Terminologie – „Geisteskranken und Geistesschwachen". Hinsichtlich des Gewalttäterrisikos zeigten sich jedoch erhebliche Unterschiede zwischen einzelnen Krankheitsformen. Patienten mit *depressiven Psychosen* waren unter den

Gewalttätern deutlich unterrepräsentiert, was in einer neueren Studie von Modestin et al. (1997) bestätigt wurde. Dies begründet sich zum einen aus der krankheitsbedingten Antriebshemmung. Zudem führen hier vorhandene aggressive Impulse aufgrund des depressiven Schulderlebens in der Regel zu autoaggressiven, insbesondere suizidalen Handlungen. Somit erfolgen die insgesamt wenigen Gewaltdelikte bei depressiven Psychosen auch fast ausschließlich als ein sog. erweiterter Suizid, bei dem die Patienten nahe Angehörige, zumeist ihre Kinder, mit in den Suizid einbeziehen. Hintergrund ist das spezifische depressive Erleben, das dem Patienten auch für seine Angehörigen die Zukunft aussichtslos erscheinen lässt. Bei bipolaren Affektpsychosen ist die Kriminalitätsbelastung in Folge der *manischen Krankheitsphasen* insgesamt etwas erhöht (Modestin et al. 1997), wobei Eigentums- bzw. Vermögensdelikte überwiegen. Zwar geht das Bild der sog. gereizten Manie typischerweise mit verbalen und teils auch tätlich aggressiven Verhaltensweisen einher. Diese erfolgen jedoch durchweg aus der Situation heraus und sind praktisch nie geplant (Faust 1997). Zu ernsthaften Gewalttätigkeiten kommt es daher bei manischen Patienten bemerkenswert selten (Wulach 1983).

Dagegen erwies sich schon in der Untersuchung von Böker u. Häfner (1973) bei Patienten mit einer *schizophrenen Psychose* das Risiko eines Gewaltdeliktes im Vergleich zur Gesamtbevölkerung um den Faktor 5 erhöht. In nahezu allen nachfolgenden nationalen wie internationalen Studien hat sich der Befund eines etwa um das vier- bis sechsfache erhöhten Gewalttäterrisikos bei Schizophrenen bestätigen lassen (Übersicht s. Hodgins 2001). Dies betrifft insbesondere Tötungsdelikte. Hier liegt der Anteil schizophren erkrankter Täter bei etwa 10% (vgl. Erb et al. 2001). Bei einer Lebenszeitprävalenz der Schizophrenie von 0,7% (Saha et al. 2005) birgt diese Erkrankung also durchaus ein erhöhtes Risiko für schwerwiegende Gewalthandlungen.

Dies bestätigt zwar sicher nicht die in der Bevölkerung häufig angenommene besondere Gefährlichkeit psychisch Kranker. Schließlich begehen 99,8% aller schizophrenen Patienten während ihres ganzen Lebens kein schwerwiegendes Gewaltdelikt (Wallace et al. 1998). In der psychiatrischen Versorgung schizophrener Patienten darf diese Gefährdung jedoch nicht unbeachtet bleiben, zumal die Wahrscheinlichkeit gewalttätigen Verhaltens mit zunehmender Krankheitsdauer anzusteigen scheint (Taylor 1993). In etwa 40% der von Rink (1981) untersuchten Fälle von Tötungsdelikten schizophrener Patienten waren bereits lange vor der Tat deutliche Symptome der Erkrankung sichtbar, ohne dass eine entsprechende Behandlung erfolgt war (so auch bei Böker u. Häfner 1973, S. 140). Frühzeitige Behandlung bei Ersterkrankung und intensive Nachsorge bei chronisch Kranken korrelieren mit einer deutlich geringeren Gefahr von Tötungsdelikten (Erb et al. 2001). Auch Steinert et al. (2000) fanden einen klaren Zusammenhang zwischen der Häufigkeit gewalttätiger Handlungen schizophrener Patienten und dem Fehlen einer adäquaten medikamentösen Therapie. Insgesamt steigt die Gefahr von Gewaltdelikten bei erhöhter produktiv-psychotischer

Symptomatik (Hodgins et al. 2003). Bei Tötungsdelikten hingegen findet sich zwar in der Regel ein längerfristiges Wahnerleben, jedoch oft keine wesentliche Beeinträchtigung kognitiver Funktionen, was die Durchführung dieser nicht selten vorgeplanten Handlungen zuweilen erst möglich macht (Nestor et al. 1995).

Aber auch die Delinquenz schizophrener Patienten erklärt sich nicht alleine aus der Erkrankung, sondern verhält sich durchaus entsprechend allgemeiner kriminologischer Gesetzmäßigkeiten. Dies zeigt sich bereits in der *Geschlechterrelation*: Bei schizophren erkrankten Männern liegt die Gefahr eines Tötungsdeliktes um ca. das zehnfache höher als bei Frauen (Walsh et al. 2001). Schon die von Böker u. Häfner (1973) erhobenen Daten legten nahe, dass das Gewalttäterrisiko bei Psychosekranken wesentlich von einer schon zuvor in der Persönlichkeit verankerten Tendenz zu aggressivem Handeln bestimmt war. In einer Reihe nachfolgender Studien erwiesen sich die Faktoren, die auch bei nicht psychisch Kranken das Delinquenzrisiko deutlich erhöhen, in gleicher Weise bei schizophrenen Patienten bedeutsam. So stellt ein *zusätzlicher Suchtmittelmissbrauch* einen erheblichen Risikofaktor für künftige Gewalthandlungen dar (Modestin u. Ammann 1995). Insbesondere ein komorbider Alkoholmissbrauch ist ein gut gesicherter Prädiktor für die Gefahr von Aggressivität und Gewaltdelinquenz bei Schizophrenen (Räsänen et al. 1998). Von erheblicher kriminogener Bedeutung ist ebenfalls eine *komorbide Persönlichkeitsstörung* insbesondere dissozialer Prägung und psychopathischer Akzentuierung (Putkonen et al. 2004; Tengström et al. 2004).

4.3.1.2 Psychisch kranke Rechtsbrecher im allgemein-psychiatrischen Krankenhaus

Sofern es ihm Rahmen einer *depressiven Erkrankung* zu einem erweiterten Suizidversuch gekommen ist, macht dies nur selten eine strafrechtliche Unterbringung erforderlich. Solche Taten sind eng an das Erleben der depressiven Krankheitsphase geknüpft, für die in der Psychiatrie mittlerweile ausgesprochen gute Möglichkeiten der Behandlung und Rezidivprophylaxe zur Verfügung stehen. Auch bei den Delikten *manischer Patienten* handelt es sich meist um Handlungen, die sich allein aus dem Größenerleben, der Antriebssteigerung und der Enthemmung innerhalb der manischen Krankheitsphase erklären und selten durch weitere kriminogene Faktoren, etwa eine dissoziale Persönlichkeits- oder Suchtmittelproblematik, verkompliziert sind. Die Behandlung solcher Patienten benötigt kein spezielles forensisches Fachwissen und auch nicht die besonderen Sicherungsbedingungen einer Maßregeleinrichtung, zumal von ihnen keine gefährlichen Gewaltdelikte zu befürchten sind. Die Manie führt aufgrund der Schwere des Krankheitsbildes und der damit verbundenen Verhaltensauffälligkeiten zumeist zu einer raschen Klinikeinweisung, wo eine gezielte Therapie erfolgen und das aggressive Verhalten kontrolliert werden kann (Steinert 2001). Eine längerfristige Behandlung im Maßregelvollzug kann jedoch zuweilen bei solchen Patienten erforderlich werden, bei denen es durch eine fehlende Compliance in der Langzeitbehandlung zu häufigen Krankheitsrezidiven gekommen ist oder die Manie einen chronischen Verlauf genommen hat.

Auch bei *schizophrenen Patienten*, bei denen es in einer akuten Krankheitssymptomatik und oft im Vorfeld der Krankenhauseinweisung zu Bedrohungen oder Tätlichkeiten gekommen ist, lässt sich durch eine stationäre Behandlung in einer allgemein-psychiatrischen Klinik bzw. Fachabteilung zugleich mit der Krankheitssymptomatik in der Regel auch die Gefahr erneuter Gewalthandlungen hinreichend senken. Dabei sollte das eventuelle Gefährdungspotenzial jedoch in der stationären Behandlung wie der ambulanten Nachsorge stets mitbedacht werden. Eine Reihe der im Maßregelvollzug untergebrachten schizophrenen Rechtsbrecher wären möglicherweise vor ihrem Unterbringungsdelikt schon während früherer stationär-psychiatrischer Behandlungen als *„Hochrisikopatienten"* zu erkennen gewesen (Hodgins u. Müller-Isberner 2004). Diese Patienten wiesen bereits in ihrer Jugend und vor ihrem ersten (allgemein)-psychiatrischen Kontakt erhebliche Verhaltensauffälligkeiten in Familie und Schule auf, waren oft schon vor dem ersten psychiatrischen Kontakt delinquent geworden und es bestanden häufiger ein Substanzmissbrauch und antisoziales Verhalten. Daher sollten schizophrene Patienten mit entsprechenden anamnestischen Auffälligkeiten möglichst umfassend und lang andauernd behandelt werden. Dies gilt nicht nur für den stationären Behandlungsbereich. So konnte bei entlassenen Problempatienten der Allgemeinpsychiatrie durch eine gerichtlich angeordnete *intensive ambulante Behandlung* die Inzidenz zukünftigen aggressiven Verhaltens deutlich reduziert werden (Swanson et al. 2000).

Aufgrund der erheblichen Kapazitätsengpässe in den psychiatrischen Maßregeleinrichtungen mussten in den letzten Jahren eine wachsende Zahl von Maßregelpatienten auch in allgemein-psychiatrische Abteilungen aufgenommen werden. Dies kann, soweit es sich um psychisch Kranke und nicht um schwer persönlichkeitsgestörte Täter handelt, durchaus zu Lösungen führen, die unter Sicherungs- und Behandlungsgesichtspunkten akzeptabel erscheinen (Schalast et al. 2003). Auf Stationen der psychiatrischen Akutbehandlung erhalten diese Patienten jedoch schon aufgrund ihrer erheblich längeren Aufenthaltsdauer einen Sonderstatus, und die rasche Fluktuation der Mitpatienten verhindert Prozesse des sozialen Lernens, die bei forensischen Patienten fast immer erwünscht und notwendig sind. Die Unterbringung einzelner forensischer Patienten erscheint vor allem auf solchen allgemein-psychiatrischen Stationen sinnvoll, die für eine längerfristige Behandlung und Rehabilitation konzipiert sind. Eine Verlegung aus der Maßregeleinrichtung in eine solche Abteilung bietet sich zuweilen insbesondere zur gezielten Entlassungsvorbereitung und Erleichterung des Überganges in einen komplementären Betreuungsbereich an.

4.3.1.3 Psychisch kranke Rechtsbrecher im Maßregelvollzug

▌ **Epidemiologie.** Entsprechend dem geringen Anteil affektiver Psychosen im Hintergrund schwerwiegender Straftaten finden sich auch im psychiatrischen Maßregelvollzug nur wenige Patienten mit einer solchen Erkrankung. Unter den 1973 bundesweit untersuchten Maßregelpatienten (Leygraf 1988) befanden sich lediglich 3 Patientinnen mit der Hauptdiagnose einer unipolaren depressiven Erkrankung, wobei die Unterbringung jeweils wegen eines hinsichtlich der Selbsttötung missglückten Mitnahmesuizides erfolgt war. Weitere 21 Patienten (1% der Gesamtgruppe) hatten ihr Unterbringungsdelikt im Rahmen einer manischen Krankheitsphase begangen, überwiegend in Form gewaltloser Eigentumsdelikte. Lediglich 4 dieser Patienten hatten eine Körperverletzung und 2 hatten ein Sexualdelikt begangen.

Der *prozentuale Anteil schizophrener Patienten* wies in der bundesweiten Studie erhebliche regionale Unterschiede auf (von 26,2% im Saarland bis 47,1% in Bayern), was sich nicht allein durch unterschiedliche Verweildauern, sondern auch durch divergente Unterbringungsraten erklärte. Diese zwischen 1984–1986 erhobenen Daten dürften für die aktuelle Situation im Maßregelvollzug jedoch nicht mehr repräsentativ sein. Schließlich basiert der seit ca. 1990 kontinuierliche Anstieg der Anordnungen einer Unterbringung gemäß § 63 StGB vor allem auf einer vermehrten Einweisung schuldunfähiger Rechtsbrecher, also solchen mit einer in der Regel schizophrenen Erkrankung (vgl. Abb. 4.3.1).

Die *Zunahme der Unterbringung schizophrener Patienten* in forensisch-psychiatrische Einrichtungen ist ein weltweit zu beobachtender Prozess, der zumindest zeitgleich zur so genannten Deinstitutionalisierung und dem Abbau stationärer psychiatrischer Behandlungsplätze erfolgt ist (Schanda 2000). In einer Reihe angloamerikanischer und skandinavischer Untersuchungen wurde darauf hingewiesen, dass sich aus den Veränderungen in

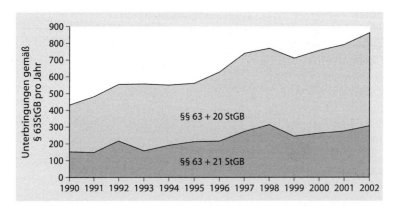

Abb. 4.3.1. Unterbringungsanordnungen gemäß § 63 StGB (jeweils alte Bundesländer, ab 1995 einschl. Gesamt-Berlin; Statistisches Bundesamt Wiesbaden 1990–2002)

den Versorgungsangeboten für psychisch Kranke auch Schwierigkeiten zumindest für einige Psychosekranke ergeben können, die aufgrund ihrer Störung nicht in der Lage sind, sich in ambulante und komplementäre Hilfenetze einbinden zu lassen (Lamb u. Bachrach 2001; Kramp 2004). Gerade bei jüngeren Patienten mit sog. Doppeldiagnosen können längere stationäre Behandlungszeiten notwendig sein (Gouzoulis-Mayfrank 2004), die das heutige Versorgungssystem der Akutpsychiatrie kaum noch gewährleistet. Als Konsequenz kann es bei diesen Patienten zu vermehrtem Substanzkonsum und Verwahrlosung kommen, welche das Risiko von Straftaten erhöhen (McNiel et al. 2005; Kramp u. Gabrielsen 2003; Wallace et al. 2004).

Zudem sind mit der *Auflösung der Langzeitbereiche* der psychiatrischen Krankenhäuser und unter zunehmendem Druck sinkender Bettenmessziffern Betreuungsmöglichkeiten für chronisch kranke, im Sozialverhalten besonders störende Patienten verloren gegangen. Verhaltensweisen, die früher auf Langzeitstationen gemanagt und toleriert wurden, führen jetzt zur Kriminalisierung und damit zur Einweisung in den psychiatrischen Maßregelvollzug (Schanda 2000). So ist der Anteil derjenigen Maßregelpatienten, die ihr Unterbringungsdelikt während einer stationären psychiatrischen Behandlung begangen haben, innerhalb von 10 Jahren von 1 auf 10% gestiegen. Dabei handelt es sich überwiegend um Patienten mit chronischen oder chronisch-rezidivierenden schizophrenen Psychosen und vergleichsweise geringfügigen Delikten (Seifert u. Leygraf 1997). Die gelegentlich geäußerte Befürchtung, schwierige und gewaltbereite Patienten würden von der „Versorgungspsychiatrie" quasi in den Maßregelvollzug abgeschoben, ließ sich in der Studie von Kieser u. Fähndrich (2003) jedoch nicht bestätigen.

Dessecker (2005) sieht den Anstieg der Unterbringung schuldunfähiger Rechtsbrecher auch eher als eine Auswirkung des vermehrt sicherheitsorientierten *kriminalpolitischen Gesamtklimas*. Offenbar erfolgt in den letzten Jahren eine strafrechtliche Unterbringung gemäß § 63 StGB auch bei Straftaten mittleren Schweregrades, die früher zu einer Verfahrenseinstellung durch die Staatsanwaltschaften führten, wenn die Schuldunfähigkeit eindeutig und eine stationäre Behandlung mittels Landesunterbringungsrecht oder Betreuung gesichert waren. Hierfür spricht auch, dass laut Strafverfolgungsstatistik eine vermehrte Einweisung vor allem bei Körperverletzungsdelikten festzustellen ist. Bei den schuldunfähigen Abgeurteilten sank der Anteil von „Straftaten gegen das Leben" als Anlassdelikt für die Unterbringungsanordnung von 25% (n = 69) im Jahre 1990 auf 14,5% (n = 81) im Jahre 2002. Im gleichen Zeitraum erhöhte sich der entsprechende Anteil der Unterbringungen wegen „Straftaten gegen die körperliche Unversehrtheit" von 27,5% (n = 76) auf 41,3% (n = 230).

Eine Evaluation der Entwicklung von psychiatrischer Versorgungssituation, forensisch-psychiatrischen Unterbringungen und Inhaftierungsraten in sechs europäischen Ländern weist ebenfalls darauf hin, dass die zwischen 1990 und 2002 in allen untersuchten Ländern festzustellende Zunahme forensisch-psychiatrischer Behandlungsplätze weniger eine Folge der Verschiebung von stationärer zu ambulanter/komplementärer Behandlung in der Allgemeinpsychiatrie darstellt (Priebe et al. 2005). Bedeutsamer erscheint der Einfluss eines zunehmenden Sicherheitsbedürfnisses, das sich auch im entsprechenden Anstieg der Inhaftierungsraten widerspiegelt.

┋ **Besonderheiten.** Es wurde bereits dargestellt, dass sich die Delinquenz schizophrener Rechtsbrecher vielfach nicht allein durch ihre psychiatrische Erkrankung begründen lässt. So wiesen in der bundesweiten Studie (Leygraf 1988) die im Maßregelvollzug untergebrachten Schizophrenen eine Reihe von Besonderheiten auf, die alleine schon in einem Frauenanteil von lediglich 3,5% deutlich wurde. Die schizophren erkrankten Maßregelpatienten entstammten im Vergleich zu entsprechenden Patienten der Allgemeinpsychiatrie deutlich häufiger unteren sozialen Schichten und verfügten über ein geringeres schulisches und berufliches Bildungsniveau. Bei den Unterbringungsdelikten handelte es sich nur zu ca. 55% um Tötungs- bzw. Körperverletzungsdelikte, die sich in der Regel aus einem schizophrenen Wahnerleben ableiten ließen. Zirka 20% der Patienten waren wegen Eigentumsdelikten und immerhin 12% wegen Sexualdelikten untergebracht, bei denen ein direkter Bezug zwischen psychotischer Erkrankung und Delinquenz nicht immer deutlich wurde. Etwa die Hälfte der Patienten, bei denen sich der Beginn der schizophrenen Psychose zeitlich eingrenzen ließ, war schon vor dem Beginn ihrer Erkrankung straffällig geworden.

Entsprechend den Beobachtungen in allgemein-psychiatrischen Kliniken (Gouzoulis-Mayfrank 2004) ist auch im psychiatrischen Maßregelvollzug der Anteil schizophrener Patienten mit einer *komorbiden Suchtproblematik* in den letzten Jahren deutlich angestiegen. Bei den in den Jahren 1984 bis 1986 untergebrachten Patienten wiesen 31% neben der psychotischen Erkrankung eine Suchtproblematik auf (Leygraf 1988), 10 Jahre später war dies bei 52% der Patienten der Fall (Seifert 1994). Hodgins et al. (2003) fanden in einer Gruppe entlassener Maßregelpatienten neben der schizophrenen Psychose bei 62% eine komorbide Suchtproblematik hinsichtlich Alkohol und bei 42% hinsichtlich illegaler Drogen. Darüber hinaus lag bei 21% der Patienten eine zusätzliche dissoziale Persönlichkeitsstörung vor. Auf einer Spezialstation für schizophrene Rechtsbrecher mit Suchtproblematik war bei 29% der Patienten neben dieser Doppeldiagnose noch zusätzlich eine Persönlichkeitsstörung diagnostiziert worden (Rohdich u. Kirste 2005). Komorbider Suchtmittelkonsum und eine Persönlichkeitsstörung vor allem dissozialer Prägung und psychopathischer Akzentuierung sind nicht nur für die Legalprognose schizophrener Rechtsbrecher von hoher Bedeutung (Putkonen et al. 2004; Tengström et al. 2004), sondern insbesondere auch für die Behandlung dieser Patienten im Maßregelvollzug, und sie erfordern eine besonders eingehende ambulante Nachsorge (Hodgins et al. 2003).

┋ **Behandlung.** Generell orientiert sich die Behandlung schizophrener Rechtsbrecher an den üblichen Therapieprinzipien bei schizophrenen Erkrankungen (s. hierzu die Leitlinien der Deutschen Gesellschaft für Psychiatrie, Psychotherapie und Nervenheilkunde [DGPPN] in Gaebel u. Falkai 1998 bzw. der

American Psychiatric Association [APA] 2004). Den verschiedenen Krankheitsphasen (Akut-, Stabilisierungs- und Remissionsphase) entsprechen die jeweiligen Hauptbehandlungsziele (Remission oder Suppression der akutpsychotischen Symptomatik, Remissionsstabilisierung, Rezidivprophylaxe). Während in der Allgemeinpsychiatrie in der Regel nur die Akutbehandlung unter stationären Bedingungen erfolgt, schließt die stationäre Maßregelbehandlung auch die Stabilisierungsphase und zumindest einen Teil der Remissionsphase mit ein, zumal die gefährlichkeitsprognostische Beurteilung zumeist eine längerfristige Beobachtung der Stabilität einer Remission erfordert.

Die *Notwendigkeit einer längerfristigen stationären Behandlung* ergibt sich bei Maßregelpatienten aber vielfach auch aus speziellen therapeutischen Schwierigkeiten, z.B. einer fehlenden Compliance, einem geringen Ansprechen auf die neuroleptische Behandlung oder dem Hinzutreten einer Sucht- oder Persönlichkeitsproblematik. Dies zeigt sich auch in der hohen Anzahl stationärer Vorbehandlungen, die viele Maßregelpatienten bereits durchlaufen haben, bis schließlich die strafrechtliche Unterbringung erfolgt (Hodgins u. Müller-Isberner 2004). Nicht selten liegt eine schon langjährig chronifizierte Erkrankung vor mit einer überdauernden Wahn- und halluzinatorischen Symptomatik. Unter den strukturierten Bedingungen der Maßregelbehandlung ist bei diesen Patienten zwar eine gewisse Stabilisierung zu erreichen; mit Rehabilitationsversuchen verbundene Belastungen führen jedoch schnell zur erneuten Destabilisierung. Langfristiges Behandlungsziel kann hier oft nur die Verlegung in eine gut betreute komplementäre Einrichtung sein; einige dieser Patienten bedürfen auch dauerhaft der Unterbringung in einer forensischen Langzeiteinrichtung (vgl. Abschn. 4.1).

Die dem Maßregelvollzug immanente Spannung zwischen therapeutischen Erfordernissen und Sicherungsnotwendigkeiten erweist sich bei der Behandlung schizophrener Rechtsbrecher oft als besonders problematisch. Dies gilt weniger für die akute Behandlungsphase, die auch bei vielen nichtdelinquenten Patienten unter den Bedingungen äußeren Zwangs und in einer baulich gesicherten Station erfolgt (Darsow-Schütte u. Müller 2001; Müller u. Josipoviv 2003). In der Phase der postakuten Stabilisierung und Remission besteht aber gerade bei schizophrenen Patienten die Gefahr, durch Inaktivierung und Unterstimulierung *zusätzliche Hospitalisierungsschäden* hervorzurufen und eine schizophrene Residualsymptomatik zu verstärken. Von daher ist hier ganz besonders auf ein aktivierendes Stationsmilieu zu achten sowie auf ein differenziertes Angebot von Beschäftigungs- und Arbeitstherapie, Sport und Möglichkeiten der Freizeitgestaltung. Insbesondere hinsichtlich arbeitstherapeutischer Maßnahmen ist der rezidivprophylaktische Effekt bei schizophrenen Patienten empirisch gesichert (Reker 1999). Sofern zur Durchführung solcher Maßnahmen Vollzugslockerungen erforderlich sind, lassen sich diese bei schizophrenen Patienten in der Regel schon frühzeitig verantworten, da von ihnen während der Maßregelbehandlung kaum eine Gefährdung durch schwerwiegende Zwischenfälle ausgeht (Freese et al. 1995).

Unabhängig von den individuell einzusetzenden Behandlungsverfahren gelten im Umgang mit schizophrenen Patienten einige *allgemein zu beach-*

tende Regeln (Buchkremer u. Batra 1997): Informationen sind einfach, übersichtlich und mit einem eindeutigen Kommunikationsstil zu vermitteln; die Verantwortlichkeiten im Behandlungsteam und die Behandlungsplanung sollten transparent, genau definiert und klar verständlich sein. Es sollte eine langfristige Konstanz der Betreuungspersonen gesichert sein, die aktiv auf den Patienten zugehen und vor allem darauf abzielen, seine gesunden Ich-Anteile zu stärken.

Wesentliches Standbein der Akutbehandlung wie Rezidivprophylaxe bildet die *psychopharmakologische Behandlung*, insbesondere durch Neuroleptika. Diese wirken gezielt auf die akuten, sog. produktiven Krankheitssymptome (z. B. Wahn, Halluzinationen und psychomotorische Erregung). In der Langzeitbehandlung dienen sie der Stabilisierung und stellen einen Schutz vor Krankheitsrezidiven dar. Die bei den „typischen" Neuroleptika für die Patienten vor allem in der Langzeitbehandlung häufig sehr beeinträchtigenden extrapyramidal-motorischen Störungen sind bei den neueren, „atypischen" Neuroleptika deutlich geringer ausgeprägt oder fehlen ganz. Zudem führen diese oft zu einer zusätzlichen Verbesserung der sog. negativen Symptome (z. B. Affektverarmung, Antriebsverminderung, kognitive Störungen). Hinsichtlich Einzelheiten zum Einsatz von Neuroleptika sei auf die o. g. Leitlinien sowie die entsprechenden Standardwerke (z. B. Benkert u. Hippius 2004; Helmchen et al. 2002) verwiesen. Ebenfalls auf die Verbesserung von Grund- und Negativsymptomen sowie auf eine Erhöhung der Compliance in der Langzeitbehandlung zielen die verschiedenen sozio- und psychotherapeutischen Maßnahmen ab, einschließlich der psychoedukativen Trainingsprogramme.

Die in der Maßregelbehandlung häufig in den therapeutischen Vordergrund gestellte „*Tatbearbeitung*" ist bei psychisch kranken Rechtsbrechern in der Regel nicht indiziert. Dies gilt vor allem für Taten, die einer wahnhaften Motivation entsprangen, zumal, wenn es sich bei den Opfern um nahe Angehörige gehandelt hat. Eine solche Tat lässt sich nicht „aufarbeiten"; vielmehr ist es zur Verminderung der Suizidgefahr wesentlich, dass der Patient die Tat als krankheitsbedingt und nicht als Ergebnis eigener Entscheidung und Schuld begreift. Dabei kann die Tat selbst aber insofern Thema der Behandlung sein, als sie dem Patienten eine besondere Verantwortung dafür auferlegt, durch zuverlässige Mitarbeit in der Rezidivprophylaxe und sofortige Inanspruchnahme von Hilfsmöglichkeiten beim Auftreten von Frühsymptomen die Gefahr einer Tatwiederholung zu minimieren.

Akutbehandlung. Die Behandlung der akuten Krankheitsphase unterscheidet sich bei schizophrenen Rechtsbrechern von der auch sonst gängigen schizophrenen Akutbehandlung lediglich durch die vermehrte Beachtung baulicher und organisatorischer Sicherungsaspekte. Behandlungsziel ist die Remission oder Verringerung der akut-psychotischen Symptomatik, die Verhütung von Selbst- und Fremdgefährdung und der Aufbau einer therapeutischen Beziehung. In dieser Therapiephase steht zunächst die *medikamentöse Behandlung* im Vordergrund. Da bei schizophrenen Rechtsbrechern in der Akutphase zumeist produktive Krankheitssymptome (insbesondere Wahn und Halluzinationen) überwiegen, werden hier in der Akutbehandlung tendenziell eher „typische" Neuroleptika eingesetzt, was aber nur dann zwingend erforderlich ist, wenn die Medikation zu Beginn intravenös oder intramuskulär verabreicht werden muss. Ansonsten kann auch in der akuten Krankheitsphase ein primärer Behandlungsversuch mittels „atypischer" Neuroleptika erfolgen. Zudem ist in dieser Phase darauf zu achten, durch eine entsprechende *Gestaltung des Stationsmilieus* zu einer Verringerung der „Reizüberflutung" des Patienten beizutragen.

Sofern es sich nicht um ein während der Maßregelbehandlung aufgetretenes Krankheitsrezidiv handelt, sollte diese Akutbehandlung möglichst schon zu Beginn der Unterbringung gemäß § 63 StGB abgeschlossen bzw. zumindest eingeleitet worden sein. Bei dem Verdacht auf eine schizophrene Erkrankung als Hintergrund eines schwerwiegenden Deliktes erfolgt in der Regel eine *vorläufige Unterbringung gemäß § 126 a StPO*. Erhärtet sich im Rahmen einer solchen Unterbringung die Diagnose der schizophrenen Erkrankung, sollte diese nicht nur festgestellt, sondern möglichst rasch und intensiv behandelt werden. Wenn in einigen Maßregeleinrichtungen auf eine solche Behandlung mit der Begründung verzichtet wird, dass die vorläufige Unterbringung nur der Verfahrenssicherung diene und nicht mit einem Behandlungsauftrag verbunden sei, ist dies nicht nur unter medizinisch-ethischen Aspekten abzulehnen, sondern entspricht unter Umständen dem Straftatbestand der unterlassenen Hilfeleistung (Rasch u. Konrad 2004, S. 133). Die frühzeitige neuroleptische Behandlung der schizophrenen Akutsymptomatik hat einen wesentlichen Einfluss auf den Langzeitverlauf der Erkrankung und vermindert die Chronifizierungsgefahr (Wyatt 1991).

Sofern sich aus der akuten Erkrankung des Patienten eine unmittelbare Gefahr für Leib und Leben des Patienten selbst oder von Mitpatienten sowie Mitarbeitern ergibt, sind unverzüglich Behandlungsmaßnahmen auch gegen seinen Willen einzuleiten. In sonstigen Fällen wird eine medikamentöse Zwangsbehandlung im Rahmen der vorläufigen Unterbringung von juristischer Seite aus unter Bezugnahme auf die Unschuldsvermutung kritisch gesehen (vgl. Volckart u. Grünebaum 2003, S. 47). Nur bezieht sich der Grundsatz der Unschuldsvermutung allein auf den Tatvorwurf und nicht auf die Erkrankung. Sie wird also auch durch eine psychiatrische Behandlung nicht außer Kraft gesetzt, sondern eine Behandlung hat unabhängig davon zu erfolgen, ob der Patient aus der Erkrankung heraus eine Straftat begangen hat oder nicht. Rechtliche Regelungen hierzu finden sich bislang nur in den Maßregelvollzugsgesetzen von Sachsen und Schleswig-Holstein. Gegebenenfalls ist auf die Möglichkeiten des Betreuungsrechtes zurückzugreifen.

Fehlende Krankheitseinsicht und daraus resultierende Ablehnung von z. B. medikamentöser Behandlung sind im Übrigen auch bei schizophrenen Patienten keine unveränderbare Größe. Daher sollte stets der Versuch unternommen werden, durch ein intensives therapeutisches Zugehen den Patienten zu einer Akzeptanz der Behandlung zu bewegen. Für den weitaus überwiegenden Teil der Patienten bedeutet eine Unterbringung gemäß

§ 126 a StPO den ersten Kontakt mit dem Maßregelvollzug, für einige sogar die erste Berührung mit der Psychiatrie überhaupt. Art und Weise der Kontaktaufnahme und des Therapiebeginns werden einen entscheidenden Einfluss auf den weiteren Verlauf der Unterbringung – insbesondere auf die Behandlungsmotivation des Patienten – ausüben.

Im Mittel beträgt die durchschnittliche Dauer einer vorläufigen Unterbringung ca. 5 bis 8 Monate (Dessecker 1997; Losch 2003). Diese Zeit sollte nicht therapeutisch ungenutzt verstreichen, da durch eine intensive Therapie zumindest bei einigen schizophrenen Patienten bereits bis zum Zeitpunkt der Hauptverhandlung eine deutliche Symptomreduktion und Stabilisierung erreicht werden kann. Dies könnte eine nachfolgende Unterbringung gemäß § 63 StGB verzichtbar machen oder zumindest deren Aussetzung zugleich mit der Anordnung gemäß § 67 b StGB ermöglichen.

Remissionsstabilisierung und Rezidivprophylaxe. Nach Abklingen der akuten Krankheitssymptomatik bestehen bei vielen Patienten *Reststörungen* im Bereich der Affektivität und des Antriebs sowie kognitive wie soziale Defizite. Psychopharmakologisch ist hier die Umstellung auf ein *atypisches Neuroleptikum* indiziert. Diese sind eher dazu in der Lage, derartige Negativsymptome zu verbessern und werden zudem von den meisten Patienten als deutlich weniger beeinträchtigend erlebt, was insbesondere die Compliance im Rahmen der medikamentösen Rezidivprophylaxe fördert. Da bei schizophrenen Rechtsbrechern das Risiko eines erneuten akuten Krankheitsrezidivs wegen der damit verbundenen Fremdgefährdung möglichst weitgehend gesenkt werden muss, kann im Rahmen der Remissionsstabilisierung zumindest nach einer Entlassung aus der Maßregel in der Regel über viele Jahre auf einen medikamentösen Schutz nicht verzichtet werden. Dessen Einhaltung lässt sich am ehesten durch den Einsatz von *Depotneuroleptika* kontrollieren und sichern. Hierzu steht mittlerweile aus der Gruppe der atypischen Neuroleptika ebenfalls ein Präparat (Risperidon) zur Verfügung, wodurch die Effizienz der medikamentösen Langzeitbehandlung deutlich verbessert werden kann (Bhanji et al. 2004; Lasser et al. 2004).

Neben der Fortführung der Medikation gilt es in der postakuten Behandlungsphase, sich entsprechend dem Vulnerabilitäts-Stress-Konzept (Zubin u. Spring 1977) eine Übersicht über die aktuellen und prämorbiden Einschränkungen des Leistungsprofils, über relevante Belastungsmomente der gegenwärtigen oder künftigen Lebensumgebung des Patienten und mögliche Ressourcen zu verschaffen.

In der *psychoedukativen Schizophreniebehandlung* (Übersicht s. Wiedermann et al. 2003) hat das von Wienberg u. Sibum (1997) entwickelte PEGASUS-Konzept (Psychoedukative Gruppenarbeit mit schizophren und schizoaffektiv Erkrankten) auch im Maßregelvollzug Verbreitung gefunden (vgl. Hofstetter 2002). Dabei wird zunächst versucht, von individuellen, subjektiven Konzepten der einzelnen Gruppenteilnehmer ausgehend ein übergreifendes Krankheitskonzept zu erarbeiten, bei dem die Wechselwirkungen zwischen biologischen und psychosozialen Einflüssen deutlich ge-

macht werden sollen. Um dem Patienten einen angstfreieren Zugang zu seinem psychotischen Erleben zu ermöglichen und das Gespräch hierüber zu
erleichtern, wird die akute psychotische Dekompensation in diesem Zusammenhang unter dem Aspekt eines „Selbstheilungsversuchs" betrachtet. Anschließend erfolgt eine Wissensvermittlung über die medikamentöse Behandlung, die Bedeutung der Neuroleptikatherapie zur akuten Symptomreduktion und Rezidivprophylaxe sowie eventuelle Begleiterscheinung dieser
Medikamente. Hier sollen die persönlichen Erfahrungen der Gruppenteilnehmer einbezogen werden. Abschließend werden mit den Patienten ihre
individuellen Spielräume im Grenzbereich zur drohenden psychotischen
Dekompensation erarbeitet, insbesondere die frühzeitige Identifikation von
Stressoren und eventueller Frühwarnzeichen eines drohenden Krankheitsrezidivs. Hiervon ausgehend erfolgt die Erstellung eines individuellen Kri-
senplans mit konkreten und abgestuften Handlungsanweisungen für den
Fall einer drohenden oder beginnenden Wiedererkrankung.

Bei vielen Maßregelpatienten handelt es sich auch deshalb um langjährig
chronifiziert Erkrankte, weil sie zumindest hinsichtlich der Negativsymptome nur unzureichend oder gar nicht auf eine medikamentöse Therapie ansprechen. Die in diesem Zusammenhang in der Allgemeinpsychiatrie entwickelten kognitiven bzw. kognitiv-behavioralen Behandlungsprogramme
gehören mittlerweile auch zum Standard der psychiatrischen Maßregelbehandlung.

Kognitive Therapien, die zum Teil auch als computerunterstütztes Training zur Anwendung kommen, zielen auf die gestörte Aufmerksamkeit und
Informationsverarbeitung ab, um die verlangsamten und unflexiblen kognitiven Funktion zu verbessern. Ihre grundsätzliche Effektivität gilt als gesichert, wenn auch mit gewissen methodischen Unterschieden (vgl. Twamley
et al. 2003). Bedeutsamer für die Rehabilitationsbehandlung schizophrener
Maßregelpatienten erscheinen *kognitiv-behaviorale Behandlungs- und Trainingsprogramme*, die vor allem auf eine Veränderung der sozialen Fertigkeiten und Problemlösekompetenzen abzielen. Diese Gruppentherapiepro-
gramme sind in der Regel modular aufgebaut und können entsprechend
der jeweiligen Belastbarkeit des Patienten eingesetzt werden.

Als im Maßregelvollzug erfolgreich erprobt gilt das *Integrierte Psychologische Therapieprogramm* (Roder et al. 1995, eine eingehende Darstellung des
Einsatzes im Maßregelvollzug findet sich bei Bauer 2002). Es basiert auf
der Theorie, dass sich Störungen der Informationsverarbeitung wechselseitig
verstärken und sich auf höhere Funktionsebenen, insbesondere der sozialen
Kompetenzen, auswirken. Das Programm zielt zunächst auf eine Verbesserung kognitiver Basisfähigkeiten ab, um darauf aufbauend die sozialen Fähigkeiten wiederherzustellen. Es ist in fünf Unterprogramme hierarchisch
gegliedert (kognitive Differenzierung, soziale Wahrnehmung, verbale Kommunikation, soziale Fertigkeiten, interpersonelles Problemlösen) und legt besonderen Wert auf einen unmittelbaren Bezug zum Alltag des Patienten. Somit bildet es gute Voraussetzungen für die Anwendung im Maßregelvollzug,
da der Lerneffekt im konkreten Leben auf der Station erkennbar ist.

Die bei schizophrenen Maßregelpatienten häufig anzutreffende *Komorbidität* mit einer Suchtproblematik bedarf besonderer therapeutischer Berücksichtigung. Gemeinhin gelten Patienten mit dieser Doppeldiagnose als ein schwer behandelbares und fast zuverlässig noncompliantes Klientel (Gouzoulis-Mayfrank 2004). Bei Maßregelpatienten treten häufig noch dissoziale Persönlichkeitseigenschaften hinzu, die die Behandlungsmotivation und den Aufbau einer tragfähigen therapeutischen Beziehung zusätzlich erschweren. Hier ist eine enge Verzahnung von Psychosebehandlung und Suchttherapie erforderlich, die durch ein Behandlungsteam erfolgen sollte, das über Erfahrung und Kompetenz in der Behandlung beider Störungen verfügt (Drake u. Muesser 2000). Nicht integrierte Behandlungsprogramme bei schizophrenen Rechtsbrechern mit Substanzmissbrauch, die von verschiedenen Therapeuten durchgeführt wurden, haben sich wegen der mangelnden Koordination der Therapieansätze als nicht effektiv erwiesen (Bloom et al. 2000).

Für eine integrierte Behandlung mit jeweils stadiengerechten Interventionen bietet sich im Maßregelvollzug die *Einrichtung entsprechender Spezialstationen* an (eine eingehende Beschreibung des Konzeptes einer solchen Station geben Rohdich u. Kirste 2005). Nach der Akutbehandlung der psychotischen Erkrankung stehen zunächst motivationale Interventionen im Vordergrund, wobei es letztlich darauf ankommt, durch Nutzung der in der Regel vorhandenen extrinsischen Motivation (Entlassungswunsch des Patienten) zunehmend auch eine intrinsische Motivation aufzubauen. Sofern dies unter gefährlichkeitsprognostischen Aspekten verantwortbar ist, können in diesen Motivierungsprozess auch Vollzugslockerungen einbezogen werden. Im Rahmen der psychoedukativen Programme ist besonderer Wert zu legen auf die Information über Interaktionen zwischen Drogenwirkung und individueller Psychosevulnerabilität. Dies gilt vor allem für Patienten mit Cannabiskonsum, die oft zur Verharmlosung ihrer Drogenproblematik neigen. Der Modifizierung des Suchtverhaltens dienen die auch sonst in der Behandlung suchtkranker Rechtsbrecher benutzen Interventionsstrategien (vgl. Abschn. 4.3.5).

▌ **Rehabilitation.** Bei schizophrenen Patienten ist die Gefahr von Hospitalisierungsschäden besonders hoch, und mit zunehmender Dauer der Unterbringung erhöht sich auch die Angst des Patienten, den Belastungen des Lebens außerhalb der Maßregeleinrichtung nicht mehr gewachsen zu sein. Sofern die akute Krankheitssymptomatik rasch und weitgehend remittiert ist, die Remission im Rahmen der medikamentösen Rezidivprophylaxe stabil erscheint und der Patient sich in seiner Behandlungscompliance als zuverlässig erwiesen hat, sollten möglichst rasch *Wiedereingliederungsmaßnahmen* eingeleitet werden, wenn keine sonstigen gefährlichkeitsprognostischen Aspekte dem entgegenstehen. Sicher ist die stationäre Behandlungsdauer bei schizophrenen Patienten im Maßregelvollzug mit anderen Maßstäben zu messen als in der Allgemeinpsychiatrie. Dennoch scheint die aktuelle mittlere Verweildauer der aus dem Maßregelvollzug entlassenen Schizophrenen mit 5,4 Jahren (Seifert 2005) im Vergleich zu den tatsächlichen

Möglichkeiten der stationären Behandlung und ambulanten Nachsorge unverhältnismäßig lang. Es handelt sich hier um Patienten, die in der Regel
ohnehin einer langjährigen psychiatrischen Behandlung und psychosozialen Betreuung bedürfen (vgl. Abschn. 4.2.3). Von daher ist es für die Lang-
zeitprognose weniger von Bedeutung, möglichst jede noch vorhandene
Restsymptomatik zu beheben. Weitaus wichtiger ist es, sich Klarheit über
die erforderlichen Rahmenbedingungen der nachstationären Betreuung zu
verschaffen und für deren Bereitstellung Sorge zu tragen.

Nur selten ist die Entlassung eines schizophrenen Maßregelpatienten in
die Herkunftsfamilie anzustreben. Viele haben kaum mehr Kontakt zu ihren Angehörigen und oft ist dieser dadurch belastet, dass es sich beim Tatopfer um einen Familienangehörigen gehandelt hat. Sofern solche Kontakte
dennoch bestehen, handelt es sich häufig um ein pathogenes Beziehungs-
gefüge, das eher zu einer Erhöhung der Rezidivgefahr als zu einer Stabilisierung beiträgt.

Bei Patienten mit einer stabilen Remission, geringer Residualsymptomatik, guten lebenspraktischen Kompetenzen und zuverlässiger Behandlungscompliance kann zuweilen ein eigenständiges Wohnen und eine berufliche
Rehabilitation angestrebt werden. Dabei sind jedoch die ambulante Fortführung der psychiatrischen Behandlung und die Kontrolle der Stabilität
unverzichtbar; beides sollte durch entsprechende Auflagen der Führungsaufsicht sichergestellt werden. Bei mehr als zwei Drittel der Patienten erfolgt die Entlassung aus dem Maßregelvollzug aber in eine weiterbetreuen-
den Einrichtung (Seifert 2005). Je nach Grad der Remission und Belastbarkeit kommen hierfür betreute Wohngruppen oder psychiatrische Heime in
Betracht; für einige chronisch kranke und langzeithospitalisierte Patienten
bleibt zuweilen nur die Verlegung in den Langzeitbereich eines allgemein-
psychiatrischen Krankenhauses.

In vielen komplementären psychiatrischen Einrichtungen gibt es *Vorbehalte gegenüber der Übernahme psychisch kranker Rechtsbrecher* (Hax-Schoppenhorst u. Schmidt-Quernheim 2003, S. 181). Diese betreffen teils mögliche
Imageschäden in der Nachbarschaft, vor allem aber die Sorge vor einer Überforderung im Umgang mit dieser forensischen Klientel und die Befürchtung,
in Krisenfällen keine Unterstützung zu erhalten. Hier können Informations-
veranstaltungen und Einladungen zu Gegenbesuchen in den forensischen
Einrichtungen Ängste abbauen und Kooperationsmöglichkeiten erweitern.
Insbesondere hat sich das Angebot einer engen Kooperation zwischen Wohneinrichtung und forensischer Ambulanz, z. B. in Form gemeinsamer Fall-
supervisionen und sog. Helferkonferenzen, als hilfreich erwiesen (Seifert et
al. 2003). Zudem ermöglichen die Maßregelvollzugsgesetze der meisten Bundesländer vor einer Entlassung ein mehrmonatiges „Probewohnen", was sowohl den Patienten selbst als auch die Mitarbeiter die Erfolgsaussichten einer
Integration in die Einrichtung besser beurteilen lässt.

Sofern eine hinreichende Behandlung im Maßregelvollzug erfolgt und
eine entsprechende Nachsorge gesichert ist, ist die Gefährdung der Öffentlichkeit durch Rückfalldelikte schizophrener Rechtsbrecher außerordentlich

gering. In allen Untersuchungen zum Legalverlauf nach Maßregelvollzug (vgl. Abschn. 4.1) zeichneten sich die schizophrenen Patienten durchweg durch deutlich seltenere Rückfalldelikte aus. In der Studie von Seifert (2005) wurden von 110 ehemaligen Maßregelpatienten mit einer Schizophrenie in einem mittleren Katamnesezeitraum von 4 Jahren nur 6 Patienten erneut straffällig, davon nur 2 mit einem Gewaltdelikt (jeweils ein Raub und eine Körperverletzung). Tendenziell weisen schizophrene Patienten nach einer Entlassung aus dem Maßregelvollzug sogar ein geringeres Risiko künftiger Gewalthandlungen auf als vergleichbare ehemalige Patienten der Allgemeinpsychiatrie (Hodgins et al. 2003; Lincoln et al. 2005).

Literatur

American Psychiatric Association (2004) Practice guideline for the treatment of patients with schizophrenia, 2nd edn. Am J Psychiatry 161, Supplement Nr. 2

Bhanji N, Choinard G, Margolese HC (2004) A review of compliance, depot intramuscular antipsychotics and the new long-acting injectable atypical antipsychotic risperidone in schizophrenia. Eur Neuropsychopharmacol 14:87–92

Bauer P (2002) Das Integrierte Psychologische Therapieprogramm für schizophrene Patienten (ITP). In: Müller-Isberner R, Gretenkord L (Hrsg) Psychiatrische Kriminaltherapie, Bd 1. Pabst, Lengerich u a O, S 48–59

Benkert O, Hippius H (2004) Kompendium der Psychiatrischen Pharmakotherapie, 5. Aufl. Springer, Berlin Heidelberg

Bloom JD, Mueser KT, Mueller-Isberner R (2000) Treatment implications of the antecendents of criminality and violence in schizophrenia. In: Hodgins S (ed) Violence among the mentally ill. Effective treatments and management strategies. Wiley, New York, pp 145–170

Böker W, Häfner H (1973) Gewalttaten Geistesgestörter. Eine psychiatrisch-epidemiologische Untersuchung in der Bundesrepublik Deutschland. Springer, Berlin

Buchkremer G, Batra A (1997) Psychotherapie – Störungsspezifische Indikation oder Perfektion einer Technik? In: Mundt C, Linden M, Barnett W (Hrsg) Psychotherapie in der Psychiatrie. Springer, Wien u a O, S 53–61

Darsow-Schütte KI, Müller P (2001) Zahl der Einweisungen nach PsychKG in zehn Jahren verdoppelt. Psychiatr Prax 8:226–229

Dessecker A (1997) Straftäter und Psychiatrie. Eine empirische Untersuchung zur Praxis der Maßregel nach § 63 StGB im Vergleich mit der Maßregel nach § 64 StGB und sanktionslosen Verfahren. Kriminologische Zentralstelle e.V., Wiesbaden

Dessecker A (2005) Die Überlastung des Maßregelvollzugs: Folge von Verschärfungen im Kriminalrecht? Neue Kriminalpolitik 18:23–28

Drake RE, Muesser KT (2000) Psychosozial approaches to dual diagnosis. Schizophr Bull 26:105–118

Erb M, Hodgins S, Freese R, Müller-Isberner R, Jöckel D (2001) Homicide and schizophrenia: maybe treatment does have a preventive effect. Crim Behav Ment Health 11:6–26

Faust V (1997) Manie. Enke, Stuttgart

Freese R, Born P, Müller-Isberner R (1995) Gravierende Delikte während der Behandlung im psychiatrischen Maßregelvollzug (§ 63 StGB). Nervenarzt 66:542–549

Gaebel W, Falkai P (1998) Behandlungsleitlinie Schizophrenie. In: DGPPN (Hrsg) Praxisleitlinien in Psychiatrie und Psychotherapie, Bd 1. Steinkopff, Darmstadt

Gouzoulis-Mayfrank E (2004) Doppeldiagnose Psychose und Sucht. Von den Grundlagen zur Praxis. Nervenarzt 75:642–650

Hax-Schoppenhorst T, Schmidt-Quernheim F (2003) Professionelle forensische Psychiatrie. Huber, Bern u a O

Helmchen H, Henn F, Lauter H, Sartorius N (Hrsg) (2002) Psychiatrie der Gegenwart, 4. Aufl, Bd 5. Springer, Berlin Heidelberg

Hodgins S (2001) The major mental disorders and crime: Stop debating and start treating and preventing. Int J Law Psychiatry 24:427–466

Hodgins S, Hiscoke UL, Freese R (2003) The antecedents of aggressive behaviour among men with schizophrenia: a prospective investigation of patients in community treatment. Behav Sci Law 21:523–546

Hodgins S, Müller-Isberner R (2004) Preventing crime by people with schizophrenic disorders: the role of psychiatric services. Br J Psychiatry 185:245–250

Hofstetter V (2002) Psychoedukation. In: Müller-Isberner R, Gretenkord L (Hrsg) Psychiatrische Kriminaltherapie, Bd 1. Pabst, Lengerich u a O, S 41–47

Kieser C, Fähndrich E (2003) Wie geht die „Versorgungspsychiatrie" mit gewaltbereiten Patienten um? Psychiatr Prax 30:127–132

Kramp P (2004) Schizophrenia and crime in Denmark. Crim Behav Ment Health 14:231–237

Kramp P, Gabrielsen G (2003) Kriminalitet begaet af psykisk syge 1977–1999. Udvikling, antal og arsager. Ugeskrift for Laeger, 165:2553–2556

Lamb HR, Bachrach LL (2001) Some Perspectives on deinstitutionalization. Psychiatr Serv 52:1039–1045

Lasser RA, Bossie CA, Gharabawi GM, Turner M (2004) Patients with schizophrenia previously stabilized on conventional depot antipsychotics experience significant clinical improvements following treatment with long-acting risperidone. Eur Psychiatry 19:219–225

Leygraf N (1988) Psychisch kranke Straftäter. Epidemiologie und aktuelle Praxis des psychiatrischen Maßregelvollzuges. Springer, Berlin Heidelberg

Lincoln TM, Hodgins S, Müller-Isberner R et al (2005) Sind sie gefährlicher? Entlassene Patienten des psychiatrischen Maßregelvollzuges und der Allgemeinpsychiatrie im Vergleich. Krankenhauspsychiatrie 16:48–56

Losch M (2003) Aktuelle Situation und Unterbringungsverlauf einstweilig untergebrachter Maßregelpatienten (gem. § 126 a StPO) in NRW. Forschungsbericht für das Ministerium für Frauen, Jugend, Familie und Gesundheit des Landes Nordrhein-Westfalen. Institut für Forensische Psychiatrie der Universität Duisburg-Essen

McNiel DE, Binder RL, Robinson JC (2005) Incarceration associated with homelessness, mental disorder and co-occurring substance abuse. Psychiatric Serv 56:840–846

Modestin J, Ammann R (1995) Mental disorder and criminal behavior. Br J Psychiatry 166:667–675

Modestin J, Hug A, Ammann R (1997) Criminal behavior in males with affective disorders. J Affect Disord 42:29–38

Müller P, Josipoviv T (2003) Unfreiwillige Einweisung nach Betreuungsrecht in acht Jahren verdreifacht. Psychiatr Prax 30:108–113

Nestor PG, Haycock J, Doiron S, Kelly D (1995) Lethal violence and psychosis. A clinical profile. Bull Am Acad Psychiatry Law 23:331–341

Priebe S, Badesconyi A, Fioritti A et al (2005) Reinstitutionalisation in mental health care: Comparison of data on service provision from six European countries. Br Med J 330:123–126

Putkonen A, Kotilatainen I, Joyal CC, Tiihonen J (2004) Comorbid personality disorders and substance use disorders of mentally ill homicide offenders: a structured clinical study on dual and triple diagnoses. Schizophr Bull 30:59–72

Räsänen P, Tiihonen J, Isohanni M, Rantakaalio P, Lehtonen J, Moring J (1998) Schizophrenia, alcohol abuse and violent behaviour: A 26-year follow-up study of an unselected birth cohort. Schizophr Bull 24:437–441

Rasch W, Konrad N (2004) Forensische Psychiatrie, 3. Aufl. Kohlhammer, Stuttgart

Reker T (1999) Psychiatrische Arbeitstherapie – Konzepte, Praxis und wissenschaftliche Ergebnisse. Psychiatr Prax 26, Sonderheft 1:12–15

Rink W (1981) Tötungsdelikte schizophrener Geisteskranker unter besonderer Berücksichtigung der Sozialkontrolle im Vorfeld., der Täterpersönlichkeit und der Rehabilitationschancen. In: Laux G, Reimer F (Hrsg) Klinische Psychiatrie. Tendenzen, Ergebnisse, Probleme und Aufgaben heute. Hippokrates, Stuttgart, S 314–330

Roder V, Brenner HD, Kienzle N, Hodel B (1995) Integriertes Psychologisches Therapieprogramm für schizophrene Patienten (ITP). Psychologie Verlags-Union, München Weinheim

Rohdich R, Kirste A (2005) Ein integrierter Behandlungsansatz für schizophrene Patienten mit Suchterkrankung und Persönlichkeitsstörung in der Klinik für Forensische Psychiatrie Haina. Recht & Psychiatrie 23:116–122

Saha S, Chant D, Welham J, McGrath J (2005) A systematic review of the prevalence of schizophrenia. PLoS Medicine 2:413–433

Schalast N, Balten A, Leygraf N (2003) Zur Unterbringung forensischer Patienten in der Allgemeinpsychiatrie. Nervenarzt 74:252–258

Schanda H (2000) Probleme bei der Versorgung psychisch kranker Rechtsbrecher – ein Problem der Allgemeinpsychiatrie? Psychiatr Prax 27, Sonderheft 2:72–76

Seifert D (1994) Maßregelvollzug gemäß § 63 StGB in Nordrhein-Westfalen. Forschungsbericht für das Ministerium für Arbeit, Gesundheit und Soziales des Landes Nordrhein-Westfalen. Institut für Forensische Psychiatrie der Universität Duisburg-Essen

Seifert D (2005) Gefährlichkeitsprognosen im psychiatrischen Maßregelvollzug gemäß § 63 StGB. Habilitationsschrift, Essen

Seifert D, Leygraf N (1997) Die Entwicklung des psychiatrischen Maßregelvollzuges (§ 63 StGB) in Nordrhein-Westfalen. Psychiatr Prax 24:237–244

Seifert D, Schiffer B, Leygraf N (2003) Plädoyer für die forensische Nachsorge – Ergebnisse einer Evaluation forensischer Ambulanzen im Rheinland. Psychiatr Prax 30:235–241

Steinert T (2001) Psychische Krankheit und Gewaltkriminalität: Mythen und Fakten. Dtsch Med Wochenschr 126:378–382

Steinert T, Sippach R, Gebhardt P (2000) How common is violence in schizophrenia despite neuroleptical treatment? Pharmacopsychiatry 33:98–102

Statistisches Bundesamt (1990–2002) Fachserie 10/Reihe 3 (Strafverfolgung). Statistisches Bundesamt, Wiesbaden

Swanson JW, Swartz MS, Borum R, Hiday VA, Wagner HR, Burns BJ (2000) Involuntary outpatient commitment and reduction of violent behaviour in persons with severe mental illness. Br J Psychiatry 176:324–331

Taylor PJ (1993) Violence in society. Lavenham Press, Lavenham

Tengström A, Hodgins S, Grann M Langstrom N, Kullgren G (2004) Schizophrenia and criminal offending: The role of psychopathy and substance use disorders. Crim Justice Behav 31:367–391

Twamley EW, Jeste DV, Bellack AS (2003) A review of cognitive training in schizophrenia. Schizophr Bull 29:359–382

Volckart B, Grünebaum R (2003) Maßregelvollzug. Luchterhand, München Neuwied

Wallace C, Mullen P, Burgess P, Palmer S, Ruschena D, Browne C (1998) Serious criminal offending and mental disorder. Case linkage study. Br J Psychiatry 172:477–484

Wallace C, Mullen P, Burgess P (2004) Criminal offending in schizophrenia over a 25-year period marked by deinstitutionalization and increasing prevalence of comorbid substance use disorders. Am J Psychiatry 161:716–727

Walsh E, Buchanan A, Fahy T (2001) Violence and schizophrenia: Examining the evidence. Br J Psychiatry 180:490–495

Wienberg G, Sibum B (1997) Psychoedukative Therapie schizophren Erkrankter – Einordnung und Überblick. In: Wienberg G (Hrsg) Schizophrenie zum Thema machen. Psychoedukative Gruppenarbeit mit schizophren und schizoaffektiv erkrankten Menschen. Psychiatrie-Verlag, Bonn, S 195–218

Wiedemann G, Klingberg S, Pitschel-Walz G (2003) Psychoedukative Interventionen in der Behandlung von Patienten mit schizophrenen Störungen. Nervenarzt 74:789–808

Wulach JS (1983) Mania and crime: a study of 100 manic defendants. Bull Am Acad Psychiatry Law 11:69–75

Wyatt RJ (1991) Neuroleptics and the natural course of schizophrenia. Schizophr Bull 17:325–351

Zubin J, Spring B (1977) Vulnerability: A new view of schizophrenia. J Abnorm Psychol 86:103–126

4.3.2 Persönlichkeitsgestörte Rechtsbrecher

N. Leygraf

4.3.2.1 Persönlichkeitsstörungen und Delinquenz

Untersuchungen in Einrichtungen des Straf- oder Maßregelvollzuges haben stets einen hohen Anteil an persönlichkeitsgestörten Insassen ergeben. Dies ist wenig überraschend, da das wiederholte Begehen schwerwiegender Straftaten ein durchaus auffälliges Merkmal einer Persönlichkeit darstellt und wiederholtes normverletzendes Verhalten zur Symptomatik insbesondere der antisozialen (DSM-IV-TR, Saß et al. 2003) bzw. dissozialen (ICD-10, WHO 1994) Persönlichkeitsstörung gerechnet wird. Bei nordamerikanischen Strafgefangenen wurden alleine für die antisoziale Persönlichkeitsstörung Häufigkeiten von bis zu 65% berichtet (Andrews u. Bonta 2003). In einer systematischen Übersicht über 62 Studien bei 22 790 Strafgefangenen in 12 westlichen Ländern wurde bei 65% der männlichen und 42% der weiblichen Inhaftierten eine Persönlichkeitsstörung diagnostiziert (Fazel u. Danesh 2002). Für forensisch-psychiatrische Patienten wurden Prävalenzraten von bis zu 80% berichtet (Herpertz u. Saß 2003).

Derartig hohe Prävalenzraten legen die Vermutung nahe, dass eine solche Diagnose bei Straftätern eher zu häufig gestellt und nicht genügend unterschieden wird zwischen auffälligen Persönlichkeitszügen und Persönlichkeitsstörung. Insbesondere das Konzept der dissozialen bzw. antisozialen Persönlichkeitsstörung beinhaltet die Gefahr eines Zirkelschlusses, bei der mit normverletzenden Verhaltensweisen die psychiatrische Diagnose und mit dieser wiederum das normverletzende Verhalten erklärt wird (zur differenzierten Betrachtung von dissozialem Verhalten und Persönlichkeitsstörung s. Saß 1987). Zudem wird in der forensischen Diagnostik das Augenmerk oft allzu schnell auf die spezifischen Besonderheiten der Persönlichkeit gelegt, ohne zuvor kritisch zu prüfen, ob die in den jeweiligen Klassifikationssystemen aufgeführten *allgemeinen Kriterien* für die Feststellung einer Persönlichkeitsstörung überhaupt erfüllt sind.

Die Einteilung verschiedener *Typen* von Persönlichkeitsstörungen weist historisch betrachtet eine verwirrende Vielfalt auf, worin sich Veränderungen von Normen und moralischen Wertvorstellungen, aber auch transkulturelle Aspekte widerspiegeln. Zudem ergeben sich aus dem Konstrukt von „Persönlichkeitsstörung" als kategorialer Betrachtungsweise dimensionaler Eigenschaften große Überlappungsbereiche zwischen den einzelnen Störungen, sodass beim Vorliegen der Kriterien einer spezifischen Persönlichkeitsstörung in der Hälfte der Fälle auch die Kriterien einer weiteren Störung erfüllt sind (Bronisch 2003). Anhand der vorherrschenden Eigenheiten werden die einzelnen Typen im DSM-IV-TR drei Hauptgruppen (Clustern) zugeordnet:

Cluster A beinhaltet Personen mit einer abnormen Interpretation von Wahrnehmungen, einer eingeengten emotionalen Erlebnisfähigkeit und einem distanzierten Kontaktverhalten. Hierzu zählen die paranoide, schizoide und schizotypische Persönlichkeitsstörung, wobei letztere in der ICD-10 der Gruppe der Schizophrenien und wahnhaften Störungen zugeordnet ist.

▌ *Cluster B* beinhaltet Personen mit einer besonders dramatischen, emotional-bewegten und impulsiven Erlebens- und Verhaltenstendenz, denen insbesondere Störungen im Bereich der Impuls- und Affektregulation gemeinsam sind. Dazu zählen die histrionische, die dissoziale bzw. antisoziale und die Borderline-Persönlichkeitsstörung. Letztere bildet in der ICD-10 als „Borderline-Typus" eine von zwei Unterformen der „emotional instabilen Persönlichkeitsstörung". Deren zweite Form, der „impulsive Typus", wird im DSM-IV-TR bei den „Störungen der Impulskontrolle" auf der Achse I kodiert. Die im DSM-IV-TR aufgeführte „narzisstische Persönlichkeitsstörung" ist in der ICD-10 keiner eigenen Kategorie, sondern dem Sammelbegriff „andere spezifische Persönlichkeitsstörung" zugeordnet.

▌ *Cluster C* umfasst Personen mit vermehrter Ängstlichkeit und geringem Durchsetzungsvermögen (selbstunsichere, abhängige und zwanghafte Persönlichkeitsstörung).

Zwar findet sich delinquentes Verhalten am häufigsten im Zusammenhang mit einer dissozialen bzw. antisozialen Persönlichkeitsstörung. Aber auch die übrigen Formen, insbesondere des Clusters A, sind durchaus von kriminologischer Relevanz (Einzelheiten hierzu s. Kap. 2). Frädrich und Pfäfflin (2000) fanden in einer Stichprobe von 90 *Strafgefangenen* mit dem Strukturierten Klinischen Interview (SKID-II) bei 50% eine Persönlichkeitsstörung. Bei 24 der insgesamt 45 persönlichkeitsgestörten Gefangenen waren die Kriterien von zwei oder mehr spezifischen Persönlichkeitsstörungen erfüllt. Dabei war die antisoziale Persönlichkeitsstörung erwartungsgemäß am häufigsten vertreten (36,7% der untersuchten Strafgefangenen), wogegen eine narzisstische sowie eine Borderline-Persönlichkeitsstörung nur bei jeweils 3,3% der Strafgefangenen festzustellen war. Eine Persönlichkeitsstörung vom Cluster A fand sich bei 22,2% und eine des Clusters C bei 7,8%.

Bei den gemäß § 63 StGB im *psychiatrischen Krankenhaus* untergebrachten Rechtsbrechern machen Persönlichkeitsstörungen mit etwa 40 bis 50% der Hauptdiagnosen den größten Anteil aus, wobei neben der Persönlichkeitsstörung oft zusätzlich intellektuelle Defizite, Suchtmittelmissbrauch und/oder eine sexuell-deviante Problematik vorliegen (Leygraf 1988; Seifert u. Leygraf 1997). Die von Rasch (1982) der forensischen Psychiatrie unterstellte „therapeutische Verweigerung" dieser Patientengruppe gegenüber hat sich empirisch ebenso wenig feststellen lassen wie die von den Maßregeleinrichtungen häufig beklagte überproportionale Zunahme einer Einweisung persönlichkeitsgestörter Täter (Dessecker 2005; Leygraf 1996; Leygraf u. Schalast 2005). Repräsentative Erhebungen über den jeweiligen Anteil spezifischer Persönlichkeitsstörungen liegen für den Maßregelvollzug bislang nicht vor. Untersuchungen an einzelnen Stichproben (Borchard et al. 2003; Elsner et al. 2005; Leygraf u. Schalast 2005) lassen annehmen, dass etwa die Hälfte der persönlichkeitsgestörten Patienten in der Maßregel dem

Cluster B zuzuordnen sind, mit etwa gleicher Häufigkeit von emotional-instabiler und antisozialer Persönlichkeitsstörung. Jeweils ca. ein Viertel weisen Persönlichkeitsstörungen der Cluster A oder C auf.

4.3.2.2 Verlauf und Behandlungsmöglichkeiten

Trotz des Konzeptes eines überdauernden und im Zeitablauf stabilen Verhaltensmusters sind Persönlichkeitsstörungen zumindest in ihrer Ausprägungsform von situativen wie Umgebungsfaktoren mitbestimmt und lebensphasischen Schwankungen unterworfen. Tölle (1966) fand in einer katamnestischen Langzeituntersuchung nur in etwa einem Drittel der Patienten einen ungünstigen Verlauf. Bei einem weiteren Drittel zeigten sich im biografischen Verlauf eine Abschwächung der Auffälligkeiten und eine ausreichende Lebensbewältigung. Das letzte Drittel hatte durch eine Einengung der Umweltbezüge und einen Verlust an Vitalität zu einer kompromisshaften Lebensbewältigung gefunden. Auch bei Menschen mit einer antisozialen Persönlichkeitsstörung findet sich im Langzeitverlauf zwar keine grundlegende Veränderung, aber durchaus eine Milderung der Symptomatik (Sanislow u. McGlashan 1998). Insbesondere kommt es zu einem Rückgang des aggressiven und impulsiven Verhaltens (Black et al. 1995).

Entgegen der traditionell eher skeptischen Einstellung gegenüber den Möglichkeiten, den Verlauf von Persönlichkeitsstörungen auch durch therapeutische Interventionen zu modifizieren, haben die bislang vorliegenden Effektivitätsstudien die *Wirksamkeit psychotherapeutischer Behandlung* bei Persönlichkeitsstörungen durchaus belegt (Übersicht s. Batemann u. Fonagy 2000; Bateman u. Tyrer 2004; Warren et al. 2003). Dies gilt insbesondere für Langzeittherapien mit kognitiv-behavioraler sowie psychodynamischer Orientierung (Leichsenring u. Leibing 2003). Als gemeinsame Charakteristika wirksamer Behandlungsverfahren fanden sich (Bateman u. Fonagy 2000):

- gute Strukturierung,
- Förderung der Compliance des Patienten,
- klarer Behandlungsfokus und konkrete Zielvereinbarung,
- hohe theoretische Kohärenz für Therapeut und Patient,
- Langzeitbehandlung,
- tragfähige und flexible therapeutische Beziehung,
- aktive Haltung des Therapeuten,
- enge Zusammenarbeit mit psychosozialen Diensten.

Studien zur Behandlung persönlichkeitsgestörter Rechtsbrecher fokussieren in aller Regel auf eine Verringerung des antisozialen Verhaltens. Hinsichtlich der generellen *Wirksamkeit rückfallpräventiver Behandlungen bei Rechtsbrechern* liegt mittlerweile eine Vielzahl empirischer Nachweise vor (s. Abschn. 4.4). Als wesentlich für die Behandlungseffizienz gilt eine Orientierung an den von Andrews et al. (1990) beschriebenen Hauptprinzipien:

- Therapeutische Maßnahmen müssen in ihrer Intensität und Dauer auf das jeweilige Rückfallrisiko abgestimmt werden (*Risikoprinzip*). Bei schwer gestörten Rechtsbrechern ist von kurzzeitigen Trainings oder gruppenpädagogischen Maßnahmen kein Erfolg zu erwarten. Bei Tätern mit geringem Rückfallrisiko hingegen sind intensive Therapieprogramme nicht nur unökonomisch, sondern auch unproduktiv (Andrews u. Bonta 2003).

▌ Die Behandlung fokussiert nicht auf allgemeine Persönlichkeitsmerkmale, sondern auf diejenigen Aspekte, die sich in der spezifischen Risikodiagnose als für das delinquente Verhalten bedeutsam erwiesen haben (*Bedürfnisprinzip*). Als relativ häufig auftretende kriminogene Faktoren gelten unter anderem: antisoziale Einstellungen, Identifikation mit kriminellen Rollenmodellen und Eingebundensein in eine kriminelle Subkultur, Substanzmittelmissbrauch, Egozentrik, Externalisierung von Schuld, Mangel an Empathievermögen, Unfähigkeit zur längerfristigen Handlungsplanung, geringe Handlungskontrolle sowie schlechte Problemlösefähigkeiten.

▌ Die Behandlungsmethode entspricht dem konkreten Therapieziel und der individuellen Fähigkeit, von bestimmten Therapieformen zu profitieren (*Ansprechbarkeitsprinzip*). Generell sind bei persönlichkeitsgestörten Rechtsbrechern anstelle einsichtsorientierter Therapiemethoden eher handlungsorientierte, den Patienten aktiv einbeziehende Programme Erfolg versprechend.

Eine besondere Bedeutung zur Abschätzung der therapeutischen Ansprechbarkeit persönlichkeitsgestörter Rechtsbrecher wird dem angloamerikanischen „*Psychopathy-Konzept*" zugemessen. Es geht zurück auf die Überlegungen von Cleckley (1941/1976) und wurde von Hare (1991) in der insgesamt 20 Items umfassenden Psychopathy-Checkliste (PCL-R) operationalisiert. Hinsichtlich der zugrunde liegenden Struktur dieses Konstruktes wurde von Hare ursprünglich ein Zwei-Faktoren-Modell postuliert. Faktor 1 beschreibt affektive/interpersonelle Merkmale (z. B. betrügerisches, manipulatives Verhalten, oberflächlicher Scharm, Mangel an Mitgefühl und Schuldgefühl, pathologisches Lügen); Faktor 2 betrifft Merkmale eines chronisch instabilen, antisozialen Verhaltens (z. B. Impulsivität, frühe Verhaltensauffälligkeiten, Jugendkriminalität, Verantwortungslosigkeit, parasitärer Lebensstil, Missachtung von Weisungen und Auflagen). Alternativ diskutiert wurden in den letzten Jahren auch ein Drei- bzw. Vier-Faktoren-Modell (Cooke u. Mitchie 2001; Hare 2003).

Eingesetzt wird das Instrument in der Regel zur Abschätzung der Legalprognose, wobei insbesondere der Faktor 2 eine hohe Korrelation mit krimineller Rückfälligkeit aufweist (Gendreau et al. 2002). Dies ist insofern nicht überraschend, als die hier erfassten Faktoren letztlich eine Auflistung hinreichend bekannter Merkmale eines chronisch dissozialen Lebensstils mit einer entsprechend ungünstigen Kriminalprognose darstellen. Es ist jedoch bislang nicht belegt, dass es sich beim „psychopath" tatsächlich um ein valides Konstrukt einer nosologischen Entität handelt (Cooke et al. 2004; Möller u. Hell 2001). So finden sich erhebliche interkulturelle Unterschiede in der mittels PCL-R ermittelten Häufigkeit von „psychopathy". Die *Prävalenzrate* differiert bei inhaftierten Rechtsbrechern zwischen 23% in

Nordamerika und 3% in Schottland (Cooke 1996). Bei Insassen deutscher Haftanstalten fanden Ullrich et al. (2003) ebenfalls nur einen Anteil von 7% „psychopaths". Der in diesem Zusammenhang von Hartmann et al. (2001) unternommene Versuch, die Prävalenzrate bei deutschen Rechtsbrechern durch Senkung der entsprechenden Grenzwerte den nordamerikanischen Daten anzupassen, entbehrt nicht einer gewissen Willkürlichkeit.

Hiervor ist auch deshalb zu warnen, weil die Etikettierung als „Psychopath" in der Regel mit einer fehlenden therapeutischen Beeinflussbarkeit gleichgesetzt wird. Unter Bezugnahme insbesondere auf die Studie von Rice et al. (1992) wird bei diesen Tätern sogar die Gefahr einer Zunahme der kriminellen Rückfälligkeit durch Behandlungsmaßnahmen betont. Tatsächlich evaluiert wurde in dieser Untersuchung aber eine „therapeutische Gemeinschaft", in der keines der Merkmale realisiert wurde, die erfolgreiche Behandlungsprogramme auszeichnen. Durchgeführt wurden Gruppensitzungen mit Marathoncharakter und „encounter groups", wobei die Täter unter weitgehendem Verzicht auf professionelle therapeutische Interventionen sich selbst überlassen und zur Übernahme therapeutischer Funktionen ermuntert wurden. Insofern verwundert es nicht, dass zu manipulativem, egozentrischem und verantwortungslosem Handeln tendierende Täter sich hier zu einer Aufrechterhaltung ihrer antisozialen Durchsetzungsstrategien ermuntert fühlten.

Dass habituelle Unehrlichkeit, manipulatives Verhalten, Empathiemangel, Oberflächlichkeit und Gewissenlosigkeit keine günstigen Voraussetzungen für eine Erfolg versprechende Psychotherapie darstellen, entspricht ständiger klinischer Erfahrung. Dies berechtigt jedoch nicht zu der Annahme, man könne mittels einer Punktwertmethode die generelle Aussichtslosigkeit therapeutischer Bemühungen im Einzelfall ermitteln. In einer Literaturübersicht fanden D'Silva et al. (2004) jedenfalls keinen empirisch abgesicherten Nachweis einer negativen Korrelation zwischen hohem PCL-R-Score und Behandlungsverlauf. Sowohl für kognitiv-behaviorale als auch für psychodynamisch orientierte Behandlungsverfahren haben sich positive Behandlungseffekte auch bei Straftätern mit hohen „Psychopathy"-Werten zeigen lassen (Übersicht s. Salekin 2002). Ungünstige Ergebnisse fanden sich hingegen bei denjenigen Behandlungsformen, die einen niedrigen professionellen Interventionsgrad und eine geringe Kontaktdichte zwischen Therapeuten und Patienten aufwiesen. Insbesondere auf dem Konzept der „therapeutischen Gemeinschaft" basierende Programme mit einer geringen Strukturierung und hohen Permissivität erwiesen sich für die Kerngruppe antisozialer Straftäter als unangemessen.

4.3.2.3 Institutionelle Zuständigkeiten

Ein bedeutender Teil persönlichkeitsgestörter Rechtsbrecher befindet sich in einer *Justizvollzugsanstalt*. Rechnet man die von Frädrich und Pfäfflin (2000) in einer Strafanstalt ermittelten Ergebnisse auf den gesamten Strafvollzug hoch, so wären unter den ca. 64 000 Strafgefangenen in der Bundesrepublik (01.03.2004, Statistisches Bundesamt Wiesbaden) bei 32 000 die Kriterien einer Persönlichkeitsstörung gemäß DSM-IV erfüllt. Bei ca. 2000 Gefangenen läge eine Borderline-Persönlichkeitsstörung, bei ca. 5400 eine schizotypische und bei ca. 6600 eine paranoide Persönlichkeitsstörung vor. Sicher ist eine solche Hochrechnung nur bedingt möglich. Sie berechtigt aber zur Annahme, dass bei einem nicht geringen Teil der Haftinsassen eine Persönlichkeitsstörung mit einer Symptomatik vorliegt, die den Betroffenen auch außerhalb strafrechtlicher Belange erheblich in seinen Entfaltungsmöglichkeiten einengt.

Zwar wird auch für den Strafvollzug der resozialisierende Aspekt betont, da er den Gefangenen dazu befähigen soll, „künftig in sozialer Verantwortung ein Leben ohne Straftaten zu führen" (§ 2 StVollzG). Psychotherapeutische Behandlungen innerhalb des Strafvollzuges erfolgen jedoch eher selten, zumal in Hinblick auf Persönlichkeitsstörungen. In der Regel handelt es sich um mehr oder minder unsystematische Einzelbehandlungen durch externe Therapeuten. Spezielle Behandlungsprogramme finden sich im Jugendstrafvollzug (z.B. in Form von „Antiaggressivitätstrainings", Ohlemacher et al. 2001) und für suchtkranke Straftäter (Küfner et al. 1999). In den letzten Jahren werden zunehmend auch Therapieprogramme für inhaftierte Sexualstraftäter angeboten (Wischka et al. 2001).

Für die Behandlung persönlichkeitsauffälliger Straftäter sind innerhalb des Strafvollzuges die *sozialtherapeutischen Anstalten* zuständig (Einzelheiten zur Entwicklung und Situation dieser Einrichtungen s. Abschn. 4.2.1). Eine Metaevaluation der sozialtherapeutischen Behandlung von Straftätern ergab in Deutschland einen vergleichbar moderat-positiven Effekt wie in internationalen Studien (Egg et al. 2001). Es ist jedoch fraglich, ob diese Studien noch die aktuelle Situation der sozialtherapeutischen Anstalten widerspiegeln. Der im Jahre 1998 neu geschaffene § 9 Abs. 1 StVollzG schreibt bei Sexualstraftätern mit einer Verurteilung zu mehr als 2 Jahren Freiheitsstrafe die zwingende Verlegung in eine sozialtherapeutische Einrichtung vor, sofern die entsprechende Behandlung angezeigt ist. Dies hat nicht nur zu einer vermehrten Bereitstellung von sozialtherapeutischen Behandlungsplätzen geführt, sondern auch zu einer gravierenden Veränderung der dort untergebrachten Klientel. Laut den Stichtagserhebungen der Kriminologischen Zentralstelle Wiesbaden hat sich die Zahl der im Strafvollzug verfügbaren sozialtherapeutischen Haftplätze von 888 im Jahre 1997 auf 1509 im Jahre 2003 fast verdoppelt (Kröniger 2003). Zugleich erhöhte sich der Anteil der hier untergebrachten Sexualstraftäter von 23,2 auf 55,1%.

Im Gegensatz zur Sozialtherapie findet die *„Unterbringung in einem psychiatrischen Krankenhaus"* (§ 63 StGB) nicht innerhalb des Strafvollzuges statt, sondern ist Bestandteil des allgemeinen psychiatrischen Versorgungssystems. Dennoch erfüllt diese Unterbringung nicht alleine und nicht einmal überwiegend therapeutische Funktionen. Sie dient vielmehr primär der Sicherung der Öffentlichkeit vor als gefährlich eingeschätzten psychisch kranken bzw. persönlichkeitsgestörten Rechtsbrechern. Zudem ist sie in der Praxis insofern mit Schuldaspekten verflochten, als bei vermindert schuldfähigen Untergebrachten der frühest mögliche Entlassungszeitpunkt von der Dauer der gleichzeitig verhängten Freiheitsstrafe bestimmt wird. Spätestens nach Verbüßung von zwei Dritteln einer Begleitfreiheitsstrafe wird die Dauer der Unterbringung jedoch allein von der Beurteilung der weiter bestehenden Gefährlichkeit bestimmt, die es durch Behandlung möglichst derart zu verringern gilt, dass eine Bewährungsaussetzung der Maßregel verantwortet werden kann (§ 136 StVollzG).

Hinsichtlich der Behandlung persönlichkeitsgestörter Rechtsbrecher herrschte im psychiatrischen Maßregelvollzug lange Zeit ein therapeutischer Pessimismus vor. Tatsächlich werden diese Patienten auch nach ihrer Entlassung im Vergleich zu den psychotisch Kranken häufiger mit erneuten Straftaten rückfällig (Seifert 2005). Dies ist jedoch nicht mit einem geringen oder gar fehlenden Behandlungseffekt gleichzusetzen. Schließlich setzt eine Maßregelunterbringung eine erhebliche Persönlichkeitsstörung und ein hohes Rückfallrisiko voraus. Auch die bislang vorliegenden internationalen Studien, die zu recht unterschiedlichen Ergebnissen geführt haben, leiden in ihrer Aussagekraft durchweg an einem fehlenden Kontrollgruppendesign, zumal Studien mit einer randomisierten Kontrollgruppe im Rahmen stationärer Zwangsbehandlungen nicht durchführbar sind (Übersicht bei Warren et al. 2003).

Die Frage, welchem der beiden Interventionssystemen ein persönlichkeitsgestörter Rechtsbrecher zugewiesen wird, entscheidet sich im Wesentlichen durch die *Beurteilung der strafrechtlichen Schuldfähigkeit*. Bei voller Schuldfähigkeit und entsprechend schwerem Delikt verbüßt der Täter eine Freiheitsstrafe im Strafvollzug. Während dieser Zeit kann ggf. eine Therapie in einer sozialtherapeutischen Anstalt erfolgen. Nach Ablauf der Freiheitsstrafe kann der Täter bei angeordneter Sicherungsverwahrung (§ 66 StGB) weiter in einer Justizvollzugsanstalt gesichert werden, wenn er noch als gefährlich beurteilt wird. Von der Sicherungsverwahrung aus kann zwar, wenn es der Rehabilitation des Betreffenden förderlich erscheint, die Verlegung in ein psychiatrisches Krankenhaus erfolgen (§ 67a Abs. 2 StGB). Hiervon wird in der Praxis jedoch nur in Ausnahmefällen Gebrauch gemacht, schon wegen der Überbelegung der psychiatrischen Maßregeleinrichtungen.

Wird dagegen der Täter wegen seiner Persönlichkeitsstörung als *vermindert schuldfähig* beurteilt – eine aufgehobene Schuldfähigkeit ist hier in der Praxis kaum von Belang – ist zwar, etwa bei geringfügiger Delinquenz oder einer hohen situativen Mitbedingtheit der Tat, eine alleinige Verurteilung zu einer Geld- oder Freiheitsstrafe möglich. Hat der Betreffende aber ein schwerwiegendes Delikt begangen, das eng an seine Persönlichkeitsstörung gebunden war, ergibt sich daraus zumeist auch eine ungünstige Kriminalprognose. Somit muss hier in der Regel eine Unterbringung in den psychiatrischen Maßregelvollzug gemäß § 63 StGB erfolgen.

Das Problem dieser Zuständigkeitsregelung liegt vor allem darin, dass die entscheidende Weichenstellung zwischen Straf- und psychiatrischem Maßregelvollzug bereits im Erkenntnisverfahren erfolgt und zwar – bei an-

genommener weiterer Gefährlichkeit – allein im Gefolge der Schuldfähigkeitsbeurteilung. Die Frage, welche therapeutischen Ressourcen ein solcher
Täter braucht und ob mit den gegebenen Möglichkeiten eine hinreichende
Senkung seiner kriminellen Rückfallgefahr überhaupt möglich ist, ist somit
sowohl für die Anordnung dieser Maßregel als auch für die Unterbrin-
gungs- und Behandlungsdauer im Maßregelvollzug ohne Belang (hinsichtlich der sich hieraus ergebenden Probleme s. Abschn. 4.3).

4.3.2.4 Behandlung im psychiatrischen Maßregelvollzug

❚ **Basisbehandlung und Therapieprogramme.** Entsprechend dem *„Ansprech-*
barkeitsprinzip" gelten in der Behandlung persönlichkeitsgestörter Rechtsbrecher vor allem diejenigen therapeutischen Strategien als effektiv, die eine klare Struktur aufweisen, eine kognitiv-behaviorale Ausrichtung haben
und den Betreffenden aktiv in eine Reihe verschiedener Behandlungsmodule einbeziehen. Hierzu wurde in den letzten Jahren eine Vielzahl hoch
strukturierter *multimodaler Therapieprogramme* entwickelt. In der Regel
werden darin zahlreiche Techniken kombiniert, z.B. Selbstverstärkungs-
und Selbstkontrollverfahren, Training sozialer und interpersoneller Problemlösefähigkeiten, Ärgermanagement-Trainings, Gruppendiskussionen zur
Vermittlung prosozialer Werte, kognitive Umstrukturierung dysfunktionaler Denkmuster, Modifikation von Externalisierungs-, Verleugnungs- und
Bagatellisierungstendenzen sowie Methoden zur verbesserten Emotions-
regulation (Müller-Isberner u. Eucker 2003, als Beispiel für die Implementation eines solchen Programms auf eine Station für persönlichkeitsgestörte
Rechtsbrecher s. McMurran u. Duggan 2005).

Eine besondere Bedeutung wird dabei der Sicherstellung der *Behand-*
lungsintegrität zugemessen. Dabei kann die Orientierung an sorgfältig aus-
gearbeiteten Therapiemanualen hilfreich sein. Dies darf jedoch nicht zu einer puristischen Programmerfüllung führen, da die Fähigkeit des Therapeuten, empathisch und flexibel auf die individuellen Probleme des Patienten einzugehen, auch bei manualisierten Behandlungsprogrammen den
Therapieerfolg maßgeblich beeinflusst (Marshall 2005). Je intensiver die Beziehung zwischen Patient und Therapeut, um so eher können über reine
Trainingseffekte hinaus auch identifikatorische Prozesse ablaufen, die über
eine reine Verhaltensänderung hinaus auch die Persönlichkeitsreifung des
Patienten fördern.

Die überwiegende Zahl der aus dem angloamerikanischen bzw. kanadischen Raum stammenden Therapieprogramme war ursprünglich für
Strafgefangene konzipiert und geht zumeist von sehr kurzen umschriebenen Therapiezeiträumen aus. Als beispielhaft für die Anwendung solcher
Programme im psychiatrischen Maßregelvollzug gilt das von Ross et al.
(1988) entwickelte *„Reasoning and Rehabilitation-Program"* (R&R), das in
35 vorstrukturierten Sitzungen à 2 Stunden überwiegend auf eine Verbesserung der kognitiven Fähigkeiten zur Problembewältigung abzielt (eine
Beschreibung des Programms findet sich in Abschn. 4.4 sowie ausführli-

cher bei Gretenkord 2002). Vergleicht man den für die Durchführung dieses Programms veranschlagten Zeitraum (8 bis 12 Wochen) mit den Verweildauern im Maßregelvollzug (derzeit im Mittel 6 Jahre mit steigender Tendenz), wird deutlich, dass es sich hier lediglich um ein in die Gesamtbehandlung eingebettetes zusätzliches Training handeln kann. Es wäre wenig sinnvoll, solche Behandlungsmodule nach dem Verdünnungsprinzip von Wochen auf Jahre zu strecken oder sie mit den Patienten als eine Art Endlosschleife immer wieder aufs Neue durchzuarbeiten. Die vorhandenen Konzepte müssen also den maßregelvollzugstypischen Bedingungen angepasst werden.

Zudem sind die therapeutisch zu fokussierenden *„Bedürfnisse"* bei persönlichkeitsgestörten Patienten recht vielfältig. Daher ist im Rahmen der diagnostischen Eingangsphase im Maßregelvollzug eine klare Eingrenzung der individuellen Risikofaktoren erforderlich. In dem hierauf aufbauenden Therapieplan sind die vorgesehenen psychotherapeutischen Maßnahmen selbst sowie die damit anzustrebenden Veränderungen in den zuvor umschriebenen deliktrelevanten Problembereichen des Patienten klar zu definieren. Unabhängig von den jeweils eingesetzten speziellen Therapieverfahren muss die Behandlung eingebettet sein in eine insgesamt nach therapeutischen Gesichtspunkten ausgestaltete Einrichtung und ein *entwicklungsförderndes Milieu*. Das Stationsklima sollte therapeutisch aufgeschlossen, zwischenmenschlich sensibel und zugleich normorientiert sein. Auf Regelverstöße ist rasch und eindeutig, aber nicht moralisierend zu reagieren. Gerade im Umgang mit dissozial geprägten Rechtsbrechern ist eine gut abgestimmte und professionell supervidierte Zusammenarbeit aller Berufsgruppen erforderlich, um den manipulativen Tendenzen dieser Patienten nicht Vorschub zu leisten, aber auch, um unreflektierte emotionale Reaktionen der Mitarbeiter zu vermeiden. Insofern gilt hier all das, was sich in Abschn. 4.1.4 zu den Themen „Eingangsdiagnostik und Therapieplanung" und „Basisbehandlung" findet.

Dies betrifft auch die dort gemachten Ausführungen über Veränderungsmöglichkeiten im Rahmen von stationärer Maßregelbehandlung. Persönlichkeitsstörungen sind generell nur innerhalb enger Grenzen modulierbar. Behandlung zielt hier nicht auf eine grundsätzliche Veränderung oder gar „Heilung" der Persönlichkeitsstörung ab. Vielmehr geht es darum, dem Patienten Verhaltensstile zu vermitteln, die ihm trotz seiner spezifischen Schwierigkeiten und Mängel eine bessere soziale Anpassung ermöglichen. Oft ist auch nach der Entlassung aus dem stationären Maßregelvollzug eine langfristige Begleitung des Patienten erforderlich, um mit ihm bei erneuten situativen Zuspitzungen adäquate Lösungsmöglichkeiten zu erarbeiten. Im Maßregelvollzug untergebrachte Rechtsbrecher sind zudem oft mit zusätzlichen Störungen und Handikaps belastet, z. B. einer Suchtproblematik oder intellektuellen Minderbegabung, und sie verfügen selten über ein stützendes soziales Umfeld. Hier ist in der stationären Behandlung schon frühzeitig das Augenmerk auf die *Erfordernisse des künftigen Lebensumfeldes* des Patienten zu richten, wobei ein wesentliches Therapieziel häufig darin besteht, dass der Patient die Notwendigkeit einer strukturierenden, ihn stützenden Umgebungsstruktur zu akzeptieren und entsprechende Hilfsangebote zu nutzen lernt.

In den letzten Jahren erwiesen sich in verschiedenen Studien auch *medikamentöse Therapieansätze* bei Persönlichkeitsstörungen als hilfreich, vor allem bei emotionaler Instabilität, hoher aggressiver Anspannung und verringerter Impulskontrolle (Übersicht s. Warren et al. 2003). Durch eine niedrig dosierte Gabe von Neuroleptika können aggressive Spannungszustände und gewalttätige Impulshandlungen verringert werden. Antidepressiva, vor allem selektive Serotoninwiederaufnahmehemmer (SSRI), tragen insbesondere zur Stimmungsstabilisierung und verbesserten Handlungskontrolle bei. Für sich genommen sind die bisher ermittelten Effekte medikamentöser Behandlungen zwar eher moderat. Sie können aber über ihre direkte pharmakologische Wirkung hinaus die Ansprechbarkeit des Patienten auf psychotherapeutische Behandlungsmaßnahmen verbessern und somit einen wichtigen Baustein im Gesamtbehandlungskonzept darstellen.

▌ Spezielle Behandlungsaspekte bei verschiedenen Störungsformen

Persönlichkeitsstörungen des Clusters A. Das Hauptproblem in der Behandlung paranoid oder schizoid gestörter Patienten liegt im Aufbau einer vertrauensvollen therapeutischen Beziehung. Es bedarf eines besonders sachlich-zurückhaltenden Umgangsstils und großer Geduld, um dem Patienten Möglichkeiten zu vermitteln, sich von seinem Rückzugsverhalten zumindest teilweise zu lösen und ohne beständige Angst vor Zurückweisung und Demütigung zwischenmenschliche Kontakte aufzubauen. Aufgrund ihrer ständigen Abwehrbereitschaft leiden Menschen mit einer paranoiden Persönlichkeitsstörung oft unter starken körperlichen Spannungszuständen, weshalb die Vermittlung von Entspannungsverfahren als Behandlungseinstieg genutzt werden kann. Durch die gemeinsame Lösung konkreter Problemsituationen können beim Patienten das Gefühl der Selbsteffizienz erhöht und eigene Problemlösefertigkeiten verbessert werden. Positive Effekte in Bezug auf die Beziehungsfähigkeit wurden insbesondere für interaktionell-psychodynamische Gruppentherapien beschrieben (Fiedler 2000). Unabhängig von den konkreten Therapiemaßnahmen führt jedoch oft erst die jahrelange Erfahrung eines dem Patienten positiv zugewandten therapeutischen Milieus zu einer Verringerung der Beziehungsängste und einer Verbesserung der sozialen Kontaktfähigkeit.

Die Unterbringung in einem psychiatrischen Krankenhaus gemäß § 63 StGB bedeutet einen zeitlich unbefristeten Freiheitsentzug, für dessen Beendigung man der wohlwollenden Mithilfe anderer Menschen (Therapeuten, Gutachter, Richter etc.) bedarf. Sich mit dieser Situation zu arrangieren fällt Patienten, deren wesentliche Defizite darin bestehen, sich anderen Menschen offen zuzuwenden, ihnen Vertrauen entgegenzubringen und sich ihnen anzuvertrauen, besonders schwer. Tendenzen, die Umgebung ständig misstrauisch zu beäugen und überall Anfeindungen und Kränkungen zu vermuten, werden in einer Zwangsgemeinschaft mit durchweg ebenfalls verhaltensauffälligen Mitpatienten und unter räumlich beengten Bedingungen, oft in Mehrbettzimmern ohne private Rückzugsmöglichkeiten, eher verstärkt.

Insofern stellt die Maßregelunterbringung keine besonders günstige Voraussetzung für die Behandlung dieser Patienten dar. Sie bildet vielmehr reichlich Nährboden für querulatorische Entwicklungen, in denen der Patient sich durch ständige Eingaben und Proteste (bei Klinikleitung, Krankenhausträger, Gerichten und Petitionsausschüssen) gegen als ungerecht erlebte Restriktionen zu wehren und vermeintliche Rechte einzuklagen sucht. Tatsächlich unkorrekte oder bisweilen auch nur unzureichend dokumentierte Maßnahmen heizen eine solche Dynamik weiter an, zumal, wenn sie zu juristischen Teilerfolgen führen, sich die hiervon betroffenen Mitarbeiter ebenfalls persönlich gekränkt fühlen und ihrerseits rigide reagieren. Zuweilen „verhaken" sich dann Maßregeleinrichtung und Patient in einem jahrelangen schriftlichen Machtkampf, der schließlich nur noch durch einen Einrichtungswechsel lösbar erscheint, durch ein gleichermaßen korrektes wie gelassenes und flexibles Handeln der Einrichtung aber vermeidbar gewesen wäre.

Persönlichkeitsstörungen des Clusters B. Die Behandlung persönlichkeitsgestörter Rechtsbrecher des Clusters B richtet sich vor allem auf eine Verbesserung der Impulskontrolle und der Affektregulation, zumal es sich hier oftmals um erheblich deliktrelevante Bereiche handelt. Die Verbesserung der emotionalen Regulation ist ein zentrales Ziel der von Linehan (1996) für Borderline-Patienten entwickelten *dialektisch-behavioralen* Therapie (DBT). Durch verschiedene therapeutische Arbeits- und Übungsformen sollen die Teilnehmer lernen,
▌ emotionale Erfahrungen wahrzunehmen und zu akzeptieren,
▌ Reizen, welche mit problematischen Affekten verknüpft sind, die Aufmerksamkeit zu entziehen bzw. anders als mit starkem negativem Affekt zu reagieren,
▌ sich selbst zu beruhigen und Spannung und Unbehagen zu ertragen,
▌ negative Affekte durch neue Lernerfahrungen zu verändern.

Das Verfahren wurde für Frauen mit schweren Selbstbeschädigungstendenzen entwickelt. Ob bei der im Maßregelvollzug untergebrachten Klientel (überwiegend Männer mit Fremdbeschädigungstendenzen) vergleichbare Erfolge zu erzielen und welche Modifikationen des Verfahrens ggf. notwendig sind, bedarf der weiteren Prüfung. Adaptationen der DBT für forensische Kontexte befinden sich noch im Erprobungsstadium (Evershed et al. 2003; Oermann et al. 2004; Trestman u. Berzins 2004). Dies gilt auch für die Anwendung der psychodynamisch ausgerichteten *übertragungsfokussierten Borderline-Behandlung* (TFP) nach Kernberg (2001).

Bei emotional-instabilen, in ihrer Impulskontrolle beeinträchtigten Rechtsbrechern haben sich übende Verfahren bewährt, die sich auch in eine stationäre Unterbringung gut integrieren lassen (McMurran et al. 2001; McMurran u. Duggan 2005). Der Patient soll lernen, Probleme in aufeinander aufbauende Einzelschritte zu gliedern und schrittweise zu lösen. Im Einzelnen geht es darum, affektive oder situative Auslöser für problematisches Verhalten frühzeitig zu erkennen und das Vertrauen auf die Fähigkeit zur Problemlösung zu verstärken (1). Es folgt eine genaue Definition des tatsächlich vorliegenden Problems, unter Vermeidung genereller Vorannahmen (2) und eine hierauf gerichtete Zieldefinition (3). Anschließend werden unterschiedliche Lösungsmöglichkeiten erarbeitet (4) und hinsichtlich ihrer jeweiligen Vor- und Nachteile in Bezug auf die Zielsetzung verglichen (5). Nach der Entscheidung über die beste Lösungsmöglichkeit (6) erfolgt eine Planung ihrer Umsetzung (7) und schließlich die Umsetzung selbst (8), deren Effizienz rückblickend bewertet wird (8).

In der Behandlung von *dissozial gestörten Rechtsbrechern* gelten im Wesentlichen die Aspekte, die für Straftäterbehandlungen im Allgemeinen beschrieben worden sind (s. Abschn. 4.4). Innerhalb des psychiatrischen Maßregelvollzuges ist darauf zu achten, dass diesen Patienten nicht die Möglichkeit gegeben werden darf, ihr sozial schädigendes Verhalten auf der Station fortzuführen, ihre Mitpatienten zu unterdrücken und auszunutzen. Diese Gefahr besteht insbesondere dann, wenn sie auf einer Station gemeinsam mit psychotisch erkrankten oder intellektuell beeinträchtigten Patienten untergebracht sind.

Als wesentlicher kriminogener Faktor bei dissozialer Persönlichkeitsstörung gilt unter anderem ein Mangel an Empathie (Herpertz et al. 2001). Insofern findet sich in fast jedem Programm zur Behandlung dissozial gestörter Rechtsbrecher ein Modul zum „*Empathietraining*" (Müller-Isberner u. Eucker 2003), in dem z. B. durch konkrete Informationen, gemeinsame Diskussionen oder Besprechung von Opferberichten über die bei Tatopfern kurz- und langfristig ausgelösten Folgen informiert wird, der Täter in Rollenspielen die Perspektive des Opfers einnehmen soll, einen fiktiven Entschuldigungsbrief an seine Opfer schreiben und diesen Brief wieder aus der Perspektive der Opfer beantworten muss.

Der Nachweis einer tatsächlichen Verbesserung der Empathie durch solche Module steht aus. Es ist zu befürchten, dass allenfalls auf einer kognitiven Ebene das Wissen darüber vermehrt wird, wie sich ein Opfer wohl fühlen mag, ohne dass dies zu einem veränderten Erleben oder einer Änderung im Umgang mit dem nächsten Opfer führt. Möglicherweise erhöhen sich hierdurch in bestimmten Fällen sogar die manipulativen Fähigkeiten des Täters und somit seine kriminellen Erfolgsaussichten. Empathiemangel ist gerade nicht gleichzusetzen mit einer fehlenden Fähigkeit, das Erleben anderer Menschen zu erfassen und das eigene Verhalten darauf einzustellen. Insbesondere chronische Rückfalltäter sind darin oft recht begabt und nutzen diese Fähigkeit gezielt für ihre Delinquenz (z. B. bei Betrugsdelikten oder pädosexuellen Handlungen). Es fehlt ihnen nicht an Einfühlungsvermögen, sondern an Mitgefühl. Dies dürfte kaum durch spezifische Interventionsprogramme verbessert werden, sondern allenfalls langfristig behandlungsbegleitend durch die selbst erfahrene empathische (nicht permissive!) Grundhaltung des Therapeuten.

Die Diagnose einer *narzisstischen Persönlichkeitsstörung* erfreut sich im Maßregelvollzug in den letzten Jahren einer zunehmenden Beliebtheit, wobei offenbar eine Tendenz besteht, jedwede Art von Selbstwertproblematik mit dieser Störung gleichzusetzen. Insbesondere suchtkranke und dissozial-persönlichkeitsgestörte Patienten scheinen in einigen Einrichtungen kaum mehr eine Chance zu haben, der Attestierung einer zumindest zusätzlichen narzisstischen Störung zu entgehen, zumal die äußeren Rahmendbedingungen einer Maßregelunterbringung hinreichenden Anlass für Kränkungen des Selbstwertgefühls bieten. Nicht jeder Versuch eines Patienten, innerhalb der belastenden Lebenssituation im Maßregelvollzug die Bedeutung der eigenen Person für sich selbst aufrechtzuerhalten und nach außen hin geltend zu machen, ist jedoch schon ein Hinweis auf einen „pathologischen Narzissmus".

Aber auch bei Patienten, bei denen tatsächlich die narzisstische Persönlichkeitsproblematik im Vordergrund steht, sollte man mit einem allzu kritischen Hinterfragen ihres Interaktionsstils zurückhaltend sein, da hierdurch nur ein Rückgriff auf die eingefahrenen Reaktionsmuster einer scheinbar selbstbewussten Demonstration von Überlegenheit und Abwertung des Gegenübers provoziert wird. Schließlich stellt alleine schon die Tatsache einer gerichtlich angeordneten „Zwangstherapie" für diese Patienten eine Kränkung dar. Daher sollte in der therapeutischen Haltung stets eine Balance zwischen Wertschätzung und kritischer Rückmeldung gehalten werden. Aufgrund der hohen Anspruchshaltung und geringen Compliance dieser Patienten wird in der Behandlung ein stufenweises, schulenübergreifendes Vorgehen empfohlen, das sowohl psychoedukative als auch kognitiv-behaviorale und psychodynamische Anteile integriert (s. hierzu Herpertz u. Wenning 2003 mit einer Übersicht über entsprechende Behandlungspläne).

Persönlichkeitsstörungen des Clusters C. Patienten mit vermehrter Selbstunsicherheit und geringem Durchsetzungsvermögen verhalten sich im psychiatrischen Krankenhaus in der Regel ausgesprochen angepasst und konfrontieren Therapeuten und Stationsmitarbeiter nicht ständig mit der Aufgabe, ihre Verhaltensdefizite zu verändern. Häufiger fühlen sich die Mitarbeiter eher veranlasst, diese Patienten vor dem Agieren ihrer expansiven Mitpatienten zu beschützen. Geringe Durchsetzungsfähigkeit und vermehrte Ängstlichkeit stellen für sich genommen auch keine wesentlichen kriminogenen Faktoren dar. Die Delinquenz dieser Patienten entwickelt sich eher aus ihrem Mangel an innerem Halt, der sie innerhalb des dissozialen Milieus häufig zu Mittätern werden lässt. Ihr Anlehnungsbedürfnis und ihre Furcht vor Eigenständigkeit kann im Rahmen von Partnerschaftskonflikten zu aggressiven Impulshandlungen führen. Innerhalb des Maßregelvollzuges findet sich eine solche Persönlichkeitsstörung häufig auch bei paraphilen Sexualstraftätern (Borchard et al. 2003).

Zur Stärkung der sozialen Kompetenz solcher Persönlichkeiten sind eine Reihe von Gruppentherapieprogrammen etabliert worden, in denen auf eine Veränderung der Einstellung zu sich selbst, eine Verringerung der sozialen Ängste und eine Verbesserung sozialer Fertigkeiten abgehoben wird. Hierzu werden etwa im *Assertive Training Program* (ATP) von Ulrich und de Muynk (1996) verschiedene Standardsituationen zur Selbstbehauptung durchgearbeitet, die von den Therapeuten bzw. Modellen, die auf Video aufgezeichnet sind, demonstriert werden. Durch den Einsatz von Videotechnik im Rahmen von Rollenspielen wird den Teilnehmern bei Betrachtung der Videos eine objektive Art der Rückmeldung ermöglicht. Im Alltagsleben auf der Station sollten alle Möglichkeiten genutzt werden, positiv erlebte soziale Aktivitäten und Kontakte zu stärken und ängstliches Rückzugsverhalten abzuschwächen. Dies kann mittels direkter Rückmeldung durch die Stationsmitarbeiter in den jeweiligen Situationen erfolgen; entsprechende Verhaltensbeobachtungen können aber auch die Grundlage eines individuell zugeschnittenen kognitiven Trainings darstellen. Bei einem in gleicher Weise stützenden wie fordernden Stationsmilieu kann die zumeist langjährige Unterbringung im Maßregelvollzug auch bei diesen Patienten zu einer Nachreifung ihrer Persönlichkeit führen, sodass ihnen eine gewisse Unabhängigkeit von anderen und eine vertrauensvollere Zuwendung möglich ist. Nicht wenige dieser Patienten bedürfen aber auch nach der stationären Maßregelbehandlung einer besonders stützenden Umgebungsstruktur.

▌ **Zur Problematik der Parallelität von Unterbringungs- und Behandlungsdauer.** Ausgesprochen hinderlich für die Therapieplanung ist bei einigen Patienten die durch eine hohe Begleitfreiheitsstrafe vorgegebene langjährige Unterbringungsdauer, die kaum dauerhaft mit tatsächlich therapeutischen Inhalten gefüllt werden kann. Somit wird in der Praxis die „Therapie" oft künstlich gestreckt und von Anfang an auf Zeit gespielt (Kröber 1999). Unter therapeutischen Aspekten in gleicher Weise problematisch erscheint die gleichzeitige Ausrichtung von Behandlungs- und Unterbringungsdauer an der Gefährlichkeitsbeurteilung des Patienten und dessen konkreten Aussichten auf eine Entlassung in Freiheit. Dies führt zu einer Verstrickung individueller therapeutischer Erfordernisse mit dem Sicherheitsbedürfnis der Öffentlichkeit.

Für die Ausgestaltung der Maßregelbehandlung bei persönlichkeitsgestörten Rechtsbrechern wäre es also wünschenswert, *Sicherungs- und Behandlungsaspekte stärker zu entmischen* und die Dauer der Unterbringung an den tatsächlichen therapeutischen Notwendigkeiten und Möglichkeiten auszurichten (Leygraf 2004). Ein in diese Richtung zielender Gesetzesentwurf des Bundesjustizministeriums vom 19.05.2004 sah vor, den Vorwegvollzug einer neben der Maßregel verhängten Freiheitsstrafe auch in den Fällen zu ermöglichen, in denen „die Resozialisierung der untergebrachten Person durch den weiteren Vollzug der Maßregel derzeit nicht gefördert werden kann". Bislang kann ein solcher Vorwegvollzug nur erfolgen, „wenn der Zweck der Maßregel dadurch leichter erreicht wird" (§ 67 Abs. 2 StGB), was nur in wenigen Ausnahmefällen begründet werden kann. Dies führt oft zu langjäh-

rigem Verweilen im psychiatrischen Krankenhaus allein unter Sicherungsaspekten, weshalb eine Umsetzung des o. g. Gesetzesentwurfes sicher sinnvoll
wäre.

Eine klare Entflechtung von Schuldfähigkeitsbeurteilung, Behandlungs-
und Sicherungsaufgaben müsste bei grundsätzlich haftfähigen Untergebrachten, deren Maßregelaufenthalt sich alleine auf den Sicherungszweck
beschränkt, eine Verlegung von der psychiatrischen Maßregel in die Sicherungsverwahrung ermöglichen. Eine solche Durchlässigkeit zwischen psychiatrischer und Sicherungsmaßregel ist bislang vom Gesetzgeber nicht
vorgesehen und würde auch die Gefahr einer einseitigen Nutzung in sich
bergen, bei der die Justizvollzugsanstalten als „Entsorgungsinstanz für un-
kooperative, therapeutisch derzeit nicht erreichbare oder institutionsstören-
de Patienten" (Konrad 2002) in Anspruch genommen würden.

Es bleibt also Aufgabe des psychiatrischen Maßregelvollzuges, sich um
einen möglichst sinnvollen Umgang mit den persönlichkeitsgestörten Patienten zu bemühen, bei denen keine therapeutischen Verbesserungen in
den deliktrelevanten Bereichen mehr erzielbar erscheinen und die aufgrund
ihrer weiteren Gefährlichkeit auch keine erkennbare Entlassungsperspektive
haben. Diese Aufgabe könnte z. B. von milieutherapeutisch orientierten
Langzeitabteilungen innerhalb der Maßregelkliniken übernommen werden
(Näheres hierzu s. Abschn. 4.1).

Literatur

Andrews D, Zinger I, Hoge RD, Bonta J, Gendreau P, Cullen FT (1990) Does correctional
    treatment work? A clinically relevant and psychologically informed meta-analysis. Crimi-
    nology 28:369–404
Andrews DA, Bonta J (2003) The psychology of criminal conduct, 3rd edn. Anderson, Cin-
    cinnati OH
Bateman AW, Fonagy P (2000) Effectiveness of psychotherapeutic treatment of personality
    disorder. Br J Psychiatry 177:138–143
Bateman AW, Tyrer P (2004) Psychological treatment for personality disorders. Adv Psychi-
    atr Treat 10:378–388
Black DW, Baumgard CH, Bell SE (1995) A 16- to 45-year follow-up of 71 men with antiso-
    cial personality disorder. Compr Psychiatry 36:130–140
Borchard A, Gnoth A, Schulz W (2003) Persönlichkeitsstörungen und „Psychopathy" bei Se-
    xualstraftätern im Maßregelvollzug – SKID-II und PCL-R-Befunde von Impulskontroll-
    gestörten und Paraphilen. Psychiatr Prax 30:133–138
Bronisch T (2003) Definition, Klassifikation und allgemeine Diagnostik von Persönlichkeits-
    störungen. In: Herpertz SC, Saß H (Hrsg) Persönlichkeitsstörungen. Thieme, Stuttgart
    New York, S 4–16
Cleckley H (1941) The mask of sanity, 1st edn. Mosby, St. Louis
Cleckley H (1976) The mask of sanity, 5th edn. Mosby, St. Louis
Cooke DJ (1996) Psychopathic personality in different cultures. What do we know? What do
    we need to find out? J Personal Disord 10:23–40
Cooke DJ, Michie C (2001) Refining the construct of psychopathy: Towards a hierarchical
    model. Psychol Assess 13:171–188
Cooke DJ, Michie C, Hart SD, Clark DA (2004) Reconstructing psychopathy: Clarifying the
    significance of antisocial and socially deviant behaviour in the diagnosis of psychopathic
    personality disorder. J Personal Disord 18:337–357

Dessecker A (2005) Die Überlastung des Maßregelvollzugs: Folge von Verschärfungen im Kriminalrecht? Neue Kriminalpolitik 18:23–28

D'Silva K, Duggan C, McCarthy L (2004) Does treatment really make psychopaths worse? A review of the evidence. J Personal Disord 18:163–177

Egg R, Pearson FS, Cleland CM, Lipton DS (2001) Evaluation von Straftäterbehandlungsprogrammen in Deutschland. Überblick und Meta-Analyse. In: Rehn G, Wischka B, Lösel F, Walter M (Hrsg) Behandlung „gefährlicher Straftäter". Grundlagen, Konzepte, Ergebnisse. Centaurus, Herbolzheim, S 321–347

Elsner K, Lux HA, Senger S, König A (2005) Die Behandlung problematischer Impulskontrolle. In: Osterheider M (Hrsg) Forensik 2004: Aufbruch oder Stillstand? PsychoGen Verlag, Dortmund, S 115–127

Evershed S, Tennant A, Boomer D, Rees A, Barkham M, Watson A (2003) Practice-based outcomes of dealectical behaviour therapy (DBT) targeting anger and violence, with male forensic patients: a pragmatic and non-contemporaneous comparison. Crim Behav Ment Health 13:198–213

Fazel S, Danesh J (2002) Serious mental disorder in 23.000 prisoners: a systematic review of 62 surveys. Lancet 349:545–550

Fiedler P (2000) Integrative Psychotherapie bei Persönlichkeitsstörungen. Hogrefe, Göttingen

Frädrich S, Pfäfflin F (2000) Zur Prävalenz von Persönlichkeitsstörungen bei Strafgefangenen. Recht & Psychiatrie 18:95–104

Gendreau P, Goggin C, Smith P (2002) Is the PCL-R really "unparalleled" measure of offender risk? Crim Justice Behav 29:397–426

Gretenkord L (2002) Das Reasoning and Rehabilitation Programm (R&R). In: Müller-Isberner R, Gretenkord L (Hrsg) Psychiatrische Kriminaltherapie, Bd 1. Pabst, Lengerich, S 29–40

Hare RD (1991) Manual for the Hare Psychopathy Checklist – Revised. Multi-Health Systems, Toronto

Hare RD (2003) Manual for the Hare Psychopathy Checklist – Revised, 2nd edn. Multi-Health Systems, Toronto

Hartmann J, Hollweg M, Nedopil N (2001) Quantitative Erfassung dissozialer und psychopathischer Persönlichkeiten bei der strafrechtlichen Begutachtung. Nervenarzt 72:365–370

Herpertz SC, Saß H (2003) Allgemeine Epidemiologie, Verlauf und Prognose. In: Herpertz SC, Saß H (Hrsg) Persönlichkeitsstörungen. Thieme, Stuttgart New York, S 165–166

Herpertz SC, Wenning B (2003) Narzisstische Persönlichkeitsstörung. In: Herpertz SC, Saß H (Hrsg) Persönlichkeitsstörungen. Thieme, Stuttgart New York, S 140–147

Herpertz SC, Werth U, Lukas G et al (2001) Emotion in criminal offenders with psychopathy and borderline personality disorder. Arch Gen Psychiatry 58:737–745

Kernberg OF (2001) Die übertragungsfokussierte (oder psychodynamische) Psychotherapie von Patienten mit einer Borderline-Persönlichkeitsstörung. In: Clarkin JF, Yeomans FE, Kernberg OF (Hrsg) Psychodynamische Therapie der Borderline-Persönlichkeit. Manual zur Transference Focused Psychotherapy (TFP). Schattauer, Stuttgart, S 447–460

Konrad N (2002) Zusammenarbeit im Straf- und Maßregelvollzug. In: Gassmann R (Hrsg) Suchtprobleme hinter Mauern. Drogen, Sucht und Therapie im Straf- und Maßregelvollzug. Lambertus, Freiburg, S 101–119

Kröber HL (1999) Wandlungsprozesse im psychiatrischen Maßregelvollzug. Z Sexualforsch 12:93–107

Kröniger S (2003) Sozialtherapie im Strafvollzug: Ergebnisübersicht zur Stichtagserhebung vom 31.03. 2003. Kriminologische Zentralstelle, Wiesbaden

Küfner H, Beloch E, Scharfenberg CD, Türk D (1999) Evaluation von externen Beratungsangeboten für suchtgefährdete und suchtkranke Gefangene in bayrischen Justizvollzugsanstalten. Schneider, Hohengehren Baltmannsweiler

Leichsenring D, Leibing E (2003) The effectiveness of psychodynamic therapy and cognitiv behavior therapy in the treatment of personality disorders: a meta-analysis. Am J Psychiatry 160:123–132

Leygraf N (1988) Psychisch kranke Straftäter. Epidemiologie und aktuelle Praxis des psychiatrischen Maßregelvollzuges. Springer, Berlin Heidelberg

Leygraf (1996) Praxis des Maßregelvollzuges in den alten Bundesländern. In: Egg R (Hrsg) Der Aufbau des Maßregelvollzuges in den neuen Bundesländern. Schriftenreihe der kriminologischen Zentralstelle, Wiesbaden, S 59–71

Leygraf N (2004) Persönlichkeitsauffällige Täter im Straf- und Maßregelvollzug – wer gehört wohin? Persönlichkeitsstörungen 8:93–103

Leygraf N, Schalast N (2005) Wodurch wird ein Maßregelpatient „schwer entlassbar". In: Rode I, Kammeier H, Leipert M (Hrsg) Neue Lust auf Strafen. LIT, Wiesbaden, S 85–104

Linehan MM (1996) Dialektisch-behaviorale Therapie der BPS. CIP-Medien, München

McMurran M, Fyffe S, McCarthy L, Duggan C, Latham A (2001) "Stop & Think": social problem-solving therapy with personality-disordered offenders. Crim Behav Ment Health 11:273–285

McMurran M, Duggan C (2005) The manualization of a treatment program for personality disorder. Crim Behav Ment Health 15:17–27

Marshall WL (2005) Therapist style in sexual offender treatment: Influence on indices of change. Sex Abuse 17:109–116

Möller A, Hell D (2001) Das gegenwärtige Verständnis des Psychopathiebegriffes in der forensischen Psychiatrie. Fortschr Neurol Psychiatr 69:603–610

Müller-Isberner R, Eucker S (2003) Dissoziale Persönlichkeitsstörung: Psychotherapie und andere Interventionen. In: Herpertz SC, Saß H (Hrsg) Persönlichkeitsstörungen. Thieme, Stuttgart, New York, S 76–81

Oermann A, Bohus M, Eucker S (2004) DBT in a forensic psychiatric setting. Paper presented at the 4th Annual Conference of the IAFMHS, Stockholm

Ohlemacher T, Sögding D, Höynck T, Ethé N, Welte G (2001) Anti-Aggressivitätstraining und Legalbewährung: Versuch einer Evaluation. In: Bereswill M, Greve W (Hrsg) Forschungsthema Strafvollzug. Nomos, Baden-Baden, S 345–386

Rasch W (1982) Angst vor der Abartigkeit. NStZ 2:177–183

Rice M, Harris G, Cormier C (1992) An evaluation of a maximum security therapeutic community for psychopaths and other mentally disordered offenders. Law Hum Behav 16:399–412

Ross RR, Fabiano E, Ewles CD (1988) Reasoning and Rehabilitation. Int J Offender Ther Comp Criminol 32:29–36

Salekin RT (2002) Psychopathy and therapeutic pessimism – Clinical lore or clinical reality? Clin Psychol Rev 22:79–112

Sanislow CA, McGlashan TH (1998) Treatment outcome of personality disorders. Can J Psychiatry 43:237–250

Saß H (1987) Psychopathie-Soziopathie-Dissozialität. Zur Differentialtypologie der Persönlichkeitsstörungen. Springer, Berlin Heidelberg

Saß H, Wittchen HU, Zaudig M, Houben I (2003) Diagnostisches und Statistisches Manual Psychischer Störungen DSM-IV-TR, Textrevidierte Fassung. Übersetzt nach der vierten Auflage des Diagnostic and Statistical Manual of Mental Disorders TR der American Psychiatric Association. Hogrefe, Göttingen Bern Toronto

Seifert D (2005) Gefährlichkeitsprognosen im psychiatrischen Maßregelvollzug gemäß § 63 StGB. Habilitationsschrift, Essen

Seifert D, Leygraf N (1997) Die Entwicklung des psychiatrischen Maßregelvollzuges (§ 63 StGB) in Nordrhein-Westfalen. Psychiatr Prax 24:237–244

Statistisches Bundesamt (2004) Fachserie 10/Reihe Strafvollzug – Statistisches Bundesamt, Wiesbaden

Tölle R (1966) Katamnestische Untersuchungen zur Biografie abnormer Persönlichkeiten. Springer, Berlin, Heidelberg New York

Trestman R, Berzins L (2004) Implementation of DBT with difficult to manage correctional populations. Paper presented at the 4th Annual Conference of the IAFMHS, Stockholm

Ullrich R, de Muynk RU (1996) Aufbau sozialer Kompetenz: Selbstsicherheitstraining, Assertivness-Training. In: Linden M, Hautzinger M (Hrsg) Verhaltenstherapie. Springer, Berlin Heidelberg, S 85–92

Ullrich S, Pälecke M, Kahle I, Marneros A (2003) Kategoriale und dimensionale Erfassung von "psychopathy" bei deutschen Straftätern. Nervenarzt 74:1002–1008

Warren F, McGauley G, Kingsley N, Dolan B, Preedy-Fayers K, Pickering A, Geddes JR (2003) Review of treatments for severe personality disorder. Home Office Online Report 30/03. Home Office, London

Wischka B, Foppe E, Griepenburg P, Nuhn-Naber C, Rehder U (2001) Das Behandlungsprogramm für Sexualstraftäter (BPS) im niedersächsischen Justizvollzug. In: Rehn G, Wischka B, Lösel F, Walter M (Hrsg) Behandlung „gefährlicher Straftäter". Grundlagen, Konzepte, Ergebnisse. Centaurus, Herbolzheim, S 193–205

WHO (1994) Internationale Klassifikation psychischer Störungen: ICD-10 Kapitel V (F) Forschungskriterien. Hans Huber, Bern

4.3.3 Intelligenzgeminderte Rechtsbrecher

D. Seifert

4.3.3.1 Zur kriminologischen Bedeutung intellektueller Minderbegabung

Über den Anteil von intelligenzgeminderten Straftätern liegen unterschiedliche Angaben vor (Schwind 1975). Entgegen der zunächst für den Strafvollzug angenommenen Überrepräsentation zeigte sich in Untersuchungen mit standardisierten Verfahren, dass die Verteilung des Intelligenzniveaus von Strafgefangenen weitgehend der der Allgemeinbevölkerung entspricht (Stemmer-Lück 1980). Auch im psychiatrischen Maßregelvollzug wurde lange Zeit ein hoher Anteil „oligophrener" Patienten angenommen, was in neueren Studien nicht bestätigt werden konnte. So bewegte sich in der bundesweiten Untersuchung von Leygraf (1988) der Anteil der Intelligenzgeminderten je nach Bundesland zwischen 1,1 und 8,8%; in einer Nachuntersuchung 10 Jahre später fand sich in Nordrhein-Westfalen eine vergleichbare Größenordnung (7,7%, Seifert u. Leygraf 1997). Demnach sind in den forensischen Einrichtungen (§ 63 StGB) derzeit etwa 500 bis 600 Patienten mit einer intellektuellen Minderbegabung untergebracht.

Strafrechtliche Komplikationen sind weniger bei schwerer Intelligenzminderung zu erwarten, da diese Patienten überwiegend in Heimen untergebracht sind. Bei Menschen mit einer leichten oder mittelgradigen Intelligenzminderung tritt delinquentes Verhalten in erster Linie dadurch auf, dass sich diese Patienten aufgrund ihres Störungsbildes nicht adäquat sozial auseinandersetzen können. Es kommt zu Verkennungen von Situationen mit ungenügender Umstellungsfähigkeit und mangelnder Fähigkeit, sich von eigenen Interessen und Wünschen zu lösen (Ich-Bezogenheit). Es fehlt ihnen häufig an der Fähigkeit, soziale Beziehungen aufzubauen bzw. diese auch langfristig aufrechtzuerhalten. Besondere Problembereiche sind die Umsetzung sexueller Wünsche bis hin zur Partnerschaft, raptusartige Stimmungsschwankungen, vermehrte Reizbarkeit und eine insgesamt mangelnde Anerkennung. Innerhalb des Maßregelvollzuges sind Minderbegabte vor allem im Bereich der Sexualdelinquenz und Brandstiftung überrepräsentiert (s. Tabelle 4.3.1).

Tabelle 4.3.1. Unterbringungsdelikte der Patienten mit einer Intelligenzminderung (nach Leygraf 1988)

	N	%
▐ Tötungsdelikt	15	12,4
▐ Körperverletzung	6	5,0
▐ Sexualdelikt ohne Gewalt	44	36,4
▐ Sexualdelikt mit Gewalt	17	14,0
▐ Eigentumsdelikt ohne Gewalt	14	11,6
▐ Eigentumsdelikt mit Gewalt	8	6,6
▐ Brandstiftung	16	13,2
▐ Sonstige Delikte	1	0,8
Summe	**121**	**100**

Therapeutische Aspekte haben im Umgang mit intelligenzgeminderten Rechtsbrechern bislang wenig Beachtung gefunden. Im psychiatrischen Maßregelvollzug werden sie zumeist eher nebenher auf verschiedenen Stationen mitbetreut. Strukturierte therapeutische Konzepte existieren nur vereinzelt, empirisch fundierte Erfahrungen fehlen gänzlich. Der therapeutische Pessimismus diesen Patienten gegenüber lässt sich auch an ihren langen Verweildauern im Maßregelvollzug ablesen. Leygraf (1988) fand eine mit im Mittel 11,5 Jahren signifikant längere Unterbringungszeit als bei der Gesamtgruppe (6,3 Jahre). Bei der derzeitigen Entlassungssituation scheint eine gewisse Angleichung erreicht zu sein (7,1 Jahre/Gesamtgruppe: 5,8 Jahre; Seifert 2005). Eventuell handelt es sich hierbei aber um eine vorselektierte Patientengruppe, die „problemloser" in eine Nachsorgeeinrichtung zu vermitteln war. Es ließe sich durchaus vermuten, dass bei Betrachtung der momentan noch Untergebrachten auch weiterhin ein überdurchschnittlich langer Freiheitsentzug festzustellen ist, da für diese Patienten wegen fehlender (geeigneter) komplementärer Einrichtungen nur schwerlich eine Entlassperspektive zu realisieren ist.

4.3.3.2 Therapeutische Grundannahmen

In der Therapie minderbegabter Straftäter kommt es im Wesentlichen darauf an, ihnen zu helfen die eigenen Ressourcen zu nutzen, anstatt sie auf ihr Fehlverhalten zu reduzieren und zu fixieren. Die Gefahr einer Hospitalisierung ist stets im Auge zu behalten. Anders als bei sog. klassischen psychiatrischen Störungsbildern treten die psychiatrisch-psychologischen Therapien gegenüber heilpädagogischen Behandlungsmodulen in den Hintergrund. Die Patienten sind aufgrund ihres Entwicklungsstandes argumentativ häufig nicht gut erreichbar, sodass handlungsbezogene und soziotherapeutische Behandlungsaspekte in den Vordergrund rücken. Klar geregelte, tagesstrukturierende Maßnahmen für die Bereiche Arbeit, Bildung, Therapie und Freizeitgestaltung stellen ebenso wie die Schaffung eines therapeutischen Milieus eine essenzielle Grundannahme dar. Letzteres ist nicht allein durch „ein paar Grünpflanzen" zu erreichen, sondern nur durch eine wohl überlegte Architektur und auch Landschaftsgestaltung, da dies als permanenter Wirkfaktor wesentlichen Einfluss auf die Gesamtatmosphäre einer Station/Abteilung ausübt (Telger u. Seifert 2002). Milieutherapie impliziert die Sensibilisierung der Patienten für die Wahrnehmung und Gestaltung ihrer Zimmer, der gesamten Station sowie der Außenanlagen unter Anleitung des therapeutischen Personals. Das Stationsmilieu wird entscheidend durch die Art des Umgangs der Menschen miteinander sowie gestalterische Elemente bestimmt. Das Personal hat Modellfunktion, was insbesondere in dem Konzept der Bezugspflege seinen Ausdruck findet. Stationsdienste, wie z.B. Küchen- und Wäschedienst, die abwechselnde Zuständigkeit für die Versorgung der Gemeinschaft mit Mineralwasser etc., dienen der Stationsgemeinschaft und dem Patienten zur Entwicklung von Verantwortlichkeit.

Das Therapieziel besteht nicht im Versuch einer Anhebung testpsychologisch ermittelter IQ-Werte, sondern es soll die individuell mögliche schulisch-berufliche und soziale Integration unter möglichst lebenswerten Bedingungen erreicht werden. Es geht um die Verbesserung sozialer Kompetenzen. Die Patienten sollen neues Verhalten erlernen, um zukünftig mit sich und ihrer Umwelt verantwortungsvoll umgehen zu können. Jeder Behandlungsabschnitt kann als eine „Lernstrecke" betrachtet werden, auf der der Patient alternatives Verhalten für Situationen lernt, in denen er früher mit gefährdendem und/oder delinquentem Verhalten reagierte. Dabei bleibt zu berücksichtigen, dass die Patienten vor der strafrechtlichen Unterbringung nicht selten auch die Rolle des Opfers eingenommen haben und mitunter auch zu erheblichen autoaggressiven Handlungen neigen. Auch wenn bei einigen Patienten eine lebenslange heilpädagogische Betreuung notwendig ist, versteht sich die Heilpädagogik als „Rehabilitationspädagogik", die sich „entsprechend der Entwicklung zur Selbstständigkeit und Mündigkeit des Menschen mit Behinderung zuletzt überflüssig machen" möchte (Oskamp 2002).

Um diese Ziele verwirklichen zu können, benötigt man Personal, das sich emotional auf diese Patienten einstellen kann und will. Es dient diesen Menschen im alltäglichen Stationsalltag als Modell im Sinne einer Vorbildfunktion, dabei stets das Ziel verfolgend, die Selbstständigkeit und Eigenverantwortlichkeit des einzelnen Patienten zu fördern. Da die individuellen Fähigkeiten und Störungsbilder dieser Patientengruppe sehr different sind, sollte vorab eine detaillierte diagnostische Abklärung erfolgen.

4.3.3.3 Diagnostik

Für die diagnostische Beschreibung forensischer Patienten allgemein bietet sich eine Orientierung an den für den Maßregelvollzug in Nordrhein-Westfalen formulierten Standards an (Höhner et al. 2006). Spezielle Testbatterien ermöglichen, den Entwicklungsstand einzelner Fertigkeiten differen-

zierter zu erfassen, z. B. durch neuropsychologische Testverfahren. Neben
dem sprachlichen und motorischen Entwicklungsstand interessieren die sozialen und Alltagsfertigkeiten (Ess- und Sauberkeitsverhalten; Selbstversor-
gung, Schlafverhalten). Aufgrund der eingeschränkten Kommunikationsmö-
glichkeit kommt hierbei der Fremdanamnese eine besondere Bedeutung zu.
Viele Krankenakten beinhalten jedoch nach wie vor nur wenige Informationen über das Leben des Patienten vor der Unterbringung. Angaben über
bisherige Medikationserfahrungen sowie impulsive Reaktionsweisen oder
Selbstverletzungen (und deren Auslöser bzw. Stressoren) sind natürlich
wichtige Aspekte für eine individuelle Therapieplanung.

   Ein weiterer, prägnanter diagnostischer Aspekt liegt darin, die Wahrnehmung, das Verarbeiten von Informationen, das Handeln und die Reaktionsweisen des minderbegabten Patienten zu erfassen. Im Besonderen kommt
es darauf an zu verstehen, wieso es bei *diesem* Menschen in der *damaligen*
Lebenssituation zu *jener* Straftat hat kommen können. Hierzu muss man
den entwicklungspsychologischen Reifungsgrad des Patienten kennen. Dazu zählen die kognitive, die soziomoralische und die psychosexuelle Entwicklung des Patienten.

▌ **Die kognitive Entwicklung.** Viele Straftäter weisen einen Entwicklungs-
rückstand bezüglich einer Reihe von kognitiven Fertigkeiten auf, die für
die soziale Anpassung relevant sind. Sie haben Schwierigkeiten, die Konsequenzen ihres Verhaltens einzuschätzen und Mittel-Zweck-Überlegungen
anzustellen, um ihre Ziele zu erreichen. Vielen fehlt es an Abstraktions-
fähigkeit, sie reflektieren und antizipieren nicht oder kaum, sind handlungsorientiert und häufig impulsiv. Sie sind über die egozentrische Phase
der kognitiven Entwicklung nicht hinausgekommen. Demzufolge haben
viele Straftäter gravierende Defizite bezüglich sozialer Fertigkeiten und
zwischenmenschlicher Problemlösefertigkeiten. Dies trifft insbesondere für
die Gruppe intellektuell behinderter Rechtsbrecher zu, was jedoch nicht
zwangsläufig bedeutet, dass keine Psychotherapie stattfinden kann. Psychotherapie im eigentlichen Sinne kann nur dann realisiert werden, wenn sowohl die soziomoralische als auch die kognitive Entwicklung ausreichend
weit vorangeschritten sind (Butz et al. 2000; Lynch 2000).

   Die kognitiven Defizite bedürfen einer differenzierten Diagnostik und
müssen bei der Planung und Umsetzung aller therapeutischen Ansätze bedacht werden. Man kann zwei Kategorien von kognitiven Dysfunktionen
annehmen, die in gewissem Umfang bei jedem Menschen, bei intellektuell
Behinderten aber deutlich akzentuierter in Erscheinung treten, nämlich
kognitive Defizite und *kognitive Verzerrungen*. Vereinfacht ausgedrückt, bezieht sich kognitives Funktionieren auf alle komplexen Operationen, die
die Informationsaufnahme und -verarbeitung im Gehirn betreffen. Sie sind
entscheidend für die Lernfähigkeit und das Zurechtfinden in der Umwelt.

▌ *Kognitive Defizite* beinhalten alle Informationsverarbeitungsprozesse, die
   entweder gar nicht oder nur sehr eingeschränkt arbeiten. Menschen mit
   intellektuellen Behinderungen weisen diesbezüglich quantitativ und qua-

litativ ausgeprägte Defizite auf. In der Phase der Informationsaufnahme bestehen Probleme mit der sensorischen Wahrnehmung (Hören, Sehen, Schmecken, Riechen, Fühlen). Sie sind häufig unfähig, irrelevante Stimuli herauszufiltern und Reize korrekt zu benennen. Im Grunde können alle Funktionen der Reizverarbeitung (Sequenzen bilden, speichern, antizipieren, kategorisieren) gestört sein. Insbesondere ist auch die Fähigkeit zur Selbstverbalisation eingeschränkt.

▐ *Kognitive Verzerrungen* beziehen sich auf Interpretationsfehler von Wahrnehmungsinhalten, die mit affektiven Schwankungen sowie Verhaltensstörungen, insbesondere eingeschränkter Selbststeuerung, einhergehen können. Jeder Mensch kann unabhängig von seinem allgemeinen Intelligenzniveau diese kognitiven Fehler machen. Sie sind in hohem Maße situationsspezifisch, was bei der Therapie dieser Zielgruppe unter deliktspezifischem Aspekt berücksichtigt sein will.

Gute therapeutische Resultate hierbei erzielen kognitive Trainings, die zunächst bei nicht intellektuell gestörten Rechtsbrechern im Maßregelvollzug evaluiert wurden und nachfolgend der intellektuell beeinträchtigten Zielgruppe angepasst worden sind (z. B. das R&R-Training von Ross et al. 1988). Von kognitiver Verhaltenstherapie in diesem Zusammenhang zu sprechen, ist irreführend, da eine wichtige Grundvoraussetzung dieser Psychotherapierichtung, nämlich das Verständnis der Interventionsstrategien und -ziele, nicht oder nur sehr bedingt bei dieser Klientel vorausgesetzt werden kann. Zur Anwendung vieler kognitiver Techniken wird ein Mindestmaß an intellektueller Leistungsfähigkeit benötigt (Gaus 2002). Deshalb bilden kognitive Trainings in der Regel eine Grundvoraussetzung für den Einsatz und die Wirksamkeit kognitiv-behavioraler Psychotherapie bei intellektuell behinderten Rechtsbrechern mit psychischen Störungen.

Die Grundannahmen jeder Form kognitiver Verhaltenstherapie lauten (Dobson u. Block 1988; Kroese et al. 1997):

▐ kognitive Aktivität (Gedanken, Imaginationen und Wahrnehmungen) wirkt sich auf die Stimmung und das Verhalten aus;
▐ kognitive Aktivität kann verändert werden;
▐ intendierte Verhaltensänderungen können durch kognitive Prozesse in Gang gesetzt werden;
▐ Menschen sind aktiv Lernende und nicht nur passive Rezipienten von Umweltereignissen, sie schaffen aktiv ihr eigenes Lernumfeld;
▐ Therapieziele konzentrieren sich darauf, neue adaptive Lernmöglichkeiten zu schaffen, um dysfunktionale kognitive Prozesse zu bewältigen;
▐ der Patient versteht die Interventionsstrategien und -ziele.

Auch bei intellektuell behinderten Menschen spielen kognitive Prozesse eine entscheidende Rolle für die Ausformung adaptiven und maladaptiven Verhaltens, wenngleich die Informationsverarbeitungsprozesse „weniger differenziert" ablaufen. Gerade weil verschiedene kognitive Funktionen bei Menschen mit intellektueller Behinderung und psychischen Störungen mehr oder minder stark beeinträchtigt sind, liegen wichtige Voraussetzungen effizienter Selbststeuerung nicht vor. Störungen in der Selbststeuerung (insbesondere der Impulskontrolle) verhindern eine „komplette" Informationsverarbeitung und können zu vorschnellen Handlungen führen. Deliktspezifische kognitive Therapie intellektuell behinderter Straftäter dient insbesondere dem Erkennen von diskriminativen Stimuli (im Zusammenhang mit potenziellen Versagenssituationen) und dem Aufbau von Selbstkontrolltechniken und adaptivem Verhalten als Alternative zur Gewaltanwendung.

Die psychosexuelle Entwicklung. Die psychosexuelle Entwicklung eines Menschen ist durch ein Wechselspiel von kognitiven, emotionalen, physiologischen und sozialen Entwicklungsprozessen determiniert. Bei etwa einem Drittel forensischer Patienten (§ 63 StGB) – unabhängig vom Intelligenzgrad – lassen sich zum Teil frühzeitig Auffälligkeiten in der psychosexuellen Entwicklung und in der Art der Partnerschaftsgestaltung erkennen (Seifert et al. 2003). Bei der Gruppe der Intelligenzgeminderten lag dieser Anteil laut Krankenunterlagen bei über 50%. Man kann demnach davon ausgehen, dass die psychosexuelle Entwicklung von Menschen mit intellektueller Behinderung durch Defizite in den o. g. Entwicklungsdimensionen beeinträchtigt sein kann, selbst wenn genitale Bedürfnisse mit zunehmendem Behinderungsgrad gegenüber nichtgenitaler Sexualität in den Hintergrund rücken. Diskrepanzen zwischen normaler körperlicher Reifung mit dementsprechender Bedürftigkeit und eingeschränkter kognitiver Entwicklung führen vermehrt zu Konflikten mit der Umwelt. Menschen mit intellektuellen Behinderungen ist es zumeist nicht möglich, ihre sexuelle Bedürftigkeit so zu leben, dass es von ihren Bezugspersonen toleriert wird. Sie laufen größere Gefahr in ihrer psychosexuellen Entwicklung behindert zu werden. Dabei liegt die Ursache vieler sexueller Fehlverhaltensweisen „nicht in der geistigen Behinderung, sondern in den äußeren Umständen – in rigoroser Geschlechtertrennung, in einem abhängigen und isolierten Leben, in der Intoleranz gegen Individualität und Intimsphäre, in der Repression der Sexualität oder der repressiven Toleranz der Umgebung" (Ling u. Theunissen 1993).

Das soziomoralische Entwicklungsmodell. Selmans Arbeit „Die Entwicklung des sozialen Verstehens" (1984) sowie die Untersuchungen von Kohlberg et al. „Psychologie der Moralentwicklung" (1996) stellen den theoretischen Hintergrund des sog. soziomoralischen Entwicklungsmodells dar. Diese Arbeiten beziehen sich auf die soziale Entwicklung von Kindern und Jugendlichen, die in einer weithin normalen Umgebung aufgewachsen sind. Intelligenzgeminderte Menschen durchlaufen zwar die gleichen Entwicklungsstufen, allerdings deutlicher langsamer als Normalbegabte. Die soziomoralische Entwicklung hinkt insbesondere bei den strafrechtlich in Erscheinung getretenen Intelligenzgeminderten der kognitiven Entwicklung hinterher.

Bei Selman kommt dem Begriff der „Perspektivenübernahme" eine zentrale Bedeutung zu. Der im angloamerikanischen Sprachraum benutzte Begriff „interpersonal understanding" beschreibt durch die Hervorhebung der zwischenmenschlichen Komponente das Phänomen treffender. Individuelle Perspektiven haben einen kognitiven, emotionalen und sozialen Aspekt. Perspektivenübernahme meint die Fähigkeit des Individuums, sich in soziale Situationen anderer Menschen hineinversetzen zu können. Dieses Hineinversetzen in die Welt des Gegenübers erfolgt umso differenzierter, je mehr es dem Individuum gelingt, verschiedene Faktoren zu berücksichtigen: den Beziehungsaspekt zwischen agierenden Personen, Qualitätsmerkmale der einzuschätzenden sozialen Situation, die Ziele, Emotionen, die körperliche Befindlichkeit und kognitiven Prozesse der Interaktionspartner etc. Die Fähigkeit zur Perspektivenübernahme bezieht sich beim kleinen Kind zunächst auf reale Situationen, mit zunehmendem Reifungsgrad aber auch auf die Vorstellungsebene im Sinne der antizipatorischen Vorwegnahme eines zukünftigen Geschehens. Wenn Individuen allgemeine Perspektiven im Sinne eines Rollenverständnisses einnehmen können, gelingt ihnen eine bessere Strukturierung neuer Situationen. Dies bedeutet auch eine größere Handlungsregulationskompetenz, mehr Perspektiven auf abstrakter Ebene und eine verbesserte Definition genereller Reaktionsmuster. Selman geht in seinem sozialen Entwicklungsmodell von fünf Stufen mit unterschiedlichem Differenzierungsgrad in der Perspektivenübernahme aus:

▌ *Stufe 0:* Auf der untersten Stufe (3 bis 8 Jahre normaler kindlicher Entwicklung) erfolgt die Perspektivenübernahme undifferenziert und egoistisch. Dabei ist für die Bewertung eines Verhaltens die daraus resultierende Konsequenz relevant. Das Kind geht in dieser Phase zumeist davon aus, dass andere eine bestimmte Situation genauso erleben wie es selbst.

▌ *Stufe 1:* Ab dem 5. Lebensjahr wird die Perspektivenübernahme differenzierter und subjektiv. So erfolgt eine Differenzierung nach psychischen und physischen Merkmalen (physisch größer bedeutet nicht zwangsläufig eine Gleichsetzung mit höherer Kompetenz). Absichtliches und unabsichtliches Verhalten werden unterschieden. In Beziehungen wird das personale Gegenüber zwar als eigenständige Person erlebt, das Kind geht aber davon aus, dass sein Gegenüber genauso reagiert wie man es selber tun würde. Diese Stufe sollte beim normal entwickelten Kind bis zum 9. Lebensjahr erreicht sein.

▌ *Stufe 2:* Vom 7. bis 12. Lebensjahr entwickelt sich die Fähigkeit zur „selbstreflexiven oder zweiten Person – und reziproken Perspektivenübernahme". Dabei nehmen sich 2 Individuen gegenseitig als unterschiedliche Personen mit durchaus differenter Bedürftigkeit wahr, sehen aber nicht die gegenseitige Beeinflussung durch die Beziehung. Leben in einer Gruppe vollzieht sich in der Vorstellung von dyadischen Beziehungen, das Kind sieht nicht die Gruppe als Ganzes.

▌ *Stufe 3.* Diese ist durch die „Dritte-Person- und gegenseitige Perspektivenübernahme" gekennzeichnet (10. bis 15. Lebensjahr). Dabei schafft es der Jugendliche, gedanklich den Standpunkt seines Gegenübers einzunehmen und die Interdependenzen im Fühlen, Denken und beobachtbarem Verhalten aus der Perspektive seines Gegenübers zu betrachten. Die Gruppennorm wird zum wichtigsten Wert, Kompromissbildung ist nur auf konkreter Ebene realisierbar.

Stufe 4: Sie beinhaltet eine tiefenpsychologische und gesellschaftlich-symbolische Perspektivenübernahme, die bei intelligenzgeminderten Menschen nicht erreicht werden kann, da deren Abstraktionsvermögen hierfür nicht ausreicht. Beim normal entwickelten Kind kann diese Stufe ab dem 12. Lebensjahr erreicht werden.

Das soziomoralische Entwicklungsniveau ist entscheidend durch die Fähigkeit zur „Gewichtung moralischer Argumente" determiniert. Im Verlauf menschlicher Entwicklung erfahren Regeln sozialer Kontakte, die zunächst ohne Priorisierung nebeneinander stehen, Gewicht. Zwei gleichwertige Regeln erfahren durch übergeordnete Regeln einen Maßstab. Diese Metaregeln kreieren einen hierarchischen Aufbau von Normen, der zur Voraussetzung der Wertung und Beurteilung moralischer Konflikte wird.

Kohlberg et al. (1996) differenzieren zwischen 7 Stufen von Wertehierarchien, wobei für die Konzeptualisierung der Behandlung intelligenzgeminderter Rechtsbrecher nur die Stufen 0 bis 3 relevant sind. Dienen auf Stufe 0 moralische Argumente ausschließlich der Rechtfertigung eigener Bedürftigkeit, so erfolgt auf Stufe 1 eine Übernahme externer Wertehierarchien, allerdings ohne Flexibilität in der Argumentation. Diese nimmt erst auf Stufe 2 zu, da nun versucht wird, bei gleichwertigen Normen „gerechte" Lösungen zu suchen, die individuelle Bedürfnisse, Möglichkeiten und Befindlichkeiten berücksichtigen. Stufe 3 beinhaltet die Vereinbarung von Wertehierarchien im Gruppenverband. Bei Konflikten ist der Nutzen für die Gruppe das Regulativ, das die Normwertigkeit festlegt. Um Kompetenzen bei intelligenzgeminderten Rechtsbrechern in Teilbereichen zu fördern, ist eine differenzierte Diagnostik des soziomoralischen Entwicklungsstands unbedingte Voraussetzung. Dies erfolgt multidisziplinär unter Einbeziehung qualitativer und quantitativer Verfahren. Auf diesem Entwicklungsmodell basierende therapeutische Interventionen könnten folglich ein an Gruppennormen orientiertes Zusammenleben für diese Patientengruppe erreichbar machen.

4.3.3.4 Das Therapiekonzept im Westfälischen Zentrum Lippstadt-Eickelborn

Das von Knapheide entwickelte und derzeit weiter ausgefeilte Konzept orientiert sich an den beschriebenen Stufen soziomoralischer Entwicklung (Knapheide 2002, 2005). Nach einer Phase der Beobachtung und Einschätzung der sozialen und speziell soziomoralischen Kompetenz besteht letztlich das Ziel darin, die Patienten soweit zu fördern, dass sie in der Lage sind, an einer eigentlichen Psychotherapie teilnehmen zu können. Sie sollen unter eindeutig festgelegten und nachvollziehbaren Rahmenbedingungen durch einen kontinuierlichen Prozess eine Wertehierarchie übernehmen. Die Behandlung gliedert sich in drei aufeinander aufbauende Abschnitte: In einer sog. „Klinikgruppe" soll *Stufe 1* weitgehend erreicht werden. Hier soll erlernt werden, sich ein externes Norm- und Wertegefüge anzueignen, Aufgaben auf der Station umschichtig zu übernehmen und als Gruppe zusammenzuarbeiten. Der Mitpatient/Therapeut soll als eigenständiges Wesen wahrgenommen werden. Kommt das Team zu der Auffassung, dass die *Stufe 1* erreicht ist, kann der Patient in die sog. „Fördergruppe" kommen. Die heilpädagogische Förderung muss die zweite Stufe in der soziomoralischen Entwicklung nach Selman weitgehend erreicht haben (selbstreflexive, Zwei-Personen-Perspektive und reziproke Perspektivenübernahme), wenn Psychotherapie auf einfachem Niveau stattfinden soll. Es handelt sich hierbei um eine feste Gruppe, die sich im Gegensatz zur vorherigen selbstständig um die Verpflegung kümmert. In diesem Behandlungsabschnitt sind auch erstmals Lockerungen möglich. In der „Therapiegruppe" soll die *Stufe 2* stabilisiert und *Stufe 3* mit „dritter Person- und gegenseitiger Perspektivenübernahme" angebahnt werden. Die Patienten sollten Leidensdruck hinsichtlich der von ihnen begangenen Straftaten empfinden können und möglichst einen intrinsisch motivierten Veränderungswunsch erleben („Aus einem *Leiden an der Unterbringung* wird ein *Leiden an den Taten*", Knapheide 2005). In der Gruppenarbeit geht es dann nicht mehr in erster Linie um das Einhalten der Gruppennorm, sondern um „eine Auseinandersetzung mit der eigenen Persönlichkeit" und „ein Aufdecken delikthaften Verhaltens und Denkens". Hauptziel bleibt, den intellektuell behinderten Rechtsbrecher zu einem straffreien Leben jenseits des Maßregelvollzugs zu befähigen. Nur bei Erreichen dieser Entwicklungsstufe ist eine Langzeitbeurlaubung zu verantworten.

4.3.3.5 Einzelne Therapiemaßnahmen

Die folgenden Therapiemaßnahmen finden sich in vielen forensischen Kliniken; sie gehören teilweise zu deren Grundangeboten. Für die hier beschriebene Klientel ist jedoch zumeist eine an deren Intellekt angepasste Modifikation vonnöten, damit die Patienten tatsächlich auch erreicht werden. Grundsätzlich empfiehlt sich das Bezugspflegesystem als fester Bestandteil eines multiprofessionellen Behandlungskonzeptes. Der Patient lernt so unter ständiger Begleitung lebenspraktische Fertigkeiten, realistischere Einschätzungen körperlicher, psychischer und sozialer Aspekte seines Handelns (Körperhygiene, Reinigung seines Zimmers und von Gemeinschaftsräumen, Umgang mit Geld, Medikamenteneinnahme, Erfüllen therapeutischer Hausaufgaben, Konfliktlösungen, Emotions- und Kognitionskontrolle, Zielklärung). Die Bezugspfleger stehen in intensivem Austausch mit den anderen Therapeuten des Teams zur Beurteilung des Behandlungsfortschrittes und der weiteren Therapieplanung sowie insbesondere auch der Gefährlichkeitseinschätzung des Patienten. Vereinzelt wird eine Familienarbeit sinnvoll sein, vor allem dann, wenn absehbar ist, dass der Patient nach der Unterbringung in die Ursprungsfamilie zurückkehren wird.

▌ **Gruppentherapien.** Sie sind unverzichtbarer Bestandteil der forensischen Behandlung. Patienten mit einer Intelligenzminderung sind durch Einzelgespräche therapeutisch meist nicht so gut zu erreichen, wenn auch auf diese keineswegs verzichtet werden sollte (s. u.). In der Gruppensituation erhalten sie Rückmeldungen von denjenigen, die mit ähnlichen Problemen wie sie selbst zu kämpfen haben. Kritische Bemerkungen aus der Runde können daher eher als Korrektiv akzeptiert und gespeichert werden. Durch den in jeder Gruppe zwangsläufig in Gang gesetzten dynamischen Prozess stellt die Gruppenarbeit an die Therapeuten höhere Ansprüche.

Die *Morgen-* und *Abendrunde* sind wichtige strukturgebende Veranstaltungen, bei denen alle Patienten der jeweiligen Station unter Anwesenheit mindestens eines Teammitglieds zusammenkommen, um die Tagesplanung zu erörtern, die Befindlichkeit einschätzen zu lernen und ggf. auch Rückmeldung zu erhalten. Hier besteht zudem die Möglichkeit zur Vereinbarung von Einzelgesprächen mit ärztlichem, psychologischem oder sozialtherapeutischem Fachpersonal. Eine einmal wöchentlich stattfindende Patientenvollversammlung dient der Festlegung der Stationsdienste, der Ideensammlung von Gemeinschaftsaktivitäten sowie der Konfliktbewältigung zwischen den Patienten und ggf. auch Mitarbeitern.

▌ **Einzelgespräche.** Diese dienen dem Patienten, seine aktuelle Befindlichkeit mitzuteilen, sowie intra- und interindividuelle Erlebnisinhalte zu beschreiben. Übereinstimmungen und Diskrepanzen in der Selbst- und Fremdwahrnehmung können thematisiert und in multidisziplinärer Abstimmung zielorientiert eingesetzt werden. Konkrete Situationen aus dem Wochenverlauf werden im Detail betrachtet und besprochen, wobei der Patient einerseits die Möglichkeit hat, seine Anliegen zu formulieren, andererseits aber immer eine der individuellen Therapieplanung angepasste Themenzentrierung und Schwerpunktsetzung durch den jeweiligen Bezugstherapeuten zu leisten ist. Hier geht es um Aufbau und Stärkung von Veränderungsmotivation und eine Umsetzung in Verhaltensänderung bei kurz-, mittel- und langfristigen Zielen (Schroer et al. 2003).

Es gibt auch positive Erfahrungen mit einer modifizierten Form der psychoanalytisch interaktionellen Psychotherapie bei Menschen mit einer Intelligenzminderung (Gaedt 1994). Hier wird insbesondere hervorgehoben, dass durch eine psychodynamische Denkweise ein Beitrag zur Humanisierung der Lebensbedingungen dieser Patienten geleistet wird. Zugleich soll der Ansatz als „ein Gegengewicht zu der vorherrschenden Tendenz zur Biologisierung" verstanden werden (Gaedt 2000). Verhaltensauffälligkeiten und Reaktionsweisen lassen sich nicht allein durch „biologische Defizite" erklären, sondern sind gleichfalls vor dem Hintergrund der Lebensgeschichte des Einzelnen zu interpretieren.

▌ **Schulische Förderung.** Das Erreichen eines Schulabschlusses ist natürlich wünschenswert und anzustreben, erscheint jedoch nach den praktischen Erfahrungen im deutschen Maßregelvollzug für einen Großteil der Patienten eher unrealistisch. Primär geht es um das Erlernen bzw. Trainieren von basalen Schreib- und Lesefähigkeiten etwa im Sinne einer Alphabetisierung. Bei einigen – insbesondere bei hörgeschädigten – Patienten wird man mittels logopädischer Behandlung Mund- und Sprachmotorik sowie die Atemtechnik verbessern können. Bei eingeschränkter Selbstverbalisation sollte zugleich auf eine Schulung des Sprachverständnisses Wert gelegt werden, aber auch auf die Behandlung von Sprechstörungen (gestörte Artikulation). Mittels Lernmaterialien – orientiert am 1. und 2. Schuljahr – sollen Selbstvertrauen über Kompetenzzuwachs in diesen wichtigen Kulturtechniken gewonnen werden, was letztlich zur emotionalen Stabilisierung beiträgt. Vorgegebene Aufgaben werden in Kleingruppen bearbeitet und bei *gemeinsamem* Erfolg auch *gemeinsam* belohnt (z. B. Fernsehstunde oder gemeinsames Kaffeetrinken nach der Schulstunde). Dadurch erhofft man sich zugleich eine Stärkung des Gruppengefühls mit einer Verbesserung der sozialen Kompetenz.

▍ **Arbeitstherapie und Beschäftigungstherapie.** Diese stellen elementare Standbeine des therapeutischen Konzepts dar, unter anderem können dort wichtige diagnostische Aspekte in Erfahrung gebracht werden. Sie dienen der Tagesstrukturierung und der Belastungserprobung und sind somit ein Grundstein für eine realistische Vorbereitung auf das Leben nach der Maßregel. Eine Einbindung in den allgemeinen Arbeitsmarkt wird wohl nur äußerst selten möglich sein. Stattdessen werden beschützende Einrichtungen wie z. B. eine Werkstatt für Behinderte (WfB) Ziel sein. Derzeit bedeutet Arbeitstherapie in deutschen Maßregelkliniken in der Regel sog. „industrielle Fertigung", worunter sich zumeist gleichförmig-stupide Arbeit verbirgt. Gerade für diese Klientel wäre es wünschenswert, neue Wege zu gehen. Beispielsweise bieten sich neben der Gartengestaltung, dem Anbau von Obst und Gemüse auch eine Tierhaltung an. Hierzu benötigt man allerdings eine gewisse Weitläufigkeit des forensischen Geländes, was zur Zeit nur selten anzutreffen ist. In der Beschäftigungstherapie sollten neben kreativen Betätigungen vor allem alltägliche Fertigkeiten trainiert werden, wie z. B. Einkaufen, Kochen, Bedienung einer Waschmaschine.

▍ **Kognitive Trainingsprogramme.** Das von der Arbeitsgruppe um Ross (1988) entwickelte R&R-Programm zielt darauf ab, die kognitiven Defizite intellektuell und psychisch gestörter Rechtsbrecher gezielt anzugehen. Es besteht aus 35 vorstrukturierten Sitzungen (zwei bis vier pro Woche), die Gruppengröße variiert zwischen 6 und 8 Teilnehmern. Erfahrungen in der Forensischen Klinik Haina haben erkennen lassen, dass starke Modifikationen des ursprünglichen Therapieprogramms zur Anpassung für die Zielgruppe intellektuell behinderter Straftäter erforderlich sind, um Entwicklungsfortschritte zu erzielen (Gretenkord 2002). Entscheidend für ein längerfristiges Bestehen der angelernten sozialen Fertigkeiten scheint zudem die Akzeptanz und Unterstützung durch das Pflegepersonal zu sein. Für Patienten, die über eine mangelnde Impulskontrolle verfügen, existieren mitt-

lerweile Erfahrungen mit kognitiv-behavioral ausgerichteten Behandlungsgruppen im Maßregelvollzug. Mittels leicht modifizierter Gestaltung sind
diese durchaus auch für intelligenzgeminderte Patienten geeignet (Elsner et
al. 2005).

Gedächtnisleistungen lassen sich ebenfalls in einer Gruppensituation effektiver trainieren, wenn dies auf spielerische Weise erfolgt (sog. Memory-
gruppe). Für geeignete Patienten bieten sich auch computergestützte neuropsychologische Trainings an. Für Patienten mit Gewaltdelikten und ausgeprägten Defiziten in der Beachtung sozialer Normen können mittels speziellen kognitiven Trainingsgruppen deren niedrige Frustrationstoleranz
und egozentrische Perspektive bearbeitet werden (Robinson 1995). Beispielsweise lässt sich so in einer Kleingruppe lernen, mit gefährlichen Ar-
beitsmaterialien (Schere, Messer) gewaltfrei umzugehen.

Suchtgruppe. Etwa bei der Hälfte der forensischen Patienten besteht
neben den sonstigen Störungen eine Suchtproblematik – in erster Linie in
Form eines missbräuchlichen Umgangs mit Alkohol. In den letzten beiden
Jahrzehnten sind zunehmend weitere Suchtmittel, wie etwa Cannabinoide,
Morphin- und Kokainderivate hinzugekommen, wobei diese häufiger bei
Patienten mit einer Persönlichkeitsstörung als mit einer intellektuellen
Minderbegabung eine Rolle spielen. Da etwa ein Drittel bis die Hälfte dieser forensischen Patienten bei Begehung der zur Unterbringung geführten
Straftat unter dem Einfluss von Rauschmitteln stand, kommt dem Umgang
mit solchen Substanzen eine nicht zu vernachlässigende prognostische Relevanz zu. Dementsprechend empfiehlt sich eine für diese Patienten gezielte, dem Intellekt angepasste gruppentherapeutische Bearbeitung der Suchtproblematik.

Sexualerziehungsgruppe. Sie erfolgt in Anlehnung an bewährte Konzepte
der Grundschulpädagogik, erweitert um spezifische Erkenntnisse der Be-
hindertenpädagogik. Vielfach geht es primär um eine sexuelle Aufklärung.
Ein „adäquater" Umgang mit dem anderen Geschlecht kann in Rollenspielen erlernt werden. Neben der Bedeutung von Regelbeachtung bei der sexuellen Bedürfnisregulation stehen Themen wie Intimität und Privatsphäre
im Mittelpunkt. Die Zusammensetzung der Gruppe orientiert sich stark an
den kognitiven Voraussetzungen, dem soziomoralischen Entwicklungsniveau sowie zum Teil auch an Deliktspezifika der Patienten (s. auch Abschn. 4.3.4).

Sport (konzentrative Bewegungstherapie, Gymnastik). Sowohl einzeln als
auch in der Gruppe führt sportliche Betätigung zu einer Verbesserung der
körperlichen Leistungsfähigkeit. Zugleich können autoaggressive Verhaltensweisen und bei dieser Klientel häufig anzutreffende hypochondrische
Tendenzen abgebaut werden. Über *heilpädagogisches Reiten und Voltigieren*
können die Patienten lernen, mit dem Pferd und der Außenwelt durch aktives Handeln in Kontakt zu treten. Sie stellen Maßnahmen ganzheitlicher

und individueller Förderung dar und sind erfahrungsgemäß vor allem bei
dieser Patientenklientel geeignet Verhaltensänderungen einzuleiten. Bei der
Psychomotorischen Therapie (PMT) wird über das Bewegungsverhalten und
Körpererleben versucht, Verhaltensänderungen zu initiieren. Psychomotorische Therapie hilft, nach Verhaltensalternativen zu suchen, diese auszuprobieren und an verschiedene Situationen anzupassen. Sie ist gerade für Menschen mit intellektueller Behinderung indiziert, da diese insbesondere über
Aktionen lernen, bei dieser Therapieform mit konkreten Hier-und-Jetzt-Si-
tuationen gearbeitet wird und die Verbalisierungsfähigkeit des Patienten eine untergeordnete Rolle spielt.

▌ **Interaktiv-behaviorale Therapie (IBT).** IBT dient der Förderung sozialer
Kompetenzen, insbesondere der Beziehungsfähigkeit mit Perspektivenübernahme im Sinne empathischer Fertigkeiten im gesamten Therapiekonzept
(Razza u. Tomasulo 1996 a–c; Tomasulo 2000). Sie orientiert sich an More-
nos Psychodrama und den darin verwendeten Rollenspieltechniken. Hierbei
sollen die Patienten zu einer aktiven Auseinandersetzung mit ihrer Persönlichkeit angeregt werden, ihre delinquente Entwicklung wenn möglich lern-
geschichtlich verstehen und alternative Problemlösestrategien aufbauen. Die
IBT ist stark handlungsorientiert und forciert emotionale Involvierung, um
so neue Lernerfahrungen besser zu ermöglichen. Die Ansprache verschiedener sensorischer Modalitäten ist gerade für diese Zielgruppe zweckmäßig
und macht gegenüber anderen Therapieverfahren einen kritischen Unterschied differenzieller Wirksamkeit aus. Neben der spielerischen Vermittlung von Basiswissen erfolgen Verhaltensproben mit und ohne Modelllern-
nen, Korrekturmöglichkeiten durch die Gruppenmitglieder, Therapeuten –
und/oder für geeignete Patienten auch Videofeedback. Die Patienten lernen
im Sinne einer graduierten Annäherung, Situationen mit steigendem
Schwierigkeitscharakter zu bewältigen, um ihre sozialen Kompetenzen weiter zu verbessern und alternative Problemlösestrategien für Belastungssituationen (z. B. Streitgespräch mit Mitpatienten, therapeutischem Personal, ggf. Angehörigen) zu erarbeiten.

▌ **Psychopharmakologische Therapie.** Eine spezifische medikamentöse Therapie der Intelligenzminderung existiert nicht. Der Einsatz von Medikamenten richtet sich nach dem klinischen Störungsbild. Hierbei ist nicht primär
an die Behandlung der Begleiterkrankungen gedacht (z. B. Epilepsie), sondern an affektive Schwankungen und akute Unruhe- und Erregungszustän-
de. Das früher häufig als „Antiaggressivum" eingesetzte Medikament Car-
bamazepin scheint mittlerweile von neueren (atypischen) Neuroleptika ab-
gelöst zu werden, insbesondere seit nun auch eine Depotform auf dem
Markt ist (Risperidon). In den USA existieren umfangreiche Therapiericht-
linien zur Behandlung dieser Patientengruppe, in denen von Experten unter anderem die medikamentösen Vorgehensweisen je nach Störungsbild
aufgelistet sind (Ammermann et al. 2000). Dort werden bei anhaltenden
aggressiven und impulsiven Verhaltensweisen Valproinsäure oder Antide-

pressiva der SSRI-Gruppe empfohlen. Bei Patienten mit Sexualdelikten sind antihormonell wirkende Substanzen (Cyproteronacetat oder GnRH-Analoga) in Betracht zu ziehen (Rösler u. Witztum 1998), wobei wegen der derzeit (noch) fehlenden Zulassung der letztgenannten Medikamentengruppe für diese Störungsbilder einige Vorsichtsmaßnahmen zu bedenken bleiben (Seifert 2000).

4.3.3.6 Internationale Erfahrungen

Das niederländische Behandlungszentrum für intellektuell behinderte Straftäter „Hoeve Boschoord" besitzt eine jahrzehntelange Erfahrung in der Behandlung dieser Patientengruppe (Gaus 2002). Anders als in Deutschland werden dort strafrechtlich untergebrachte Patienten (TBS) zusammen mit freiwillig bzw. zivilrechtlich untergebrachten Patienten, die teilweise bislang noch keinen Kontakt zur Justiz hatten, behandelt. Das Therapiekonzept gliedert sich in vier Phasen:

▌ *Phase 1: Orientierung und Gewöhnung.* Es gibt zwei Aufnahmestationen mit jeweils 9 Plätzen. Die Zuordnung hängt von verschiedenen Faktoren ab, wie z.B. dem Störungsbild oder ob es sich um eine Erst- oder eine Weiterbehandlung handelt. Während dieser ersten Phase der Behandlung stehen die Eingewöhnung und Diagnostik im Mittelpunkt. Es ist eine Phase gegenseitiger Erkundung zwischen Patient und Behandlern. Gerade die Patienten, die bereits in einem anderen beschützenden institutionellen Umfeld gelebt haben, können eine emotionale Labilisierung erfahren. Sie brauchen neue Sicherheiten in ihrer personalen und dinglichen Umwelt, um sich dort zurecht zu finden und entwickeln zu können.

▌ *Phase 2: Sicheinlassen.* Diese stellt sich für viele Patienten als die schwerste Phase des Behandlungsprozesses dar. Der Patient soll sich nun auf die eigentliche Therapie einlassen, was eine weitgehend intrinsische Motivation zur Voraussetzung hat. Die im täglichen Umgang gemachten neuen Lernerfahrungen mit sich und anderen werden mit Erfolgserlebnissen verbunden. Er muss lernen, Zusammenhänge zwischen seinen eigenen Motiven und Wünschen einerseits und andererseits dem, was in der Realität des Alltags machbar ist, zu erkennen. In den verschiedenen Funktionsabteilungen mit ihren spezifischen diagnostischen Möglichkeiten (Heilpädagogik, Psychologie, Medizin, Arbeitstrainingswerkstatt, Psychomotorik) werden die individuellen Möglichkeiten eruiert, um zu entscheiden, welche Tagesstruktur und welche allgemeinen und spezifischen Fördermaßnahmen zu ergreifen sind, damit die sozialen Fertigkeiten optimal gefördert werden. In dieser Phase beginnt auch eine Analyse aller Faktoren, die zur Genese des Delinquenzverhaltens beigetragen haben. Für Patienten mit Sexualdelikten wird ein spezielles kognitives Verhaltenstherapieprogramm angeboten.

▌ *Phase 3: Leisten.* Der Patient muss zumindest in beschränktem Umfang akzeptiert haben, dass er Dinge lernen und sich mit ihnen auseinandersetzen muss. In seinen Leistungen muss der Patient selbst Perspektiven erfahren. Das Lernen in der dritten Phase ist eine Aneinanderreihung von konkreten Schritten. Die Einzel- und Gruppenförderung orientiert sich mit ihren unterschiedlichen Zielsetzungen an dem in der ersten Phase diagnostizierten Störungsbild. Die allgemeine Pädagogik basiert auf theoretischen Annahmen von Ling u. Theunissen (1993) und bezieht sich insbesondere auf die wohngruppenbezogene Arbeit. Sie berücksichtigt drei Verkehrsformen der Betreuung, die bei dieser Klientel mit spezifischen didaktisch-methodischen Prinzipien (stark strukturierender Aspekt, Prinzip der kleinen Schritte, Wechsel von Ruhe und Anforderung, Gewährenlassen und je nach Situation Begrenzen etc.) zu kombinieren sind: die individualbezogene Vorgehensweise, als klassische Einzelarbeit, die partizipierende Betreuungsform, bei der ein Teammitglied mit einem oder mehreren Patienten alltägliche Arbeiten ausführt, die der Lebensbewältigung dienlich sind, sowie die gruppenbasierte Vorgehensweise, die der Förderung sozialer Kompetenz dienlich ist. Ihren Ausdruck findet dieses pädagogische Prinzip in Mahlzeiten, der Organisation von Patientenbesprechungen, Freizeitaktivitäten und Gruppenangeboten. In dieser Phase finden die verschiedensten gruppentherapeutischen Maßnahmen statt, wie beispielsweise Sexualerziehungsgruppe, kognitive Trainingsgruppe oder Deliktszenario.

Phase 4: Prüfen. In dieser Phase prüft der Patient seine Selbststeuerungskompetenz unter erschwerten Bedingungen. Er muss sich bewähren, was impliziert, dass er sich mit neuen Lebensumständen auseinandersetzen muss und hinsichtlich seiner Handlungskompetenz geprüft wird. In dieser Phase konzentriert sich das Augenmerk auf die Zeit nach der Entlassung. Die Patienten werden hierbei durch Gemeinschaftsarbeit, Bildungsaktivitäten und manchmal noch durch ein spezifisches therapeutisches Angebot unterstützt. Wer diese vierte Phase problemlos absolviert, darf die Klinik verlassen, wobei zumeist eine ambulante Betreuung durch die Einrichtung selbst gewährleistet wird.

4.3.3.7 Zur Wirksamkeit der Behandlungsmaßnahmen

Es existieren nur wenige Daten zum Verlauf intelligenzgeminderter Patienten nach Entlassung aus dem Maßregelvollzug. Dies ist jedoch nur zum Teil auf das grundsätzliche Problem der Behandlungsevaluierung forensischer Unterbringungen zurückzuführen (Leygraf 1998). Ursächlich ist der erhebliche Mangel an strukturierten und insbesondere evaluierten Therapiekonzepten sowie das geringe wissenschaftliche Interesse an dieser Patientenklientel. Über das seit einigen Jahren im Westfälischen Zentrum Lippstadt-Eickelborn praktizierte Behandlungskonzept werden recht positive Ergebnisse berichtet (Knapheide 2005). Eine Evaluation dieses Konzeptes liegt allerdings noch nicht vor, da bislang nur wenige Patienten sämtliche Therapieabschnitte erfolgreich durchlaufen haben und entlassen werden konnten. Legt man die Legalbewährung als Maßstab für eine „Wirksamkeit" der Unterbringung im Maßregelvollzug zugrunde, so ist die Anzahl der gescheiterten Wiedereingliederungen mit 23% nach einer „time-at-risk" von im Mittel 4 Jahren (Kutscher et al. 2005) zumindest niedriger als im internationalen Vergleich (Übersicht bei: Barron et al. 2002).

Literatur

Ammerman RT (2000) Treatment of psychiatric and behavioral problems in Mental Retardation. Am J Ment Retard 105:159–228

Barron P, Hassiotis A, Banes J (2002) Offenders with intellectual disability: the size of the problem and therapeutic outcome. J Intellect Disabil Res 46:454–463

Butz M, Bowling JB, Bliss CA (2000) Psychotherapy with the mentally retarded: A review of the literature and implications. Prof Psychol Res Prac 31:42–47

Dobson KS, Block L (1988) Historical and philosophical basis of the cognitive-behavioral therapies. In: KS Dobson (ed) Handbook of cognitive-behavioral therapies. Guilford, New York, S 3–38

Elsner K, Lux HA, Senger S, König A (2005) Die Behandlung problematischer Impulskontrolle. In: Osterheider M (Hrsg) 19. Eickelborner Fachtagung: Aufbruch oder Stillstand? Therapeutische, wissenschaftliche und ökonomische Herausforderungen im Maßregelvollzug – Forensik 2004. PsychoGen, Dortmund, S 115–127

Gaedt C (1994) Psychoanalytisch interaktionelle Psychotherapie bei psychisch kranken Menschen mit geistiger Behinderung. In: Arbeitshefte Kinderpsychoanalyse, Heft 18. Wissenschaftliches Zentrum, Gesamthochschule Kassel

Gaedt C (2000) Der Beitrag eines psychodynamischen Konzeptes zum Verständnis und zur Therapie von psychischen Störungen bei Menschen mit geistiger Behinderung. In: Häßler F, Fegert JM (Hrsg) Moderne Behandlungskonzepte für Menschen mit geistiger Behinderung. Schattauer, Stuttgart New York, S 43–76

Gaus VL (2002) What is cognitive-behavioral therapy and can it help people with mental retardation/developmental disabilities? Vortrag gehalten anlässlich des Symposiums Hoeve Boschoord am 30.10. 2002 in Zwolle (NL)

Gretenkord L (2002) Das Reasoning and Rehabilitationprogramm (R & R). In: Müller-Isberner R, Gretenkord L (Hrsg) Psychiatrische Kriminaltherapie, Bd1. Pabst, Lengerich, S 29–40

Höhner G, Muysers J, Seifert D (2006) Qualitätsstandard: Diagnostik im Maßregelvollzug. Recht & Psychiatrie 24:50–55

Kohlberg L, Noam G, Oser F, Althof W (1996) Die Psychologie der Moralentwicklung. Suhrkamp, Frankfurt

Kroese BS, Dagnan D, Loumidis K (1997) Cognitive-behaviour therapy for people with learning disabilities. Routledge, London

Knapheide J (2002) Die Behandlung intelligenzgeminderter Rechtsbrecher im Westfälischen Zentrum für Forensische Psychiatrie Lippstadt-Eickelborn. In: Kammeier H (Hrsg) Forensik in Münster: Eine Region in der Verantwortung. Lit, Münster, S 121–138

Knapheide J (2005) Psychotherapie mit intelligenzgeminderten Patienten – geht das überhaupt? In: Osterheider M (Hrsg) 19. Eickelborner Fachtagung: Aufbruch oder Stillstand? Therapeutische, wissenschaftliche und ökonomische Herausforderungen im Maßregelvollzug – Forensik 2004. PsychoGen, Dortmund, S 61–64

Kutscher SU, Möller-Mussavi S, Seifert D (2005) Verlauf und Rückfallrisiko entlassener intelligenzgeminderter Patienten aus dem Maßregelvollzug. In: Osterheider M (Hrsg) 19. Eickelborner Fachtagung: Aufbruch oder Stillstand? Therapeutische, wissenschaftliche und ökonomische Herausforderungen im Maßregelvollzug – Forensik 2004. PsychoGen, Dortmund, S 65–73

Leygraf N (1988) Psychisch kranke Straftäter. Epidemiologie und aktuelle Praxis des psychiatrischen Maßregelvollzuges. Springer, Berlin

Leygraf N (1998) Wirksamkeit des psychiatrischen Maßregelvollzuges. In: Kröber HL, Dahle KP (Hrsg) Sexualstraftaten und Gewaltdelinquenz. Verlauf – Behandlung – Opferschutz. Kriminalistik Verlag, Heidelberg, S 175–184

Ling A, Theunissen G (1993) Psychische Störungen bei geistig Behinderten. Lambertus, Freiburg

Lynch C (2000) Modifying psychotherapy for individuals with mental retardation. NADD Bull 3:85–87

Oskamp U (2002) Heilpädagogische Überlegungen zur Behandlung von lernbehinderten und geistig behinderten Patienten einer forensisch-psychiatrischen Klinik. In: Kammeier H (Hrsg) Forensik in Münster: Eine Region in der Verantwortung. Lit, Münster, S 109–120

Razza N, Tomasulo D (1996a) The sexual abuse continuum: Part 1. Therapeutic interventions with individuals with mental retardation. Habilitative Mental Healthcare Newsletter 15:19–22

Razza N, Tornasulo D (1996b) The sexual abuse continuum: Part 2. Therapeutic interventions with individuals with mental retardation. Habilitative Mental Healthcare Newsletter 15:84–86

Razza N, Tomasulo D (1996c) The sexual abuse continuum: Part 3. Therapeutic interventions with individuals with mental retardation. Habilitative Mental Healthcare Newsletter 15:116–119

Robinson D (1995) The impact of cognitive skills training on post-release recidivism among Canadian federal offenders. Correctional Services of Canada, Ottawa ON

Rösler A, Witztum E (1998) Treatment of men with paraphilia with a long-acting analogue of gonadotropin-releasing hormone. N Engl J Med 12:416–422

Ross RR, Fabiano E, Ewles CD (1988) Reasoning and Rehabilitation. Int J Offender Ther Comp Criminol 32:29–36

Schroer BM, Fuhrmann A, Jong-Meyer R de (2003) A clinical application of the Motivational Structure Questionnaire in groups: Clarifying the motivational structure during psychotherapy. In Cox WM, Klinger E (eds) Motivating people for change: A handbook of motivational counselling. Wiley, New York, pp 239–254

Schwind HD (1975) Verbrechen und Schwachsinn. In: Sieverts R, Schneider HJ (Hrsg) Handwörterbuch der Kriminologie, Bd 3. De Gruyter, Berlin, S 445–453

Seifert D (2000) GnRH-Analoga – Eine neue medikamentöse Therapie bei Sexualstraftätern? Sexuologie 7:1–11

Seifert D (2005) Gefährlichkeitsprognosen im psychiatrischen Maßregelvollzug nach § 63 StGB. Validierung eines Prognose-Inventars mittels einer prospektiven Studie. Habilitationsschrift, Universität Duisburg-Essen

Seifert D, Leygraf N (1997) Die Entwicklung des psychiatrischen Maßregelvollzugs (§ 63 StGB) in Nordrhein-Westfalen. Psychiatr Prax 24:237–244

Seifert D, Möller-Mussavi S, Bolten S (2003) Aus dem Maßregelvollzug entlassene Sexualstraftäter. Sexuologie 10:14–20

Selman RL (1984) Die Entwicklung des sozialen Verstehens. Entwicklungspsychologische und klinische Untersuchungen. Suhrkamp, Frankfurt

Stemmer-Lück M (1980) Die Behandlungsindikation bei Straffälligen. Eine Studie zur Klassifizierung nach Kriterien der subjektiven Befindlichkeit. Schwarz, Göttingen

Telger K, Seifert D (2002) Entwicklung einer Konzeption zur Behandlung intelligenzgeminderter Rechtsbrecher am Alexianer-Krankenhaus in Münster. In: Kammeier H (Hrsg) Forensik in Münster: Eine Region in der Verantwortung. Lit, Münster, S 39–47

Tomasulo D (2000) Group psychotherapy for people with mental retardation In: Fietcher R (ed) Therapy approaches for persons with mental retardation. NADD Press Kingston, New York, pp 65–85

4.3.4 Sexuell deviante Rechtsbrecher

K. Elsner

▌ Einleitung

Bei den im Maßregelvollzug untergebrachten Sexualstraftätern handelt es sich um eine heterogene Patientengruppe. Die Unterschiede zeigen sich nicht nur in den Straftaten selbst, sondern vor allem im Ausmaß und der Intensität der sexuellen Deviationen, der Einbettung der sexuell devianten und delinquenten Problematik in Persönlichkeiten, die in unterschiedlichem Ausmaß gestört sind, und den daraus resultierenden Delinquenzverläufen, in denen eine auf die sexuelle Deviation beschränkte Straffälligkeit von einer polytropen Delinquenz abzugrenzen ist. Nicht unabhängig davon sehen wir zudem ganz verschiedene Lebensläufe der Patienten, von einer weitgehend selbstständigen und unauffälligen Lebensgestaltung bis hin zu langjährigen institutionellen Karrieren.

Der *prozentuale Anteil* der Sexualstraftäter an der Gesamtzahl der im Maßregelvollzug gemäß § 63 StGB untergebrachten Patienten zeigt deutliche Unterschiede zwischen einzelnen Bundesländern. Laut Eucker und Müller-Isberner (2001) handelt es sich bei ca. 20% der gemäß § 63 StGB in der Klinik für Forensische Psychiatrie Haina, der zentralen Maßregeleinrichtung Hessens, untergebrachten Patienten um Sexualstraftäter. Bei einer in Niedersachsen am 15.10.1996 durchgeführten Stichtagserhebung betrug ihr Anteil 26,6% (Pozsár et al. 1999) und am Stichtag 30.06.1994 in Nordrhein-Westfalen 38,1% (Seifert u. Leygraf 1997). Diese Unterschiede sind zum Teil sicher dadurch zu erklären, dass keine verbindlichen Standards in der Begutachtung der strafrechtlichen Verantwortlichkeit und der Risikobeurteilung bei Sexualstraftätern vorliegen und deshalb von einer gewissen Zufälligkeit bei der Zuweisung in den Maß- oder Strafvollzug auszugehen ist.

Bei den der Einweisung zugrunde liegenden *Delikten* handelt es sich vor allem um sexuellen Missbrauch von Kindern (§§ 176, 176a, 176b bzw. 176aF StGB), Vergewaltigung/sexuelle Nötigung (§§ 177 bzw. 177 aF, 178 aF StGB) und sexuell motivierte Tötungsdelikte (§§ 211, 212 StGB) (vgl. Tabelle 4.3.2).

Unter *diagnostischen Aspekten* zeigt sich bei den im Maßregelvollzug untergebrachten Sexualstraftätern nicht nur ein weites Diagnosenspektrum, sondern es bestehen häufig auch komorbide Störungen. Nicht selten finden sich die Diagnosen einer oder mehrerer spezifischer Persönlichkeitsstörungen, kombiniert mit einer Störung der Sexualpräferenz und einer Alkoholproblematik. In diesen Diagnosen spiegeln sich die vielfältigen psychischen Störungen und Defizite der Patienten sowie ihre sozialen Probleme wider. Es lassen sich im Wesentlichen drei diagnostische Gruppen unterteilen:

1. Zum einen handelt es sich um Patienten, bei denen eine Persönlichkeitsstörung als Hauptdiagnose vorliegt, wobei die Störungen aus dem Cluster B des DSM-IV dominieren, und hier vor allem die dissozialen und narzisstischen Persönlichkeitsstörungen. Aus persönlichkeitsstruktureller

Tabelle 4.3.2 Einweisungsdelikte – *Sexualstraftaten* – in die Maßregel gem. § 63 StGB
Stichtagserhebungen in Nordrhein-Westfalen – 30.06.1994 – (Seifert et al. 2003a) und Niedersachsen – 15.10.1996 – (Pozsár et al. 1999)

Sexualstraftaten	Seifert et al. n=212		Pozsár et al. n=159*	
	n	**%**	**n**	**%**
▐ Sexueller Missbrauch von Kindern	72	34,0%	63	39,6%
▐ Vergewaltigung	54	25,5%	52	32,7%
▐ Sexuelle Nötigung	30	14,2%	13	8,2%
▐ Sexuell motivierte Tötungsdelikte	44	20,7%	23	14,5%
▐ Exhibitionismus	3	1,4%	4	2,5%
▐ Sonstige	9	4,2%	4	2,5%
Summe	**212**	**100,0%**	**159**	**100,0%**

* davon 9 Patienten gem. § 64 StGB

Perspektive (Kernberg 1983, 2000) sind dabei sicherlich diejenigen Patienten mit einer Persönlichkeitsorganisation auf niedrigem Borderline-Niveau sowohl unter Behandlungs- als auch unter prognostischen Aspekten am problematischsten einzuschätzen.

2. Zum anderen findet sich eine recht gut abgrenzbare Patientengruppe von Sexualstraftätern, bei denen eine intellektuelle Beeinträchtigung unterschiedlichen Ausmaßes die Problematik bestimmt. Diese Gruppe wird zahlenmäßig nicht so sehr durch Patienten mit der Diagnose einer leichten Intelligenzminderung (F70.0) bestimmt, sondern eher durch Patienten mit einer Lernbehinderung und zum Teil massiven Verhaltensstörungen und sozialen Auffälligkeiten, die sie nicht zuletzt in langjährigen Heimaufenthalten erworben haben. Die Verhaltensstörungen zeigen sich vor allem in einer problematischen Affektregulation und Impulskontrolle, in eingeschränkter sozialer Handlungskompetenz, in Kontakt- und Beziehungsschwierigkeiten und in Suchtproblemen, um nur einige der Problembereiche zu nennen.

3. Die zahlenmäßig kleinste Gruppe wird von denjenigen Patienten gebildet, bei denen eine sexuelle Deviation selbst im Vordergrund der Problematik steht. Dabei handelt es sich vor allem um pädosexuell fixierte Täter, aber auch um Patienten mit einer sadistischen Deviation.

Um die Komplexität dieser heterogenen Tätergruppe vor allem hinsichtlich therapeutischer Überlegungen und prognostischer Entscheidungen zu reduzieren, wurden zahlreiche Versuche unternommen, sie unter verschiedenen Gesichtspunkten zu typologisieren, etwa anhand psychischer Auffälligkeiten und Persönlichkeitsstruktur, Grad der sexuell devianten Fixierung, Impulsivität, Aggressivität und Sadismus (Schorsch et al. 1985; Beier 1995;

Knight u. Prentky 1990; u. a.). Die Betrachtung des Einzelfalls mit Hilfe dieser Typologien erleichtert zwar die Generierung von Hypothesen und bietet erste wertvolle prognostische Hinweise, ersetzt aber nicht eine sorgfältige diagnostische und prognostische Abklärung der individuellen Problematik.

4.3.4.1 Allgemeine Aspekte der Behandlung von Sexualstraftätern im Maßregelvollzug

Bis heute liegen keine empirischen Studien über Sexualstraftäter im Maßregelvollzug vor, die differenzierte Aussagen über Behandlungsverläufe und -effekte gestatten. Die vorliegenden Daten sind spärlich und lassen auf einen zähen Prozess der Entwicklung, Umsetzung und Evaluation von entsprechenden Behandlungskonzepten schließen. Waren Daten über psychotherapeutische Behandlungsmaßnahmen von Leygraf (1988) vor allem wegen einer mangelnden therapeutischen Gesamtorientierung der Einrichtungen noch gar nicht zu erheben, so konnte Nowara (2001) darüber berichten, dass bei den von ihr untersuchten 88 Sexualstraftätern, die von 1987 bis 1996 in der Maßregel untergebracht bzw. aus ihr entlassen wurden, 31,8% eine Einzeltherapie und 19,3% eine Gruppentherapie regulär beendet hatten. Allerdings liegen keine Informationen über Zielsetzungen, Inhalte und Methoden dieser Therapien vor. In der Stichtagserhebung von Pozsár et al. (1999) nahmen 70,4% der Patienten an einzeltherapeutischen und 28,9% an gruppentherapeutischen Maßnahmen teil. Die Therapien wurden überwiegend als integrativ bzw. stützend klassifiziert. Bei etwa einem Viertel der Patienten wurden aber keine dieser Therapiemaßnahmen angewandt.

Traditionell folgte die Sexualstraftäterbehandlung im Maßregelvollzug – wenn überhaupt – psychodynamischen Therapiekonzepten. In den letzten 10 Jahren wurden jedoch zunehmend kognitiv-behaviorale Behandlungsprogramme für den Maßregelvollzug adaptiert (Elsner 2001; Eucker 2002), die im Gegensatz zu der Persönlichkeitszentrierung der psychodynamischen Ansätze deliktorientiert und rückfallpräventiv ausgerichtet sind. In der Regel werden kognitiv-behaviorale Behandlungen in der Gruppe durchgeführt. Einige wenige empirische Daten verweisen darauf, dass durch eine gruppentherapeutische Behandlung von Sexualstraftätern deutlich bessere Ergebnisse erreicht werden als durch Einzeltherapien (Craissati u. McClurg 1997). Erste Erfahrungen mit kognitiv-behavioral konzipierten Gruppenbehandlungen von Sexualstraftätern im Maßregelvollzug zeigen aber, dass dieses Ergebnis nicht so ohne Weiteres auf Maßregelpatienten zu übertragen ist (Elsner 2005). Insbesondere bei Patienten mit der Diagnose einer dissozialen Persönlichkeitsstörung und bei Patienten mit einer sadistischen Deviation ist die Indikation für eine Gruppentherapie sorgfältig abzuklären.

Daten über die Wirksamkeit einzelner therapeutischer Ansätze, die zudem die Heterogenität der im Maßregelvollzug untergebrachten Sexualstraftäter angemessen berücksichtigen, liegen nicht vor. Die in den letzten Jahren publizierten Metaanalysen, die vorwiegend auf Studien aus Nordamerika basieren, verweisen auf moderate Behandlungseffekte, insbesondere

bei hormoneller und kognitiv-behavioraler Behandlung von Sexualstraftätern (Hall 1995; Hanson et al. 2002; Schmucker 2004). Ob und in welchem
Maße diese Ergebnisse auf die im Maßregelvollzug zu behandelnden Sexualstraftäter übertragen werden können, müssen zukünftige Studien zeigen.
Berücksichtigt man jedoch, dass in den genannten Studien die Behandlungen nicht auf die individuellen Störungs- und Deliktprofile der Täter zugeschnitten waren, sollten die Ergebnisse durch differenzierte Behandlungsstrategien noch zu verbessern sein.

Behandlungskontext. Die Bedeutung des institutionellen Kontextes für die
Behandlung von Sexualstraftätern steht außer Frage. Die Rahmenbedingun-
gen sollten sich deshalb an therapeutischen Erfordernissen orientieren (im
Einzelnen s. hierzu Abschn. 4.1).

Die psychotherapeutische Behandlung von Sexualstraftätern im Maßregelvollzug ist eingebettet in und wird im idealen Fall von einem multiprofessionellen Team getragen. Nicht nur in der therapeutischen Beziehung, sondern auch in den Beziehungen zu den Teammitgliedern zeigen
sich die Ressourcen der Patienten, aber auch ihre Störungen, die oft eng
mit der Delinquenz verwoben sind. Sowohl über Ätiologie und Funktion
der Störungsbereiche als auch über die Möglichkeiten einer Modifikation
sollte im Team offen gesprochen werden. Das Team stellt zudem, wenn es
relativ konfliktfrei und arbeitsorientiert funktioniert, ein wertvolles Korrektiv für kontraproduktive Haltungen den Patienten gegenüber dar, die eine
konstruktive therapeutische Arbeit negativ beeinflussen. Das wird vor allem dann wichtig, wenn durch die im Delikt realisierte Destruktivität oder
durch schwer auszuhaltende Persönlichkeitszüge Gefühle von Abscheu oder
Wut in eine feindselige Haltung einmünden, aber auch bei Prozessen, die
zu einer Kollision mit dem Patienten führen.

Nicht gänzlich auflösbar ist das Dilemma, in dem der Sexualstraftäter
im Maßregelvollzug steckt: Gestattet er dem Therapeuten Zugang zu seinem psychischen Innenraum, seinen Ängsten, Konflikten und Phantasien,
dann wird das nicht nur Scham auslösen, sondern auch Gefühle des Aus-
geliefertseins und eine ganz reale Angst davor, bei ihrer Preisgabe vielleicht
nicht mehr oder erst nach langer Zeit entlassen zu werden. Verschließt er
sich andererseits der Behandlung oder bestreitet relevante Aspekte der
Tat(en) oder seiner Störung, wird ihm auch dann eine günstige Prognose
nicht gestellt werden können. In der klinischen Praxis hat sich ein Umgang
mit diesem Dilemma bewährt, der diese Problematik in allen Facetten mit
dem Patienten offen und realistisch thematisiert und insbesondere Transparenz herstellt über diejenigen Kriterien und Entscheidungsprozesse der
Institution, nach denen Lockerungsentscheidungen und Legalprognosen erarbeitet werden.

Behandlungsprozess. Weitgehend unabhängig von der therapeutischen
Konzeption der jeweiligen Einrichtung ist es sinnvoll, die Behandlung von
Sexualstraftätern im Maßregelvollzug in drei Abschnitte einzuteilen: Die *Ein-*

gangsphase, in der eine ausführliche diagnostische und prognostische Einschätzung stattfindet und die (motivationalen) Voraussetzungen für ein konstruktives Arbeitsbündnis erarbeitet werden, die *Behandlungsphase*, in der die Problematik des Patienten therapeutisch bearbeitet wird, und die *Rehabilitationsphase*, in der während zunehmender Außenorientierung die in der Behandlung erzielten Verhaltensänderungen weiter stabilisiert werden und eine qualifizierte forensische Nachsorge geplant und sichergestellt wird. Natürlich sind diese Phasen nicht unabhängig voneinander. Oft ist beispielsweise in der therapeutischen Auseinandersetzung wieder der Fokus auf motivationale Prozesse zu lenken, und in der Phase der Außenorientierung werden nicht selten Probleme deutlich und verlangen nach Klärung/Veränderung, die zuvor nicht in dem Maße Gegenstand der Behandlung waren.

Idealerweise erfolgt auf der Aufnahmestation der Einrichtung neben einer ausführlichen diagnostischen Abklärung der individuellen Problematik mit den gängigen psychiatrischen und psychologischen Methoden eine erste prognostische Einschätzung des strukturellen Rückfallrisikos, das die basale und langfristig anhaltende Disposition des Täters für einen Rückfall beschreibt. Die Beiziehung und das Studium der Ermittlungsakten aus dem bzw. den Erkenntnisverfahren sind zwar arbeitsaufwändig, ergänzen aber die Schilderungen der Patienten oftmals um wesentliche Aspekte. Die erhobenen Daten bilden die Grundlage für eine ausführliche Behandlungsplanung, in der neben den einzelnen therapeutischen Maßnahmen und ersten Lockerungsüberlegungen auch diejenigen Störungsbereiche konkret benannt werden sollten, von deren Veränderung eine deutliche Verbesserung der Legalprognose zu erwarten ist.

Neben einer ausführlichen diagnostischen und prognostischen Beurteilung ist in der Eingangsphase des Maßregelvollzugs die Behandlungs- und Veränderungsmotivation der Patienten zu fördern bzw. zu stabilisieren. Obwohl die Förderung der Behandlungsmotivation durchaus als Teil oder Zwischenziel der Behandlung angesehen werden kann und im Behandlungsverlauf bei krisenhaften Entwicklungen auch immer wieder thematisiert werden muss, zeigen die Erfahrungen im Maßregelvollzug, dass eine klare Fokussierung der Motivationsklärung vor Behandlungsbeginn äußerst sinnvoll ist. Es geht ja darum, den externen Zwang der angeordneten Unterbringung in eine tragfähige intrinsische Veränderungsmotivation zu transformieren und ein auch bei krisenhaften Zuspitzungen belastbares Arbeitsbündnis herzustellen.

Die in den Maßregelvollzug eingewiesenen Sexualstraftäter zeigen ganz unterschiedliche Veränderungsbereitschaften. Einige von ihnen haben schon vor den zur Unterbringung führenden Straftaten therapeutische Unterstützung gesucht, andere hingegen bestreiten vehement, überhaupt ein Problem zu haben, und stehen der Unterbringung ablehnend gegenüber. Oftmals bietet das Setting des Maßregelvollzugs die erste Möglichkeit, den Patienten mit seiner Problematik zu konfrontieren (dazu auch Reinhardt 1999).

Dahle (1997) hat die einzelnen Variablen (Akzeptanz der Institution, Kenntnisse über Therapie im Maßregelvollzug, Vertrauen in die eigene

Handlungskompetenz, Antizipation von Handlungskonsequenzen, u.a.), welche die Motivation unter den Rahmenbedingungen des Straf- und Maßregelvollzugs beeinflussen, in einem differenzierten Motivationsmodell zusammengefasst und damit statischen Vorstellungen von Behandlungsmotivation eine Absage erteilt. Die Strategien zur Motivationsförderung sind vielfältig und auf den Einzelfall abzustimmen. Klinische Erfahrungen verweisen aber darauf, dass Patienten oft nur diffuse Vorstellungen über Therapie besitzen und das Sprechen über deviante und delinquente Sexualität in der Regel schambesetzt ist. Deshalb sind Patienten grundsätzlich darüber zu informieren, worin die Behandlungsinhalte bestehen und mit welchen Methoden die mit ihnen gemeinsam zu erarbeitenden Behandlungsziele erreicht werden können. In vielen Fällen wird es zusätzlich darum gehen, die Ambivalenzen des Patienten bezüglich einer Therapie ernst zu nehmen und die Vor- und Nachteile einer Entscheidung für eine Therapie ausführlich abzuwägen. Grundsätzlich ist dabei zu beachten, dem Patienten auch in der Unterbringung Verantwortung und Entscheidungsmöglichkeiten zu belassen und seine Autonomie zu respektieren. Für störungsspezifische und zeitlich begrenzte Behandlungsmaßnahmen haben sich Behandlungsverträge bewährt, die die Entscheidung des Patienten für eine Behandlungsmaßnahme noch einmal hervorheben und dadurch seine Verpflichtung zur Teilnahme erhöhen.

In der Regel wird der Patient danach auf eine Behandlungsstation verlegt, auf der die therapeutische Bearbeitung seiner Problematik erfolgt. Je nach therapeutischer Ausrichtung der Institution bzw. der therapeutischen Qualifikation der Mitarbeiter wird sich die Behandlung eher an psychodynamischen oder an kognitiv-behavioralen Ansätzen orientieren. Unabhängig von der bevorzugten therapeutischen Orientierung sprechen klinische Erfahrungen jedoch dafür, am Anfang der Behandlungsphase diejenigen Fertigkeiten der Patienten gezielt zu fördern, die es ihnen ermöglichen, in der Behandlung wirksam an ihren Problemen zu arbeiten; insbesondere gilt es, ihre Introspektionsfähigkeit zu erhöhen. Für diesen Zweck gut geeignet sind beispielsweise einzelne Module der dialektisch-behavioralen Therapie (Linehan 1996), vor allem die Förderung der inneren Achtsamkeit und die Wahrnehmung und Benennung von Gefühlen. Bei erfolgreicher Behandlung bzw. wirksamer Reduktion der Rückfallgefahr wird über eine zunehmende Außenorientierung die Entlassung aus dem Maßregelvollzug vorzubereiten sein. Auf die Sicherstellung einer qualifizierten forensischen Nachsorge im sozialen Empfangsraum ist dabei besonders zu achten (Seifert et al. 2003 b).

4.3.4.2 Psychodynamische Behandlung sexueller Delinquenz

Die psychodynamische Behandlung der sexuellen Delinquenz gründet in der Annahme, dass sie in ihrer jeweiligen Ausgestaltung als Ausdrucksform und Verdichtung ungelöster psychischer Konflikte und Störungen des Patienten zu verstehen ist. Die sexuelle Symptomatik ist somit weder von der

Gesamtpersönlichkeit noch von der Lebensgeschichte des Patienten isoliert zu betrachten; sie ist Resultat einer mitunter lang andauernden, konflikthaften inneren Auseinandersetzung. Die sexuellen Symptombildungen, die sich in devianten Wünschen und Impulsen, in devianten Fantasien oder in sexuellen Gewalthandlungen ausdrücken können, besitzen Kompensationscharakter. Sie können als Inszenierungen verstanden werden, die vorübergehend angstreduzierende und stabilisierende Wirkung für das psychische Gleichgewicht haben (Schorsch et al. 1985, S. 32).

Das Spezifische dieser Symptombildungen liegt im Abwehrmechanismus der Sexualisierung. Die in Kränkungssituationen und Krisen aktualisierten, zumeist präödipalen und primär nicht sexuellen Ängste sowie aggressiven Triebimpulse werden dabei mit sexuellem Erleben verbunden. Weil die reife genitale Sexualität aber in unterschiedlichem Maß angstbesetzt ist, bedient sich der Abwehrmechanismus der Sexualisierung devianter Formen. Der psychische Gewinn besteht darin, dass die Persönlichkeit damit außerhalb der sexuellen Symptombildung entlastet ist, durch die in ihr gebundenen Ängste und aggressiven Impulse nicht mehr beunruhigt wird und die Verankerung in der Realität nicht gefährdet ist (Morgenthaler 1974).

Es ist evident, dass die sexuelle Symptombildung umso weniger umschrieben und begrenzt ist, je mehr die Persönlichkeitsstruktur fragmentiert, desintegriert und gestört erscheint. Bei strukturell nur wenig gestörten Patienten dagegen kann die oft ritualisierte sexuelle Symptombildung deutlich eingegrenzt werden. Dieser unterschiedlichen strukturellen Einbettung der sexuellen Symptombildung in die Persönlichkeit entsprechen verschiedene Formen ihrer Intensität. Schorsch et al. (1985) unterscheiden einmalig oder sporadisch auftretende deviante Impulse, die an einen aktuellen Konflikt oder eine bestimmte Lebenssituation gebunden sind und nach diesem Konflikt nicht mehr auftreten, von einer sexuellen Symptombildung, die sich zu einem habituellen Konfliktlösungsmuster entwickelt hat und die bei inneren Belastungen immer wieder in der Fantasie oder als Impuls aktuell und in Handlung umgesetzt wird, ohne dass dadurch die sexuelle Orientierung bestimmt wird. Davon abzugrenzen ist eine sexuelle Symptombildung, bei der es zu einer stabilen devianten Orientierung kommt und sexuelle Wünsche und Fantasien ohne deviante Inhalte nicht mehr oder nicht intensiv erlebbar sind.

Aus dem Zusammenwirken von zugrunde liegender Persönlichkeitsstruktur bzw. -störung und sexueller Symptombildung resultieren die unterschiedlichen Erscheinungsformen sexueller Deviationen und sexueller Delinquenz. Wir sehen auf der einen Seite psychisch eher stabile, in ihrem Selbsterleben nicht oder nur wenig beeinträchtigte, sozial integrierte Täter mit einer eingegrenzten, eher Ich-synton erlebten sexuellen Deviation, die sogar relativ reife und stabile Objektbeziehungen eingehen können und bei denen man sich zuweilen fragt, womit die verminderte Schuldfähigkeit als Voraussetzung der Unterbringung in einem psychiatrischen Krankenhaus begründet wurde. Auf der anderen Seite finden sich schwer gestörte, sozial desintegrierte Patienten, die keine stabile (männliche) Identität entwickeln konnten, kaum bindungsfähig erscheinen, in ihrem Selbsterleben in teils erheblichem Maß gestört sind und deren sexuelle Deviationen sich polymorph manifestieren.

Aus diesem hier nur in den wesentlichen Aspekten dargestellten Verständnis der sexuellen Delinquenz resultieren die Zielsetzungen psychodynamisch orientierter Therapiekonzepte: Es geht vor allem um das Bewusstmachen und die Bearbeitung der zugrunde liegenden Problematik sowie um korrigierende Beziehungserfahrungen. Dadurch sollen die sexuell delinquenten Patienten weit weniger auf die Stabilisierungsfunktion der sexuellen Gewalthandlung angewiesen sein bzw. ihre devianten Handlungsimpulse besser kontrollieren können. Von vielen Autoren (z. B. Hauch u. Lohse 2001) wird aber darauf hingewiesen, dass das Ziel, den kompensatorischen Rückgriff auf die sexuelle Symptombildung dauerhaft überflüssig zu machen, nur selten erreichbar erscheint.

In Anlehnung an die von Kernberg (1983) unter strukturellen Merkmalen getroffene Differenzierung der Persönlichkeitsstörungen in solche mit neurotischer, Borderline- und psychotischer Persönlichkeitsorganisation unterscheidet Berner (1996, 2001) sexuelle Symptombildungen in „neuroseartige" Perversionen und „borderlineartige" Paraphilien. Die Perversionen sind vor dem Hintergrund einer neurotisch-gehemmten Persönlichkeit mit klassischen psychoanalytischen Techniken zu behandeln, wogegen bei den Paraphilien vor dem Hintergrund einer Borderline-Persönlichkeitsorganisation die therapeutischen Techniken entsprechend zu modifizieren sind. Diese Unterscheidung gibt nicht nur wertvolle Hinweise auf das konkrete therapeutische Vorgehen, sondern in Verbindung mit dem Ausmaß der in den Straftaten enthaltenen Aggressivität auch auf die erforderlichen bzw. angemessenen ambulanten oder institutionellen Rahmenbedingungen der therapeutischen Arbeit.

Man wird sich also, wenn überhaupt, nur bei einer kleinen Anzahl der im Maßregelvollzug untergebrachten Sexualstraftäter auf die Arbeit an und mit den mehrdimensionalen Prozessen der Übertragung und Gegenübertragung in einer verlässlichen und vertrauensvollen therapeutischen Beziehung beschränken können. Für die schwerer gestörten Patienten dagegen werden Modifizierungen des klassischen psychoanalytischen Vorgehens von den meisten Autoren als notwendig beschrieben. Die vorgeschlagenen Modifizierungen betreffen unter anderem das Abstinenzgebot. Rauchfleisch (1981, 1997) verweist in seinem bifokalen Behandlungskonzept darauf, dass es durchaus sinnvoll sein kann, als Therapeut aktiv in das von vielfältigen sozialen Problemen gekennzeichnete Leben des Patienten einzugreifen und zugleich anhand dieses Materials am Widerstand, der Abwehr und der Übertragung des Patienten zu arbeiten.

▮ **Zur Praxis psychodynamisch orientierter Behandlung von Sexualstraftätern im Maßregelvollzug.** In der Literatur finden sich nur wenige elaborierte psychodynamische Behandlungskonzepte für im Maßregelvollzug untergebrachte Sexualstraftäter. Beispielhaft soll die therapeutische Arbeit im Zentrum für Psychiatrie Weissenau (Fehlenberg 1997) skizziert werden.

Die Zielsetzung der therapeutischen Arbeit mit den dort untergebrachten früh-gestörten, in ihrer narzisstischen Regulation und ihrer Beziehungsfähigkeit schwer beeinträchtigten pädosexuellen Straftätern besteht darin, „das innere Arbeitsmodell von Beziehungen zu verändern, die sozial interagierbaren Selbstanteile zu erhöhen und damit die Erfordernis zu senken, Zuflucht zu den reparativen paraphilen Mechanismen zu nehmen" (Fehlenberg 1997, S. 161). Konsequenterweise wird einseitig symptomorientierten Interventionsstrategien eine klare Absage erteilt. Der Zielerreichung dienen eine kontinuierliche Beziehungsarbeit und die Realisierung eines Behandlungsmilieus, in dem der Patient korrigierende emotionale Erfahrungen machen kann. Ein solches Milieu wird gefördert durch drei therapeutische Prinzipien oder Grundhaltungen: Neben einer dem Patienten gegenüber omnipotenten, wohlwollenden und fördernden Haltung muss der Therapeut imstande sein, den Patienten zu überraschen und ihm zu irgendeinem Zeitpunkt der Behandlung reale Befriedigungsmöglichkeiten gewähren können.

Eine wohlwollende akzeptierende Grundhaltung wird durch ein Verständnis der Person, d. h. der Persönlichkeitsproblematik, der mit ihr verwobenen sexuellen Symptombildung und der aktuellen Beziehungsgestaltung des Patienten erreicht. Das aus diesem Verständnis resultierende Wissen wird nicht zu Deutungen genutzt, sondern als Orientierungshilfe dafür, sich dem Patienten gegenüber förderlich zu verhalten, ihn in seiner subjektiven Gewordenheit zu akzeptieren und ihn anzuregen, neues Beziehungsverhalten auszuprobieren und damit zu beginnen, sein inneres Arbeitsmodell von Beziehungen zu verändern. Kann der Patient sich darauf einlassen, wird er neue soziale Erfahrungen machen: „In der therapeutischen Beziehung bleiben die bislang erfahrene Verurteilung seiner Sexualität und die Ablehnung seiner Person aus. Er erfährt das Behandlungsteam als loyalen Verbündeten und gewinnt damit eine ‚sichere Basis' für probatorisches Beziehungshandeln, aus dem neue soziale Rückmeldungen und die Erfahrung eigener sozialer Kompetenz erwachsen" (Fehlenberg 1997, S. 165). Reale Befriedigungsmöglichkeiten erhalten Patienten nicht nur durch soziale Interaktionen in der therapeutischen Beziehung, sondern auch durch Mitwirkung bei stationsinternen Angelegenheiten oder durch Kompetenzerfahrungen in außerstationären Bereichen wie der qualifizierten Freizeitgestaltung oder den Maßnahmen zur sozialen Reintegration.

Auch wenn schon von Beginn an die deviante Sexualität im Gespräch fokussiert wird, ist die Grundlage für eine symptomorientierte Arbeit erst dann erreicht, wenn der Patient in der therapeutischen Beziehung eine Entwicklung zu einem Mehr an Autonomie vollzogen hat und die sexuelle Symptombildung damit an Zwangsläufigkeit für die innerpsychische Stabilität verliert. Da aber die sexuelle Symptombildung im Laufe der Jahre eine gewisse Eigengesetzlichkeit angenommen hat, werden mit dem Patienten dann mögliche Versuchungssituationen antizipiert und alternative Bewältigungsstrategien für konkrete Belastungssituationen erarbeitet.

4.3.4.3 Kognitiv-behaviorale Behandlung sexueller Delinquenz

Die ersten verhaltenstheoretischen Hypothesenbildungen über die Entstehung und Aufrechterhaltung sexuell devianten Verhaltens erfolgten in den Paradigmen der klassischen und operanten Konditionierung (McGuire et al. 1965). Demnach liefern erste sexuelle Erfahrungen das Material für sexuelle Fantasien, die später zur Masturbation genutzt werden. Die Verbindung von sexuell devianten Fantasien mit sexueller Erregung und Befriedigung bei der Masturbation bildet die Grundlage für sexuell deviante Präferenzen. Nimmt die sexuell stimulierende Wirkung der Fantasien ab, kann durch Ausgestaltung der devianten Fantasien eine stärkere sexuelle Erregung erreicht werden. Durch diese Konditionierungen höherer Ordnung verstärken sich die devianten sexuellen Präferenzen und beeinträchtigen andere sexuelle Wahlmöglichkeiten. Entsprechend dieser Konditionierungshypothese zielten die ersten verhaltenstherapeutischen Vorgehensweisen allein darauf ab, die bei Sexualstraftätern offensichtlich bestehenden devianten Präferenzen mit Hilfe von Aversionstechniken zu eliminieren. Aus diesem Zusammenhang erklärt sich auch der hohe Stellenwert der Penisplethysmografie in vielen Behandlungsprogrammen (kritisch hierzu: Marshall u. Fernandez 2000, 2003). Obwohl dieses schlichte Verständnis von sexuell deviantem Verhalten durch keine überzeugenden empirischen Daten gestützt wurde und die Anwendung von Aversionstechniken sogar zu einer erhöhten Rückfälligkeit führte (Hall 1995), dominierten diese Vorstellungen lange Zeit das verhaltenstherapeutische Vorgehen in der Behandlung sexuell devianter Personen.

Im Gegensatz zu diesem eindimensionalen Verständnis haben Marshall und Mitarbeiter (1990, 1999) den Versuch unternommen, eine umfassende Theorie zu skizzieren, die die Entstehung und Aufrechterhaltung sexueller Gewalthandlungen erklärt. Zahlreiche Faktoren finden dabei Berücksichtigung: biologische und entwicklungspsychologische Bedingungen, Konditionierungsprozesse, Beziehungsmuster, soziokulturelle Einflüsse, dynamische Persönlichkeitsvariablen und situative Besonderheiten. Je nach Ausprägung und Wechselwirkung dieser Faktoren werden Jugendliche bzw. Männer vulnerabel für sexuelle Gewalthandlungen. In der Entwicklungsperspektive führen unsichere kindliche Bindungsmuster zu mangelndem Selbstvertrauen und defizitären sozialen Fähigkeiten, die im Verlauf Ängste vor erwachsenen Beziehungen und/oder negative Einstellungen Frauen gegenüber hervorrufen können. Dadurch kann eine Neigung zu den als nicht bedrohlich erlebten Kindern oder eine aggressive Haltung Frauen gegenüber begünstigt werden. Mediale und gesellschaftliche Einflüsse, in denen Frauen abgewertet, Kinder sexualisiert und Männer als mächtig dargestellt werden, fördern diese Einstellungen. Letztlich kann diese Entwicklung in eine psychische Disposition münden, in der die sexuelle Ausbeutung von Kindern oder die sexuelle Gewalt gegen Frauen eine hohe Attraktivität besitzt, die durch entsprechende masturbationsbegleitende Fantasien verstärkt wird. Diese psychische Disposition wird aber nur dann zu entsprechenden Straf-

Tabelle 4.3.3 Tatspezifische und tatverwandte Behandlungsinhalte (Marshall et al. 1999)

Tatspezifische Inhalte	Tatverwandte Inhalte (Auswahl)
▌Selbstwertgefühl	Soziale Kompetenzen
▌Kognitive Verzerrungen	Affektregulation
▌Empathie mit dem Opfer	Problemlösefähigkeiten
▌Sexuell deviante oder Gewaltfantasien	Alkohol- und Drogenmissbrauch
▌Beziehungsmuster	Sexuelle Aufklärung
▌Rückfallprävention	Erlebter (sexueller) Missbrauch

taten führen, wenn innere Hemmschwellen durch dysfunktionale Kognitionen und der Widerstand des Opfers durch Manipulation oder Gewalt überwunden werden (Finkelhor 1984). Nach der Sexualstraftat werden die Tat selbst und schädliche Folgen für das Opfer durch dysfunktionale Kognitionen bagatellisiert oder geleugnet.

▌ **Multimodulare Behandlungsprogramme.** Aus diesem Verständnis der Entstehung und Aufrechterhaltung sexueller Gewalthandlungen wurden in den USA und Kanada multimodulare Behandlungsprogramme für Sexualstraftäter mit dem Ziel entwickelt, all diejenigen Störungsbereiche zu modifizieren, die das sexuell delinquente Verhalten beeinflussen. Marshall et al. (1999) unterscheiden dabei tatspezifische und tatverwandte Behandlungsinhalte (vgl. Tabelle 4.3.3).

Die tatspezifischen Inhalte stehen in einem direkten Zusammenhang mit dem Tatverhalten und sind deshalb bei allen Sexualstraftätern Gegenstand der Behandlung. Die tatverwandten Inhalte sind dagegen nur bei denjenigen Tätern zu fokussieren, bei denen eine entsprechende Problematik vorliegt. Mit dieser Unterscheidung kann die Heterogenität der Sexualstraftäter angemessen berücksichtigt und eine auf den Einzelfall abgestimmte Behandlung sinnvoll geplant werden. Um das sexuell deviante Erleben und Verhalten zu verändern, werden in diesen Behandlungsprogrammen vielfältige verhaltensnahe und kognitive Methoden im Rahmen von Gruppentherapien angewendet.

▌ **Rückfallpräventionsprogramme.** Ab Mitte der 80er Jahre des 20. Jahrhunderts etablierten sich in den USA zudem zahlreiche Rückfallpräventionsprogramme für Sexualstraftäter, die zuerst ohne weitere Modifikationen aus der Suchtbehandlung übernommen wurden. Die ursprüngliche Intention des von Marlatt und Gordon (1985) konzipierten Ansatzes zur Rückfallvermeidung bestand darin, *nach* erfolgreicher Behandlung der Suchtproblematik die erzielten positiven Therapieeffekte (Abstinenz) durch weitere Interventionen aufrechtzuerhalten. In der Behandlung von Sexualstraftätern verfolgten die einzelnen Rückfallpräventionsprogramme bald zwei Zielsetzungen: die Veränderung der die sexuellen Gewalthandlungen bedingenden

Störungsbereiche *und* die Aufrechterhaltung der erzielten Veränderungen. Grundsätzlich können zwei Behandlungsansätze rückfallpräventiver Programme unterschieden werden: Rückfallprävention ist Teil eines multimodularen Behandlungsprogramms oder aber – und das ist häufiger der Fall – das Konzept der Rückfallprävention bildet den konzeptionellen Rahmen für ein umfassendes Behandlungsprogramm (Marques et al. 1994; van Beek 1999; Wischka et al. 2001).

Auch wenn Rückfallpräventionsprogramme hinsichtlich einzelner Behandlungsmodule variieren, so fokussieren sie doch auf die folgenden Inhalte: Immer geht es darum, den Sexualstraftäter zu befähigen, das Deliktszenario, d. h., die Abfolge von Verhalten, Emotionen und Kognitionen, die letztlich über Zwischenfälle („lapses") zu einem Rückfall („relapse") führen, zu erkennen und zu unterbrechen. In der Behandlung geht es darum, die distalen und proximalen Risikofaktoren bzw. -situationen herauszuarbeiten, durch die bzw. in denen die Wahrscheinlichkeit für sexuelle Gewalthandlungen erhöht sind, und dafür angemessene alternative Bewältigungs-, Vermeidungs- oder Fluchtstrategien zu etablieren.

Eine Stärke der Rückfallpräventionsprogramme liegt sicherlich darin, dass sie in hohem Maße deliktorientiert sind – eine Gewichtung, die vor allem in der psychodynamischen Behandlungstradition der sexuellen Delinquenz zu lange vernachlässigt worden ist. Zu den Stärken gehört auch, dass sie konsequent an rückfallpräventiven Zielsetzungen ausgerichtet sind, dass sie die Täter für ihre Risiken sensibilisieren und die schädlichen Auswirkungen der sexuell delinquenten Handlungen für die Opfer thematisieren. Die Behandlung in diesen Programmen ist nicht nur an konkreten Einstellungen und Verhaltensweisen orientiert, sondern nutzt auch verhaltensnahe und übende Techniken, um Modifikationen der relevanten Störungsbereiche zu fördern. Bestenfalls erwerben die Sexualstraftäter neue und angemessene Verhaltensstrategien für diejenigen problematischen Situationen, in denen bislang die Wahrscheinlichkeit für sexuelle Gewalthandlungen erhöht war.

Aufgrund umfangreicher Erfahrungen mit den Rückfallpräventionsprogrammen wurden inzwischen einzelne Kritikpunkte formuliert:

▌ Das ursprüngliche Modell des Rückfallprozesses (Pithers 1990) kann die Heterogenität der Sexualstraftäter und ihrer delinquenten Handlungen nicht angemessen abbilden. Einzelne Sexualstraftäter beispielsweise planen ihre Taten nicht bewusst und umsichtig oder nutzen die Taten im Vorfeld oder nach der Tat auch nicht im Rahmen masturbationsbegleitender Fantasien. Erste Modifikationen des ursprünglichen Modells erfolgten inzwischen durch Ward und Hudson (2000).

▌ Rückfallpräventionsprogramme sind für Sexualstraftäter konzipiert, die motiviert sind, sich zu verändern. In einer kritischen Wertung der Ergebnisse der wohl am sorgfältigsten konzipierten und durchgeführten Behandlungsstudie am Atascadero State Hospital in Kalifornien (SOTEP) konstatieren Marques et al. (2000, 2005), dass einige Sexualstraftäter aber auch nach längerer Behandlungsteilnahme weder ein ausreichendes

Problembewusstsein entwickelt hatten noch an einer aktiven Bearbeitung ihrer Problematik interessiert waren.

▌ Die in der Regel hochstrukturierten und manualisierten Programme, die weniger therapeutisch denn psychoedukativ ausgerichtet sind, gestatten es den Behandlungsteilnehmern offensichtlich, das Behandlungsprogramm zu absolvieren und gleichzeitig eine Auseinandersetzung mit ihrer individuellen Problematik zu vermeiden. Dies wird dadurch begünstigt, dass in diesen Programmen kein Raum dafür vorhanden ist, dass Probleme sich auch auf der emotionalen Ebene entfalten und dann bearbeitet werden können. Zudem werden aufgrund der oft rigiden Programmstruktur die Kompetenzen und Bereitschaften der einzelnen Patienten zu wenig berücksichtigt.

▌ Thornton (1997) verweist darauf, dass Rückfallpräventionsprogramme oft Pseudobehandlung seien, weil viel Zeit darauf verwendet wird, Risikosituationen und inadäquate Bewältigungsstrategien zu identifizieren, und zu wenig Zeit dafür zur Verfügung steht, angemessene Bewältigungsstrategien zu entwickeln und einzuüben.

▌ **Die Wiederentdeckung der therapeutischen Beziehung.** In den letzten Jahren sind im Zusammenhang mit der Frage, wie die Wirksamkeit von Behandlungsprogrammen zu optimieren ist, vermehrt Überlegungen zum Therapeutenverhalten und zum therapeutischen Prozess thematisiert worden (Kear-Colwell u. Pollack 1997; Serran et al. 2003; Marshall 2005), Variablen, die in der kognitiv-behavioralen Behandlung von Sexualstraftätern bislang sträflich vernachlässigt wurden.

Insbesondere ist eine Auseinandersetzung um die „richtige Haltung" in der Sexualstraftäterbehandlung in Gang gekommen, d. h., inwieweit aggressive Konfrontationsstrategien, mit denen vielleicht oft nur eine abwertende Haltung der Therapeuten verkleidet wird, hinsichtlich der Zielerreichung nützlich oder schädlich sind. Eine Reihe empirischer Befunde verweist darauf, dass ein harscher konfrontativer Stil negative Auswirkungen auf das Erreichen relevanter Therapieziele hat. So konnten Marshall et al. (2003) zeigen, dass ein konfrontativer Stil den Aufbau neuer Bewältigungsstrategien negativ beeinflusst, wogegen Therapeuten mit einer empathischen Haltung den Erwerb neuer Bewältigungsstrategien fördern. Auch führt ein einfühlender und verstärkender Stil dazu, dass Täter ihre Bagatellisierungen und Leugnungen der Straftaten verringern (Marshall et al. 2002). Marshall (1996) hält in der Behandlung von Sexualstraftätern eine therapeutische Haltung für nützlich, die den Täter unterstützt *und* kritisch hinterfragt, einfühlsam ist, wenn es angemessen erscheint, ihn zu Veränderungen ermutigt und sein Selbstwertgefühl stärkt.

Drapeau et al. (2003) befragten 24 pädosexuelle Straftäter zu ihren Erfahrungen in einem kognitiv-behavioralen Behandlungsprogramm. Aus Sicht der Patienten waren die Therapeuten der wichtigste Faktor in der Therapie. Ihre Autorität gewährleistete unter anderem die Einhaltung der Gruppenstruktur, die Beachtung der Gruppenregeln und die Transparenz des Vorgehens in der Behandlung. Dadurch entstanden nicht nur Gefühle von Sicherheit vor möglichen Herabsetzungen und Übergriffen durch andere Gruppenmitglieder, sondern auch ein Rahmen, der die Teilnehmer dabei unterstützte, eigene Spannungen oder Konflikte besser aushalten bzw. kontrollieren zu können.

Beech und Fordham (1997) untersuchten 12 Behandlungsgruppen für Sexualstraftäter mit der Group Environment Scale von Moos (1986). In den Gruppen, in denen ein positives Gruppenklima gemessen wurde, konnten auch die deutlichsten Verhaltensänderungen bei den Teilnehmern festgestellt werden. Das positive Gruppenklima war vor allem durch eine hohe Gruppenkohäsion, die Ermutigung zu selbstständigem Verhalten in der Gruppe und die Unterstützung durch den Therapeuten bedingt; ein Ergebnis, das an die von Grawe et al. (1980, S. 269) formulierten instrumentellen Gruppenbedingungen erinnert.

▌ **Zur Praxis kognitiv-behavioral orientierter Behandlung von Sexualstraftätern im Maßregelvollzug.** Diese in wenigen Linien skizzierte Entwicklung in der kognitiv-behavioralen Behandlung von Sexualstraftätern hat auch die Behandlungskonzepte im Maßregelvollzug beeinflusst. So folgt etwa die Behandlung von Sexualstraftätern in der forensischen Abteilung der Rheinischen Kliniken Langenfeld seit Mitte der 90er Jahre einem kognitiv-behavioralen Behandlungskonzept (Elsner 2001).

Neben einer ausführlichen diagnostischen Abklärung der individuellen Problematik wird der motivationalen Klärung und Förderung hohe Aufmerksamkeit gewidmet. Nur wenn Patienten bereit sind, in der deliktorientierten Gruppenbehandlung für Sexualstraftäter aktiv an ihrer Problematik zu arbeiten, werden sie in eine solche Behandlungsgruppe aufgenommen, die stationsübergreifend etwa 4 Jahre zusammenarbeitet. Die Ziele, Inhalte und Methoden der Behandlung in der Gruppe werden mit den Patienten ausführlich erörtert, vereinbart und in einem Behandlungsvertrag niedergelegt. Die deliktorientierte Gruppenbehandlung ist als Kernprogramm der Behandlung für diese Tätergruppe im Maßregelvollzug definiert. In ihr werden die tatspezifischen Inhalte bearbeitet. Die Therapie folgt zwar einem modularen Konzept mit verschiedenen inhaltlich definierten und chronologisch aufeinander aufbauenden Behandlungsinhalten, einzelne Themen werden aber in den einzelnen Behandlungsabschnitten immer wieder unter anderen Blickwinkeln aufgenommen, erweitert und vertieft. Zudem werden die einzelnen Behandlungsmodule so flexibel gestaltet und eingesetzt, dass die individuellen Entwicklungen der Patienten in der Gruppe berücksichtigt werden können. Der Komplexität der individuellen Problematik der einzelnen Patienten wird dadurch Rechnung getragen, dass neben der deliktorientierten Gruppenbehandlung ergänzende Einzelkontakte den Behandlungsprozess flankieren und zusätzliche, in der Regel störungsspezifische Behandlungsmaßnahmen durchgeführt werden können. In ihnen werden die tatverwandten Behandlungsinhalte fokussiert, die in der Regel einzelne Facetten der bei den Patienten bestehenden Persönlichkeitsstörungen abbilden.

Fünf Behandlungsmodule der deliktorientierten Gruppenbehandlung sind inhaltlich definiert: *Deliktrekonstruktion, kognitive Umstrukturierung, Opferempathie, Biografie/Persönlichkeit* und *Rückfallprävention.*

In der Deliktrekonstruktion werden die Faktoren rekonstruiert, welche die Wahrscheinlichkeit für die Sexualstraftat(en) erhöhen und letztlich zu ihr (ihnen) geführt haben. Mit den Patienten wird eine ausführliche Problemanalyse erarbeitet, in der situative Bedingungen, physiologische, emotionale und kognitive Reaktionen, übergeordnete Verhaltenspläne und -ziele sowie Verhaltensweisen und Handlungskonsequenzen in einen funktionalen Zusammenhang gestellt werden. Im Vordergrund stehen dabei die Realitätskonstruktionen des Patienten, seine Sicht der Straftaten und der damit einhergehenden psychischen Prozesse, die zur Kenntnis genommen und unter informativen Aspekten weiter exploriert werden. In dieser Phase, in der sich die Patienten in der Gruppe ausprobieren, indem sie über sich und ihre Straftat(en) sprechen, wird ein konfrontierendes Vorgehen zunächst vermieden. Vielmehr wird motivationalen Prozessen und der Entwicklung instrumenteller Gruppenbedingungen in dieser Behandlungsphase vermehrt Aufmerksamkeit gewidmet. Als Ergebnis der Deliktrekonstruktion liegt ein relativ umfassendes und detailliertes Muster der jeweiligen Delinquenzproblematik vor.

Die in der Deliktrekonstruktion deutlich gewordenen kognitiven Verzerrungen werden im zweiten Behandlungsabschnitt hinterfragt und modifiziert. Solche Verzerrungen können sowohl konkrete Denkfehler als auch dysfunktionale Kernannahmen beinhalten, die aus dem Störungsbereich der Persönlichkeit zu verstehen sind. Insgesamt dienen sie dazu, eine Realität zu konstruieren, in der die Sexualstraftaten legitimiert, entschuldigt oder bagatellisiert und die Verantwortung für das eigene Handeln externalisiert werden kann. Das Behandlungsziel besteht darin, die genannten Funktionen zu verdeutlichen, die einzelnen kognitiven Verzerrungen zu identifizieren und zu hinterfragen, einen angemessenen Realitätsbezug herzustellen und dem Patienten damit die Verantwortung für sein Handeln zu ermöglichen. Die Methode der Wahl ist hier die kognitive Umstrukturierung (Ellis 1977).

Wenn Patienten das Ausmaß ihrer kognitiven Verzerrungen reduziert haben, können sie sich mit den Konsequenzen ihres sexuell delinquenten Handelns für ihre Opfer auseinandersetzen. Die Zielsetzung in diesem Behandlungsabschnitt besteht darin, die Patienten für die schädlichen Folgen ihrer sexuellen Gewalthandlungen zu sensibilisieren und ihre emotionalen Fähigkeiten zu erhöhen, sich in ihre Opfer einzufühlen. Vor allem erfahrungsorientierte Methoden fördern diese Zielerreichung. Einzelne Übungen und Rollenspiele zentrieren sich um Gefühle wie Zuneigung und Ablehnung, Vertrauen und Misstrauen, Kontrolle und Abhängigkeit, Grenzsetzung und Grenzverletzung sowie Macht und Ohnmacht.

Bei Tätern mit einer ausgeprägten dissozialen Problematik bleiben die emotionalen Fähigkeiten, sich ganz allgemein in andere Menschen und insbesondere in die eigenen Opfer einzufühlen, im Behandlungsverlauf begrenzt. Bei Tätern mit einer stabilen pädosexuellen Orientierung konnten wir dagegen durchgängig feststellen, dass bei ihnen grundsätzlich keine Empathiedefizite vorhanden waren. In der Opferauswahl und in den Tatanlaufzeiten nutzten sie ihr Einfühlungsvermögen vielmehr dafür, emotional bedürftige Kinder zu manipulieren. Bei diesen Patienten verlagerte sich die therapeutische Auseinandersetzung auf die Ebene der kognitiven Verzerrungen, mit denen sie die schädlichen Handlungsfolgen für ihre Opfer bislang ausblenden konnten.

Im Gegensatz zu den geläufigen Behandlungsprogrammen für Sexualstraftäter in den USA oder England halten wir es für sinnvoll, die Sexualstraftaten auch im Zusammenhang mit der Lebensgeschichte und der Persönlichkeit des Patienten zu thematisieren. Es geht dabei um den Versuch, die Funktion der Sexualstraftat(en) im Lebenskontext zu bestimmen und sozial angemessene und relativ befriedigende sexuelle Erlebens- und Verhaltensmöglichkeiten der Patienten auszuloten.

Die Erörterung der aktuell gelebten Sexualität beinhaltet auch die Auseinandersetzung um sexuell deviante und Gewaltfantasien, die bei einzelnen Patienten zumindest zu Beginn der Unterbringung eine bevorzugte Rolle bei der Masturbation einnehmen. Die devianten Fantasien sind einerseits mit einer hohen sexuellen Erregung und Befriedigung verbunden und kompensieren andererseits negative psychische Zustände. In beiden Fällen besitzen sie einen hohen Verstärkerwert für sexuell deviantes Erleben und Verhalten. In dieser Behandlungsphase wird versucht, mit der verdeckten Sensibilisierung die Frequenz und Intensität der sexuell devianten und Gewaltfantasien zu reduzieren. Einige Patienten berichten davon, dass sich ihre devianten Fantasien im Behandlungsverlauf auch ohne spezifische Interventionen schon deutlich reduziert haben.

Im letzten Behandlungsabschnitt nimmt die Entwicklung und Einübung von Strategien zur Rückfallprävention einen breiten Raum ein. Das wesentliche Ziel besteht darin, die Selbstkontrollfähigkeiten des Patienten zu erhöhen. Nach der Bestimmung der individuellen Hochrisikosituationen (Substanzmissbrauch, Depression, Wutgefühle, deviante sexuelle oder Gewaltfantasien, u.a.), in denen die Selbstkontrolle beeinträchtigt und die Wahrscheinlichkeit für einen Rückfall erhöht ist, werden angemessene Bewältigungsstrategien entwickelt. Dafür werden die Erkenntnisse der bisherigen Arbeit genutzt.

Häufig kann dabei an Rückfälle angeknüpft werden, welche die Patienten aus ihrer Geschichte schildern. In der Analyse dieser Prozesse wird oft eine kritische emotionale Phase erkennbar, in der die „innere Erlaubnis" für eine erneute Sexualstraftat entsteht. Wir vermitteln den Patienten eine Haltung, die beinhaltet, dass bekannte und auch neue Hochrisikosituationen Teil ihres weiteren Lebens sein werden und dass es in ihrer Verantwortung liegt, diese Situationen realistisch wahrzunehmen und adäquat zu bewältigen.

Abhängig vom Einzelfall werden verschiedene konkrete Strategien vermittelt: Fluchtstrategien, um unvorhergesehene Hochrisikosituationen schnell verlassen zu können, Vermeidungsstrategien, die im Wesentlichen Methoden zur Stimuluskontrolle beinhalten, und Bewältigungsstrategien, beispielsweise Ärgermanagement und Impulskontrolle, die für die Bewältigung von Kränkungen und den Umgang mit Aggressionen bedeutsam sind. Daneben sind natürlich all diejenigen Kompetenzen zu fördern, die ein sozial angemessenes Erleben von Sexualität ermöglichen. Bei der Entwicklung der einzelnen Rückfallvermeidungsstrategien sind vor allem auch die Ressourcen der Patienten zu berücksichtigen, die ihnen in der Vergangenheit geholfen haben, in kritischen Situationen *keine* Sexualstraftat zu begehen.

4.3.4.4 Medikamentöse Behandlung sexueller Delinquenz

Das der medikamentösen Behandlung zugrunde liegende theoretische Konstrukt besteht darin, dass mit einer Reduktion des Sexualtriebs durch Beeinflussung der hormonellen Regulation oder des Neurotransmittersystems das sexuelle Interesse generell abnimmt. Damit einhergehend vermindert sich die deviante Sexualität in ihren einzelnen Modalitäten, der physiologischen Erregung, den Fantasien und letztlich auch im sexuell devianten und delinquenten Verhalten. Zudem wird ein differenzieller Effekt für möglich gehalten, welcher deviante sexuelle Interessen stärker reduziert als nichtdeviante (Bradford 1985).

In verschiedenen Studien wurden therapeutische Effekte und reduzierte Rückfallraten unter antiandrogener Behandlung mit Cyproteronacetat (CPA) beschrieben (Übersicht bei Ortmann 1980). Dabei soll durch unterschiedliche Dosierungen des CPA sowohl eine moderate Reduktion des sexuellen Antriebs und der sexuellen Erregbarkeit als auch eine völlige Reduktion sexueller Erregung erzielt werden können. Bei geringer Dosierung sind den Patienten bei erhaltener Erektionsfähigkeit sexuelle Aktivitäten weiterhin möglich, allerdings auf einem deutlich niedrigeren Niveau. Obwohl nicht empirisch abgesichert, zeigen klinische Erfahrungen, dass einzelne Patienten im Maßregelvollzug ihre Anlassdelikte während einer Behandlung unter Cyproteronacetat begangen haben. In den letzten Jahren ist die Behandlung mit CPA vor allem wegen des Verdachts auf leberzellschädigende Nebenwirkungen zurückhaltender erfolgt.

Als Alternative zum CPA wird zunehmend die Behandlung mit LHRH-Agonisten angesehen (Seifert 2000), für die aber eine Indikationszulassung in Deutschland bei der Behandlung von Patienten mit einer sexuellen Deviation bislang noch nicht besteht. Die in ein- bis dreimonatigem Abstand zu verabreichenden Depotpräparate senken, nach anfänglich vermehrter Testosteronausschüttung, den Testosteronspiegel auf Kastrationsniveau. Nach Absetzen der Medikation wird das Ausgangsniveau aber wieder erreicht (Rösler u. Witztum 1998). Erste Studien (Briken et al. 2000) zeigen in den Berichten der Patienten eine deutliche Reduktion in der Häufigkeit sexuell devianten Erlebens (Intensität und Frequenz devianter Fantasien) und Verhaltens (Erektion, Ejakulation und Masturbation). Erfahrungen über die notwendige Zeitdauer der Behandlung liegen bislang nicht vor. Insgesamt scheint das Medikament besser vertragen zu werden als CPA.

Neben der vereinzelt berichteten Abnahme der Knochendichte besteht aber die Gefahr einer irreversiblen Schädigung der Leydig-Zwischenzellen im Hoden. Auch wenn zur Frage der Wirksamkeit noch keine kontrollierten Studien vorliegen, wird der Einsatz von LHRH-Agonisten als viel versprechend in der Behandlung von Patienten mit einer sexuellen Deviation angesehen.

Laut Literaturübersicht von Gijs und Gooren (1996) findet sich eine zunehmende Anwendung von Serotoninwiederaufnahmehemmern (SSRI). Neben der Verminderung sexueller Impulsivität wird die sexuelle Appetenz insgesamt reduziert. Berner (2001) berichtet von vorläufigen klinischen Erfahrungen, dass sich der Einsatz von SSRI vor allem bei sexuellen Impulshandlungen, die weniger gefährlich erscheinen (z.B. bei bestimmten Exhibitionisten), gut mit Psychotherapie kombinieren lässt und dass die Patienten eine gute Compliance zeigen.

In allen Studien wird darauf hingewiesen, dass die medikamentöse Behandlung grundsätzlich durch psychotherapeutische Kontakte zu begleiten ist, aber nur in wenigen Arbeiten wird ausgeführt, wie die psychotherapeutische Begleitung konkret auszugestalten ist. Seifert (2000) verweist darauf, dass der therapeutische Nutzen medikamentöser Behandlung vor allem darin zu sehen ist, „dass die Patienten weniger auf ihre sexuellen Fantasien fixiert sind und daher offener für den therapeutischen Zugang ihrer (Beziehungs-)Störung werden". Im Maßregelvollzug ist in den letzten Jahren eher eine gegenteilige Tendenz zu beobachten. Bei einzelnen Patienten wird die medikamentöse Behandlung als letzte Hoffnung angesehen, die sexuell deviante Problematik zu verändern, nachdem eine diesbezügliche Modifikation trotz langjähriger therapeutischer Bemühungen nicht oder nur unzureichend gelungen ist.

4.3.4.5 Zusammenfassung

Bei der Behandlung von Sexualstraftätern im Maßregelvollzug sollten die folgenden Punkte Berücksichtigung finden: In der Eingangsphase der Unterbringung ist eine ausführliche diagnostische Einschätzung der individuellen Problematik vorzunehmen, wobei komorbide Störungen zu beachten sind. Zugleich ist eine prognostische Beurteilung durchzuführen, bei der das strukturelle Rückfallrisiko zu bestimmen ist. Die erarbeiteten Erkenntnisse sind in einem Behandlungsplan zu integrieren, in dem die einer Behandlung zugänglichen relevanten Störungsmuster beschrieben sind und festgelegt ist, mit welchen therapeutischen Methoden diese Muster modifiziert werden sollen, um das Rückfallrisiko wirksam zu senken. In den ersten Monaten der Unterbringung ist es wichtig, die Motivation der untergebrachten Sexualstraftäter zu fördern bzw. zu stabilisieren. Äußerst nützlich ist es dabei, Transparenz herzustellen über die Rahmenbedingungen der Unterbringung selbst sowie über die Behandlungsinhalte und -methoden. Mit dem Patienten sind Zielvereinbarungen zu treffen, die in ein definiertes Arbeitsbündnis (Behandlungsvertrag) einmünden. Abhängig von den individuellen Störungs-

profilen sind verschiedene therapeutische Angebote der Einrichtung zu nutzen, wobei nach dem gegenwärtigen Stand der Dinge insbesondere kognitiv-
behaviorale Verfahren zu berücksichtigen sind. Alle an der Behandlung beteiligten Mitarbeiter sollen über die notwendigen Informationen verfügen, um
Behandlungsmaßnahmen koordinieren und fundierte prognostische Entscheidungen treffen zu können. Die Behandlung von Sexualstraftätern im
Maßregelvollzug ist auf behandlungsfördernde Rahmenbedingungen angewiesen. Diese sollten therapeutische Kontinuität sicherstellen und ein Milieu
fördern, in dem die Patienten Selbstwertgefühl und Vertrauen in die eigene
Handlungskompetenz entwickeln und stabilisieren können. Ist eine Entlassung aus dem Maßregelvollzug absehbar, muss qualifizierte forensische
Nachsorge sichergestellt werden. Ein Resultat der Behandlung von Sexualstraftätern im Maßregelvollzug kann auch darin bestehen, dass eine Entlassung nicht zu vertreten ist, weil die der Sexualdelinquenz zugrunde liegende
Problematik nicht wesentlich verändert werden konnte und/oder das
Rückfallrisiko auch nicht durch ein qualifiziertes Risikomanagement im Rahmen der forensischen Nachsorge reduziert werden kann. In diesen Fällen
sind die betreffenden Patienten bei der Gestaltung ihrer Zukunft in begrenzten und gesicherten Lebensräumen zu unterstützen und zu begleiten.

Literatur

Beech A, Fordham AS (1997) Therapeutic climate of sexual offender treatment programs.
   Sex Abuse 9:219–237
Beek DJ van (1999) De delictscenarioprocedure bij seksueel agressieve delinquenten. Quint,
   Gouda
Beier KM (1995) Dissexualität im Lebenslängsschnitt. Springer, Berlin Heidelberg
Berner W (1996) Wann ist das Begehren krank? Vom Perversionsbegriff zur Paraphilie.
   Z Sexualforsch 9:62–75
Berner W (2001) Neue Entwicklungen in der Diagnostik und Therapie von Paraphilien.
   Bewährungshilfe 48:232–250
Bradford JMW (1985) Organic treatment for the male sexual offender. Behav Sci Law
   3:355–375
Bricken P, Berner W, Noldus J, Nika E, Michl U (2000) Therapie mit dem LHRH-Agonisten
   Leuprorelinacetat bei Paraphilien und sexuell aggressiven Impulshandlungen. Nervenarzt
   71:380–385
Craissati J, McClurg G (1997) The Challenge Project: A treatment program evaluation for
   perpetrators of child sexual abuse. Child Abuse Negl 21:637–648
Dahle KP (1997) Therapie und Therapieindikation bei Straftätern. In: Steller M, Volbert R
   (Hrsg) Psychologie im Strafverfahren. Huber, Bern
Drapeau M, Körner CA, Brunet L, Granger L, Caspar F, Despland JN, De Roten Y (2003)
   A psychodynamic look at pedophile sex offenders in treatment. Arch Psychiatry Psycho-
   ther 5:31–42
Ellis A (1977) Die rational-emotive Therapie. Pfeiffer, München
Elsner K (2001) Gruppenbehandlung von Sexualstraftätern im Maßregelvollzug. In: Hoyer J,
   Kunst H (Hrsg) Psychische Störungen bei Sexualdelinquenten. Pabst, Lengerich u a O,
   S 153–181
Elsner K (2006) Kognitiv-behaviorale Therapie mit Sexualstraftätern – Erfahrungen und Er-
   gebnisse. In Vorbereitung

Eucker S, Müller-Isberner R (2001) Sexualstraftäterbehandlung im Maßregelvollzug. In: Hoyer J, Kunst H (Hrsg) Psychische Störungen bei Sexualdelinquenten. Pabst, Lengerich u a O, S 97–115

Eucker S (2002) Verhaltenstherapeutische Sexualstraftäterbehandlung. In: Müller-Isberner R, Gretenkord L (Hrsg) Psychiatrische Kriminaltherapie, Bd 1. Pabst, Lengerich u a O, S 73–86

Fehlenberg D (1997) Zur Psychotherapie paraphiler Sexualstraftäter im Maßregelvollzug. Recht & Psychiatrie 15:159–167

Finkelhor D (1984) Child sexual abuse. New theory and research. Free Press, New York

Grawe K, Dziewas H, Wedel S (1980) Interaktionelle Problemlösungsgruppen – ein verhaltenstherapeutisches Gruppenkonzept. In: Grawe K (Hrsg) Verhaltenstherapie in Gruppen. Urban & Schwarzenberg, München, S 266–306

Gijs L, Gooren L (1996) Hormonal and psychopharmacological interventions in the treatment of paraphilias: An update. J Sex Res 33:273–290

Hall GCN (1995) Sexual offender recidivism revisited: a meta-analysis of recent treatment studies. J Consult Clin Psychol 63:802–809

Hanson RK, Gordon A, Harris AJR, Marques JK, Murphy W, Quinsey VL, Seto MC (2002) First report of the collaborative outcome data project on the effectiveness of psychological treatment for sex offenders. Sex Abuse 14:169–194

Hauch M, Lohse H (2001) Ambulante Psychotherapie bei sexueller Delinquenz. In: Sigusch V (Hrsg) Sexuelle Störungen und ihre Behandlung. Thieme, Stuttgart, S 489–501

Kear-Colwell J, Pollack P (1997) Motivation and confrontation: Which approach to the child sex offender? Crim Justice Behav 24:20–33

Kernberg OF (1983) Borderline-Störungen und pathologischer Narzissmus. Suhrkamp, Frankfurt/M

Kernberg OF (2000) Borderline Persönlichkeitsorganisation und Klassifikation der Persönlichkeitsstörungen. In: Kernberg OF, Dulz B, Sachsse U (Hrsg) Handbuch der Borderline-Störungen. Schattauer, Stuttgart, S 45–56

Knight RA, Prentky RA (1990) Classifying sexual offenders: The development and corroboration of taxonomic models. In: Marshall WL, Laws DR, Barbaree HE (eds) Handbook of sexual assault. Issues, theories, and treatment of the offender. Plenum, New York

Linehan MM (1996) Trainingsmanual zur Dialektisch-Behavioralen Therapie der Borderline-Persönlichkeitsstörung. CIP-Medien, München

Leygraf N (1988) Psychisch kranke Straftäter. Springer, Berlin Heidelberg

Marlatt GA, Gordon JR (1985) Relapse prevention: Maintenance strategies in the treatment of the addictive behaviors. Guilford, New York

Marques JK, Day DM, Nelson C, West MA (1994) Effects of cognitive-behavioral treatment on sex offender recidivism: preliminary results of a longitudinal study. Crim Justice Behav 21:28–54

Marques JK, Nelson C, Alarcon JM, Day DM (2000) Preventing relapse in sex offenders. In: Laws DR, Hudson SM, Ward T (eds) Remaking relapse prevention with sex offenders. A sourcebook. Sage, Thousand Oaks, pp 321–340

Marques JK, Wiederanders M, Day DM, Nelson C, Ommeren A van (2005) Effects of a relapse prevention program on sexual recidivism: Final results from California's Sex Offender Treatment and Evaluation Project (SOTEP). Sex Abuse 17:79–107

Marshall WL (1996) The sexual offender: monster, victim, or everyman? Sex Abuse 8:317–335

Marshall WL (2005) Therapist style in sexual offender treatment: Influence on indices of change. Sex Abuse 17:109–116

Marshall WL, Anderson D, Fernandez YZ (1999) Cognitive behavioural treatment of sexual offenders. Wiley, Chichester

Marshall WL, Barbaree HE (1990) An integrated theory of the etiology of sexual offending. In: Marshall WL, Laws DR, Barbaree HE (eds) Handbook of sexual assault. Issues, theories, and treatment of the offender. Plenum, New York, pp 257–275

Marshall WL, Fernandez YM (2000) Phallometric testing with sexual offenders: Limits to its value. Clin Psychol Rev 20:807–822

Marshall WL, Fernandez YM (2003) Sexual preferences. Are they useful in the assessment and treatment of sexual offenders? Aggress Violent Behav 8:131–143

Marshall WL, Serran GA, Moulden H, Mulloy R, Fernandez YM, Mann RE, Thornton D (2002) Therapist features in sexual offender treatment: Their reliable identification and influence on behaviour change. Clin Psychol Psychother 9:395–405

Marshall WL, Serran GA, Fernandez YM, Mulloy R, Mann RE, Thornton D (2003) Therapist characteristics in the treatment of sexual offenders: Tentative data on their relationship with indices of behaviour change. J Sex Aggress 9:25–30

McGuire RJ, Carlisle JM, Young BG (1965) Sexual deviations as conditioned behavior: A hypothesis. Behav Res Ther 2:185–190

Moos RH (1986) Group environment scale manual, 2nd edn. Consulting Psychologists Press, Palo Alto, CA

Morgenthaler F (1974) Die Stellung der Perversionen in Metapsychologie und Technik. Psyche 28:1077–1098

Nowara S (2001) Sexualstraftäter im Maßregelvollzug. Schriftenreihe der Kriminologischen Zentralstelle, Wiesbaden

Ortmann J (1980) The treatment of sexual offenders, castration and antihormone therapy. Int J Law Psychiatry 3:443–451

Pithers WD (1990) Relapse prevention with sexual aggressors: A method for maintaining therapeutic gain and enhancing external supervision. In: Marshall WL, Laws DR, Barbaree HE (eds) Handbook of sexual assault. Issues, theories, and treatment of the offender. Plenum, New York

Pozsár C, Schlichting M, Krukenberg J (1999) Sexualstraftäter in der Maßregelbehandlung. Monatsschrift für Strafrecht und Kriminologie 82:94–103

Rauchfleisch U (1981) Dissozial. Vandenhoeck & Ruprecht, Göttingen

Rauchfleisch U (1997) Ambulante Psychotherapie von Straftätern. Persönlichkeitsstörungen 3:172–180

Reinhardt K (1999) Sicherung durch Therapie, Therapie durch Sicherung. Werkstattschriften Forensische Psychiatrie und Psychotherapie 5:57–74

Rösler A, Witzum E (1998) Treatment of men with paraphilia with a long-acting analogue of gonadotropin-releasing hormone. N Engl J Med 12:416–422

Schmucker M (2004) Kann Therapie Rückfälle verhindern? Metaanalytische Befunde zur Wirksamkeit der Sexualstraftäterbehandlung. Centaurus, Herbolzheim

Schorsch E, Galedary G, Haag A, Hauch M, Lohse H (1985) Perversion als Straftat. Springer, Berlin Heidelberg

Seifert D (2000) GnRH-Analoga – Eine neue medikamentöse Therapie bei Sexualstraftätern? Sexuologie 7:1–11

Seifert D, Leygraf N (1997) Die Entwicklung des psychiatrischen Maßregelvollzugs (§ 63 StGB) in Nordrhein-Westfalen. Psychiatrische Praxis 24: 237–244

Seifert D, Möller-Mussavi S, Bolten S (2003a) Aus dem Maßregelvollzug entlassene Sexualstraftäter. Sexuologie 10:14–20

Seifert D, Schiffer B, Leygraf N (2003b) Plädoyer für eine forensische Nachsorge. Psychiatr Prax 30:235–241

Serran GA, Fernandez YM, Marshall WL, Mann RE (2003) Process issues in treatment: Application to sexual offender programs. Prof Psychol Res Pract 34:368–374

Thornton D (1997) Is relapse prevention really necessary? Paper presented at the meeting of the Association for the Treatment of Sexual Abusers, Arlington, VA. Zitiert nach: Laws DR (2003) The rise and fall of relapse prevention. Aust Psychol 38:22–30

Ward T, Hudson SM (2000) A self-regulation model of relapse prevention. In: Laws DR, Hudson SM, Ward T (eds) Remaking relapse prevention with sex offenders. A sourcebook. Sage, Thousand Oaks, pp 79–101

Wischka B, Foppe E, Griepenburg P, Nuhn-Naber C, Rehder U (2001) Das Behandlungsprogramm für Sexualstraftäter (BPS) im niedersächsischen Justizvollzug. In: Rehn G, Wischka B, Lösel F, Walter M (Hrsg) Behandlung „gefährlicher Straftäter". Centaurus, Herbolzheim

4.3.5 Suchtkranke Rechtsbrecher

N. SCHALAST

Die Zusammenhänge zwischen Sucht und Straffälligkeit sind vielfältig und komplex. Auch schwere Suchtentwicklungen führen keineswegs regelhaft zu delinquentem Verhalten, doch sind aggressives und auch gewalttätiges Verhalten süchtiger Menschen im sozialen Nahraum häufig (Brown et al. 1998). Bei Straffälligen, Haftinsassen und vor allem dissozialen Menschen im engeren Sinne gehören Suchtmittelmissbrauch und -abhängigkeit zu den häufigsten Komorbiditäten (McMurran 2003; Rauchfleisch 1981). Schwerpunkte dieses Beitrags bilden die Behandlungsperspektiven bei Rechtsbrechern mit Alkoholproblematik und bei Abhängigen von illegalen Betäubungsmitteln, insbesondere Opiaten. An den beiden Gruppen, im Folgenden vereinfachend als Alkoholtäter und Drogentäter bezeichnet, sollen exemplarisch die komplexen Verknüpfungen von Rausch, Sucht und Delinquenz näher betrachtet und Überlegungen zu therapeutischen Zugangsmöglichkeiten angestellt werden, wobei die Praxisfelder Maßregelvollzug gemäß § 64 StGB (Entziehungsanstalt) und Strafvollzug besonders berücksichtigt werden.

4.3.5.1 Täter mit Alkoholproblematik

Alkoholgebrauch und -missbrauch sind ubiquitäre Phänomene; ausgehend von einer unausgelesenen Stichprobe von Trinksituationen käme man nicht auf die Idee, dem Alkohol eine kriminogene Bedeutung beizumessen (Pernanen 1991). Geht man jedoch von Deliktsituationen aus, bietet sich ein anderes Bild. Gerade bei Gewaltdelinquenz ist der Anteil alkoholisierter Täter erheblich. Laut amtlicher Strafverfolgungsstatistik betrug im Jahre 1999 der Anteil alkoholisierter Täter bei Gewaltkriminalität generell etwa ein Viertel, bei Vergewaltigung etwa 31%, bei Totschlag gar 38%. Internationale Studien kommen zu noch höheren Einschätzungen des Anteils alkoholisierter Täter (Murdoch et al. 1990).

Hinsichtlich des Zusammenwirkens von Alkoholmissbrauch bzw. -abhängigkeit und Straftaten können mehrere Ebenen betrachtet werden. So verstärkt bei sozial ohnehin randständigen Personen der Alkoholmissbrauch die Lebensprobleme, führt zu sozialen Konflikten und auch materieller Not und lässt die Betreffenden dadurch eher in „tatnahe" Situationen geraten, in denen sie – auch aufgrund enthemmender Wirkungen des Alkohols – straffällig werden (Kerner 2000). Eine problematische Kerngruppe von Alkoholtätern neigt im Rausch in sehr spezifischer Weise zu Gewalthandlungen und dem Ausagieren dissozialer Impulse. Unter „pharmakologischen" Gesichtspunkten haben (nach Pihl et al. 1993) vor allem folgende Alkoholwirkungen Bedeutung für den Zusammenhang von Alkoholeinfluss und Straffälligkeit: Alkohol wirkt anxiolytisch, psychomotorisch stimulierend, beeinträchtigt komplexe kognitive Funktionen und mindert das Schmerzempfinden.

Untersuchungsergebnisse weisen darauf hin, dass Menschen zu aggressivem Verhalten unter Alkoholeinfluss tendieren, die auch nüchtern ein höheres Aggressionsniveau bzw. eine höhere aggressive Verhaltensbereitschaft erkennen lassen (Bushman u. Cooper 1990). Häufig findet sich bei ihnen eine antisoziale Persönlichkeitsstörung (Moeller u. Dougherty 2001), die ihrerseits wiederum mit einer vielfach erhöhten Lebenszeitprävalenz für eine Alkoholdiagnose einhergeht (Regier et al. 1990).

Manche im Rausch aggressiven Gewalttäter scheinen unter Alkoholeinfluss Situationen massiver Bedrohung wiederzuerleben. Sie verstehen jede Kontaktaufnahme – gerade auch Blickkontakt und Berührungen – als feindlichen Angriff, auf den sie mit einer hohen Aggressionsbereitschaft reagieren. Bisweilen schwankt ihr Affektausdruck zwischen Feindseligkeit, Großspurigkeit und einem weinerlichen Gefühl von Wertlosigkeit und Lebensverdruss, ein deutlicher Ausdruck des von Kernberg beschriebenen Symptoms der Identitätsdiffusion bei schweren Persönlichkeitsstörungen (Kernberg 2001).

Substanzmissbrauch, insbesondere der Missbrauch von Alkohol, Opioiden und von anderen sedierenden und anxiolytischen Stoffen, kann der Bewältigung einer emotional-affektiven Instabilität dienen (Brenneis 1998). Dabei darf das Bedürfnis latent aggressiver Menschen nicht unterschätzt werden, sich gerade um der Enthemmung willen zu berauschen, die aggressives Ausagieren ermöglicht. Psychodynamisch kann dem eine ähnliche Funktion zukommen wie dem bei Frauen mit Borderlinestörungen häufigen selbstverletzenden Verhalten (Sachsse 1995).

Alkoholmissbrauch ist also ein bei sozial randständigen und straffälligen Menschen verbreitetes Phänomen, wobei es eine Kerngruppe persönlichkeitsgestörter alkoholabhängiger Täter gibt, die im Rausch von aggressiven Impulsen gleichsam überschwemmt wird und ein erhöhtes Risiko schwerer Gewalttätigkeit aufweist.

4.3.5.2 Drogenabhängige Täter

Bei den Insassen des Strafvollzugs haben Drogenprobleme einen noch größeren Stellenwert als Alkoholprobleme (s. Abschnitt 4.3.5.4).

Der Zusammenhang zwischen Sucht und Kriminalität stellt sich für Drogenabhängige etwas anders dar als für Täter mit einer Alkoholproblematik. Gerade Heroin und andere Opiate sind eigentlich keine an sich aggressionsfördernden Substanzen, haben jedoch ein besonders hohes Abhängigkeitspotenzial. Die Vorstellung ist verbreitet, dass viele Heroinkonsumenten erst infolge ihrer Suchtproblematik, vor allem durch Beschaffungsdelikte, straffällig werden. Kriminologische Daten zeichnen ein anderes Bild. Viele Angehörige der Drogenszene zeigten schon strafbares Verhalten, bevor sie eine Abhängigkeitsproblematik entwickelten (Kaye et al. 1998). Für Maßregelpatienten stellten Seifert und Leygraf (1998) dar, dass viele drogenabhängige Untergebrachte sogar schon straffällig wurden, bevor sie mit dem Konsum auch weicher Drogen begannen. König (2003) setzt sich mit den verschiedenen Erklärungsmodellen zum Zusammenhang von Drogensucht und Straffälligkeit kritisch auseinander. Er findet die deutlichste empirische Unterstützung für ein Modell, das beide Formen abweichenden Verhaltens auf gemeinsame Ursachen zurückführt, die wiederum in komplexer Weise interagieren. Drogenabhängigkeit führt nicht monokausal zur Straffälligkeit, verfestigt jedoch kriminelle Karrieren, intensiviert delinquentes Verhalten und verzögert das Hinauswachsen aus der Kriminalität.

Schon die Überschreitung der Grenze zum Konsum harter illegaler Drogen und insbesondere der Schritt zur i.v. Applikation stellen ein erheblich abweichendes Verhalten dar, in dem erhöhtes „sensation seeking" und geringe „harm avoidance" zum Ausdruck kommen. Eine extreme Selbstgefährdung geht mit dem Spritzentausch einher, der nicht einmal dann völlig aufgegeben wird, wenn im Strafvollzug sterile Einmalspritzen anonym zugänglich sind (Heinemann u. Gross 2001). Man muss hier wohl eine Art Risikolust, eine Bereitschaft zur Selbstgefährdung annehmen, die ebenfalls an die Selbstbeschädigungstendenzen von Menschen mit Borderlinestörungen erinnert. Auch Überdosierungen stellen sich bei näherer Betrachtung nicht einfach als „Dosierungspannen" dar. Vielmehr findet sich eine deutliche Korrelation von lebensbedrohlichen Überdosierungen und Suizidversuchen bei Drogenabhängigen (Rossow u. Lauritzen 1999). Daraus ergibt sich auch, dass man die Betroffenen nicht erfolgreich zu Verhaltensänderungen motivieren kann, indem man sie nur mit den selbstschädigenden Auswirkungen dieses Verhaltens konfrontiert. Die Selbstzerstörung wird auf einer vorbewussten Ebene wohl oft angestrebt.

4.3.5.3 Allgemeine Aspekte der Behandlung suchtkranker Rechtsbrecher

In den Bestimmungen zur Unterbringung in der Entziehungsanstalt (§ 64 StGB) und in der zugehörigen Rechtsprechung taucht die Vorstellung auf, die Störung der Betroffenen könne im engeren Sinne geheilt werden. Selbst im psychiatrischen Schrifttum begegnet man der Vorstellung, durch erfolgreiche Behandlung der Persönlichkeitsproblematik könne dem Suchtproblem der Boden entzogen werden (Dulz u. Schneider 1997). Dies unterschätzt die Eigendynamik der Sucht als psychopathologischen Prozess (vgl. Rasch 1986). Fast regelhaft muss man bei abhängigen Straftätern schon primärpersönlich von „komplexen Störungen des menschlichen Beziehungsverhaltens" (Fiedler 1995) ausgehen und findet die Ich-strukturellen Defizite, die Rauchfleisch (1981) für dissoziale Menschen beschrieben hat. Im Laufe einer Suchtentwicklung werden Anpassungsprobleme und Defizite noch verstärkt, Leistungsfähigkeit und -bereitschaft nehmen weiter ab und es kommt zu gesundheitlichen Einbußen. Soziale Verbindungen gehen verloren oder werden in randständigen Peergruppen gesucht, eine soziale Außenseiterposition wird generell verfestigt, die Betreffenden ordnen ihre alltäglichen Belange nicht mehr und sind häufig erheblich verschuldet. So sind die Behandelnden selbst bei relativ jungen Klienten meist schon mit einer bedrückend komplexen Problemlage konfrontiert.

Was man dem als hoffnungsstiftendes Moment entgegenzusetzen vermag ist das Phänomen des „Herausreifens" oder „Herauswachsens" aus Sucht und Kriminalität (vgl. Vaillant 1983; Winnick 1962). Das Bedürfnis, zu überleben und dieses Leben nicht in freiheitsentziehenden Institutionen zu fristen, stellt wohl den entscheidenden Anknüpfungspunkt für therapeutische Bemühungen bei Straftätern mit Suchtproblemen dar. Auch wenn man sich von einem Anspruch der Heilung der Betreffenden verabschiedet, so gibt es doch verschiedene Möglichkeiten und Ebenen, eine in Ansätzen vorhandene Ausstiegsmotivation zu stabilisieren und Ressourcen der Klienten zu verbessern.

▌ **Die Gestaltung der therapeutischen Beziehung.** Für die allgemeine Psychotherapie gilt, dass die Qualität der therapeutischen Beziehung einen der wichtigsten Prädiktoren des Behandlungserfolgs darstellt (vgl. Grawe et al. 1994). Auch für den Suchtbereich wurde die Bedeutung der therapeutischen Beziehung aufgezeigt (Luborsky et al. 1985). Natürlich hängt es nicht nur von der Kompetenz des Therapeuten ab, ob ein Patient ein therapeutisches Kontaktangebot als Chance zu erleben vermag. Gerade bei suchtkranken Straftätern mit ihrer oft desolaten Vorgeschichte ergeben sich besondere Probleme. Ein positiver Therapieertrag ist nur zu erwarten, wenn es den Behandlern gelingt, dem Klienten recht beständig mit wohlwollendem Interesse zu begegnen. Wenn sie sich unreflektiert negativen (Gegenübertragungs-)Gefühlen überlassen, den Klienten bedrängen und aggressiv konfrontieren, ist dies kontraproduktiv. Je schwieriger die Klienten, desto größer ist die Gefahr, dass durch inadäquates therapeutisches Vorgehen zusätzlicher Schaden angerichtet und Problemverhalten verstärkt wird (Moos 2005).

Ein Aspekt einer angemessenen Grundhaltung wird umschrieben mit der Formel „firm but fair" (Ross u. Fabiano 1985). Therapeuten und sonstige Betreuungspersonen sollen als Modell fungieren, indem sie sowohl Selbstachtung als auch Respekt gegenüber anderen zum Ausdruck bringen. Auch kleinere Grenzüberschreitungen und Beleidigungen sollten nicht übergangen werden, weil latent aggressive Klienten sonst unter Umständen den Einsatz der Mittel steigern, um eine Wirkung zu erzielen. Klienten finden bei Mitarbeitern, die sie nicht respektieren können, auch keinen therapeutischen Halt. In der Auseinandersetzung um Grenzen kommt es nicht darauf an, Härte zu demonstrieren, sondern Eindeutigkeit und Verlässlichkeit. In einem Gruppensetting sollten Entscheidungen der Behandler bzw. des Teams immer auch berücksichtigen, was aus Sicht der Mitklienten folgerichtig ist.

▌ **Motivierung.** Der Aufbau und die Stärkung von „Änderungsmotivation" ist ein zentrales Ziel von Sucht- und Sozialtherapie. Dabei war jahrelang ein eindimensionales, moralisch befrachtetes Motivationskonzept vorherrschend. Als Mittel der Motivierung galt die Konfrontation: Klienten wurden nachdrücklich auf die negativen Konsequenzen ihres Verhaltens hingewiesen und oft gedrängt, eine Diagnose zu akzeptieren. Ein solches Motivationskonzept gilt inzwischen als obsolet (Petry 1996; Dahle 1995). Eine Motivierungsstrategie, welche die Konfrontation in den Vordergrund stellt, bewirkt meist nur eine Verhärtung des Abwehrverhaltens. Wesentliche Elemente von Behandlungsmotivation sind dagegen die therapiebezogenen Hoffnungen und die generelle Zuversicht, durch eigene Anstrengungen und Verhaltensänderungen eine befriedigendere Lebenssituation erreichen zu können (Schalast 2000).

Die Tabuisierung von Konfrontation (Rollnick u. Miller 1995) in der aktuellen Diskussion um Motivierungs- und Behandlungsstrategien geht jedoch zu weit. Konfrontation bedeutet ja, dass wir den Klienten auf Sachverhalte aufmerksam machen, die außerhalb seines bewussten Erlebens bzw. seiner Wahrnehmungsbereitschaft liegen (Wöller u. Kruse 2001). Während die Wunschklientel von Psychotherapeuten ein hohes Maß an Selbstkonfrontation praktiziert, also in den Therapiesitzungen über subjektiv empfundene Konflikte und Widersprüche nachdenkt (Selbstexploration), fühlen wir uns bei Ich-schwachen Klienten oft gedrängt, sie unsererseits auf Widersprüche hinzuweisen. Es wäre unsinnig, im Rahmen eines (stationären) Behandlungssettings mit gutem Haltevermögen auf das Mittel der Konfrontation zu verzichten.

Problematisch ist, wenn eine Konfrontation in ärgerlicher Weise „aus der Gegenübertragung" erfolgt. Dann drängen wir den Klienten in eine Gegenposition. Doch selbst dies muss relativiert werden: Die Authentizität des Therapeuten ist in einem solchen Kontext wohl wichtiger als jede therapeutische Technik. Wenn er gelegentlich „Tacheles redet", kann das sowohl seiner Psychohygiene als auch einer ehrlichen therapeutischen Begegnung zuträglich sein.

▌ Umgehen mit Unaufrichtigkeit. „Alle Suchtkranken lügen" – dieser psychiatrische Allgemeinplatz hat in Bezug auf Straftäter mit Suchtproblemen eine gewisse Berechtigung. Unaufrichtigkeit kann im Laufe einer süchtigen Entwicklung zu einem wichtigen Mittel werden, um besorgten, kritischen oder massiv drängenden Reaktionen nahe stehender Menschen zu begegnen und die Versorgung mit dem „Stoff" sicherzustellen. Dissoziale Persönlichkeitszüge stellen eine zusätzliche Quelle für Unaufrichtigkeit dar. Über die von ihm betreuten „verwahrlosten Jugendlichen" stellte August Aichhorn (1925) fast liebevoll fest: „Und eines haben sie alle gemeinsam: sie lügen" (S. 108) – ohne deswegen allerdings den Sinn seiner Arbeit in Frage zu stellen.

Eine strengere Position nimmt Kernberg (1993) ein: Er hält eine psychodynamische Therapie bei Patienten für aussichtslos, denen eine „natürliche Ehrlichkeit" fehlt. Allerdings lässt er im Rahmen der Konzeption der übertragungsfokussierten Psychotherapie vorsichtige Zuversicht dahingehend erkennen, dass auch eine „psychopathische Übertragung" in Einzelfällen überwunden werden kann, sodass ein dissozialer Klient ernsthaftere Mitarbeit in der Behandlung erreicht (Kernberg 2001).

Unehrlichkeit kann unterschiedliche Hintergründe haben (vgl. Rauschfleisch 1981). Ein Klient kann die Erfahrung jeden therapeutischen Haltes verhindern, indem er habituell lügt und den Therapeuten manipuliert (nach Kernberg: „psychopathische Übertragung"). Ein Klient kann auch punktuell unaufrichtig sein, weil er glaubt, in den Augen des Therapeuten mit bestimmten Handlungen oder Gedanken nicht bestehen zu können. Ein besonderes Problem ist die Auseinandersetzung mit schwerwiegenden Delikten. Selbst bei Klienten, die sich scheinbar ernsthaft mit ihrem Delikt auseinandersetzen, stellen wir – bei Hinzuziehung objektiver Daten – oft fest, dass wichtige Aspekte der Tat verzerrt erinnert oder geleugnet werden.

Hinweise auf Unehrlichkeit sollten frühzeitig ernst genommen und die klärende Auseinandersetzung mit dem Klienten gesucht werden. Die Hinzuziehung äußerer und objektiver Informationsquellen kann wichtig sein, um ein klareres Bild zu gewinnen. Dabei geht es nicht darum, den Klienten zu entlarven und zu beschämen, sondern die Chance für eine therapeutisch produktive Begegnung zu verbessern. In Einzelfällen kann auf diese Weise auch klarer werden, dass ein therapeutisches Arbeitsbündnis nicht erreicht werden kann.

Aufbau von Verhaltensalternativen. Mit einer Suchtentwicklung geht eine weitgehende Einengung der Erlebens- und Verhaltensmöglichkeiten einher. Im fortgeschrittenen Stadium dreht sich alles Denken und Handeln um die Beschaffung und Handhabung des Suchtmittels und um die Bewältigung der mit dem Konsum einhergehenden körperlichen und sozialen Folgen.

In der Behandlung ist daher all das wichtig, was der Einengung des Erlebens und Handelns entgegen wirkt und geeignet ist, den „Kern der Persönlichkeit" wieder aufzufüllen. In der Arbeit mit Straftätern ist dies von besonderer Bedeutung, weil es sich häufig um früh auffällige Menschen mit desolatem Hintergrund handelt, deren Verhaltensressourcen ohnehin dürftig waren. Alle Aktivitäten, die zu einer modernen multimodalen Suchttherapie gehören, können für Patienten wichtig sein. Dies gilt sowohl für gesprächsorientierte Behandlungselemente einschließlich Psychotherapie im engeren Sinne als auch für handlungsorientierte wie Arbeitstraining und sportliche Aktivität. Im Gemeinschaftsleben der Einrichtung und in spezifischen Gruppenaktivitäten können soziales Miteinander und Alternativen zur Selbstbetäubung als Reaktion auf Konflikte entwickelt werden. Im Grunde ist all das zu nennen, was dem Klienten Erlebnismöglichkeiten vermittelt und gesunde Verhaltensalternativen stärkt.

Training von Kompetenzen zur Alltagsbewältigung. Ein Aspekt von Suchtentwicklungen besteht häufig darin, dass die Betroffenen ihren Alltag und ihren persönlichen Bereich nicht mehr angemessen regeln und organisieren. Oft haben die Klienten sich um Rechnungen und Behördenpost überhaupt nicht mehr gekümmert. Wiederum gilt, dass ihre diesbezüglichen Kompetenzen schon primärpersönlich oft dürftig waren. Dies kann zu Problemen wie Obdachlosigkeit und Verschuldung beitragen. Verschiedene Studien haben in diesem Zusammenhang auf problematische Erwartungsdiskrepanzen zwischen Klienten und Beratern/Therapeuten hingewiesen. Zum Beispiel sind

Strafgefangenen mit Suchtproblemen finanzielle Schwierigkeiten ein wichtiges Anliegen, welches jedoch von Drogenberatern nicht aufgegriffen wird (Küfner et al. 1999). Patienten des Maßregelvollzugs zeigen zu Beginn der Behandlung überwiegend Interesse an einer Schuldenregulierung. Nach einem halben Jahr in der Unterbringung sind jedoch in kaum einem Fall vorbereitende Schritte unternommen worden (Schalast 2000).

Es ist ein Fehler, wenn in Therapien die psychotherapeutische Binnenschau gepflegt und Klienten von Alltagsproblemen entlastet werden, indem sich z. B. um Anschreiben von Gläubigern der Sozialdienst kümmert. Dies fördert auch eine unkritische Fehleinschätzung der Möglichkeiten, die Klienten sich für die Zeit nach der Entlassung aus einer Maßnahme ausmalen. Sie sollten vielmehr angehalten werden, persönliche Angelegenheiten zu regeln und zu klären. Dazu kann gehören, dass sie sich einen Überblick über ihre Schuldensituation verschaffen, mit Gläubigern Kontakt aufnehmen, Dokumente und Zeugnisse besorgen. Bei manchen Patienten werden in solchen Zusammenhängen große Unsicherheiten und Informationsmängel deutlich. Nicht selten stellt auch die fehlende Beherrschung von Kulturtechniken ein Hindernis dar. Nur wenn man in der Therapie die Möglichkeit schafft, entsprechende Defizite zu erleben, kann auch der Versuch unternommen werden, sie durch Unterstützung und Förderung auszugleichen.

▌ **Leistungsbereich.** Allgemeine Probleme in den Bereichen Arbeit und Leistung sind bei Straftätern mit Suchtproblemen ein wesentliches Problem. Rauchfleisch (1981, S. 79) weist auf die geringe Belastbarkeit, die hohe Störbarkeit und den Mangel an planender Voraussicht bei dissozialen Menschen im weiteren Sinne hin. Im institutionellen Rahmen konkretisiert sich diese Problematik auf unterschiedliche Weise. Zum einen findet man Klienten, die eine generell geringe Leistungsbereitschaft zeigen und sich Anforderungen auf unterschiedlichste Weise entziehen. Bei ihnen gewinnt man den Eindruck, dass ihnen die grundsätzliche Erfahrung fehlt, durch Anstrengung einen befriedigenden Zustand erreichen zu können, oder dass diese Zuversicht im Laufe der Suchtentwicklung verloren gegangen ist. Bei anderen lebt im beschützten Rahmen der Institution die Leistungsbereitschaft auf, und sie erweisen sich als beständige und oft geschickte Arbeiter (Alberti 1990). Bei ihnen beobachtet man dann nicht selten, dass sie sich grenzenlos überfordern, wenn ihnen die Rahmenbedingungen dies ermöglichen. Diese Selbstüberforderung wie auch das hohe Bedürfnis nach Anerkennung ihrer Leistung und die Empfindlichkeit gegenüber jeder Art von Kritik können zu Krisen führen, in denen sie enttäuscht, beleidigt oder verärgert aufgeben. Tendenziell finden wir den ersten Typus wohl häufiger unter drogenabhängigen, den zweiten Typus unter alkoholabhängigen Klienten.

Fördernde und qualifizierende berufliche Maßnahmen im Vollzug haben durchaus einen rückfallpräventiven Effekt. Für den Jugendstrafvollzug wurde festgestellt, dass entsprechende Maßnahmen die Zugangschancen zum

Arbeitsmarkt verbesserten; ein deutlich geringeres Rückfallrisiko wiesen allerdings nur diejenigen auf, die tatsächlich in ein Arbeitsverhältnis integriert werden konnten (Wirth 2003).

Affekt- und Spannungstoleranz. Zu dem Kernproblem bei Substanzstörungen gehört eine Schwäche der Affektregulation (Hayne 1990), die ja auch für schwere Persönlichkeitsstörungen, vor allem die emotional instabile Persönlichkeitsstörung, charakteristisch ist (Herpertz 2002; Herpertz et al. 2000). Der Süchtige gibt quasi das Bemühen auf, seine Affekte und sein inneres Gleichgewicht durch die aktive Auseinandersetzung mit der Umwelt regulieren zu wollen. Stabilität, Wohlbefinden und die Bewältigung von Spannungen sollen durch die Zuführung des Suchtmittels erreicht werden.

Der Versuch, die Affekttoleranz der Klienten zu stärken, ist ein wichtiges Ziel jeder tiefer gehenden Therapie. Zu Störungen der Affektregulation tragen vermutlich biologische wie auch biografische Ursachen bei, etwa selbst erlebte Gewalt und fehlende Bindungssicherheit in der frühen Kindheit. Die therapeutische Arbeit mit den Betroffenen ist stets eine Gratwanderung. Eine forcierte Konfrontation mit dem, was Klienten wirklich nahe geht, wird als bedrohlich erlebt und fördert Widerstand. Doch sollte natürlich das, was affektiv aufwühlt, auch nicht durchgängig gemieden werden. Ein wichtiges Prinzip ist es, Klienten dazu anzuhalten, in Momenten affektiver Erschütterung Worte zu finden für das, was sie erleben (van der Kolk 1998).

Als ein spezielles Verfahren zum Training der Affekt- und Spannungstoleranz wurde von M. Linehan die sog. Dialektisch-Behaviorale Therapie (DBT) entwickelt (McMain et al. 2001). Im Rahmen dieses strukturierten und manualisierten Verfahrens sollen Klienten lernen, mit negativen Affekten und Erfahrungen umzugehen, sich selbst zu beruhigen und die eigenen Emotionen konstruktiver zu steuern. In die DBT wurden in den letzten Jahren große Erwartungen gesetzt. Sie wurde allerdings ursprünglich für ein sehr spezielles ambulantes Setting und für Frauen mit Selbstbeschädigungstendenzen entwickelt. Es wäre unangemessen, sie als zwingende Indikation bei allen Formen psychisch instabiler Persönlichkeitsstörungen anzusehen (Blennerhassett u. O'Raghallaigh 2005). Adaptationen der DBT werden inzwischen in forensischen Kontexten erprobt (Oermann et al. 2004; Trestman u. Berzins 2004; siehe auch Abschnitt „Maßregelvollzug").

Linderung von Hyperaktivitätssymptomen. Eine Aufmerksamkeitsdefizit-/ Hyperaktivitätsstörung (ADHS) im Kinder- und Jugendalter stellt sowohl für die Entwicklung einer Substanzmissbrauchs- als auch einer dissozialen Störung einen wichtigen Risikofaktor dar (Davids u. Gastpar 2003), insbesondere, wenn sie mit einer „Störung des Sozialverhaltens" („conduct disorder") einhergeht (Hill 2003). Lange Zeit ging man davon aus, dass sich die Symptome einer ADHS im Erwachsenenalter überwiegend „auswachsen". Inzwischen vermutet man, dass sich bei 35 bis 50% der erkrankten Kinder die Störung bis ins Erwachsenenalter fortsetzt und zu klinisch bedeutsamen

Funktions- und Befindlichkeitsbeeinträchtigungen führt. Sekundäre Entwicklungsschäden wie Dissozialität und Persönlichkeitsstörungen können eine Folge einer Überforderung der Erziehungspersonen und fortgesetzt konflikthafter Erfahrungen mit dem sozialen Umfeld darstellen, wobei auch genetische Faktoren eine Rolle spielen (Sobanski u. Alm 2003; Heiser et al. 2003). In einer Stichprobe von 150 alkoholabhängigen Gewalttätern des Maßregelvollzugs nach § 64 StGB fanden Schalast et al. (2004) deutlichere Hinweise auf frühere ADHS-Symptome als in drei Vergleichsgruppen (nichtstraffällige Suchtpatienten, Strafgefangene und Normalpersonen).

Heßlinger et al. (2003) haben ein verhaltenstherapeutisches Gruppenprogramm für erwachsene Betroffene entwickelt. Die eingehenden Informationen zur ADHS-Störung, zur Affektregulation und zu Einflussmöglichkeiten, die das Programm vorsieht, können aus Sicht straffälliger Klienten einen neuen Fokus in der Auseinandersetzung mit Anpassungsproblemen setzen (statt „Ich tauge nichts": „Anpassung ist mir infolge einer umschriebenen Störung seit der Schulzeit schwergefallen"). Es erscheint sinnvoll, in längeren stationären Maßnahmen mit einem entsprechenden Behandlungsbaustein Erfahrungen zu sammeln. Die strukturierte Arbeitsform kann Klienten die aktive Mitarbeit erleichtern, die sich in offen interaktionellen Gruppen schwer tun.

Rechtsbewusstsein. In der Diskussion um Anforderungen an sozialtherapeutische Maßnahmen formulierte Fabricius (1991) die These, diese dürften sich nicht auf psychotherapeutische und rehabilitative Maßnahmen beschränken, sondern müssten „Rechtsbewusstsein" zu einem Kernthema machen (vgl. auch Kreuzer 2002). Dies korrespondiert mit einem empirisch gestützten Kriminalitätsmodell, welches delinquentes Verhalten nicht einfach auf niedrige Selbstkontrolle zurückführt (Gottfredson u. Hirschi 1990), sondern Normakzeptanz und Wertorientierung als wesentliche intervenierende Variablen ansieht, die den Zusammenhang zwischen prägenden sozialstrukturellen Faktoren und Delinquenzbereitschaft moderieren (Hermann 2003). Dies findet wiederum Bestätigung in Metaanalysen zur differenziellen Effektivität sozialtherapeutischer Maßnahmen (Lösel 1998; Hollin 1999). Nach diesen sind Behandlungsprogramme effektiver, wenn sie über ein kognitiv-behaviorales Element verfügen und gezielt versuchen, deliktfördernde Haltungen und Einstellungen zu verändern.

Dabei greift es zu kurz, sich die Modifikation von Einstellungen als einen rein kognitiven Prozess vorzustellen. Eine Verinnerlichung von Normen und Werten ist nicht denkbar ohne positive Bindungen an Personen, die Identifikationsmöglichkeiten bieten (vgl. Aichhorn 1925). Ein institutionelles Klima, welches die moralische Entwicklung der Klienten anregt, erfordert ein Bemühen um faire und nachvollziehbare Entscheidungen und eine Bereitschaft, sich mit Klienten über Werte und Entscheidungen auseinanderzusetzen (vgl. Walter 2003). Die Mitarbeiter sollten die geltenden Regeln kennen und möglichst in der Lage sein, sie zu begründen (Sachsse 1989). Regeln sollten nicht nur thematisiert werden, wenn sie – im Krisenfall – zur Anwendung kommen. Vielmehr sollte man sich ihre Bedeutung und ihre Funktion für die Gemeinschaft und Institution gelegentlich – gemeinsam mit allen Beteiligten – bewusst machen (Schalast 2000; Whiteley 1996).

Entscheidungen sollten nicht bürokratisch übermittelt, sondern im Betreuungskontakt mit dem Betroffenen offensiv vertreten werden (vgl. Fabricius 1992), ein Anspruch, der bei impulsiven Menschen mit einer aggressiven Anspruchshaltung erhebliche Anforderungen an die Mitarbeiter stellen kann. Dabei sollte das Bedürfnis von Klienten, auf Versagungen mit Ärger und Protest zu reagieren, von den Verantwortlichen durchaus akzeptiert werden. Manche später abhängigen Menschen lebten in Angst vor ihren Bezugspersonen oder in ungeordneten Strukturen, in denen für eine Auseinandersetzung niemand zur Verfügung stand. Die Entwicklung hin zur Autonomie ist für Jugendliche einfacher, die in sicheren Bindungen einen Rückhalt haben, auch wenn sie diese strapazieren und in Frage stellen (Allen u. Land 1999).

Therapeutische und betreuerische Bezugspersonen sollten ihre eigenen Werturteile nicht durchgängig zurückhalten, etwa aufgrund eines inadäquaten Verständnisses von therapeutischer Abstinenz. Im Gegenteil kann es sinnvoll sein, Klienten deutlich mit eigenen Werten zu konfrontieren. Wenn das Verhalten eines Klienten eine Mitarbeiterin empört, so gehört dies zunächst in die Interaktion – und vielleicht später in die Supervision. Eine Reifung von Gewissensstrukturen ist ohne das Erfahren von Grenzen und Werten bei wichtigen Anderen nicht vorstellbar.

Medikamentöse Maßnahmen. Medikamentöse Maßnahmen haben in der Behandlung von Suchterkrankungen eine zunehmende Bedeutung erlangt. Sie haben den Kreis derjenigen erweitert, die durch therapeutische Maßnahmen erreicht und stabilisiert werden können. Zum einen können natürlich komorbide Störungen den Einsatz von Medikamenten sinnvoll machen; zum anderen gibt es pharmakologische Strategien zur Rückfallprophylaxe bzw. zur „harm reduction" bei Suchtproblemen. Generell können allerdings auch ergänzende medikamentöse Maßnahmen nur effektiv sein, wenn ein Klient wenigstens ansatzweise über Problembewusstsein und eine Motivation zur Änderung des Lebensstils verfügt.

Anti-craving-Substanzen bei Alkoholabhängigkeit. Von Anti-craving-Substanzen erhofft man sich eine Minderung des auch nach längerer Abstinenz oft heftigen Verlangens nach erneutem Suchtmittelkonsum. Hinsichtlich Alkoholabhängigkeit wurden Hoffnungen in die Substanzen Acamprosat (Campral) und Naltrexon (Nemexin) gesetzt. Acamprosat greift in das glutamaterge System ein, welches beim Alkoholentzug eine wichtige Rolle spielt. Es ist keine Substitutionsdroge und hat kein Suchtpotenzial. Eine rückfallprophylaktische Wirkung ist inzwischen gesichert. Die medikamentöse Behandlung ist dabei kein Ersatz für eine psychosoziale Behandlung; sie sollte therapeutisch begleitet und/oder mit Selbsthilfegruppen kombiniert werden (Smolka et al. 2003). Acamprosat erhöht die Abstinenzquoten nach einer Entgiftungs- oder Entwöhnungsbehandlung. Es kann Abstinenz natürlich nicht erzwingen, weil es die Wirkung des Alkohols nicht aufhebt und keine Unverträglichkeit erzeugt. Voraussetzung eines Erfolgs sind daher eine einigermaßen stabile Entscheidung des Klienten, ein alkoholfreies Leben führen zu wollen, und innere und äußere Ressourcen, die ihm dies möglich machen.

Als Alternative zu Acamprosat ist auch der Opiatantagonist Naltrexon als Anti-craving-Substanz bei Alkoholabhängigen eingesetzt worden. Die Befundlage ist hier widersprüchlicher (Gastpar et al. 2002; Rubio et al. 2001). Neuerdings wird über Erfolge mit der Kombination von Acamprosat und Naltrexon berichtet (Kiefer et al. 2003). Ein interessanter Nebeneffekt einer Naltrexonmedikation besteht darin, dass der antriebssteigernde Effekt einer Alkoholisierung aufgehoben wird (Little 2000). Trinken die Betreffenden Alkohol, so werden sie schnell müde. Ob dies zur systematischen Prophylaxe delinquenten, vor allem impulsiv-aggressiven Verhaltens im Rausch nutzbar gemacht werden kann, ist wohl noch nicht systematisch geprüft worden. Entsprechende Versuche erscheinen im Einzelfall sinnvoll.

Disulfiram. Das unter der Handelsbezeichnung Antabus seit langem zur Rückfallprophylaxe eingesetzte Aversivmedikament erzeugt eine Alkoholunverträglichkeit durch Hemmung des Enzyms ALDH (Acetaldehydrogenase). Wird dennoch Alkohol konsumiert, so kommt es zu unangenehmen Begleitwirkungen (u. a. Übelkeit, Schwindel, Tachykardie). In der Literatur finden sich eher zurückhaltende Bewertungen (Garbutt et al. 1999; Degner u. Poser 2002). Chick (1998) befürwortet jedoch den Einsatz gerade bei Straftätern. Von einer kontrollierten Antabuseinnahme im Rahmen gerichtlicher Auflagen könnten die betreffenden Personen wie auch ihr Umfeld profitieren. Fuller u. Gordis (2004) sehen einen besonderen Nutzen bei Alkoholkranken, die sich abmühen, Abstinenz zu erreichen und bei denen eine gewisse Kontrolle der Einnahme des Medikamentes durch Dritte gewährleistet ist. Bei Klienten in freiheitsentziehenden Maßnahmen könnte Disulfiram gezielt eingesetzt werden, um die Gefahr eines Rückfalls im Rahmen von Vollzugslockerungen zur Entlassungsvorbereitung zu reduzieren.

Naltrexon bei Opiatabhängigen. Die schon erwähnte Substanz Naltrexon ist in Deutschland zugelassen zur medikamentösen Unterstützung einer psychotherapeutisch geführten Entwöhnungsbehandlung Opiatabhängiger nach erfolgter Entgiftung. Die Substanz hat selbst keine psychotropen Effekte und kein Suchtpotenzial. Die Einnahme führt einfach dazu, dass Opiate nicht mehr berauschen. Damit stellt Naltrexon für Drogenabhängige eine eher unattraktive Alternative zu einer Substitution dar. Entsprechend hat sich auch gezeigt, dass die Haltequote einer alleinigen Naltrexonbehandlung, im Vergleich etwa zum Methadon, gering ist (Bradford et al. 1975).

Anders sind die Ergebnisse jedoch, wenn Naltrexon im Rahmen strukturierter (Nachsorge-) Programme eingesetzt wird. Hier werden die Abstinenzquoten zum Teil deutlich positiv beeinflusst (Farren 1997). Dabei hat

Naltrexon gegenüber einer Substitution Vorteile: Eine tägliche Einnahme ist nicht erforderlich; eine „Diversion" (Umlenkung des Mittels auf den Drogenmarkt) macht anders als bei Methadon keinen Sinn; die Verträglichkeit ist im Allgemeinen gut; Naltrexon ist keine Suchtdroge.

Klienten mit relativ günstigen Voraussetzungen hinsichtlich Motivation und sozialen Parametern profitieren stärker von einer Medikation mit Naltrexon (Greenstein et al. 1984). Kirchmayer et al. (2003) fanden in einer Metaanalyse einen signifikanten Effekt für Verhaltenstherapie mit versus ohne Naltrexon dahingehend, dass die Naltrexongruppe eine geringere Reinhaftierungsquote aufwies. Es liegen auch Erfahrungen mit Naltrexonimplantaten vor, die noch nicht abschließend bewertet werden können (Degner u. Poser 2002).

Substitution. „Die Substitutionsbehandlung ist die Standardbehandlung der Heroinabhängigkeit" (Ullmann 2003). Während es in der Bundesrepublik etwa 5.500 Plätze für die stationäre Entwöhnungsbehandlung für Drogenabhängige gibt (Kreuzer 2002), wurden im Jahre 2002 über 50000 Abhängige mit Ersatzdrogen substituiert (Spegel et al. 2003).

Für den Nutzen und Erfolg der Substitutionsbehandlungen gibt es eine Fülle wissenschaftlicher Evidenz. Reuter und Küfner (2002) finden auf der Grundlage einer Metaanalyse zur Metadonsubstitution durchgehende Verbesserungen in den Bereichen Gesundheitszustand, Arbeit und Delinquenz. Bei guten Haltequoten stehen 85% der Klienten mehr als ein Jahr lang im Kontakt mit der substituierenden Einrichtung. Der Beikonsum nimmt ab, ist jedoch bei mindestens 30% der Klienten noch ein Problem, für Alkoholkonsum ist eine Zunahme zu verzeichnen. Etwa 7% der Klienten erreichen nach einem Jahr Opiatfreiheit, mit einem Anstieg im weiteren Verlauf. Generell wird festgestellt, dass eine Substitution langfristig Opiatfreiheit nicht verhindert. Die Abstinenzquoten substituierter und nicht substituierter Abhängiger sind nach 5 bis 10 Jahren vergleichbar (Finkbeiner u. Gastpar 1997; Maddux u. Desmond 1992). Substanziell gemindert bzw. gebessert werden durch Substitution jedoch Sterblichkeit, Infektionsraten und weitere gesundheitliche Parameter (Reuter u. Küfner 2002; Verthein et al. 1994).

Allen Substitutionsmitteln gemein sind eine gegenüber Opiaten flachere Pharmakokinetik und eine deutlich längere Halbwertszeit. Heroinabhängige erleben mehrmals täglich Intoxikations- und Entzugssymptome, mit Hilfe der Substitutionsmittel wird eine Stabilisierung erreicht. Die wichtigsten in der Bundesrepublik eingesetzten Substitutionssubstanzen sind Methadon (Polamidon) und Buprenorphin (Subutex). Beide verdrängen Heroin von den Opiatrezeptoren. Untersuchungen weisen auf eine ähnliche Wirksamkeit von Buprenorphin und Methadon im Hinblick auf Opiatfreiheit hin, bei einer etwas ungünstigeren Haltequote und einem etwas günstigeren Nebenwirkungsspektrum des Buprenorphins (West et al. 2000; Mattick et al. 2003; Fischer et al. 1999).

4.3.5.4 Maßnahmen im Rahmen des Strafvollzugs

Neben einschlägigen Therapieeinrichtungen weisen wohl keine Institutionen eine größere Konzentration von Menschen mit Suchtproblemen auf als die des Strafvollzugs. Zu einem beliebigen Zeitpunkt befinden sich deutlich mehr Drogenabhängige im Strafvollzug als in stationärer Therapie (Kreuzer 2002). Unter Anlegung recht strenger medizinischer Kriterien fanden Anstaltsärzte in NRW knapp ein Drittel Drogenabhängige und etwa 8% Alkoholabhängige unter den Neuzugängen mehrerer Haftanstalten (Wirth 2002). Im Laufe der Strafverbüßung (Stichtagserhebung) fanden sich bei 17% der Gefangenen Hinweise auf eine akute Suchtproblematik. Wirth spricht von einer „dramatisch hohen akuten Abhängigkeitsquote" – je nach Parameter 30 bis 50% – bei Gefangenen mit einer intensiven, durch erfolglose Therapieversuche gekennzeichneten Drogenkarriere vor der Inhaftierung.

Suchtspezifische Interventionen sind daher im Strafvollzug in hohem Maße geboten. Dabei werden die Möglichkeiten einer abstinenzorientierten Therapie unter den Bedingungen des Strafvollzugs allgemein ungünstig beurteilt (Preusker 2002). Ein Grundprinzip von Suchtbehandlung, nämlich befriedigende Verhaltensalternativen zu entwickeln und zu stabilisieren, ist in einem die Erlebnis- und Entfaltungsmöglichkeiten massiv begrenzenden Kontext naturgemäß schwierig. Vielmehr machen Merkmale der totalen Institution anfällig für alle möglichen Formen abweichenden Verhaltens und drängen dazu, vorgegebene Regeln und Systeme zu unterlaufen (Kreuzer 2002). Zudem stellen die Gefängnisse hinsichtlich des Gebrauchs von Opiaten wie auch anderer Suchtstoffe eine „Hochrisikoumgebung" dar. Wirth (2002) schätzt zwar den Anteil derjenigen, die im Gefängnis süchtig werden, als sehr klein ein. Doch führen die Restriktionen des Vollzugs dazu, dass Abhängige häufiger auf besonders riskante Konsumformen zurückgreifen (Spegel et al. 2003, S. 95).

Organisatorische und betreuerische Maßnahmen der Schadensminderung zielen unter anderem ab auf die Gefahren einer Virusinfektion, einer weiteren Fixierung süchtigen Verhaltens oder der Ausbeutung durch eine drogenspezifische Subkultur (Preusker 2002). Es wird aber auch über einzelne Versuche einer intensiveren abstinenzorientierten Behandlung im Vollzug berichtet (Dolde 1995).

Ein viel diskutierter Ansatz ist die Einrichtung „drogenfreier Bereiche" oder Abteilungen. In diesen Bereichen verpflichten die Gefangenen sich, auf Suchtmittelkonsum zu verzichten, und sie erklären sich mit regelmäßigen Kontrolluntersuchungen (Drogenscreenings) einverstanden. In vielen europäischen Ländern laufen entsprechende Versuche. Ein Problem besteht darin, dass die völlige Ausgrenzung einer Gruppe von Klienten aus dem Gesamtkollektiv der Haftanstalt organisatorisch schwierig ist (Preusker 2000). Drogenfreiheit kann durch die Vollzugsorganisation nicht sichergestellt werden. Zudem stoßen entsprechende Angebote auf subkulturelle Gegenpropaganda (Kreuzer 2002). Das Konzept der drogenfreien Bereiche erscheint dennoch ausgesprochen sinnvoll. Dabei sollten die vollzuglichen

Maßnahmen sich nicht auf Kontrollen und disziplinarische Maßnahmen beschränken. Entsprechende Versuche sollten durch möglichst intensive Beratungs- und Betreuungsangebote abgestützt und der Zusammenhalt der Gefangenen in den Bereichen gefördert werden.

Einen Mindeststandard der Suchtkrankenfürsorge im Strafvollzug stellen spezifische Beratungsangebote für Gefangene dar. Die Haftsituation erzeugt, besonders am Anfang, einen erheblichen Leidensdruck, der die Bereitschaft zu einer Neuorientierung anstoßen kann. Die Empfänglichkeit für Beratungs- und Behandlungsangebote ist bei vielen abhängigen Gefangenen hoch (Brochu et al. 1999). Externen Beratern fällt es nach Feststellungen von Küfner und Beloch (2001) leichter als den Sozialdiensten des Vollzugs, ein Vertrauensverhältnis zu den Gefangenen aufzubauen. Dabei sind betäubungsmittelabhängige Klienten im Allgemeinen empfänglicher für Beratungen als solche mit Alkoholproblemen (Küfner et al. 1999). Wenn manche Beratungseinrichtungen sich in der Arbeit jedoch nur auf drogenabhängige Gefangene beschränken (vgl. Kunkel-Kleinsorge 2002), ist dies korrekturbedürftig.

▌ **Substitution bei Strafgefangenen.** Während gesamtgesellschaftlich die Regelungen für eine medikamentöse Substitution flexibilisiert wurden, ist die Praxis des Strafvollzugs gerade in der Bundesrepublik überwiegend restriktiv (vgl. Kubink 2002; Ullmann 2003). Das aus der Diskussion um Substitutionsprogramme bekannte pauschale Argument, eine Aufrechterhaltung von Sucht sei mit dem ärztlichen Auftrag nicht zu vereinbaren, findet unter Juristen und Vollzugspraktikern noch manche Befürworter. Eine gegenüber suchtkranken Straftätern restriktive Haltung hat nachvollziehbare psychologische Gründe. Es widerstrebt, sich ihrer bisweilen aggressiven Anspruchshaltung scheinbar zu beugen; man ist wenig geneigt, ihren verantwortungslosen Lebensstil als krankhaft zu entschuldigen, ja, ihnen zu allem Überfluss die Haft mit Ersatzdrogen angenehm zu machen.

Andererseits haben Substitutionsmittel bei vorschriftsmäßiger Verabreichung keinen Rauscheffekt, der mit den Opiaten vergleichbar wäre. Sie haben durchaus auch unangenehme Wirkungen (z. B. Schlafstörungen beim Methadon), normalisieren körperliche und geistige Funktionen, mindern das Drogenverlangen und machen den Süchtigen oft erst erreichbar für weitere psychosoziale Maßnahmen. Die Unterbringung Drogenabhängiger im Regelvollzug ohne spezifische Betreuungsmaßnahmen ist wie schon dargestellt keineswegs geeignet, Abstinenz zu erzwingen. Vielmehr macht die Anstaltssituation anfällig für verschiedene Formen abweichenden Verhaltens, und die extramurale Drogenszene existiert in einer subkulturellen Form weiter (Kreuzer 2002). Durch gelegentlichen kleineren Konsum wird die psychische Abhängigkeit nur stabilisiert (Ziegler 1983). Drogenverlangen und die Reagibilität auf Schlüsselreize (Carter u. Tiffany 1999) bleiben in hohem Maße erhalten. Da drogenabhängige Gefangene gemäß internen Verwaltungsvorschriften als für Lockerungen ungeeignet gelten, werden sie mit großer Wahrscheinlichkeit kaum vorbereitet in die Freiheit entlassen.

Sie sind nun in besonders hohem Maße rückfallgefährdet, wobei es gerade bei Haftentlassenen gehäuft zu Überdosierungen und Todesfällen kommt (Heinemann et al. 2002). Stabilisierende und eine soziale Integration erleichternde Effekte einer Substitution sind vielfältig belegt, langfristig wird durch Substitution eine Drogenabhängigkeit nicht verlängert (s. o.).

Dabei ist eine unregulierte Verfügbarkeit von Ersatzstoffen im Strafvollzug weder denkbar noch sinnvoll. In Betracht käme eine Substitution bei den Gefangenen mit einer „intensiven, durch erfolglose Therapieversuche gekennzeichneten, Drogenkarriere", für die Wirth (2002) eine „dramatisch hohe akute Abhängigkeitsquote" während des Vollzugs berichtete. Die Substitution drogenabhängiger Gefangener sollte, ähnlich wie außerhalb des Vollzugs, keine alleinstehende Maßnahme sein, sie sollte durch Beratungs- und Selbsthilfeangebote abgestützt werden. Sie sollte auch mit Anforderungen an den Gefangenen verbunden sein, z. B. hinsichtlich einer Arbeitstätigkeit. Aus therapeutischer Sicht wäre es für manche Gefangene schon ein Fortschritt, wenn sie unter Substitution an einen aktiven und strukturierten Tagesablauf herangeführt werden könnten. Die Beratung der Gefangenen sollte auch auf die Vorbereitung einer Nachsorge ausgerichtet sein (Hiller et al. 1999). Während man für abhängige und vor allem aktiv konsumierende Gefangene den „Absturz" nach der Haftentlassung fast sicher erwarten muss, sind bei substituierten Gefangenen die Aussichten größer, dass die Überleitung in eine Nachsorge gelingt.

4.3.5.5 Maßregelvollzug gemäß § 64 StGB

Die „Unterbringung in der Entziehungsanstalt" gemäß § 64 StGB ist an folgende Voraussetzungen geknüpft (vgl. Schalast u. Leygraf 2002):

- Bei einem Straftäter muss ein *Hang* – eine mindestens psychische Abhängigkeit – vorliegen, Alkohol oder andere Rauschmittel *im Übermaß* zu sich zu nehmen.
- Eine Straftat muss auf den Hang zurückgehen, und es muss *infolge des Hanges* die Gefahr weiterer rechtswidriger Taten bestehen. Die strafbaren Handlungen sollen in gewisser Weise eine Auswirkung, ein Symptom der Suchtproblematik des Täters sein.
- Vom Täter müssen weitere strafbare Handlungen von einiger Erheblichkeit drohen.
- Es muss eine hinreichend konkrete Aussicht bestehen, den Süchtigen „zu heilen oder doch über eine gewisse Zeitspanne vor dem Rückfall in die akute Sucht zu bewahren" (BVerfGE 91,1).

Paragraf 64 StGB dient als „Maßregel der Besserung und Sicherung" der Gefahrenabwehr, die Anwendung ist nicht etwa bloß aus therapeutischen Gründen zulässig. Aber im Vergleich zu § 63 StGB hat der Behandlungszweck Priorität. Dies wird auch darin deutlich, dass die Anordnung eine positive Behandlungsprognose voraussetzt und die Dauer der Maßnahme, anders als bei der Unterbringung im psychiatrischen Krankenhaus, primär zeitlich begrenzt ist: Gemäß § 67 d(1) StGB darf die Dauer der Unterbringung 2 Jahre nicht überschreiten. Diese Frist erhöht sich, wenn vom Gericht neben der Unterbringung auch eine Freiheitsstrafe angeordnet wird (vgl. Schalast u. Leygraf 2002). Die Zahl der jährlichen Anordnungen der Unterbringung ist in den letzten beiden Jahrzehnten deutlich angewachsen, wobei die Zunahme bei drogenabhängigen Tätern gerade in den letzten Jahren erheblich war. In den alten Bundesländern einschließlich Berlin befanden sich am Stichtag 1. März 2002 über 2000 Personen im §-64-Maßregelvollzug (Statistisches Bundesamt 2003). Der Anstieg bei der Unterbringung von Drogentätern ist insofern bemerkenswert, als mit § 35 BtMG eine Spezialregelung existiert, drogenabhängigen Verurteilten den Antritt einer stationären Entwöhnungsbehandlung in einer freien Einrichtung zu ermöglichen, wenn die zu vollziehende Strafe (bzw. der Strafrest) weniger als 2 Jahre beträgt.

Durch die Zunahme bei den Anordnungen sind die Maßregeleinrichtungen und ihre Träger unter starken Druck geraten. Zudem hat das kriminalpolitische Klima der letzten Jahre dazu geführt, dass von den Einrichtungen ein immer höheres Maß an Sicherheit und Sicherung verlangt wird, wobei sich die Zahl der Untergebrachten mit schweren Gewaltdelikten tendenziell erhöht hat. Entsprechend findet sich auch ein Anstieg der Strafen, die neben der Unterbringung ausgesprochen wurden. Bei knapp der Hälfte der Untergebrachten wurde auf eine „Parallelstrafe" von mindestens 3 Jahren erkannt (von der Haar 2003). Die Ausrichtung des Vollzugs auf ein höheres Maß an Sicherung wird in einem erheblichen Rückgang gravierender problematischer Vorkommnisse im Verlauf von Unterbringungen deutlich (von der Haar 2002). Sowohl hinsichtlich Suchtmittelrückfällen als auch ganz besonders hinsichtlich Entweichungen aus den Kliniken hat sich ein gewisses Laissez-faire-Denken der frühen 80er Jahre (Schalast 1994) fast ins Gegenteil verkehrt. Auch ist im Laufe der letzten Jahre der Anteil der Patienten, bei denen die Maßnahme wegen fehlender Erfolgsaussichten beendet wird, ganz erheblich angestiegen und liegt inzwischen über 50% (von der Haar 2002; Schalast et al. 2005).

Die Vorstellung, bei der Maßregel gemäß § 64 StGB handele es sich um eine wenig problematische und therapeutisch überwiegend erfolgreiche Alternative zum Strafvollzug, muss daher deutlich relativiert werden. Aktuelle Forschungsergebnisse zeigen, dass die Unterbringung höchst selten auf ein positives Ergebnis (Entlassung mit günstiger Prognose zur Bewährung) hinausläuft, wenn bestimmte Risikofaktoren bei Patienten zusammentreffen. Zu diesen Risikofaktoren gehören: eine sehr instabile berufliche Anamnese, frühere Haftzeiten (*vor* dem Verfahren, welches zur Unterbringung führte), frühe Verurteilungen wegen Gewalttaten, erhöhte Reizbarkeit und Aggressivität im aktuellen Verhalten (Schalast et al. 2004).

Damit soll der Maßnahme ein therapeutisches Potenzial nicht abgesprochen werden. Dieses leitet sich schon ab aus dem Phänomen des Herausreifens aus Sucht und Kriminalität, welches nicht als ein natürlicher, quasi biologischer Prozess missverstanden werden darf. Eine angemessene ressourcenorientierte Therapie kann diesen Prozess unterstützen. Die in der

Entziehungsanstalt nach § 64 StGB vorgegebene Langzeitbehandlung erscheint auch sinnvoll vor dem Hintergrund eines Forschungsergebnisses zur sozialtherapeutischen Behandlung von Straftätern: dass nämlich intensive Behandlungsmaßnahmen bei Hochrisikotätern besonders sinnvoll und effektiv sind (Lipsey 1992). Dies hat vermutlich einen simplen statistischen Hintergrund: Effekte einer Maßnahme lassen sich in Evaluationen eher aufzeigen, wenn die anzugehende Problematik ausgeprägt ist. Eine niedrige Rückfallwahrscheinlichkeit lässt sich auch durch aufwändige Maßnahmen nur schwer so beeinflussen, dass bei Gruppenvergleichen statistische Signifikanz erreicht wird.

Die Kenntnis dieses „Risikoprinzips" und seine Bedeutung für die Indikation von Maßnahmen (Andrews u. Bonta 1994) sind allerdings ein schwacher Trost für die Kliniken, die unter einem großen Druck stehen, öffentlichkeitswirksame problematische Vorkommnisse von vornherein auszuschließen. Die Aufgabe, erheblich gestörte Patienten in einem überschaubaren Zeitraum – 1 bis 2 Jahre – erfolgreich zu behandeln, durch angemessene Lockerungen auf die Entlassung vorzubereiten und dabei keinerlei Risiko einzugehen, stellt eine Überforderung dar. Diese Überforderung hat zum starken Anstieg der Zahl der Patienten beigetragen, bei denen gemäß § 67d(5) StGB die Maßnahme wegen unzureichender Erfolgsaussichten abgebrochen wird. Es ist zu befürchten, dass bei einem Teil von ihnen durch die Erfahrung des erneuten Scheiterns und der Ausgrenzung dissoziale Haltungen verfestigt werden (vgl. Lösel u. Schmucker 2004; Moos 2005).

Was die Behandlungsmethodik betrifft, lassen sich die allgemeinen Ausführungen dieses Beitrags im Wesentlichen auf den §-64-Maßregelvollzug übertragen. Die Verantwortlichen sollten sich bemühen, gemeinsam mit dem einzelnen Patienten individuelle Therapieziele zu formulieren. Dabei wäre es naiv, einen Langzeitbehandlungsverlauf zu erwarten, in dem die anfangs identifizierten Therapieziele einvernehmlich und ohne krisenhafte Auseinandersetzungen erarbeitet werden können. Vielmehr ist davon auszugehen, dass sich die mehr oder weniger ausgeprägten Persönlichkeitsstörungen der Patienten als Interaktionsstörungen im sozialen Umfeld der Station und der Klinik und in den Beziehungen zu Mitarbeitern und Mitpatienten manifestieren (Streek 1998). Therapieplanung hat geradezu den Zweck, misstrauischen Erwartungen der Patienten mit einer unterstützenden Haltung zu begegnen und ihre anfängliche, zwiespältige Behandlungsmotivation (Schalast 2000) zu stabilisieren.

▍ **Spezifische Ansätze.** In jüngster Zeit wird der Einsatz spezifischer und komplexer Behandlungsprogramme für persönlichkeitsgestörte Patienten in forensischen Kontexten diskutiert und erprobt, z. B. der dialektisch-behavioralen Therapie (DBT) nach Linehan (1996) und der übertragungsfokussierten Psychotherapie (TFP, „transfer focussed psychotherapy") nach Kernberg (2001).

Erstere wurde ursprünglich entwickelt als störungsspezifisches Behandlungsangebot für Frauen mit der Diagnose einer Borderline-Persönlichkeitsstörung und der Tendenz zu selbstverletzendem Verhalten. Ein wesentlicher Baustein des Programms ist das sog. Fertigkeitentraining („skills training"). In Kleingruppen werden, unter Verwendung eines Manuals, soziale Kompetenzen und Strategien der Selbstregulation eingeübt, die sich an den typischen Symptomen der Störung orientieren (Stiglmeyer et al. 2002). Die dabei adressierten Regulationsdefizite finden sich in hohem Maße auch bei Straftätern mit Suchtproblemen: innere Leere, impulsives und selbstschädigendes Verhalten, emotionale Labilität, Schwierigkeit der Kontrolle von Wutgefühlen, chaotische Beziehungen, Angst vor dem Verlassenwerden.

In der TFP wird ein allgemeinerer Anspruch erhoben, Patienten mit schwerer Persönlichkeitsstörung durch aufdeckende Psychotherapie zu einem besseren und stabileren psychischen Funktionieren zu verhelfen (Dammann et al. 2001). Der Ansatz geht aus vom psychoanalytischen Grundprinzip, dass die basalen inneren Bilder von sich und anderen (Selbst- und Objektrepräsentanzen) sowie die vorherrschenden Abwehrmechanismen eines Patienten sein Erleben und Verhalten im therapeutischen Kontakt bestimmen und sich in der Übertragung auf den Therapeuten aktualisieren. Die basale Aktivität des Therapeuten entspricht dem „interaktionellen Prinzip" (Heigl et al. 1993): Der Therapeut nutzt sein eigenes Erleben, um den Patienten (in der Regel „taktvoll") mit abgewehrten, geleugneten Seiten seines Erlebens und Verhaltens zu konfrontieren. Dies ist notwendig bei Patienten, denen es strukturbedingt an der Bereitschaft zur Introspektion und Selbstkonfrontation mangelt. Adäquate Überlegungen werden angestellt zum Umgehen mit am Anfang vorherrschenden negativen Übertragungen und mit Affekten.

Beiden Ansätzen ist gemeinsam, dass vor Beginn der eigentlichen Behandlung eine Therapievereinbarung mit dem Patienten erarbeitet wird. Die Methodik der Behandlung wird dem Patienten erläutert, und es werden individuelle Therapieziele identifiziert. Lackinger und Dammann (2005) beleuchten die besonderen Schwierigkeiten, die sich bei der Konstituierung des therapeutischen Arbeitsbündnisses und dessen Aufrechterhaltung in der Arbeit mit Straftätern ergeben.

Persönlichkeitsstörungen sind Interaktionsstörungen (Streek 2002). Gerade in der Arbeit mit Straftätern ist es sinnvoll, damit zu arbeiten, was der Patient mit dem Interaktionspartner „macht". Im Hinblick darauf sind die Übertragungsfokussierung und die offensive und konfrontative Handhabung der Gegenübertragung in der TFP sinnvolle Arbeitsprinzipien. Einen Nachteil der TFP sehen wir darin, dass sie als Einzelbehandlung konzipiert ist, während jedenfalls in stationären forensischen Kontexten therapeutische Gruppenarbeit üblich ist und kaum verzichtbar erscheint (vgl. Tschuschke u. Weber 2002). Die Probleme von Patienten mit schweren Persönlichkeitsstörungen werden in Gruppensituationen deutlicher als in dyadischen Situationen. In der Gruppe gibt es „eine Pluralität der Übertragungen und mehr Bewegungsspielraum für den Therapeuten" (Streek 2002).

Für die schwierige Klientel der Entziehungsanstalten gibt es keine Patentlösungen. Es ist kein Verfahren denkbar, mit dem man die überwiegende Mehrheit der Patienten erreicht oder gar „heilt". Doch profitieren Patienten immer davon, wenn Behandler bemüht sind, Prinzipien eines Behandlungskonzeptes konsequent umzusetzen (gute „Programm-Implementierung", Moos et al. 1990). Sowohl DBT als auch TFP betonen die Bedeutung kontinuierlicher Supervision des Therapeuten. In beiden Verfahren ist man aktiv bemüht, den Patienten in einer produktiven Arbeitsbeziehung zu halten, und beide definieren Rahmenbedingungen, die auch die Behandler unterstützen und motivieren.

▌ **Substitution bei Maßregelpatienten.** Unsere Feststellungen zur Substitution bei Strafgefangenen sind mit Einschränkungen auch auf den Maßregelvollzug zu übertragen. In der Praxis begegnet man nicht wenigen drogenabhängigen Patienten mit erschreckend geringen persönlichen Ressourcen und einem durchgehenden Sozialversagen in der Vorgeschichte, die nicht unbedingt hochkriminell erscheinen, aber labil, unreif und unrealistisch hinsichtlich ihrer zukünftigen Perspektiven. Bei einigen hat man nach einer halbstündigen Erstexploration das Gefühl, dass völlige Abstinenz für sie längerfristig keine Perspektive darstellt (vgl. Schalast 2000, S. 132). Uhl (2002) kritisiert für die Drogentherapie ganz allgemein das dogmatische Festhalten am Abstinenzprinzip. Zu einem bestimmten Zeitpunkt seien weniger als 5% der Opiatabhängigen motiviert und in der Lage, das Ziel Drogenabstinenz in einer Therapie anzustreben; von denen, die es versuchen, brächen viele die Therapie vorzeitig ab. In den Entziehungsanstalten gemäß § 64 StGB konkretisiert sich dies in einer hohen Quote von Patienten, deren Unterbringung mit der Feststellung von „Aussichtslosigkeit" endet. Damit nutzt man weder den Patienten noch der Gesellschaft.

Zu empfehlen ist jedoch für den Maßregelvollzug ein klar strukturiertes Vorgehen mit anfänglicher Behandlung der Patienten auf Abstinenzbasis. Nur auf der Grundlage von Abstinenz können der Patient und seine Behandler die Ich-strukturellen Eigenarten und Schwierigkeiten des Patienten ungedämpft und ungefiltert erleben. Seine interaktionellen Probleme werden erfahrbar und können in der Behandlung aufgegriffen werden. Natürlich sollte in dieser Zeit auch geklärt werden, ob in dem Patienten überhaupt eine Bereitschaft geweckt werden kann, ein regelkonformes, sozial angepasstes Leben zu führen. Falls man hierfür aktuell keine Chancen sieht, ist die Beendigung gemäß § 67d(5) StGB kaum zu vermeiden.

Nach wenigstens einem halben Jahr Basisbehandlung auf der Grundlage von Abstinenz sollte über realistische Ziele und Optionen für das weitere Vorgehen gemeinsam beratschlagt werden. Wenn völlige Abstinenz für einen Patienten eine offensichtliche Überforderung darstellt, könnte über medikamentöse Hilfen nachgedacht werden. Nach erfolgreicher halbjähriger Abstinenz werden sich die meisten Patienten vermutlich selbst für eine weitere abstinenzorientierte Behandlung entscheiden (und ihre Stabilität dabei nicht selten überschätzen). Bei ihnen sollte diese Behandlungsform in aller Regel auch weiterverfolgt werden. Falls es zu Rückfällen und Krisen kommt, etwa im Rahmen einer Beurlaubung zur Entlassungsvorbereitung, kann über das weitere Vorgehen unter Einbeziehung des Patienten neu verhandelt werden. Wir sehen Grund zu der Hoffnung, dass eine so flexibilisierte Behandlungsstrategie etwas Druck von den Beteiligten nimmt, die Rate der „Therapieversager" mindert und die Effektivität der Maßnahme insgesamt erhöht.

Literatur

Aichhorn A (1925, 1987) Verwahrloste Jugend. Die Psychoanalyse in der Fürsorgeerziehung, 10. Aufl. Huber, Bern

Alberti G (1990) Arbeit mit alkoholgefährdeten und abhängigen Straftätern. In: DHS (Hrsg) Suchtkranke am Rande. Lambertus, Freiburg, S 85–99

Allen JP, Land D (1999) Attachment in adolescence. In: Cassidy J, Shaver PR (eds) Handbook of attachment theory and research. Guilford, New York

Andrews DA, Bonta J (1994) The psychology of criminal conduct. Anderson, Cincinnati, OH

Bohus M, Berger M (1996) Die Dialektisch-Behaviorale Psychotherapie nach M. Linehan. Nervenarzt 67:911–923

Bradford HA, Hurley FL, Golondzoeske O, Dorrier C (1975) Interim report on clinic intake and safety data collected from 17 NIDA funded naltrexone centres. In: Julius D, Renault P (eds) Narcotic antagonists: Naltrexone. NIDA Res Monogr 9:163–171

Brenneis CB (1998) Gedächtnissysteme und der psychoanalytische Abruf von Trauma-Erinnerungen. Psyche 52:801–823

Brochu S, Guyon L, Desjardins L (1999) Comparative profiles of addicted adult populations in rehabilitation and correctional services. J Subst Abuse Treat 16:173–182

Brown TG, Werk A, Caplan T, Shields N, Seraganian P (1998) The incidence and characteristics of violent men in substance abuse treatment. Addict Behav 23:573–586

Bushman BJ, Cooper HM (1990) Effects of alcohol on human aggression: An integrative research review. Psychol Bull 107:341–351

Carter BL, Tiffany ST (1999) Meta-analysis of cue-reactivity in addiction research. Addiction 94:327–340

Chick J (1998) Treatment of alcoholic violent offenders: Ethics and efficacy. Alcohol Alcohol 33:20–25

Dahle KP (1995) Therapiemotivation hinter Gittern. Roderer, Regensburg

Dammann G, Buchheim P, Clarkin JF, Kernberg OF (2001) Einführung in eine übertragungsfokussierte manualisierte psychodynamische Therapie der Borderline-Störung. In: Clarkin JF, Yeomans FE, Kernberg OF (Hrsg) Psychodynamische Therapie der Borderline-Persönlichkeit, Manual zur Transference Focused Psychotherapy (TFP). Schattauer, Stuttgart, S 461–481

Davids E, Gastpar M (2003) Aufmerksamkeitsdefizit-/Hyperaktivitätsstörung und Substanzmittelabhängigkeit. Psychiatr Prax 30:182–186

Degner D, Poser W (2002) Psychopharmakologische Behandlungsmöglichkeiten von Suchterkrankungen im Maßregel- und Strafvollzug. In: Gaßmann R, DHGS (Hrsg) Suchtprobleme hinter Mauern. Lambertus, Freiburg, S 185–192

Dolde G (1995) Drogengefährdete und Drogenabhängige im Justizvollzug. In: Dessecker A, Egg R (Hrsg) Die strafrechtliche Unterbringung in einer Entziehungsanstalt. Kriminologische Zentralstelle, Wiesbaden, S 93–103

Dulz B, Schneider A (1997) Borderline-Störungen. Theorie und Therapie, 2. Aufl. Schattauer, Stuttgart New York

Fabricius D (1991) Mindestanforderungen an eine resozialisierende Sozialtherapie. MSchrKrim 74:197–209

Fabricius D (1992) Die Klage des Querulanten. Recht & Psychiatrie 10:124–131

Farren CK (1997) The use of naltrexone, an opiate antagonist, in the treatment of opiate addiction. Ir J Psych Med 14:31–34

Fiedler P (1995) Persönlichkeitsstörungen, 2. Aufl. Beltz Psychologie Verlags Union, Weinheim

Finkbeiner T, Gastpar M (1997) Der aktuelle Stand in der Substitutionsbehandlung Drogenabhängiger. Nervenheilkunde 16:215–221

Fischer G, Gombas W, Eder H et al (1999) Buprenorphine versus methadone maintenance for the treatment of opioid dependence. Addiction 94:1337–1347

Fuller RK, Gordis E (2004) Does disulfiram have a role in alcoholism treatment today? Addiction 99:21–24

Garbutt JC, West SL, Carey TS, Lohr KN, Crews FT (1999) Pharmacological treatment of alcohol dependence – a review of the evidence. JAMA 281:1318–1325

Gastpar M, Bonnet U, Böhning J et al (2002) Lack of efficacy of naltrexone in the prevention of alcohol relapse – results from a German multicenter study. J Clin Psychopharmacol 22:592–598

Gottfredson M, Hirschi TM (1990) A general theory of crime. Stanford University Press, Stanford, CA

Grawe K, Donati R, Bernauer F (1994) Psychotherapie im Wandel. Hogrefe, Göttingen

Greenstein RA, Arndt IC, McClellan AT, O'Brien CP, Evans R (1984) Naltrexone: A clinical perspective. J Clin Psychiatry 45:25–28

Haar M von der (2002) Therapie im Maßregelvollzug – Konzepte und Erfahrungen. In: Gaßmann R (Hrsg) Suchtprobleme hinter Mauern. Lambertus, Freiburg, S 145–165

Haar M von der (2003) Stichtagserhebung im Maßregelvollzug nach § 64 StGB. Niedersächsisches LKH Wunstorf, Fachabteilung Bad Rehburg, Eigenverlag

Hayne MB (1990) Zum Problem der Affekte bei der Sucht. Forum der Psychoanalyse, Heft 6:105–115

Heigl F, Schulze-Dierbach E, Heigl-Evers A (1993) Die Bedeutung des psychoanalytisch-interaktionellen Prinzips für die Sozialisation von Suchtkranken. In: Bilitza KW (Hrsg) Suchttherapie und Sozialtherapie. Vandenhoeck & Ruprecht, Göttingen Zürich, S 230–249

Heinemann A, Gross U (2001) Infektionsprophylaxe für Drogenkonsumenten im offenen Strafvollzug durch Vergabe steriler Einmalspritzen über Automaten. Sucht 47:57–65

Heinemann A, Kappos-Baxmann I, Püschel K (2002) Haftentlassung als Risikozeitraum für die Mortalität drogenabhängiger Strafgefangener – Eine katamnestische Analyse von Hafterfahrungen vor drogenbedingten Todesfällen in Hamburg. Suchttherapie 3:162–167

Heiser P, Smidt J, Konrad K, Herpertz-Dahlmann B, Remschmid H, Hebebrand J (2003) Ursachen der Aufmerksamkeitsdefizit-/Hyperaktivitätsstörung. Kinder- und Jugendmedizin, Heft 4:135–142

Hermann D (2003) Werte und Kriminalität. Konzeption einer allgemeinen Kriminalitätstheorie. Westdeutscher Verlag, Wiesbaden

Herpertz SC (2002) Borderline-Persönlichkeitsstörungen aus neurobiologischer Sicht. Extracta Psychiatrica, Heft 11:9–14

Herpertz SC, Kunert HJ, Schürkens A et al (2000) Impulskontrolle und Affektregulation bei Persönlichkeitsstörungen. Psychother Psychosom Med Psychol 50:435–442

Heßlinger B, Philipsen A, Richter H, Ebert D (2003) Zur Psychotherapie der Aufmerksamkeitsdefizit-/Hyperaktivitätsstörung (ADHS) bei Erwachsenen. Verhaltenstherapie 13:276–282

Hill J (2003) Early identification of individuals at risk for antisocial personality disorder. Br J Psychiatry 182 (suppl 44):11–14

Hiller ML, Knight K, Simpson DD (1999) Prison-based substance abuse treatment, residential aftercare and recidivism. Addiction 94:833–842

Hollin CR (1999) Treatment programs for offenders. Int J Law Psychiatry 22:361–372

Kaye S, Darke S, Finlay-Jones R (1998) The onset of heroin use and criminal behaviour: Does order make a difference? Drug Alcohol Depend 53:79–86

Kernberg OF (1993) Psychodynamische Therapie bei Borderline-Patienten. Huber, Bern

Kernberg OF (2001) Die übertragungsfokussierte (oder psychodynamische) Psychotherapie von Patienten mit einer Borderline-Persönlichkeitsstörung. In: Clarkin JF, Yeomans FE, Kernberg OF (Hrsg) Psychodynamische Therapie der Borderline-Persönlichkeit, Manual zur Transference Focused Psychotherapy (TFP). Schattauer, Stuttgart, S 447–460

Kerner HJ (2000) Alkohol, Strafrecht und Kriminalität. In: Egg R, Geisler C (Hrsg) Alkohol, Strafrecht und Kriminalität. Schriftenreihe der Kriminologischen Zentralstelle Wiesbaden, S 11–26

Kiefer F, Jahn H, Holzbach R, Briken P, Stracke R, Wiedemann K (2003) Die Nalcam-Studie: Wirksamkeit, Verträglichkeit, Outcome. Sucht 49:342–351

Kirchmayer U, Davoli M, Verster A (2003) Naltrexone maintenance treatment for opioid dependence (Cochrane Review), In: The Cochrane Library, Issue 3. Update Software, Oxford

Kolk BA van der (1998) Zur Psychologie und Psychobiologie von Kindheitstraumata. Praxis Kinderpsychol Kinderpsychiatr 47:19–35

König JM (2003) Drogen und Delinquenz – Über den Zusammenhang von Drogenabhängigkeit und Kriminalität. Bewährungshilfe – Soziales Strafrecht Kriminalpolitik 50:182–191

Kreuzer A (2002) Bedingungen der strafrechtlichen Praxis in stationären Einrichtungen. In: DHS/Gaßmann R (Hrsg) Suchtprobleme hinter Mauern. Lambertus, Freiburg, S 35–63

Kubink M (2002) Anmerkung zu Hans – OLG Hamburg Beschl. v. 13.09.2001. Strafverteidiger, S 265–269

Küfner H, Beloch E, Scharfenberg CD, Türk D (1999) Evaluation von externen Beratungsangeboten für suchtgefährdete und suchtkranke Gefangene in bayrischen Justizvollzugsanstalten. Schneider Verlag Hohengehren, Baltmannsweiler

Küfner H, Beloch E (2001) Externe Beratung für Gefangene mit Drogenproblemen in bayrischen Justizvollzugsanstalten. In: Jacob J, Keppler K, Stöver H (Hrsg) LebHaft: Gesundheitsförderung für Drogengebrauchende im Strafvollzug. Deutsche Aidshilfe, Berlin, S 91–104

Kunkel-Kleinsorge S (2002) Externe Drogenberatung – Ein Praxisbericht. In: Gaßmann R (Hrsg) Suchtprobleme hinter Mauern. Lambertus, Freiburg, S 175–184

Lackinger F, Dammann G (2005) Besonderheiten der Behandlungsbedingungen bei der übertragungsfokussierten Psychotherapie (TFP) persönlichkeitsgestörter Delinquenten. Recht & Psychiatrie 23:103–115

Linehan MM (1996) Dialektisch-behaviorale Therapie der BPS. CIP-Medien, München

Lipsey MW (1992) The effects of treatment on juvenile delinquents – results from meta analysis. In: Lösel F, Bender D, Bliesener T (eds) Psychology and law: International perspectives. De Gruyter, Berlin New York, pp 131–143

Little HJ (2000) Alcohol as a stimulant drug. Editorial. Addiction 95:1751–1753

Lösel F (1998) Evaluation in der Straftäterbehandlung. Was wir wissen und noch erforschen müssen. In: Müller-Isberner R, Gonzales Cabeza S (Hrsg) Forensische Psychiatrie – Schuldfähigkeit, Kriminaltherapie, Kriminalprognose. Forum, Mönchengladbach, S 29–50

Lösel F, Schmucker M (2004) Sex offender treatment: A systematic review of outcome evaluations. Paper presented at the Jerry Lee Symposium, Washington DC

Luborsky L, McLellan AT, Woody GE, O'Brian CP, Auerbach A (1985) Therapist success and its determinants. Arch Gen Psychiatry 42:602–611

Maddux J, Desmond D (1992) Methadone maintenance and recovery from opioid dependence. Am J Drug Alcohol Abuse 18:63–74

Mattick RP, Ali R, White JM, O'Brien S, Wolk S, Danz C (2003) Buprenorphine versus methadone maintenance therapy: A randomized double-blind trial with 405 opioid-dependent patients. Addiction 98:441–452

McMurran M (2003) Alcohol and crime. Alcohol Concern Research Forum paper. www.alcoholconcern.org.uk/files/20031016_105305_Research%20forum%20McMurran.pdf. Cited 3 Mar 2006

Moeller FG, Dougherty DM (2001) Antisocial personality disorder, alcohol, and aggression. Alcohol Res Health 25:5–11

Moos RH (2005) Iatrogenic effects of psychosocial interventions for substance use disorders: Prevalence, predictors, prevention. Addiction 100:595–604

Moos RH, Finney JW, Cronkite RC (1990) Alcoholism treatment. Context, process, and outcome. Oxford University Press, New York Oxford

Murdoch D, Pihl RO, Ross D (1990) Alcohol and crimes of violence – present issues. Int J Addict 25:1065–1081

Pernanen K (1991) Alcohol in human violence. Guilford, New York

Petry J (1996) Suchtentwicklung und Motivationsdynamik. Psychotherapeut 41:225–235

Pihl RO, Peterson JB, Lau MA (1993) A biosocial model of the alcohol-aggression relationship. J Stud Alcohol 54 (suppl 11):128–139

Preusker H (2000) Alkoholprobleme im Justizvollzug. In: Egg, Geisler (Hrsg) Alkohol, Strafrecht und Kriminalität. Kriminologische Zentralstelle, Wiesbaden, S 217–231

Preusker H (2002) Suchtprobleme im Justizvollzug. In: Gaßmann R (Hrsg) Suchtprobleme hinter Mauern. Lambertus, Freiburg, S 123–129

Rasch W (1986) Forensische Psychiatrie, 1. Aufl. Kohlhammer, Stuttgart

Rauchfleisch U (1981) Dissozial. Vandenhoeck & Ruprecht, Göttingen

Regier DA, Farmer ME, Rae DS et al. (1990) Comorbidity of mental disorders with alcohol and other drug abuse. Results from the Epidemiologic Catchment Area (ECA) Study. JAMA 264:2511–2518

Reuter B, Küfner H (2002) Ergebnisse der Methadonsubstitution in Deutschland – eine qualitative und quantitative Zusammenfassung. Suchtmedizin 4:31–45

Rollnick S, Miller WR (1995) What is Motivational Interviewing? Behav Cogn Psychother 23:325–334

Ross RR, Fabiano E (1985) Time to think: A cognitive model of delinquency prevention and offender rehabilitation. Institute of Social Sciences and Arts, Johnson City, TN

Rossow I, Lauritzen G (1999) Balancing on the edge of death: Suicide attempts and life-threatening overdoses among drug addicts. Addiction 94:209–219

Rubio G, Jiménez-Arriero, Ponce G, Palomo T (2001) Naltrexone vs. acamprosate: One year follow-up of alcohol dependence treatment. Alcohol Alcohol 36:419–425

Sachsse U (1989) Psychotherapie mit dem Sheriffstern. Gruppenpsychother Gruppendynamik 25:141–158

Sachsse U (1995) Selbstverletzendes Verhalten – Psychodynamik/Psychotherapie, 2. Aufl. Vandenhoeck & Ruprecht, Göttingen

Schalast N (1994) Unterbringung in der Entziehungsanstalt. Probleme der Behandlung alkoholabhängiger Straftäter. Recht & Psychiatrie 12:2–10

Schalast N (2000) Motivation im Maßregelvollzug gemäß § 64 StGB. Fink, München

Schalast N, Leygraf N (2002) Unterbringung und Behandlung im Maßregelvollzug gemäß § 64 StGB. In: Schneider F, Frister H (Hrsg) Alkohol und Schuldfähigkeit. Springer, Berlin Heidelberg New York, S 181–201

Schalast N, Mushoff S, Demmerling R (2004) Alkoholabhängige Patienten im MRV gemäß § 64 StGB. Projektzwischenbericht. Institut für Forensische Psychiatrie der Universität Duisburg-Essen, Essen

Schalast N, Dessecker A, Haar M von der (2005) Unterbringung gemäß § 64 StGB – Entwicklungstendenzen und gesetzlicher Regelungsbedarf. Recht & Psychiatrie 23:3–10

Seifert D, Leygraf N (1998) Drogenabhängige Straftäter im Maßregelvollzug. Nervenarzt 70:450–456

Smolka MN, Kiefer F, Mann K (2003) Fortschritte in der Behandlung von Alkoholabhängigen: die medikamentöse Rückfallprophylaxe. Münch Med Wochenschr 145:65–69

Sobanski E, Alm B (2003) ADHS im Erwachsenenalter – Das A und O ist die Exploration der Symptomatik. NeuroTransmitter 3:62–65

Spegel H, Simon R, Hüllinghorst R, David-Spickermann M (2003) Bericht des nationalen Reitox-Knotenpunkts Deutschland – Drogensituation 2002. Im Auftrag der Europäischen Beobachtungsstelle für Drogen und Drogensucht (Lissabon) und des Bundesministeriums für Gesundheit

Statistisches Bundesamt (2003) Strafvollzug. Fachserie 10 (Rechtspflege), Reihe 4. Metzler & Poeschel, Stuttgart

Stiglmayr C, Schehr K, Bohus M (2002) Fertigkeiten-Training im Rahmen der Dialektisch-behavioralen Therapie für Borderline-Störungen. Persönlichkeitsstörungen 6:126–134

Streek U (1998) Persönlichkeitsstörungen und Interaktion. Psychotherapeut 43:157–163

Streek U (2002) Gestörte Verhältnisse – Zur psychoanalytisch-interaktionellen Gruppentherapie von Patienten mit schweren Persönlichkeitsstörungen. Persönlichkeitsstörungen 6:109–125

Tschuschke V, Weber R (2002) Persönlichkeitsstörungen und Perspektiven gruppentherapeutischer Behandlungen – ein aktueller Überblick. Persönlichkeitsstörungen 6:80–93

Uhl A (2002) Heroingestützte Behandlung von Drogenabhängigkeit: Welchen Stellenwert haben die aktuellen Studien? Sucht 48:312–314

Ullmann R (2003) Wenn Sucht Krankheit ist, ist Substitutionsbehandlung Krankenbehandlung (Anm. zu Hans – OLG Hamburg Beschl. v. 13.09. 2001). Strafverteidiger 23:293–296

Vaillant GE (1983) The natural history of slcoholism. Harvard Univ Press, Cambridge, MA

Verthein U, Kalke J, Raschke P (1994) Resultate internationaler und bundesdeutscher Evaluationsstudien zur Substitutionstherapie mit Methadon – eine Übersicht. Psychother Psychosom Med Psychol 44:128–136

Walter J (2003) Demokratie und Moralentwicklung im Jugendstrafvollzug? Neue Kriminalpolitik 4:138–141

West SL, O'Neal KK, Graham CW (2000) A meta-analysis comparing the effectiveness of buprenorphine and methadone. J Subst Abuse 12:405–414

Whiteley JS (1996) Innerer und äußerer Zwang in der therapeutischen Gemeinschaft. Recht & Psychiatrie 14:155–167

Winnick C (1962) Maturing out of narcotic addiction. Bull Narc 14:1–7

Wirth W (2002) Das Drogenproblem im Justizvollzug – Zahlen und Fakten. Bewährungshilfe 49:104–122

Wirth W (2003) Arbeitsmarktorientierte Entlassungsvorbereitung im Strafvollzug – Ein Modellprojekt zeigt Wirkung. Bewährungshilfe 50:307–318

Wöller W, Kruse J (2001) Deutende Interventionstechniken bei Patienten mit schweren Persönlichkeitsstörungen. Psychotherapeut 46:326–331

Ziegler G (1983) Suchtmittel im Vollzug. In: DHGS (Hrsg) Sucht und Delinquenz – Rechtsfragen und therapeutische Möglichkeiten. Hoheneck, Hamm, S 85–95

4.4   Spezielle Therapieformen

F. Pfäfflin

Historisch betrachtet haben sich die meisten heute anerkannten Psychotherapieformen für Straftäter und auch für andere Patienten aus den psychoanalytisch bzw. psychodynamisch orientierten Vorläufern entwickelt. Dies geschah entweder durch Ausbau und Verfeinerung früherer Konzepte oder auch im expliziten Gegenzug dazu. Im zuletzt genannten Fall wurden die Vorläufer meist radikal verworfen. Neue Modelle und neue Terminologien wurden entwickelt, um den Fortschritt zu markieren. Dabei spielten nicht nur fachliche, sondern auch berufspolitische Gesichtspunkte eine wesentliche Rolle. In der Dialektik des Fortschritts wurde dabei nicht selten übersehen, dass durch die Neuformulierungen doppelte Arbeit geleistet werden musste, weil bereits Bekanntes erst wieder entdeckt werden musste, manchmal auch hilfreiche frühere Konzepte vorübergehend ganz aus dem Blick gerieten, bis man zwangsläufig anhand der Aporien der neuen Konzepte wieder auf sie stieß.

Selbst die Forschungsgeschichte der Straftäterbehandlung lässt sich psychodynamisch deuten. Betrachtet man nämlich psychoanalytisch bzw. psychodynamisch orientierte Verfahren als „Mutter" aller modernen Psychotherapieformen, dann ist zu erwarten, dass diese Mutter wie alle Mütter gleichzeitig geliebt und gehasst wird. Aus der Perspektive des Kleinkindes ist es unvermeidlich, dass die Mutter alles besser weiß, auch wenn deren Entscheidungen nicht immer einzusehen sind. Mit fortschreitendem Heranwachsen wird die ständige Überlegenheit der Mutter für das Kind immer unerträglicher, und es möchte die Welt auf eigenen Füßen erforschen. Mutters Vorgaben sind ihm zeitweise nur noch ärgerlich, und es muss sich nachdrücklich dagegen abgrenzen. Wohl auch deshalb muss jede Generation das, was die vorausgegangene Generation bereits wusste, neu entdecken, neu erfinden und neu formulieren. Dies gilt nicht zuletzt für den Prozess der Traditionsbildung in der Straftäterbehandlung.

In dieser Tradition hat, international betrachtet, die Kriminaltherapie heute die führende Rolle inne, verschwistert und parallelisiert mit kognitiv-behavioralen Konzepten, im Vergleich zu denen psychodynamische Behandlungsmodelle weit abgeschlagen sind und unter Gesichtspunkten von „*evidence based medicine*" marginalisiert, wenn nicht vollkommen überholt erscheinen. Es gehört zu den fast unentbehrlichen Versatzstücken der kriminaltherapeutischen Literatur, sich über psychodynamische Konzepte zu mokieren und deren Unwirksamkeit, wenn nicht gar Schädlichkeit, an Beispielen zu illustrieren (z. B. Urbaniok 2003).

In den folgenden Abschnitten wird deshalb die Kriminaltherapie vorangestellt, die vor allem in Kanada, den USA, Australien und Neuseeland verbreitet ist und zunehmend neben Großbritannien auch in weiteren europäischen Ländern Fuß gefasst hat. Es wird aber empfohlen, auch die folgenden Abschnitte über psychodynamische Verfahren sowie den Abschnitt über Psychotherapieforschung zur Kenntnis zu nehmen.

4.4.1 Strukturierte Kriminaltherapie

Der Terminus (psychiatrische und psychologische) *Kriminal*therapie ist im deutschsprachigen Schrifttum noch nicht lange gebräuchlich, findet sich z. B. noch nicht in dem von Bauer (1992) herausgegebenen dreibändigen *Lexikon des Sozial- und Gesundheitswesens* oder in der jüngsten Auflage des vom Deutschen Verein für öffentliche und private Fürsorge (2002) herausgegebenen *Fachlexikon der sozialen Arbeit*. Auch in den Lehrbüchern der forensischen Psychiatrie von Rasch und Konrad (2004) und Nedopil (2000) wird es weder in den Inhalts- noch in den Sachverzeichnissen aufgeführt. Programmatisch vorgetragen werden der Terminus und das damit gemeinte Konzept vor allem von der Arbeitsgruppe um Müller-Isberner aus dem hessischen Maßregelvollzug in Haina und Gießen (Müller-Isberner 2002, 2004; Müller-Isberner u. Gretenkord 2002; Müller-Isberner u. Eucker 2003; Freese 2003). Diese Autoren greifen zurück auf das von Ross und Fabiano (1985) im kanadischen Strafvollzug entwickelte *Reasoning and Rehabilitation Programme* (vgl. Ross et al. 1988; Tong u. Farrington 2006), das in der Fachwelt unter dem Akronym R&R-Programm firmiert (Gretenkord 2002), und das sie zusammen mit anderen verhaltenstherapeutischen, kognitiv-behavioralen und psychoedukativen Programmen für die Behandlung psychisch kranker

Rechtsbrecher im Maßregelvollzug adaptierten. Zu den kriminaltherapeutischen Methoden zählt Müller-Isberner (2004) neben medikamentöser Therapie und psychotherapeutischen Verfahren auch Ergotherapie, Bildungsmaßnahmen und Soziotherapie. Die folgende Darstellung, die sich auf die genannten Quellen bezieht, konzentriert sich auf die psychoedukativen und psychotherapeutischen Verfahren im engeren Sinne.

Programmatisch unterscheidet sich Kriminalpsychiatrie von herkömmlichen Therapieformungen in der *Zielsetzung.* Während Letztere Heilung des subjektiven Leides eines Patienten anstreben oder zumindest Linderung von Beschwerden bzw. – bei unheilbaren Leiden – Verhütung weiterer Verschlimmerung, zielt die Kriminaltherapie darauf ab, Rückfälle delinquenten Verhaltens zu vermeiden bzw. dem Behandelten durch die Implantierung äußerer und innerer Kontrollmechanismen zu ermöglichen, keine Rechtsbrüche mehr zu begehen. Dabei wird kriminelles Verhalten nicht per se als Krankheit aufgefasst, die der Behandlung bedürfte, obwohl das Wortungetüm Kriminaltherapie dies nahe legt. Anstelle von Heilung geht es um Kontrolle, wie dies im englischen Schlagwort *„no cure but control"* einprägsam formuliert ist. So reduziert dieses Ziel auch klingen mag, bietet es gegenüber dem Ziel der Heilung den Vorteil besserer Operationalisierbarkeit. Insbesondere Straftäter, die ihr kriminelles Verhalten Ich-synton verarbeiten (z. B. viele Männer, die mit pädosexuellen Handlungen auffällig werden) und die deshalb keine „Krankheitseinsicht" haben und gar nicht verstehen, weshalb sie sich behandeln lassen sollen und was an ihnen geheilt werden könnte, können sich viel besser auf das operationalisierte Ziel einlassen, selbst Kontrolle über ihre Handlungen zu gewinnen, um nicht wieder in Strafhaft oder in den Maßregelvollzug zu kommen. Dass sie darüber hinaus in der Behandlung noch viel mehr lernen (sollen), steht auf einem anderen Blatt.

Seit der Metaanalyse von Andrews et al. (1990, vgl. Andrews u. Bonta 1994; Lösel 2001; Hanson u. Morton-Bourgon 2004) zu Untersuchungen von Straftäterbehandlung gelten für diese die 3 folgenden Prinzipien:

1. das *Risikoprinzip*, das besagt, dass sich die Intensität des therapeutischen Angebots an der Höhe des Rückfallrisikos zu orientieren hat;
2. das *Bedürfnisprinzip*, wonach in der Behandlung in erster Linie die tatsächlich kriminogenen Faktoren, nicht dagegen irgendwelche allgemeinen Persönlichkeitsmerkmale oder Symptome, wie z. B. Depressivität, zu fokussieren sind;
3. das *Ansprechbarkeitsprinzip*, das besagt, dass die Behandlung den individuellen Aufnahmekapazitäten und dem Lernstil der Behandelten angemessen sein muss.

Verhaltenstherapie

Erste Bausteine dessen, was heute als Kriminaltherapie firmiert, kann man in den symptomzentrierten Behandlungsansätzen aus den ersten Gehversuchen der Verhaltenstherapie sehen, in denen mit einfachen Konditionierungen versucht wurde, bestimmte (erwünschte) Verhaltensweisen (durch

Belohnungen) zu verstärken (sog. *„token economy"*) und andere (uner-
wünschte) Verhaltensweisen (durch aversive Reaktionen) zu löschen (z. B.
dosierte Elektroschocks, unangenehme Geruchsreize, Beschämung) oder
(mit Hilfe zusätzlicher Techniken) umzukonditionieren. Das wichtigste
diesbezügliche Experimentierfeld war die Sexualstraftäterbehandlung (vgl.
die älteren Übersichten bei Arentewicz u. Schorsch 1980 sowie Abel et al.
1992). Aversionstherapien gelten heute als überholt und sogar kontraindiziert, weil sie langfristig eher zu einer Verschlechterung der Symptomatik
führen (Hall 1995). Dagegen sind die lerntheoretischen Prinzipien der
positiven Verstärkung gewünschter Verhaltensweisen zum Allgemeingut in
praktisch allen Psychotherapierichtungen geworden, wenn auch nicht mehr
in der schlichten Form von *„token economy"* mit einfachen Belohnungen,
sondern in der Anerkennung und Respektierung prosozialen Verhaltens.

█ Kognitiv-behaviorale Module

Mit der kognitiv-behavioralen Wende ab Mitte der 1970er Jahre verlagerte
sich der Schwerpunkt weg von den nur kurzfristig wirksamen, langfristig
aber schädlichen Aversionsbehandlungen, die anfangs das Feld beherrscht
hatten, zu differenzierteren Zielsetzungen als der bloßen Symptombeseiti-
gung. Die Patienten sollten nicht nur etwas aufgeben, sondern basale Fähigkeiten und Fertigkeiten hinzugewinnen, soziale Defizite aufholen, um
generell mit den Schwierigkeiten des Lebens besser zurechtzukommen (allgemeine Zielsetzungen). Zusätzlich sollten sie lernen, neue Straftaten zu
unterlassen bzw. ihr Verhalten so zu kontrollieren, dass sie nicht wieder
rückfällig wurden (deliktbezogene Zielsetzungen).

Bereits bei Abel et al. (1992) nehmen jene Behandlungsmodule, die der
Überwindung von Defiziten gewidmet sind, einen weit breiteren Raum ein
als die schlichten früheren verhaltenstherapeutischen Interventionen zur
Symptombekämpfung. Einübung sozialer Fertigkeiten („social skills training"), Selbstsicherheitstraining („assertiveness training"), sexuelle Aufklärung und Behandlung sexueller Funktionsssstörungen, Paartherapie, Behandlung von Alkohol- und Drogenabhängigkeit werden jetzt als allgemeine Basismodule in breiter angelegte Behandlungsprogramme aufgenommen. Selbstwertregulierung, die Veränderung von Einstellungen und Werthaltungen, die Bearbeitung von Bagatellisierungen, Verleugnung und Spal-
tung sowie kognitiver Verzerrungen und die Entwicklung von Empathie
mit dem Tatopfer werden nunmehr zu unverzichtbaren spezifischen Be-
standteilen unterschiedlichster Behandlungsprogramme für Straftäter (Marshall et al. 1998, 1999; Hollin 2004).

█ Rückfallpräventionsprogramme (RPP)

Die bereits in den 1970er Jahren in den USA entwickelten (publiziert erst
in den 1980ern: Marlatt u. Gordon 1985) und bald dort, später auch in anderen angloamerikanischen Ländern vielfach eingeführten Rückfallpräven-

tionsprogramme (RPP) entstanden zunächst im Kontext von Alkohol- und Drogenabhängigkeitsbehandlung (vgl. das Kurzmanual von Wanigaratne et al. 1990). Sie waren die Antwort auf die Erkenntnis, dass mit traditionellen Behandlungen zwar Abstinenz erreicht werden konnte, die Klienten nach Abschluss der Behandlung aber meist nach kurzer Zeit und in großer Zahl wieder rückfällig wurden. Dies zu verhindern, war das Ziel der RPP. Im Jahr 1983 übertrugen Pithers et al. das Konzept auf die Sexualstraftäterbehandlung, wo man die gleichen Beobachtungen gemacht hatte: Behandlungserfolge von Verhaltenstherapien hatten sich als nicht stabil erwiesen. Mit Auffrischsitzungen sollten sie stabilisiert werden, wobei der Schwerpunkt in diesen „booster-sessions" darauf gelegt wurde, riskante Situationen und andere kritische intervenierende Variablen zu identifizieren und ihnen gegenzusteuern. Während es sich anfänglich bei den Rückfallpräventionsprogrammen ausschließlich und explizit um Nachbehandlungen gehandelt hatte, entwickelten sich rasch viele Modifikationen, die sich teils zu eigenständigen Behandlungsprogrammen auswuchsen und dabei viele Module kognitiv-behavioraler Therapieformen assimilierten. Benutzt wurden sie vor allem zur Rückfallprophylaxe in Einzelbehandlungen, als Anleitungen zur selbstkontrollierten Vermeidung von Rückfällen und als Strukturierungen für externes Risikomanagement unter Nachsorgebedingungen (Pithers 1990), was letztlich aber immer doch eine fachkundige Vorbehandlung voraussetzte (Eucker 2002 a).

Obwohl man die RPP den kognitiv-behavioralen Programmen zurechnen muss, weil sie, wie erwähnt, viele kognitiv-behaviorale Techniken integrierten, wurde für sie eine eigene Terminologie entwickelt, die es sinnvoll erscheinen lässt, sie gesondert zu benennen. Spezifika sind insbesondere Rückfallübungen bzw. Übungen zu dessen Vermeidung („relapse rehearsal") und Techniken zur Herausarbeitung scheinbar irrelevanter Entscheidungen, die im Rahmen von Rückfallzyklen bzw. Verhaltensketten über Hochrisikosituationen bis schließlich zum Rückfall führen können, sofern der Patient die Abfolge nicht aktiv unterbricht. Über zahlreiche Modifikationen der Programme, die wie alle anderen in diesem Abschnitt beschriebenen Programme am besten im Gruppensetting wirken, finden sich nähere Informationen bei Ward et al. (1998), Eccles u. Marshall (1999), Laws (1999) und Pfäfflin (2001). Isoliert und ohne ausgiebige Vorbehandlung sollten die RPP wohl kaum angewandt werden. Einzelne Elemente der Verhaltenskette können bei dissozialen bzw. antisozialen Persönlichkeitsstörungen auch als Verstärker in Richtung Rückfall wirken, weshalb hier andere Techniken nützlicher sind. Im Vergleich zur Euphorie, mit der die RPP in der Praxis aufgenommen und verbreitet worden waren, ist die Datenlage zum Nachweis ihrer Wirksamkeit eher schmal. Das mag unter anderem auch daran liegen, dass die Programmintegrität unter den Bedingungen ambulanter Nachbehandlungen nicht so konstant gehalten werden kann wie unter den stationären Bedingungen des Straf- und Maßregelvollzugs und es obendrein im ambulanten Setting weitaus schwieriger ist, vollständige Datensätze zu erhalten.

▌ Reasoning and Rehabilitation-Program (R&R)

Das Manual dieses in kanadischen Justizvollzugsanstalten und seit 1998 auch im Maßregelvollzug in Haina eingeführten Behandlungsprogramms ist nicht frei im Handel erhältlich, sondern wird nur im Zusammenhang mit der Ausbildung zum R&R-Trainer abgegeben. Die folgende Darstellung stützt sich auf die übersichtliche und lesenswerte Zusammenfassung von Zielen und Vorgehensweisen von Gretenkord (2002; vgl. Müller-Isberner u. Eucker 2003; Robinson u. Porporino 2004). Im Prinzip handelt es sich beim R&R um eine Intensivschulung, bei der nicht die Probleme des jeweils einzelnen Patienten im Zentrum stehen, sondern das Begreifen und Einüben kognitiver Fertigkeiten in einem Gruppenprozess, die ganz generell der Problembewältigung und damit auch der Rückfallprävention dienen. In 35 vorstrukturierten Gruppensitzungen von je 2 Stunden Dauer, die zum Teil Vor- und Nacharbeit in Form von Hausaufgaben erfordern, werden anhand von audiovisuellen Präsentationen, Spielen, Denkaufgaben, Rollenspielen und Gruppendiskussionen mit Videofeedback unter anderem die folgenden kognitiven und behavioralen Fertigkeiten eingeübt:

▌ Problemlösen
  - Problemerkennung
  - Problemidentifikation
  - nonverbale Kommunikation
  - verbale Kommunikation
  - alternatives Denken
  - konsequenzorientiertes Denken
  - selbstsichere Kommunikation

▌ Einüben sozialer Fertigkeiten
  - jemanden um Hilfe bitten
  - sich beschweren können
  - andere überzeugen
  - eigene Reaktion auf Überzeugungsversuche anderer
  - Umgang mit widersprüchlichen Botschaften u. a.

▌ Verhandlungsfertigkeiten
  - Eingehen von Kompromissen

▌ Umgang mit Emotionen
  - Wut- und Ärgermanagement

▌ Kreatives Denken
  - gute und schlechte Aspekte einer Idee
  - an alle Faktoren denken
  - Regeln
  - Konsequenzen und Folgen
  - Ziele, Pläne, Vorstellungen
  - Planen
  - Prioritäten setzen
  - Alternativen bedenken und entscheiden
  - Fremdperspektiven einnehmen

▌ Entwicklung von Werten und Rücksicht auf die Belange anderer Menschen
  - Lernen am Modell
  - Verstärken prosozialer Verhaltensweisen
  - Empathie
  - Entscheiden moralischer Dilemmata
▌ Kritisches Urteilen
  - Intellektuelle Neugier wecken
  - Objektivität
  - Flexibilität
  - fundiertes Urteilen
  - Offenheit und Respekt gegenüber anderen
  - Prioritäten setzen, Beharrlichkeit und Bestimmtheit.

Zusammenfassend lässt sich sagen, dass fest verankerte maladaptive Denkmuster, die kriminelles Verhalten fördern, ersetzt werden sollen durch funktionalere Denk- und Verhaltensmuster, die es den Probanden erlauben, sozial akzeptable Entscheidungen zu treffen. Es wird ihnen nicht eingebläut, *was* sie denken sollen – denn dagegen würden sie sich ohnehin wehren. Vielmehr wird erläutert und in den Übungen erfahren, *wie* sie bisher gedacht haben und zu welchen (negativen) Konsequenzen das geführt hatte. In der Interaktion mit den Gruppenteilnehmern und Trainern erlernen sie alternatives Entscheidungsverhalten und erfahren, wie sie damit in der zwischenmenschlichen Interaktion besser zurechtkommen.

Die Akzeptanz des Trainings ist hoch, und dies gilt auch für seine Wirksamkeit, vorausgesetzt, die Programmintegrität wird gewährleistet und die Gestaltung der Sitzungen durch die Gruppenleiter erfolgt in einer die Neugier und das Lernverhalten der Gruppenteilnehmer angemessen fördernden Weise. Die Trainer oder Coaches des Programms brauchen keine Psychotherapeuten zu sein. Im kanadischen Strafvollzug wird auch anderes Personal intensiv dafür geschult, was gleichzeitig dazu beiträgt, ein institutionelles Klima zu etablieren, das für positive Veränderungen der Klientel günstig ist (Robinson u. Porporino 2004). Das Programm eignet sich auch für geistig behinderte Patienten, sollte dann aber in geringerer zeitlicher Dichte angeboten werden, um die Patienten nicht zu überfordern. Nicht geeignet ist es für Patienten mit zu starker Minderbegabung und Demenz sowie für Patienten mit chronisch instabilen Psychosen. Patienten ohne ausreichende Sprachkenntnisse können davon nicht profitieren. Für bereits sozial kompetente Patienten stellt es eine Unterforderung dar, und Patienten mit hohen Werten auf der „psychopathy-checklist" nach Hare machen zwar gut mit, ohne aber im Übrigen ihr Verhalten in anderen Kontexten entsprechend zu ändern (Gretenkord 2002).

▌ Zusätzliche Behandlungsprogramme

Die beschriebenen Programme (Verhaltenstherapie, RPP, R&R und kognitiv-behaviorale Programme ganz allgemein) sind hoch strukturierte, intensive, multimodale Basisprogramme, die, wenn mit Integrität und Enthusiasmus betrieben (Müller-Isberner 2002), im stationären Setting zu guten Ergebnissen führen. Besonders günstig ist, wenn sie mit ambulanter Nachsorge kombiniert werden, wie dies in Hessen geschieht (Freese 2003). Die Behandlung fokussiert dabei immer auf die Rückfallvermeidung, ist primär symptom-, nicht syndromorientiert.

Dennoch ist unstrittig, dass die Basisprogramme für besondere Täter- bzw. Patientengruppen der spezifischen Ergänzung bedürfen. In der Sexualstraftäterbehandlung sind zusätzliche spezifische Akzente zu setzen (Beek u. Kröger 2004; Beek u. Bullens 2004; Eucker 2002 b; Marshall et al. 1999). Das gilt insbesondere auch für minderbegabte Sexualstraftäter (Coleman u. Haaven 1998) ebenso wie für therapeutisch vorgebildete Sexualstraftäter (Pfäfflin 2004) und Priester (Hanson et al. 2004). Für Patienten mit Erkrankungen aus dem Formenkreis der Psychosen eignen sich zusätzliche psychoedukative Programme, wie z. B. das Pegasus-Konzept (psychoedukative Gruppenarbeit mit schizophrenen und schizoaffektiv Erkrankten) (Wienberg 1977; vgl. Hofstetter 2002) oder auch das integrierte psychologische Therapieprogramm für schizophrene Patienten (IPT) (Bauer 2002 a). Für Patienten mit schwerwiegenden Persönlichkeitsstörungen können hochfrequente Gruppenbehandlungen, wie sie im Strafvollzug des Kantons Zürich im Rahmen des „Ambulanten-Intensiv-Programms" (AIP) praktiziert werden, die einzige aussichtsreiche Rehabilitationschance bieten (Urbaniok 2003). Im Maßregelvollzug nach § 63 und 64 StGB bisher noch wenig erprobt ist die dialektisch-behaviorale Therapie (DBT) für Borderline-Persönlichkeitsstörungen nach Linehan (1996 a, b). Über erste Erfahrungen dazu aus dem hessischen Maßregelvollzug und über notwendige Programmmodifikationen unter den Bedingungen der geschlossenen Langzeitbehandlung, die der Maßregelvollzug erfordert, berichtet Bauer (2002 b). In einer eigenen gerade abgeschlossenen Untersuchung wurde die dialektisch-behaviorale Therapie nach Linehan in einer rheinischen Maßregelklinik verglichen mit der psychodynamisch ausgerichteten übertragungsfokussierten Borderline-Behandlung (TFP, Transference Focused Psychotherapy) nach Clarkin et al. (2001; vgl. Kernberg 2000; Dammann et al. 2000), die in einer westfälischen Maßregelklinik im Kontext der §-64-Behandlung erprobt wurde.

4.4.2 Psychodynamische Straftäterbehandlung

Die Anfänge der psychotherapeutischen Straftäterbehandlung reichen zurück in das Wien von vor knapp 100 Jahren, als der Pädagoge Aichhorn, Mitglied und lange auch Vorsitzender der Wiener Psychoanalytischen Vereinigung, im Ortsteil Oberhellabrunn eine Anstalt für verwahrloste Knaben gründete und diese Jungen und Adoleszenten behandelte. Der Bericht darüber, zu dem Freud das Geleitwort schrieb, erschien erst wesentlich später (Aichhorn 1925). Unter den heute in der Forensik Tätigen ist diese Schrift weitgehend in Vergessenheit geraten, ebenso wie die von Eissler (1949) aus Anlass von Aichhorns 70. Geburtstag herausgegebene Festschrift

„Searchlights on Delinquency". Im Vorwort zu Aichhorns Buch schrieb Freud (1925, S. 5): „Die Möglichkeit der analytischen Beeinflussung ruht auf ganz bestimmten Voraussetzungen, die man als ‚analytische Situation' zusammenfassen kann, erfordert die Ausbildung gewisser psychischer Strukturen, eine besondere Einstellung zum Analytiker. Wo diese fehlen, wie beim Kind, beim jugendlichen Verwahrlosten, in der Regel auch beim triebhaften Verbrecher, muss man etwas anderes machen als Analyse, was dann in der Absicht wieder mit ihr zusammenfällt." Er nahm damit vorweg, was viele Kritiker der Psychoanalyse auch heute noch mit viel Emphase vortragen zu müssen glauben. Aichhorns Therapietechnik bestand in dem, was später als „korrigierende emotionale Erfahrung" beschrieben wurde. Gemeint ist damit, dass er die sadomasochistischen Tendenzen seiner Patienten frustrierte, indem er auf deren delinquentes Verhalten keine aggressive oder strafende Antwort gab, sondern sich darum bemühte, zusammen mit ihnen zu verstehen, was sie zu ihren Handlungen bewogen hatte, und mit ihnen alternative Verhaltensweisen auszuloten.

Daran anknüpfend betonte Eissler (1953), dass Delinquenten wegen ihrer narzisstischen Störungen, ihrer Beziehungsstörungen und ihrer Aggressivität in der Regel gar nicht zu einer spontanen positiven Übertragung in der Lage seien. Des Weiteren könnten sie Gefahren nicht differenzieren, und wenn sie Angst erlebten, schlage diese gleich in Panik bzw. destruktives Agieren um. Aggressives Verhalten sei das ihnen vor allem zur Verfügung stehende Mittel der Angstabwehr. Therapietechnisch stelle dies an den Therapeuten besondere Anforderungen, insbesondere, dem Patienten gegenüber Wohlwollen zu bewahren, um dessen Aggression zu mindern. Neben diesem ersten Prinzip hielt er es für wichtig, den Patienten zu überraschen, d.h. seine Neugier zu wecken, und schließlich, ihm auch zu realen Befriedigungen zu verhelfen. Erst wenn diese Form der Basisbehandlung erfolgreich verlaufen sei, was sich darin zeige, dass Aggression durch Angsterfahrungen ersetzt und das delinquente Verhalten reduziert werden könne, im engeren Sinne psychodynamisch weitergearbeitet werden.

Legt man diese von Aichhorn und Eissler entwickelten Modelle über die korrigierende emotionale Erfahrung zugrunde und ergänzt sie durch Überlegungen der weiteren psychoanalytischen Theoriebildung und Behandlungstechnik (Thoma u. Kächele 1992, 1996) sowie der auf die Straftäterbehandlung applizierten Bindungsforschung (Fonagy 2004; Pfäfflin u. Adshead 2004), dann sind basale Module der psychodynamischen Behandlung beschrieben: Der Patient braucht einen Halt, eine empathische, fördernde, ihn neugierig machende und anerkennende Atmosphäre, ein ihn tragendes Team, das Sicherheit vermittelt und ihn anregt, damit er überhaupt erst konfliktfähig (im Sinne innerer Konflikte) wird und sich im weiteren Verlauf der Therapie mit Hilfe von Deutungen und Konfrontationen diesen Konflikten stellen und sein Verhalten ändern kann.

Wird eine neue Behandlungsmethode entwickelt, ist die erste Generation jener, die sie anwendet, in der Regel voller Enthusiasmus. Was hier über die Haltung in der psychodynamischen Psychotherapie gesagt wurde, findet sich fast wortgleich in Müller-Isberners bereits zitierten Beschreibungen der Kriminaltherapie. Mit demselben Enthusiasmus gingen die ersten Psychoanalytiker ans Werk, behandelten aber vornehmlich im Einzelsetting. Ältere Behandlungsberichte finden sich bei Abraham (1925), Schmiedeberg (1932), Alexander u. Healy (1935), Friedlander (1947), Eissler (1949), Redl u. Wineman (1951, 1965) und Glover (1960); eine Übersicht über weitere Arbeiten bis 1970 bei Böllinger (1979) und weitere Übersichten bei Cox u. Theilgaard (1987), Cordess u. Cox (1996) sowie Schorsch et al. (1996). Aktuelle Einzelfallberichte über psychodynamisch orientierte Sexualstraftäterbehandlungen legte zuletzt Mika (2004) aus einem ambulanten Setting unter Gerichtsauflage vor; des Weiteren Schott (2004) aus dem stationären Setting des Maßregelvollzugs und Gramigna (2004) aus dem Setting des Strafvollzugs, wobei in dem zuletzt genannten Beispiel sowohl psychodynamische als auch kognitiv-behaviorale Methoden zur Anwendung kamen. Berner und Preuss (2002) sowie Preuss und Lietz (2004) demonstrieren, wie eine primär kognitiv-behavioral strukturierte und manualisiert durchgeführte Gruppentherapie davon profitieren kann, wenn die Gruppenprozesse sowie die einzelnen Gruppenmitglieder und ihre Interaktionen auch psychodynamisch beleuchtet werden.

Obwohl sich Psychoanalytiker und psychodynamisch arbeitende Psychotherapeuten sehr viel mit Verbrechen beschäftigten, die in Form von Phantasien und in Träumen ihrer Patienten thematisiert wurden, ließen sich, so muss eingeräumt werden, allerdings nur sehr wenige auf die Psychotherapie von Personen, die tatsächlich straffällig geworden waren, ein. Die wenigsten publizierten ihre Fallberichte, und die Zahl derer, die sich an kontrollierten Studien beteiligten, blieb bedauerlicherweise sehr gering.

Ungeachtet dessen kann jedoch festgehalten werden, dass die Bedeutung der therapeutischen Allianz bzw. hilfreichen therapeutischen Beziehung, die für psychodynamische Therapien schon immer zentral war, mit zu den am besten empirisch untersuchten Behandlungsmodalitäten zählt (Horvath u. Bedi 2002; Horvath u. Greenberg 1994). Es ist erfreulich zu beobachten, wie sie mittlerweile auch in den kognitiv-behavioralen Behandlungsmodellen thematisiert und in ihrer Bedeutung erkannt und wertgeschätzt wird. Dass diese Beziehungsgestaltung wesentlich durch Übertragungs- und Gegenübertragungsprozesse beeinflusst wird, ist bisher erst im psychodynamischen Kontext hinreichend anhand der „Operationalisierung Zentraler Beziehungskonfliktthemen" (ZBKT) empirisch untersucht (Luborsky u. Crits-Cristoph 1998). In solchen repetitiven und häufig dysfunktionalen Schemata und Beziehungsgestaltungen kristallisieren sich lebensgeschichtliche Beziehungserfahrungen, was in der Sprache kognitiv-behavioraler Therapiemodelle wohl am ehesten mit dem Terminus „kognitive Distorsion" erfasst wird.

Mit zu den am meisten verbreiteten Missverständnissen über psychodynamische Psychotherapie gehört die Auffassung, es gehe in diesen Therapien primär oder gar ausschließlich um die Aufdeckung von sich deterministisch auswirkenden Traumatisierungen in der Kindheit. Tatsächlich steht, wie auch in den kognitiv-behavioralen und allen anderen wirksamen Psychotherapien, die aktuelle Beziehungsgestaltung ganz im Vordergrund, wie an der bereits erwähnten übertragungsfokussierten Psychotherapie für Borderline-Störungen exemplarisch abzulesen ist (Clarkin et al. 2001). Sie wird im Hinblick auf „kognitive Distorsionen" untersucht, indem Bagatellisierungen, Projektionen, Verleugnung und andere Formen dessen, was in psychoanalytischer Terminologie als Abwehr und Widerstand beschrieben ist, gedeutet werden. Überhaupt lassen sich die meisten Fachtermini der kognitiv-behavioralen Sprache nahtlos in psychodynamische Fachtermini transponieren. Statt von „Förderung der Selbstkontrolle" spräche man dann von „Stärkung der Autonomie", anstelle von „Erlernen kreativen Denkens" von „Förderung der Symbolisierungsfähigkeit". Weitere Beispiele finden sich bei Pfäfflin u. Mergenthaler (1998). Der wahrscheinlich wesentlichste Unterschied liegt im praktischen Vorgehen: Die kognitiv-behavioralen Programme werden vornehmlich didaktisch übermittelt, während dieselben Inhalte in psychodynamischen Therapien von der Intention her vornehmlich anhand der Entwicklung der therapeutischen Beziehung exemplifiziert, gedeutet und verändert werden. Psychodynamisch arbeitende Therapeuten haben früher darüber manchmal vergessen, das sog. Deliktszenario mit dem Patienten genau zu explorieren und durchzuarbeiten, während kognitiv-behavioral orientiert arbeitende Therapeuten umgekehrt zuweilen blind für die Bedeutung der unmittelbar interaktionell inszenierten Beziehungsgestaltung waren. Diesbezüglich können sie wechselseitig voneinander lernen. Für die meisten Patienten ist für beide therapeutische Schulen das Gruppensetting von Vorteil, weil sie dabei nicht nur von den Interaktionen mit dem Therapeuten, sondern auch von jenen mit den anderen Gruppenmitgliedern profitieren. Sowohl das Gruppensetting als auch das diadische Setting kann für einzelne Patienten zu bestimmten Zeiten eine Überforderung darstellen. Wie der von Schott (2004) beschriebene Fall belegt, gibt es Verläufe, die eine maßgeschneiderte Behandlung erfordern.

4.4.3 Psychotherapieforschung bei Straftätern

Die vielfach zitierte pessimistische Äußerung Martinsons (1974) über die Straftäterbehandlung ganz generell, „nothing works", war so provozierend, dass seither enorme Anstrengungen unternommen wurden, die Straftäterbehandlung zu verbessern und ihre Erfolge zu belegen. Diese Anstrengungen zeitigten Erfolge, wie eine große Zahl mittlerweile erschienener Metaanalysen belegt. Sie sind in der Fachliteratur so vielfältig referiert (z.B. in Einzelbeiträgen in Hollin 2004; Rehn et al. 2001; Steller et al. 1994; vgl. Müller-Isberner 2004), dass es hier genügt, die wesentlichen Ergebnisse kurz zusammenzufassen: Adäquate Straftäterbehandlung reduziert bei einer durchschnittlichen Effektstärke von $r = 0,10$ bis $r = 0,30$ die Rückfälligkeit statistisch signifikant. Nicht nur unter humanen Aspekten, sondern auch volkswirtschaftlich ist sie der bloßen Verwahrung haushoch überlegen. Sie ist umso wirksamer, je mehr sie auf die Behandlung kriminogener Faktoren fokussiert und sich evidenzbasierter Methoden bedient. Am sichersten nachgewiesen sind die Effekte für kognitiv-behaviorale, multimodale, intensive und gut strukturierte Behandlungsprogramme. Aversionsbehandlungen und unstrukturierte Therapien können sich negativ auswirken. Behandlungsindikation, -intensität und -methoden sollten sich an den bereits genannten Prinzipien orientieren: dem Risiko-, dem Bedürfnis- und dem Ansprechbarkeitsprinzip. Für psychodynamische Behandlungen liegen keine neueren Untersuchungen mit ausreichenden Stichproben vor. Dass solche wirksam sein können, belegen derzeit vor allem Einzelfallstudien, die aber in der von Metaanalysen dominierten Forschungslandschaft keine Beachtung finden. Man mag sich fragen, ob eine größere Zurückhaltung in der Bewertung von Metaanalysen, die ja nur grobe statistische Sekundärauswertungen von meist durch andere ausgeführte klinische Forschungen sind, angezeigt sein könnte. Wie das bereits erwähnte Beispiel einer intensiven kognitiv-behavioralen Sexualstraftäterbehandlung im niederländischen Maßregelvollzug zeigt (Beek u. Kröger 2004), kann auch eine solche Behandlung in die Sackgasse führen, aus der die gleichzeitige Berücksichtigung psychodynamischer Gesichtspunkte möglicherweise herausführen könnte.

Das primäre Forschungsinteresse ebenso wie das Interesse der Allgemeinheit an der Straftäterbehandlung liegt in der Senkung des Rückfallrisikos, weshalb in den vergangenen Jahren das größte Gewicht auf Metaanalysen zur Senkung dieses Risikos lag. Was die Behandlungsforschung selbst anlangte, entwickelte sie sich auf weite Strecken getrennt von der allgemeinen Psychotherapieforschung, die ihrerseits bis heute die Straftäterbehandlung so gut wie nicht zur Kenntnis nimmt, obwohl sich viele gleich lautende Aufgaben stellten und noch immer stellen. Selbst in der jüngsten Ausgabe des maßgeblichen Handbuchs der schulenübergreifenden Psychotherapieforschung (Lambert 2004) werden mit Ausnahme von ein oder zwei kleineren Studien über straffällige Jugendliche, die nur in Nebensätzen berührt werden, keine Studien aus dem großen Feld der Straftäterbehandlung erwähnt. Innerhalb der allgemeinen Psychotherapieforschung konvergieren die Ergebnisse unterschiedlicher Schulen, was auch nicht Wunder nimmt, bedenkt man, dass es schulenübergreifend empirisch gesicherte Wirkfaktoren gibt, selbst wenn sie in Nuancen sprachlich gelegentlich unterschiedlich formuliert werden. Karasu (1986), ein Vertreter humanistischer Psychotherapieformen, identifizierte schon vor langem als wichtigste Wirkfaktoren das affektive Erleben, die kognitive Bewältigung und die Verhaltensänderung. In anderer Terminologie beschrieb Luborsky (1993) als Vertreter psychodynamischer Psychotherapien die empirisch gesicherte zentrale Bedeutung des psychotherapeutischen Arbeitsbündnisses und die Fähigkeit des Therapeuten, das zentrale Beziehungskonfliktthema des Patienten zu identifizieren und es diesem verständlich zu machen, so dass er in der Durcharbeitung sein Verhalten ändern kann. Ganz ähnlich extrahierte Grawe (1997), ein Vertreter der kognitiv-behavioralen Richtung, aus den

Forschungsbefunden als wichtigste Wirkfaktoren die (affektive) Aktualisierung des Problems, die kognitive Herausarbeitung von dessen Bedeutung sowie seine Bewältigung unter Nutzung der Ressourcen des Patienten. Wir haben kürzlich die Frage aufgeworfen, ob forensische Psychotherapie neu erfunden werden müsse, und dabei die Marksteine, Fragestellungen und Ergebnisse der allgemeinen Psychotherapieforschung jenen der Forschung im Bereich der forensischen Psychotherapie gegenübergestellt (Pfäfflin u. Kächele 2002). Die Antwort auf diese Frage kann nur sein, dass man sich vieles vereinfachen würde, griffe man die Entwicklungen im jeweils anderen Feld aktiver auf. Zu bedenken ist immerhin, dass die mittlere Effektstärke in der allgemeinen Psychotherapieforschung erheblich höher liegt als in der Straftäterbehandlung, nämlich bei $d = 0{,}80$. Es ist hier also noch viel aufzuholen.

Insbesondere geht es dabei auch um die Untersuchung von Psychotherapieprozessvariablen, an denen Wirkmechanismen bzw. *„agents of change"* mikroanalytisch identifiziert werden können. Ein Beispiel aus dieser Forschung sei hier zum Abschluss vorgestellt.

In der Universitätsklinik für Psychosomatische Medizin und Psychotherapie, Ulm, ist Psychotherapieprozessforschung seit vielen Jahren etabliert, insbesondere die computerunterstützte Textanalyse transkribierter Psychotherapiesitzungen, die unabhängig voneinander von Dahl (1972) und Spence (1970) in den USA und von Kächele und Mergenthaler seit 1975 in Ulm entwickelt wurde. Aus dieser Forschung ist die Ulmer Textbank entstanden, in der eine große Zahl unterschiedlicher Korpora von Therapietranskripten für die Forschung zur Verfügung steht (Mergenthaler u. Kächele 1991). Für die einheitliche Transskription der Texte wurden Regeln erstellt (Mergenthaler u. Stinson 1992). Richtungsweisend sind insbesondere Mergenthalers Untersuchungen zum Verlauf von Emotions/Abstraktions-Mustern im psychotherapeutischen Prozess (therapeutisches Zyklusmodell), mit denen sog. *„change"* bzw. *„shift events"* operationalisiert und gemessen werden können. Ausgehend von den in unterschiedlichen Psychotherapieschulen identifizierten wichtigsten *„change agents"* sprechen gleichzeitig hohe emotionale Beteiligung und Abstraktion, die sich lexikalisch computerunterstützt erfassen lassen, für Verhaltensänderungen, die sich am Therapietranskript objektivieren und mit unabhängigen Parametern als erfolgreich eingestufte Psychotherapien von nichterfolgreichen unterscheiden lassen (Mergenthaler 1996).

Lexikalisch und computerunterstützt erfasst werden vier verschiedene Emotions/Abstraktions-Muster (Abb. 4.4.1), die den idiosynkratischen Wortgebrauch des Patienten, des Therapeuten oder auch der Patient-Therapeut-Diade berücksichtigen (z-transformierte Nulllinie).

- Das erste Muster, *„relaxing"*, zeigt einen entspannten Zustand des Sprechers. Er gebraucht unterdurchschnittlich häufig emotionale und abstrakte (reflektierende) Vokabeln.
- Das zweite Muster, *„experiencing"*, ist Ausdruck hoher emotionaler Beteiligung bei gleichzeitig unterdurchschnittlicher Abstraktion.

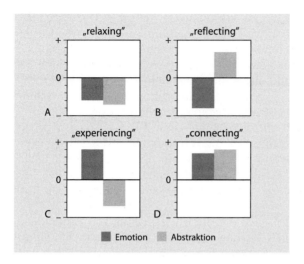

Abb. 4.4.1. Die 4 Emotions/Abstraktions-Muster (Mergenthaler 1996)

▌ Im dritten Muster, *„reflecting"*, liegen die Verhältnisse gerade umgekehrt. Der Wortgebrauch ist abstrakt, emotionale Worte sind unterrepräsentiert.

▌ Im vierten Muster, *„connecting"*, finden sich gleichzeitig hohe Ladungen emotionaler Tönung sowie Abstraktion des gesprochenen Textes. Es sind dies Textpassagen, in denen so etwas wie emotionale Einsicht, d. h. Verhaltensänderung, zur Abbildung kommt.

Idealtypisch stellt sich ein therapeutischer Zyklus so dar wie in Abb. 4.4.2 wiedergegeben.

Zu Beginn erzählt der Patient entspannt über seine Erfahrungen, involviert sich dann zunächst emotional. Negative Emotionen stehen im Vordergrund. Daraufhin erfolgen weitere Berichte (über Tagesereignisse, Biografisches o. Ä.). Der Bericht ist entspannt (Muster *„relaxing"*). In der folgenden Passage steigt die nunmehr positive emotionale Tönung und leitet damit einen sog. *„shift event"* ein: Es kommt, bei gleichzeitigem Anstieg der Abstraktion, zum Muster *„Connecting"*, dem dann wieder eine Entspannungsphase folgt.

Solche Zyklen lassen sich makroanalytisch über den Gesamtverlauf erfolgreicher Psychotherapien darstellen, aber auch mikroanalytisch im Stundenverlauf, wobei im letzteren Fall der Text der Stunden in Wortblöcke von je 200 Stunden unterteilt wird.

Abb. 4.4.3 zeigt den Verlauf der psychodynamischen Behandlung eines wegen sadistischer Kindesmisshandlung im Maßregelvollzug untergebrachten Mannes über 65 Sitzungen.

Im oberen Teil der Grafik ist nur der Sprecheranteil des Patienten abgebildet, im unteren Teil derjenige der Therapeutin. Der mittlere Teil teilt die

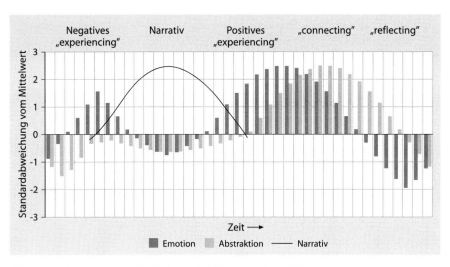

Abb. 4.4.2. Das therapeutische Zyklusmodell (Mergenthaler 2002)

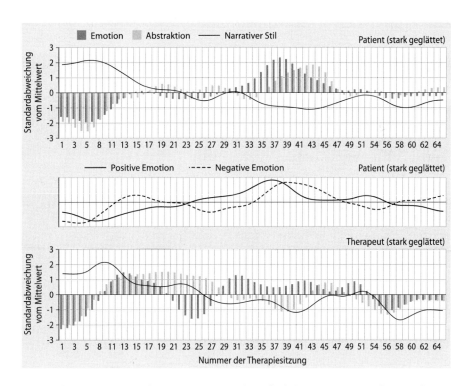

Abb. 4.4.3. Emotions/Abstraktions-Muster im Makroverlauf der ersten 65 Stunden aus der Behandlung eines Sexualstraftäters im Maßregelvollzug (Pfäfflin 2002)

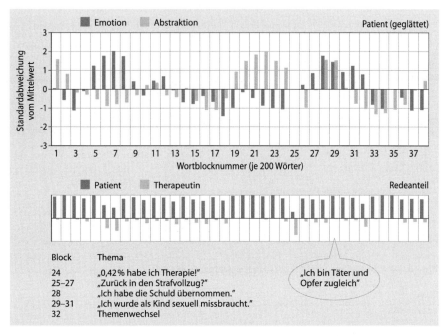

Abb. 4.4.4. Emotions/Abstraktions-Muster im Mikroverlauf der 34. Stunde aus der Behandlung eines Sexualstraftäters im Maßregelvollzug (Pfäfflin 2002)

emotionale Tönung des Patiententextes in ihre positiven und negativen Komponenten, wobei, wie von der Theorie vorhergesagt, der Anstieg der positiven emotionalen Tönung beim Patienten das Muster „connecting" einleitet, das in diesem speziellen Verlauf einige Sitzungen zuvor von der Therapeutin modellhaft durchlaufen worden war.

Abb. 4.4-4 zeigt die Mikroanalyse der Stunde 34 der eben beschriebenen Psychotherapie, in der sich gegen Ende der Stunde ebenfalls das Muster „connecting" findet. Eine ausführlichere Darstellung der Methode findet sich in Mergenthaler (1996, 2002). Der spezielle Patientenverlauf ist ausführlicher dargestellt in Böhmer (2001), Pfäfflin (2002) und Pfäfflin et al. (2005).

Das Modell eignet sich dazu, individuelle Interventionen des Therapeuten im Hinblick auf ihre (Un-)Wirksamkeit hin zu untersuchen, zumal sie in den Transkripten exakt zu lokalisieren sind. Es bietet für die Ausbildung und Supervision von Therapien reichlich Material und erlaubt darüber hinausgehend, die Qualität von therapeutischen Prozessen schon in frühen Verlaufsstadien zu evaluieren. Die Anwendung ist nicht auf psychodynamisch ausgerichtete Therapien beschränkt. In einer Vergleichsstudie aus kognitiv-behavioralen Therapien mit Sexualstraftätern im Maßregelvollzug mit psychodynamischen Therapien psychosomatischer und psychoneurotischer Patienten hat es sich ebenso als valide bewährt (Cornehl

2000). In einer Dissertation wurde u. a. der langfristige Verlauf einer in einer Maßregelvollzugsklinik behandelten Betrügerin untersucht, die ihren Therapeuten massiv täuschte, aus der Klinik entwich und wieder straffällig wurde. Die Auswertung der Transkripte erfolgte vor dieser Entweichung. Die Transkripte bildeten keinen therapeutischen Zyklus ab (Huter 2006).

Literatur

Abel G, Osborn C, Anthony D, Gardos P (1992) Current treatments of paraphiliacs. Ann Rev Sex Res 3:225–229

Abraham K (1925) Die Geschichte eines Hochstaplers im Lichte psychoanalytischer Erkenntnis. Imago 11:355–370

Aichhorn A (1925, 1987) Verwahrloste Jugend. Die Psychoanalyse in der Fürsorgeerziehung, 10. Aufl. Huber, Bern

Alexander F, Healy W (1935) Roots of crime. Knopf, New York

Andrews D, Bonta J (1994) The psychology of criminal conduct. Anderson, Cincinnati, OH

Andrews D, Zinger I, Hoge RD, Bonta J, Gendreau P, Cullen FT (1990) Does correctional treatment work? A clinically relevant and psychologically informed meta-analysis. Criminology 28:369–404

Arentewicz G, Schorsch E (1980) Verhaltenstherapie sexueller Perversionen. In: Sigusch V (Hrsg) Therapie sexueller Störungen, 2. Aufl. Thieme, Stuttgart New York, S 220–246

Bauer P (2002 a) Das integrierte psychologische Therapieprogramm für schizophrene Patienten (IPT). In: Müller-Isberner R, Gretenkord L (Hrsg) Psychiatrische Kriminaltherapie, Bd 1. Pabst, Lengerich, S 48–59

Bauer P (2002 b) Dialektisch behaviorale Therapie der Borderline-Störung. In: Müller-Isberner R, Gretenkord L (Hrsg) (2002) Psychiatrische Kriminaltherapie, Bd 1. Pabst, Lengerich, S 60–72

Bauer R (Hrsg) (1992) Lexikon des Sozial- und Gesundheitswesens. Oldenbourg, München Wien

Beek D van, Bullens R (2004) Manualisierte Gruppentherapie für pädosexuelle Straftäter. Recht & Psychiatrie 22:84–94

Beek D van, Kröger U (2004) Ein kognitiv-verhaltenstherapeutisches Behandlungsprogramm für Sexualstraftäter in einer forensisch-psychiatrischen Klinik. Recht & Psychiatrie 22:74–84

Berner W, Preuss W (2002) Gruppentherapie für Männer mit pädosexuellen Tendenzen. Gruppenpsychother Gruppendyn 38:255–280

Böhmer M (2001) Forensische Psychotherapieforschung. Eine Einzelfallstudie. Centaurus, Herbolzheim

Böllinger L (1979) Psychoanalyse und die Behandlung von Delinquenten. CF Müller, Heidelberg Karlsruhe

Clarkin JF, Yeomans FE, Kernberg OF (2001) Psychodynamische Therapie der Borderline-Persönlichkeit. Manual zur Transference Focused Psychotherapy (TFP). Schattauer, Stuttgart New York

Coleman E, Haaven J (1998) Adult intellectual disabled sexual offenders: program considerations. In: Marshall W, Fernandez Y, Hudson S, Ward S (eds) Sourcebook of treatment programs for sexual offenders. Plenum, New York London, pp 273–285

Cordess C, Cox M (eds) (1996) Forensic psychotherapy. Crime, psychodynamics and the offender patient. Jessica Kingsley, London

Cornehl S (2000) Forensische Psychotherapieprozessforschung: Unterschiede und Gemeinsamkeiten im psychotherapeutischen Prozess forensischer und psychoneurotischer Patienten. Diss biol hum, Universität Ulm

Cox M, Theilgaard A (1987) Mutative metaphors in psychotherapy. Tavistock, London

Dahl H (1972) A quantitative study of psychoanalysis. In: Holt R, Peterfreund E (eds) Psychoanalysis and contemporary science. Macmillan, New York, pp 237–257

Dammann G, Buchheim P, Clarkin JF, Kernberg OF (2000) Einführung in eine übertragungsfokussierte, manualisierte psychodynamische Therapie der Borderline-Störung. In: Kernberg OF, Dulz B, Sachsse U (Hrsg) Handbuch der Borderline-Störungen. Schattauer, Stuttgart New York, S 461–483

Deutscher Verein für öffentliche und private Fürsorge (Hrsg) (2002) Fachlexikon der sozialen Arbeit, 5. Aufl. Eigenverlag, Frankfurt am Main

Eccles A, Marshall W (1999) Relapse prevention. In: Marshall W, Anderson D, Fernandez Y (Hrsg) (1999) Cognitive behavioral treatment of sexual offenders. Wiley, Chichester, pp 127–146

Eissler R (ed) (1949) Searchlights on delinquency. International University Press, New York

Eissler R (1953) The effect of the structure of the ego on psychoanalytic technique. J Am Psychoanal Assoc 1:104–143

Eucker S (2002 a) Relapse Prevention. In: Müller-Isberner R, Gretenkord L (Hrsg) (2002) Psychiatrische Kriminaltherapie, Bd 1. Pabst, Lengerich, S 18–28

Eucker S (2002 b) Verhaltenstherapeutische Sexualstraftäterbehandlung. In: Müller-Isberner R, Gretenkord L (Hrsg) Psychiatrische Kriminaltherapie, Bd 1. Pabst, Lengerich, S 73–86

Fonagy P (2004) The developmental roots of violence in the failure of mentalization. In: Pfäfflin F, Adshead G (eds) (2004) A matter of security. The application of attachment theory to forensic psychiatry and psychotherapy. Jessica Kingsley, London New York, pp 13–56

Freese R (2003) Ambulante Versorgung psychisch kranker Rechtsbrecher. Psychiatrische Kriminaltherapie, Bd 2. Pabst, Lengerich

Freud S (1925) Geleitwort zur ersten Auflage. In: Aichhorn A, Verwahrloste Jugend. Die Psychoanalyse in der Fürsorgeerziehung, 10. Aufl 1987. Huber, Bern, S 7–8

Friedlander K (1947) The psychoanalytic approach to juvenile delinquency. Theory, case-studies, treatment, 6th edn. Routledge, London

Glover E (1960) The roots of crime. International University Press, New York

Grawe K (1997) Research-informed psychotherapy. Psychother Res 7:1–19

Gramigna R (2004) Psychotherapie im Spannungsfeld zwischen Patientenbehandlung und Tätertherapie. Recht & Psychiatrie 22:56–62

Gretenkord L (2002) Das Reasoning and Rehabilitation Programm (R&R). In: Müller-Isberner R, Gretenkord L (Hrsg) (2002) Psychiatrische Kriminaltherapie, Bd 1. Pabst, Lengerich, S 29–40

Hall G (1995) Sexual offender recidivism revisited: a meta-analysis of recent treatment studies. J Consult Clin Psychol 63:802–809

Hanson K, Morton-Bourgon K (2004) Predictors of sexual recidivism: an updated meta-analysis (User Report 2004-02). Public Safety and Emergency Preparedness, Ottawa, Canada

Hanson K, Pfäfflin F, Lütz M (Hrsg) (2004) Sexual abuse in the Catholic church. Scientific and legal perspectives. Libreria Editrice Vaticana, Città del Vaticano

Hofstetter V (2002) Psychoedukation. In: Müller-Isberner R, Gretenkord L (Hrsg) Psychiatrische Kriminaltherapie, Bd 1. Pabst, Lengerich, S 41–47

Hollin C (Hrsg) (2004) The essential handbook of offender assessment and treatment. Wiley, Chichester

Horvath A, Bedi R (2002) The alliance. In: Norcross JC (eds) Psychotherapy relationships that work: therapist contributions and responsiveness to patient needs. Oxford University Press, New York

Horvath A, Greenberg L (eds) (1994) The working alliance: theory, research and practice. Wiley, New York

Huter J (2006) Wechselwirkungen zwischen Therapeut, Bezugspflege und Patient. Drei forensische Psychotherapieverläufe aus einer Maßregelvollzugsklinik nach § 63 StGB. Diss biol hum, Universität Ulm

Karasu T (1986) The specificity versus nonspecificity dilemma: towards identifying therapeutic change agents. Am J Psychiatry 143:687–695

Kernberg OF (2000) Die übertragungsfokussierte (oder psychodynamische) Psychotherapie von Patienten mit einer Borderline-Persönlichkeitsorganisation. In: Kernberg OF, Dulz B,

Sachsse U (Hrsg) Handbuch der Borderline-Störungen. Schattauer, Stuttgart New York, S 447–460

Lambert MJ (ed) (2004) Bergin and Garfield's handbook of psychotherapy and behavior change, 5th edn. Wiley, New York

Laws R (1999) Relapse prevention. The state of the art. Int J Interpers Violence 14:285–302

Linehan M (1996 a) Dialektisch-Behaviorale Therapie der Borderline-Persönlichkeitsstörung. CIP-Medien, München

Linehan M (1996 b) Trainingsmanual zur Dialektisch-Behavioralen Therapie der Borderline-Persönlichkeitsstörung. CIP-Medien, München

Lösel F (2001) Behandlung oder Verwahrung? Ergebnisse und Perspektiven der Interventionen bei „psychopathischen" Straftätern. In: Rehn G, Wischka B, Lösel F, Walter M (Hrsg) Behandlung „gefährlicher Straftäter". Grundlagen, Konzepte, Ergebnisse. Centaurus, Herbolzheim

Luborsky L (1993) How to maximize the curative factors in dynamic psychotherapy. In: Miller N, Luborsky L, Barber J, Docherty J (eds) Psychodynamic treatment research. Basic Books, New York, pp 519–535

Luborsky L, Crits-Cristoph P (1998) Understanding transference, 2nd edn. Basic Books, New York

Marlatt GA, Gordon J (eds) (1985) Relapse prevention. Guilford, New York

Marshall W, Anderson D, Fernandez Y (eds) (1999) Cognitive behavioral treatment of sexual offenders. Wiley, Chichester

Marshall W, Fernandez Y, Hudson S, Ward S (eds) (1998) Sourcebook of treatment programs for sexual offenders. Plenum, New York London

Martinson R (1974) What works? Questions and answers about prison reform. Public Interest 35:22–54

Mergenthaler E (1996) Emotion-abstraction patterns in verbatim protocols: A new way of describing psychotherapeutic process. J Consult Clin Psychol 64:1306–1315

Mergenthaler E (2002) Psychoanalytische Prozessforschung: Emotions-/Abstraktionsmuster und das Therapeutische Zyklusmodell zur Untersuchung von Veränderungsprozessen. In: Giampieri-Deutsch P (Hrsg) Psychoanalyse im Dialog mit den Wissenschaften, Bd 1. Kohlhammer, Stuttgart, pp 301–315

Mergenthaler E, Kächele H (1991) University of Ulm. The Ulm textbank research program. In: Beutler L (ed) Psychotherapy research. An international review of programmatic studies. American Psychological Association, Washington, S 219–225

Mergenthaler E, Stinson C (1992) Psychotherapy transcription standards. Psychother Res 2:125–142

Mika J (2004) Sexualstraftäterbehandlung. Kasuistik einer psychodynamischen Einzeltherapie. Recht & Psychiatrie 22:51–56

Müller-Isberner R (2002) Psychiatrische Kriminalpsychiatrie. In: Müller-Isberner R, Gretenkord L (Hrsg) (2002) Psychiatrische Kriminaltherapie, Bd 1. Pabst, Lengerich, S 1–28

Müller-Isberner R (2004) Therapie im psychiatrischen Maßregelvollzug. In: Foerster K (Hrsg) Venzlaff/Foerster: Psychiatrische Begutachtung. Elsevier, München, S 417–435

Müller-Isberner R, Eucker S (2003) Psychotherapie und andere Interventionen. In: Herpertz S, Saß H (Hrsg) Persönlichkeitsstörungen. Thieme, Stuttgart New York, S 76–81

Müller-Isberner R, Gretenkord L (Hrsg) (2002) Psychiatrische Kriminaltherapie, Bd 1. Pabst, Lengerich

Nedopil N (2000) Forensische Psychiatrie, 2. Aufl. Thieme, Stuttgart New York

Pfäfflin F (2001) Rückfallpräventionsprogramme für Sexualstraftäter. Recht & Psychiatrie 19:140–151

Pfäfflin F (2002) Demonstration des therapeutischen Zyklusmodells an klinischen Beispielen. In: Giampieri-Deutsch P (Hrsg) Psychoanalyse im Dialog mit den Wissenschaften, Bd 1. Kohlhammer, Stuttgart, S 315–326

Pfäfflin F (2004) Sexuelle Grenzverletzungen im therapeutischen Rahmen. In: Foerster K (Hrsg) Venzlaff/Foerster: Psychiatrische Begutachtung. Elsevier, München, S 303–316

Pfäfflin F, Adshead G (eds) (2004) A matter of security. The application of attachment theory to forensic psychiatry and psychotherapy. Jessica Kingsley, London New York

Pfäfflin F, Kächele H (2002) Muss Forensische Psychotherapie neu erfunden werden? In: Wischka B, Jesse J, Klettke W, Schaffer R (Hrsg) Justizvollzug in neuen Grenzen. Modelle in Deutschland und Europa. Kriminalpädagogischer Verlag, Lingen, S 254–271

Pfäfflin F, Mergenthaler E (1998) Forschungsfragen der Forensischen Psychotherapie. In: Wagner E, Werdenich W (Hrsg) Forensische Psychotherapie. Facultas, Wien, S 21–36

Pfäfflin F, Böhmer M, Cornehl S, Mergenthaler E (2005) What happens in psychotherapy with sexual offenders? Sex Abuse 17:141–151

Pithers WD (1990) Relapse prevention with sexual aggressors: a method for maintaining therapeutic gain and enhancing external supervision. In: Marshall W, Laws R, Barbaree E (eds) Handbook of sexual assault: issues, theories, and treatment of the offender. Plenum, New York, pp 343–361

Pithers WD, Marques JK, Gibat CC, Marlatt GA (1983) Relapse prevention with sexual aggressors: a self-control model of treatment and maintenance of change. In: Greer JG, Stuart IR (eds) The sexual aggressor. Van Nostrand Reinhold, New York, pp 214–239

Preuss W, Lietz K (2004) Gruppendynamik und individuelle Psychodynamik im Hamburger Modell der Gruppenpsychotherapie für pädosexuelle Männer. Recht & Psychiatrie 22:67–73

Rasch W, Konrad N (2004) Forensische Psychiatrie, 3. Aufl. Kohlhammer, Stuttgart

Redl F, Wineman D (1951) Children who hate. Free Press, Glencoe, IL

Redl F, Wineman D (1965) Controls from within. Free Press, New York

Rehn G, Wischka B, Lösel F, Walter M (Hrsg) (2001) Behandlung „gefährlicher Straftäter". Grundlagen, Konzepte, Ergebnisse. Centaurus, Herbolzheim

Robinson D, Porporino F (2004) Programming in cognitive skills: the reasoning and rehabilitation programme. In: Hollin C (ed) (2004) The essential handbook of offender assessment and treatment. Wiley, Chichester, pp 63–78

Ross R, Fabiano E (1985) Time to think: a cognitive model of delinquency prevention and offender rehabilitation. Institute of Social Sciences and Arts, Johnson City

Ross R, Fabiano E, Ewles C (1988) Reasoning and rehabilitation. Int J Offender Ther Comp Criminol 32:29–36

Schorsch E, Galedary G, Haag A, Hauch M, Lohse H (1996) Perversion als Straftat. Dynamik und Psychotherapie. Enke, Stuttgart

Schott M (2004) Unzerstörbare Liebesfähigkeit oder die Macht früher Erfahrungen. Eine psychoanalytisch orientierte Langzeitbehandlung. Recht & Psychiatrie 22:62–66

Spence D (1970) Human and computer attempts to decode symptom language. Psychosom Med 32:615–625

Steller M, Dahle KP, Basqué M (Hrsg) (1994) Straftäterbehandlung. Centaurus, Herbolzheim

Schmiedeberg M (1932) Zur Psychoanalyse asozialer Kinder und Jugendlicher. Int Z Psychoanal 18:474–527

Thomä H, Kächele H (1992) Lehrbuch der psychoanalytischen Therapie, Bd 2: Praxis. Korrigierter Nachdruck. Springer, Berlin Heidelberg New York

Thomä H, Kächele H (1996) Lehrbuch der psychoanalytischen Therapie, Bd 1: Theorie, 2. Aufl. Springer, Berlin Heidelberg New York

Tong LSJ, Farrington DP (2006) How effective is the 'Reasoning and Rehabilitation' programme in reducing reoffending? A meta-analysis of evaluations in four countries. Psychology, Crime & Law 12:3–24

Urbaniok F (2003) Was sind das für Menschen – was können wir tun. Nachdenken über Straftäter. Zytglogge, Bern

Ward T, Hudson SM, Keenan T (1998) A self-regulation model of the sexual offence process. Sex Abuse 10:141–157

Wanigaratne S, Wallace W, Pullin J, Keaney F, Farmer R (1990) Relapse prevention for addictive behaviours. Blackwell, Oxford

Wienberg G (Hrsg) |(1977)| Schizophrenie zum Thema machen. Psychoedukative Gruppenarbeit mit schizophren und schizoaffektiv erkrankten Menschen. Psychiatrie-Verlag, Bonn

Internationale Perspektiven der Kriminaltherapie

5.1 Internationale Perspektiven der Kriminaltherapie: Großbritannien

S. Lau

Dieses Kapitel beschäftigt sich mit der Entwicklung und dem derzeitigen Stand der Behandlung von Straftätern und psychisch kranken Rechtsbrechern im Vereinigten Königreich. Wenn der Autor Bezug nimmt auf die Bedingungen kriminaltherapeutischer Behandlung in „Großbritannien", so sind vor allem die Maßnahmen in England und Wales gemeint. Unter Einschränkungen gelten die Darstellungen auch für Schottland und Nordirland, dort werden – allerdings unter teilweise bedeutend anderen rechtlichen Rahmenbedingungen – die Entwicklungen in England und Wales weitgehend (s. dazu Barker u. Gunn 1993; Darjee u. Chrichton 2002; Darjee u. Chrichton 2003; Völlm 2004) nachvollzogen.

Die Gestaltung der kriminaltherapeutischen Behandlung in britischen Gefängnissen gilt seit vielen Jahren als Wegweiser für die Entwicklung neuer Therapiestrategien für Straftäter. Die in Großbritannien erfolgreich etablierten Maßnahmen wurden als Vorbild dafür genommen, auch in anderen Staaten moderne Wege der Straftäterrehabilitation zu beschreiten. Diese Maßnahmen, die unter Verantwortung des Her Majesty's Prison Service (HMPS) umgesetzt wurden, werden im Folgenden näher beschrieben. Zudem erscheint es sinnvoll, Rahmenbedingungen und Praxis der Behandlung psychisch kranker Rechtsbrecher innerhalb des britischen Gesundheitssystems sowie die psychiatrische Behandlung innerhalb britischer Gefängnisse näher zu betrachten, da hier Entwicklungen zu beobachten sind, die auf der einen Seite denen in der Bundesrepublik ähneln, auf der anderen Seite aber auch den Veränderungsbedarf für die Gefängnispsychiatrie in Deutschland identifizieren helfen.

5.1.1 Forensische Psychiatrie innerhalb des National Health Service (NHS)

Ein Straffälliger wird in Großbritannien nach gerichtlicher Entscheidung entweder in ein Gefängnis überführt und somit dem für die Gefängnisse zuständigen Home Office oder aber bei nicht notwendiger Inhaftierung einem Bewährungshelfer („probation officer") unterstellt. Bei Vorliegen einer psychiatrischen Erkrankung kann er in Einrichtungen des NHS eingewiesen werden.

Mit der Einführung der Psychopharmaka in den fünfziger Jahren des letzten Jahrhunderts setzte sich auch in Großbritannien die Überzeugung durch, dass die Behandlung psychiatrischer und insbesondere psychotischer Patienten auch außerhalb spezieller, isolierter stationärer Einrichtungen mit ausreichender Sicherheit gewährleistet werden kann. Schon der Mental Health Act für England und Wales von 1959 berücksichtigte diese Erkenntnis und schuf die gesetzlichen Grundlagen für die Therapie psychisch Kranker in Allgemeinkrankenhäusern und stärkte deren ambulante Versorgung. Wie auch in anderen Industrieländern war seit dieser Zeit ein stetiger Abfall der Patientenzahlen in psychiatrischen Einrichtungen zu beobachten (s. Eason u. Grimes 1976). Die Diskussion um den adäquaten Umgang mit psychisch Kranken und deren krankheitsbedingter Gefährlichkeit setzte sich jedoch fort. Eine Arbeitsgruppe des Gesundheitsministeriums empfahl 1961, dass die National Health Boards, Einrichtungen entsprechend den bundesrepublikanischen Gesundheitsämtern, ihre psychiatrischen Dienste so strukturieren sollten, dass für psychisch Kranke unterschiedliche Arten von Krankenhauseinrichtungen vorgehalten werden. Gefordert wurden einerseits Einrichtungen mit hohem Sicherheitsstandard, andererseits Institutionen, die zunächst der Beobachtung und Einschätzung der Gefährlichkeit psychiatrischer Patienten dienen sollten. Zwischen diesen Einrichtungen sollte ein Transfer ohne Schwierigkeiten gewährleistet sein. Daraus entwickelte sich das heute noch bestehende integrierte System psychiatrischer Behandlung, das auch an die speziellen Bedürfnisse straffälliger psychiatrischer Patienten angepasst ist (Gunn 1976). Ein isolierter Maßregelvollzug, wie er sich in der Bundesrepublik Deutschland entwickelte, entstand nicht. Unter juristischen Gesichtspunkten ähnelt das britische System eher dem Umgang mit psychisch kranken Rechtsbrechern in der ehemaligen DDR: Gemäß den Rodewischer Thesen (Schmiedebach et al. 2000) wurde dort ein eigenständiger Maßregelvollzug abgeschafft und die Therapie gefährlicher forensischer Patienten in die Allgemeinpsychiatrie integriert, in der wiederum Spezialeinrichtungen mit hohen Sicherheitsstandards existierten (Dahle 1995). Auch in Großbritannien entstanden innerhalb des Gesundheitswesens hoch gesicherte forensische Kliniken, die aus den schon im 19. Jahrhundert gegründeten Asylen für psychisch Kranke hervorgingen (Bingley 1993).

In Großbritannien ist neben einer weiter bestehenden Gefährlichkeit für eine Unterbringung in solchen Einrichtungen das Vorliegen einer ausreichenden Aussicht auf Erfolg einer psychiatrischen Behandlung wesentliche Bedingung. Diese Voraussetzung der Therapiefähigkeit wurde nach Ansicht einiger Autoren von Sachverständigen häufig missinterpretiert, um „schwierige" Patienten aus psychiatrischen Einrichtungen fernzuhalten (Gunn 1993a). Heute ergeben sich aus dieser Behandlungsvoraussetzung Schwierigkeiten bei der Umsetzung der Absichten der britischen Regierung, spezielle Behandlungseinrichtungen für dauerhaft hochgefährliche

Straftäter zu schaffen (Lau 2004). Nach Meinung vieler Autoren ist für eine spezielle Untergruppe von als hochgefährlich einzuschätzenden Personen bisher noch keine ausreichende Therapiefähigkeit nachgewiesen (Gunn 2000), sodass eine Behandlung wenig aussichtsreich erscheint und in Großbritannien juristisch bisher auch nicht möglich ist. Dies führte zu Überlegungen, den Mental Health Act zu ändern oder aber für eine solche Art der Unterbringung unter reinen Sicherungsaspekten gänzlich neue Rechtsvorschriften zu schaffen (s. Abschn. 5.1.3).

Der NHS betreibt wie beschrieben hoch gesicherte Einrichtungen, Institutionen mit mittleren Sicherheitsstandards sowie die psychiatrischen Abteilungen in Allgemeinkrankenhäusern, die alle für die Behandlung forensischer Patienten genutzt werden können. Die drei Spezialkrankenhäuser Ashworth, Broadmoor und Rampton stellen dabei die sog. Maximum Security Psychiatric Hospitals mit „conditions of special security" für Patienten in England und Wales dar, die unter den Bedingungen des Mental Health Act von 1983 (MHA) in Kombination mit dem National Health Service Act von 1976 in Krankenhäuser eingewiesen werden, da sie als weiterhin hochgefährlich gelten.

Die Maximum Security Hospitals sind am ehesten mit den forensischen Kliniken in der Bundesrepublik vergleichbar, in denen Straftäter und Rechtsbrecher nach § 63 StGB untergebracht sind. Die Zahl der Behandlungsplätze in den britischen hochgesicherten Institutionen liegt zwischen 500 und 650, insgesamt werden jährlich durchschnittlich ca. 1850 Patienten unter diesen Bedingungen behandelt (Butwell et al. 2000). Eine Verkleinerung dieser Einrichtungen und Verlegung einer Vielzahl von Patienten in Institutionen mit geringeren Sicherheitsstandards (Medium Security Units) ist erklärte Absicht der Politiker (Mason 1999).

Es werden zum größten Teil männliche Patienten behandelt, bei denen zumeist eine „mental illness" gemäß MHA, also eine klassische psychiatrische Erkrankung, festgestellt wurde. An zweiter Stelle des juristisch definierten Diagnosespektrums stehen Straffällige, die eine „psychopathic disorder" im Sinne des MHA aufweisen. Die kleinste Gruppe wird wegen „mental impairment", also wegen geistiger Behinderung gemäß MHA, untergebracht. Anlass für die Einweisungen durch Gerichte sind überwiegend körperliche Gewaltdelikte, eine Minderheit der Betroffenen wird aufgrund von Brandstiftungen oder Sexualdelikten untergebracht (alle Angaben zitiert nach Taylor 1993). Daneben ähneln auch andere, unter anderem soziodemografische Daten denen, wie sie für Maßregelpatienten in der Bundesrepublik beschrieben wurden (Leygraf 1988; Seiffert u. Leygraf 1997).

In Großbritannien wird ähnlich wie hierzulande seit vielen Jahren diskutiert, ob die in die Hochsicherheitseinrichtungen Eingewiesenen tatsächlich unter angemessenen Bedingungen untergebracht sind. Es wurde versucht, die Sicherheits- und Therapiebedürfnisse dieser Klientel genauer zu bestimmen (Taylor et al. 1991; Maden et al. 1995; Shaw et al. 2001). Die Ergebnisse dieser Studien bestätigten den klinischen Eindruck, dass eine große Anzahl von Patienten unter unangemessen hohen Sicherheitsbedingungen untergebracht ist. Dieser Befund entspricht auch dem Ergebnis einiger deutscher Studien, die nahe legen, dass einerseits forensische Patienten aufgrund fehlender komplementärer Betreuungsangebote unangemessen lange unter hohen Sicherheitsstandards untergebracht bleiben (Nedopil u. Müller-Isberner 1995) oder aber auf der anderen Seite ihrer Gefährlichkeit mit weniger gravierenden Maßnahmen als es der § 63 StGB darstellt, begegnet werden könnte (Rusche 2004).

In Großbritannien spielt bei der unter Berücksichtigung von Sicherungs- und Therapiebedürfnissen möglicherweise unnötigen Zurückhaltung psychiatrischer Patienten offenbar der Einfluss der eine Entlassung überwachenden Behörde (Home Office) eine wesentliche Rolle. Unsicherheiten bei der Risikoeinschätzung und die Betonung von Sicherheitsaspekten führen zu der unverhältnismäßig langen Unterbringung von psychiatrischen Patienten in Maximum Security Units (Shaw et al. 2001).

Eine Besonderheit des NHS bilden die ca. 35 Medium Security Units (Mason 1999). Dies sind eigenständige Einrichtungen, die mittlere Sicherheitsstandards bieten und zum einen mit den Rehabilitationsstationen forensischer Kliniken in Deutschland zu vergleichen sind. Zum anderen übernehmen sie aber auch Aufgaben, wie sie in Deutschland von geschlossenen Stationen mit Sektorversorgung geleistet werden. Es finden sich zwei Arten von Medium Security Units, die sogenannten Interim Security Units und die Regional Security Units. In diese Einrichtungen können Patienten von Gerichten, den medizinischen Diensten in Gefängnissen, der Staatsanwaltschaft, der Polizei, der Führungsaufsicht und aus der Allgemeinpsychiatrie eingewiesen werden (Taylor 1993). Die Patienten, die aus Krankenhäusern des NHS überstellt werden, sind nicht zwangsläufig straffällige Patienten. Allerdings finden sich bei ihnen im Rahmen der Behandlung in allgemeinpsychiatrischen Abteilungen Hinweise auf eine erhöhte Gefährlichkeit, sodass die Verlegung als sinnvoll erachtet wurde. Einige spezialisierte Medium Security Units wurden für die Behandlung von geistig Behinderten, Lernbehinderten und Adoleszenten geschaffen.

Die Art der Behandlung in den aufgeführten forensisch-psychiatrischen Institutionen ist mit der in anderen psychiatrischen Krankenhäusern in anderen Staaten vergleichbar. Neben der Anwendung von Psychopharmaka vor allem bei klassischen psychiatrischen Erkrankungen spielen psychotherapeutische und psychoedukative Maßnahmen eine besondere Rolle (Taylor 1993). Die Behandlung wird multidisziplinär gestaltet (Norton u. McGauley 2000). Die Größe der Hochsicherheitseinrichtungen ermöglichte über die letzten Jahre die Entwicklung von speziellen Behandlungsprogrammen für einzelne Störungs- bzw. Deliktgruppen. Betont wird dabei neben der Einzelbehandlung auch die therapeutische Arbeit in Gruppen, in denen unterschiedliche Problembereiche der Patienten fokussiert werden (Hughes et al. 1997). Die Anwendung solcher standardisierter Maßnahmen in den Medium Security Units gestaltete sich offenbar aufgrund ihrer kleineren Größe (bedingt durch die wohnortnahe Gestaltung des Behandlungssettings) schwieriger. Dies ist für die in Deutschland bislang nicht abgeschlossene Diskussion interessant, ob eine wohnortnahe Unterbringung forensischer Patienten (wie sie schon in der Psychiatrie-Enquete gefordert wurde) sinnvoll ist, oder ob die konzentrierte Unterbringung von Maßregelpatienten in großen Einrichtungen von Vorteil ist, da aufgrund der Größe differenzierte Behandlungsprogramme angeboten werden können.

Die forensische Psychiatrie in Großbritannien ist seit längerer Zeit geprägt von der Erkenntnis, dass sich Psychotherapie mit straffälligen Patienten nicht nur in einer unreflektierten Übertragung klinisch-psychologischer oder psychiatrischer Konzepte in den forensischen Kontext erschöpfen darf, sondern dass forensische Psychotherapie neben therapeutischer Kompetenz zusätzlich umfassendes kriminologisches Wissen voraussetzt und die Balance zwischen Persönlichkeitsrechten des Patienten, angemessener Behandlung und offizieller Kontrolle zu halten ist (u. a. Mason 1999). Die entwickelten Therapiestrategien für forensische Patienten stützen sich daher auf die Erkenntnisse der empirischen Rückfallforschung und Effektivitätsforschung zur forensischen Psychotherapie (u. a. Andrews et al. 1990; Izzo u. Ross 1990; MacCulloch u. Bailey 1993). Etabliert wurden überwiegend verhaltenstherapeutisch bzw. kognitiv geprägte Programme, so z. B. die Anwendung der Prinzipien der dialektisch-behavioralen Therapie für Borderline-Patienten (Linehan 1993), da diese bekanntermaßen leichter strukturiert und kontrolliert durchführbar sind, was vermutlich ihre Implementierung bzw. Evaluation erleichtert. Entsprechend der auch in Deutschland zu beobachtenden Entwicklung in der allgemeinen Psychotherapie (Grawe et al. 1994; Sachse 2002) finden jedoch auch in den Einrichtungen für forensische Patienten in England und Wales zunehmend wieder Prinzipien psychodynamisch bzw. tiefenpsychologisch verstandener Therapie Einfluss in die Gestaltung des therapeutischen Settings (MacGauley 2002).

Die psychiatrische bzw. therapeutische Arbeit mit forensischen Patienten in Großbritannien wurde zunehmend evaluiert. In den letzten Jahren ist eine Fülle von methodisch verlässlichen Rückfallstudien veröffentlicht worden, die den positiven Effekt der spezialisierten forensisch-psychiatrischen Behandlung in den englischen High Security Units belegten (Bailey u. MacCulloch 1992; Hughes et al. 1997; Quayle u. Moore 1998; Reiss et al. 1999; Jamieson et al. 2000; Halstead et al. 2001; Edwards et al. 2002).

Bemerkenswerterweise zeigten einige Studien, dass insbesondere bei persönlichkeitsgestörten Patienten aus den Hochsicherheitseinrichtungen die Rückfälligkeit bei direkter Entlassung in Freiheit genauso hoch war wie bei Patienten, die vor ihrer endgültigen Entlassung noch in eine weniger gesicherte Einrichtung verlegt worden waren (Davison et al. 1999; Jamieson et al. 2000). Erklärt wurde dieser Befund unter anderem mit dem Fehlen entsprechender angemessener Behandlungsmöglichkeiten und -erfahrung in kleineren Einrichtungen, die die in Hochsicherheitseinrichtungen erzielten Erfolge der Therapie optimieren könnten. Der Befund weist auf einen hohen Bedarf an geschultem Personal hin.

Wie erwähnt stellt auch in Großbritannien die Entlassung von Patienten aus Hochsicherheitseinrichtungen ein besonderes Problem dar. Die Sektion

17 des MHA erlaubt für zwangsweise untergebrachte Patienten einen sog. „trial leave" (TL), eine versuchsweise Entlassung, die juristisch etwas anderes darstellt als eine Bewährungsentlassung. Der TL umgeht das übliche Verfahren bei der Entlassung von Patienten aus besonders gesicherten Krankenhäusern, bei dem die sog. Mental Health Review Tribunals (MHRT) die Entlassung befürworten müssen, eine Hürde, deren Überwindung mit Schwierigkeiten verbunden ist (s. o.). Im Rahmen dieser Verlegung bzw. Entlassung auf Probe ist ein Transfer des Patienten in ein anderes, weniger gesichertes Krankenhaus (z. B. ein Allgemeinkrankenhaus) oder aber die Entlassung in ambulante Weiterbetreuung möglich. Von dieser Entlassungsmöglichkeit wird in England und Wales offenbar zunehmend Gebrauch gemacht (Mohan et al. 2001). Der TL hat den Vorteil, dass er die Wiederaufnahme von Patienten in die Maximum Security Hospitals im Rahmen eines „risk management" vereinfacht. Ob die Anwendung des TL aber tatsächlich einen Vorteil gegenüber dem sonst üblichen Verfahren bietet, ist unklar und wird zurzeit evaluiert.

Vor dem Hintergrund der Erkenntnis aus der internationalen Forschung, dass ambulante Nachbetreuung das Rückfallrisiko für forensische Patienten sowohl im Hinblick auf ihre Störung als auch auf erneute Straftaten reduziert (Heilbrun u. Peters 2000; Lau 2003), wird in Großbritannien besonderes Augenmerk auf die Ausgestaltung angemessener Nachbetreuung für forensische Patienten gerichtet. Dies ist deswegen bemerkenswert, da die Datenlage zur Rückfälligkeit von Patienten aus britischen forensischen Einrichtungen diesen Befund aufgrund widersprüchlicher Ergebnisse nur unzureichend stützt (Bailey u. MacCulloch 1992; Buchanan 1998). Im Rahmen von Bewährungsauflagen können in Großbritannien ehemalige Insassen von forensischen Kliniken zur Inanspruchnahme ambulanter Hilfe verpflichtet werden, die im Rahmen der Bedingungen des NHS traditionell auch leichter zu ermöglichen ist. Schwierigkeiten bestehen aber weiterhin bei der Gewährleistung einer rezidivprophylaktischen neuroleptischen Therapie von psychotischen Patienten. Auch in Deutschland wird darüber diskutiert, ob eine solche medikamentöse Behandlung (z. B. im Rahmen einer gesetzlichen Betreuung) erzwungen werden darf oder den Persönlichkeitsrechten eines Kranken entgegensteht. In Großbritannien wird daher von einigen Autoren die Schaffung einer Community Treatment Order favorisiert, die auch eine zwangsweise Verabreichung von Medikamenten ermöglichen soll (Ferris 2000). Bisher besteht eine solche juristische Möglichkeit jedoch noch nicht. Auch eine seit 1995 vom Gesetzgeber ermöglichte „überwachte Entlassung" aus stationärer Behandlung schließt diese problematische Lücke nur unzureichend, sodass deren Anwendung bisher nur geringe Verbreitung gefunden hat (Mohan et al. 1998).

5.1.2 Psychiatrische Versorgung innerhalb britischer Gefängnisse

Wird in Großbritannien eine Person zu einer Gefängnisstrafe verurteilt, so fällt die Gesundheitsfürsorge ausschließlich in die Befugnis der Gefängnisaufsicht. Die medizinischen Einrichtungen der englischen und walisischen Gefängnisse sind rechtlich betrachtet jedoch keine Krankenhäuser entsprechend dem MHA. In britischen Gefängnissen findet sich ein nicht unerheblicher Teil von Gefangenen mit psychischen Störungen (Gunn et al. 1991; Maden et al. 1994; Office for National Statistics 1998). Die medizinische (inklusive psychiatrische) Versorgung von Gefängnisinsassen scheint schlechter zu sein als die Behandlung, die ihnen außerhalb eines Gefängnisses geboten werden könnte (Smith 1999). Da es für die Betreuung psychisch kranker Straftäter in Gefängnissen keine ausreichenden Rechtsvorschriften gibt, sind die Möglichkeiten psychiatrischer Behandlung an diesem Orte begrenzt. Behandlung kann nur in Notfällen angeboten werden. Unter besonderen Umständen ist zwar die Verlegung in Einrichtungen des NHS möglich, offenbar ist mit einer solchen Vermittlung eines Inhaftierten in angemessene psychiatrische Versorgung außerhalb des Gefängnisses jedoch entweder eine lange Wartezeit verbunden oder aber Gefängnisinsassen werden von allgemeinpsychiatrischen Abteilungen in Krankenhäusern abgelehnt (Reed and Line 1997, 2000).

In den letzten Jahren bemühte man sich, diese Missstände zu beseitigen und Strukturen zu schaffen, die den besonderen Bedürfnissen von Inhaftierten in Gefängnissen gerecht werden, wie von einer gemeinsamen Arbeitsgruppe des Home Office und des Departement of Health 1999 gefordert (Earthrowl et al. 2003). Ziel dieser Bestrebungen war es, den Gefängnisinsassen die Inanspruchnahme einer psychiatrischen Behandlung durch den NHS zu ermöglichen, die der für Nichtinhaftierte entspricht. Obwohl dies in einem Diskussionspapier der britischen Gefängnisaufsichtsbehörde als erklärtes Ziel festgehalten wurde (HM Inspectorate of Prisons 1996), fehlt es derzeit an der Schaffung entsprechender gesetzlicher Grundlagen für die Gleichbehandlung von Gefängnisinsassen und Nichtinhaftierten. Großbritannien scheint dabei allerdings im Hinblick auf die Formulierung eines solchen Anspruchs schon weiter fortgeschritten zu sein als die Bundesrepublik Deutschland (Konrad 2001), wo eine solche offizielle Absichtserklärung – abgesehen von Vorgaben durch das Strafvollzugsgesetz – bisher nicht existiert (Konrad 2003).

5.1.3 Die Diskussion um die „dangerous severe personality disorder"

Ähnlich wie in Deutschland, wo sich die Sorge um den Umgang mit dauerhaft gefährlichen persönlichkeitsgestörten Straftätern unter anderem in der Auseinandersetzung um die Sicherungsverwahrung und deren nachträgliche Anordnung niederschlägt (Kinzig 2002), findet sich auch in Großbritannien eine Diskussion um den justiziellen und therapeutischen Umgang mit „Hangtätern" (Lau 2004). Die Beschäftigung mit dieser Frage hat eine lange Tradition, die bis 1904 zurückreicht (HM Stationery Office 1904). Im Mental Deficiency Act von 1913 (HM Stationery Office 1913) wurde eine neue Straftäterkategorie, die des „moral imbecile", eingeführt, deren Anwendung die Behandlung, Überwachung und Kontrolle solcher Personen zum Schutz der Allgemeinheit gestattete. Bei einem nicht unerheblichen Teil dieser Personen würde heutzutage eine „antisoziale Persönlichkeitsstörung" diagnostiziert. Der Begriff des „moral imbecile", der später im Konzept der „moral insanity" (Leigh 1961) aufging, schlug sich 1983 schließlich als „psychopathic disorder" im MHA nieder. Dieser Begriff des MHA fußt bekanntermaßen nicht auf dem deutschen Konzept der „psychopathischen Persönlichkeiten" (Schneider 1950), sondern resultiert aus den angloamerikanischen Überlegungen zur „psychopathy" (Cleckley 1976; Hare 1980). Sie ist ausschließlich verknüpft mit sozial abweichendem Verhalten, Aggressivität und Verantwortungslosigkeit und steht seit langer Zeit im Zentrum heftiger Kritik (Gunn 1993 b).

Kurz nach der Regierungsübernahme durch die Labour-Partei im Jahre 1997 begann das für die Überwachung der Gefängnisse zuständige Home Office zusammen mit dem britischen Gesundheitsministerium eine Untersuchung zum Stand der Behandlung von „psychopathic people", mit der erklärten Absicht, eine Veränderung des geltenden gesetzlichen Regelwerks herbeizuführen. Arbeitsgruppen besuchten unterschiedliche Einrichtungen in Großbritannien, den Niederlanden, Deutschland und den Vereinigten Staaten von Amerika. Als mögliches Vorbild für einen Umgang mit dauerhaft gefährlichen Straftätern wurde das niederländische System des Terbeschikkingstelling (House of Commons 2000) angesehen, ein Programm für die systematische Evaluation und Behandlung von gefährlichen und persönlichkeitsgestörten Personen.

In einer abschließenden gemeinsamen Veröffentlichung von Home Office und dem Gesundheitsministerium wurde die „dangerous severe personality disorder" (DSPD) als neuer Rechtsbegriff definiert. Sie sollte anzunehmen sein bei Personen, „who have an identifiable personality disorder to a severe degree, who pose a high risk to other people because of serious anti-social behaviour resulting from their disorder" (HM Prison Service und Department of Health 1999).

In einer landesweiten Untersuchung wurden ca. 1400 Gefängnisinsassen und 400 Patienten aus Krankenhäusern identifiziert, die die Kriterien der DSPD erfüllten. Gleichzeitig wurde vermutet, dass weitere 300 bis 600 in dieser Weise persönlichkeitsgestörte Menschen noch weiterhin in Freiheit lebten. Es wurde ferner gemutmaßt, dass Frauen diese Kriterien nur zu einem geringen Prozentsatz erfüllen (Department of Health 1998).

Die Regierungserklärung, die sich mit der DSPD auseinandersetzte, forderte neben Erhebungs-, Behandlungs-, Ausbildungs-, Forschungs- und Präventionsprogrammen auch neue juristische Möglichkeiten der zwangsweisen Unterbringung von Personen mit dieser Art von Gefährlichkeit. Es wurden zwei Handlungsoptionen aufgezeigt:

Option A, die konservative Möglichkeit, sah die Intensivierung und Ausweitung schon bestehender Rechtsvorschriften vor. Schon 1991 war in Großbritannien unter dem öffentlichen Eindruck zunehmender Gewalt- und Sexualdelikte durch die Verabschiedung eines neuen Criminal Justice Act die Möglichkeit geschaffen worden, nach Ermessen des urteilenden Gerichts lebenslange Freiheitsstrafen auch bei solchen Straftaten zu verhängen, bei denen keine Tötung des Opfers beabsichtigt gewesen war, um einen besseren Schutz der Öffentlichkeit zu gewährleisten (sog. „discretionary life sentence"). In der Option A wurde nahe gelegt, die Möglichkeit dieser fakultativen Verhängung einer lebenslangen Freiheitsstrafe für bestimmte Delikte noch weiter auszuweiten. Sie sah ebenfalls vor, die bisher notwendige Aussicht auf Behandlungserfolg, die nach MHA für die Verhängung einer unbefristeten Unterbringung in einer Einrichtung festgestellt werden muss, als Voraussetzung für eine zwangsweise Unterbringung von Personen mit DSPD abzuschaffen.

Bedeutsamer und insbesondere bei Psychiatern heftige Kritik provozierend war jedoch die Option B: Gemäß diesem Vorschlag sollten einzigartige gesetzliche Rahmenbedingungen geschaffen werden, die so in Großbritannien noch nicht bestehen. Entsprechend den rechtlichen Gegebenheiten in Deutschland, wo die Verhängung einer psychiatrischen Maßregel bei verminderter Schuldfähigkeit gemäß § 63 StGB zusammen mit einer Freiheitsstrafe erfolgen kann, sollte neben der Verurteilung zu einer Freiheitsstrafe für Personen mit DSPD auch die rechtliche Möglichkeit zur gleichzeitigen Anordnung einer Unterbringung mit dem nur unzureichend definierten Ziel der „Behandlung" geschaffen werden, die sog. DSPD-Order (DSPD-Anordnung). Diese Unterbringung für Menschen mit einer schwerwiegenden Persönlichkeitsstörung im Sinne der DSPD und gleichzeitiger erheblicher Allgemeingefährlichkeit sollte in Krankenhäusern des NHS, Gefängnissen oder aber neu zu schaffenden Einrichtungen erfolgen. Option B sah die Schaffung einer neuen Behörde vor, welche die Einhaltung der DSPD-Anordnung überwachen und separat von Gefängnissystem und Gesundheitssystem existieren sollte. Die Unterbringung im Rahmen dieser Rechtsvorschrift sollte periodisch überprüft, jedoch so lange aufrechterhalten werden, bis Behandler bei Untergebrachten eine weiterhin bestehende Gefährlichkeit verneinen. Doch auch nach einer Entlassung aus einer Einrichtung sollte eine DSPD-Anordnung weiter wirken, um den Untergebrachten auch in Freiheit angemessen überwachen zu können. Bis zu diesem Punkt unterschieden sich die Pläne der britischen Regierung nicht von den Absichten und Entwicklungen in anderen europäischen Staaten oder den USA und Kanada.

Besondere Besorgnis verursachte die Option B jedoch, weil mit ihr die Möglichkeit eröffnet werden sollte, auch Personen unterzubringen, die bislang noch nicht mit Straftaten aufgefallen waren, sondern bei denen sich Anhaltspunkte für deren gravierende Gefährlichkeit im Rahmen zivilrechtlicher Unterbringungen oder gar bei allgemeinpsychiatrischen Behandlungen auf Freiwilligkeitsbasis ergeben hatten. Sollten die Pläne der britischen

Regierung Wirklichkeit werden, so wäre Großbritannien das erste Land, das die unbefristete Unterbringung von Menschen erlauben würde, bei denen bisher (z. B. durch ein juristisch abgeurteiltes Delikt) keine eindeutige Gefährlichkeit zutage getreten ist.

Ein Modell für das Vorgehen zur Identifizierung und Beurteilung von Personen, bei denen eine DSPD zur Frage steht, wurde im Februar 2000 auf dem Treffen der Forensic Faculty of the Royal College of Psychiatry von David Thornton, dem damals noch für die Straftäterbehandlung in englischen und walisischen Gefängnissen verantwortlichen Psychologen des Her Majesty's Prison Service, vorgestellt (Walcott et al. 2000). Er schlug vor, Kandidaten zunächst im Sinne eines Screenings mit dem Violence Risk Appraisal Guide (VRAG), einem aus der empirischen Rückfallforschung entwickelten Untersuchungsinstrument zur Einschätzung zukünftiger Gewalttaten (Rice u. Harris 1995), zu untersuchen. Ein hoher Punktwert in diesem Untersuchungsinstrument solle weitere Untersuchungen mit anderen Untersuchungsinstrumenten nach sich ziehen unter anderem mit dem Historical-Clinical-Risk-Management (HCR-20) (Webster et al. 1995). Bei hohen Gefährlichkeitsscores in mehreren Untersuchungsinstrumenten sollte die entsprechende Person einem speziellen „consultant", einem forensisch erfahrenen Psychiater oder Psychologen, zugeführt werden, der eine individuelle klinische Falluntersuchung unter Einbeziehung aller verfügbaren Informationen vorzunehmen habe. Bestünde nach dieser Einschätzung weiterhin ein hohes Risiko für Gewalt- oder Sexualdelikte, so sollte die betreffende Person in eine spezielle Einrichtung zur weiteren multidisziplinären Untersuchung inklusive neuropsychologischer Testung verlegt werden, nach deren Abschluss über den weiteren juristischen Umgang mit dieser Person zu entscheiden sei.

Die Debatte über die DSPD in Großbritannien weist Parallelen zur Diskussion über den „Hang" des § 66 StGB in Deutschland auf. Sie nimmt dabei Entwicklungen, wie sie möglicherweise auch für Deutschland zu erwarten sind, vorweg. Psychiatrisches Schrifttum zur Einschätzung, ob bei einem Straftäter ein „Hang" im Sinne des § 66 StGB vorliegt, ist rar (Habermeyer et al. 2002; Habermeyer u. Saß 2004). Gleichzeitig findet in Deutschland die Anwendung der o. g. Prognoseinstrumente zunehmende Verbreitung. Womöglich ist es nur eine Frage der Zeit, bis sich die Risikoeinschätzung hinsichtlich der Begehung zukünftiger Gewalt- oder Sexualdelikte im Zusammenhang mit der Frage der Anordnung der Sicherungsverwahrung zu einem großen Teil auch auf Prognoseinstrumente wie HCR 20 und VRAG stützen wird und damit eine vermeintliche Sicherheit gegenüber der klinischen Prognoseeinschätzung vorgeben könnte.

Die Reaktion der britischen Psychiatrie auf die angekündigten Maßnahmen für Personen mit DSPD ähnelt ebenfalls der Auseinandersetzung, wie sie in Deutschland über die Hangtäterschaft geführt wurde und wird. Ein wesentlicher Kritikpunkt war, dass der Begriff der DSPD unscharf definiert sei und eine medizinisch-diagnostische Entsprechung vermissen lasse. Immer wieder wurden Hinweise laut, dass der Begriff DSPD keine ausreichende Sensitivität und Spezifität aufweise (Walcott u. Beck 2000).

Auch der Vorschlag, in der Gefährlichkeitseinschätzung die in der Rückfallforschung entwickelten Prognoseinstrumente zur Anwendung zu bringen, provozierte Kritik (Tyrer et al. 2005). Es wurde darauf hingewiesen, dass die Erhebungsinstrumente zwar in der Forschung weite Verbreitung gefunden haben, sie aber weiterhin keine ausreichende Sicherheit im Hinblick auf die Identifizierung von gefährlichen Personen aufweisen. Insbesondere die Gefahr, Menschen als gefährlich einzuschätzen, obwohl sie keineswegs auch tatsächlich zukünftig Gewalttaten begehen werden (sog. falsch-positive Einschätzungen), wurde thematisiert (Buchanan u. Leese 2001; Haddock et al. 2001). Darüber hinaus wurde die Gefahr gesehen, dass von einer unbefristeten Unterbringung bedrohte Menschen eine aktive Mitarbeit am diagnostischen Prozess verweigern könnten, sodass die Beurteilung auf zu geringer Informationsbasis vorgenommen werden müsste.

Des Weiteren wurde problematisiert, dass es bisher keine etablierte Behandlungsform gäbe, die eine ausreichende Wirksamkeit bei dieser speziellen Gefangenenpopulation bewiesen habe (Mullen 1999). Letztendlich wurde die Gefahr diskutiert, eine DSPD-Order lediglich zur Gefahrenabwehr einzusetzen, ohne dass die so untergebrachten Personen eine realistische Chance hätten, in Zukunft wieder in Freiheit zu gelangen (Buchanan u. Leese 2001). Schwierigkeiten wurden darüber hinaus in der Bereitstellung angemessen ausgebildeten Personals gesehen, da die Anzahl kompetenter und erfahrener forensischer Psychotherapeuten in Großbritannien klein sei.

Als größtes Hindernis für die Umsetzung der von der Regierung beabsichtigten Gesetzesinitiative wurden allerdings ethische Probleme ins Spiel gebracht. Britische Psychiater wehrten sich dagegen, durch die Schaffung einer DSPD-Order in bestimmten Bereichen der britischen Psychiatrie nur noch Sicherungsaufgaben übernehmen zu müssen, wenn die Voraussetzung eines Behandlungserfolges als Grundlage für eine spezielle Form der Unterbringung abgeschafft werde (Eastman 1999). Reine Sicherungsaufgaben für das Gesundheitssystem wurden auch vom Royal College of Nursing abgelehnt (Walcott u. Beck 2000).

Darüber hinaus regte sich nachvollziehbar erheblicher Widerstand gegen die Pläne der Regierung, eine unbefristete Unterbringung auch bei Personen zu ermöglichen, die bisher nicht wegen eines gefährlichen Deliktes angeklagt oder verurteilt sind. Der Nestor der britischen forensischen Psychiatrie, John Gunn, sah die Gefahr einer unterschiedlichen Ethik für forensische Psychiater im Gegensatz zu anderen Medizinern auch unter dem Eindruck der Gesetzgebungstendenzen in den USA, wo mit der Verabschiedung der sog. Sexual Predator Laws ähnliche Absichten verbunden seien wie in den Plänen zur Entwicklung einer DSPD-Order (Gunn 2000; Gunn u. Felthous 2000).

Trotz des Hinweises, dass die Pläne der Labour-Regierung möglicherweise nicht im Einklang mit europäischem Recht stehen und Großbritannien als Vollmitglied der Europäischen Union daher diese Pläne nicht werde umsetzen können, werden die Absichten von Regierungsseite zunächst weiter verfolgt. Die Umsetzung der Reform des MHA beispielsweise, die unter anderem die Unterbringung von Personen mit DSPD zum Ziel hat, ist weit fortgeschritten (Department of Health 2000). Aufgrund des erheblichen Widerstands in der Fachöffentlichkeit wurde jedoch eine separate Gesetzgebung für Personen mit DSPD zunächst aufgegeben (Völlm 2004).

5.1.4 Straftäterbehandlung in britischen Gefängnissen

1991 kündigte der für die englischen und walisischen Gefängnisse zuständige Home Secretary an, dass die Regierung eine neue Strategie für die Behandlung inhaftierter Sexualverbrecher umsetzen wolle. Ziel der angekündigten Maßnahmen war es, Sexualstraftäter in einigen wenigen Gefängnissen zu konzentrieren, um in diesen Einrichtungen ein vereinheitlichtes Gruppenbehandlungsprogramm zur Reduktion von Gefährlichkeit zu etablieren. Die so zu installierenden Behandlungsprogramme sollten sich an den Ergebnissen der Behandlungsforschung für diese Untergruppe von Straftätern orientieren. Die Umsetzung der Programme sollte zentral gesteuert, überwacht, überprüft und ggf. in Abhängigkeit von den Effekten fortgesetzt in ihren Strukturen korrigiert werden (Grubin u. Thornton 1994; Thornton u. Hogue 1993).

Grund für diese Ankündigung war die in der Öffentlichkeit und der Politik mit Besorgnis festgestellte Beobachtung, dass sich in Großbritannien die Zahl der Sexualverbrechen in den 1980er Jahren verdoppelt hatte. Seit 1991 wurde das Sex Offender Treatment Programme (SOTP) in über 25 Gefängniseinrichtungen in ganz England und Wales etabliert. Ziel war es, allen inhaftierten Sexualstraftätern eine spezialisierte Behandlung anbieten zu können, sowohl den gefährlichen Vergewaltigern als auch den als weniger gefährlich eingeschätzten Tätern, die z. B. mit Missbrauchsdelikten aufgefallen waren.

Der Woolf Report von 1991, der von der Regierung zur Überprüfung der Zustände in englischen Gefängnissen nach einer Zahl ernsthafter Zwischenfälle in Auftrag gegeben worden war, sowie der Criminal Justice Act von 1991 machten spezifische Vorgaben, wie mit inhaftierten Sexualstraftätern zu verfahren sei (Friendship et al. 2003 a). Der HMPS beauftragte daraufhin zwei unabhängige Expertengremien, als Ratgeber bei der Umsetzung der Behandlungsempfehlungen zu dienen. Ein Ausschuss beschäftigt sich seitdem mit der Entwicklung von Leitlinien für die Behandlung von Sexualstraftätern, der andere Ausschuss berät im Hinblick auf Behandlungsprogramme für andere Deliktgruppen.

Aufgabe der Ausschüsse war es zunächst, Standards für Behandlungsprogramme für Gefängnisinsassen festzulegen und die Einhaltung der vorgegebenen Programmstruktur zu überwachen. Dies macht den bemerkenswerten Anspruch der britischen Gefängnisaufsichtsbehörden deutlich, wissenschaftliche Erkenntnisse über die Effektivität der Straftäterbehandlung direkt in die Gestaltung der Rehabilitation von Straftätern einfließen zu lassen. Von einem solchen offiziell formulierten Anspruch ist Deutschland noch weit entfernt.

Eine wesentliche Erkenntnis der Behandlungsforschung bei Straftätern ist, dass insbesondere Programme, bei denen die Einhaltung der vorgegebenen Strategie regelmäßig überprüft wird, eine hohe Effektivität zeigen (Gottschalk et al. 1987; Itzoe u. Ross 1990; Lipsey 1992). Das für die Entwicklung von Leitlinien zuständige Gremium formulierte daher folgende, für Behandlungsprogramme für Straftäter zu fordernde Standards (Mann 1999):

▪ Zugrundelegung eines klaren, empirisch fundierten Veränderungsmodells;

▪ Berücksichtigung des Risikoprinzips (Andrews et al. 1990): Vor allem hochgefährliche Straftäter sollten Behandlungsmaßnahmen unterzogen werden;

▪ Berücksichtigung des Bedürfnisprinzips: Die Programme sollten auf die Veränderung von Faktoren abzielen, die gemäß der empirisch-kriminologischen Forschung tatsächlich Kriminalität bedingen (gemäß Andrews et al. 1990; Antonowicz u. Ross 1994; Gendreau u. Goggin 1996);

▪ Beachtung des Ansprechbarkeitsprinzips (Andrews et al. 1990; Antonowicz u. Ross 1994): Nur das, was verändert werden kann, sollte im Fokus von Veränderungsbemühungen stehen;

▪ Anwendung von sowohl kognitiven als auch klassischen verhaltenstherapeutischen Techniken, Vermittlung von Fertigkeiten, da diese Verfahren ihre rückfallpräventive Wirksamkeit bewiesen haben (Hall 1995; Laws u. Marshall 2003; Marshall u. Laws 2003);

▪ Sicherung der ambulanten Nachbetreuung, da diese eine weitere Reduktion von Rückfällen bedingen kann (Lau 2003);

▪ Überwachung, Evaluation und daraus resultierende Verbesserung der Programme. Alle Behandlungsprogramme sollten zunächst von den die Leitlinien festlegenden Ausschüssen beurteilt und als Erfolg versprechend eingeschätzt, also akkreditiert werden.

Mittlerweile sind in britischen Gefängnissen und unter Verantwortung der Bewährungshilfe weit reichende spezielle Behandlungsprogramme für Straftäter implementiert. Ein großer Teil orientiert sich an lerntheoretischen Konzepten und daraus abgeleiteten Prinzipien der Kriminaltherapie, wie das Programm zu Reasoning und Rehabilitation (Ross et al. 1988) oder die Enhanced Thinking Skills (Clarke et al. 2004). Diese Programme führten zuletzt zu einer Reduktion der Rückfalldelikte um 11 bis 14%, also zu einem Effekt, wie er auch bei anderen vergleichbaren Behandlungsmaßnahmen nachgewiesen wurde (Friendship et al. 2003 b).

Auch das Sexual Offender Treatment Programme (SOTP) erfüllt alle von der Planungskommission geforderten Standards. Es besteht aus vier separaten Einheiten:

1. Zunächst durchläuft ein für die Aufnahme in das SOTP vorgesehener Gefängnisinsasse einen gezielten, komplexen Beurteilungsprozess. Demzufolge werden Straftäter nur von der Teilnahme am SOTP ausgeschlossen, wenn sie die abgeurteilte Tat völlig verleugnen, als psychotisch

krank eingeschätzt werden oder aber die Kriterien einer „psychopathy" im Sinne der Psychopathy Checklist Revised (Hare 1990) erfüllen.

2. Zentraler Bestandteil des SOTP bildet das Kernprogramm („core-programme"). Ziele dieses Bestandteils sind die Reduktion von Bagatellisierung und Verleugnung, Förderung von Empathie für das Opfer und Vermittlung von Strategien zur Verhinderung von erneuten Delikten im Sinne einer „relapse prevention" (Laws 1989). Es umfasst eine Behandlung von ca. 180 Stunden in der Gruppe. Es wurde auch an die speziellen Bedürfnisse von Insassen mit geistiger Behinderung angepasst („adapted core programme"). Dabei ist z. B. die Vermittlung praktischer und sozialer Fertigkeiten deutlicher betont.

3. Im „extended programme" tritt besonders deutlich der kognitiv-behaviorale Hintergrund des SOTP zu Tage. Dieser Teil des Programms wurde für Straftäter entwickelt, die das „core-programme" durchlaufen haben, die aber weiterhin als erheblich deviant (nicht im Sinne einer psychiatrischen Diagnose) eingeschätzt werden. Im Vordergrund dieses Teils der Behandlung steht die Identifizierung und Veränderung dysfunktionaler Gedanken und kognitiver Schemata, eine Verbesserung der Emotionskontrolle sowie des Verhaltens in Partnerschaft und Intimität, die Beeinflussung deliktfördernder Sexualphantasien und sexueller Erregung und die Vermittlung des Zusammenhangs der oben beschriebenen Teilbereiche mit Sexualstraftaten. Das „extended programme" besteht aus 140 Stunden Gruppentherapie, zusätzlich sind 30 Stunden Einzelbehandlung möglich, wenn sie als notwendig erachtet wird.

4. Das „booster-programme" wurde für Gefangene entwickelt, die zu einem früheren Zeitpunkt ihrer Gefängnisstrafe das „core- bzw. extended-programme" durchlaufen haben und kurz vor ihrer Entlassung stehen. Es ist konzipiert als Auffrischungsprogramm, um die im „core- bzw. extended-programme" erreichten Veränderungen zu sichern. Es umfasst ca. 50 Stunden Gruppenbehandlung.

Mit der Entlassung aus dem Gefängnis ist die Behandlung im Rahmen des SOTP nicht beendet. Insbesondere für Fälle, bei denen ein hohes Rückfallrisiko angenommen wird, wird eine weitere ambulante Behandlung initiiert. Mit hoher Intensität werden z. B. Pädophile im Rahmen von Einzel- und Gruppenbehandlung weiterbetreut. Auch im Zusammenhang mit Bewährungsauflagen werden entlassene Gefängnisinsassen zur Teilnahme an Behandlungsprogrammen verpflichtet (Mann 2002).

Nach Ansicht der für die Implementierung und Überwachung des SOTP zuständigen Mitarbeiter des Her Majesty's Prison Service finden sich fünf spezifische Besonderheiten dieses Behandlungsprogramms (Mann u. Thornton 1998):

1. Das SOTP gilt als weltweit größtes einheitliches Behandlungsprogramm für Sexualstraftäter. Die Aufrechterhaltung der Konformität der Behandlung über alle Institutionen hinweg stellt eine extreme Herausforderung dar. Sie wird gewährleistet durch kontinuierliche Überwachung durch

den Treatment-Manager (meist ein forensisch erfahrener Psychologe), den Programm-Manager (normalerweise der Leiter eines Gefängnisses) und einen Beamten der Bewährungshilfe, der für die lückenlose und unproblematische Vermittlung eines Gefängnisinsassen in weitere ambulante Betreuung sorgt. Darüber hinaus sichern Mitarbeiter der Programme Development Section (heute Offending Behaviour Programmes Unit im HMPS), die unter anderem jährliche Besuche in den für die Behandlung zuständigen Einrichtungen und statistische Erhebungen zum Programm durchführen, eine zusätzliche Überwachung der Programmintegrität.

2. Das SOTP wird durch interne und externe Begutachtung bzw. Forschungsaktivitäten weiterentwickelt. 1994 hatte sich z. B. herausgestellt, dass wesentliche Teile des „core-programme" die Rückfälligkeit der Teilnehmer nur unwesentlich beeinflussten (Mann u. Thornton 1998). Diese Teile des Programms wurden daher völlig neu entworfen und in Anlehnung an erfolgreiche Programme aus einigen Bundesländern der USA umgesetzt (Marques et al. 1989; Nelson u. Jackson 1989; Pithers 1994).

3. Das SOTP beteiligt auch psychiatrische bzw. psychologische Laien an der Therapie. Vollzugsbeamte sind aufgrund ihrer beruflichen Tätigkeit in der Lage, Gefängnisinsassen auch außerhalb des Behandlungssettings zu beobachten und mit ihnen zu interagieren. Die Beteiligung der Beamten an der Behandlung reduziert darüber hinaus Misstrauen gegenüber dem Behandlungspersonal und eine Ablehnung der Zusammenarbeit (Grubin u. Thornton 1994). Überhaupt stellt die Überwachung und Ausbildung der am SOTP beteiligten Behandler einen wesentlichen Bestandteil dieses Programms dar. Die Gruppentherapeuten werden intensiv geschult und supervidiert (Mann 2002).

4. Auch der Stil der therapeutischen Arbeit wird kontinuierlich überwacht. Ausgehend von Überlegungen zur Motivationsarbeit mit Straftätern (Mann et al. 2002) wird besonderes Gewicht auf die Förderung eines motivationsfördernden Gesprächsstils gelegt, der unter anderem auf dem Prinzip des sokratischen Dialogs (z. B. De Jong-Meyer 2000) basiert.

5. Die Anerkennung von den in einzelnen Gefängnisinstitutionen durchgeführten Programmen als SOTP durch den HMPS wird regelmäßig überprüft. Aus der beständigen Evaluation der Behandlungsprogramme ergaben sich Hinweise, dass die Anerkennung mittels offizieller Zertifizierung zur Programmintegrität beiträgt (Lipton et al. 2000; Blud et al. 2003).

Wie erwähnt spielt die Evaluation der Behandlungseffekte bei der Umsetzung des SOTP eine wesentliche Rolle. Die Wirksamkeit des SOTP bei Straftätern mit mittlerem Rückfallrisiko wird mittlerweile als bewiesen angesehen. Allerdings zeigt es bisher keine überzeugenden Effekte bei Delinquenten mit hohem Risiko für zukünftige gefährliche Straftaten (Friendship et al. 2003 a). Eine solche Evaluation und Identifikation von Problembereichen ist nur möglich, weil der HMPS ausreichend Begleitforschung finanziert. Anhand der aus dieser Forschung abgeleiteten Arbeitshypothesen werden zunehmend neue Wege in der Behandlung von Straftätern beschritten. Als Beispiel dafür sei die Durchführung eines Programms genannt, das sich Sexualstraftätern widmet, die die Begehung der abgeurteilten Straftat kategorisch leugnen. Erkenntnisse darüber, inwieweit die bekannte Bagatellisierungs- und Verleugnungstendenz von Sexualstraftätern (Barbaree 1991; Happel u. Auffrey 1995) Einfluss auf Therapie und Prognose hat, sind bisher gering (Marshall 1994; Kröber 1995). Mittlerweile wird ein Pilotprojekt unter Beteiligung der Offending Behaviour Programmes Unit des HMPS durchgeführt, das den Effekt von kognitiv-behavioraler Behandlung unter Aussparung der Bearbeitung delikttypischer Szenarien überprüft (Marshall et al. 2001). Die Ergebnisse dieser Untersuchung werden mit Spannung erwartet.

Die Offending Behaviour Programmes Unit des HMPS steht in engem Kontakt mit anderen Einrichtungen, in denen Sexualstraftäter behandelt werden. Insbesondere der Austausch mit Institutionen in den USA und Kanada, wo die empirisch fundierte Arbeit mit Straftätern eine längere Tradition hat, wird gepflegt. Mittlerweile zeichnet sich ab, dass nach einer Phase der Vereinheitlichung von Behandlungsprogrammen, für die die Implementierung des SOTP in britischen Gefängnissen exemplarisch steht, wieder mehr Wert auf die Differenzierung von Einzelbestandteilen der Behandlungsmaßnahmen gelegt wird, um den individuellen Bedürfnissen von Inhaftierten Rechnung tragen zu können (sog. Diversifikation). Mittlerweile werden verstärkt die einzelnen Problembereiche eines delinquenten Lebensstils fokussiert. Auch die Entwicklung von spezialisierten Programmen für Jugendliche, die tendenziell mehr Erfolg versprechend als die für Erwachsene (Lipsey 1992; Redondo et al. 1997), wird forciert. Die enge Vernetzung der Kriminaltherapeuten aus dem britischen Gefängnissystem mit Kollegen in ausländischen Einrichtungen fördert dabei die Entwicklung neuer Ideen.

5.1.5 Zusammenfassung und Ausblick

Die Behandlung von psychisch kranken Rechtsbrechern und Straftätern in Großbritannien findet auf hohem Niveau statt. Die forensische Psychiatrie innerhalb des britischen Gesundheitssystems (NHS) weist dabei viele Parallelen zum Maßregelvollzug in Deutschland auf. Ein wesentlicher Vorteil ist jedoch die einheitliche Organisation des viel gescholtenen NHS. Diese führt zu einer leichteren und umfassenderen Umsetzung von Erfolg versprechenden Behandlungsstrategien und deren Überwachung. So ist z.B. die ambulante Weiterbehandlung psychisch kranker Rechtsbrecher in Großbritannien weniger problematisch, weil die Verantwortung für diese Patienten in einer Hand bleibt und daher z.B. Kostenfragen leichter zu klären sind. Auch die einheitlichen und teilweise weiter reichenden rechtlichen Rahmenbedingungen zur Unterbringung psychisch Kranker im Rahmen des MHA vereinfachen die Therapie dieser Klientel. Die föderale Struktur der Bundesrepublik führt zu einer unterschiedlichen Gestaltung der Maßregelbehandlung in den einzelnen Bundesländern und damit zu einer schlechten Vergleichbarkeit der durchgeführten Maßnahmen.

Durch die Diskussion um Personen mit einer DSPD und mit der Absichtserklärung zur Reform des Mental Health Act von 1983, die mit der Schaffung eines dritten Weges der Behandlung von gefährlichen Straftätern zwischen dem Gesundheitssystem und dem Gefängnissystem verbunden ist, scheint die britische Regierung diese Vorteile für einen Teil von Straftätern aufgeben zu wollen.

Allerdings herrscht bei politisch Verantwortlichen in Großbritannien in einem höheren Maße als in Deutschland die Erkenntnis vor, dass die Ergebnisse der Behandlungs-, Gefährlichkeits- bzw. Rückfallforschung Eingang finden müssen in die Gestaltung der Behandlungsstrukturen für forensische Patienten und Straftäter. An diesem Punkt scheint Großbritannien der Bundesrepublik voraus zu sein, ebenso in der beispielhaften einheitlichen Behandlung von (Sexual-)Straftätern. Ein Stiefkind der forensischen Psychiatrie bleibt allerdings die Behandlung von Gefängnisinsassen mit psychischen Störungen, die ähnlich wie in der Bundesrepublik als unzureichend einzuschätzen ist.

Literatur

Andrews DA, Zinger I, Hoge RD, Bonta J, Gendreau P, Cullen FT (1990) Does correctional treatment work? A clinically-relevant and psychologically informed meta-analysis. Criminology 28:369–404

Antonowicz DH, Ross RR (1994) Essential components of successful rehabilitation programs for offenders. Int J Offender Ther Comp Criminol 38:97–104

Bailey J, MacCulloch M (1992) Patterns of reconviction in patients discharged directly to the community from a Special Hospital: Implications for aftercare. J Forensic Psychiatry 3: 445–461

Barbaree HE (1991) Denial and minimization among sex offenders: Assessment and treatment outcome. Forum Correction Res 3:30–33

Barker A, Gunn J (1993) The courts and bodies overseeing and administrating the laws in the United Kingdom (and Ireland). In: Gunn J, Taylor PJ (eds) Forensic psychiatry – clinical, legal and ethical issues (1993) Butterworth-Heinemann, Oxford, pp 167–209

Bingley W (1993) Broadmoor, Rampton and Ashworth: Can good practice prevent potential future disasters in high-security hospitals? Crim Behav Ment Health 3:465–471

Blud L, Travers R, Nugent F, Thornton D (2003) Accreditation of offending behaviour programmes in HM Prison Service: 'What Works' in practice. Legal Criminol Psychol 8:69–81

Buchanan A (1998) Criminal conviction after discharge from special (high-security) hospitals: Incidence in the first ten years. Br J Psychiatry 172:472–476

Buchanan A, Leese M (2001) Detention of people with dangerous severe personality disorders: A systematic review. Lancet 358:1955–1959

Butwell M, Jamieson E, Leese M, Taylor PJ (2000) Trends in special (high-security) hospitals 2: Residency and discharge episodes 1986–1995. Br J Psychiatry 176:260–265

Clarke A, Simmonds R, Wydall S (2004) Delivering cognitive skills programmes in prison: a qualitative study. Home Office Research Findings 242. Home Office, London

Cleckley H (1976) The mask of sanity, 5th edn. Mosby, St Louis

Dahle KP (1995) Zur Versorgung forensisch-psychiatrischer Patienten in den neuen Bundesländern. Schriftenreihe des Bundesministeriums der Gesundheit. Nomos, Baden-Baden

Darjee R, Chrichton J (2002) The MacLean Committee: Scotland's answer to the 'dangerous people with severe personality disorder' proposals? Psychiatr Bull 26:6–8

Darjee R, Chrichton J (2003) Personality disorder and the law in Scotland: A historical perspective. J Forensic Psychiatry Psychol 14:394–425

Davison S, Jamieson E, Taylor PJ (1999) Route of discharge for special (high-security) hospital patients with personality disorder. Relationship with re-conviction. Br J Psychiatry 175, 224–227

De Jong-Meyer R (2000) Kognitive Verfahren nach Beck und Ellis. In: Margraf J (Hrsg) Lehrbuch der Verhaltenstherapie. Springer, Berlin Heidelberg, S 509–524

Department of Health (1998) Psychiatric Morbidity among prisoners in England and Wales – a Survey carried out in 1997 by the Social Survey Division of ONS. Stationery Office, London

Department of Health (2000) Reforming the Mental Health Act. Crown, London

Earthrowl M, O'Grady J, Birmingham L (2003) Providing treatment to prisoners with mental disorder: Development of a policy. Br J Psychiatry 182:299–302

Eason RJ, Grimes JA (1976) Inpatient care of the mentally ill: A statistical study of future provision. Health Trends 8:2–4

Eastman N (1999) Public health psychiatry or crime prevention? Br Med J 318:549–551

Edwards J, Steed P, Murray K (2002) Clinical and forensic outcome 2 years and 5 years after admission to a medium secure unit. J Forensic Psychiatry 13:68–87

Ferris R (2000) Community treatment programmes in Europe and the United Kingdom that have proven effective in preventing violence by the mentally ill. In: Hodgins S (ed) Violence among the mentally ill. Effective treatments and management strategies. Kluwer, Dordrecht, pp 389–408

Friendship C, Mann R, Beech A (2003a) The prison-based Sex Offender Treatment Programme – an evaluation. Home Office, London

Friendship C, Blud L, Erikson M, Travers R, Thornton D (2003b) Cognitive-behavioural treatment for imprisoned offenders: An evaluation of HM Prison Service's cognitive skills programmes. Legal Criminol Psychol 8:103–114

Gendreau P, Goggin C (1996) Principles of effective programming. Forum Correction Res 8:38–41

Gottschalk R, Davidson WS, Gensheimer LK, Mayer JP (1987). Community-based interventions. In: Quay HC (ed) Handbook of juvenile delinquency. Wiley, New York, pp 266–289

Grawe K, Donati R, Bernauer F (1994) Psychotherapie im Wandel – Von der Konfession zur Profession. Hogrefe, Göttingen

Grubin D, Thornton D (1994) A national program for the assessment and treatment of sex offenders in the English prison system. Crim Justice Behav 21:55–71

Gunn J (1976) Management of the mentally ill abnormal offender: Integrated or parallel? Proc R Soc Med 70:877–880

Gunn J (1993a) The law, adult mental disorder, and the psychiatrist. In: Gunn J, Taylor PJ (eds) Forensic psychiatry – clinical, legal and ethical issues. Butterworth-Heinemann, Oxford, pp 21–117

Gunn J (1993b) Personality disorders. In: Gunn J, Taylor PJ (eds) Forensic psychiatry – clinical, legal and ethical issues. Butterworth-Heinemann, Oxford, pp 373–406

Gunn J (2000) Future directions for treatment in forensic psychiatry. Br J Psychiatry 176: 332–338

Gunn J, Maden A, Swinton M (1991) Treatment needs of prisoners with psychiatric disorders. Br Med J 303:338–341

Gunn J, Felthous AR (2000) Politics and personality disorder: The demise of psychiatry? Curr Opin Psychiatry 13:545–547

Habermeyer E, Saß H (2004) Maßregel der Sicherungsverwahrung nach § 66 StGB. Nervenarzt 75:1061–1067

Habermeyer E, Hoff P, Saß H (2002) Das psychiatrische Gutachten zur Hangtäterschaft – Zumutung oder Herausforderung? MSchrKrim 85:20–24

Haddock A, Snowden P, Dolan M, Parker J, Rees H (2001) Managing dangerous people with severe personality disorder: A survey of forensic psychiatrists' opinions. Psychiatr Bull 25:293–296

Hall CGN (1995) Sexual offender recidivism revisited. A meta-analysis of recent treatment studies. J Consult Clin Psychol 63:802–809

Halstead S, Cahill A, Fernando L, Isweran M (2001) Discharges from a learning-disability medium secure unit: What happens to them? Br J Forensic Pract 3:11–21

Happel RM, Auffrey JJ (1995) Sex offender assessment: Interrupting the dance of denial. Am J Forensic Psychol 13:5–22

Hare RD (1980) A research scale for the assessment of psychopathy in criminal populations. Personality and Individual Differences 1:111–117

Hare RD (1990) The Psychopathy Checklist – Revised. Multi Health Systems, Toronto

Heilbrun K, Peters L (2000) The efficacy and effectiveness of community treatment programmes in preventing crime and violence among those with severe mental illness in the community. In: Hodgins S (ed) Violence among the mentally ill. Effective treatments and management strategies. Kluwer, Dordrecht, pp 341–357

HM Inspectorate of Prisons (1996) Patient or prisoner? A new strategy for health care in prisons. Home Office, London

HM Prison Service and Department of Health (1999) Managing dangerous people with severe personality disorder. HM Stationery Office, London

HM Prison Service and NHS Executive (1999) The future organisation of prison health care. Home Office, London

HM Stationery Office (1904) Proceedings of the Royal Commission on the Care and Control of the Feebleminded. HM Stationery Office, London

HM Stationery Office (1913) Mental Deficiency Act 1913. HM Stationery Office, London

HM Stationery Office (1959) Mental Health Act 1959. HM Stationery Office, London

House of Commons (2000) Committee on Home Affairs: First report on managing dangerous people with severe personality disorder. House of Commons, March 14

Hughes G, Hogue T, Hollin C, Champion H (1997) First-stage evaluation of a treatment programme for personality disordered offenders. J Forensic Psychiatry 8:515–527

Izzo RL, Ross RR (1990) Meta-Analysis of rehabilitation programs for juvenile delinquents. Crim Justice Behav 17:134–142

Jamieson E, Davison S, Taylor PJ (2000) Reconviction of special (high security) hospital patients with personality disorder: Its relationship with route of discharge and time at risk. Crim Behav Ment Health 10, 88–99

Kinzig J (2002) Neues von der Sicherungsverwahrung. Strafverteidiger 9:500–503

Konrad N (2001) Gefängnispsychiatrie. In: Henn F, Sartorius N, Helmchen H, Lauter H (Hrsg) Psychiatrie der Gegenwart, Bd 3: Psychiatrie in besonderen Lebenssituationen. Springer, Berlin Heidelberg

Konrad N (2003) Die Versorgungssituation psychisch Kranker im Justizvollzug. Recht & Psychiatrie 21:5–8

Kröber HL (1995) Geständnis und Auseinandersetzung mit der Tat als Gesichtspunkte der Individualprognose nach Tötungsdelikten. In: Dölling D (Hrsg) Die Täter-Individualprognose. Kriminalistik Verlag, Heidelberg

Lau S (2003) Wirkt ambulante Kriminaltherapie? Literaturübersicht zur Effektivität gemeindenaher rückfallpräventiver Maßnahmen bei Straftätern und psychisch kranken Rechtsbrechern. Psychiatr Prax 30:119–126

Lau S (2004) Zum Umgang mit gefährlichen Menschen. Die britische Diskussion um die „Dangerous Severe Personality Disorder". MSchrKrim 87:451–457

Laws DR (1989) Relapse prevention with sex offenders. Guilford Press, London

Laws DR, Marshall WL (2003) A brief history of behavioral and cognitive behavioral approaches to sexual offenders: Part 1. Early developments. Sex Abuse 15:75–92

Leigh D (1961) The historical development of British psychiatry, vol 1. Pergamon, Oxford

Leygraf N (1988) Psychisch kranke Straftäter. Epidemiologie und aktuelle Praxis des psychiatrischen Maßregelvollzuges. Springer, Berlin Heidelberg

Linehan M (1993) Cognitive-behavioral therapy of borderline personality disorder. Guilford, New York

Lipsey MW (1992) The effect of treatment on juvenile delinquents. Results from meta-analysis. In: Lösel F, Bender D, Bliesener T (eds) Psychology and law. International perspectives. De Gruyter, Berlin, New York, pp 131–143

Lipton DS, Thornton D, McGuire J, Porporino FJ, Hollin CR (2000) Program accreditation and correctional treatment. Subst Use Misuse 35:1705–1734

MacCulloch M, Bailey J (1993) Issues in the management and rehabilitation of patients in maximum secure hospitals. J Forensic Psychiatry 4:25–44

Maden A, Swinton M, Gunn J (1994) Psychiatric disorder in women serving a prison sentence. Br J Psychiatry 164:44–54

Maden A, Curle C, Meux C, Burrow S, Gunn J (1995) The treatment and security needs of patients in special hospitals. Crim Behav Ment Health 3:290–306

Mann RE (1999) The Sex Offender Treatment Programme in England and Wales. In: Höfling S, Drewes D, Epple-Waigel I (Hrsg) Auftrag Prävention – Offensive gegen sexuellen Kindesmißbrauch. Hanns Seidel Stiftung, München

Mann RE (2002) The Sex Offender Treatment Programme in British prisons and community aftercare. Vortrag, Tagung „Aufgaben und Möglichkeiten ambulanter Kriminaltherapie", Berlin 22.02.2002

Mann RE, Thornton D (1998) The evolution of a multisite sexual offender treatment program. In: Marshall WL, Fernandez YM, Hudson SM, Ward T (eds) Sourcebook of treatment programs for sexual offenders. Plenum Press, London

Mann RE, Ginsberg JI, Weekes JR (2002) Motivational interviewing with offenders. In: McMurren M (ed) Motivating offenders to change – A guide to enhancing engagement in therapy. Wiley, Chichester, pp 103–120

Marques JK, Day DM, Nelson C, Miner M (1989) The Sex Offender Treatment and Evaluation Project: California's relapse prevention program. In: Laws DR (ed) Relapse prevention with sex offenders. Guilford, London, pp 247–267

Marshall WL (1994) Treatment effects on denial and minimization in incarcerated sex offenders. Behav Res Ther 32:559–564

Marshall WL, Laws DR (2003) A brief history of behavioral and cognitive behavioral approaches to sexual offenders: Part 2. The modern era. Sex Abuse 15:93–120

Marshall WL, Thornton D, Marshall LE, Fernandez YM, Mann RE (2001) Treatment of sexual offenders who are in categorical denial: A pilot project. Sex Abuse 13:205–215

Mason T (1999) The psychiatric "supermax"? Long-Term, high-security psychiatric services. Int J Law Psychiatry 22:155–166

McGauley G (2002) Forensic psychotherapy in secure settings. J Forensic Psychiatry 13:9–13

Mohan D, Jamieson E, Taylor PJ (2001) The use of trial leave for restricted special hospital patients. Crim Behav Ment Health 11:55–62

Mohan D, Thompson C, Mullee MA (1998) Preliminary evaluation of supervised discharge order in the south and west region. Psychiatr Bull 22:421–423

Mullen PE (1999) Dangerous people with severe personality disorder. Br Med J 319: 1146–1147

Nedopil N, Müller-Isberner R (1995) Struktur- und Organisationsfragen im psychiatrischen Maßregelvollzug. MSchrKrim 78:236–244

Nelson C, Jackson P (1989) High-risk recognition: The cognitive behavioral chain. In: Laws DR (ed) Relapse prevention with sex offenders. Guilford, London, pp 167–177

Norton K, McGauley G (2000) Forensic psychotherapy in Britain: Its role in assessment, treatment and training. Crim Behav Ment Health 10:S82–S90

Office for National Statistics (1998) Psychiatric morbidity among prisoners in England and Wales. Stationery Office, London

Pithers WD (1994) Process evaluation of group therapy component designed to enhance sex offenders' empathy for sexual abuse survivors. Behav Res Ther 32:565–570

Quayle M, Moore E (1998) Evaluating the impact of structured groupwork with men in a high security hospital. Crim Behav Ment Health 8:77–92

Redondo S, Garrido V, Sanchez-Meca J (1997) What works in correctional treatment in Europe. A meta-analytical review. In: Redondo S, Garrido V, Perez J, Barbaret R (eds) Advances in psychology and law. De Gruyter, Berlin New York, pp 499–523

Reed J, Lyne M (1997) The quality of health care in prison: Results of a year's programme of semi-structured inspections. Br Med J 315:1420–1424

Reed J, Lyne M (2000) Inpatient care of mentally ill people in prison: Results of a year's programme of semi-structured inspections. Br Med J 320:1031–1034

Reiss D, Grubin D, Meux C (1999) Institutional performance of male psychopaths' in a high-security hospital. J Forensic Psychiatry 10, 290–299

Rice ME, Harris GT (1995) Violent recidivism: Assessing predictive validity. J Consult Clin Psychol 63:737–748

Ross RR, Fabiano EA, Ewles CD (1988) Reasoning and rehabilitation. Int J Off Therapy Comp Criminol 32:29–35

Rusche S (2004) In Freiheit gefährlich? Roderer, Regensburg

Sachse R (2002) Klärungsorientierte Psychotherapie. Hogrefe, Göttingen

Schmiedebach HP, Beddies T, Schulz J, Priebe S (2000) Offene Fürsorge – Rodewischer Thesen – Psychiatrie Enquete: Drei Reformansätze im Vergleich. Psychiatr Prax 27:138–143

Schneider K (1950) Die psychopathischen Persönlichkeiten, 9. Aufl. Deuticke, Wien

Seifert D, Leygraf N (1997) Die Entwicklung des psychiatrischen Maßregelvollzuges (§ 63 StGB) in Nordrhein-Westfalen. Psychiatr Prax 24:237–244

Shaw J, Davies J, Morey H (2001) An assessment of the security, dependency and treatment needs of all patients in secure services in a UK health region. J Forensic Psychiatry 12: 610–637

Smith R (1999) Prisoners: An end to second class health care? Br Med J 318:954–955

Taylor PJ (ed) (1993) Forensic psychiatry in the National Health Service of England and Wales. In: Gunn J, Taylor PJ (eds) Forensic psychiatry – clinical, legal and ethical issues (1993) Butterworth-Heinemann, Oxford, pp 691–731

Taylor PJ, Butwell M, Dacey R, Kaye C (1991) Within maximum security hospitals: A survey of need. Special Hospitals Service Authority, London

Thornton D, Hogue T (1993) The large-scale provision of programs for imprisoned sex offenders: Issues, dilemmas and progress. Crim Behav Ment Health 3:17–23

Tyrer P, Cooper S, Seivewright H, Duggan C, Rao B, Hogue T (2005) Temporal reliability of psychological assessments for patients in a special hospital with severe personality disorder: A preliminary note. Crim Behav Ment Health 15:87–92

Völlm B (2004) Trends in der Gesetzgebung zur Unterbringung psychisch Kranker und im Maßregelrecht in England und Wales. Recht & Psychiatrie 22:18–22

Walcott DM, Beck JC (2000) Dangerous severe personality disorder: Extension of the use of civil commitment in the United Kingdom. J Am Acad Psychiatry Law 28:469–475

Webster CD, Eaves D (1995) The HCR 20 Scheme. The assessment of dangerousness and risk. Simon Fraser University and Forensic Psychiatric Services Commission of British Columbia, Vancouver

5.2   Behandlungsprogramme für Straftäter in den Vereinigten Staaten und Kanada

A. R. Felthous, H. Sass

Einleitung

In den USA gelten vier Konzepte als Grundlage strafrechtlicher Konsequenzen – Vergeltung, Abschreckung, Verunmöglichung („incapacitation")[1] und Rehabilitation. Bezogen darauf lässt sich die Behandlung von Straftätern am ehesten bei der letztgenannten einordnen, also Rehabilitation oder Veränderung. Einer der wichtigsten Verfechter des Vorranges von Rehabilitation im Zusammenhang mit Strafjustiz war Karl Menninger (1966). Er vertrat die Position, dass zur Verwirklichung dieses bedeutungsvollen Zieles das Gesundheitssystem einen wichtigen Beitrag leisten könne. Andere hielten dieser Sichtweise entgegen, dass sie in Anbetracht der notwendigen pragmatischen und ökonomischen Überlegungen zu optimistisch sei. Psychiatrische und psychotherapeutische Ressourcen sollten auf Erkrankungen ausgerichtet sein, die von einer Behandlung profitieren können. Nichtsdestoweniger haben Behandlungsprogramme, wenn auch in beschränktem Umfang, weiterhin Relevanz, sei es als Komponente von Rehabilitation, sei es als rechtliches, klinisches und humanitäres Anliegen im Hinblick auf inhaftierte Straftäter, die an einer psychischen Erkrankung leiden.

In den Vereinigten Staaten und Kanada lassen sich Behandlungsprogramme für Straftäter grob in zwei Hauptkategorien unterteilen: In die eine Kategorie fallen die Programme, die direkt auf Rehabilitation ausgerichtet sind, in die andere jene, die zielgruppenspezifisch entwickelt wurden, um systematisch spezielle psychische Verfassungen oder Verhaltensweisen zu beeinflussen. Rehabilitative Behandlungskonzepte zielen auf die Reduktion der Wahrscheinlichkeit von Wiederholungsstraftaten im Allgemeinen ab. Im Gegensatz dazu wurden spezielle Behandlungsprogramme für ausgewählte Subgruppen von Straftätern erstellt, so etwa für Verurteilte mit gravierenden psychischen Erkrankungen, mit Abhängigkeitsproblematiken, Intelligenzminderung oder Sexualdelinquenz. Entsprechende Behandlungsprogramme bewegen sich in einem rechtlich durch Gesetze und zusätzliche Ausführungsbestimmungen klar abgesteckten Rahmen.

Die folgenden Ausführungen beginnen mit einer kurzen Beschreibung der Formen von Hafteinrichtungen in den USA, den „jails", im Folgenden Bezirks- oder Kreisgefängnisse genannt, und den „prisons", hier als Staatsgefängnisse bezeichnet. Die beiden Gefängnissysteme Kanadas, die in einem weiteren Kapitel ebenfalls vorgestellt werden, sind die „reformatories", also die Erziehungsanstalten, und die „penitentiaries", hier als Strafanstal-

---

[1] Unter „incapacitation" werden jedwede Maßnahmen subsumiert, die das Begehen neuer Straftaten unterbinden.

ten bezeichnet[2]. Anschließend werden die vorherrschenden psychosozialen Rehabilitationsmodelle beschrieben und anhand einiger Beispiele veranschaulicht. Soweit Daten verfügbar sind, wird auch auf die Effektivität der Programme eingegangen, insbesondere im Hinblick auf das Kriterium der Reduktion der Wiederholungsstraftaten. Abschließend werden vier Behandlungsansätze für spezielle Untergruppen von Straftätern dargestellt.

5.2.1 Bezirks- oder Kreisgefängnisse und Staatsgefängnisse in den Vereinigten Staaten

Das Strafrechtssystem der Vereinigten Staaten bietet zwei unterschiedliche Typen von Inhaftierungsmöglichkeiten: Bezirks- oder Kreisgefängnisse („jails") und Staatsgefängnisse („prisons").

Bezirks- oder Kreisgefängnisse stellen sowohl Haft- als auch Korrektureinrichtungen dar, „in denen Personen, die auf ihren Prozess warten oder aber bereits für ein geringfügigeres Vergehen verurteilt wurden, inhaftiert sind" (Garner 1999). Die dort einsitzenden Personen sind zu Gefängnisstrafen von einem Jahr oder weniger verurteilt. Bezirks- oder Kreisgefängnisse werden von den Gemeinde- bzw. Stadtbezirken oder Landkreisen mit ihren jeweils entsprechenden Jurisdiktionen verwaltet. Verteilt über die gesamten USA werden in etwa 3350 Bezirks- oder Kreisgefängnissen die Verfahren von bis zu 10 Millionen Straftätern bearbeitet (American Psychiatric Association 2000). Ihre jeweilige Größe umfasst eine Spannbreite von nur wenigen Zellen in kleinen Städten bis hin zu riesigen Unterbringungsmöglichkeiten für tausende von Insassen. In den vergangenen Jahren wurden in einigen dieser „Mega-Bezirks-" oder „-Kreisgefängnisse", wie etwa dem Los Angeles County Jail oder dem Cook County Jail in Chicago, zahlreiche Straftäter mit schwerwiegenden psychischen Erkrankungen inhaftiert, sodass mittlerweile einige dieser Einrichtungen mehr psychisch Kranke beherbergen als die meisten psychiatrischen Kliniken.

Ein Staatsgefängnis („prison") ist im Gegensatz dazu „eine staatliche oder föderale Einrichtung für die Inhaftierung verurteilter Straftäter" (Garner 1999). Hierunter fallen vorwiegend Schwerverbrecher, die wegen gravierender Delikte zu einer Haftstrafe von einem Jahr oder länger verurteilt wurden. Auch hier gibt es selbst innerhalb einzelner Staaten zwischen den einzelnen Staatsgefängnissen häufig erhebliche Unterschiede in Bezug auf bauliche Gestaltung und Programm. Einige der Staatsgefängnisse wurden hauptsächlich mit dem Ziel maximaler Sicherheit konzipiert. Diese Anstalten wurden vor allem für den sog. harten Kern unter den Straftätern mit hohem Gewalt- oder Ausbruchspotenzial und schlechten Prognosen bezüglich Reintegration errichtet. Andere Staatsgefängnisse, sog. Korrekturanstalten, legen verstärkt Wert auf rehabilitative Aspekte. Hier werden auch er-

---

[2] Ist von strafrechtlichen Institutionen im Allgemeinen die Rede, werden im Text die Begriffe Gefängnis oder Haftanstalt verwendet.

zieherische Maßnahmen und Programme zur beruflichen Wiedereingliederung durchgeführt.

Sowohl für Bezirks- oder Kreisgefängnisse als auch für Staatsgefängnisse empfiehlt die American Psychiatric Association, dass psychiatrische oder psychologische Dienste Aufgaben bei der Eingangsuntersuchung und Einschätzung der Straftäter, bei Überweisungen, Behandlungs- und Entlassungsplanung übernehmen sollten (American Psychiatric Association 2000). In der Praxis variieren Ausmaß und Qualität dieser gesundheitsbezogenen Dienste stark. Insbesondere die kleinen Bezirks- oder Kreisgefängnisse, die sich zumeist in einer armseligen finanziellen Situation befinden, haben in diesem Bereich eine Unterversorgung zu beklagen (die Verbesserung von Haftbedingungen in Bezirks- oder Kreisgefängnissen und Staatsgefängnissen ist bei der steuerzahlenden Bevölkerung kein werbeträchtiges Thema). Substanzielle Fortschritte in den unterschiedlichen Gefängnissystemen und bei gesundheitlichen und sozialen Diensten stellen sich zumeist erst als Folge von Sammelklagen, Beschlüssen des obersten Bundesgerichtes oder gerichtlichen Verfügungen ein.

Suizide sind ein besonders häufiges und ernst zu nehmendes Problem in Bezirks- oder Kreisgefängnissen (Hayes 1989). In Anbetracht der beträchtlichen Unterschiede in der Ausstattung mit Ressourcen in diesen Einrichtungen empfahl Felthous (1994), Präventionsprogramme auf den folgenden sechs Leitlinien aufzubauen:

„1. Alle Insassen sollten untersucht werden, um jene mit aktiver Suizidalität zu *identifizieren*;
2. für suizidale Insassen sollte *psychologische Unterstützung angeboten* werden;
3. suizidale Insassen sollten *engmaschig überwacht* werden;
4. die Insassen sollten *von selbstgefährdenden Objekten ferngehalten* werden;
5. *vorbeugende Maßnahmen* sollten *etabliert* und ebenso klar wie konsequent *verfolgt* werden und schließlich, wo immer indiziert, sollten
6. die Insassen *diagnostiziert, behandelt* und/oder *in ein Krankenhaus überführt* werden" (Felthous 1994).

Die Einführung der von der „Texas Commission on Jail Standards" entwickelten Normen trug wesentlich dazu bei, dass Texas, das 1986 noch mit 46 Suiziden in Bezirks- oder Kreisgefängnissen die landesweite Statistik anführte, durch eine Senkung der Selbstmordrate auf ein Sechstel bei mehr als doppelter Insassenanzahl zum „einsamen Star" bei der Verbesserung der Suizidstatistik avancierte (Hayes 1997).

Bevor wir auf die Unterschiede zwischen Erziehungsanstalten und Strafanstalten in Kanada eingehen, sollten wir darauf hinweisen, dass Kanada ebenso wie die Vereinigten Staaten über Untersuchungsgefängnisse verfügt. Das Bezirks- oder Kreisgefängnissystem in den Vereinigten Staaten ist jedoch vollständig getrennt vom Haftsystem der jeweiligen Bundesstaaten. Insasse eines Bezirks- oder Kreisgefängnisses kann man nur durch das Urteil eines zuständigen föderalen Gerichtes werden. Die meisten für schwerere Verbrechen Verurteilten aber haben bundesstaatliches Recht verletzt und sind insofern auch in den entsprechend zuständigen bundesstaatlichen Gefängnissen inhaftiert. Aufgrund der totalen Trennung der beiden Gefängnissysteme wirken die beiden Systeme nicht zusammen und kooperieren demzufolge auch nicht bezüglich der Gesundheitsdienste für psychisch erkrankte Insassen miteinander.

5.2.2. Erziehungsanstalten und Strafanstalten in Kanada

In Kanada werden in zwei unterschiedlichen Systemen psychiatrische Gesundheitsdienste für kriminelle Straftäter vorgehalten: Erziehungsanstalten („reformatories") und föderale Strafanstalten (penitentiaries) (Harding et al. 1993). Erziehungsanstalten werden vom Ministerium für Gefängniswesen der jeweils zuständigen Provinz geführt und beherbergen Straftäter, die zu Gefängnisstrafen von bis zu 2 Jahren verurteilt sind. Straftäter, die für schwerwiegendere Verbrechen zu einer Strafe von mehr als 2 Jahren verurteilt wurden, verbringen diese in föderalen Bundesstrafanstalten.

Innerhalb dieses Systems werden psychisch erkrankte Insassen entweder in den Erziehungsanstalten oder aber in eigens dafür eingerichteten gesicherten psychiatrischen Krankenhäusern behandelt. In einigen Provinzen werden solche Dienste im Rahmen vertraglicher Regelungen von medizinischen Hochschulen oder niedergelassenen Psychiatern angeboten. In anderen Provinzen werden die psychiatrischen Dienste für die Erziehungsanstalten von einer zentralen Agentur bereitgestellt. Für schwerwiegende Verbrechen verurteilte Straftäter werden zu längeren Haftstrafen in Kanadas föderalem Strafsystem verurteilt. Seit dem Chalke-Bericht im Jahre 1973 haben sich regionale psychiatrische Dienste zur Bereitstellung entsprechender Behandlungsangebote für Gefängnisinsassen entwickelt. In Quebec beispielsweise erhalten psychisch erkrankte Insassen bei entsprechender Indikation stationäre Behandlung am „Institute Philippe Pinel". Gemäß den Empfehlungen des Chalke-Reports werden alle forensischen Dienste in regionalisierten Einrichtungen geordnet und zentral zusammengefasst (Harding et al. 1993).

5.2.3 Rehabilitative Behandlungsprogramme

Bereits 1970 bemerkte Whiteley, dass sog. Psychopathen schlecht auf psychotherapeutische Behandlungsprogramme ansprechen. Noch beunruhigender sind die Schlussfolgerungen aus jüngeren Untersuchungsergebnissen, wonach sowohl die antisoziale Persönlichkeitsstörung (Quality Assurance Project 1991) als auch die Psychopathie im Sinne von Hare (1998) auf einschlägige Behandlungsprogramme nicht gut ansprechen. Tatsächlich gibt es Belege dafür, dass etwa Gruppentherapie die antisozialen Verhaltensweisen sogar noch verstärken kann (Harris et al. 1994; Quinsey et al.

1998; Rice, Harris u. Cormier 1992). Hare et al. (2000), der die Notwendigkeit weiterer Forschung über effektive Behandlungsprogramme für Psychopathen unterstreicht, führt drei mögliche Gründe für die geringen Behandlungserfolge dieser Gruppen an:

1. könne Psychotherapie bei Psychopathen generell die Entwicklung von zusätzlichen kriminellen Verhaltensweisen wie etwa Manipulationstechniken fördern;
2. könne die oberflächliche Anpassung der Psychopathen an das psychotherapeutische Behandlungssetting zu einer verfrühten Entlassung führen;
3. schließlich könnten einige der Programme schlichtweg schlecht organisiert und durchgeführt sein.

In jedem Fall bedeute die Diagnose einer Psychopathie eine schlechtere Prognose bezüglich Rehabilitation. Andererseits ist anzumerken, dass einige der rehabilitativen Programme durchaus von positiven Ergebnissen selbst für Personen mit antisozialer Persönlichkeitsstörung berichten können. Forschungsmethodisch erscheint es demnach wichtig, bei der Evaluation von Behandlungsprogrammen sowohl die Charakteristika der Teilnehmer als auch die der Programme selber als Variablen zu erheben und in die Analyse einzubeziehen.

Bei der folgenden kurzen Darstellung der spezifischen Rehabilitationsprogramme Nordamerikas soll nicht der Eindruck entstehen, es handle sich um universell verfügbare Programme, die gar die Norm darstellen. Psychotherapie im Dienste der Rehabilitation Strafgefangener ist im Gegenteil eher die Ausnahme denn die Regel. Auch wenn die medikamentöse Versorgung psychisch erkrankter Strafgefangener größtenteils gesichert ist, werden entsprechend indizierte psychotherapeutische Programme eher in Ausnahmefällen angeboten und umfassendere Behandlungsprogramme sind eine Seltenheit. Bei den gegenwärtig immer weiter abnehmenden staatlichen Ressourcen und einer traditionell geringen Parteinahme für Strafgefangene und psychisch Erkrankte werden Programme, deren Notwendigkeit und Effektivität noch nicht ausreichend gesichert sind, vorschnell und unreflektiert verworfen. Selbst wenn die Beweislage für die Effektivität heute sogar für weite Bereiche gut ist, besteht für die Programme das Risiko der Beendigung, da budgetäre Engpässe des Staates dringlicher und zwingender werden als humanitäre Anliegen oder das Ziel einer langfristigen Minimierung von Kriminalität. So sind in Zeiten evidenzbasierter Praxis weitere Anstrengungen zur Evaluierung der unterschiedlichen Behandlungserfolge dringend erforderlich.

Ein zweiter inhaltlicher Aspekt, der hier nur gestreift werden soll, betrifft den möglicherweise günstigen Einfluss anderer, nichttherapeutischer Interventionen auf das Ausmaß an Wiederholungsstraftaten. Jedes Jahr werden tausende von Straftätern verhaftet, die künftig nie wieder straffällig und inhaftiert werden. Zunächst ist es durchaus vorstellbar, dass einige von diesen aus Erfahrung lernen oder dass Abschreckung auch ohne weiterführende Behandlung zu einer Besserung führt. Andere nichtklinische Interventionen, die in Einzelfällen die Wahrscheinlichkeit zukünftiger antisozialer Verhaltensweisen reduzieren könnten, sind etwa erzieherische Maßnahmen, Trainingsprogramme oder berufliche Wiedereingliederungsmaßnahmen.

Ein umfassendes Behandlungsprogramm für Straftäter beschränkt sich nicht auf psychotherapeutische Gruppen- oder Einzelsitzungen. Ein solches Programm nimmt auf das Verhalten der Straftäter im Grunde zu jeder Stunde an jedem Tag Einfluss. In strukturierten Therapiesitzungen und anderen intensiven therapeutischen Prozessen (beispielsweise gezielten Verstärkerprogrammen) geht es um die systematische Veränderung des Verhaltens, also nicht nur um emotionale oder andere innerpsychische Prozesse. Die meisten der hier dargestellten Programme fanden in einem gesicherten Gefängnissetting statt. Aktivitäten, die sich den „normalen" Alltagsaktivitäten möglichst weit annähern, sollten in unterschiedlichem Maße hinzugefügt werden, auch wenn sie nicht der wesentliche Bestandteil des Programms waren. Hierzu gehören auch extramurale Aktivitäten, sowohl berufliche als auch Freizeitaktivitäten.

Im letzten halben Jahrhundert waren die beiden führenden Modelle psychosozialer Rehabilitationsprogramme in den Vereinigten Staaten und in Kanada die therapeutische Gemeinschaft („therapeutic community") und die verhaltenstherapeutische Technik der „token economy". Beide Modelle stammen ursprünglich aus psychiatrischen Kliniken, wo sie bei der Behandlung von Langzeitpatienten Verwendung fanden. Beide haben Anwendung im strafrechtlichen Bereich gefunden, um Tätern bei der Entwicklung prosozialer Ziele und der Überwindung antisozialer Verhaltensweisen zu helfen. Selbst innerhalb der einzelnen Modelle gibt es bemerkenswerte konzeptionelle Unterschiede zwischen einzelnen Programmen, was Vergleichsstudien über ihre Effektivität sehr erschwert. Außerdem gibt es viele Gemeinsamkeiten und Überschneidungen zwischen der therapeutischen Gemeinschaft und der „token economy". Einige Programme kombinieren die unterschiedlichen Konstrukte und Techniken beider Modelle recht freizügig. Einer dieser kombinierten Ansätze nennt sich denn auch „therapeutic economy" (Nahor u. Felthous 1976). Allgemein lässt sich bei diesen auf prosoziale Verhaltensweisen ausgerichteten Ansätzen, also etwa der therapeutischen Gemeinschaft oder der „token economy", in den letzten Jahren ein Trend zu alternativen Bezeichnungen feststellen (z. B. Behavior Management treatment program [Goodness u. Renfro 2002]).

5.2.3.1 Die therapeutische Gemeinschaft

Maxwell Jones (Jones 1953, 1956, 1968) führte in den 40er Jahren die Entwicklung der Programme für therapeutische Gemeinschaften in England an. Obwohl die therapeutische Gemeinschaft für eine „Industrial Neurosis Unit" in einer Klinik konzipiert wurde, war ihr Ziel zumindest teilweise auch der Abbau antisozialer Verhaltensweisen von Patienten mit einer Vorgeschichte von Substanzmissbrauch, Prostitution und Kriminalität (Jones 1953). In Kanada und den Vereinigten Staaten wurden die therapeutischen Gemeinschaften zu geläufigen Behandlungsprogrammen in psychiatrischen Kliniken und Erziehungsanstalten. Das Konzept der therapeutischen Gemeinschaft betont bei der Entwicklung von adaptiven Verhaltensweisen eher die Einflüsse von Gruppendynamik und „Peers" als von formaler Autorität. Einige kontrollierte Studien ergaben Hinweise auf positive Auswirkung von therapeutischen Gemeinschaften auf das Ausmaß zukünftiger krimineller Verhaltensweisen.

Schon 1968 beschrieb Jones die Einführung sozialpsychiatrischer Prinzipien in verschiedene Gefängnissysteme der Vereinigten Staaten. Später formulierte er 21 wesentliche Prinzipien für die Gründung von therapeutischen Gemeinschaften in Haftanstalten:

1. Klienten und Mitarbeiter müssen zur therapeutischen Gemeinschaft motiviert sein. In der Praxis bedeutet dies, dass sie freiwillig im Sinne einer Problemlösegruppe arbeiten sollten.
2. Die Vertraulichkeit innerhalb der therapeutischen Gruppe muss von allen respektiert werden.
3. Die Leitung der Hafteinrichtung muss Verantwortung und Einflussmöglichkeiten an die therapeutische Gemeinschaft abgeben.
4. Die Leitungsperson der therapeutischen Gemeinschaft bzw. eine entsprechende Instanz muss jederzeit Zugang zur Leitungsebene der Hafteinrichtung haben.
5. Traditionelle Regeln der Hafteinrichtung müssen an das atypische Sozialsystem der therapeutischen Gemeinschaft angepasst werden.
6. Unvermeidliche Krisen an den Schnittstellen der beiden Systeme müssen, soweit als möglich, zu einem Lernprozess für alle Beteiligten führen.
7. Die Vermittlung zwischen den beiden Systemen sollte eine für alle Beteiligten vertrauenswürdige Person übernehmen.
8. Die Klienten sollten so viel Verantwortlichkeiten und Zuständigkeitsbereiche erhalten, wie sie fähig sind zu handhaben.
9. Von Beginn an sollten Entscheidungen nach dem Konsensprinzip angestrebt werden.
10. Mit wachsendem Potenzial der Klienten sollten weniger an Mitarbeiterinterventionen und vorgegebenen Verhaltensmodellen realisiert werden.
11. Die Klienten sollten aus ihren eigenen, gewählten Führungspersonen ein Klientenkomitee benennen.
12. Dieses Komitee sollte als Modell und Vorbild für die Gruppe fungieren.
13. Disziplinarische Maßnahmen und andere wichtige Entscheidungen können mit der Zeit von der Institutionsleitung an das Klientenkomitee delegiert werden.
14. Bei schnellem Wechsel der Klienten sollten die Mitarbeiter darauf vorbereitet sein, die Grundprinzipien den Erfordernissen anzupassen.
15. Dieser oszillative Prozess hat Extrempole einerseits zu den Zeiten, in denen Klienten beträchtliche Eigenverantwortung übernehmen und die

Mitarbeiter nahezu ausschließlich die Supervision übernehmen, andererseits zu den Zeiten, in denen die Verantwortlichkeiten nahezu vollständig beim Personal liegen.

16. Ein unmittelbares Ziel für die Mitarbeiter und ein ultimatives für die Klienten ist das Erreichen eines größtmöglichen Ausmaßes an sozialer Reife.

17. Weiteres Ziel der therapeutischen Gemeinschaft ist eine nachgehende Begleitung der Klienten, die die therapeutische Gemeinschaft verlassen, in Form von sozialer Unterstützung, Wohnung, ausreichender Gruppenidentifikation, beruflicher Sicherheit und Zufriedenheit.

18. Das grundlegende Konzept der „Behandlung" ist sehr existenziell zu verstehen: Das Individuum und die Gruppe streben ein Gefühl von Sinn in Bezug auf die Gesellschaft an. Es entsteht so ein Lernprozess aus gegenseitiger Kommunikation von Inhalten und Gefühlen, von Zuhören, Interaktion und Problemlösen.

19. Es überschneiden sich Behandlungs- und Trainingselemente, sodass man ebenso von behandelnden Mitarbeitern und trainierenden Klienten wie umgekehrt sprechen kann.

20. Eine therapeutische Gemeinschaft sollte nicht mehr als 20 Insassen umfassen. Eine größere Anzahl sollte in kleinere Einheiten unterteilt werden, um eine optimale Größe zu erreichen.

21. Diese Prinzipien sollten bei den täglichen Treffen von Insassen und Mitarbeitern angewandt werden, um so einen ständigen Prozess der Reflexion unter Beteiligung aller Klienten und Mitarbeiter zu gewährleisten.

(Jones 1980, S. 34–35, zitiert mit freundlicher Erlaubnis des Verlages)

Jones selbst bezeichnet diese Prinzipien der therapeutischen Gemeinschaft für Hafteinrichtungen als recht theoriegeleitet, prozessorientiert und idealisiert. Einige der Schlüsselkonzepte sind in der Realität schwer umzusetzen. Wie von Harris et al. (1994, S. 285) richtig bemerkt, ist die Definition einer therapeutischen Gemeinschaft nicht leicht zu geben und die bemerkenswerten Unterschiede zwischen den Programmen erschweren zusätzlich den wissenschaftlichen Vergleich. Ein erfolgreiches Programm für eine therapeutische Gemeinschaft erfordert ein hohes Engagement der Mitarbeiter und die Unterstützung der Leitungsebene eines Gefängnisses. Trotzdem bleibt das Modell eine Methode, das soziale Milieu, in dem die Häftlinge miteinander leben, zu verbessern, und es bietet Aussicht für ein angepassteres, prosozialeres Verhalten nach der Entlassung. Frühe Studien beschreiben einzelne Programme, meist aber leider ohne Analyse der Resultate.

Eine der am meisten publizierten Versionen der therapeutischen Gemeinschaft war das „Penetanguishene Program" in der „Social Therapy Unit" in Penetanguishene, Kanada. Obwohl sich das Programm streng an die Prinzipien der therapeutischen Gemeinschaft hielt, bezeichnete es Barker (1980) als „coercive milieu therapy" (zwangsweise Milieutherapie). Das Programm

bemühte sich, jede Minute des Aufenthaltes der Insassen erzieherisch wert-
voll und förderlich für prosoziale Verhaltensweisen zu gestalten. Ein bemer-
kenswertes Beispiel für das Ausmaß der delegierten Verantwortung war das
Bewachen fremd- oder selbstgefährdender Insassen durch Mithäftlinge. Dort,
wo ein solches Risiko am höchsten war, wurden die gefährdeten Personen mit
Handschellen an einen Mitgefangenen gefesselt (Barker 1980). (Diese Technik
wollen die Autoren hier nicht weiter kommentieren.)

Zahlreiche Studien belegen, dass therapeutische Gemeinschaften mehr
Ordnung und Sicherheit in das Milieu bringen. Dietz et al. (2003) fanden
eine geringere Rate an Regelverstößen bei therapeutischen Gemeinschaften
im Vergleich zu durchschnittlichen Hafteinrichtungen. Andere Studien
konnten dies in ähnlichem Ausmaß belegen (Lowe 1992). Einige der Programme (z. B. Dietz et al. 2003; Messina et al. 2002; Wexler et al. 1990)
wurden speziell für Straftäter mit einer Vorgeschichte von Alkohol- oder
Drogenmissbrauch konzipiert, sodass die gefundene Effektivität nicht auf
Personen mit antisozialem Verhalten ohne Substanzmissbrauch erweitert
werden kann. Ob aber Substanzmissbrauch im Fokus der psychosozialen
Rehabilitation steht oder nicht, es stellt sich für alle Programme die Frage,
ob prosoziale Verhaltensweisen mit therapeutischen Gemeinschaften im Gefängnissetting erhöht werden können, um Wiederholungsstraftaten nach
der Entlassung zu reduzieren.

Wexler untersuchte in New York ein Programm einer therapeutischen
Gemeinschaft im Hinblick auf das Kriterium Reduktion von Wiederholungsstraftaten (Wexler et al. 1990, 1992). Die groß angelegte Studie mit
insgesamt 1428 männlichen Strafgefangenen verglich den Verlauf nach Entlassung von Teilnehmern einer therapeutischen Gemeinschaft (n = 435) mit
dem von Strafgefangenen, die teilnehmen wollten, aber nie eingeteilt wurden (n = 159), ferner mit dem von Strafgefangenen, die an Beratungsgesprä-
chen (n = 261) oder Milieutherapie (n = 573) teilnahmen. Überwiegend wurden die Verhaltensweisen durch die „Lernerfahrungen" bei der Interaktion
in den Gruppen geprägt, insbesondere was Vorfälle mit Fehlverhalten an-
ging, doch wurden auch andere Techniken angewandt, wie etwa die Belohnung prosozialer Verhaltensweisen durch berufliche Beförderungen. Die
Milieutherapie war weniger intensiv, weniger strukturiert und bot im Vergleich mit der therapeutischen Gemeinschaft weniger Konsequenzen für
prosoziales versus antisoziales Verhalten.

Die Ergebnisse der Studie zeigten, dass die Teilnahme an der therapeutischen Gemeinschaft mit einer signifikanten Reduktion von Wiederholungsstraftaten einherging. Dieser offensichtliche positive Effekt wurde umso
stärker bei längerer Teilnahme bis zu einer Aufenthaltsdauer in dem Programm von 12 Monaten, danach verschwand die positive Assoziation mit
der Teilnahmedauer. Obwohl eines der Ziele der Behandlung war, bei Alko-
hol- und Drogenkonsumenten den Missbrauch zu reduzieren, wurden die
entsprechenden Daten nicht in die Auswertung einbezogen. Auch ob das
Ausmaß an Psychopathie von der Behandlung positiv beeinflusst werden
konnte, blieb eine offene Frage.

Rice et al. (1992) untersuchten die Effekte von Psychopathie (im Sinne von Hare) auf kriminelle Rückfallquoten nach Behandlung in einer therapeutischen Gemeinschaft. Dieses kanadische Programm wurde als „peer operated" (Peer-geleitet) beschrieben und beinhaltete unter anderem intensive Gruppentherapie. In der exzellenten Studie wurden zahlreiche konfundierende Variablen von Wiederholungsstraftaten wie etwa Alter, Art der Straftat und Vorbestrafungen kontrolliert. Um das Konzept der Psychopathie zu operationalisieren, wurde die Psychopathy Checklist (Hare 1991) verwendet, wobei im Gegensatz zur üblichen Anwendung ein Cut-off-Wert von 25 (statt 30) gewählt wurde. Zwar blieb die Nettorückfallrate in der Gesamtstudie konstant, jedoch zeigte sich bei genauerer Analyse der Daten der Subpopulationen, dass sich zwei entgegengesetzte Effekte gegenseitig aufhoben: Die Gruppe der Nichtpsychopathen, die in der therapeutischen Gemeinschaft behandelt wurden, zeigte eine geringere Rate an Wiederholungsstraftaten im Anschluss, die Gruppe der Psychopathen jedoch im Gegensatz zur eigentlichen Zielsetzung des Programms eine höhere Rate. Eine provokativ formulierte Folgerung der Forscher in dieser Studie lautete, dass das negative Ergebnis der in einer therapeutischen Gemeinschaft behandelten Psychopathen immerhin widerlege, dass diese nicht änderungsfähig seien.

Harris et al. (1994) konnten weitere Belege für diesen differenziellen Effekt der therapeutischen Gemeinschaft auf Psychopathen im Vergleich zu Nichtpsychopathen zeigen. In der oft beschriebenen Social Therapy Unit in der Hochsicherheitseinrichtung der Oak Ridge Division des Mental Health Centers in Penetanguishene, Ontario, zeichnete sich die therapeutische Gemeinschaft durch ihre humanistischen, aber doch recht strafenden Qualitäten aus. Ein charismatischer Führer leitete das Programm, das stark Peer-bezogen war und einige radikale Techniken enthielt. Die generelle Quote von Wiederholungsstraftaten wurde von dem Programm nur minimal gebessert. Das interessantere und statistisch signifikante Ergebnis der Studie war wie bei Rice et al. (1992), dass die Zahl an Wiederholungsstraftaten der Nichtpsychopathen sich verringerte, während die der Psychopathen sich erhöhte (x^2 [1, n = 206] = 3,87, p < 0,05). Dieser Negativeffekt war unabhängig davon, ob eine psychotische Erkrankung auftrat oder nicht.

Ein auf den ersten Blick zu den Daten von Rice widersprüchliches Ergebnis lieferte die Studie von Messina et al. (2002): 225 randomisiert zu zwei therapeutischen Gemeinschaften zugeteilte Männer und Frauen wurden mit dem Millon Clinical Multiaxial Inventory (MCMI-II) auf antisoziale Persönlichkeitsstörung (APS) untersucht. Es zeigte sich kein Unterschied zwischen Insassen mit und ohne APS-Diagnose bezüglich der untersuchten Variablen Behandlungsabschluss, Substanzmissbrauchrückfall oder zukünftige Inhaftierungen. Die widersprüchlichen Ergebnisse lassen sich jedoch auf Unterschiede im Studiendesign zurückführen: Beispielsweise fand die Messina-Studie in einem Behandlungszentrum für Drogenabhängige statt. Die positiveren Effekte auf Rückfallquote und Wiederholungsstraftaten könnten demnach auch auf die bessere Drogenkontrolle zurückzuführen sein.

Wenngleich therapeutische Gemeinschaften allgemeine Behandlungsprogramme darstellen, die sich mehr auf die Veränderung von Verhaltensweisen beziehen als auf Diagnosen, umfassen sie in Hafteinrichtungen typischerweise auch ein Rahmenprogramm für die Rückfallprophylaxe von Substanzmissbrauch. Die Wahrscheinlichkeit für Substanzmissbrauchsrückfall und Wiederholungsstraftaten sinkt, wenn sich an die therapeutische Gemeinschaft in der Haftanstalt ein Nachsorgeprogramm nach der Entlassung anschließt (Hiller et al. 1999). Fortlaufende Behandlung und Rehabilitation nach der Entlassung in die Gemeinde scheinen in Bezug auf Substanzmissbrauch im Vergleich zu allen anderen Programmen überlegen zu sein. Bedauernswerterweise entscheiden sich die meisten Straftäter, die an Programmen einer therapeutischen Gemeinschaft teilnehmen, nach ihrer Entlassung nicht zur Mitwirkung an solchen Nachsorgeprogrammen. Es lässt sich jedoch zeigen, dass die Motivation und das Ausmaß der Teilnahme an der therapeutischen Gemeinschaft innerhalb der Haftanstalt mit der Wahrscheinlichkeit der Teilnahme an einem Nachsorgeprogramm zusammenhängen und diese wiederum mit einer Reduktion von Rückfällen, bezogen auf Missbrauchverhalten und Wiederholungsstraftaten, in Zusammenhang steht (Melnick et al. 2001).

5.2.3.2 Die „token economy"

1965 veröffentlichten Ayllon and Azrin die erste umfassende Beschreibung eines Krankenhausbehandlungsprogramms, das sie später „token economy" nannten (1968). Mit der verhaltenstherapeutischen Methode der operanten Verstärkung zielte das Programm auf die „Normalisierung" psychotisch gestörter Personen ab. Als Belohnung für erwünschtes Verhalten dienten konditionierte Verstärker, sog. „tokens", die gegen Privilegien wie etwa einen Gang um das Klinikgelände eingetauscht werden konnten. Die klare quantitative und qualitative Operationalisierung der Verstärker sowie deren genaue Protokollierung gaben dem Programm eine hohe methodologische Konsistenz. Während Belege für längerfristige positive Veränderungen noch ausstanden, ließen sich kurzfristige Effekte unmittelbar nachweisen: Verstärktes Verhalten verringerte sich bei Verstärkerentzug und trat bei erneuter Verstärkung wieder ein (Ayllon u. Azrin 1968).

In den 70er Jahren lieferten Paul und Lenz (1977) empirische Belege dafür, dass bei der Behandlung psychisch chronisch Erkrankter ein soziales Lernprogramm mit einer starken Token-economy-Komponente effektiver war als ein milieutherapeutisches Programm. Dabei ist zu betonen, dass das milieutherapeutische Programm bei dieser Studie nicht so amorph, unbestimmt und richtungslos war, wie der Begriff vermuten lässt, sondern in etwa vergleichbar mit der oben beschriebenen therapeutischen Gemeinschaft. Wie diese unterstrich das Programm individuelle Verantwortung, Kommunikation, Gruppenaktivitäten, Informalität, Freiheit, Normalisierung, positiven Gruppendruck und soziale Interaktion. Das soziale Lernprogramm, für das Paul und Lenz (1977) in ihrer Studie die größere Effektivität nachwiesen, zeichnete sich durch die Integration assoziativer und operanter Lernprinzipien in einem umfassenden stationären Behandlungsprogramm aus. Als Techniken beinhaltete das Programm Verstärkung, Modelllernen, Bestrafung und Shaping[3].

In Anlehnung an Ayllon und Azrin (1965) wurden prosoziale Verhaltensweisen mit Punkten oder „tokens" belohnt, die in Privilegien oder gesteigerte Eigenverantwortung eingetauscht werden konnten, wobei diese bis zu vorzeitiger Entlassung reichten. Zu den positiven Ergebnissen, die auf das soziale Lernprogramm oder das TE zurückgeführt wurden, gehörten die Verminderung von aggressivem oder inadäquatem Verhalten.

Im Gegensatz zu den angeführten Studien im Setting psychiatrischer Krankenhäuser stellt sich der Nachweis der Effektivität von Token-economy-Programmen im Rahmen von Hafteinrichtungen als weit schwieriger heraus (Ross u. Fabiano 1985). Ein großes Problem von Evaluationsstudien in diesem Bereich besteht darin, Personenvariablen wie etwa Psychopathie von Variablen der Programmelemente zu trennen.

Milan und McKee (1976) untersuchten in einem Hochsicherheitsgefängnis im Staat Alabama die Effekte eines Token-economy-Programms auf das Verhalten weiblicher Häftlinge. Sie ermittelten, dass die Kombination von Lob und „token economy" effektiver war als andere Verstärkerprogramme oder Anweisungen zu prosozialem Verhalten. Die Studie ging jedoch nicht auf mögliche Mediatorvariablen wie etwa psychopathologische Symptome ein. Zudem registrierte sie keine Daten über Rückfallquoten oder Wiederholungsstraftaten nach Entlassung aus der Hafteinrichtung.

Rice et al. (1990) untersuchten 92 männliche Wiederholungsstraftäter, die in einem maximal gesicherten Krankenhaustrakt in Penetanguishene, Ontario, Kanada, an einem Token-economy-Programm teilnahmen. Faktoren, die mit Wiederholungsstraftaten nach der Entlassung korrespondierten, waren Alter, die in Haftinstitutionen verbrachte Zeit und die Diagnose einer Persönlichkeitsstörung. Psychotiker, für nicht schuldfähig Erklärte und nicht verhandlungsfähige Patienten hatten durchweg eine geringere Rate an Wiederholungsstraftaten (Rice et al. 1990). Auch wenn das durchgeführte Token-economy-Programm auf psychisch Erkrankte im Gesundheitswesen zugeschnitten war, konnte diese Studie doch prognostische Variablen extrahieren, die hohe Relevanz sowohl in forensischen Settings als auch ganz allgemein für das Gefängniswesen haben. Dies macht die Studie zu einer Vorläuferstudie in ihrem Bereich.

5.2.3.3 Dialektisch-behaviorale Therapie

Die dialektisch-behaviorale Therapie (DBT) ist eine hochstrukturierte Modifikation der kognitiv-behavioralen Therapie, die klare Behandlungsziele festlegt, Fortschritte überwacht und Verhaltensänderungen registriert. Mit

---

[3] Verhaltenstherapeutische Bezeichnung für schrittweises Konditionieren erwünschten Verhaltens.

dem Ziel, die selbstverletzenden Verhaltensweisen und die emotionalen Zustände von Patienten mit einer Borderline-Persönlichkeitsstörung zu behandeln, formulierte Linehan (1993) eine biosoziale Theorie für das Verständnis und den Umgang mit dieser Störung. Aus dieser Theorie entwickelte sie Behandlungsprinzipien sowie ein strukturiertes Behandlungsprogramm.

Wichtig ist, dass in nordamerikanischen Hafteinrichtungen neben der DBT auch zahlreiche andere kognitive Ansätze implementiert wurden. Als Beispiele seien hier die rational-emotive Therapie, die rationale Selbstanalyse, rational-emotives Bilderleben, kognitive Therapie nach Beck, Training von Bewältigungsverhalten und Selbstinstruktionstraining genannt (Ross u. Fabiano 1985). Allerdings unterscheiden bestimmte Aspekte der DBT diese Methode von anderen kognitiven Verfahren, z. B.

1. Der Fokus auf *Akzeptanz und Validierung* von Verhalten im Hier und Jetzt,
2. die Betonung der Bedeutung von *therapieschädigenden Verhaltensweisen*,
3. die Betonung der *therapeutischen Beziehung* als essenzieller Behandlungsbestandteil und
4. der Fokus auf den *dialektischen Prozess* (Linehan 1993, Hervorhebungen hinzugefügt).

Dieser dialektische Prozess, der sich nur schwer in wenige Worte fassen lässt, basiert auf bestimmten theoretischen Annahmen, etwa einer systemischen Betrachtungsweise der Realität, bei der Ganzheitlichkeit und gegenseitige Interdependenz betont werden, ferner dynamische und entgegengesetzt wirkende Kräfte, die sich kontinuierlich ändern. Der Prozess führt zu fortwährenden Veränderungen für die Patienten, für den Therapeuten und für die Therapie selbst. Wegen des umfassenden, multimodalen Ansatzes sind die Techniken der DBT, ursprünglich als stationäres Programm konzipiert, auch für ambulante Behandlungen problemlos adaptierbar.

Neuere theoretische Ansätze schlagen vor, das bestehende Konzept der antisozialen Persönlichkeitsstörung in Subtypen zu untergliedern: Einen stellt der psychopathische Typ dar, der sich – in Anlehnung an das Psychopathiekonzept nach Hare – durch emotionale Hyporeagibilität und Reizsuche auszeichnet (Herpertz 2003; Herpertz u. Habermeyer 2004). Im Gegensatz dazu steht ein impulsiver Subtyp, der durch Hyperreagibilität und gesteigerte Impulsivität gekennzeichnet ist und somit zahlreiche Parallelen zur Borderline-Persönlichkeitsstörung aufweist. Während Patienten dieses zweiten Subtypus vom ursprünglichen Konzept des DBT-Programmes gut profitieren können, muss das Programm auf Patienten des psychopathischen Subtypus speziell zugeschnitten werden. Insbesondere sind hier Modifikationen im Hinblick auf die spezielle Art der emotionalen Defizite erforderlich (vgl. Herpertz u. Saß 2000): Gemäß der biosozialen Lerntheorie der APS gibt es eine kritische Interaktion zwischen der emotionalen Unsensibilität der Person mit APS und deren sozialem Umfeld, das sowohl verstärkend bezüglich der antisozialen Verhaltensweisen (Patterson et al.

1989) als auch gefühllos gegenüber sozialem Verhalten (empathisches Verhalten wurde entweder bestraft oder invalidiert) reagiert.

McCann u. Ball (2000) beschrieben ein DBT-Programm für forensische Patienten am Institut für Forensische Psychiatrie, Colorado Mental Health Institute in Pueblo, Colorado. Viele der behandelten Patienten hatten eine BPS oder eine APS. Die durchgeführte DBT für forensische Patienten beinhaltete Modifikationen von Vereinbarungen, Behandlungszielen und die Anwendung von Trainingsgruppen für spezielle Fertigkeiten („skills"). Von spezieller Bedeutung für Patienten mit kriminellen Verhaltensmustern war die Einführung eines sog. Deliktberichtes („crime review"). Dieser besteht aus der Beschreibung des kriminellen Anlassdeliktes, der Förderung von Empathie für die Opfer, der Planung der Prävention von Wiederholungsstraftaten und – soweit möglich – der Wiedergutmachung für das Delikt (McCann u. Ball 2000).

Mindestens 6 Justizeinrichtungen und 12 forensische Einrichtungen verteilt über Australien, Kanada, Großbritannien und die Vereinigten Staaten haben DBT-Programme nach McCann und Ball (2000) durchgeführt. In Kanada und den Vereinigten Staaten werden die meisten der Programme mit Hilfe von eigens dafür bereitgestellten Drittmitteln empirisch validiert (Ivanoff 1998); Ergebnisse dieser Evaluationsstudien stehen allerdings noch aus.

Quincey et al. (1998) schlussfolgerten zurückhaltend, dass bei Psychopathen für noch keine der Interventionen eine Reduzierung von Wiederholungsstraftaten bislang eindeutig nachzuweisen war. Eine Metaanalyse mit jugendlichen Straftätern ergab Evidenz für die Effektivität von psychosozialen Rehabilitationsprogrammen (Lipsey 1992), entsprechende Metaanalysen mit erwachsenen Straftätern in Nordamerika stehen noch aus. Obwohl Rice und Harris die negative Prognose von Psychopathen im Vergleich zu Straftätern im Allgemeinen hervorheben (1997), fügen sie hinzu: „Die Aussage, dass bisher noch keine Effektivität der Programme für erwachsene Straftäter nachgewiesen werden konnte, beinhaltet nicht, dass sie nicht existiert" (S. 432). In anderen Worten: Definitivere Schlussfolgerungen können erst nach besseren Studien gezogen werden. Für die Subgruppe antisozialer Individuen mit Alkoholismus konnten Kadden et al. (1989) nachweisen, dass Programme mit einer Kombination aus sozialem Lernen und der Entwicklung von Bewältigungsmechanismen effektiver sind als Beziehungs- oder einsichtsorientierte Verfahren.

5.2.4 Programme für Straftäter mit speziellen Behandlungsbedürfnissen

Im Gegensatz zu den in Abschn. 5.2.3 beschriebenen allgemeinen Bestrebungen, prosoziale Verhaltensweisen zu fördern und Wiederholungsstraftaten zu reduzieren, werden hier spezialisierte Behandlungsprogramme beschrieben, die auf Straftäter mit besonderen Behandlungsbedürfnissen zugeschnitten sind. Ausgehend von der Annahme, dass kriminelles Verhalten

Folge von psychosozialen Dysfunktionen sein kann, sollte eine entsprechende Behandlung die Aussicht auf eine gelungene Rehabilitation, zumindest in Einzelfällen, verbessern. Weiter sollte dann der Einsatz spezialisierter begleitender Dienste nach der Entlassung aus der Haft die Prävention positiv beeinflussen. Im Folgenden möchten wir kurz solche spezialisierten Programme darstellen, die Straftätern mit psychischen Erkrankungen, Substanzmissbrauch, Intelligenzgeminderten und sexuellen Paraphilien helfen sollen.

5.2.4.1 Schwerwiegende psychische Erkrankungen

Programme für gravierend psychisch erkrankte Straftäter umfassen grundlegende Behandlungsmaßnahmen, stationäre Behandlungseinheiten oder psychiatrische Gefängnishospitäler mit entsprechenden Strukturen, Mitarbeitern und psychosozialen Rehabilitationsangeboten. Überblickt man die stationären psychosozialen Programme für Straftäter, so ist zu betonen, wie wichtig soziale Lernprogramme für forensische und verhaltensauffällige Patienten in Hochsicherheitshospitälern sind. Goodness und Renfro (2002) beschrieben ein verhaltenstherapeutisches Programm, das im North Texas State Hospital entwickelt wurde und sich durch die Orientierung an individuellen Patientenbedürfnissen auszeichnete. Positive Effekte zeigten sich bezogen auf Krankenhausentlassung, die Kürzung der Verweildauer, geringere Zahl von Notfallinterventionen wie etwa Freiheitsbeschränkungen und geringere Anzahl an Beschwerden der Mitarbeiter über Angriffe oder Missachtung.

Zu den grundlegenden Behandlungsmaßnahmen psychisch erkrankter Straftäter gehören die Medikation mit Psychopharmaka sowie Psychotherapie in Gruppen- und Einzelsitzungen (Metzner et al. 1998). Durch angemessene Medikation und psychotherapeutische Unterstützung kann der Bedarf an Hospitalisierung selbst für schwer erkrankte Straftäter minimiert werden. Condelli et al. (1994) haben gezeigt, dass Behandlungsprogramme für Straftäter, die aus medikamentöser Behandlung, Psychotherapie in Einzel- und Gruppensettings, Beschäftigungstherapie, Fertigkeitentraining, erzieherischen Maßnahmen, beruflichen Wiedereingliederungsmaßnahmen und Kriseninterventionen bestanden, die Anzahl an Suizidversuchen, sozialem Rückzug, disziplinarischen Maßnahmen und Hospitalisierung verringern konnten.

5.2.4.2 Substanzmissbrauch

Die hohe Inzidenz von Substanzmissbrauch unter Straftätern ist ebenso gut dokumentiert wie der Zusammenhang von Substanzmissbrauch und Gewalt. Nach einer Statistik des National Institute of Justice (1989) hatten mindestens 45% der in den USA wegen Vermögens- oder Gewaltdelikten inhaftierten Personen positive Drogentests. Obwohl 1987 immerhin etwa 11,1% der US-Strafgefangenen in systematischen Drogenbehandlungsprogrammen waren (Chaiken u. Johnson 1988), bekamen die meisten der Häftlinge mit Substanzmissbrauch keinerlei entsprechende Behandlung (Lipton, Falkin u. Wexler 1992).

Wenn durch Behandlungsprogramme das Ausmaß des Substanzmissbrauchs reduziert werden kann, ist auch von einer Reduktion der kriminellen und aggressiven Verhaltensweisen nach der Entlassung auszugehen. Demnach sollten Rechtssysteme großes Interesse an einer effektiven Rehabilitation von Straffälligen mit Substanzmissbrauch haben. Brown (1992) identifizierte fünf verschiedene Reaktionen der Gefängnissysteme der Vereinigten Staaten auf die Rehabilitationsbedürfnisse von Substanzmissbrauchern:

1. kein spezielles Angebot für Substanzmissbraucher,
2. allgemeine Beratung und Drogenberatung,
3. stationäre Behandlungsprogramme für Drogenabhängige (etwa 32% aller Behandlungsprogramme beruhten 1979 auf dem Modell der therapeutischen Gemeinschaft [Tims 1981]),
4. klienteninitiierte und -geleitete Angebote oder
5. andere spezialisierte Angebote, die sich nicht direkt auf den Substanzmissbrauch konzentrierten.

Zwar nicht alle, aber doch die Mehrzahl der Staaten erlauben Treffen der Narcotics Anonymous, Cocaine Anonymous oder der Anonymen Alkoholiker in Hafteinrichtungen (n = 44) (Lipton et al. 1992), psychoedukative Programme (n = 44), individuelle Beratung (n = 39), Gruppenberatung (n=36) und intensive stationäre Behandlungsprogramme (n = 30). Betrachtet man den potenziellen Nutzen für die Gesellschaft, sollte die Sozialpolitik wesentlich mehr Wert auf Evaluationsstudien legen, bevor solche Programme aus Ersparnisgründen eingestellt werden. Das Ergebnis der Programme wird wahrscheinlich zu großen Teilen vom Vorhandensein oder Fehlen schwerer Charakterpathologie beeinflusst, insbesondere vom Ausmaß der Psychopathie. Erst Studien geben Anhaltspunkte dafür, dass Typ-I-Alkoholiker eine höhere Wahrscheinlichkeit für ein gutes Ansprechen auf rehabilitative Maßnahmen haben, wohingegen Alkoholismus, der mit Psychopathie einhergeht, eher schlechte Prognosen nahe legt.

5.2.4.3 Intelligenzminderung

Im Vergleich zur traditionellen Annahme, dass Intelligenzminderung eine direkte Ursache für Kriminalität sei (Goddard 1926), ist die heutige Sichtweise weit weniger kategorisch (Gardner et al. 1998). Dennoch legen die statistische Überrepräsentation der Intelligenzgeminderten in Hafteinrichtungen und deren höhere Rate an Wiederholungsstraftaten nach Entlassung nahe, dass zumindest in einzelnen Fällen psychologische Defizite zu aggressiven und kriminellen Verhaltensmustern beitragen (Santamoura u. West 1979). Während das Ziel für den Großteil der Straftäter das Wiedererlernen von grundsätzlich vorhandenen prosozialen und adaptiven Verhaltensweisen ist, also Rehabilitation, ist das Ziel für Intelligenzgeminderte das Erlernen von bis dato unbekannten neuen Fähigkeiten, Verhaltensweisen und Wissen, also „Habilitation". Hierbei lautet das Ziel „starting where the individual is at" (den Klienten dort abholen, wo er steht) und ihm neue Fertigkeiten, Verhaltensweisen und Kenntnisse zu vermitteln (Santamoura u. West 1979). Durch angemessene Unterstützung für Personen mit Intelligenzminderung oder Entwicklungsstörungen werden nicht nur deren adaptive Fähigkeiten und Lebensqualität gefördert, sondern es kann auch eine Reduktion von kriminellen Verhaltensweisen durch speziell zugeschnittene Unterstützungsprogramme erwartet werden.

Inhaftierte Personen mit Intelligenzminderung stellen uns vor zwei Kernprobleme:
1. schlechte Anpassung an das Gefängnisleben und
2. erhöhte Wahrscheinlichkeit von Wiederholungsstraftaten nach der Entlassung.

Eine gute Zusammenfassung der Anpassungsschwierigkeiten Intelligenzgeminderter an die Gefängnissituation findet sich bei Pugh (1986): Zusätzlich zu der wohlbekannten Tendenz, zum Opfer von Gruppenprozessen in der Hafteinrichtung zu werden, haben sie Probleme dabei, Gefängnisregeln zu lernen, sich um ihre medizinische Versorgung zu kümmern, die Kommunikation zu Familie und Freunden aufrechtzuerhalten und ihre Entlassung zu planen. Ihre, wenn überhaupt vorhandenen, schlechten Lese- und Rechtschreibfähigkeiten verstärken diese Schwierigkeiten noch.

Als Folge einer Sammelklage (Ruiz v. Estelle 1980) entwickelte das Gefängnissystem des Staates Texas ein spezialisiertes Programm für Gefängnisinsassen mit Intelligenzminderung, das sog. Mentally Retarded Offender Program (MROP) (Hall 1992). Ziel dieses Programms ist es, den intelligenzgeminderten Häftlingen „die Möglichkeit zu geben, soziale und berufsbezogene Fähigkeiten zu erlernen, die sie in die Lage versetzen, nach der Entlassung unabhängig in der Gesellschaft zu funktionieren" (Pugh 1986, S. 45). Zu den grundlegenden Elementen des Programms zählt es, dass zunächst ein Team individuelle „habilitation plans" erstellt, die spezifische, für die Zeit nach der Entlassung wichtige erzieherische, berufsbezogene und soziale Fähigkeiten festlegen. Die erforderlichen Fähigkeiten werden dann mit Hilfe von entsprechenden Trainings, Erziehung, Beratung und beruflichen Wiedereingliederungsmaßnahmen gefördert (Pugh 1986). Der Schwerpunkt liegt auf dem Anpassen der Maßnahmen an die individuellen Bedürfnisse. Bei der Entlassung aus der Hafteinrichtung benötigt ein ehemaliger Strafgefangener mit Intelligenzminderung besondere Unterstützung innerhalb der Gesellschaft (Texas Council on Crime and Delinquency 1984). Aus diesem Grund sind hier die Planung und Kontinuität der Versorgung an der Schnittstelle von Hafteinrichtung zu Gesellschaft von besonderer Bedeutung.

Ein ähnliches Programm für intelligenzgeminderte Straftäter wurde vom Gefängnissystem des Staates South Carolina entwickelt. Das Ziel der South

Carolina's Habilitation Unit für Häftlinge mit Entwicklungsstörungen, die neben geistigen auch körperliche und sensorische Entwicklungsstörungen einschließen, ist die Förderung der Gemeinschaftsfähigkeiten der Betroffenen (Hall 1992). Die Elemente des Programms reichen von Beratung, Training von Lebensfertigkeiten und präventiven Maßnahmen vor der Entlassung bis hin zu speziellen Erziehungs- und beruflichen Wiedereingliederungsmaßnahmen. Wenngleich bisher noch keine konkreten Daten veröffentlicht wurden, stimmt der Bericht von Hall (1992) zuversichtlich, wonach die entlassenen Häftlinge, die in South Carolina an diesem Programm teilgenommen hatten, eine signifikant geringere Rate an Wiederholungsstraftaten zeigten.

5.2.4.4 Sexualdelinquenz

Der rechtliche Status von Sexualstraftätern lässt sich im Allgemeinen in drei Kategorien fassen:
1. Diejenigen, die als *sexuell gefährliche Person* eingeschätzt werden, ohne selbst überzeugt zu sein, eine Straftat begangen zu haben,
2. diejenigen, die wegen *eines Verbrechens*, das *möglicherweise sexueller Natur* war, in Haft sind und dort an Programmen für Sexualstraftäter teilnehmen, und
3. diejenigen, die als *sexuell gewalttätig* eingestuft werden, typischerweise nach dem Begehen einer Sexualstraftat.

Sowohl die sexuell gefährlichen Personen als auch die sexuell gewalttätigen Straftäter werden in den USA nach zivilem Recht untergebracht, auch wenn durch die Anlasstat gegen Strafrecht verstoßen wurde.

Lässt man den rechtlichen Status außer Acht, ähneln sich die Behandlungsprogramme soweit, dass zumeist exakt die gleichen Programme in allen drei Kategorien angewandt werden. Die geläufigen Behandlungsprogramme für Sexualstraftäter wurden in den 80er Jahren entwickelt und beinhalten eine Mischung aus verhaltenstherapeutischen, kognitiven, psychodynamischen, biomedizinischen und erzieherischen Komponenten (Knopp 1984). Wenn auch immer noch eine Vielzahl an Ansätzen angewandt wird (Barbaree u. Marshall 1998), ist doch heute das vorherrschende die kognitive Verhaltenstherapie.

Pharmakotherapeutische Mittel, die mit dem Ziel einer Verringerung oder Kontrolle der abweichenden sexuellen Verhaltensweisen eingesetzt werden, sind selektive Serotoninwiederaufnahmehemmer (SSRI), Antiandrogene, welche die Testosteronsekretion verringern oder die Testosteronaktivität antagonisieren[4], ferner lang wirkende gonadotropinausschüttende Hormone (GnRH), die agonistenanalog wirken. Trotz der wachsenden Belege für die Effektivität dieser unterschiedlichen medikamentösen Möglich-

---

[4] Hierunter fallen beispielsweise Cyproteronacetate in Kanada, Depo-Provera oder intramuskuläres Progesteron in den Vereinigten Staaten.

keiten, insbesondere für die GnRH (Rösler u. Witztum 1998, 2000), wird Pharmakotherapie bei sexuell abweichendem Verhalten in Gefängnisprogrammen weit seltener eingesetzt, als dies bei ambulanten Straftäterprogrammen der Fall ist.

Frühe Evaluationsstudien zu den verhaltenstherapeutischen Programmen in Kanada und den Vereinigten Staaten ergaben unterschiedliche Ergebnisse, was höchstwahrscheinlich den zahlreichen unkontrollierten Faktoren zuzuschreiben ist. Ein frühes Programm für Sexualstraftäter in den Ontario Regional Penitentiaries (Marshall u. Williams 1975 a) beinhaltete eine Aversionstherapie, ein soziales Kompetenztraining sowie ein stationäres Programm mit ansteigender sozialer Expositions- und Gruppentherapie. Das Sexualstraftäterprogramm in der Kingston Penitentiary in Kanada ergab, dass Verhaltenstherapie bei der erwünschten Veränderung von Verhaltensweisen bei Kindesmissbrauchern und Vergewaltigern weitaus effektiver ist als traditionellere Psychotherapieformen (Marshall u. Williams 1975 b). Im Gegensatz dazu konnten Whitman u. Quinsey (1981) in ihrer Langzeitstudie mit Straftätern im Oak Ridge Mental Health Centre in Ontario keinen Rückgang an Wiederholungsstraftaten nachweisen. Diese inkonsistenten Ergebnisse sind wahrscheinlich ebenfalls auf Unterschiede zwischen den Stichprobenpopulationen zurückzuführen: So umfasste die Stichprobe der Oak-Ridge-Studie Personen, die für gravierend psychisch krank („insane") erklärt wurden und auch bezüglich anderer Merkmale nicht mit denen der Kingston-Studie verglichen werden können. In ihrer Übersicht schlussfolgern Wood et al. (2000), dass trotz der begrenzten Belege die Effektivität der kognitiven Verhaltenstherapie für abweichendes Sexualverhalten als nachgewiesen gelten kann.

5.2.5 Zusammenfassung

In Kanada und den Vereinigten Staaten können Behandlungsprogramme grob in zwei Gruppen unterteilt werden: auf der einen Seite psychosoziale Rehabilitationsprogramme, die zur Verbesserung der Sozialisation innerhalb der Hafteinrichtungen und zur Reduktion von Wiederholungsstraftaten entwickelt wurden, auf der anderen Seite spezialisierte Behandlungsprogramme für Straftäter mit besonderen Bedingungen oder Erkrankungen. Während des letzten halben Jahrhunderts waren die beiden vorherrschenden Modelle für psychosoziale Rehabilitation in Nordamerika die therapeutische Gemeinschaft und die „token economy". Es gibt begrenzt Belege, dass beide Programme die Rate der Wiederholungsstraftaten günstig beeinflussen können, wobei dieser Effekt durch kontinuierliche psychosoziale Dienste in der Gemeinde nach der Entlassung verstärkt wird. Für Straftäter mit gravierender Psychopathie tritt allerdings ein entgegengesetzter Effekt ein. Nichtsdestoweniger stehen eindeutige Belege bezüglich der Effektivität der Programme noch aus und müssen Gegenstand zukünftiger Forschungsprojekte sein.

Spezialisierte Behandlungsprogramme betreffen größtenteils Subpopulationen von Straftätern mit gravierenden psychischen Erkrankungen, Substanzmissbrauch, Intelligenzminderung und Sexualdelinquenz. Generell wurden die therapeutischen Programme zunächst für nichtkriminelle Patientenpopulationen entwickelt, bevor sie dann bei entsprechenden Straftätern zur Anwendung kamen.

Die Behandlung und die Rehabilitation von psychisch oder in ihrem Verhalten gestörten Straftätern sind in der Öffentlichkeit zumeist nicht gern gesehen. Speziell in Zeiten von defizitären Staatshaushalten kann es dazu kommen, dass die therapeutische Unterstützung von Strafgefangenen wegen deren fehlender Lobby ohne großen Widerspruch aus der steuerzahlenden Bevölkerung eingestellt wird. Die Förderung adäquater Maßnahmen bei der Behandlung von Strafgefangenen liegt in der Verantwortung der Regierungen, der politischen Parteien und, wenn alle Stricke reißen, auch der Gerichte. Auf der anderen Seite haben auch die Leiter der Behandlungsprogramme, Kliniker und Forscher Verantwortung dafür, sich um mehr therapeutische Effektivität und nachweisbare Ergebnisse zu bemühen.

Literatur

American Psychiatric Association (2000) Psychiatric services in jails and prisons: A task force report of the American Psychiatric Association, 2nd edn. American Psychiatric Association, Washington, DC

Ayllon T, Azrin NH (1965) The measurement and reinforcement of behavior of psychotics. J Exp Anal Behav 8:357–383

Ayllon T, Azrin NH (1968) The token economy: A motivational system for therapy and rehabilitation. Prentice-Hall, Englewood Cliffs, NJ

Barbaree HE, Marshall WL (1998) Treatment of the sexual offender. In: Wettstein RM (ed) Treatment of offenders with mental disorders. Guilford, New York, pp 265–328

Barker ET (1980) The Penetanguishene Program: A personal review. In: Hans Toch (ed) Therapeutic communities in corrections. Praeger, New York, pp 73–81

Brown BS (1992) Program models. In: Leukefeld CG, Tims FM (eds) Drug abuse treatment in prisons and jails. US Department of Health and Human Services, Washington, DC, pp 31–37

Chalke R (1973) The general program for the development of psychiatric services in federal corrections services in Canada. Solicitor General, Ottawa, Canada

Chaiken MR, Johnson BD (1988) Issues and practices: Characteristics of different types of drug-involved offenders. NIJ Research in Brief. National Institute of Justice, Washington, DC

Condelli WS, Dvoskin JA, Holanchock H (1994) Intermediate care programs for inmates with psychiatric disorders. Bull Am Acad Psychiatry Law 22:63–70

Dietz EF, O'Connel DJ, Scarpitti FR (2003) Therapeutic communities and prison management: An examination of the effects of operating an in-prison therapeutic community on levels of institutional disorder. Int J Offender Ther Comp Criminol 47:210–223

Felthous AR (1994) Preventing jailhouse suicides. Bull Am Acad Psychiatry Law 22:479–480

Freeman-Longo RE (1984) The Oregon State Hospital Sex Offender Unit: Treatment outcome. In: Knopp FH (ed) Retraining adult sex offenders. Methods and models. Safer Society Press, Syracuse, NY, pp 185–209

Gardner WI, Graeber JL, Machkovitz SJ (1998) Treatment of offenders with mental retardation. In: Wettstein RM (ed) Treatment of offenders with mental disorders. Guilford, New York, pp 329–364

Garner BA (ed) (1999) Black's law dictionary, 7th edn. West Group, St. Paul, MN

Goddard HH (1926) Feeblemindedness: Its causes and consequences. Arno Press, NY (1973) from The MacMillan Company, NY

Goodness KR, Renfro NS (2002) Changing a culture: A brief program analysis of a social learning program on a maximum security forensic unit. Behav Sci Law 20:495–506

Hall JN (1992) Correctional services for inmates with mental retardation: Challenge or catastrophe? In: Conley RW, Luekasson R, Bouthilet GN (eds) The criminal justice system and mental retardation. Brookes, New York, pp 167–190

Harding T, with Adserballe H, Berner W, Dontschev P, Hucker SJ, Jablensky A, Westmore B, Wettstein RM (1993) A comparative survey of medico-legal systems. In: Gunn J, Taylor PJ (eds) Forensic psychiatry: Clinical, legal and ethical issues. Butterworth & Heinemann, Oxford, pp 118–166

Hare RD (1991) Manual for the Hare Psychopathy Checklist-Revised. Multi Health Systems, Toronto

Hare RD (1998) Without conscience: The disturbing world of the psychopaths among us. Guilford, New York

Hare RD, Clark D, Grann M, Thornton D (2000) Psychopathy and the predictive validity of the PCL-R: An international perspective. Behav Sci Law 18:623–645

Harris GT, Rice ME, Cormier CA (1994) Psychopaths: Is a therapeutic community therapeutic? Therapeutic Communities 15:283–299

Hayes LM (1989) National study of jail suicides: Seven years later. Psychiatr Q 60:7–29

Hayes LM (1997) State standards and suicide prevention: A lone star. Crisis 18:9–11

Herpertz S (2003) Emotional Processing in Personality Disorder. Curr Psychiatry Rep 5:23–27

Herpertz SC, Habermeyer E (2004) „Psychopathy" als Subtyp der antisozialen Persönlichkeit. Persönlichkeitsstörungen 8:73–83

Herpertz SC, Saß H (2000) Emotional deficiency and psychopathy. Behav Sci Law 18:557–690

Hiller ML, Knight K, Simpson DD (1999) Prison based substance abuse treatment, residential aftercare and recidivism. Addiction 94:833–842

Ivanoff A (1998) Survey of criminal justice and forensic dialectic behavior. Therapy programs in the US and Canada. Linehan Training Group, Seattle

Jones M (1953) The therapeutic community: A new treatment method in psychiatry. Basic Books, New York

Jones M (1956) The concept of a therapeutic community. Am J Psychiatry 113:647–650

Jones M (1968) Social psychiatry in practice. Penguin, Harmondsworth

Jones M (1980) Desirable features of a therapeutic community in a prison. In: Toch H (ed) Therapeutic communities in corrections. Praeger, New York, pp 34–40

Kadden RM, Cooney NL, Getter H, Litt MD (1989) Matching alcoholics to coping skills or international therapies: Posttreatment outcomes. J Consult Clin Psychol 57:698–704

Knopp FH (1984) Retraining adult sex offenders: Methods and models. Safer Society Press, Syracuse, NY

Linehan MM (1993) Cognitive-behavioral treatment of borderline personality disorder. Guilford Press, New York

Lipsey MW (1992) Juvenile delinquency treatment: A meta-analytic inquiry into the variability of effects. In: Cook RS, Cooper H, Cordray DS, Hartmann H, Hedges LV, Light RJ, Louis TA, Mosteller F (eds): Meta-analysis for explanation. Russell Sage, New York, pp 83–125

Lipton DS, Falkin GP, Wexler HK (1992) Correctional drug abuse treatment in the United States. An overview. In: Leukefeld CG, Tims FM (eds) Drug abuse treatment in prisons and jails. National Institute on Drug Abuse, Rockville, MD, pp 8–30

Lowe L (1992) A process evaluation of the J.R. Donovan Correctional Facility Amity RIGHTURN substance abuse program. Department of Corrections, Office of Substance Abuse Programs, Sacramento, CA

Marshall WL, Williams RD (1975a) An integrated treatment program for sexual offenders. Can Psychiatr Assoc J 20:133–138

Marshall WL, Williams S (1975b) A behavioral approach to the modification of rape. Q Bull Br Assoc Behav Psychother 4:78

McCann RA, Ball EM (2000) DBT with an inpatient forensic population: The CMHIP forensic model. Cogn Behav Pract 7:447–456

Melnick G, DeLeon G, Thomas G, Kressel D, Wexler HK (2001) Treatment process in prison therapeutic communities: Motivation, participation, and outcome. Am J Drug Alcohol Abuse 27:633–650

Menninger K (1966) The crime of punishment. Penguin Books (1977), New York

Messina NP, Wish ED, Hoffman JA, Nemes S (2002) Antisocial personality disorder and TC treatment outcomes. Am J Drug Alcohol Abuse 28:197–212

Metzner JL, Cohen F, Grossman LS, Wettstein RM (1998) Treatment in jails and prisons. In: Wettstein RW (ed) Treatment of offenders with mental disorders. Praeger, New York, pp 211–264

Milan M, McKee JM (1976) The cellblock token economy: Token reinforcement procedures in a maximum security correctional institution for adult male felons. J Appl Behav Anal 9:253–275

Nahor A, Felthous AR (1976) Therapeutic economy: An effective model for residential psychiatric treatment. J Behav Ther Exp Psychiatry 7:77–78

National Institute of Justice (1989) July/August Drug use forecasting update. NIJ Reports

Patterson GR, DeBarshe BD, Ramsey E (1989) A developmental perspective to antisocial behavior. Am Psychol 44:329–335

Paul GL, Lentz RJ (1977) Psychosocial treatment of chronic mental patients: Milieu versus social learning programs. Harvard University Press, Cambridge, MA

Pugh M (1986) The mentally retarded offenders program of the Texas Department of Corrections. Prison J 66:39–51

Quality Assurance Project (1991) Treatment outlines for antisocial personality disorder. Aust N Z J Psychiatry 25:541–547

Quinsey VL, Harris GE, Rice ME, Cormier C (1998) Violent offenders: Appraising and managing the risk. American Psychological Association, Washington, DC

Rice ME, Quinsey VL, Houghton R (1990) Predicting treatment outcome and recidivism among patients in a maximum security token economy. Behav Sci Law 8:313–326

Rice ME, Harris GT, Cormier CA (1992) An evaluation of a maximum security therapeutic community for psychopaths and other mentally disordered offenders. Law Hum Behav 16:399–412

Rice ME, Harris GT (1997) The treatment of adult offenders. In: Stoff DM, Breiling J, Maser JD (eds) Handbook of antisocial behavior. Wiley, New York, pp 425–435

Rösler A, Witztum E (2000) Pharmacotherapy of the paraphilias in the next millennium. Behav Sci Law 18:43–56

Rösler A, Witztum E (1998) Treatment of men and paraphilias with a long-acting analogue of gonodotropin-releasing hormone. NEJ Med 338:416–422

Ross RR, Fabiano EA (1985) Time to think: A cognitive model of delinquency prevention and offender rehabilitation. Institute of Social Sciences and Arts, Johnson City, TN

Ruiz v Estelle (1980) 503 F. Supp 1391

Santamoura M, West B (1979) Retardation and criminal justice: A training manual for criminal justice personnel. New Jersey Association for Retarded Citizens, New Brunswick, NJ

Texas Council on Crime and Delinquency (1984) The developmentally disabled adult offender in Texas. Grants #DD-2P4 and #DD-32P1 awarded by the Texas Planning Council for Developmental Disabilities, Austin, Texas

Tims FM (ed) (1981) Drug abuse treatment in prisons. National Institute on Drug Abuse, Treatment Research Report Series. DHHS Pub Nr (ADM) 81–1149. US Government Printing Office, Washington, DC

Wexler HK, Falkin GP, Lipton DS (1990) Outcome evaluation of a prison therapeutic community for substance abuse treatment. Crim Justice Behav 17:71–92

Wexler HK, Falkin GP, Lipton DS, Rosenblum AB (1992) Outcome evaluation of a prison therapeutic community for substance abuse treatment. In: Leukefeld CG, Tims FM (eds)

Drug abuse treatment in prisons and jails. National Institute on Drug Abuse, Rockville, MD, pp 156–175

Whiteley JS (1970) The response of psychopaths to a therapeutic community. Br J Psychiatry 116:517–529

Whitman WP, Quinsey VL (1981) Heterosexual skill training for institutionalized rapists and child molesters. Can J Behav Sci 13:105–114

Wood RM, Grossman LS, Fichtner CG (2000) Psychological assessment, treatment, and outcome with sex offenders. Behav Sci Law 18:23–41

5.3   Behandlung von Rechtsbrechern in den Niederlanden

U. Kröger, D. van Beek

Einleitung

Die Zunahme der Kriminalität in den Niederlanden und das damit einhergehende Gefühl der Unsicherheit unter der Bevölkerung hatten dazu geführt, dass der Umgang mit Rechtsbrechern mit Nachdruck auf die politische und gesellschaftliche Tagesordnung gesetzt wurde. Der gesellschaftliche Ruf nach mehr Sicherheit wurde in politische Forderungen nach einerseits längeren Gefängnisstrafen für schwere Gewalt- und Sexualtaten sowie einer härteren Bestrafung häufig rückfälliger Täter und andererseits mehr Behandlungsangeboten zur Verhinderung von Reziden umgesetzt.

Die Behandlung von Rechtsbrechern in den Niederlanden blickt auf eine lange Tradition zurück. Anfang des vorigen Jahrhunderts wurden bereits Behandlungskliniken für schwer gestörte Rechtsbrecher errichtet (Dankers u. van der Linden 1995). Die Unterbringung fand im Rahmen einer rechtlichen Maßregel statt, war von langer Dauer und besonders intensiv. In den letzten 10 Jahren besann man sich auf Möglichkeiten des schnelleren Patientendurchlaufs; darüber hinaus zeichnet sich eine stürmische Entwicklung auf dem Gebiet ambulanter Behandlungsformen für Rechtsbrecher ab. Diese sind oft von wesentlich kürzerer Dauer und ebenso geeignet für die diversen Subgruppen weniger schwer gestörter Straftäter.

In diesem Kapitel wird eine Übersicht über die Palette von Behandlungsmodalitäten für erwachsene Straftäter in den Niederlanden gegeben. Besonders ausführlich wird dabei auf die Behandlung im Rahmen des Maßregelvollzugs eingegangen, da der Maßregelvollzug, aus historischer Perspektive betrachtet, den wichtigsten Behandlungskontext für die besonders schwer gestörten und (rückfall-)gefährdeten Rechtsbrecher bildet. Daneben werden die in jüngerer Zeit erweiterten bzw. neu geschaffenen Behandlungsmöglichkeiten für Täter mit ernsten psychiatrischen Störungen in allgemeinpsychiatrischen Krankenhäusern sowie für die überwiegend weniger schwer gestörten Tätergruppen im Strafvollzug und in den ambulanten Einrichtungen beschrieben. Dieses Kapitel befasst sich ebenfalls mit der Anwendung strukturierter Risikoeinschätzung, die zurzeit stark im Kommen ist. Abschließend werden die in Zukunft zu erwartenden Entwicklungen im forensischen psychiatrischen und psychologischen Bereich kurz umrissen.

5.3.1 Gruppen psychisch gestörter Rechtsbrecher

Das niederländische Strafrechtssystem unterscheidet drei Kategorien psychisch gestörter Straftäter, die zu einer Zwangseinweisung verurteilt werden können. An erster Stelle kennt das Strafrecht mit der sog. TBS-Maßregel („Ter Beschikking Stelling"; übersetzt: Zur-Verfügung-Stellung) die Möglichkeit, psychisch kranke Straftäter im Maßregelvollzug unterzubringen. Es handelt sich hierbei primär um Straftäter mit einer ernsten Persönlichkeits- und/oder psychiatrischen Störung (Achse I und Achse II gemäß DSM-IV), die aufgrund ihrer Gefährlichkeit einen hohen Sicherheits- und Betreuungsaufwand erfordern. Eine weitere Kategorie stellen Täter mit einer vorwiegend psychiatrischen Problematik und einer vergleichsweise geringeren Sicherungsnotwendigkeit dar. Sie können in allgemeinpsychiatrische Krankenhäuser eingewiesen werden. In beiden Fällen setzt die Zwangseinweisung voraus, dass die geistige Behinderung und/oder seelische Erkrankung des Täters zur Tat geführt hat und der Täter eine Gefahr für andere bzw. für die Sicherheit der Allgemeinheit darstellt. Im Unterschied zu den Maßregelvollzugspatienten sind die in der Allgemeinpsychiatrie untergebrachten Täter ausschließlich für schuldunfähig, nicht aber für teilweise schuldfähig erklärt worden. Ihre Einweisung kann auch angeordnet sein, wenn sie lediglich eine Gefahr für sich selbst bilden; die Dauer der Maßregel ist auf ein Jahr beschränkt. Danach besteht die Möglichkeit, den klinischen Aufenthalt nach einem zivilrechtlichen Beschluss aufgrund des sog. BOPZ-Gesetzes („Bijzondere Opneming Psychiatrisch Ziekenhuis"; übersetzt: Besondere Unterbringung im psychiatrischen Krankenhaus) um jeweils maximal ein Jahr zu verlängern. Eine dritte Kategorie bilden die Täter, die aufgrund ihrer geistigen Behinderung oder seelischen Erkrankung nicht in der Lage sind, den Sinn und die Tragweite ihrer Strafverfolgung zu erfassen. Da es sich bei dieser Kategorie nur um Einzelfälle handelt, wird sie in diesem Kapitel nicht weiter berücksichtigt.

Neben den genannten herkömmlichen Täterkategorien existiert eine Gruppe drogenabhängiger Straftäter mit einer hohen Rückfallgefahr, die aufgrund einer erst 2001 in Kraft getretenen strafrechtlichen Maßregel in eine spezielle Strafvollzugsabteilung für suchtkranke Delinquenten eingewiesen werden können. Diese Maßregel wird vorläufig noch auf experimenteller Basis in einigen niederländischen Städten zur Vollstreckung gebracht. Sie zielt auf die Reduzierung des Schadens, den die (Beschaffungs-)Delikte verursachen, und auf die Beherrschung der individuellen Suchtproblematik des Täters zugunsten seiner gesellschaftlichen Reintegration. Die Maßregel gilt für maximal 2 Jahre (van Kuijck, 2003).

Darüber hinaus bestehen in den Gefängnissen relativ große Gruppen von Straftätern mit einer psychischen Störung, denen man mit einer psychologisch-psychiatrischen Betreuung hilft, die Haftunterbringung durchzustehen. Für besonders rückfallgefährdete Straftäter, wie z.B. bestimmte Sexualdelinquenten, sind außerdem in den letzten Jahren Behandlungsmaßnahmen zur Vorbereitung auf die Rückkehr in die Gesellschaft nach der Haftzeit geschaffen worden.

Straftäter mit einer Persönlichkeitsproblematik, die nach ihrer Freiheitsstrafe rückfällig werden bzw. rückfallgefährdet bleiben, können von poli- und tagesklinischen Behandlungsangeboten Gebrauch machen. Bei diesen ambulanten Behandlungen, die zurzeit in den Niederlanden einen enormen Aufschwung erleben, handelt es sich oft um besondere, bedingte Sanktionsmaßnahmen.

Maßregelvollzugsbehandlung

Rechtlicher Rahmen. Das niederländische Rechtssystem kennt ein zweispuriges System von einerseits Strafe und Vergeltung und andererseits Betreuung, Behandlung und Pflege. Seinen Ursprung findet dieses System in der sich Ende des neunzehnten Jahrhunderts verändernden Auffassung von Delinquenz. Insbesondere Kriminologen und Rechtswissenschaftler rückten die bisher wenig beachtete Beziehung zwischen der Person des Täters und seiner Straftat in den Vordergrund und stellten fest, dass es eine Gruppe von Tätern gibt, die man nicht für völlig schuldfähig oder aber für psychisch krank und damit unzurechnungsfähig erklären kann, was zu der Zeit in dem einen Fall Haft, im anderen Fall Zwangseinweisung in die Psychiatrie bedeutete. Man kam zu der Erkenntnis, dass es eine Gruppe von Tätern gibt, die ihr Delikt nicht ausschließlich, sondern nur zum Teil unter Einfluss ihrer Störung begangen haben (Hofstee 1987; van Marle 2003a). Im Allgemeinen betraf dies die persönlichkeitsgestörten und schwach begabten Täter. Auf Basis dieser Feststellung wurde im Jahre 1911 ein Gesetzentwurf zur Regelung der Gesetzgebung für Psychopathen eingebracht. Diese sog. „Psychopathengesetze" wurden allerdings erst Jahre später verabschiedet und 1928 in die Praxis umgesetzt. Die neue Gesetzgebung bot fortan die Möglichkeit, Täter als schuldunfähig oder vermindert schuldfähig beurteilen zu können. Wegen ihrer teilweisen Schuldfähigkeit können sie bestraft werden, aufgrund ihrer teilweisen Schuldunfähigkeit werden sie, in jedem Fall *nach* der Verbüßung ihrer eventuellen Gefängnisstrafe, zum Zwecke der Behandlung zusätzlich in einer Maßregelvollzugsklinik untergebracht. Dies hatte übrigens in der Praxis, zumindest bis in die achtziger Jahre des vorigen Jahrhunderts, zur Folge, dass die persönlichkeitsgestörten Täter in den Maßregelvollzugsbereich eingewiesen, die Täter mit einer psychotischen Erkrankung jedoch beinahe ausschließlich in der damals einzigen forensisch-(allgemein-)psychiatrischen Klinik in Eindhoven untergebracht wurden.

Im Jahre 1988 wurden bestimmte Änderungen in der Gesetzgebung vorgenommen. Bis dann konnte das für die Vollstreckung des Maßregelvollzugs verantwortliche Justizministerium sowohl über die Zuweisung des Patienten zu einer Maßregelvollzugsklinik entscheiden als auch über seine bedingte Entlassung. Diese Befugnisse wurden in dem Sinne eingeschränkt, dass die Entscheidungen bezüglich der (bedingten) Entlassung nunmehr ausschließlich vom Gericht getroffen werden können. Das Justizministerium bleibt jedoch, wie zuvor, für die Patientenzuweisung, die Lockerungen des Freiheitsentzugs sowie für die Gesetzgebung und Finanzierung der Maßregelvollzugskliniken verantwortlich. Wesentliche Änderungen individueller Lockerungsregelungen müssen z. B. dem Ministerium zur Prüfung vorgelegt werden.

Zusätzlich wurde im gleichen Jahr eine Gesetzesänderung bezüglich der Anlassdelikte durchgeführt. Während davor die Möglichkeit bestand, Personen auch aufgrund relativ geringfügiger Delikte, wie zum Beispiel Diebstahl oder Exhibitionismus, zum Maßregelvollzug zu verurteilen, ist dies danach nur noch bei Gefahr für andere und/oder für die allgemeine Sicherheit von Personen und Gütern möglich. Die Maßregel kann seither nur noch vom Gericht angeordnet werden, wenn eine schwere Straftat begangen wurde, die eine Mindeststrafe von 4 Jahren beinhaltet, zur Tatzeit eine mangelhafte Entwicklung oder krankhafte Störung des Geisteszustands vorlag und eine Gefahr der Wiederholung besteht. Es muss, mit anderen Worten, ein ursächlicher Zusammenhang zwischen Störung, begangener Straftat und Rezidivrisiko festzustellen sein.

Auf der Grundlage eines Gutachtens, in dem die Persönlichkeit des Täters, seine psychische Störung, das Rückfallrisiko und die Tatumstände sorgfältig untersucht und abgewogen wurden, stuft der Richter den Straftäter als schuldunfähig oder teilweise schuldfähig ein. Diese Untersuchung kann in ambulanter Form durchgeführt werden, das heißt in der Haftanstalt oder einer anderen Einrichtung durch jeweils zwei externe Gutachter, von denen zumindest einer Psychiater ist, oder in einer speziellen Einrichtung für die klinische Untersuchung und Observation von Delinquenten. Die Mehrzahl dieser intensiven klinischen Untersuchungen wird im Pieter Baan Centrum in Utrecht durchgeführt. Eine klinische Untersuchung darf die Dauer von 7 Wochen nicht überschreiten.

Aufgabe der Maßregelvollzugskliniken ist es, die Gesellschaft vor Wiederholung dieser Straftaten zu schützen. Kurzfristig wird dies durch die Aufnahme in eine geschlossene, abgesicherte Einrichtung erreicht. Langfristig zielt diese Aufnahme auf strukturelle und dauerhafte Verhaltensänderung des Täters ab, die eine weitestgehend gefahrlose Rückkehr in die Gesellschaft ermöglichen soll. Das Gericht entscheidet alle ein bis zwei Jahre, je nachdem welche Verlängerungsperiode bei der vorangegangenen Gerichtsverhandlung festgestellt wurde, ob die Maßregel weiter vollzogen werden muss. Die Klinik muss in ihrem diesbezüglichen Gutachten angeben, auf welche Weise und inwieweit eine Verminderung des Rückfallrisikos erreicht worden ist. Die Maßregel dauert im Prinzip so lange wie die Wiederholungsgefahr nach Ansicht des Gerichts besteht.

Im Anschluss an den klinischen Aufenthalt findet in den meisten Fällen eine Phase des beaufsichtigten Wohnens außerhalb der Maßregelvollzugsklinik in Form eines Probeurlaubs oder einer „transmuralen Behandlung" statt, bei welcher der Patient weiter von Mitarbeitern der Klinik behandelt wird, aber bereits außerhalb der Klinikmauern lebt. In beiden Fällen bleibt die Klinik für die Sicherheit der Allgemeinheit verantwortlich. Während die transmurale Behandlung jedoch noch vollständig von der Klinik durchgeführt wird, übernimmt die Bewährungshilfe beim Probeurlaub die Aufgabe der Betreuung. Zusätzlich besteht die Möglichkeit, den Täter bedingt aus dem Maßregelvollzug zu entlassen. Dies geschieht meistens am Ende dieser Resozialisierungsphase. Während der „bedingten Entlassung prüft die Bewährungshilfe, ob der Täter sich an die gestellten Bedingungen hält, und berichtet der Staatsanwaltschaft darüber. Bei der bedingten Entlassung wird die Maßregel jeweils um ein Jahr verlängert für eine Zeitstrecke von maximal drei Jahren. Momentan liegt ein Gesetzentwurf zur Beratung vor, der die Möglichkeit bietet, die bedingte Entlassung auf eine maximale Frist von sechs Jahren zu verlängern (van Kuijk, 2003). Bei Verletzung der gestellten Bedingungen kann das Gericht die Wiedereinweisung in den Maßregelvollzug anordnen.

Darüber hinaus besteht die Möglichkeit des „bedingten Maßregelvollzugs". Diese Sanktionsform weist viele Parallelen mit der bedingten Entlassung aus dem Maßregelvollzug auf. Auch hier erfüllt die Bewährungshilfe die Aufgabe der Betreuung und Berichterstattung, während die Staatsanwaltschaft die Einhaltung der gestellten Bedingungen beaufsichtigt, und das Gericht kann bei Verletzung der Bedingungen oder zugunsten der Sicherheit den Maßregelvollzug mit Zwangsunterbringung anordnen. Die Bedingungen können unter anderem eine klinische, ambulante oder medikamentöse Behandlung beinhalten.

Eine im Auftrag des Justizministeriums (Commissie Beleidsvisie TBS 2001) durchgeführte vergleichende internationale Untersuchung, bei der die gesetzlichen Bestimmungen verschiedener anderer Länder und Landesteile (Belgien, England und Wales, Frankreich, Schweden, die kanadische Provinz British Columbia und das deutsche Bundesland Hessen) studiert wurden, hat einige typische Merkmale des Umgangs mit psychisch gestörten Straftätern in den Niederlanden aufgezeigt. So besteht in den Niederlanden als einzigem Land ein zweispuriges System, bei dem die erfolgreiche Behandlung nicht auf die Dauer der Gefängnisstrafe bzw. Zwangsunterbringung von Einfluss ist. In allen anderen Ländern kann die erfolgreiche therapeutische Behandlung des Täters zur Strafminderung führen (Deutschland) oder muss das Gericht zwischen Gefängnisstrafe oder Zwangseinweisung wählen. Darüber hinaus schweigt sich das niederländische Gesetz über die psychischen Störungen aus, die Anlass zu einem bestimmten Maß an Unzurechnungsfähigkeit und/oder Zwangsunterbringung geben, während sich die Gesetze in anderen Ländern dazu wohl äußern. Persönlichkeitsstörungen bilden in den Niederlanden einen wichtigen Anlass für den Beschluss des Gerichts, Täter (in einem bestimmten Maße) für unzurechnungsfähig zu erklären. In anderen Ländern werden Persönlichkeitsstörungen nicht explizit an den richterlichen Beschluss gekoppelt oder nur dann, wenn es sich um Störungen besonders ernsthafter Form handelt (Deutschland, Schweden). Das niederländische Maßregelvollzugssystem erweist sich als einzigartig in der Weise, wie das Justizministerium und die Judikative an der Versorgung psychisch gestörter Rechtsbrecher beteiligt sind. Während der Richter über Verlängerung und (bedingte) Entlassung aus der Maßregel entscheidet, führt das Justizministerium die Aufsicht über diese Verlängerungen bzw. Beendigungen und entscheidet über Lockerungen des Freiheitsentzugs. In anderen Ländern spielt die geistige Gesundheitsfürsorge eine viel wichtigere Rolle bei der Versorgung psychisch gestörter Straftäter.

Vergleichbar ist die niederländische Situation in Bezug auf die Kriterien, die für die Verlängerung der Maßregel gelten, die beratende Funktion der behandelnden Kliniken und die Regelung der Lockerungen.

▌ **Aktuelle Situation.** Ende des vorigen Jahrhunderts nahm die Zahl der Maßregelvollzugspatienten sprunghaft zu, was zu einem ernsthaften Kapazitätsproblem in den bestehenden Instituten führte. Während es in den achtziger Jahren pro Jahr ungefähr 100 neue Unterbringungen gab, verdoppelte sich die Zahl ab 1991. Zugleich wuchs die durchschnittliche Behandlungsdauer der Patienten bis zur Beendigung der Maßregel auf 7 Jahre an, während die Zahl der Entlassungen aus dem Maßregelvollzug pro Jahr ungefähr gleich blieb. Die Zahl der in den Haftanstalten auf eine Aufnahme wartenden Patienten erhöhte sich dadurch in den Jahren 1991 bis 2001 von 26 auf 220. Auch die Wartezeit bis zur Aufnahme stieg auf minimal ein Jahr an (Kröger u. Niemantsverdriet 2001). Die in den Haftanstalten auf eine Behandlung wartenden Maßregelvollzugspatienten forderten schließlich mit Erfolg das Recht auf eine finanzielle Entschädigung für die unverhältnismäßig lange Wartezeit. Unter diesem Druck sah man sich gezwungen, die Kapazität relativ schnell auszuweiten. Innerhalb weniger Jahre wurden fünf neue Kliniken gebaut. Inzwischen gibt es in den Niederlanden 13 Maßregelvollzugskliniken, in denen insgesamt ca. 1300 Patienten aufgenommen sind. Vier dieser Kliniken sind staatliche Einrichtungen, neun Kliniken werden von privaten Stiftungen getragen. Für die meisten dieser Kliniken ist das Justizministerium verantwortlich, nur einige unterstehen dem Gesundheitsministerium. Die größeren Einrichtungen verfügen über eine Aufnahmekapazität von 100 bis 150 Plätzen, die kleineren über 60 bis 80 Plätze.

Für die plötzliche Zunahme der Patientenanzahl im Maßregelvollzug gibt es nach einer Studie von Leuw (1998) unterschiedliche Erklärungen. So war in den achtziger Jahren neben einem beträchtlichen Anstieg der Gewaltkriminalität in den Niederlanden auch eine Zunahme der Zahl psychisch gestörter jugendlicher Rechtsbrecher zu verzeichnen. Obwohl die Gesetzesänderung im Jahre 1988 die Kriterien für die Anordnung des Maßregelvollzugs gerade verschärft hatte, erfreute sich diese Anordnung bei den Gerichten zunehmender Beliebtheit. Gleichzeitig erwiesen sich die Gerichte als zurückhaltender bei der Beendigung der Maßregel. In ungefähr derselben Periode wurde die Aufnahmekapazität allgemeinpsychiatrischer Krankenhäuser für besonders aggressive Patienten stark reduziert, und diese wurden in den Maßregelvollzugsbereich abgeschoben. Die steigende Zahl der Maßregelvollzugspatienten mit einem psychotischen Krankheitsbild und die Schwierigkeit, diese Patienten nach der Behandlung in allgemeinpsychiatrische Krankenhäuser zu verlegen, bewirkte eine Zunahme der Verweildauer.

Um einen weiteren, grenzenlosen Zuwachs von Patienten zu verhindern, ging man auf die Suche nach neuen Wegen der Zuweisung, Aufnahme und Behandlung. Im Jahre 1996 und 1998 gaben die zuständigen Ministerien (das Justiz-, Gesundheits-, und Finanzministerium sowie das Ministerium des Ministerpräsidenten) jeweils einer interministeriellen Arbeitsgruppe, genannt IBO-1 und IBO-2, den Auftrag, in enger Zusammenarbeit mit den forensisch-psychiatrischen Kliniken und anderen Experten die Probleme im Maßregelvollzug zu analysieren und ein Programm für mögliche Änderungsmaßnahmen zu entwickeln. Die Arbeitsgruppen kamen unter anderem zu der Schlussfolgerung, dass sich die Maßregelvollzugskliniken in einer isolierten Position befinden, sowohl in Bezug aufeinander als auch hinsichtlich der übrigen psychiatrischen Gesundheitsfürsorge, und dass es an einer Kontrolle der Effektivität der Behandlungsmaßnahmen mangelt. Die Empfehlungen, die die Arbeitsgruppen gaben und die auf politischer Ebene unterstützt wurden, beinhalteten ein radikales Umdenken und führten in den darauf folgenden Jahren zu konkreten, weit reichenden Veränderungen im Bereich der Maßregelvollzugsbehandlung (van Marle, 2003 b):

- Um einen reibungsloseren Ablauf der Verlegung von nicht direkt deliktgefährlichen psychiatrischen Patienten aus den Maßregelvollzugskliniken zu gewährleisten, wird eine intensivere Zusammenarbeit mit der Allgemeinpsychiatrie gefordert. Infolgedessen wurde die Aufnahmekapazität der forensisch-psychiatrischen Abteilungen allgemeinpsychiatrischer Krankenhäuser landesweit beinahe vervierfacht und entwickelten die Kliniken zudem eigene Resozialisierungsmaßnahmen für diese und andere Patientengruppen.

- Mit Hilfe einer differenzierten Finanzierung soll ein finanzieller Anreiz geschaffen werden, die Behandlung so effizient wie möglich zu gestalten. Aufgrund der Annahme, dass nach 6 Jahren intensiver Behandlung im Allgemeinen keine weitere Besserung des Patienten zu erreichen ist, hält man es nicht länger für notwendig, die Behandlung nach diesem Zeitraum in der gebräuchlichen, intensiven und kostspieligen Form fortzusetzen. Für den Rest der Unterbringungszeit wird den Kliniken daher ein entsprechend niedriger Tarif bezahlt. Im Falle einer sich abzeichnenden Stagnation des individuellen Behandlungsverlaufs soll eine erneute intensive Begutachtung stattfinden und ggf. ein zweiter Behandlungsversuch in einer anderen Klinik unternommen werden. Diese Möglichkeit der Verlegung besteht ausschließlich während der ersten 3 Jahre nach der Erstaufnahme.

Alle Kliniken sehen sich hierdurch gezwungen, Patienten, die erwartungsgemäß mehr als 6 Jahre intensiv behandelt werden müssen, frühzeitig zu
selektieren und eventuell zu verlegen, um diese letztendlich nicht selbst
langfristig unterbringen zu müssen. Zeichnet sich auch nach einer zweiten
Behandlungsperiode von 3 Jahren keine positive Entwicklung und Verminderung der Rückfallgefahr ab, sollten Vorkehrungen getroffen werden, den
Patienten langfristig in der eigenen Klinik unterzubringen mit einem angepassten Behandlungsangebot. Darüber hinaus besteht die Möglichkeit,
den Patienten in einer speziellen „Longstay"-Einrichtung unterzubringen.
Die Niederlande verfügen inzwischen über zwei derartige Einrichtungen,
in Balkbrug und in Nijmegen, mit einer Gesamtkapazität von 60 Betten.
Angenommen wird, dass zehn bis zwanzig Prozent der heutigen Maßregelvollzugspatienten zu dieser Kategorie gehören.

Angesichts der Kritik, die in der Maßregelvollzugsbehandlung angewandten Interventionen seien noch kaum auf ihre Wirksamkeit und Zweckmäßigkeit überprüft worden, und auch aufgrund der Feststellung, dass
sich das Behandlungsangebot der Kliniken als solches nur noch wenig unterscheidet, propagierte man eine weitestgehend undifferenzierte Form der
Zuweisung, die einen qualitativen Vergleich der Kliniken ermöglichen soll.
Das Dr. F. S. Meijers Institut in Utrecht, das 50 Jahre lang für die selektive
Zuweisung der Patienten in die verschiedenen forensischen Kliniken verantwortlich war, verlor damit seine Selektionsfunktion und wurde in eine
Behandlungsklinik umgewandelt. Die Zuweisung findet heutzutage direkt
vom Justizministerium aus statt, wobei das Kriterium nicht die jeweilige
Klinik ist, sondern die Verfügbarkeit von Betten. Lediglich bei den weiblichen und den schwach begabten oder geistig behinderten Patienten ist
man auf bestimmte Kliniken angewiesen. Nur einige Kliniken nehmen
weibliche Patienten auf. Eine Unterbringung in einer speziellen Einrichtung für geistig Behinderte ist ab einem IQ <80 indiziert. Die meisten dieser Patienten werden in der einzigen nach Diagnosen ausgerichteten Klinik
der Niederlande, in Hoeve Bosschoord in Vledder, untergebracht. Täter,
bei denen eine extreme Fluchtgefahr besteht, werden mit großer Sorgfalt
und erst nach Rücksprache mit den Kliniken zugewiesen. Vergleichende
Untersuchungen sollen in der Zukunft die Qualität der in den jeweiligen
Kliniken angewandten Behandlungsprogramme beurteilen. Darüber hinaus sollen die über alle Kliniken verteilten wissenschaftlichen Untersucher mehr miteinander und mit den forensisch-psychiatrischen/-psy-
chologischen Fachbereichen der Universitäten kooperieren, mit dem Ziel,
gemeinsame Untersuchungen durchzuführen. Diese wissenschaftlichen
Projekte sollen von einem übergreifenden Institut aus koordiniert werden.
Ein solches Institut, das Expertisecentrum Forensische Psychiatrie (EFP),
wurde vor kurzem in Utrecht errichtet.

Im Verlauf der weiteren Debatte über die Zukunft der Maßregelvollzugsbehandlung entstanden, trotz vieler grundsätzlicher Übereinstimmungen,
auch erhebliche Differenzen zwischen den verschiedenen Parteien in Bezug

auf manche Ideen. Obwohl man z. B. allgemein die Notwendigkeit der Zusammenarbeit zwischen Maßregelvollzugs- und allgemeinpsychiatrischen Krankenhäusern unterschreibt, gibt es verschiedene Auffassungen darüber, in welcher Form und in welchem Ausmaß diese realisiert werden sollte. So lautet die Schlussfolgerung einer Kommission von unter anderem Vertretern des Justiz- und des Gesundheitsministeriums (Commissie Beleidsvisie TBS 2001), die beauftragt war, Ideen zur zukünftigen Position und Funktion des Maßregelvollzugs zu entwickeln, dass die Maßregelvollzugskliniken in das psychiatrische Versorgungssystem integriert werden sollten. Vertreter der geistigen Gesundheitsfürsorge befürworten dieses Konzept, aufseiten der Justiz und teilweise des Maßregelvollzugsbereichs stößt es jedoch auf Kritik und Ablehnung. Hier befürchtet man, dass eine geteilte Verantwortlichkeit eher zu bürokratischen Problemen führt, dass die allgemeinpsychiatrischen Einrichtungen letztendlich auch dann nicht bereit sein werden, versorgungsbedürftige Maßregelvollzugspatienten unterzubringen, und dass darüber hinaus BOPZ-Patienten in den Maßregelvollzugsbereich abgeschoben werden. Als Argument wird angeführt, dass die Erhöhung der Bettenzahl in den forensisch-psychiatrischen Abteilungen allgemeinpsychiatrischer Krankenhäuser bis heute nicht den gewünschten Effekt hat, da diese oft mit einer anderen Kategorie von Patienten, z. B. BOPZ-Patienten, belegt werden, wodurch der dringend notwendige Wechsel chronisch psychiatrischer Patienten aus dem Maßregelvollzugsbereich in die Allgemeinpsychiatrie weiterhin stagniert (Derks et al. 2002). Auch in einem Kabinettsbeschluss ist der Vorschlag einer Fusion von Maßregelvollzugsbereich und Allgemeinpsychiatrie abgewiesen worden, und man strebt eher eine engere Zusammenarbeit in Form forensischer „circuits" an. Hiermit ist keine Integration auf organisatorischer, sondern auf ausführender Ebene gemeint, d. h. ein integriertes Versorgungsangebot für den individuellen Patienten. Vertreter des Maßregelvollzugs plädieren dafür, dass sich die Maßregelvollzugskliniken in Zusammenarbeit mit den Partnern der psychiatrischen Gesundheitsfürsorge weiterentwickeln, dass sie sich von ausschließlich auf stationäre, intramurale Behandlung ausgerichteten Institutionen zu forensischen „Versorgungs-Centren" wandeln mit einer Vielzahl von Behandlungsmodalitäten, die das gesamte Spektrum klinischer, transmuraler und ambulanter Behandlung abdecken. Dies ist übrigens auch eines der Ziele, das mit Hilfe der differenzierten Finanzierung angestrebt wird.

▌ **Patienten.** Van Emmerik und Brouwers (2001) haben die wichtigsten Merkmale der in den Niederlanden aufgenommenen Maßregelvollzugspatienten untersucht und stellten fest, dass 83% der Patienten in die Alterskategorie 20 bis 44 Jahre fallen. Nur 5% der Patienten sind Frauen und 30% sind ausländischer Herkunft. Hinsichtlich der Art der Delikte unterscheiden sich die Maßregelvollzugspatienten wesentlich von den Straftätern aus dem Regelvollzug. Bei Letzteren handelt es sich in einem Drittel der Fälle um Gewaltdelikte, bei 30% um Vermögensdelikte und bei 15% um Verstöße gegen das Opiumgesetz. Bei den Maßregelvollzugspatienten handelt es sich dagegen in 98% der Fälle um Gewalttaten, oft in Kombination mit einem Vermögens- oder Sexualdelikt. Fast drei von zehn Patienten haben eine Sexualstraftat begangen.

Ein Viertel der Maßregelvollzugspatienten weist eine psychotische Störung auf. Bei 80% handelt es sich um eine Persönlichkeitsstörung (DSM-IV), wobei Störungen aus dem sog. B-Cluster (antisozial, narzisstisch, borderline und theatral) vorherrschen. Kombinationen von Achse-I- und Achse-II-Störungen kommen bei sechs von zehn Patienten vor. Dies betrifft vor allem die Kombination psychotische Störung und Persönlichkeitsstörung sowie Persönlichkeitsstörung und Substanzmissbrauch. In allgemeinpsychiatrischen Krankenhäusern ist der Prozentsatz der Patienten mit einer psychotischen Störung als Erstdiagnose doppelt so groß wie in den Maßregelvollzugskliniken. Umgekehrt ist der Anteil an Patienten mit einer Persönlichkeitstörung in den Maßregelvollzugskliniken viereinhalb Mal so groß. Auch die mit Substanzmissbrauch in Zusammenhang stehenden Störungen kommen hier wesentlich häufiger vor als in der Allgemeinpsychiatrie. Ein Fünftel der Patienten hat einen IQ von < 85.

Die genannten Daten besitzen noch einen vorläufigen Aussagewert, da in der Studie von van Emmerik und Brouwers relativ grobe klinische Diagnosen und keine standardisierten Interviews verwendet wurden, wodurch insbesondere bei den forensischen Patienten die Gefahr der Unterbewertung besteht. So fanden Greeven und de Ruiter (2000) heraus, dass bei den Maßregelvollzugspatienten häufig vorkommende Störungen seltener diagnostiziert werden, wenn sich der Diagnostiker ausschließlich auf die Selbstaussagen des Untersuchten stützt, als wenn er für seine diagnostischen Urteile zusätzlich kollaterale Daten heranzieht, wie z. B. Informationen aus den Gerichtsunterlagen oder von Personen aus dem sozialen Umfeld des Patienten. Dies gilt vor allem für Störungen, die in Zusammenhang mit dem delinquenten Verhalten stehen wie die antisoziale, narzisstische und sadistische Persönlichkeitsstörung.

▌ **Behandlungsphasen und -methoden.** Der anschwellende Zustrom und der nur langsame Durchfluss von Maßregelvollzugspatienten in den Niederlanden wirkt sich durch die am Eingang wie am Ausgang des Systems entstandenen Engpässe nicht nur auf den Prozess der klinischen Behandlung aus, sondern beeinflusst auch die Etappen vor und nach der Maßregel. Man unterscheidet infolgedessen heute verschiedene, jedoch weitestgehend aufeinander abgestimmte Phasen der Behandlung, in denen jeweils in den vergangenen Jahren eine bedeutsame Entwicklung stattgefunden hat, und zwar die präklinische, die intra- und transmurale Behandlung sowie den Longstay-Bereich.

Der heutige Zeitraum vom Ende der Freiheitsstrafe bis zur Zuweisung eines Behandlungsplatzes im Maßregelvollzug, der durchschnittlich 1 Jahr beträgt, ist wesentlich länger als die früher übliche Wartezeit von ungefähr 6 Monaten. Viele Maßregelvollzugspatienten warten demzufolge länger als 1 Jahr, manchmal sogar 2 Jahre auf einen Behandlungsplatz. Nach der gebräuchlichen Bezeichnung der Wartenden wird dieser Zeitraum die „Passantenzeit" genannt. Aus humanitären wie rechtlichen Gesichtspunkten ist die entstandene Situation problematisch (Lammers 2003). Wenn die Maßregelvollzugsbehandlung nach dem Absitzen der Freiheitsstrafe noch nicht beginnen kann, wird die Haft gezwungenermaßen fortgesetzt. Der Passant wird jedoch nicht länger im Strafvollzug untergebracht, sondern beinahe ausnahmslos in die Untersuchungshaftanstalt zurückverlegt, was eine Verschlechterung seiner Rechtsstellung beinhaltet. So darf er hier unter anderem keine unbegleiteten Besuche empfangen und erhält weniger Entgelt für seine Arbeit. Häufig verschlechtert sich die psychische Verfassung der Passanten unter diesen Umständen. Sie stumpfen ab, verlieren den Mut, bekommen Ängste, oder ihre Aggressionen nehmen zu. Der lange Aufenthalt hier nimmt den Patienten den Rest ihrer ohnehin geringen Motivation zur Behandlung, was sich, so wird befürchtet, letztlich negativ auf die Dauer der Behandlung auswirkt. Da eine längere Behandlungszeit wiederum den Patientendurchfluss vermindert, besteht die Gefahr eines Circulus vitiosus.

In Anbetracht dieser negativen Perspektive wurden von Seiten verschiedener Kliniken und des Ministeriums in enger Zusammenarbeit mit einigen Haftanstalten Initiativen zur Entschärfung der Passantenproblematik ergriffen. Die betreffenden Kliniken bieten den auf ihrer Warteliste stehenden zukünftigen Patienten in den Haftanstalten sog. „präklinische Interventionen" an. Diese betreffen, je nach den individuellen Behandlungsbedürfnissen des Passanten und den Möglichkeiten der Anstalten bzw. der Kliniken selbst:

▌ Maßnahmen, die verhindern sollen, dass sich die psychische Verfassung des Patienten verschlechtert, z.B. Beratung in Bezug auf die medizinische Versorgung,

▌ Information über die Maßregel und die Behandlung in der Maßregelvollzugsklinik,

▌ Förderung der Behandlungsmotivation,

▌ Durchführung von Psychodiagnostik und Risikoeinschätzung,

▌ Psychoedukation, d.h. Aufklärung über die psychische Störung und die sie betreffenden Behandlungsformen,

▌ Kontakt mit dem sozialen Umfeld des Patienten mit dem Ziel, die Familie über die Behandlung zu informieren sowie nähere Auskünfte von wichtigen Bezugspersonen über den Patienten zu erhalten,

▌ Orientierung in Bezug auf die psychotherapeutischen Möglichkeiten.

Die präklinischen Interventionen finden im Allgemeinen im Zeitraum eines Viertel- bis maximal halben Jahres vor der klinischen Aufnahme statt. Man erhofft sich von den präklinischen Interventionen, dass sie letztendlich zu einer Verkürzung der intramuralen Behandlungszeit führen. Zwar gibt es noch keine Untersuchungsergebnisse in Bezug auf diesen Langzeiteffekt, wohl aber wurden die betroffenen Patienten und Institutionen über ihre Erfahrungen befragt. Hieraus kann im Großen und Ganzen konkludiert werden, dass die Behandlungsmotivation der Patienten zunimmt (Lammers 2003), die Behandlungsbemühungen von den Haftanstalten als hilfreich empfunden werden und die Kliniken ihre vorbereitenden Aktivitäten als sinnvoll beurteilen. Insbesondere der Prozess der Aufnahme wird als effizienter erfahren.

In den niederländischen Maßregelvollzugskliniken existiert eine Vielfalt von Behandlungsmodellen, -philosophien und -methoden, die jedoch bisher kaum beschrieben und noch seltener wissenschaftlich untersucht worden sind (de Ruiter, 2003). Während in der niederländischen allgemeinen Psychiatrie in den letzten Jahren ein deutlicher Trend hin zur Entwicklung wissenschaftlich fundierter Behandlungsprogramme geht, beruft sich der forensische Sektor noch vorwiegend auf seinen allgemeinen Auftrag, den Schutz der Bevölkerung vor neuen Straftaten zu gewährleisten sowie Behandlung und Resozialisierung zu verwirklichen. Dennoch lassen sich einige wesentliche Elemente und Tendenzen der niederländischen Maßregelvollzugsbehandlung herausstellen (van Marle 2003 a).

Den Kern der Maßregelvollzugsbehandlung in den Niederlanden bildet seit jeher das besonders breite Angebot an Behandlungsaktivitäten, das sowohl auf den Erwerb von Einsicht in die Entstehung der Störung als auch auf allgemeine Entwicklungen im sozial-emotionalen, gesellschaftlichen, schulischen und beruflichen Bereich zielt. Dieses Behandlungsangebot wird wegen seiner Vielseitigkeit und Großzügigkeit auch im internationalen Vergleich oft als einzigartig angesehen. Daneben basiert die Behandlung in den verschiedenen Kliniken auf unterschiedlichen psychotherapeutischen Ansätzen. Manche Kliniken sind vorwiegend psychodynamisch orientiert, andere mehr verhaltens- oder soziotherapeutisch. In nahezu allen Kliniken hat die Anwendung psychodiagnostischer und prognostischer Instrumente in den letzten Jahren an Bedeutung gewonnen, darüber hinaus werden vereinzelt empirische Studien zum wissenschaftlichen Nachweis der Brauchbarkeit der Instrumente durchgeführt. Die Einführung dieser Instrumente sowie die Zunahme der wissenschaftlichen Erkenntnisse und Erfahrungen im Allgemeinen und die gleichzeitige Veränderung der Patientenpopulation – insbesondere das häufigere Vorkommen von Achse-I-Störungen – verursachen eine langsame Verschiebung von einer relativ globalen hin zu einer mehr problemzentrierten, differenzierten Vorgehensweise. Dabei rücken auch die spezifischen Risikofaktoren mehr in den Vordergrund. Man errichtet in vielen Kliniken spezielle Abteilungen für intensive und/oder individuelle Behandlung sowie Abteilungen für psychotische bzw. psychoseanfällige Patienten. Darüber hinaus entstehen Resozialisierungsabteilungen und Abteilungen für chronische Patienten, die lange Zeit in der Klinik bleiben müssen. Neben den psychologischen Faktoren werden zudem mehr und mehr biologische Aspekte in die Diagnosestellung einbezogen und man wird sich des Einflusses anlagebedingter Behinderungen wie zum Beispiel ADHD oder Formen autistischer Störungen auf das Problemverhalten stärker bewusst. Die medikamentöse Behandlung, die in den siebziger und achtziger Jahren stark in den Hintergrund gedrängt war, gewinnt demzufolge wieder an Bedeutung.

Ein anderer Impuls für neue Errungenschaften ging von der besonderen Beachtung der Kategorie der Sexualstraftäter aus (van Beek u. Kröger

1999). Die hohe Rückfallquote und geringe Behandlungsmotivation dieser Patientenkategorie wurde innerhalb wie auch außerhalb der Kliniken zunehmend als ein Problem erfahren und zwang die Behandler, nach spezifischen Behandlungsmethoden Ausschau zu halten. Lange Zeit war die Behandlung von psychodynamischen Theorien über die Entstehung des delinquenten Verhaltens geprägt. Man ging davon aus, dass das Deliktrisiko von selbst abnehmen würde, wenn Entwicklungsrückstände aufgeholt und tatfördernde Persönlichkeitsdefizite, wie z. B. soziales Unvermögen, ausgeglichen werden würden. Das delinquente Verhalten selbst war kein ausgesprochenes Thema. Beeinflusst durch kognitiv-verhaltenstherapeutische Behandlungsansätze aus Nordamerika, zu denen das Rückfallpräventionsmodell gehört, richtet man sich seit den achtziger Jahren nicht mehr nur auf die persönliche Entwicklung des Patienten, sondern auch explizit auf die deliktbezogenen Risikofaktoren seines Verhaltens. „No cure but control" wurde ein anderer, wesentlicher Ausgangspunkt der Behandlung. Angestrebt wird gemeinhin nicht mehr, dass eine Behandlung zur Heilung führt, sondern dass die bessere Beherrschung und Steuerung des Problemverhaltens, vor allem der direkten Risikofaktoren, Rückfälle verhindern kann. Dabei sind sowohl interne als auch externe Kontrollmechanismen von Bedeutung (Laws 1989). Das von beinahe allen Patienten in der Psychotherapie erarbeitete Deliktszenarium und der Rückfallpräventionsplan verschaffen eine Übersicht über die deliktbezogenen Risikofaktoren und schützenden Kontrollmechanismen des individuellen Patienten und bieten wichtige Anhaltspunkte für relevante Behandlungsentscheidungen.

Nicht selten beeinflusst dieser kognitiv-verhaltenstherapeutische Ansatz das gesamte Behandlungskonzept einer Klinik.

In allen Kliniken finden neben dem auf die allgemeine, psychosoziale Entwicklung gerichteten Behandlungsprogramm Gruppen- und Einzeltherapie statt. Dabei geht der Trend dahin, strukturierte Behandlungsmodule anzubieten. Beispiele hierfür sind Therapieprogramme für Substanzabhängige, Sexualdelinquenten und Patienten mit einer Borderline- oder einer psychotischen Störung, Trainingsprogramme für soziale Kompetenz und Empathie sowie für den Umgang mit Aggression.

Am Ende der klinischen Behandlungsphase wird gemeinsam mit dem Patienten ein Resozialisierungsplan erstellt und werden alle notwendigen Vorbereitungen für die Resozialisierungsphase getroffen. Die herkömmliche Phase der Reintegration in die Gesellschaft nach der intramuralen Phase bildete lange Zeit der Probeurlaub. Während des Probeurlaubs wohnt der Patient ebenfalls außerhalb der Klinik, sind alle Behandlungsaktivitäten der Klinik abgeschlossen und ist die tägliche Betreuung und Beaufsichtigung des Patienten vom Gesetz her auf die Bewährungshilfe übertragen. Die Endverantwortung für die Vollstreckung der Maßregel hat allerdings noch die betreffende Maßregelvollzugsklinik. Durch die beschriebenen Veränderungen im Maßregelvollzugsbereich – der stagnierende Durchfluss insbesondere chronischer psychiatrischer Patienten und die komplexer wie auch ernsthafter werdende Pathologie der Patienten, die einen erhöhten Bedarf an Nachsorgeeinrichtungen zur Folge hat – ist der Probeurlaub als einzige Resozialisierungsmaßnahme jedoch unter Druck geraten. Hinzu kommt, dass die Bewährungshilfe selbst in eine auf Output ausgerichtete Organisation umgewandelt wurde, für die der Versorgungsaspekt größtenteils wegfiel. Diese Umwandlung vertrug sich ganz und gar nicht mit der Erkenntnis, dass der Übergang vom stark strukturierten klinischen Bereich in die offene Gesellschaft insbesondere für Maßregelvollzugspatienten spannungsvoll ist und die Gefahr des delinquenten Rückfalls erhöhen kann (Leuw 1995; Hilterman 2001), während Kontinuität im Behandlungsangebot sowie dessen genaue Abstimmung auf das jeweilige Rezidivrisiko des Patienten Rezidiven vorbeugt (Andrews et al. 1990; Hollin 2001). Aus diesen verschiedenen Gründen stellte der von der Bewährungshilfe begleitete Probeurlaub keine probate Maßnahme mehr dar, um in der spezifischen Situation des Maßregelvollzugs die Kontrolle und Betreuung zu gewährleisten, die für eine effektive, sichere Reintegration notwendig ist (Ridder-Padt 2002). Dies hat dazu geführt, dass diverse Kliniken heute die Verantwortung für den gesamten Behandlungsverlauf bis hin zur (bedingten) Entlassung aus dem Maßregelvollzug selbst übernehmen. Man entwickelt dabei ein an die individuellen Behandlungsbedürfnisse der Patienten angepasstes spezifisches transmurales Behandlungsangebot, das eng an das intramurale Behandlungsangebot anschließt. Die transmurale Behandlung geschieht unter Leitung spezieller ambulanter bzw. transmuraler Behandlungsteams sowohl in vollständig eigener Verantwortung der Kliniken als auch in Zusammenarbeit mit anderen Institutionen (in Deutschland nennt man dies z.B. „Institutsambulanz"). Zielsetzung ist eine frühzeitige Verlegung aus dem intramuralen, stationären Bereich der Klinik hinaus und eine effektive, maximale Sicherheit gewährleistende Reintegration in die Gesellschaft (de Vogel et al. 2001; Poelman u. de Laat 2001; Kröger 2001).

Konkret bedeutet dies, dass der Patient allein oder gemeinsam mit Mitpatienten in Wohnungen in Kliniknähe untergebracht wird. Die Betreuung findet durch das transmurale Team statt, das den Patienten häufig besucht und ihn sowohl intensiv unterstützt als auch kontrolliert. Beim geringsten Anzeichen, dass der Patient in sein gewohntes, riskantes Verhalten zurückfällt, kann eingegriffen werden. Nimmt das Risiko zu, besteht die Möglichkeit, den Patienten direkt, für einen kürzeren oder längeren Zeitraum, in die Klinik aufzunehmen. Während des Wohnens außerhalb der Klinik können die Patienten zum Teil noch in, zum Teil außerhalb der Klinik arbeiten, wobei aber letztendlich ein regulärer Arbeitsplatz angestrebt wird. Außerdem kann der Patient an seiner individuellen Psychotherapie und eventuellen anderen, für seine Resozialisierung hilfreichen, Behandlungsaktivitäten teilnehmen. Dies kann z.B. eine spezielle Gruppentherapie zum Thema Rückfallprävention sein.

Auf diese Weise versucht man, eine maßgerechte gesellschaftliche Reintegration zu realisieren, die auf die jeweiligen Möglichkeiten, Beschränkungen und Verhaltensrisiken jedes einzelnen Patienten abgestimmt ist. Die praktischen Erfahrungen zeigen, dass die Entwicklungen des Patienten in den verschiedenen Lebensgebieten, wie z. B. Wohnen, Arbeit, Freizeit und Partnerschaft, in unterschiedlichem Tempo verlaufen und mit höheren oder niedrigeren Risiken einhergehen. Die Intensität der Bemühungen der transmuralen Behandler wechselt aus diesem Grunde nicht nur pro Person, sondern auch pro Zeitspanne. Es gibt Perioden, in denen die Betreuung mehr auf Abstand stattfindet und Zeiten, in denen unmittelbar eingegriffen werden muss. Dies verlangt einen anderen therapeutischen Stil im Vergleich zur stationären, intramuralen Behandlung. Bei problematischem Verhalten braucht nicht unbedingt sanktionierend eingegriffen zu werden. Die flexiblen und zugleich tatkräftigen Reaktionen auf das Problemverhalten ermöglichen aber prinzipiell eine schnelle Verhaltenskorrektur, die Verzögerungen im Resozialisierungsprozess durch lang andauernde Wiederaufnahmen verhindert. Inwieweit die transmurale Behandlung auch langfristig zu einer Verringerung der Rückfallzahlen führt, ist noch unzureichend wissenschaftlich belegt. Außerdem verfügt man noch nicht über allgemeine Angaben zur durchschnittlichen Dauer der transmuralen Behandlung in den verschiedenen Kliniken. Laut Jahresbericht der Dr. Henri van der Hoeven Stichting (Jaarverslag Dr. Henri van der Hoeven Stichting 2002) beträgt die Dauer der transmuralen Behandlung dort durchschnittlich 1,76 Jahre.

Bei der nachsorgenden Kooperation mit anderen Institutionen geht es in den meisten Fällen darum, einen Platz in Einrichtungen des beschützten Wohnens zu bekommen, wobei die Kliniken einen bestimmten Tagessatz zahlen. Sie unterstützen die Einrichtung in Form von Kenntnisvermittlung über die Problematik und die Behandlung, z. B. Arbeitstraining oder Psychotherapie. Die Mitarbeiter der Einrichtungen für beschütztes Wohnen übernehmen – anfangs noch gemeinsam mit den Klinikmitarbeitern, später ausschließlich – die Betreuung und Aufsicht der Maßregelvollzugspatienten. Auch nach der Entlassung aus dem Maßregelvollzug können die Patienten in diesen Einrichtungen wohnen bleiben. Eine kleinere Anzahl von Patienten mit einer schweren, chronischen psychiatrischen Problematik wird in forensisch-psychiatrische Abteilungen allgemeinpsychiatrischer Krankenhäuser verlegt. Wie bereits erwähnt, stockt danach leider oft eine anschließende Unterbringung mit Verwahrcharakter in der allgemeinen Psychiatrie. Solange der Maßregelvollzug andauert, geben die betreffenden Kliniken den Nachsorgeeinrichtungen eine Garantie der Wiederaufnahme, sowohl im Fall von kurzzeitigen Krisen wie auch bei definitivem Scheitern der Nachsorge (de Vogel et al. 2001).

Vor dem Hintergrund der beschriebenen Kapazitätskrise bemüht man sich in den Niederlanden seit einigen Jahren auch um eine Lösung für das Unterbringungsproblem der chronisch kranken Maßregelvollzugspatienten, die trotz jahrelanger intensiver Behandlungsbemühungen keiner merkbaren Besserung zuführbar scheinen und aufgrund ihrer anhaltenden Gefährlichkeit ebenfalls nicht in die bestehenden Nachsorgeeinrichtungen eingewiesen werden können. Neben den genannten speziellen Longstay-Einrichtungen haben inzwischen diverse Kliniken entsprechende Unterbringungsmöglichkeiten für diese Patientenkategorie geschaffen. Erste Erkenntnisse über die heutigen Longstay-Patienten weisen aus, dass es sich überdurchschnittlich häufig um Sexualstraftäter handelt, die sich unterscheiden lassen in sog. „Kernpädophile" und sadistisch aggressive Vergewaltiger (Perik 2000). Zudem wird oft Komorbidität in Form von schweren Persönlichkeitsstörungen, einhergehend mit Psychosen, Suchtproblemen und/oder geistigen Behinderungen, diagnostiziert. Viele dieser Patienten sind bereits mehr als 10 Jahre im Maßregelvollzug untergebracht.

Bei der Einführung des Longstay-Bereichs im Maßregelvollzug und der gleichzeitigen Limitierung der klinischen Behandlungsdauer wurden viele Bedenken geäußert (Lindemann 2001). Man befürchtete ein zu schnelles Abdrängen besonders mühsam zu behandelnder Patienten in den Longstay-Bereich und eine zusätzliche Stigmatisierung der betreffenden Patientengruppe. Darüber hinaus rechnete man angesichts des langfristigen, vielleicht lebenslangen Freiheitsentzugs und der damit einhergehenden Perspektivlosigkeit mit einer starken Depravation der Patienten und eventuellen desperaten aggressiven Reaktionen. Die praktischen Erfahrungen der in diesem Behandlungsbereich Tätigen bestätigen diese Befürchtungen jedoch bis heute nicht (Perik 2000). Viele Patienten erleben die Unterbringung im Longstay-Bereich zwar als eine sehr tief greifende Eingrenzung ihrer persönlichen Freiheit, aber oft gleichzeitig als eine Erleichterung, da der Druck der Behandlung und die ständige Erwartung, dass man sein Verhalten bessert, entfallen. Die Behandler versuchen, den Patienten das Leben innerhalb der Einrichtung so angenehm wie möglich zu machen. Statt Ansporn und Konfrontation stehen Unterstützung, Stabilität und Ruhe im Vordergrund. Wie im klinischen Bereich werden die Patienten als Verhandlungspartner weiterhin ernst genommen. Die Räumlichkeiten und der Tagesablauf sind so gestaltet, dass den Patienten relativ viel Bewegungsfreiheit und Autonomie geboten werden kann. Die Motivation zur Teilnahme an bestimmten Aktivitäten, gegen die manche Patienten sich bisher gesträubt hatten, ist in dieser mehr akzeptierenden Atmosphäre oft überraschend hoch. Die Unterbringung im Longstay-Bereich bedeutet dennoch nicht den völligen Verzicht auf therapeutische Bemühungen. Man strebt gezielt die Förderung des Wohlbefindens des Patienten an und versucht in jedem Fall, eine Verschlechterung seines psychischen Zustands zu verhindern. Besonderer Nachdruck wird auf die Vermittlung elementarer Fähigkeiten des alltäglichen Lebens wie die der richtigen Ernährung, der Haushaltsführung oder des Umgangs mit eigenem Geld gelegt. Die bestehenden Fähigkeiten des Patienten werden dabei optimal ausgenutzt und eventuell vorhandene Lücken ausgefüllt. Außerdem versucht man, den Patienten weitestgehend bei der Verarbeitung des erlittenen Verlustes einer anderen Lebensperspektive zu unterstützen, sodass es ihm möglich wird, von der oftmals anfänglichen Leugnung und Abwehrhaltung schließlich doch zu einer Akzeptanz seiner Lebenssituation zu gelangen. Für die Longstay-Patienten gelten im Prinzip dieselben rechtlichen Bedingungen wie für die übrigen Maßregelvollzugspatienten. Spätestens nach 2 Jahren erfolgt jeweils eine gerichtliche Entscheidung über die Verlängerung der Unterbringung, wobei wie bisher zwischen den Sicherheitsbelangen der Allgemeinheit und dem Freiheitsinteresse des Patienten sorgfältig abgewogen wird. Unter

Berücksichtigung der von ihnen ausgehenden Gefährdung können die Longstay-Patienten darüber hinaus auch begleitete und unbegleitete Urlaube erhalten. Manche Patienten gehen z. B. einer beruflichen Tätigkeit in der unmittelbaren Nähe der Einrichtung nach. Für die Zuweisung zum Longstay-Bereich existiert eine spezielle Beraterkommission, die Aufnahmeanträge sehr kritisch überprüft.

Die beschriebenen relativ positiven Erfahrungen mit dem Longstay-Bereich haben nach allem Anschein bisher nicht zu der Annahme geführt, dass eine befriedigende Endlösung des Problems dauerhaft gefährlicher und gestörter Straftäter gefunden ist. In der niederländischen Fachwelt wie auch in den Medien bleibt dieses Thema aktuell. Man hofft, dass Fortschritte auf wissenschaftlichem Gebiet zur Entwicklung neuer Behandlungsmethoden führen, von denen in Zukunft auch die als langfristig gefährlich geltenden Täter profitieren können. Außerdem erwägt man eine weitere Differenzierung im Longstay-Bereich, die den Patienten, bei denen die Fluchtgefahr als sehr gering einzustufen ist und die gleichzeitig das von ihnen ausgehende, relativ hohe Rückfallrisiko einschätzen können, mehr Möglichkeiten bieten könnte. Im Vergleich zu Patienten mit einer hohen Flucht- und Rückfallgefahr erfordern sie einen verhältnismäßig geringen Sicherheits- und Betreuungsaufwand und könnten mithin in einem weitestgehend offenen Setting, unter Aufsicht der Maßregelvollzugsklinik, untergebracht werden.

▌ **Forschungsergebnisse.** Zur Überprüfung der Effektivität der Maßregelvollzugsbehandlung haben in den Niederlanden mehrere Rezidivuntersuchungen stattgefunden (van Emmerik 1985, 1989; Leuw 1995). Die Follow-up-Periode variierte von 3 bis 8 Jahren. In diesen Untersuchungen wurden vier Kriterien mit zunehmendem Schweregrad verwendet, und zwar eine Anzeige, d. h. jegliches Vergehen, das zu einer Anzeige geführt hat, unabhängig von der weiteren rechtlichen Abwicklung, eine Verurteilung gleich welcher Art, eine Verurteilung mit Freiheitsentzug von weniger als sechs Monaten und/oder Maßregelvollzug (TBS) und schließlich eine Verurteilung mit Freiheitsentzug länger als sechs Monate und/oder Maßregelvollzug. Das letzte Kriterium wird als ein einschlägiger Rückfall angesehen.

Tabelle 5.3.1 liefert eine Übersicht über die Rückfallzahlen ehemaliger Maßregelvollzugspatienten im Hinblick auf die verschiedenen Untersuchungszeiträume. In allen Untersuchungen waren mehr als 60% der Patienten rückfällig, wenn man das leichteste Kriterium zugrunde legt, dass es nämlich zu einer erneuten Strafanzeige kam. Diese Rückfallzahlen nehmen graduell ab und betragen ungefähr 20% in Bezug auf das schwerste Kriterium: dass es zu neuen deutlichen Freiheitsstrafen kam. Auffälligerweise sind die Zahlen über alle Untersuchungen hinweg ziemlich stabil. Die Untersuchungen ergaben darüber hinaus, dass die Zahl der Rückfälle unter den Patienten, deren Maßregel vom Gericht, dem Gutachten der Kliniken zuwider, beendet wurde, höher war als die, bei denen die Beendigung den Gutachten konform geschah.

Niemantsverdriet (1993) untersuchte einen Teil (n = 40) der Patienten der Dr. Henri van der Hoeven Kliniek, die dort im Zeitraum 1980 bis 1984 ent-

Tabelle 5.3.1. Allgemeine Rückfälle – Prozentsätze ehemaliger Maßregelvollzugspatienten seit 1974. Quelle: Leuw (1995)

Rezidivkriterium	1974–1978 n = 589	1979–1983 n = 422	1984–1988 n = 372
▌ Anzeige	63	64	62
▌ Verurteilung	51	50	51
▌ Verurteilung zu Freiheitsentzug und/oder TBS	33	32	31
▌ Verurteilung zu Freiheitsentzug ≥6 Monate und/oder TBS	16	22	20

TBS „Ter Beschikking Stelling": Zur-Verfügung-Stellung – Maßregelbehandlung

lassen wurden. Die eine Hälfte der Patienten wurde in den Probeurlaub entlassen, die andere Hälfte verließ die Klinik, nachdem das Gericht, dem Gutachten der Klinik zuwider, die Maßregel beendet hatte. Die in den Probeurlaub entlassenen Patienten wurden signifikant seltener mit Straftaten rückfällig.

Unter den 20% der Patienten mit einem einschlägigen Rückfall befinden sich relativ viele Sexualstraftäter. In der Dr. Henri van der Hoeven Kliniek fand eine retrospektive Untersuchung unter 121 Sexualstraftätern statt, die im Zeitraum 1974 bis 1996 aufgenommen worden waren (de Vogel et al. 2003). Die mittlere Follow-up-Periode beträgt 140 Monate. Die Rezidivzahlen zeigen, dass die pädosexuellen Täter häufiger mit einem Sexualdelikt rezidivierten als Vergewaltiger (59% versus 33%, $p < 0,01$). Von den pädosexuellen Tätern, die sich an extrafamiliärem Missbrauch männlicher Opfer schuldig gemacht hatten, begingen 80% wieder ein Sexualdelikt. Die Sexualstraftäter, die ihre Behandlung beendet hatten, begingen seltener eine erneute Sexualstraftat als diejenigen, deren Behandlung abgebrochen worden war und die in das Dr. F. S. Meijers Institut zurückverlegt worden waren oder diejenigen, deren Maßregel konträr dem Gutachten der Klinik beendet worden war (22% versus 48%, $p < 0,01$). Von den pädosexuellen Tätern (n = 10) mit einem hohen Psychopathiescore (>26), gemessen mit dem PCL-R (Vertommen et al. 2002), rezidivierten 90 %. Sechs von ihnen begingen sowohl sexuelle als auch nichtsexuelle Gewaltverbrechen, drei begingen ausschließlich nichtsexuelle Gewaltverbrechen. Diese Untersuchung zeigt, dass die Faktoren sexuelle Devianz, das Abbrechen der Behandlung („drop-out") und Psychopathie von großer Bedeutung für die Voraussage (sexueller) Rezidive sind.

▌ Behandlung in der Allgemeinpsychiatrie

In den siebziger und achtziger Jahren des vorigen Jahrhunderts wurden in den Niederlanden wie auch in vielen anderen Ländern geschlossene Abteilungen der Psychiatrie abgebaut mit der im Prinzip positiv zu bewertenden Intention, psychiatrische Patienten mittels extra- und transmuraler Versorgung so schnell wie möglich wieder in die Gesellschaft einzugliedern. Außerdem ging man noch von der Annahme aus, dass psychiatrische Krankheitsbilder vor allem von psychologischen Faktoren verursacht werden, und besaß noch unzureichende Kenntnisse in Bezug auf den Einfluss biologischer Faktoren.

Ein unbeabsichtigter Effekt dieser Entwicklung war, dass psychisch gestörte Straftäter kaum noch in der allgemeinen Psychiatrie untergebracht werden konnten. Anlässlich der Kapazitätskrise im Maßregelvollzug und der wachsenden Anzahl psychisch gestörter Inhaftierter hat man in den letzten 10 bis 15 Jahren damit begonnen, innerhalb der allgemeinen Psychiatrie eigenständige forensisch-psychiatrische Kliniken (FPK) und forensisch-psychiatrische Abteilungen (FPA) zu errichten bzw. zu erweitern. Beide fallen, logischerweise, nicht wie die Maßregelvollzugskliniken unter die Aufsicht des Justizministeriums, sondern unter die des Ministeriums für Volksgesundheit, Wissenschaft und Sport (VWS). Die FPK unterscheiden sich global von den FPA durch ihren größeren Umfang und höheren Sicherungs- wie auch Betreuungsaufwand. Im Folgenden werden beide Settings gesondert beschrieben.

▌ **Forensisch-psychiatrische Kliniken.** Es bestehen zurzeit drei FPK, in Eindhoven, Amsterdam und Assen. Alle Kliniken sind in große Organisationen der psychiatrischen Gesundheitsfürsorge eingebettet, besitzen aber eine eigene Identität und bilden forensisch-psychiatrische Circuits bzw. sind dabei, diese zu entwickeln. Sie verfügen mithin nicht nur über klinische, sondern auch über transmurale und/oder regionale ambulante, d. h. poli- und tagesklinische Funktionen (Kuperus et al. 2003). Die FPK Eindhoven nimmt auch jugendliche Patienten auf und hat eine Option für die zukünftige Verwendung von 24 Plätzen für langfristig gefährliche Patienten. Insgesamt verfügen alle drei Kliniken über mehr als 300 intra- und transmurale Behandlungsplätze, von denen ungefähr ein Drittel, auf der Grundlage eines Vertrags mit dem Justizministerium, für Maßregelvollzugspatienten bestimmt sind. Daneben werden Patienten mit diversen rechtlichen Titeln und Sanktionen untergebracht. Im Allgemeinen handelt es sich um Patienten mit ernsthaften psychiatrischen Störungen und psychosozialer Problematik, einhergehend mit oft schon in der frühen Entwicklung entstandenen Verhaltensproblemen. Auf der Grundlage von DSM-IV-Diagnostik werden in der Regel alle Formen psychiatrischer Störungen behandelt, wobei anzumerken ist, dass es sich in der Mehrheit der Fälle um Komorbidität mit Achse-I-Störungen handelt. Hiervon ausgenommen sind deutliche geistige Behinderung und eine primäre Suchtproblematik, bei der keine explizite psychiatrische Störung vorliegt. Darüber hinaus ist die Unterbringung von Patienten mit extrem antisozialem, agierendem Verhalten, denen es an Motivation und Absprachefähigkeit bezüglich der Behandlung weitestgehend mangelt, kontraindiziert. Sie werden den hoch gesicherten Maßregelvollzugskliniken zugewiesen. Ziel der Unterbringung ist zum einen die Versorgung der Patienten und, falls möglich, die Behandlung ihrer Störungen und zum anderen die größtmögliche Reduzierung des Risikos eines Rückfalls in delinquentes Verhalten. Eine wichtige Funktion der Kliniken ist die Krisenintervention bei Patienten aus Strafanstalten, Einrichtungen der psychiatrischen Gesundheitsfürsorge oder der eigenen Ambulanz. Es handelt sich dabei um eine befristete (Wieder-)Aufnahme. Außerdem werden Patienten zum Zwecke der gerichtlichen Voruntersuchung aufgenommen. Das Behandlungsangebot ist in Anbetracht der Komorbidität multimethodisch und zielt auf die Förderung schulischer, praktischer, sozial-emotionaler und motorischer Fähigkeiten. Die sog. „supportive Milieutherapie" bildet dabei die Basis für den Erwerb problemlösender und sozialer Kompetenzen. In Anbetracht des häufig chronischen Charakters der Pathologie konzentrieren sich die Behandlungsbemühungen letztendlich auf die Rehabilitation des Patienten, wobei eine Stabilisierung der Störung und eine Optimierung des gesunden psychischen Potenzials realisiert werden soll. Neben psychodynamischen Interventionen, die Aspekte der Sinngebung und Lebensqualität berücksichtigen, ist im Hinblick auf die Rückfallprävention, wie in verschiedenen Maßregelvollzugskliniken, der kognitiv-verhaltenstherapeutische Ansatz von Bedeutung.

▌ **Forensisch-psychiatrische Abteilungen.** Anfang 1990 ist das Konzept der FPA entstanden. Anfänglich wurde in vier psychiatrischen Krankenhäusern jeweils eine Abteilung mit zehn Behandlungsplätzen errichtet. Inzwischen bestehen acht dieser Abteilungen mit insgesamt 150 Betten. Leitender Gesichtspunkt dieses Unterbringungskonzepts ist es, psychisch gestörten Straftätern wieder den Zugang zur allgemeinen geistigen Gesundheitsfürsorge zu ermöglichen und sie dort letztendlich zu integrieren. Man richtet sich hauptsächlich auf Patienten aus, die zwar intensiver Versorgung bedürfen, jedoch nicht akut gefährlich sind. Einerseits braucht die Behandlung wegen der verhältnismäßig geringen Sicherungsnotwendigkeit nicht (länger) in einer FPK oder Maßregelvollzugsklinik stattzufinden, andererseits ist eine (Weiter-)Behandlung in der allgemeinen Psychiatrie noch nicht möglich, angesichts des dortigen weniger intensiven Versorgungsangebots. Ansonsten stimmen Patientenpopulation, Behandlungsangebot und Behandlungsziel im Großen und Ganzen mit denen der FPK überein. Explizite Aufmerksamkeit widmet man allerdings dem für die Patienten relativ schwierigen Übergang von den Einrichtungen des Straf- und Maßregelvollzugs in das hinsichtlich Mitarbeitern und Ausstattung viel bescheidenere Setting der FPA. Oft steht im Vordergrund, mit mehr Freiheit und den damit verbundenen Gefühlen der Unsicherheit umzugehen zu lernen. Andere Besonderheiten zeigen sich in bestimmten Einschränkungen bei der Indikationsstellung. Diese betreffen eine Behandlungsprognose von maximal 2 Jahren, eine wenigstens minimale Behandlungsmotivation und eine regionale Gebundenheit. Die am häufigsten vorkommenden strafrechtlichen Grundlagen der Behandlung in den FPA sind der Maßregelvollzug mit Probeurlaub und die auf ein Jahr befristete Zwangsunterbringung für unzurechnungsfähige Täter. Die FPA bieten zurzeit noch eine ausschließlich klinische Behandlung. In Zukunft wollen sie jedoch, ebenso wie die FPK und die Maßregelvollzugskliniken, auch den gewachsenen Bedarf an transmuralen und ambulanten Behandlungsmöglichkeiten abdecken können (van Hoek u. Mastenbroek-Osté 2000).

Obwohl die FPA betonen, dass sie eine enge Zusammenarbeit mit der allgemeinen psychiatrischen Gesundheitsfürsorge zum Ziele der Entstigmatisierung und Integration des forensisch-psychiatrischen Patienten in diesen Sektor anstreben, ist es bisher nicht gelungen, der Zielgruppe dieses Entree tatsächlich wesentlich zu erleichtern (Simons 2003). Einerseits bestehen nach wie vor Vorurteile und Widerstände innerhalb der allgemeinen geistigen Gesundheitsfürsorge. Andererseits führte, vor allem in der Aufbauphase, die unterschiedliche Prioritätenstellung von Justiz und Psychiatrie häufig zu Undeutlichkeiten in Bezug auf Behandlungsperspektiven, Verantwortlichkeiten und Grenzen, was instabile Organisationsformen, Personalausfall und das Versäumen von Leistungsabsprachen zur Folge hatte. Möglicherweise neigen die FPA gerade wegen dieser internen und externen Schwierigkeiten dazu, einen ganz eigenen forensischen Charakter und Organisationsstil zu entwickeln, wodurch sie ihre angestrebte Funktion als Durchgangsstation für den psychisch gestörten Straftäter unzureichend verwirklichen können.

‖ Behandlung im Strafvollzug

Da das niederländische Rechtssystem von dem Prinzip der strikten Trennung von Strafe und Behandlung ausgeht und die Möglichkeit der Zwangsbehandlung deshalb weitestgehend ausschließt – auch im Maßregelvollzugsgesetz ist nicht die Rede von Zwangsbehandlung, sondern von Zwangsversorgung – gibt es in den Niederlanden, im Vergleich zu anderen Ländern, keine Behandlungsgefängnisse. Lange Zeit war Behandlung während der Inhaftierung daher sowohl innerhalb des Strafvollzugs als auch innerhalb der psychiatrischen Gesundheitsfürsorge mit einem Tabu belegt. Man war nicht nur der Auffassung, Behandlung gehöre nicht zu den Kernaufgaben der Strafanstalten, sondern hielt sie auch wegen des ungünstigen therapeutischen Klimas dort für kontraindiziert. Wohl bemühte man sich um eine besondere Versorgung psychisch labiler Straftäter, unter anderem in Form medikamentöser Versorgung. Angesichts der hohen Rückfallzahlen nach der Entlassung aus dem Strafvollzug – beinahe die Hälfte wurde innerhalb von 4 Jahren mit Straftaten rückfällig – nimmt jedoch die Frage nach einer mehr expliziten therapeutischen Nutzung der Haftzeit zur Verminderung von Rezidiven zu (Bulten et al. 2001; Ministerie van Justitie 2003a). Im Gegensatz zu früher geht man heute davon aus, dass die Behandlung psychisch gestörter Straftäter im Normalvollzug erwünscht und realisierbar ist, und man versucht, diesen Standpunkt mit Beispielen nachweisbar positiver Resultate mancher Programme zu unterstreichen.

Obwohl Behandlungsprogramme, die auf Verhaltensänderung und Rückfallprävention zielen, im Kommen sind, ist der allgemeine Ausgangspunkt der Behandlung im Strafvollzug nach wie vor die psychische Stabilisierung des Inhaftierten. Diesem soll durch die Haft kein zusätzliches Leid in Form einer Verschlechterung der psychischen Kondition zugefügt werden. Bei der Zielgruppe handelt es sich dementsprechend nicht hauptsächlich um die besonders gefährlichen, persönlichkeitsgestörten Täter, sondern in erster Instanz um die psychisch kranken Inhaftierten – oft mit einer psychiatrischen Vorgeschichte – die dem durch das Delikt und die Inhaftierung verursachten Stress nicht gewachsen sind. Im Grunde geht es um soziale Psychiatrie im Strafvollzug (Daniëls 2003). Oft geschieht die Behandlung innerhalb spezieller Abteilungen der Strafanstalten. Daneben besteht die Möglichkeit, Inhaftierte in besonders gravierenden Fällen in die allgemeine Psychiatrie, meistens eine FPA oder FPK, zu verlegen.

Innerhalb des Strafvollzugs existieren die folgenden Formen der Behandlung:

▎ Die regionalen Abteilungen für individuelle Begleitung (IBA) sind bestimmt für Inhaftierte mit ernster psychiatrischer Problematik. Sie bieten individuelle Behandlungsprogramme mit begrenzten psychologischen und psychiatrischen Betreuungsmöglichkeiten an. Hier befinden sich viele Passanten aus dem Maßregelvollzug.

▎ Die in allen Strafanstalten bestehenden speziellen „Sorgeabteilungen" (BZA) sind bestimmt für größere Gruppen psychisch labiler Inhaftierter und oft auch für pädosexuelle Täter, die vor feindlichen Reaktionen ihrer Mitgefangenen geschützt werden sollen.

▎ Die überregionale forensische Observations- und Begleitungsabteilung (FOBA) nimmt Inhaftierte auf, die aufgrund von psychischer Dekompensation, Angstzuständen und/oder der Verweigerung von Medikation in eine Krisensituation geraten sind und häufig ein für sich selbst oder andere gefährliches Verhalten zeigen.

▎ Die landesweit verstreuten Suchtabteilungen (VBA) haben die Aufgabe, suchtkranke Inhaftierte zu begleiten und, sofern möglich, zur Weiterbehandlung zu motivieren. Wie bereits erwähnt wurde, besteht seit kurzem zusätzlich die Möglichkeit, suchtkranke Straftäter gezwungenermaßen, im Rahmen einer strafrechtlichen Maßnahme (SOV), zu behandeln. Dies betrifft die sog. „Top 200" der kriminellen Suchtkranken, die oft bereits etliche Behandlungsversuche hinter sich haben.

▎ Das Selektionszentrum des Strafvollzugs (Penitentiair Selectiecentrum, PSC) bietet, neben der Untersuchung und Selektion von Straftätern, auf Rückfallprävention gerichtete Behandlungsmöglichkeiten für die zu einer langen Strafe verurteilten persönlichkeitsgestörten Täter. Das Zentrum hat eine überregionale Funktion und verfügt über eine beschränkte Anzahl von Plätzen.

▎ Regimes für besonders unangepasste Inhaftierte bestehen in vielen Strafanstalten. Deren strenge Struktur und Sicherheitsvorkehrungen haben ebenfalls einen regulierenden, therapeutischen Effekt.

▎ Spezialisierte Rückfallpräventionsprogramme werden in jüngster Zeit vor allem von den Polikliniken forensisch-psychiatrischer Institute entwickelt und teilweise bereits durchgeführt. Im Gegensatz zu anderen Ländern wie England und Belgien wurden in den niederländischen Strafanstalten bis vor kurzem kaum spezielle Therapieprogramme für bestimmte Tätergruppen angeboten (van der Linden u. Steketee 2003). Zurzeit verfolgt das Justizministerium acht Pilotprojekte zur Behandlung im Strafvollzug. Vier dieser Pilotprojekte betreffen die Behandlung von Sexualstraftätern. Die Untersuchung der Projekte soll zu einer ministeriellen Beschlussfassung bezüglich einer landesweiten Einführung dieser Formen der Täterbehandlung beitragen (Ministerie van Justitie 2003b).

▌ Tagesklinische oder ambulante Behandlungsmaßnahmen, die in der letzten Haftperiode angeboten werden, dienen der Reintegration des Straftäters. Daneben bestehen die eher ausführlich beschriebenen präklinischen Interventionen während der Passantenzeit.

Die genannten Behandlungsmaßnahmen werden von einem psychologisch-ärztlichen Beratungsgremium (PMO), das regelmäßig unter Leitung des Anstaltspsychologen zusammentrifft, angeboten und koordiniert. Kernmitglieder dieses Gremiums sind ein Psychiater des forensisch-psychiatrischen Dienstes (FPD) und der Anstaltsarzt. Oft ist auch ein Mitarbeiter der Bewährungshilfe und des psychiatrischen Pflegedienstes anwesend. Neben dem Aufklären und Mitteilen von Problemen können ggf. psychiatrische Untersuchungen und Konsultationen stattfinden. Behandlung wird in Form von medikamentöser Versorgung, einmaligen Gesprächen mit dem Psychiater und/oder regelmäßiger Begleitung durch einen Psychologen oder Bewährungshelfer geboten. Eine 24-Stunden-Betreuung wird in erster Linie durch den internen ärztlichen Dienst und in zweiter Linie, aufgrund einer Indikation des FPD, in Kooperation mit einem allgemeinpsychiatrischen Krisendienst geboten.

Abgesehen von den anstaltsinternen Behandlungsmaßnahmen bestehen strukturelle Kontakte zwischen den Strafvollzugsanstalten und verschiedenen Einrichtungen, die über spezielle Behandlungs- und Unterbringungsmöglichkeiten für psychisch gestörte Straftäter verfügen. Zu diesen Einrichtungen gehören, neben den FPK und FPA, die Klinik für forensische Psychotherapie Groot Batelaar, zwei Kliniken für geistig behinderte Straftäter (IQ < 80) in Vledder und Baarle-Nassau und mehrere Suchtkliniken.

Die Schaffung eines relativ günstigen Behandlungsklimas innerhalb des Strafvollzugs bleibt, trotz aller in den letzten Jahren entfalteten Initiativen, eine schwierige Angelegenheit. Qua definitionem zielt der Strafvollzug auf Sicherung und Beherrschung. Kriminelles Machoverhalten prägt den Umgang der Insassen miteinander wie mit dem Personal, was beides zu einer gewissen sozial-emotionalen Deprivation führen und sich negativ auf die Behandlungsmotivation im Grunde betreuungsbedürftiger Inhaftierter auswirken kann. Diese Situation hat sich in den letzten Jahren durch Sparmaßnahmen, die sich unter anderem in einem niedrigeren Personalschlüssel niedergeschlagen haben, verschärft. Ein Behandlungsklima im Normalvollzug erfordert jedoch, soll es einigermaßen produktiv sein, eher eine Verstärkung des psychologischen und medizinischen Personals sowie eine Erweiterung der beschäftigungs- und bewegungstherapeutischen Möglichkeiten.

Neben den internen Mankos stellt die Diskontinuität der Behandlung bei der Haftentlassung ein großes Problem dar. Im Prinzip ist danach ausschließlich noch die Bewährungshilfe für die Betreuung zuständig. Da es keine gesetzliche Grundlage für deren Nachsorge gibt, kann diese nur auf freiwilliger Basis erfolgen. Viele der in den Strafanstalten Behandelten sind jedoch wenig sesshaft und geraten nach ihrer Haftentlassung schnell außer Sichtweite. Darüber hinaus wird eine Weiterbehandlung in der psychiatrischen Gesundheitsfürsorge dadurch erschwert, dass sich deren Behandlungskultur stark vom Strafvollzug unterscheidet, Widerstände gegenüber Patienten mit strafrechtlicher Vergangenheit bestehen und/oder es an geeigneten Behandlungsmöglichkeiten mangelt. Angestrebt wird daher die Entwicklung regionaler Netzwerke und in diesem Rahmen die Bildung einer regionalen Indikations- und Zuweisungskommission. In dieser Kommission sollen Vertreter aus dem Normalvollzug, dem Maßregelvollzug und der allgemeinen psychiatrischen Versorgung gemeinsam über integrierte Behandlungsangebote beraten. Die Verantwortung für die Behandlung soll dabei ebenfalls gemeinsam von den zuständigen Ministerien, Justizministerium und VWS, getragen werden. Auf diese Weise erhofft man sich eine weitestgehende Kontinuität des Behandlungsangebots und damit eine bessere Gewährleistung der Rückfallprävention (Daniëls 2003).

Ambulante Behandlung

Eine relativ neue Entwicklung ist die ambulante Behandlung von Straftätern. Innerhalb der regulären psychiatrischen Versorgung hat eine ambulante Straftäterbehandlung jahrelang vereinzelt und vor allem auf freiwilliger Basis stattgefunden. In den letzten Jahren wurden wegen der verstärkten Nachfrage jedoch mehr Initiativen entwickelt. Ein Großteil der regionalen Institute für ambulante psychiatrische Gesundheitsfürsorge verfügt inzwischen über ein Hilfsangebot für Sexualstraftäter (van der Linden u. Steketee 2003). Hierbei handelt es sich überwiegend um die Behandlung von Inzesttätern. Exhibitionisten und pädosexuelle Täter werden weniger häufig und Vergewaltiger äußerst selten behandelt. In den meisten Fällen findet eine Einzeltherapie statt. Bei Inzest werden allerdings Opfer und beide Elternteile in die Behandlung einbezogen. Die Mehrzahl der Behandlungsprogramme basiert auf dem kognitiv-verhaltenstherapeutischen Ansatz, wobei die Analyse des delinquenten Verhaltens im Vordergrund steht. Die Behandlungsdauer beträgt im Allgemeinen ein bis anderthalb Jahre und umfasst 20 bis 40 Sitzungen. Da diese Patientenkategorie erfahrungsgemäß wenig motiviert ist und die Neigung hat, sich frühzeitig der Therapie zu entziehen, werden rechtliche Druckmittel von den Behandlern als sehr sinnvoll erfahren.

Neben der kleinen Gruppe von Inzesttätern und der ebenfalls verhältnismäßig geringen Anzahl forensisch-psychiatrischer Patienten, die vorwiegend in Maßregelvollzugskliniken untergebracht sind, existiert eine relativ große Gruppe von Straftätern, die oft ernste Delikte begangen haben und nach ihrer Freiheitsstrafe rückfällig bleiben. Für sie existierten lange Zeit keine Behandlungsangebote, obwohl sie grundsätzlich von einer ambulanten Therapie profitieren können. Um diesen enormen Bedarf zu decken, wurden vor etwas mehr als 10 Jahren die ersten beiden Zentren für ambulante forensische Psychiatrie, in Utrecht und in Nijmegen, errichtet. Danach folgte in vielen anderen niederländischen Städten die Gründung von Poli- und/oder Tageskliniken bzw. von poliklinischen Dependancen an bestehenden forensisch-psychiatrischen Kliniken (Mulder 2003).

Die forensisch-psychiatrischen Ambulanzen richten sich in erster Instanz auf die Behandlung von Persönlichkeitsproblematik in Kombination mit drohendem oder tatsächlichem strafbaren und rückfallgefährlichem Verhalten. Die Anmeldung kann auf freiwilliger Basis oder aufgrund eines Gerichtsbeschlusses, d. h. als besondere Sanktionsmaßnahme oder als Umsetzung einer Reststrafe in Behandlung, geschehen. Bestimmte Straftätergruppen aus dem Normalvollzug sowie Maßregelvollzugspatienten, deren Maßregel beendet ist oder die sich am Ende ihrer Behandlung befinden, kommen ebenfalls für die ambulante Therapie in Betracht. Da die meisten Behandlungen vom Gericht auferlegt sind, ist die Motivation vieler Patienten zumindest ambivalent. Eines der ersten Behandlungsziele ist deshalb die Entwicklung bzw. Verstärkung des Problembewusstseins, sodass eine mehr intrinsische, eigene Motivation des Patienten entstehen kann. Die Behandlung zielt letztendlich nicht primär auf die Veränderung der Persönlichkeitsproblematik, sondern auf die Verhinderung von Rückfällen ab. Die damit einhergehenden Verhaltens- und Einstellungsänderungen müssen grundsätzlich im ambulanten Rahmen realisierbar sein. Ernste psychiatrische Störungen wie Psychosen, Komorbidität mit schwerer Suchtkrankheit und starker Minderbegabung, ein hohes Rezidivrisiko bezüglich ernster Delikte und das Fehlen jeglicher Motivation und „commitments" stellen im Allgemeinen eine Kontraindikation für eine ambulante Behandlung dar. In diesen Fällen kommt eher eine klinische Behandlung in Betracht. Kennzeichnend für die ambulante forensisch-psychiatrische Behandlung ist eine direkte, konkrete Vorgehensweise, das Setzen von Grenzen (bei Verletzung der Absprachen kann die Therapie abgebrochen und die Haft fortgesetzt werden) und die Akzentuierung prosozialer Normen. Außerdem werden externe Informationen anhand der Gerichtsakten oder durch Auskünfte aus dem sozialen Umfeld des Täters eingeholt und externe Kontakte geknüpft. Eine Anzahl von Themen spielt eine Rolle: Das Bagatellisieren des delinquenten Verhaltens muss gestoppt werden, Verleugnungshaltungen und nicht mit der Realität im Einklang stehende Auffassungen sowie risikoreiche Situationen oder Kontakte müssen kenntlich gemacht und abgebaut bzw. vermieden werden, der Täter muss lernen, die Verantwortung für seine Taten auf sich zu nehmen und er muss dementsprechend lernen, sich anders zu verhalten. Die Behandlung ist auf die individuelle Problematik, Lernfähigkeit und Rückfallgefahr abgestimmt.

In den meisten ambulanten Einrichtungen hält man die kognitive Verhaltenstherapie, mit dem Rückfallpräventionsmodell als Richtschnur, für die effektivste und am besten geeignete Behandlungsmethode (Mulder 2003). Die Behandlung kann in verschiedener Form stattfinden, als Einzel-, Partner-, Systemtherapie und/oder medikamentöse Behandlung. Vor allem aber hat die Gruppenbehandlung einen großen Aufschwung genommen. Abgesehen davon, dass sie effizient und weniger kostspielig ist, erweist sich das (Wieder-)Erkennen von Verleugnungshaltungen und Minimierungen sowie die Konfrontation mit dem delinquenten Verhalten in der Gruppe als besonders wirksam und motivierend. Beispiele sind Gruppenbehandlungen für aggressive Täter, für Täter, die ihre Partner misshandeln, für ältere, jugendliche, normal und schwach begabte pädosexuelle Täter sowie für deren Partner und Familienmitglieder und für Täter mit ADHD. Die Gruppenbehandlungen sind meistens zeitlich limitiert, während die Einzeltherapie variieren kann von wenigen Gesprächen bis hin zu jahrelanger Psychotherapie.

Obwohl in den Niederlanden inzwischen ein variiertes ambulantes Behandlungsangebot für Straftäter existiert – vorrangig im forensisch-psychiatrischen Bereich, zum Teil aber auch innerhalb der regulären psychiatrischen Versorgung – wird dieses noch immer nur von einem kleinen Anteil der Gesamtpopulation in Anspruch genommen. 96% der pädosexuellen Täter und 93% der Vergewaltiger sitzen zum Beispiel unbehandelt in den Gefängnissen (van der Linden u. Steketee 2003). Die Möglichkeiten der Täterbehandlung während der Haft stehen jedoch momentan mehr im Fokus, was eventuell zu einer Kapazitätsausweitung in den kommenden Jahren führen kann. Wünschenswert ist letztendlich ein landesweites Netzwerk ambulanter forensisch-psychiatrischer Hilfe. Darüber hinaus mangelt es, angesichts der bisherigen eher kleinen Studien, bisher noch an ausreichender wissenschaftlicher Fundierung der ambulanten Behandlungsformen in den Niederlanden (Mulder 2003).

5.3.2 Prognostische Diagnostik

Die Einschätzung zukünftigen gewalttätigen Verhaltens ist bei psychisch gestörten Straftätern von außerordentlich großer Bedeutung. Im Grunde findet sie während des gesamten Rechtspflegeprozesses statt. In erster Linie handelt es sich dabei um die Gewährleistung der Sicherheit der Gesellschaft, d.h. Personen, die aufgrund einer psychischen Störung eine Gefahr für andere bedeuten und gewalttätiges Verhalten zeigen, müssen wahrgenommen und festgehalten werden können. In zweiter Linie ist es von Bedeutung, die Faktoren, die ein Risiko gewalttätigen Verhaltens mit sich bringen, voneinander zu unterscheiden, um psychisch gestörten Straftätern ein gezieltes Behandlungsprogramm anbieten zu können.

Ende des vorigen Jahrhunderts wurde eine Anzahl standardisierter Instrumente entwickelt, mit denen die Wahrscheinlichkeit eines Rückfalls in Gewaltdelikte bzw. in bestimmte Formen gewalttätigen Verhaltens für einen beschränkten Zeitraum eingeschätzt werden kann. Einige dieser Instrumente, wie der HCR-20, SVR-20, Static-99 und PCL-R (der eine wesentliche Risikovariable, aber kein Instrument der Risikoeinschätzung im engeren Sinn darstellt; Anm. d. Autoren), wurden für das niederländische Sprachgebiet übersetzt und werden momentan für die niederländische Population normiert und validiert. So untersuchten de Vogel, de Ruiter, van Beek und Mead (2003) die Interrater-Reliabilität und die prädiktive Validität des SVR-20 und des Static-99. Die prädiktive Validität des SVR-20 stellte sich als gut heraus (Totalscore: $r=0,45$, AUC$=0,77$; Endbeurteilung: $r=0,58$, AUC$=0,82$), und die des Static-99 als recht gut (Totalscore: $r=0,34$, AUC$=0,69$; Risikokategorie: $r=0,28$, AUC$=0,65$). Aus den Daten wurde gefolgert, dass das Rezidivrisiko mit Hilfe strukturierter Risikoeinschätzung zuverlässig und präzise eingeschätzt werden kann und dass vor allem der SVR-20 ein brauchbares und wertvolles Instrument für die klinische Praxis ist. Auch internationalen wissenschaftlichen Veröffentlichungen zufolge erweist sich die Verwendung von Instrumenten zur Risikoeinschätzung als besonders nützlich. In den Niederlanden ist man im Großen und Ganzen gemäßigt optimistisch. Es bestehen noch ideologische Vorbehalte, z. B. von Vertretern psychodynamisch orientierter Ansätze, und Vorbehalte in Bezug auf bestimmte methodologische Aspekte sowie die mangelnde Transparenz und die institutionellen und regionalen Unterschiede bei der Anwendung der Methoden. Dies hat das Justizministerium dazu veranlasst, eine Arbeitsgruppe mit Teilnehmern aus der Wissenschaft und den verschiedenen Sektoren der forensisch-psychiatrischen Praxis zu beauftragen, die diversen Methoden der Risikoeinschätzung zu inventarisieren und zu untersuchen, inwieweit eine gewisse Standardisierung möglich ist (Werkgroep Implementatie Gestructureerde Risicotaxatie 2003). Im Folgenden werden die Resultate dieser Arbeitsgruppe wiedergegeben.

Was die Methode der Risikoeinschätzung anbelangt, ist die strukturierte klinische Beurteilung derzeit „state of the art". Damit ist die Kombination valider Instrumente zur Risikoeinschätzung mit der klinischen Beurteilung gemeint. Im Hinblick auf die Praxis bedeutet dies unter anderem, dass man nicht vom Totalscore der Instrumente ausgeht, sondern von der klinischen Abwägung des Gewichts der verschiedenen Risikofaktoren. Seit kurzem sind neben den Risikofaktoren auch die beschützenden Faktoren mehr in den Fokus geraten und werden in den Beurteilungsprozess einbezogen. Weitere, lang dauernde Untersuchungen der internen und prädiktiven Validität der Methodenkombination sind notwendig, will man letztendlich Langzeitprognosen für einen minimalen Zeitraum von 5 Jahren stellen können.

Als Ergänzung zum international gebräuchlichen Instrument HCR-20 ist der HKT-30 entstanden. In diesem Instrument wurden Variablen mehrerer Risikoeinschätzungsinstrumente zusammengefügt und an die niederländische Situation angepasst. Eine landesweit verwendbare Version erfordert allerdings noch einige Anpassungen und die Fortsetzung von Qualitäts- und Validitätsprüfungen. Die Methodik der strukturierten Risikoeinschätzung ist in den verschiedenen Bereichen der Straftäterbehandlung unterschiedlich weit entwickelt:

▌ Innerhalb des Strafvollzugs ist man noch lange nicht so weit, dass eine strukturierte Risikoeinschätzung generell durchgeführt werden könnte. Man verfügt nur teilweise über die dafür notwendigen Kenntnisse und Schulung. Außerdem sind die Informationen, auf der die Risikoeinschätzung basiert, in den Strafvollzugsanstalten oft nicht oder nur zum Teil vorhanden. Darüber hinaus lässt sich schon allein wegen des großen Zustroms an Inhaftierten pro Jahr keine Risikoeinschätzung als Standardmaßnahme durchführen. Man könnte sich zwar auf die Straftäter beschränken, die in irgendeiner Weise mit dem forensisch-psychiatrischen Dienst in Berührung gekommen sind, dadurch wären aber andere Kategorien von Straftätern, bei denen eine Risikoeinschätzung äußerst nützlich wäre, davon ausgeschlossen. Aus den genannten Gründen erscheint es sinnvoll, die Methode der Risikoeinschätzung in den Strafvollzugsanstalten vorläufig mit Zurückhaltung und in kleinen Schritten zu implementieren, und nur dann, wenn damit positive Konsequenzen in Form eines gezielten Risikomanagements verbunden sind, d. h. wenn sich daraus Indikationen für eine freiwillige, auf Rückfallprävention zielende Behandlung im Strafvollzug ergeben. Da derartige Formen der Behandlung in Zukunft verstärkt angeboten werden sollen, liegt es nahe, dass der Strafvollzug sich den Entwicklungen auf dem Gebiet der Risikoeinschätzung anschließt und dabei unter anderem mit der forensischen Psychiatrie und der Bewährungshilfe zusammenarbeitet. So werden momentan gemeinsam mit der Bewährungshilfe Vorbereitungen für die Entwicklung eines diagnostischen Instrumentariums getroffen, das für die gesamte Population der Inhaftierten brauchbar sein soll und das auch zur Feststellung des Rezidivrisikos benutzt werden kann.

▌ Der Bewährungshilfe kann die strukturierte Risikoeinschätzung als wichtige Handhabe für ihre Aufgabe dienen, die Sicherheit der Gesellschaft durch reintegrative und nachsorgende Maßnahmen zu erhöhen. Mit diesem Ziel arbeitet sie auch momentan an dem genannten neuen diagnostischen Instrumentarium. Aufgrund der fehlenden Expertise beabsichtigt sie jedoch nicht, die spezifischen Instrumente zur Risikoeinschätzung selbst anzuwenden, sondern will diesbezügliche Informationen bei den Behandlungskliniken einholen. Hierzu hat die Bewährungshilfe kürzlich ein Übereinkommen mit den forensisch-psychiatrischen Kliniken getroffen.

▌ Die Gefahr der Wiederholung gewalttätigen Verhaltens wird schon seit langem von den dafür zuständigen Instanzen, dem psychiatrisch-forensischen Dienst und dem Pieter Baan Centrum, bei der Auferlegung strafrechtlicher und zivilrechtlicher Maßnahmen bestimmt. Eine generelle Anwendung strukturierter Instrumente zur Risikoeinschätzung stößt jedoch noch auf erhebliche Vorbehalte. Der forensisch-psychiatrische Dienst ist zwar prinzipiell bereit, die Instrumente in Kombination mit einer klinisch fundierten Risikoeinschätzung anzuwenden und nimmt darüber hinaus an einem umfangreichen Projekt zur Überprüfung der (Inter-)Reliabilität, Validität und Brauchbarkeit einiger Instrumente, wie auch des HKT-30, teil. Eine gewisse Zurückhaltung vor ihrer Anwendung ist jedoch angebracht angesichts der oft irrealen Erwartungen seitens der Politik, der Medien und der richterlichen Gewalt, die eine Vernachlässigung der klinischen Aspekte zur Folge haben können. Außerdem wird die Gefahr einer nicht fachkundigen Anwendung gesehen, da viele Freelance-Mitarbeiter des FPD noch nicht im Gebrauch der Instrumente trainiert sind. Das Pieter Baan Centrum sieht von einer Anwendung der Instrumente ab, solange deren Validierung für die niederländische Situation nicht abgeschlossen ist. Diese bis auf Weiteres generell ablehnende Haltung kann übrigens als ideologisch begründet angesehen werden, da die hier gebräuchlichen, psychodynamischen Untersuchungsmethoden bisher auch keiner wissenschaftlichen Validierung unterzogen worden sind. In Anbetracht der gewünschten landesweiten Homogenität und Standardisierung wird demgegenüber die Anwendung zumindest eines vergleichbaren Instruments durch den FPD, das Pieter Baan Centrum und die verschiedenen Behandlungskliniken von der genannten Arbeitsgruppe empfohlen.

▌ In den forensisch-psychiatrischen Kliniken basierte die Einschätzung der Deliktgefahr lange Zeit hauptsächlich auf dem unstrukturierten multidisziplinären klinischen Urteil. In den letzten Jahren werden zusätzlich verschiedene Diagnose- und Risikoeinschätzungsinstrumente auf systematische Weise angewandt und deren Brauchbarkeit wird wissenschaftlich überprüft. Man ist sich der genannten Mängel und Grenzen dieser Methoden bewusst und lässt bei ihrer Anwendung im Allgemeinen die nötige Sorgfalt walten. Die Einführung der Instrumente verstärkt nicht nur die Transparenz der Beurteilungsprozesse bei wichtigen Beschlüssen zur Bewegungsfreiheit. Sie gibt zudem der Entwicklung von Behandlungsprogrammen, die mehr auf Risikomanagement und den damit zusammenhängenden Bedürfnissen des Patienten gerichtet sind, einen wichtigen Impuls.

Zusammengefasst kann konstatiert werden, dass in der gesamten niederländischen Forensik und teilweise im Strafvollzug ein Trend hin zu einer mehr systematischen Anwendung von Instrumenten zur Risikoeinschätzung besteht. Diese standardisierte Risikoeinschätzung stellt einen nicht mehr wegzudenkenden und notwendigen Aspekt der Verurteilung, Unterbringung und Behandlung psychisch gestörter Straftäter dar. Sie gilt auch im Hinblick auf das Gemeinwohl und die humane Handhabung des Strafrechts als essenziell, vorausgesetzt, man betrachtet Risikomanagement als einen unverbrüchlichen Bestandteil der Risikoeinschätzung. Das heißt, Risikoeinschätzung sollte sich nicht auf das frühzeitige Erkennen von Risikopersonen beschränken, sondern gleichzeitig wichtige Richtlinien für eine maßgerechte, auf Rückfallprävention zielende Nachsorge beinhalten. Anhand der Risikofaktoren und der klinischen Diagnostik können Resozialisierungspläne erstellt werden. Letztendlich kann eine landesweite standardisierte, uniforme Weise der Risikoeinschätzung, die sowohl bei der Auferlegung der zivil- oder strafrechtlichen Maßnahme als auch in bestimmten

Phasen während des weiteren Verlaufs der Auferlegung stattfindet, in der Zukunft von großer Bedeutung für den Beweis der Zweckmäßigkeit der mit diesen Maßnahmen einhergehenden Behandlungsbemühungen sein.

5.3.3 Perspektiven

Bis Ende der achtziger Jahre des vorigen Jahrhunderts beschränkte sich die Behandlung von Rechtsbrechern weitestgehend auf Täter mit einer ernsten Persönlichkeitsproblematik, und die Behandlung fand nahezu ausschließlich innerhalb der Mauern forensischer Institute statt. Die Behandlung richtete sich auf die Heilung der Störung, die man direkt im Zusammenhang mit dem Delikt sah. Mit Hilfe eines breiten, psychosozial geprägten Behandlungsangebots dachte man dieses Ziel realisieren zu können. Die je Institut variierenden Behandlungskonzepte hatten miteinander gemein, dass sie nicht auf empirisch wissenschaftlicher Evidenz, sondern eher auf relativ naiven optimistischen Vorstellungen hinsichtlich der Behandlungsmöglichkeiten der schwer gestörten Patienten beruhten. Vor allem anlagebedingte Störungen wurden anfänglich gar nicht erst registriert oder nicht als Probleme angesehen, die mit den herkömmlichen, beinahe ausschließlich psychosozialen Methoden nicht zu behandeln sind.

Im letzten Jahrzehnt hat ein großer Wandel im Denken über die Behandlung forensischer Patienten stattgefunden. Empirisch wissenschaftliche Auffassungen setzen sich stark durch und die Erkenntnis wächst, dass eine Heilung des forensischen Patienten als ultimatives Ziel der Behandlung in den meisten Fällen zu hoch gegriffen ist. Unter anderem durch das Aufkommen der kognitiven Verhaltenstherapie und die Einführung von Instrumenten der strukturierten Risikoeinschätzung haben sich die Akzente verschoben von einer mehr unspezifischen Behandlung der Persönlichkeit hin zu einer spezifischen Behandlung von Risikofaktoren, die nachweisbar mit dem delinquenten Verhalten zusammenhängen. Die Devise lautet: *„No cure but control"*. An die Stelle des Heilungsgedankens tritt mehr und mehr die Auffassung, dass der Patient mittels des Erlernens bestimmter Fähigkeiten, wie die Verstärkung der Impulskontrolle, in die Lage versetzt werden muss, sein Problemverhalten zu kontrollieren und auf Dauer unter Kontrolle zu behalten. In den Fällen, in denen der Patient dazu nicht fähig ist, werden Möglichkeiten der externen Kontrolle in Erwägung gezogen wie z. B. die medikamentöse Unterstützung, Kontrolle der Finanzen oder Alkohol- und Drogenkontrolle. Das Entstehen anderer Behandlungskontexte eröffnet die Möglichkeit, Patienten nach dem Erreichen eines beschränkten Behandlungsziels in Einrichtungen mit einem niedrigeren Betreuungs- und Sicherungsaufwand zu verlegen. Sollten alle denkbaren Anpassungen der Behandlungsziele nicht realisierbar sein und wird der Patient weiterhin als eine große Gefahr für die Sicherheit der Allgemeinheit angesehen, bleibt letzten Endes noch die Möglichkeit der Einweisung in den Longstay-Bereich. Mit dieser letzten Option wird der Tatsache ins Auge gesehen, dass manchen forensischen Patienten noch keine effektive Behandlung geboten werden kann. Da es sich bei diesen Patienten häufig um Psychopathen und um Patienten mit einer sexuellen Devianz handelt, ergibt sich für die Behandler und Wissenschaftler die wichtige Aufgabe, auch für diese Kategorie von Tätern effektive Methoden der Behandlung zu entwickeln. Vorhersehbar ist, dass die entsprechende Theoriebildung stark biopsychosozial geprägt sein wird.

Den erst seit relativ kurzer Zeit außerhalb des Maßregelvollzugsbereichs bestehenden Behandlungskontexten mangelt es noch an einer wissenschaftlichen Evaluation ihrer Behandlungseffektivität. Dennoch vertritt man jetzt schon insbesondere in den ambulanten Einrichtungen den Standpunkt, dass die diagnostisch oder problembezogen strukturierte Gruppentherapie, sei es mit oder ohne zusätzliche einzeltherapeutische oder medikamentöse Behandlung, der Trend der Zukunft ist und dass diese Überzeugung auch ihre Rückwirkung auf die in den forensischen Behandlungskliniken herrschenden Einsichten haben wird. Zum Schluss ist zu erwarten, dass die Instrumente der strukturierten Risikoeinschätzung eine immer wichtigere Rolle bei der Festlegung der Behandlungsziele und bei dem Entscheidungsprozess bezüglich Form und Kontext der Behandlung spielen werden.

Literatur

Andrews DA, Bonta J, Hoge RD (1990) Classification for effective rehabilitation. Crim Justice Behav 17:19–52

Kröger U, Niemantsverdriet J (2000) Neue Wege der Resozialisierung: Kurze Verweildauer-lange Nachsorge. In: Osterheider M (Hrsg) Forensik 2000. PsychoGen Verlag, Dortmund, S 81–91

Beek DJ van (1999) De delictscenarioprocedure bij seksueel agressieve delinquenten. Gouda Quint, Deventer

Beek DJ van, Kröger U (1999) No cure, but control: Die Behandlung von Sexualdelinquenten in der Dr. Henri van der Hoeven Kliniek. In: Deegener G (Hrsg) Sexuelle und körperliche Gewalt: Therapie jugendlicher und erwachsener Täter. Psychologie Verlags Union, Weinheim, S 403–427

Bulten BH, Zwemstra JC, Pulles MJA (2001) Behandeling in detentie ter vermindering van recidive. Maandblad Geestelijke Volksgezondheid 56:300–314

Commissie Beleidsvisie Tbs (2001) Veilig en wel. Bijlage 8: Internationale Vergelijking Omgang met Gestoorde Delinquenten. Ministerie van Justitie, Den Haag, S 8.2–8.45

Daniëls D (2003) Behandeling in detentie in beweging, In: Groen H, Drost M (Hrsg) Handboek forensische geestelijke gezondheitszorg. De Tijdstroom, Utrecht, S 261–268

Dankers JJ, Linden AAM van der (1995) Naar vrijheid en verantwoordelijkheid: Veertig jaar Dr. Henri van der Hoeven Kliniek 1955–1995. Dr. Henri van der Hoeven Kliniek, Utrecht

Derks FCH, Gerrits J, Kuiper HE de (2002) Het advies van de Commissie Kosto over de toekomstige organisatie van de zorg voor ter beschikking gestelden. Maandblad Geestelijke Volksgezondheid 57:364–373

Emmerik JL van (1985) TBR en recidive: Een beschrijving van ter beschikking gestelden van wie de maatregel is beindigd in de periode 1979–1983. Staatsuitgeverij, Den Haag

Emmerik JL van (1989) TBR en recidive: Een vervolgstudie naar de recidive van ter beschikking gestelden van wie de maatregel is beindigd in de periode 1979–1983. Gouda Quint, Arnhem

Emmerik JL van, Brouwers M (2001) De terbeschikkingstelling in maat en getal: Een beschrijving van de TBS-populatie in de periode 1995–2000. Ministerie van Justitie, Den Haag

Greeven PGJ, Ruiter C de (2000) Personality disorders in a Dutch forensic psychiatric sample: Convergence of interview and selfreport measures. In: J Personal Disord 14:162–170

Hilterman E (2001) Statische vergelijking van tijdens verlof recidiverende en niet-recidiverende tbs-gestelden. Proces 80:121–127

Hoek DJ van, Mastenbroek-Osté JA (2000) Visiedocument FPA. GGZ-Nederland, Utrecht

Hofstee EJ (1987) TBR en TBS; de TBS in rechtshistorisch perspectief. Gouda Quint, Arnhem

Hollin CR (2001) Handbook of offender assessment and treatment. Wiley, New York

Jaarverslag Dr. Henri van der Hoeven Stichting (2002). Dr. Henri van der Hoeven Stichting, Utrecht

Kröger U (2001) Die Bedeutung der Rückfallprävention innerhalb der intramuralen und transmuralen Behandlung. In: Mauthe (Hrsg) Prävention in Psychiatrie und Psychotherapie. AXEPT Verlag Psychiatrie-Psychotherapie, Königslutter, S 17–29

Kröger U, Niemantsverdriet JR (2001) Neue Wege der Resozialisierung: Kurze Verweildauer – lange Nachsorge. In: Osterheider M (Hrsg) 15. Eickelborner Fachtagung Forensik 2000. PsychoGen, Dortmund, S 81–91

Kuijck YAJM (2003) Juridische kaders. In: Groen H, Drost M (Hrsg) Handboek forensische geestelijke gezondheidszorg. De Tijdstroom, Utrecht, S 81–95

Kuperus HW, Tervoort MGA, Stalman PFA (2003) De forensisch psychiatrische kliniek. In: Groen H, Drost M (Hrsg) Handboek forensische geestelijke gezondheidszorg. De Tijdstroom, Utrecht, S 278–291

Lammers SMM (2003) Preklinische interventies voor TBS-passanten in de penitentiaire inrichting. In: Groen H, Drost M (Hrsg) Handboek forensische geestelijke gezondheidszorg. De Tijdstroom, Utrecht, S 237–245

Laws DR (1989) Relapse prevention with sex offenders. Guilford, New York

Leuw E (1995) Recidive na ontslag uit de TBS. Gouda Quint, Arnhem

Leuw E (1998) Instroom en capaciteit in de tbs-sector; geregistreerde gegevens en inzichten van deskundigen. WODC-reeks Onderzoek en beleid nr. 168. Ministerie van Justitie, 's-Gravenhage

Lindemann M (2001) Die Behandlung der Unbehandelbaren. Recht & Psychiatrie 19:21–27

Linden P van der, Steketee M (2003) Daderhulpverlening in Nederland. Maandblad Geestelijke Volksgezondheid 58:64–77

Marle HJC van (2003a) De TBS in perpectief. In: Groen H, Drost M (Hrsg) Handboek forensische geestelijke gezondheidszorg. De Tijdstroom, Utrecht, S 246–260

Marle HJC van (2003b) De TBS na 2000: Veilig en wel? In: Groen H, Drost M (Hrsg) Handboek forensische geestelijke gezondheidszorg. De Tijdstroom, Utrecht, S 401–411

Ministerie van Justitie (2003a) Zorgen voor Behandeling (1). Ministerie van Justitie, Den Haag

Ministerie van Justitie (2003b) Zorgen voor Behandeling (2). Ministerie van Justitie, Den Haag

Mulder J (2003) Ambulante daderbehandeling. In: Groen H, Drost M (Hrsg) Handboek forensische geestelijke gezondheidszorg. De Tijdstroom, Utrecht, S 183–190

Niemantsverdriet JR (1993) Achteraf bezien: Over het evalueren van terbeschikkingstellingen. Proefschrift Katholieke Universiteit Nijmegen. Elinkwijk, Utrecht

Perik JCA (2000) Achtergronden en praktijk van chroniciteit in de TBS. Proces 7/8:99–102

Poelman J, Laat F de (2001) Transmuraal behandelen: muren worden beslecht. In: Verhagen T, Philipse M, Smits MJ (Hrsg) (2001) Forensisch psychiatrische thema's in theorie en praktijk. Pompestichting, Nijmegen, S 97–117

Ridder-Padt MSH (2002) Doet de reclassering de goede dingen? Over de effecten van de nota effectieve rentegratie en het project outputsturing. Sancties 3:178–183

Ruiter C de (2003) Diagnostiek en behandeling in de forensische psychiatrie: een pleidooi voor meer evidence-based practice. In: Schene AH, Boer F, Heersen TJ et al (Hrsg) Jaarboek voor psychiatrie en psychotherapie 2003–2004. Houten, Mechelen, S 187–201

Simons HTJ (2003) De forensisch psychiatrische afdeling. In: Groen H, Drost M (Hrsg) Handboek forensische geestelijke gezondheidszorg. De Tijdstroom, Utrecht, S 292–305

Vertommen H, Verheul R, Ruiter C de, Hildebrand M (2002) Hare's Psychopathie Checklist: Handleiding. Swets Test Publishers, Lisse

Vogel V de, Hildebrand M, Ruiter C de, Derks F (2001) Transmuralisering en ambulantisering in de forensische psychiatrie. In: Maandblad Geestelijke Volksgezondheid 56:780–794

Vogel V de, Ruiter C de, Beek DJ van, Mead G (2003) De waarde van gestructureerde risicotaxatie: een retrospectief empirisch onderzoek bij behandelde seksuele delinquenten. Maandblad Geestelijke Volksgezondheid 58:9–29

Werkgroep Implementatie Gestructureerde Risicotaxatie (2003) Risicotaxatie: het voorspellen van ernstig gewelddadig gedrag bij psychisch gestoorde delinquenten gedurende de strafrechtketen. Ministerie van Justitie, Den Haag

Sachverzeichnis

Druck und Bindung: Strauss GmbH, Mörlenbach